中國儒學史

汤一介 李中华 主编

清代卷

汪学群 著

北京大学出版社

图书在版编目(CIP)数据

中国儒学史.清代卷/汪学群著.—北京:北京大学出版社,2011.6
ISBN 978-7-301-18922-1

Ⅰ.①中…　Ⅱ.①汪…　Ⅲ.①儒学－思想史－研究－中国－清代
Ⅳ.①B222.05

中国版本图书馆 CIP 数据核字(2011)第 093062 号

书　　名:中国儒学史·清代卷
著作责任者:汪学群　著
责 任 编 辑:童　祁　魏奕元
标 准 书 号:ISBN 978-7-301-18922-1
出 版 发 行:北京大学出版社
地　　址:北京市海淀区成府路 205 号　100871
网　　址:http://www.pup.cn
电 子 邮 箱:编辑部 dj@pup.cn　总编室 zpup@pup.cn
电　　话:邮购部 62752015　发行部 62750672　编辑部 62756694
出版部 62754962
印　刷　者:北京中科印刷有限公司
经　销　者:新华书店
787 毫米×1092 毫米　16 开本　41 印张　460 千字
2011 年 6 月第 1 版　2025 年 5 月第 3 次印刷
定　　价:82.00 元

总　序

一、儒学与中华民族的复兴

（一）儒学的"反本开新"

我们为什么要编著一部《中国儒学史》，这是由于中华民族正处在伟大民族复兴的进程之中。民族的复兴必然与民族文化的复兴相关联，而"儒学"在我国的历史上曾居于主流地位，影响着我国社会生活的方方面面。因此，儒学的复兴和中华民族的复兴是分不开的，这是由历史原因形成的。儒学自孔子起就自觉地继承着夏、商、周三代的文化，从历史上看它曾是中华民族发育、成长的根，我们没有可能把这个根子斩断。如果我们人为地把中华民族曾经赖以生存和发展的根子斩断，那么中华民族的复兴就没有希望了。因此，我们只能适时地在传承这个文化命脉的基础上，使之更新。就目前我国发展的实际情况看，我估计在二十一世纪儒学作为一种精神文化在中国、甚至在世界(特别是在东亚地区)将会有新的发展。为什么儒学会有一个新的发展？原因当然是多方面的,有政治的、经济的原因,更与“西学”(主要指作为精神文化的西方哲学等等)对中国传统文化(特别是儒学)所进行的全方位的冲击有着更密切的关系。回顾百多年来中国的历史,在相当长的时期里,中国文化(“中学”)在与西方文化(“西学”)的搏击中节节败退,“全盘西化”(或“全盘苏化”)占尽上风,甚至“打倒孔家店”成为某些中国知识分子标榜“进步”的口号。可是在这样艰难的“中学”日衰的形势下,中国仍然有一代又一代的学人,一方面坚忍地传承着中国文化的优秀传统,另一方面又以广阔的胸怀融合着“西学”的精华。他们深信“中学”,特别是“儒学”不会断绝,自觉地承担着中国传统文化“存亡继绝”和复兴中国文化的使命。因此,正是由于“西学”对中国文化的冲击,使得我国学者得到了对自身文化传统进行自我反省的机会。我们逐渐知道,在我们的文化传统中应该发扬什么、应该抛弃什么,以及应该吸收什么。因而在长达一百多年中,我们中国人在努力学习、吸收和消化“西学”,这为儒学从传统走向现代奠定了基础。新的现代儒学必须是能为中华民族的复兴、能为当今人类社会“和平与发展”的前景提供有意义的精神力量的儒学;应该是有益于促进各民族结成团结、友好、互信、互助、和睦相处的大家庭的儒学;新的现代儒学该是“反本开新”的儒学。“反本”才能“开新”,“反本”更重要的是为了“开新”。“反本”必须要对儒学的源头有深刻的了悟,坚持自身文化的主体性。我们对儒学的来源及其发展了解得越深入,它才会越有对新世纪的强大生命力。“开新”要求我们全面、系统地了解当今人类社会所面临的亟待解决的生存和发展的重大问题和思想文化发展的总趋势,这必须对儒学作出适时的、合乎时代的新解释。“反本”和“开新”是不能分割的,只有深入发掘儒家思想的真精神,我们才可能适时地开拓儒学发展的新局面;只有敢于面对当前人类社会存在的新问题,才能使儒学的真精神得以发扬和更新,使儒家在二十一世纪的"反本开新"中"重新燃起火焰",以贡献于人类社会。

(二) 儒学与"新轴心时代"

当今世界处于全球化的形势下,人类社会面临着的是一个大变动的时代,正因为在这人类社会处于全球化的时代,使得各国、各民族在政治、经济、文化诸多方面处在错综复杂、矛盾重重的关系之中。人类社会如何从这种复杂的矛盾关系之中找出一条出路?在进入第三个千年之际,世界各地的思想界出现了对"新轴心时代"的呼唤,这就要求我们更加重视对古代思想智慧的温习与发掘。回顾我们文化发展的源头,希望从人类的历史文化智慧中找出一条能使世界走上健康合理的"和平与发展"道路,这无疑是各国人民所希望的前景。"轴心时代"的概念是由德国哲学家雅斯贝尔斯(1883—1969)提出的。他认为,在公元前500年前后,在古希腊、以色列、印度、中国、古波斯都出现了伟大的思想家。在古希腊有苏格拉底、柏拉图,以色列有犹太教的先知,印度有释迦牟尼,中国有老子、孔子,古波斯有索罗亚斯特,等等,形成了不同的文化传统。这些文化起初并没有互相影响,都是独立发展起来的。这些文化传统经过两千多年的发展,在相互影响中已成为人类文明的共同精神财富。雅斯贝尔斯说:"人类一直靠轴心时代所产生、思考和创造的一切而生存,每一次新的飞跃都回顾这一时期,并被它重新燃起火焰。自那以后,情况就是这样。轴心期潜力的苏醒和对轴心期潜力的回忆,或曰复兴,总是提供了精神力量。对这一开端的复归,是中国、印度和西方不断发生的事情。"①例如,我们知道,欧洲的文艺复兴就是把其目光投向其文化的源头古希腊,而使欧洲文明重新燃起新的光辉,并对世界产生重大影响。中国的宋明理学(新儒学)在印度佛教文化的冲击后,充分吸收和消化了佛教文化,再

---

① 〔德〕卡尔·雅斯贝尔斯:《历史的起源与目标》,魏楚雄、俞新天译,华夏出版社,1989年,第14页。

次回归先秦孔孟，把中国儒学提高到一个新的水平，并对朝鲜半岛、日本、越南的文化发生过重大影响。

在人类社会进入新千年之际，人类文化是否会有新的飞跃？雅斯贝尔斯为什么特别提到中国、印度和西方对轴心期的回忆，或曰“复兴”的问题？这是不是意味着，中华文化又有一次“复兴”的机会？我认为，答案应是肯定的。当前，中华民族正处在民族复兴的进程之中，而民族的复兴要以民族文化的复兴为精神支柱。毋庸讳言，“国学热”的兴起，可以说预示着我们正在从传统中找寻精神力量，以便创造新的中华文化，以“和谐”的观念贡献于人类社会。我们可以看出，自上个世纪末，我国学术界出现了对中国传统文化研究重视的趋势；而进入二十一世纪则逐渐成为一种社会潮流，“读经”、“读古典诗词”，恢复优良的道德修养传统，蔚然成风，不少中小学设有读《三字经》、《弟子规》、《论语》、《老子》等等的有关课程内容。社会各阶层、团体、社区也办起了读古代经典的讲习班和讲座等等。这一潮流，也影响着我国的高层领导人。胡锦涛总书记在十七大的报告中提出“弘扬中华文化，建设中华民族共有精神家园”，将对有力地推动中华文化的发展产生重要影响。我们应特别注意的是，中国一批知识分子在深入研究中国自身文化传统的同时，对当今世界文化发展的总趋势更加关注，并已有较深的研究。他们知道，中国文化必须在传承中更新，这样中国文化才能得以真正的“复兴”，而“重新燃起新的火焰”。我们还可以看到，世界各国人民对中国文化的重新认识和欢迎，两百多所“孔子学院”的建立，儒学经典将要被译成外国的八种文字，这无疑可以说是儒学在“新轴心时代”得以“复兴”的明证。我认为，中国文化必须在坚持自身文化的主体性中“复兴”，必须在吸收其他各民族文化、特别是西方先进文化的优秀成果中“复兴”，必须在深入发掘中国文化的特殊价值以贡献于人类社会中复兴，当然也必须在努力寻求我们民族文化中具有“普世价值”意义的资源中“复兴”。因此，我们期待着和各国的学者一起,为建设全球化形势下文化的“新轴心时代”而努力。在欧洲,经过解构性的后现代主义对“现代性”思潮的批判之后,出现了以过程哲学为基础的“建构性的后现代主义”,他们认为:“建设性的后现代主义对解构性的后现代主义的立场持批判态度,……以建构一个所有生命共同福祉都得到重视和关心的后现代世界。”[①]建构性的后现代主义还认为,在崭新的时代,每个人的权利都获得尊重,如果说第一次启蒙的口号是“解放自我”,那么新世纪的第二次启蒙的口号则是尊重他者,尊重差别,他们提出“人和自然是一生命共同体”的宇宙有机整体观,以此反对“现代二元论的科学主义和工具理性”。里夫金在他的《欧洲梦》中强调,在崭新的时代,每个人的权利都获得尊重,文化的差异受到欢迎,每个人都在地球可以维持的范围内享受着高质量生活(不是奢侈生活),而人类生活在安定与和谐之中。[②] 因此,他们认为,必须对自身前现代传统的某些观念加以重视,要重视两千多年前哲人的智慧。印度在 1947 年取得了独立。在争取独立的过程中,许多民族运动的领袖都把印度的传统思想作为一种精神武器。国大党的领袖甘地采取把印度教和民族运动结合在一起的策略,因此国大党在指导思想和人员构成上都有明显的印度教特征。[③] 二十世纪中期印度思想家戈尔瓦卡就提出:印度必须建立强大的印度教国家,他特别强调“印度的文明是印度教的文明”。[④] 他们认为,只有把印度人民的宗教热忱和宗教精神注入到政治中,才是印度觉醒和复兴的必要条件。因此,印度民族的复兴必须依靠其自身印度教的思想文化传统。印度人民党同样崇奉印度教,它是一种以“印度文化为核心的民族主义或者

---

① 《为了共同福祉——约翰·科布访谈》(王晓华访问记),上海:《社会科学报》,2002 年 6 月 13 日。

② 参见〔美〕杰里米·里夫金:《欧洲梦》序言,杨治宜译,重庆出版社,2006 年,第 8 页。

③ 参见丁浩:《浅析印度国大党的教派主义倾向及其影响》,见于《重庆科技学院学报(社会科学版)》,2007 年第 1 期。

④ 参见汝信总主编:《世界文明大系·印度文明卷》,中国社会科学出版社,2004 年,第 554 页。

称为'印度教特性'"。他们认为,"可将印度现在同过去的光辉连接起来","以印度教意识和认同来重建印度"。[①] 人民党的思想家乌帕迪雅耶提出的"达磨之治论",就是要把印度教"种姓达磨"观念与现代人道主义思想结合起来,其目的是要用这种学说来捍卫印度教的传统文明和精神,抵御西方文化的侵袭和影响。国大党和人民党交替执政,就说明印度教在印度的复兴。[②] 这有力地说明印度正是"新轴心时代"兴起的一个重镇。这是不是可以说,在全球化的情况下,中国、印度和欧洲都处在一个新的变革时期,他们都将再一次得到"复兴"的机会?我认为,雅斯贝尔斯的看法是有远见的。这里,我必须说明,我并没有要否定其他民族文化也同样将会得到"复兴"的机会,如拉美文化、中东北非地区的伊斯兰文化等等。但是,无论如何,中国、印度、欧洲(欧盟)的"复兴"很可能预示着"新轴心时代"的到来。

(三)儒学的三个视角

在这可能即将出现的"新轴心时代",面对着的与两千多年前的那个"轴心时代"的形势是完全不同了。全球化已把世界连成一片,任何国家、任何民族所要解决的不仅是其自身社会的问题,而且要面向全世界。因此,世界各国、各民族理应将会出现为人类社会走出困境的大思想家或跨国大思想家集团。实际上,各国各民族的有些思想家已在思考和反省人类社会如何走出当前的困局、迎接一个新时代的种种问题。在此情况下,各国、各民族的历史文化经验和智慧,无疑是十分重要的。因此,对影响中国社会两千多年历史的主流文化"儒学"应有一总体的认识和态度是很必要的。

由于儒学是历史的产物,又有两千多年的历史,对它有种种不同的看法应说是很自然的。在今天全球化、现代化的时代,我们应该或

---

① 参见曹小冰:《印度特色的政党和政党政治》,当代中国出版社,2005年,第237页。

② 参见汝信总主编:《世界文明大系·印度文明卷》,第555—558页。

可能怎样看儒学，我认为也许可以从三个不同的角度来考察儒学：一是政统的儒学，二是道统的儒学，三是学统的儒学。（一）政统的儒学：政治化的儒学曾长期与中国历代专制政治结合，所提倡的"三纲六纪"无疑对专制统治起过重要作用。儒家特别重视道德教化，因而对中国社会在一定程度上起着稳定的作用。但是，把道德教化的作用夸大，使中国重"人治"而轻"法治"，而且很容易使政治道德化，从而美化政治统治；又使道德政治化，使道德成为为政治服务的工具。当然，在专制政治统治的压迫下，儒家的"以德抗位"、"治国平天下"的"王道"理想也并非完全丧失。不过总的说来，政治的儒学层面对当今的社会而言可继承的东西并不太多，它存在着较多的问题。（二）道统的儒学：任何一个成系统有历史传承的学术派别，必有其传统，西方是如此，中国也是如此。从中国历史上看，儒、道、释三家都有其传统。儒家以传承夏、商、周三代文化为己任，并且对其他学术有着较多的包容性，他们主张"万物并育而不相害，道并行而不相悖"。但既成学派难免就会有排他性。因此，对"道统"的过分强调就可能形成对其他学术文化的排斥，而形成对异端思想的压制。在历史上某些异端思想的出现，恰恰是对主流思想的冲击，甚至颠覆，这将为新的思想发展开辟道路。（三）"学统的儒学"是指其学术思想的传统，包括它的世界观、思维方法和对真、善、美境界的追求等等。虽不能说儒学可以解决人类社会存在的一切问题，但儒学在诸多方面可为人类社会提供有意义的、较为丰厚的资源是无可否认的，应为我们特别重视。我这样区分，并不是说这三者在历史上没有关系，甚至可以说在历史上往往是密不可分的，只是为了讨论方便，为了说明我们应该更重视哪一个方面。基于此，我认为，当前甚至以后，儒学的研究不必政治意识形态化，让学术归学术；而且儒学应更具有"海纳百川"的气度，在与各种文化的广泛对话中发展和更新自己。

既然我们对儒学要特别重视的是其"学统"，那么我们应该如何从

“学统”的角度来看儒学，我有以下四点看法：(一) 要有文化上的主体意识。任何一个民族的生存与发展必须植根于自身文化土壤之中，必须有文化上的自觉，只有对自身文化有充分的理解与认识，保护和发扬，它才能适应自身社会合理、健康发展的要求，它才有吸收和消化其他民族文化的能力。一个没有能力坚持自身文化的自主性的民族，也就没有能力吸收和融化其他民族的文化以丰富和发展其自身文化，它将或被消灭，或被同化。(二) 任何文化要在历史长河中不断发展，必须不断地吸收其他民族文化，在相互交流与对话中才能得到适时的发展和更新。罗素说得对：“不同文明的接触，以往常常成为人类进步里程碑。”①在历史上，中华文化有着吸收和融化外来印度佛教文化的宝贵经验，应该受到重视。在今天全球化的时代，面对西方的强势文化，我们应更加善于吸收和融合西方文化和其他各民族的优秀文化，以使中华文化更具有世界意义。(三) 社会在不断发展，思想文化在不断更新，但古代思想家提出和思考的文化(哲学)问题，他们的思想的智慧之光，并不因此就会过时，有些他们思考的问题和路子以及理念可能是万古常新的。雅斯贝尔斯认为：在科学方法的运用上，我们可以说我们所处的时代是超过了亚里士多德，但就哲学本身而言，我们很难再达到苏格拉底和柏拉图的水准。哲学历史的某些发展是显而易见的，但我们并不能由此得出结论说，后代的哲学家就一定超过前代。② (四) 任何历史上的思想体系，甚至现实存在的思想体系，没有完全正确的，没有放之四海而皆准的绝对真理的学说，它必然有其局限性，其体系往往包含着某些内在矛盾，即使其中具有普遍意义(价值)的精粹部分也往往要给以合理的现代诠释。恩格斯在《反杜林论》草稿片断中说：“在黑格尔以后，体系说不可能再有了。十分明显，世

① 《中西文明的对比》，见罗素：《中国问题》，学林出版社，1996 年，第 146 页。

② 参见《论雅斯贝尔斯的世界哲学及世界哲学史的观念——代“译序”》，载〔德〕雅斯贝尔斯：《大哲学家》，李雪涛等译，社会科学文献出版社，2005 年，第 12 页。

界构成一个统一的体系,即有联系的整体。但是对这个系统的认识是以对整个自然界和历史的认识为前提的,而这一点是人们永远也达不到的。因而,谁要想建立体系,谁就得用自己的虚构来填补无数的空白,即是说,进行不合理的幻想,而成为一个观念论者。"[①]这里所说的"体系"是指那种无所不包的、自以为是放之四海而皆准的"绝对真理"。"绝对真理"往往都是谬误之论。罗素在其《西方哲学史》中说:"不能自圆其说的哲学决不会完全正确,但是自圆其说的哲学满可以全盘错误。最富有结果的各派哲学向来包含着显眼的自相矛盾,但是正为了这个缘故才部分正确。"[②]我认为这两段话对我们研究思想文化都很有意义。因为任何思想文化都是在一定历史条件下产生的,它不可能完全解决人类社会今天和明天的全部问题,就儒学来说也是一样的。正因为儒学是在历史中的一种学说,才有历代各种不同诠释和批评,而今后仍然会不断出现新的诠释,新的发展方向,新的批评,还会有儒家学者对其自身存在的内在矛盾的揭示。在人类社会进入全球化的时代,不断反思儒学存在的问题(内在矛盾),不断给儒学新的诠释,不断发掘儒学的真精神中所具有的普遍性意义和特有的理论价值,遵循我们老祖宗的古训"日日新,又日新",自觉地适时发展和更新其自身,才是儒学得以复兴的生命线。

(四)儒学与"忧患意识"

"儒学"在中国传统文化中相对于佛道有一特点,即它的"入世"精神,并基于此"入世"精神而抱有较为强烈的忧患意识。《周易·系辞

---

① 〔德〕恩格斯:《世界是有联系的整体·对世界的认识》,载《恩格斯著〈反杜林论〉参考资料》附录,北京大学哲学系编,1962年,第137页。

② 〔英〕罗素:《西方哲学史》下册,马元德译,商务印书馆,1963年,第143页。

下》中说:“作《易》者,其有忧患乎?”[①]自孔子以来,从中国历史上看,儒家学者多对社会政治抱有“以天下为己任”的忧患意识。儒家的这种“忧患意识”也许可以说是儒家不同于现代知识分子的一种对社会政治的中国士大夫特有的批判精神。它是由于儒家始终抱有的对天下国家一种不可推卸的社会责任感和历史使命感而产生的。孔子生活在“天下无道”的春秋时代,《说苑·建本篇》说:“公扈子曰:春秋,国之鉴也。春秋之中,弑君三十六,亡国五十二。”孔子对此“礼坏乐崩”的局面有着深刻的“忧患意识”,我们查《论语》,有多处讲到“忧”(忧虑,忧患),其中“君子忧道不忧贫”可说是代表着孔子的精神。“道”是什么?就是孔子行“仁道”的理想社会,其他富贵贫贱等等对孔子是无所谓的。《论语·阳货》中有一段表现孔子“忧国忧民”的抱负:“公山弗扰以费畔,召,子欲往,子路不悦,曰:‘末之也,已,何必公山氏之之也!’子曰:‘夫召我者,而岂徒哉!如有用我者,吾其为东周乎!’”孔子认为,假若有人用他治世,他将使周文王、武王之道在东方复兴。可见,孔子所考虑的问题是使“天下无道”的社会变成“天下有道”的社会。在《礼记·檀弓下》有一则孔子说“苛政猛于虎”的故事,这深刻地表现着他“忧国忧民”的“忧患意识”。这种“忧患意识”体现着孔子“仁民”的人道精神,同时也表现了他对“苛政”的批判意识。孟子有句常为人们所称道的“名言”:“生于忧患而死于安乐”,这种“忧患意识”正是因为他要“以天下为己任”,而批判那些“入则无法家拂士,出则无敌国外患”的诸侯君王。我们读《孟子》也许只有十分深切地感受到中国士大夫所有的“富贵不能淫,贫贱不能移,威武不能屈”的精神,才能真正地立于天地之间而无愧。我认为,这不能不说是中国儒者特有的批判精神。有这种精神,就可以抵制和批判一切邪恶,甚至可以“大义灭亲”、

---

① 《周易·系辞下》中还说:“君子安而不忘危,存而不忘亡,治而不忘乱,是以身安而国家可保也。”司马迁《报任安君书》中说:“盖西伯拘而演《周易》,……大氐圣贤发愤之所为作也。”周文王演《周易》正是基于其“忧患意识”。

“弑父弑君”。[1] 周公不是为了国家百姓杀了他的亲兄弟吗？[2] 管仲不是初助公子纠，后又相桓公，孔子还说他“如其仁，如其仁”吗？[3] 当齐宣王问孟子：“汤放桀，武王伐纣，有诸？”孟子回答说：那些残害“仁义”的君王之被杀只是杀了个“独夫”吧！[4]

在中国古代的传统社会中，君王对社会政治无疑起着极大的作用，因此臣下能对君王有所规劝是非常重要的。《郭店楚简·鲁穆公问子思》一条：

> 鲁穆公问于子思曰：“何如而可谓忠臣？”子思曰：“恒称其君之恶者，可谓忠臣矣。”公不悦，揖而退之。成孙弋见，公曰：“向者吾问忠臣于子思，子思曰：‘恒称其君之恶者，可谓忠臣矣。’寡人惑焉，而未之得也。”成孙弋曰：“噫，善哉言乎！夫为其君之故杀其身者，尝有之矣。恒称其君之恶，未之有也。夫为其君之故杀其身者，效禄爵者也。恒称其君之恶者，远禄爵者也。为义而远禄爵，非子思，吾恶闻之矣。”

这段故事说明，历史上有些儒者总是抱着一种“居安思危”的情怀，为天下忧。子思认为能经常批评君王的臣子才是“忠臣”，成孙弋为此解释说：只有像子思这样的士君子敢于对君王提出批评意见，这正因为他们是不追求利禄和爵位(金钱与权力)的。中国历史上确有一些儒学者基于“忧国忧民”的“忧患意识”而能持守此种精神。汉初，虽有文景之治，天下稍安，而有贾谊上《陈政事疏》谓：“进言者皆曰天下已安已治矣，臣独以为未也。曰安且治者，非愚则谀，皆非事实知治乱之体者也。”贾谊此《疏》义同子思。盖他认为，治国有“礼治”和“法治”两套，“夫礼者禁于将然之前，而法者禁于已然之后，是故法之所用

---

① 事见《左传》隐公四年。
② 事见《史记·管蔡世家》。
③ 见《论语·宪问》，又见《左传》庄公八年和九年。
④ 见《孟子·梁惠王下》。

易见，而礼之所为生难知也。”他并认为此“礼治”和“法治”两套对于治国者是不可或缺。此“礼法合治”之议影响中国历朝历代之政治制度甚深。在中国历史上有“谏官”之设，《辞源》“谏官”条说：“掌谏诤之官员。汉班固《白虎通·谏诤》：‘君至尊，故设辅弼置谏官。’谏官之设，历代不一，如汉唐有谏议大夫，唐又有补阙、拾遗，宋有左右谏议大夫、司谏、正言等。”按：在中国历史上的“皇权”社会中，“谏官”大多虚设，但也有少数士大夫以“忧患意识”之情怀而规劝帝王者，其“直谏”或多或少起了点对社会政治的批判作用。此或应作专门之研究，在此不赘述。

宋范仲淹有《岳阳楼记》一篇，其末段如下：

> 嗟夫！予尝求古仁人之心，或异二者之为，何哉？不以物喜，不以己悲；居庙堂之高则忧其民，处江湖之远则忧其君。是进亦忧，退亦忧。然则何时而乐耶？其必曰“先天下之忧而忧，后天下之乐而乐”乎。噫！微斯人，吾谁与归！

这段话可说是表达出大儒学者之心声。盖在“皇权”统治的专制社会中，儒学之志士仁人无时不能不忧，其“忧民”是其“仁政”、“王道”理想之所求，而此理想在那专制制度下，是无法实现的，故不能不忧。其“忧君”，则表现了儒家思想之局限，仅靠“人治”是靠不住的。在“皇权”的专制制度下，仁人志士之“忧”虽表现其内在超越之境界，但终难突破历史之限度。儒学者可以“杀身成仁”、“舍生取义”，但不仅不能动摇“皇权”专制，反而可能在某种程度上帮助巩固了皇权统治。这或是历史之必然，不应责怪这些抱有善良理想良知之大儒，他们的主观愿望是可歌可涕的。个人的善良愿望必须建立在变革这专制制度上才可能有一定程度上之实现。

儒家的“忧患意识”虽说对“皇权”专制有一定的批判作用，但它毕竟不同于现代社会中知识分子的“批判意识”。这是因为现代知识分子的"批判意识"是建立在"人人平等"的基础之上。现代知识分子的"批判意识"不仅仅是对某个个人批判,而必须是根据理性对某种制度的批判。面对今日中国社会风气败坏、信仰缺失之现实,必须把儒家原有的具有一定程度批判精神的"忧患意识",提升至对社会政治制度的批判,而不能与非真理或半真理妥协,因此它应当是得到"自由"和"民主"保障的有独立精神的批判。① 可是话又要说回来,无论如何,儒家这种"居安思危"的"忧患意识"中包含的某种程度的批判精神和勇气,仍然是我们要在继承的基础上认真总结,并把它提高到现代知识分子的批判精神上来的。在中华民族伟大复兴的过程之中,儒家基于社会责任感和历史使命感的"忧患意识"在我们给以新的诠释的情况下,将使我民族能够不断地反省,努力地进取,并使儒学得以日日新,又日新,中华民族得以常盛不衰。

(五) 儒学与"和谐社会"建设

在二十一世纪初,我国提出建设"和谐社会"的要求,这将对人类发展的前景十分重要,并会对人类社会健康合理生存产生深远影响。我们知道,"和谐"是儒学的核心概念,在我国传统儒学中包含着"和谐社会"的理想以及可以为建设"和谐社会"提供的大量有意义的思想资源。《礼记·礼运》中的"大同"思想可以说已为中华民族勾画出一幅"和谐社会"的理想蓝图。《论语》中的"礼之用,和为贵",将会对调节

---

① 参见拙作《五四运动的反传统与学术自由》,台湾联经出版事业公司,1989 年。该文中有如下两段:"中国知识分子大都对社会有着强烈的社会责任感和历史使命感;'天下兴亡,匹夫有责',他们为了尽社会责任和完成历史使命可以'杀身成仁'、'舍生取义'。中国知识分子这种对国家和民族命运的关怀,无疑是十分可贵的。但是也正因为这种过分强烈的社会责任感和历史使命感,而使他们陷于'急功近利',而要直接参与政治,去从政做官了。我不知道这对中国社会是'幸'还是'不幸',不过我私以为'不幸'的成分为多。照我看,知识分子应该是以创造知识和传播知识为谋生手段。他们对政治的意义在于批判、议论,他们应有不与非真理和半真理妥协的良心。""中国知识分子由于超强的社会责任感和历史使命感往往由'不治而议'走向'治而不议',把'做官'看成是他们最重要的使命,从而失去他们对社会政治的批判功能,并且很可能成为政治权利的附庸。"

人们社会生活之间的关系有着重要的意义;“和而不同”,又可以为不同民族和民族之间的“和平共处”提供某种理据。《中庸》中的“中和”思想,要求在各种关系之间掌握适合的度,以达到万事万物之“和谐”的根本。特别是《周易》中的“太和”[①]观念经过历代儒学思想家的阐发,已具有“普遍和谐”的意义。“普遍和谐”包含着“人与自然”、“人与人”(人与社会、国家与国家、民族与民族)、“人的自我身心内外”等诸多方面“和谐”的意义,所以王夫之说“太和”是“和之至”,意即“太和”是最完美的“和谐”。所有这些包含在儒家经典中的“和谐”思想,为中国哲学提供了一种对人类社会极有价值的世界观和思维方式。

复兴儒学要有“问题意识”。当前我国社会遇到了什么问题,全世界又遇到了什么问题,都是复兴儒学必须考虑的问题。对“问题”有自觉性的思考,对“问题”有提出解决的思路,由此而形成的理论才是有真价值的理论。当前,我国以及全世界究竟遇到些什么重大问题?近一二百年来,由于对自然界的无量开发,残酷掠夺,造成了生态环境的严重破坏。由于人们片面物质利益的追求和权力欲望的无限膨胀,造成了人与人之间以及国家与国家之间的矛盾与冲突,以至于残酷的战争。由于过分注重金钱和感官享受,致使身心失调,人格分裂,造成自我身心的扭曲,吸毒、自杀、杀人,已成为一种社会病。因此,当前人类社会需要解决,甚至今后还要长期不断解决的“人与自然”、“人与人”(人与社会、国与国、民族与民族)、“人自我身心”之间的种种矛盾问题,无疑是人类要面对的最大课题。其中“人”的问题是关键。

针对上面提出的三个方面的问题,我认为,儒学可以为当今人类社会提供若干有益的思想资源。

(一) 儒家“天人合一”(合天人)的观念将会为解决“人与自然”之间的矛盾提供某些有意义的思想资源。1992 年世界一千五百七十五

---

① 《周易·乾卦·彖辞》:“乾道变化,各正性命,保合太和,乃利贞。”

名科学家发表的《世界科学家对人类的警告》说："人类和自然正走上一条相互抵触的道路。"造成这种情况不能说与西方哲学曾长期存在"天人二分"的思维模式没有关系。罗素在《西方哲学史》中说："笛卡尔的哲学，……它完成了、或者说极近乎完成了由柏拉图开端而主要因为宗教上的理由经基督教哲学发展起来的精神、物质二元论……笛卡尔体系提出来精神界和物质界两个平行而彼此独立的世界，研究其中之一能够不牵涉另一个。"[①]这就是说，在西方哲学中长期把"天"和"人"看成是相互独立的，研究"天"可以不牵涉"人"；研究"人"也可以不牵涉"天"，这可以说是一种"天人二分"的思维模式(但进入二十世纪，西方哲学有了很大变化，已有西方哲学家打破"天人二分"的定式，如怀德海[②])。而中国"天人合一"是说在"天"和"人"之间存在着相即不离的内在关系，研究其中一个必然要牵涉另外一个。《周易》是我国一部最古老重要的大书，它是中国哲学的源头。《郭店楚简·语丛一》："易，所以会天道人道也。"《周易》是一部会通天道、人道所以然的道理的书。也就是说它是一部讲"天人合一"的书。对如何了解"天人合一"思想，朱熹有段话很重要，他说："天即人，人即天。人之始生，得于天也；既生此人，则天又在人矣。"[③]"天"离不开"人"，"人"也离不开"天"。人初产生时，虽然得之于天，但是一旦有了人，"天"的道理就要由"人"来彰显，即"人"对"天"就有了责任。"天人合一"作为一种世界观和思维模式，它要求人们不能把"人"看成是和"天"对立的，这是由

---

① 〔英〕罗素：《西方哲学史》下册，马元德译，商务印书馆，1988年，第91页。

② 《怀德海的〈过程哲学〉》(刊于2002年8月15日上海《社会科学报》)中说："(怀德海)的过程哲学(process philosophy)把环境、资源、人类视为自然中构成密切相连的生命共同体，认为应该把环境理解为不以人为中心的生命共同体。这种新型生态伦理，对于解决当前的生态危机具有重要的现实意义。过程哲学是生态女性主义的思想之根，因为生态女性主义的哲学基础是彻底的非二元论，是对现代二元思维方式的批判，而怀德海有机整体观念，正好为它提供了进行这种批判的理论根据。"可见，现代一些西方哲学家已经对"天人二分"的二元对立的思维模式作出反思，并且提出了"自然"与"人"构成"密切相连的生命共同体"。

③ 《朱子语类》，中华书局，1986年，第387页。

于“人”是“天”的一部分，破坏“天”就是对“人”自身的破坏，“人”就要受到惩罚。因此，“天人合一”学说认为，“知天”(认识自然，以便合理地利用自然)和“畏天”(对“自然”应有所敬畏，要把保护自然作为一种神圣的责任)是统一的。[①] “知天”而不“畏天”，就会把“天”看成一死物，不了解“天”乃是有机的生生不息的刚健大流行，所以《周易·乾·象》中说：“天行健，君子以自强不息。”这即是说“天”与“人”为持续发展着的“生命的共同体”。“畏天”而不“知天”，就会把“天”看成外在于“人”的神秘力量，而使人不能真正得到“天”(自然)的恩惠。所以“天人合一”思想要求“人”应担当起合理利用自然，又负责任地保护自然的使命。“天人合一”这种思维模式和理念应该说可以为解决当前“生态危机”提供某些有意义的思想资源。

(二) “人我合一”(同人我)的观念将会为解决“人与人(社会)”之间的矛盾提供某些有意义的思想资源。“人我合一”是说在“自我”和“他人”之间存在着一种相即不离的内在关系。为什么“自我”和“他人”之间存在着相即不离的内在关系？《郭店楚简·性自命出》中说：“道始于情。”人世间的道理(人道)是由情感开始的，这正是孔子“仁学”的出发点。孔子的弟子樊迟问“仁”，孔子回答说“爱人”。这种爱人的品质由何而来呢？《中庸》引孔子的话说：“仁者，人也，亲亲为大。”“仁爱”的品德是人本身所具有的，爱自己的亲人是最根本的。但孔子的儒家认为“仁爱”不能停留在只是爱自己的亲人，而应该由“亲亲”扩大到“仁民”以及“爱物”。孟子说：“亲亲而仁民，仁民而爱物。”[②]

---

① 康德的墓志铭上写着：“有两样东西，我们愈经常愈持久地加以思索，它们愈使心灵充满不断增长的景仰和敬畏：在我们之上的星空和我心中的道德法则。”是不是说，康德也认为应对“天”有所敬畏呢？这和孔子的“畏天命”是不是有相通之处呢？

② 见《孟子·尽心上》。《中庸》中说：“唯天下至诚，为能尽其性；能尽其性，则能尽人之性；能尽人之性，则能尽物之性；能尽物之性，则可以赞天地之化育；可以赞天地之化育，则可以与天地参矣。”此可以为孟子“亲亲而仁民，仁民而爱物”之开展。因此，孔孟之“仁爱”学说，不仅可以为解决“人与人”之间关系，也可以为解决“人与自然”之间关系，提供有意义的思想资源。

所以《郭店楚简》中说:“孝之蚉,爱天下之民”,“亲而笃之,爱也;爱父其继爱人,仁也”。如果把爱自己的亲人扩大到爱他人,那么社会不就可以和谐了?如果一个国家、一个民族把爱自己国家、自己民族的“爱”扩大到对别的国家、别的民族的爱,那么世界不就可以和平了吗?把“亲亲”扩大到“仁民”,就是要行“仁政”。在《论语》中虽然没有出现“仁政”两字,但其中却处处体现着“仁政”思想,如“博施于民,而能济众”,“举贤才”,“泛爱众”,“导之以德,齐之以礼”等等,都是讲的“仁政”。孔子的继承者孟子讲“仁政”,意义也很广泛,我认为最重要的是他说:“民之为道也,有恒产者有恒心,无恒产者无恒心。”意思是说,对老百姓的道理,要使老百姓都有一定的固定产业,他们才能有一定的道德观念和行为准则。没有一定的固定产业,怎么能让他有相应的道德观念和行为准则呢!所以孟子说:“夫仁政,必自经界始。”“仁政”,首先要使老百姓有自己可以耕种的土地。我想,我们今天要建设“和谐社会”,首要之事就是要使我们的老百姓都有自己的固定产业,过上安康幸福的生活。就全人类说,就是要使各国、各民族都能自主地拥有其应有的资源和财富,强国不能掠夺别国的资源和财富以推行强权政治。所以“人”与“人”、“国家”与“国家”之间的协调和相互爱护的“人我合一”思想对建设“和谐社会”、“和谐世界”应是有意义的。

(三)“身心合一”(一内外)将会为调节自我身心内外的矛盾提供某些有意义的思想资源。“身心合一”是说肉体生命与精神生命之间存在着一种相即不离的和谐关系。儒家认为达到“身心合一”要靠“修身”。《郭店楚简·性自命出》中说:“闻道反己,修身者也。”意思是说,知道了做人的道理,就应该反求诸己,这就是“修身”。所以《大学》认为,“修身”、“齐家”、“治国”、“平天下”,“自天子以至于庶人,壹是皆以修身为本,其本乱而末治者否矣。”《中庸》里面也说:“为政在人,取人以身,修身以道,修道以仁。”社会靠人来治理,让什么人来治理要看他自身的道德修养,修养是以符合不符合“道”为标准,做到使社会和谐就要有“仁爱”之心。这里,把个人的道德修养(修身)与“仁”联系起来,正说明儒家思想的一贯性。《郭店楚简·性自命出》中说:“修身近至仁”。修身是为达到实现“仁”的境界的必有过程。因此,儒家讲“修身”不是没有目标的,而是为了“齐家”、“治国”、“平天下”,即希望建设“和谐社会”。《礼记·礼运》中所记载的“天下为公”的“大同”社会就是儒家理想和谐社会的蓝图。如果一个社会有了良好的制度,再加之以有道德修养的人来管理这个社会,社会上的人都能“以修身为本”,那么这个社会也许就可以成为一个“和谐的社会”,世界就可以成为一个“和谐的世界”吧!

冯友兰先生把“人生”分成四种“境界”:自然境界,功利境界,道德境界,天地境界。所谓有“自然境界”是说人和动物一样,只是为活着,对于人生的目的没有什么了解(觉解)。所谓有“功利境界”,是说一切为了“利益”,为他自己的利益(私利)。所谓“道德境界”是说,他的行为是为了“行义”,也就是为了“公利”,也可以说他的行为是为了“奉献”。“天地境界”的人,他的行为也可以说是“奉献”,但他不仅是“奉献”于社会,而且“奉献”于宇宙。如果人能达到“道德境界”,“天地境界”,那么他不仅与“他人”(社会)和谐了,与宇宙和谐了,而且“自我身心内外”也和谐了。孔子有一段话,也许可以作为“修身”的座右铭,他说:“德之不修,学之不讲,闻义不能徙,不善不能改,是吾忧也。”意思是说,不修养道德,不讲求学问,听到合乎正义的话不能去身体力行(实践),犯了错误而不能改正,是孔子最大的忧虑。孔子这段话告诉我们的是做人的道理,“修德”并不容易,那就必须有崇高的理想,有为人类长远利益考虑的胸怀;“讲学”同样不容易,它要求人们天天提高自己的知识和能力,这样才可以负起增进社会福祉的责任;“徙义”是说人生在世,听到合乎道义的话应努力跟着做,应日日向着善的方向努力,把“公义”实现于社会生活之中;“改过”,人总是会犯这样那样的错误,问题是要勇于改正,这样才可以成为合格的人。“修德”、“讲学”、“徙义”、“改过”，是做人的道理，是使人自我身心内外和谐的路径。这就要求“修身”，以求得一“安身立命”处。①

在儒家看，想要解决上述的种种矛盾，“人”是关键。因为，只有人才可以“为天地立心，为生民立命，为往圣继绝学，为万世开太平”。是不是我们可以说，当今人类社会遇到的问题，儒学可以为其提供某些有意义的思想资源？善于利用儒学的思想资源来解决当今人类社会存在的种种问题，是不是可以说为儒学的复兴提供了机会？当然，我们必须注意到，孔子的儒家思想并不是十全十美的，它并不能全盘解决当今人类社会存在的诸多复杂问题，它只能给我们提供思考的路子和有价值的理念（如世界观、人生观、价值观等等的理念），启发我们用儒学的思维方式和人生智慧，在给这些思想资源以适应现代社会和人类社会发展前途新诠释的基础上，为建设和谐的人类社会作出它可能作出的贡献。

司马迁说的“居今之世，志古之道，所以自镜也，未必尽同”是很有道理的名言。我们生活在今天，要了解自古以来治乱兴衰的道理，把它当作一面镜子，但是古今不一定都相同，需要以我们的智慧在传承前人有价值的思想中不断创新。因此，我们今天的任务是对自古以来的有价值的思想（包括儒家思想）进行现代诠释，创造适应现代社会需要的新学说、新理论。

二、儒学与“普遍价值”问题

如果说儒学能为解决“人与自然”、“人与人（社会）”、“人自身的身

① 朱熹《四书或问》说：“但能致中和于一身，则天下虽乱，而吾身之天地万物不害为安泰；其不能者，天下虽治，而吾身之天地万物不害为乖错。其间一家一国，莫不皆然，此又不可不知耳。”盖人生在世，必有一“安身立命”之原则和境界。黄珅校点，上海古籍出版社、安徽教育出版社，2001 年，第 56 页。

心内外”的矛盾提供某些有意义的思想资源，那么我们能不能说这些思想资源针对某些特定的问题包含着“普遍价值”的意义呢？我认为，这应是肯定的。“价值论”是当今一种很流行的学说，[①]它涉及各个学科，如宗教、哲学、文学、艺术、政治、经济，甚至科学技术，等等，而其中“价值哲学”是讨论“价值问题”最重要的学科。“价值哲学”是一种什么样的学科呢？概括起来说，它是讨论某种哲学学说，如孔子的“仁学”；某一哲学命题，如“天人合一”、“道法自然”；某一哲学概念，如“忠恕”（朱熹说“尽己谓之忠”、“推己谓之恕”）等等的价值问题。我认为，必须承认世界上各不同民族文化中都有某些“普遍价值”意义的因素。这是在当今全球化境域下，多元文化中寻求文化中的“普遍价值”的意义所要求的。当前，在我国学术界对文化（哲学）中的“价值”问题已不少讨论，而比较集中的是讨论文化（哲学）中是否存有“普遍价值”的问题，有些学者或政治家对文化（哲学）中存有“普遍价值”持否定的态度。我认为，这是大成问题的。这是因为，不承认在各个不同民族的文化中都具有“普遍价值”意义的因素，那么很可能走上文化的“相对主义”，认为没有什么“真理”（哪怕是相对意义的“真理”），只能是“公说公有理”、“婆说婆有理”，这样在不同文化之间很难形成对话，很难找到共同语言，很难对遇到的共同问题的解决达成“共识”。这种看法对当前世界全球化将是一种极为有害的消极力量，是不利于人类社会健康合理发展的。同时，如果我们不讲文化中具有“普遍价值”，那么其他文化，特别是西方文化却大讲他们文化中的“普遍价值”，这岂不是把我们讲“普遍价值”的权利给了西方文化，这将有助于西方某些学者和政客鼓吹有利于他们的“普遍主义”大行其道，而使他们具有了

---

① 冯平在《现代西方价值哲学经典》（北京师范大学出版社，2009 年）的“序言”中说：“现代西方价值哲学是一场哲学运动，这场运动发轫于 19 世纪 40 年代，起始于新康德主义。”最早将现代西方价值哲学介绍到中国来的是张东荪先生。张东荪先生在 1934 年出版了以他在燕京大学的讲义为基础的《价值哲学》一书。

“话语霸权”。因此，发掘各个不同民族文化中的“普遍价值”，对促进全世界各个民族、各个国家共同发展将是十分有意义的。

（一）藉文化沟通与对话寻求共识

自上个世纪九十年代以来，在中国逐渐掀起了“国学热”的浪潮，相当多的学者，特别注意论证中国文化的民族特性和它的特殊价值之所在。为什么会发生这种情况，我认为这和世界文化发展的形势有关。因为自上世纪后半叶，西方殖民体系逐渐瓦解，原来的殖民地民族和受压迫民族为了建立或复兴自己的国家，有一个迫切的任务，他们必须从各方面自觉地确认自己的独立身份，而自己民族的特有文化（宗教、哲学、价值观等等）正是确认自己独立身份的最重要的因素。在这种情况下，正在复兴的中华民族强调应更多关注自身文化的主体性和特有价值，是完全合理的。但与此同时，西方一些国家已经成功地实现了现代化，而且许多发展中国家也正在走着西方国家已经完成的工业化和现代化的道路。因此，西方发达国家出现了一种“普遍主义”(universalism)的思潮，认为只有西方文化中的理念对现代社会才具有“普遍价值”(universal value)的意义，而其他各民族的文化并不具有“普遍价值”的意义，或者说甚少“普遍价值”的意义，或者说非西方的民族文化只有作为一种博物馆中展品被欣赏的价值。我们还可以看到，某些取得独立的民族或正在复兴的民族，也受到“普遍主义”的影响，为了强调他们自身文化的价值而认为他们的文化可以代替西方文化而成为主导世界的“普世”文化。例如，在中国就有少数学者认为，二十一世纪的人类文化将是“东风”压倒“西风”，只有中国文化可以拯救世界，这无疑也是一种受到西方“普遍主义”思潮影响的表现，是十分错误而有害的。因此，当前在中国，在发展中国家，更多地关注各民族文化的特殊价值，各发展中国家更加关注自身文化的“主体性”，以维护当今人类社会文化的多元发展，反对西方的“普遍主义”，反对“欧洲中心论”,是理所当然的。当然也要防止在民族复兴中受西方“普遍主义”影响而形成的民族文化的“至上主义”或“原教旨主义”。

现在的问题是,我们反对“普遍主义”,是不是就要否定各个民族文化中具有的“普遍价值”?所谓“普遍主义”可能有种种不同的解释。本文把“普遍主义”理解为:把某种思想观念(命题)认定为是绝对的、普遍的,是没有例外的,而其他民族的文化思想观念(命题)是没有普遍价值甚至是没有价值的。“普遍价值”是说:在不同民族文化之中可以有某些相同或相近的价值观念,而这些相同或相近的价值观念应具有“普遍价值”的意义,它可以为不同民族普遍地接受,而且这些具有“普遍价值”意义的观念又往往寓于特殊的不同民族文化的“价值观念”之中。正是具有“普遍价值”意义的思想往往是寓于某些不同民族文化的“特殊价值”之中,才需要我们去努力寻求其蕴含的“普遍价值”的意义。这在哲学上是“共相”与“殊相”的问题。在我看来,在各个不同民族文化中可以肯定地说存在着“普遍价值”的因素。所以我们必须把“普遍价值”与“普遍主义”区分开来。在强调各民族文化的特殊价值的同时,我们应努力寻求人类文化中的“普遍价值”的因素及其意义。当前人类社会虽然正处在经济全球化,科技一体化的形势下,但是由于二战后殖民体系的瓦解,“欧洲中心论”的消退,文化呈现着多元化的趋势。因此,要求在不同文化中寻求“普遍价值”必须通过不同文化间的沟通与对话,以致达成某种“共识”,这大概是我们寻求不同文化间“普遍价值”的必由之路。

(二)寻求不同文化间“普遍价值”的途径

为什么我们要寻求各民族文化的“普遍价值”?这是因为同为人类,必然会遇到需要共同解决的问题,在各种不同文化中都会有对解决人类社会遇到的问题有价值的资源。这些能解决人类社会所遇到的“共同问题”的有价值的思想资源,我认为就具有“普遍价值”的意义。

如何寻求人类文化中的“普遍价值”，也许有多条不同的途径，我在这里提出三条可以考虑的途径供大家批评指正：

（一）在各民族的文化中原来就有共同或者是相近的有益于人类生存和发展的理念，这些共同理念无疑是有“普遍价值”的意义。1993年在美国芝加哥召开的世界宗教大会，在寻求“全球伦理”问题的讨论中提出寻求伦理观念上的“最低限度的共识”，或者叫做“底线伦理”。为此，在闭幕会上发表了一份《走向全球伦理宣言》，认为“己所不欲，勿施于人”在各民族文化中都有与此相同或相似的理念，它可以被视为“道德金律”。在《宣言》中特别举出佛经所说：“在我为不喜不悦者，在人亦如是，我何能以己之不喜不悦加诸他人？”佛经中这句话可以说十分深刻而精确地表述了具有“普遍价值”意义的“道德金律”。在《宣言》中还列举了一些宗教和思想家的思想中对“己所不欲，勿施于人”的各种表述，[①]因此认为它具有“普遍价值”的意义。又如，恩格斯在《反杜林论》中提出“勿盗窃”应具有“普遍价值”的意义。这类思想、理念在人类各种文化中是并不少见的。例如佛教的“五戒”中的“不盗、不邪淫、不妄语”和基督教《摩西十戒》中的“不可奸淫”、“不可偷盗”等等都有“普遍价值”的意义。

（二）在各不同民族文化的不同理路中寻求“普遍价值”。例如中国儒家的“仁”，西方基督教的“博爱”，印度佛教的“慈悲”，虽然形式不同，出发点不同，甚至理路中也有差异，但却都具有“普遍价值”的意义。

孔子的“仁”，是把“亲亲”作为出发点，作为基础，樊迟问仁，孔子曰“爱人”。为什么要爱人，“爱人”的出发点是什么？《中庸》引孔子的话

---

① 在孔汉思和库合尔编、何光沪译的《全球伦理——世界宗教议会宣言》中《全球伦理普世宣言的原则》罗列了许多与孔子“己所不欲，勿施于人”相同或相近的话，如《圣经·利未记》：“要爱自己的人，像爱自己一样。”犹太教的主要创立者希勒尔说：“你不愿施诸自己的，就不要施诸别人。”《摩诃婆多》：“毗耶婆说：你自己不想经受的事，不要对别人做。”第149、150页。

“仁者,人也,亲亲为大”。[1] “仁爱”是人本身所具有的,爱自己的亲人是最根本的。但儒家认为,“亲亲”必须扩大到“仁民”以及于“爱物”,[2]才是完满的真正的“仁”(仁爱),所以《郭店楚简》中说:“孝之蚕,爱天下之民。”“爱而笃之,爱也;爱父其继爱人,仁也。”且儒家也有以“博爱”释“仁”者。[3] 这就是说,孔子的“仁”虽是从爱自己的亲人出发,但它最终是要求爱天下老百姓,以实现其“治国平天下”的目标。因此,我们可不可以说,孔子的“仁”的理念具有某种“普遍价值”的意义。

基督教的“博爱”,当然我们可以从多方面理解它的涵义,但它的基础是“在上帝面前人人平等”,而由“在上帝面前人人平等”,可以引发出来的“在法律面前人人平等”,这对人类社会也应是具有“普遍价值”的意义,因为这样人类社会才能有公平和正义。“在法律面前人人平等”从表现形式上看是近代西方法律制度的一条重要原则,但其背后支撑的伦理精神理念则是“博爱”,把所有的人都看成是上帝的儿子。[4]

佛教的“慈悲”,《智度论》卷二十七中说:“大慈与一切众生乐,大悲拔一切众生苦”,其出发点是要普度众生脱离苦海,使众生同乐在极乐世界。《佛教大辞典》的“普度众生”条谓:“佛谓视众生在世,营营扰扰,如在海中。本慈悲之旨,施宏大法力,悉救济之,使登彼岸也。”[5]由小乘的“自救”到大乘的“救他”,这种“普度众生”的精神,我认为也是具有某种“普遍价值”的意义。

---

① 《郭店楚简》中的《性自命出》说:“道始于情。”人与人之间的关系开始是建立在“情感”的基础上。

② 《中庸》:“唯天下至诚,为能尽其性。能尽其性,则能尽人之性。能尽人之性,则能尽物之性。能尽物之性,则可以赞天地之化育。可以赞天地之化育,则可以与天地参矣。”

③ 《孝经·三才章》:“‘君王’则天之明,因地之利,……是故先之以博爱,而民莫遗其亲。”如果能使“博爱”(即如天地一样及人、及物)成为社会伦理准则,那么就不会发生违背家庭伦理的事。

④ 《圣经·加拉太书》:“你们因信基督耶稣都是神的儿子。你们受洗归入基督的,都是披戴基督了。并不分犹太人和希腊人,自由人和奴隶,男人和女人,因为你们在基督里都成为一了。”《圣经·马太福音》记有耶稣的《登山教训》中说:“使人和睦的人有福了,因为他们必称为上帝的儿子。”

⑤ 丁福保编:《佛教大辞典》,文物出版社,1984 年,第 1046 页。

孔子的“仁”、基督教的“博爱”、佛教的“慈悲”虽然出发点有异，理路也不大相同，而精神或有相近之处。故而是不是可以说有着某种共同的价值理念，这种共同价值的理念核心就是“爱人”。[①] “爱人”对人类社会来说无疑是有着极高的“普遍价值”的意义。

（三）在各不同民族文化中创造出的某些特有的理念，往往也具有“普遍价值”的意义。

要在各民族文化的特有的理念中寻求“普遍价值”的意义，很可能有不同的看法。我想，这没有关系，因为我们仍然可以在“求同存异”中来找寻某些民族文化特有理念中的“普遍价值”的意义。因为我对其他民族文化的知识了解不在行，我只想举一两个中国儒家哲学中的某些理念谈谈我的一点想法。

在不同民族文化中存在着不同的思想观念（如宗教的、哲学的、风俗习惯的、价值观的等等），这是毫无疑义的，而且可能因文化的不同而引起矛盾和冲突，这不仅在历史上存在过，而且在当今世界范围内也存在着。在这种情况下，“和而不同”的观念是不是对消除“文明的冲突”会有“普遍价值”的意义？“不同”而能“和谐”将为我们提供可以通过对话和交谈的平台，在讨论中达到某种“共识”，这是一个由“不同”达到某种程度的相互“认同”，这种相互“认同”不是一方消灭另一方，也不是一方“同化”另一方，而是在两种不同文化中寻求交汇点，并在此基础上推动双方文化的提升，这正是“和”的作用。就此，我们是不是可以说“和而不同”对当今人类社会的“文明共存”具有某种“普遍价值”的意义？

前面我们曾引用过 1992 年世界一千五百七十五名科学家发表的一份《世界科学家对人类的警告》在开头的一句话：“人类和自然正走

---

① 在佛教的“十二因缘”中有“爱”，但“十二因缘”中的“爱”是指“欲望”的意思，有“占有”义，而“慈悲”是一种无“占有欲”、无功利目的的“爱”，是“普度众生”的“博爱”。这里可能有翻译问题。

上一条相互抵触的道路。”为什么会发生这种情况,就是因为人们对自然无序无量的开发,残暴的掠夺,无情的破坏,把“自然”看成是与“人”对立的两极。针对这种情况也许中国的“天人合一”的理论会对解决这种情况提供某些有意义的思想资源。王夫之《正蒙注·乾称上》中有一段话讲到“天人合一”,大意是说:我考察自汉以来的学说,都只抓到先秦以来《周易》的外在表象,不知《周易》是“人道”的根本,只是到了宋朝周敦颐才开始提出了“太极图说”,探讨了“天人合一”道理的根源,阐明了人之始生是“天道”变化的结果,是“天道”运动的实在表现。在“天道”的变化中把精粹部分给了人,使之成为“人”之“性”,所以“人道”的日用事物当然之“理”与“天道”阴阳变化之秩序是一致的,是统一的,这个道理不能违背。王夫之这段话,可以说是对儒学“天人合一”思想,也是对“易,所以会天道人道也”很好的解释。“人道”本于“天道”,讨论“人道”不能离开“天道”,同样讨论“天道”也必须考虑到“人道”,这是因为“天人合一”的道理既是“人道”的“日用事物当然之理”,也是“天道”的“阴阳变化之秩序”。“人道”本于“天道”,“人道”是“天道”的显现,因此“人”对“天”有着不可推卸的责任。这样的思想理论对当前遭受惨重破坏的“自然界”,可以说是很有意义的,因而也可以说它有“普遍价值”的意义。其实这种观点,在当今西方学术界也有,例如过程哲学的怀德海曾提出“人和自然是一生命共同体”这样的命题,这个命题深刻地揭示着人和自然之不可分的内在关系,人必须像爱自己的生命那样爱护自然界。这个理念应该说有着重要的“普遍价值”的意义。

《论语·颜渊》记载着孔子的一段话,他说:“克己复礼为仁。一日克己复礼,天下归仁焉。为仁由己,而由人乎哉?”这句话,在中国历朝历代就有着不同的诠释,而这种种“诠释”都是与诠释者所处时代和他个人的学养、境界息息相关的。那么,我们今天是否可以给它以一种新的诠释呢?费孝通先生对“克己复礼”有一新的诠释,他说:“克己才能复礼,复礼是取得进入社会、成为一个社会人的必要条件。扬己和克己也许正是东西文化的差别的一个关键。"[1]这样的诠释是有其特殊意义的。朱熹对"克己复礼为仁"的解释说:"克,胜也。己,谓身之私欲也。复,反也。礼者,天理之节文也。"这就是说,要克服自己的私欲,以便在进入社会的人际关系中很好地遵循合乎"天理"(宇宙大法)的礼仪制度。"仁"是人自身所具有的内在品德,"爱生于性","性自命出","命由天降",[2]"礼"是规范人的社会行为的外在礼仪制度,它的作用是为了调节人与人之间关系,使之和谐相处。"礼之用,和为贵。"要人们遵守合乎"天理"的礼仪制度必须是自觉地,出乎内在的爱人之心,它才合乎"仁"的要求,所以孔子说:"为仁由己,而由人乎哉?"仁爱之心是发自内心的,不是由外力来强迫而有的。因此,孔子认为有了追求"仁"的自觉要求,并把人们具有的"仁爱之心"按照合乎"天理"的规范实践于社会生活中,这样社会就会和谐安宁了。"一日克己复礼,天下归仁焉。"《论语·颜渊》中孔子所说的这段话是为"治国安邦"说,"治国安邦"归根结底就是要行"仁政"。"治国平天下"应该行"仁政",行"王道",不应行"苛政"、"霸权"。行"仁政"行"王道"才能使国泰民安,使不同民族、国家和睦相处,而共存共荣。孔子儒家的"仁政"对"现代化"是否也可以有所贡献呢?如果我们对此有所肯定,那是不是也可以说具有一定的"普遍价值"的意义呢?因此,如果各国学者一起努力发展各民族、各国家文化中存在的"普遍价值"的资源,而不要坚持唯我独尊的"普遍主义",那么世界和平就有希望了。实际上,在各民族、各国家的文化中都存在着"普遍价值"意义的因素,问题是需要我们去发掘它,并给以合理的诠释。这是因为各民族、各国家文化中所具有的"普遍价值"意义的因素往往是寓于其特殊理论体系的形式

---

① 费孝通:《文化论中人与自然关系的再认识》,见北京大学中国社会与发展中心、北京大学社会学系、北京大学社会学人类学研究所《ISA 工作论文》,2002 年。

② 见于《郭店楚简》中的《语丛》和《性自命出》。

之中，这就要我们善于从中揭示其有益于人类社会发展的内在价值资源。有责任感的学者应该是既能重视和保护自身的文化“普遍价值”，同时又能尊重和承认其他民族和国家文化中的“普遍价值”。“有容乃大”的精神也许是有活力的文化能得以不断发展的原则。

（三）“多元现代性”的核心价值

最后，我想谈谈“多元现代性”的问题。对“多元现代性”可能有多种说法，至少有两种很不相同的解释：一种是，现代性是多元的，不同民族有不同的“现代性”；另一种看法是，“多元现代性”就是“现代性”，有着共同的基本内涵，只是不同民族进入现代化的道路不同，形式有异，实现方法更可能千差万别。我个人的意见，也许第二种意见较为合理。我们知道，“现代性”就其根源性上说是源自西方，因为西方早已实现了现代化，而且现在许多发展中国家也正在走现代化的道路。因此，就“现代性”说必有其基本相同的核心价值。什么是作为根源性的“现代性”核心价值？这里我想借用严复的观点谈谈我的看法。

严复批评“中学为体，西学为用”，他认为，不能“牛体马用”，这是基于中国哲学的“体用一源”（“体”和“用”是统一的）而言。[①] 他基于此“体用一源”的理念，认为西方近现代社会是“自由为体，民主为用”的社会。[②] 我想，严复所说的“西方近现代社会”不仅仅是指“西方近现代社会”，而是说的人类社会的“近现代社会”。那么，我们能不能说“近现代社会”的特征是“自由为体，民主为用”的社会，而“自由”、“民主”从根源性上说是“现代性”的核心价值？我认为是可以这样说的。对现代社会而言，“自由”是一种精神（包括自由的市场经济和个体的

① 严复在《与〈外交报〉主人书》中说：“善夫金匮裘可桴孝廉之言曰：体用者，即一物而言之也。有牛之体，则有负重之用；有马之体，则有致远之用。未闻以牛为体，以马为用者也。……故中学有中学之体用，西学有西学之体用，分之则并立，合之则两亡。”见《严复集》第三册，中华书局，1986 年，第 558—559 页。

② 语见严复：《原强》，《严复集》第一册，中华书局，1986 年，第 11 页。

“人”的“自由”发展,因为“自由”是创造力),而“民主”从权力和义务两个方面来使“自由”精神的价值得以实现。就这个意义上说,“自由”和“民主”虽源自西方,但它是有着“普遍价值”的意义。我们不能因为它源自西方就认为不具有“普遍价值”的意义。当然,如何进入“近现代社会”,所走的道路,所采取的方法,所具有的形式可能是不同的。但它不可能是排除“自由”和“民主”的社会。

如果我们用中国哲学“体用一源”的思维模式来看世界历史,也许会有一个新的视角。我们可以把“现代社会”作为一个中间点,向上和向下延伸,我们可以把人类社会分成“前现代社会”、“现代社会”和“后现代社会”,如果用中国的“体用一源”的观点看,我们是不是可以说“前现代社会”是以“专制为体,教化为用”类型的社会;“现代社会”是以“自由为体,民主为用”类型的社会;“后现代社会”是以“和谐为体,中庸为用”类型的社会。

人类社会在前现代时期,无论是中国的“皇权专制”或是西方中世纪的“王权专制”(或“神权专制”),虽然形式不同,但都是“专制”社会,要维持其“专制”就要用“教化”作为手段。中国在历史上自汉以来一直是“皇权专制”,它把儒学政治化用来对社会进行“教化”以维持其统治。[①] 当前中国社会可以说正处在由“前现代”向“现代”过渡之中。其他许多发展中国家大概也都是如此。西方中世纪“王权或神权”的“专制”社会,他们用基督教伦理作为“教化”之手段,以维持他们的统治。[②]因此,当时的世界是一个“多元的前现代性”的世界。关于“现代性”的价值问题上面已经说过,在这里再多说一点我的看法。“自由”是一种

---

① 《白虎通义·三纲六纪篇》说:“《含嘉文》曰:君为臣纲,父为子纲,夫为妻纲。又曰:敬诸父兄,六纪道行,诸舅有义,族人有序,昆弟有亲,师长有尊,朋友有旧。……所以疆理上下,整齐人道也。……是以纲纪为化,若罗网之有纪纲,而万目张也。”

② 恩格斯在《费尔巴哈与德国古典哲学的终结》中说:“在中世纪,随着封建制度的发展,基督教形成为与封建制度相适应的宗教,……中世纪把哲学、政治、法律等思想体系的一切囊括在神学之内,变成神学的分科。”张仲实译,人民出版社,1949年,第46页。

精神,“民主”应是一种维护“自由”得以实现的保证。但是,在现代社会中“自由”和“民主”也不是不可能产生种种弊病。因为任何思想体系都会在其自身体系中存在着矛盾。[①] 任何制度在一时期都只有相对性的好与坏,“自由”、“民主”等等也是一样。但无论如何“自由”和“民主”对于人类社会进入“现代”是有着根本性意义的。[②] 人们重视“自由”,因为“自由”是一种极有意义的创造力。正因为有“自由经济”(自由的市场经济)才使得工业化以来人类社会的财富极大增长,使人们在物质生活上受益巨大。正因为有“自由思想”,使得科学、文化日新月异。但不可讳言,“自由经济”却使贫富(包括国家与国家的、民族与民族的以至于同一国家、民族内部)两极分化日益严重;特别是自由经济如果不受到一定程度的控制,将会引起经济危机和社会混乱,近日发生的金融危机就是一明证。[③] “科学主义”、“工具理性”的泛滥扼杀着“人文”精神,弱化了“价值理性”。“现代性”所推崇的“主体性”和主客对立哲学,使得“人和自然”的矛盾日益加深,因而出现了对“现代性”的解构思潮,这就是“后现代主义”。关于“后现代”问题,我没有多少研究,只能粗略地谈点看法。在上个世纪六十年代兴起的后现代主义是针对现代化在发展过程中的缺陷提出的,他们所作的,是对“现代”的解构,曾使一切权威性和宰制性都黯然失色,同时也使一切都零碎化、离散化、浮面化。因此,初期的后现代主义目的在于“解构”,企图粉碎一切权威,这无疑是有意义的。但是它却并未提出新的建设性主张,也并未策划过一个新的时代。到二十世纪末,以“过程哲学”为

---

① 罗素:《西方哲学史》中说:“不能自圆其说的哲学决不会完全正确,但是自圆其说的哲学满可以全盘错误,最富有结果的各派哲学向来包含着显眼的自相矛盾,但正因为了这个缘故才部分正确。”见《西方哲学学》下册,第 143 页。罗素这段话应说对任何哲学都有意义。

② 《北京晚报》2007 年 3 月 16 日刊温家宝总理答法国《世界报》记者问说:“民主、法制、自由、人权、平等、博爱,这不是资本主义所特有的,这是整个世界在漫长的历史过程中共同形成的文明成果,也是人类共同的追求的价值观。”

③ “自由主义既使人免于市场经济之前时代的束缚,也使人们承受着金融和社会灾难的危机。”见耶鲁大学教授保罗·肯尼迪:《资本主义形式会有所改变》,《参考消息》,2009 年 3 月 16 日。

基础的"建构性后现代"提出将第一次启蒙的成绩与后现代主义整合起来,召唤"第二次启蒙"。例如,怀德海的过程哲学(process philosophy)认为,不应把"人"视为一切的中心,而应把人和自然视为密切相连的生命共同体。他并对现代西方社会的二元思维方式进行了批判,他提倡的有机整体观念,正好为他提供了批判现代二元论(科学主义)的理论基础。过程研究中心创会主任约翰·科布说:"建设性后现代主义对解构性的后现代主义的立场持批判态度,……我们明确地把生态主义维度引入后现代主义中,后现代是人与人,人与自然和谐相处的时代。这个时代将保留现代性中某些积极性的东西,但超越其二元论、人类中心主义、男权主义,以建构一个所有生命共同福祉都得到重视和关心的后现代世界。""今天我们认识到人是自然界的一部分,我们生活在生态共同体中,……"[①]这种观点,也许会使中国儒家的"天人合一"思想与之接轨。他们还认为,如果说第一次启蒙的口号是"解放自我",那么第二次启蒙的口号是尊重他者,尊重差别。例如里夫金在他的《欧洲梦》中强调,在崭新的时代,每个人的权利都获得尊重,文化的差异受到欢迎,每个人都在地球可维持的范围内享受着高质量的生活(不是奢侈生活),而人类能生活在安定与和谐之中。他们认为,有机整体系统观念"都关心和谐、完整和万物的互相影响"。[②] 上述观点,在某种程度上也许和中国儒家中的"和谐"观念有相通之处。过程哲学还认为,当个人用自己的"自由"专权削弱社会共同体的时候,其结果一定会削弱其自身的"自由"。因此,必须拒绝抽象自由观,走向有责任的深度自由,要把责任和义务观念引入自由中,揭示出"自由"与义务的内在联系。这与中国传统文化所强调的人只能在与他人

① 《为了共同的福祉——约翰·科布访谈》(王晓华访问记),上海《社会科学报》,2002 年 6 月 13 日。

② 参见杰里米·里夫金:《欧洲梦》,第 326 页。

的关系中才能生存的观点有着某种相似之处。[①] 因此,有见于建构性的后现代主义在西方逐渐发生影响,那么相对于"现代社会",后现代社会将可能是以"和谐为体,中庸为用"的社会。"和谐"作为一种理念它包含着"人与自然的和谐"、"人与人的和谐"(社会的和谐)、"人自我身心的和谐"等极富价值的意义。在这种种"和谐"中必须不断地寻求平衡度,这就要求由"中庸"来实现。如果中国社会能顺利地走完现代化过程,这当然是非常困难而且漫长的。但是由于在儒家文化中,有着丰富的关于"和谐"和"中庸"的思想资源,如果我们给这些有意义的思想资源以适应人类社会发展的新的诠释,[②]也许我国社会很可能比较容易进入"建构性的后现代社会"。正如科布所说:"中国传统思想对建设性后现代主义是非常有吸引力的,但我们不能简单的回到它。它需要通过认真对待科学和已经发生的变革的社会来更新自己。前现代传统要对后现代有所裨益,就必须批判地吸收启蒙运动的积极方

---

① 在中国传统文化的儒家思想中,特别是先秦儒家思想认为,人与人之间有着一种相互对应的关系,如"君仁臣忠"、"父慈子孝"、"兄友弟恭"等等。《礼记·礼运》:"何谓人义?父慈子孝,兄良弟弟,夫义妇听,长惠幼顺,君义臣忠,十者谓之人义。"《左传·昭公二十六年》:"君令臣共,父慈子孝,兄爱弟敬,夫和妻柔,姑慈妇听,礼也。"

② 关于"和谐"观念在中国典籍中论述颇多,如《周易·乾卦·彖辞》:"乾道变化,各正性命,保合太和,乃利贞。"(《张子正蒙注》:"太和,和之至。")《论语》中有"礼之用,和为贵";"和而不同"。《国语·郑语》:"夫和实生物,同则不继。"在西方,莱布尼兹哲学被称为是一种"和谐的体系"(system of Harmony),他的思想建立在所谓普遍的和谐(universal Harmony)之上,他的"单子论"是视宇宙整体为和谐系统的一种学说,而在分殊性中看出统一性来。关于"中庸"的观念,如《书经·大禹谟》:"允执厥中。"《论语》:"子曰:中庸之为德也,其至矣乎,民鲜久矣。"(朱熹《四书集注·论语集注》:"中者,不偏不倚无过不及之名,庸,平常也。")《中庸》中的"中和"("中也者,天下之大本也;和也者,天下之达道也。"),郑玄《礼记·中庸》题解:"名曰中庸者,以其记中和之用也。庸,用也。""执其两端,用其中于民。"西方哲学中有"mean"一词,我们把它译成"中庸"。亚里士多德把"中庸"和节制相联系,并提出一套系统的理论。他认为,万物皆有其中庸之道,如"10"这个数"5"居其中;人的心理状态、情感中,欲望过度是荒淫,不及则是禁欲,节制是适度。中庸有两种,自然界的中庸是绝对的,人事的中庸则是相对的。在伦理学上,人的一切行为都有过度、不及和适度三种状态,过度和不及都是恶行的特征,只有中庸才是美德的特征和道德的标准。美德是一种适中,是以居间者为目的。他还把这种中庸原则运用于政治国家学说。他认为,由中等阶级治理的国家最好,因为拥有适度的财产是最好的,最容易遵循合理的原则,最不会逃避治国的工作或拥有过分的野心,是国家中最安稳的公民阶级;由中等阶级的公民组成的城邦,是结构最好的和组织最好的,因此有希望把国家治理得很好。

面,比如对个体权利的关注和尊重。”[①]科布的这段话,对我们应该说是很有教益的。因而,寻求不同文化中的“普遍价值”必将成为当前学术界关注的一个重点。

让我们回到“多元现代性”的问题。前面我们已经说过,就“现代性”来说必有其基本相同的核心价值,但不同民族、不同国家如何进入“现代社会”,它们所走的道路,所采取的方法,所具有的形式可能很不相同。为什么会出现这种情况,我认为这是由不同民族、不同国家的历史文化原因所造成的,不可能要求完全相同。因此,我们可以设想,中国的儒家思想是不是可以在接受“自由”、“民主”等现代性的核心价值的情况下,创造出不同于西方的道路,并为此补充某些新的内容,从而可以对消除“现代性”所带来的弊端起积极作用。

我认为,儒学的“民本”思想、“宽容”精神以及责任意识应可成为接引“自由”、“民主”、“人权”等现代精神进入中国社会的桥梁。儒家的“民本”思想虽不即是“民主”,但它从本质上并不是反民主的,其根据就在于“民为邦本”。“民为邦本”虽仍是由“治人者”的角度出发的,但它却知道“民”作为国家根基的重要性,因此从理论上说“民主”进入中国社会应不太困难。又,儒学有着对其他文化较为宽容的精神,如它主张“道并行而不相悖”,因此“自由”应比较容易被容纳。中国许多儒者都有着“居安思危”、“先天下忧而忧,后天下乐而乐”的社会责任感,这种特殊的批判精神和责任伦理引入“民主”、“人权”等现代意识应是有意义的。在历史上,中国接受印度佛教文化就是一例。如果我们能把儒学的“民本”思想,“宽容”、“责任”意识等精神融合在“自由”、“民主”、“人权”之中,那么是不是可以走出一条新的进入“自由为体,民主为用”的现代社会呢?我想,它也许是一条使中国较快而且较稳

① 《为了共同的福祉——约翰·科布访谈》(王晓华访问记),上海《社会科学报》,2002年6月13日。

妥实现现代化的路子。

西方现代社会发展到今天,它的种种弊病已经显现,而且如不改弦易辙,那么将使人类社会走向毁灭其自身的道路。因而在西方有"后现代主义"思潮的出现。如果我们从儒家学者所具有的社会责任感和历史使命感中总结出某种"责任伦理",这是不是可以减轻"现代化"所带来的弊病呢?如果"自由"、"民主"是一种负责任的"自由"、"民主",这样的社会也许是可以比较合理的发展。法国人类进步基金会的主席卡拉梅就提出过"责任伦理"的问题,并认为除"人权合约"之外,应有一"责任公约",这是很有见地的。[①] 同时,实际上中国的学者也已经注意到这个问题。我最近注意到西方的某些"中国学"专家已开始从儒家思想发掘有益于人类社会合理发展的思想因素。如法国当代大儒汪德迈在他的《编纂〈儒藏〉的意义》中说:"面对后现代化的挑战,……曾经带给世界完美的人权思想的西方人文主义面对近代社会的挑战,迄今无法给出一个正确答案。那么,为什么不思考一下儒家思想可能指引世界的道路,例如'天人合一'提出的尊重自然的思想,'远神近人'所提倡的拒绝宗教的完整主义以及'四海之内皆兄弟'的博爱精神呢?"[②]美国学者安乐哲、郝大维在《通过孔子而思》一书中说:"我们要做的不只是研究中国传统,更是要设法使之成为丰富和改造我们自己世界观的一种文化资源。儒家从社会的角度来定义'人',这是否可用来修正和加强西方的自由主义模式?在一个以'礼'建构的社会中,我们能否发现可利用的资源,以帮助我们更好理解哲学根基不足却颇富实际价值的人权观念?"[③]法国索邦大学查·华德教授认为:"孔子思想中充满信仰、希望、慈悲,具有普遍性。在二十一世纪的

① 参见《建设一个协力、尽责、多元的世界》,《跨文化对话》第九集,上海文化出版社,2002年。

② 该文见于《光明日报》,2009年8月31日。

③ 〔美〕郝大维、安乐哲:《通过孔子而思》中译本序,何金俐译,北京大学出版社,2005年,第5页。

今天不仅有道德的示范作用,更有精神的辐射作用。”[①]“自由”、“民主”、“人权”等等是现代社会的财富,“责任”、“民本”、“宽容”等等同样是现代社会的财富。现在社会不能没有“自由”、“民主”、“人权”等等,这是“现代性”社会必具备的核心价值,否定它们就没有现代社会。但是,某些民族和国家的文化中不仅会有丰富“自由”、“民主”、“人权”的内涵的思想因素,甚至会存在着制约“自由”、“民主”、“人权”等等可能发生的负面作用的思想资源。正是因为有可能制约“自由”、“民主”、“人权”可能产生的弊病,也许在人类社会发展到后现代时,各个民族和国家文化中具有特殊价值的因素将会成为更重要的“普遍价值”的资源。

我们编著《中国儒学史》,其目的之一也是希望揭示中国儒学的特殊价值中所存在的对人类文化具有“普遍价值”意义的因素以贡献于世界。

三、儒学与经典诠释

《中国儒学史》是 2003 年教育部哲学社会科学研究重大课题攻关项目《〈儒藏〉编纂与研究》中的一个子项目,共分九册:先秦儒学,两汉儒学,魏晋南北朝儒学,隋唐儒学,宋元儒学,明代儒学,清代儒学,近代儒学和现代儒学。这部《中国儒学史》仍是把研究的重点放在儒家的哲学思想方面,但同时我们也多少注意到不要把“儒学”仅仅限在哲学思想方面,因此希望在写作中也力图扩大“儒学”的某些研究内容。当然,我们做得如何,有待读者的评论。在写作本书时,我们特别考虑到它应包含某些“经学”的内容。

---

① 《中法学者沪上共论孔子思想》,上海《文汇报》,2009 年 4 月 18 日。

1938年，马一浮应浙江大学校长竺可桢约至该校为学生讲论“国学”，后集为《泰和会语》。在《楷定国学名义(国学者六艺之学)》中说：“六艺者，即是《诗》、《书》、《礼》、《乐》、《易》、《春秋》也。此是孔子之教，吾国二千余年来普遍承认一切学术之原皆出于此，其余都是六艺之支流。故六艺可以该摄诸学，诸学不能该摄六艺。今楷定国学者，即是六艺之学，用此代表一切固有之学术，广大精微，无所不备。”[①]马一浮这个说法确有其独特见地。盖“六艺之学”即“六经”，它为中国学术之源头，而其后之学皆原于此，并沿此之流向前行，是“源头”与“支流”的关系。正因在我国历史上“六艺之学”(“经学”)代有大儒发挥之，并吸取其他文化以营养之，故作为中华学术文化之源头的“六艺”，其中必有其“普遍价值”之意义。任何民族的学术文化都是在特定的历史环境中形成的，都是有其特殊意义的学术文化，而学术文化的“普遍价值”往往寄寓其“特殊价值”之中。如孔子的“仁者，爱人”，基督的“博爱”，释迦的“慈悲”，虽出发点不同、理路不同，但“爱人利物”则有着相同的“价值”，而具有“普遍价值”的意义。既然学术文化之“普遍价值”往往寄寓“特殊价值”之中，那么马一浮所说“六艺不唯统摄中土一切学术，亦可统摄现在西方一切学术”，应亦可解。盖因“人同此心，心同此理”也。人类所遇到的问题常是共同的，人类对解决这些问题的思考往往也是大同小异的。因此，我中华民族当然应由其自身学术文化中寻求有益于人类社会生活的“普遍价值”，这并不妨碍在其他民族学术文化中寻求“普遍价值”，古云“道并行而不相悖”也。所以马一浮说：弘扬“六艺之学”并不是狭义地保存国粹，也不是单独发挥自己的民族精神，是要使此种文化普遍地及于人类。

六十多年之后的2001年，著名学者、国学大师饶宗颐先生在北京大学的一次演讲中提出应重视“经学”的研究和经典的整理，他说：“经

① 马一浮：《马一浮集》第一册，浙江古籍出版社、浙江教育出版社，1996年，第10页。

书是我们的文化精华的宝库，是国民思维模式、知识涵蕴的基础；亦是先哲道德关怀与睿智的核心精义，不废江河的论著。重新认识经书的价值，在当前是有重要意义的。'经学'的重建，是一件繁重而具创辟性的文化事业，不应局限于文字上的校勘解释工作，更重要的是把过去经学的材料、经书构成的古代著作成果，重新做一次总检讨。'经'的重要性，由于讲的是常道，树立起真理标准，去衡量行事的正确与否，取古典的精华，用笃实的科学理解，使人的生活与自然相调协，使人与人的联系取得和谐的境界。"[①]现在我们编撰《中国儒学史》必须注意"经学"的研究，以期使"经学"能成为此书的重要部分。

如果我们把孔子看作是儒家的创始人，那么可以说，自孔子起就自觉地继承着夏、商、周三代的文化，而"六经"正是夏、商、周三代文化的结晶。("六经"又称"六艺"[②])虽然从文献考证的角度上说，"六经"(或"五经"，因"乐经"早已失传)并非成书于夏、商、周三代之时，但"六经"所记却可被视为记载夏、商、周三代文化的基本传世文本。1993年于湖北出土的"楚简"中有一段关于"六经"的重要记载：

> 礼，交之行述也。
> 乐，或生或教者也。
> 书，□□□□者也。
> 诗，所以会古今之诗也。
> 易，所以会天道、人道也。

---

① 见于饶宗颐先生近日所写的《〈儒学〉与新经学及文艺复兴》一文，《光明日报》，2009 年 8 月 31 日。

② "六艺"之名始见《史记》中《伯夷传》、《李斯传》等，后刘歆编纂《七略》，其一为《六艺略》。马一浮先生把"国学"定为"六艺之学"甚有道理。参见拙作《论马一浮的历史地位与思想价值》，见《儒学天地》，2009 年 1 期。

春秋，所以会古今之事也。[①]

这段话说明了战国中期对“六经”的看法：《礼》，是人们(各阶层或谓各种人际关系)规范交往的行为规则的书；《乐》，是陶冶人的性情(生者，性也)和进行教化的书；《书》，因缺字，但据其他文献可知应是“记事”之书；《诗》，是把古今的诗会辑在一起的一部“诗集”；《易》，是会通天道人道所以然的道理的书，即司马迁所说的“通天人之际”的书；《春秋》，是会通古今历史变迁之轨迹的书，即司马迁所说的“达古今之变”的书。从古代文献记载，可以说“六经”包括了夏、商、周三代的器物文化、制度文化、思想文化。《论语·述而》中说：“子曰：述而不作，信而好古，窃比于我老彭。”意思是说，孔子所“述”、所“好”是古代的典籍文献，即“六经”。《庄子·天运》：“孔子谓老聃曰：丘治《诗》、《书》、《礼》、《乐》、《易》、《春秋》六经，自以为久矣。”又，《论语·述而》：“子曰：加我数年，五十以学《易》，可以无大过矣。”[②]《孟子·滕文公下》：“孔子成《春秋》，而乱臣贼子惧。”这样的材料在先秦文献中还有多处，不一一详列。孔子把“六经”作为自己治学、为人、行事所依的典籍，同时也把“六经”作为教学的基本教材。[③] 从今天看来，恐怕离开了“六经”，我们很难了解中国文化的源头，更难了解儒学的精神。但到汉朝，《乐经》失传，而只有“五经”了。汉武帝“罢黜百家，独尊儒术”，并于建元五年(前 136 年)设“五经博士”，使《易》、《书》、《诗》、《礼》、《春秋》在我国确立了“经”的地位。此后的历史上虽有“七经”(或“六

---

① 《庄子·天下》：“《诗》以道志，《书》以道事，《礼》以道行，《乐》以道和，《易》以道阴阳，《春秋》以道名分。”《荀子·儒效篇》：“圣人也者道之管也。天下之道管是矣，百王之道一是矣，故《诗》、《书》、《礼》、《乐》之道归是矣。《诗》言是其志也，《书》言是其事也，《礼》言是其行也，《乐》言是其和也，《春秋》言是其微也。”

② 《史记·孔子世家》：“孔子五十而学《易》，韦编三绝。”

③ 《礼记·经解》：“孔子曰：人其国，其教可知也。其为人也，温柔敦厚，《诗》教也；疏通知远，《书》教也；广博易良，乐教也；挈静精微，《易》教也；恭俭庄敬，《礼》教也；属辞比事，《春秋》教也。”

经")、"九经"、"十经"、"十一经"、"十二经"以及"十三经"之设,[①]但其中《易》、《书》、《诗》、《礼》、《春秋》在儒学中的根本性地位是不言而喻的。

近几年来,"北京大学《儒藏》编纂与研究中心"承担着教育部《〈儒藏〉编纂与研究》重大攻关研究项目。"中心"已联合我国二十余所高校和研究院以及韩、日、越三国学者编纂《儒藏》精华编,并为以后编纂《儒藏》大全本作准备。《儒藏》精华编收书近五百种,按四部分类,其中"经部"有二百余种。另外尚专设"出土文献类"。《儒藏》精华编还有一特色,即我们还把日本、韩国、越南儒学者以汉文写作的儒学典籍有选择的收入,约有一百五十余种。预计 2015 年完成校点。同时组织我校各方面力量编辑《儒藏总目》,现在《总目·经部》已经完成,所著录者有一万四千余种之多。从中我们可以看到,历代儒学大家无不对"五经"的"注疏"、"论述"、"考订"等等方面用力甚勤。这次我们编著《中国儒学史》虽注意到"经学"方面,但很难说比较完满,因在这方面的研究成果不多,对此我们将会继续关注这个方面的新进展,以便再版时对这方面有所加强。学术研究是无止境的,从总体上说定是"日日新,又日新"地前进着。

儒家的"经书"不仅应包括已有的"五经"或"十三经",而且应包括自上个世纪末出土的儒家文献。饶宗颐先生在前面提到的演讲中说:"现在出土的简帛记录,把经典原型在秦汉以前的本来面目,活现在我们眼前,过去自宋迄清的学人千方百计求索梦想不到的东西,现在正如苏轼诗句'大千在掌握'之中,我们应该再做一番整理工夫,重新制订我们新时代的'圣经'(Bible)。"这是 2001 年饶先生说的一段话,意思是说新出土的先秦文献更能表现秦汉以前经典原型的本来面目。在 2001 年,我们能看到的重要出土文献主要是长沙马王堆出土的"帛

① 参见《中国儒学大观》,北京大学出版社,2001 年,第 24 页。

书”和1993年在湖北荆门地区出土的《郭店楚简》;其后1994年,上海博物馆于海外购得战国竹简一千二百多支;2008年清华大学又由海外购得战国竹简两千余支,如此等等。这批简帛虽非全为儒家典籍,但可以说归属于儒家者占首位。这批归属于儒家的典籍其价值自不待言,应可与传世“五经”的地位相当,例如其中的《帛书周易》、上博《周易》、《五行篇》、《孔子诗论》以及与《尚书》的篇章等等有关的文献。这批文献又可补自孔子至孟子之间儒学之缺。因此,它是我们研究儒家思想要给以特别重视的。

我国历代儒家学者都十分重视对“五经”的诠释,因而可以说我们有着十分雄厚的诠释经典的资源。中国自古就是一个非常重视历史传统的国家,故有“六经皆史”的说法。孔子说他自己对“经典”是“述而不作,信而好古”。这就是说,孔子对三代经典(“六经”)只是作诠释,而不离开经典任意论说;对经典信奉而且爱好,以至于“不知老之将至”。孟子以“祖述尧舜”、“宪章文武”、“述仲尼之志”为己任。荀子认为“仁人”之务,“上则法尧舜之制,下则法仲尼、子弓之义”。实际上,孔、孟、荀及先秦儒学者所述严格地说都是对“六经”的诠释。如先秦之《易传》是对《易经》的诠释;《大学》中则多有对《书经》、《诗经》的诠释;上博《战国楚竹书》中的《孔子论诗》是对《诗经》的一种诠释(《中庸》和《五行》同样包含着对《诗经》的诠释);《礼记》可说是对《礼经》的诠释;《春秋》三传是对《春秋》经的诠释。现试以《左传》对《春秋经》和《易传》对《易经》的解释为例说明先秦儒家对经书的诠解方式。

《左传》是对《春秋》的解释,相传是由左丘明作的,但近人杨伯峻考证说“我认为,《左传》作者不是左丘明”,“作者姓何名谁已不可考”,“其人可能受孔丘影响,但是儒家别派”。杨伯峻并认为:“《左传》成书于公元前403年魏斯为侯之后,周安王十三年(前386年)以前。”这里我们暂且把杨伯峻先生的论断作为根据来讨论《左传》对《春秋》的解释问题。据杨伯峻推算《左传》成书的时间,我们可以说《左传》是目前知道的最早一部对《春秋经》进行全部诠释的书，或者也可以说是世界上现存最早的解释性的著作之一。这就说明中国的经典解释问题至少有着两千三四百年的历史了。

《春秋》隐公元年记载："夏五月，郑伯克段于鄢。"《左传》对这句话有很长一段注释，现录于下：

> 初，郑武公娶于申，曰武姜，生庄公及共叔段。庄公寤生，惊姜氏，故名曰寤生，遂恶之。爱共叔段，欲立之。亟请于武公，公弗许。及庄公即位，为之请制。公曰："制，岩邑也，虢叔死焉。佗邑唯命。"请京，使居之，谓之京城大叔。祭仲曰："都，城过百雉，国之害也。先王之制，大都，不过参国之一；中，五之一；小，九之一。今京不度，非制也，君将不堪。"公对曰："姜氏欲之，焉辟害？"对曰："姜氏何厌之有？不如早为之所，无使滋蔓！蔓，难图也。蔓草犹不可除，况君之宠弟乎？"公曰："多行不义，必自毙，子姑待之。"既而大叔命西鄙、北鄙贰于己。公子吕曰："国不堪贰，君将若之何？欲与大叔，臣请事之；若弗与，则请除之，无生民心。"公曰："无庸，将自及。"大叔又收贰以为己邑，至于廪延。子封曰："可矣。厚将得众。"公曰："不义，不暱。厚将崩。"大叔完聚，缮甲兵，具卒乘，将袭郑，夫人将启之。公闻其期，曰："可矣。"命子封帅二百乘以伐京。京叛大叔段。段入于鄢。公伐诸鄢。五月辛丑，大叔出奔共。书曰：郑伯克段于鄢。段不弟，故不言弟；如二君，故曰克；称郑伯，讥失教也，谓之郑志。不言出奔，难之也。[①]

《左传》这样长长一段是对经文所记"郑伯克段于鄢"六个字的注释，它是对历史事件的一种叙述。它中间包含着事件的起始，事件的曲折过程，还有各种议论和讨论以及事件的结尾和评论等等，可以说是一相

---

① 杨伯峻：《春秋左传注》，中华书局，1981年，第1册，第10—14页。

当完整的叙述式的故事。《左传》这一段叙述如果不是对《春秋》经文的铺陈解释，它单独也可以成为一完整历史事件的叙述，但它确确实实又是对《春秋》经文的注释。如果说"郑伯克段于鄢"是事件的历史（但实际上也是一种叙述的历史），那么相对地说上引《左传》的那一段可以说是叙述的历史。叙述的历史和事件的历史总有其密切的关系，但严格说来几乎写的历史都是叙述的历史。叙述历史的作者在叙述历史事件时必然都和他处的时代、生活的环境、个人的道德学问，甚至个人的偶然机遇有关系，这就是说叙述的历史都是叙述者表现其对某一历史事件的"史观"。上引《左传》的那一段，其中最集中地表现作者"史观"的就是那句"多行不义，必自毙"和最后的几句评语。像《左传》这种对《春秋》的解释，对中国各种史书都有影响。我们知道中国有"二十四史"，其中有许多"史"都有注释，例如《三国志》有裴松之注，如果《三国志》没有裴注，这部书就大大逊色了。裴注不专门注重训诂，其重点则放在事实的解释和增补上，就史料价值说是非常重要的。《三国志·张鲁传》裴注引《典略》"熹平中，妖贼大起，三辅有骆曜。光和中，东方有张角，汉中有张修。骆曜教民缅匿法，角为太平道，修为五斗米道"云云一长段，大大丰富了我们对汉末道教各派的了解。裴注之于陈寿《三国志》和《左传》之于《春秋》虽不尽相同，但是都是属同一类型，即都是对原典或原著的历史事件的叙述式解释。

《易经》本来是古代作为占卜用的经典，虽然我们可以从它的卦名、卦画、卦序的排列以及卦辞、爻辞等等中分析出某些极有价值的哲理，但我们大概还不能说它已是一较为完备的哲学体系，而《易传》中的《系辞》对《易经》所作的总体上的解释，则可以说已是较完备的哲学体系了。[①]《系辞》把《易经》看成一个完整的整体性系统，对它作了整

---

① 《易传》中除《系辞》，还包含其他部分，都可作专门讨论，但限于篇幅，本文只讨论《系辞》对《易经》的解释问题。

体性的哲学解释，这种对古代经典作整体性的哲学解释，对后世有颇大影响，如王弼的《老子指略》是对《老子》所作的系统的整体性解释，《周易略例》则是对《周易》所作的系统的整体性解释。[①] 何晏有《道德论》和《无名论》都是对《老子》作的整体性解释，如此等等在中国历史上还有不少。[②]《系辞》对《易经》的解释，当然有很多解释问题可以讨论，本文只就其中包含的本体论和宇宙生成论两大问题来略加探讨，而这两个不同的解释系统在实际上又是互相交叉着的。

《易经》的六十四卦是一个整体性的开放系统，它的结构形成为一个整体的宇宙架构模式。这个整体性的宇宙架构模式是一生生不息的有机架构模式，故曰："生生之谓易。"世界上存在着的事事物物都可以在这个模式中找到它一一相当的位置，所以《系辞》中说：《易经》（或可称"易道"）"范围天地之化而不过，曲成万物而不遗"。在宇宙中存在的天地万物其生成变化都在《易经》所包含的架构模式之中，"在天成象，在地成形，变化见矣。"天地万物之所以如此存在都可以在《易经》中的架构模式中找到其所以存在的道理，找到一一相当的根据，"天下之理得，而成位于其中。"因此，"易与天地准，故能弥纶天地之道。"《易经》所表现的宇宙架构模式可以成为实际存在的天地万物相应的准则，它既包含着已经实际存在的天地万物的道理，甚至它还包含着尚未实际存在而可能显现成为现实存在的一切事物的道理，"故神无方易无体"，"易"的变化是无方所的，也是不受现实存在的限制的。这就说明，《系辞》的作者认为，天地万物之所以如此存在着、变化着都可以从"易"这个系统中找到根据，"易"这个系统是一无所不包的宇宙模式。这个模式是形而上的"道"，而世界上已经存在的或者还未

① 王弼大概还有专门对《系辞》作的玄学本体论解释，这不仅见于韩康伯《周易系辞注》中所引用的王弼对"大衍之义"的解释，还见于杨士勋《春秋穀梁传疏》中引用王弼的话。

② 《世说新语·文学篇》"裴成公作《崇有论》"条，注引"晋诸公赞曰：自魏太常夏侯玄、步兵校尉阮籍等皆著《道德论》"云云。

存在而可能存在的东西都能在此"易"的宇宙架构模式中找到其所以存在之理,所以《系辞》中说:"形而上者谓之道,形而下者谓之器。"在中国哲学中,从现有的文献资料看,最早明确提出"形上"与"形下"分别的应说是《系辞》。我们借用冯友兰先生的说法,可以说"形而上"的是"真际","形而下"的是"实际","实际"是指实际存在的事物,而"真际"是实际存在事物之所以存在之"理"(或"道",或"道理")。① 这就是说,《系辞》已经注意到"形上"与"形下"的严格区别,它已建立起一种以"无体"之"易"为特征的形而上学体系。这种把《易经》解释为一宇宙架构模式,可以说是《系辞》对《易经》的形而上本体论的解释。

这种对《易经》本体论的解释模式对以后中国哲学的影响非常之大,如王弼对《系辞》"大衍之数"的解释,王弼《老子指略》对《老子》的解释。韩康伯《周易系辞注》"大衍之数五十,其用四十有九"条中说:"王弼曰:演天地之数所赖者五十也,其用四十有九,则其一不用也。不用而用以之通,非数而数之以成,斯易之大极也。四十有九,数之极也,夫无不可以无明,必因于有,故常于有物之极,而必明其所由之宗也。""宗"者,体也。这里王弼实际上用"体"与"用"之关系说明"形上"与"形下"之关系,而使中国的本体论更具有其特色。②《老子指略》中说:"夫物之所以生,功之所以成,必生乎无形,由乎无名。无形无名者,万物之宗也。"用"无"和"有"以说"体"和"用"之关系,以明"形上"与"形下"之关系,而对《老子》作一"以无为本"之本体论解释。

在《系辞》中还有一段对《易经》的非常重要的话:"易有太极,是生两仪,两仪生四象,四象生八卦,……""易"包含着一个生成系统。这

---

① 冯友兰先生所用"真际"一概念,在佛教中已普遍使用,如《仁王经》上说:"以诸法性即真际故,无来无去,无生无灭,同真际等法性。"《维摩经》说:"非有相非无相,同真际等法性。"丁福保《佛学大辞典》谓"真际"即至极之义。"道"虽不是实际存在的事物,但它并不是"虚无",而是"不存在而有"(non-existence but being),这是借用金岳霖先生的意思。(参见冯友兰:《中国现代哲学史》,第217页,广东人民出版社,1999年)陆机《文赋》:"课虚无以责有,叩寂寞而求音。"正是"不存在而有"的最佳表述。

② 《周易王韩注》第三十八章:"万物虽贵,以无为用,不能舍无以为体也。"

个生成系统是说《易经》表现着宇宙的生生化化。宇宙是从混沌未分之“太极”(大一)发生出来的,而后有“阴”(--)“阳”(—),再由阴阳两种性质分化出太阴(⚏)、太阳(⚌)、少阴(⚍)少阳(⚎)等四象,四象分化而为八卦(☰、☷、☳、☴、☵、☲、☶、☱),这八种符号代表着万物不同的性质,据《说卦》说,这八种性质是:“乾,健也;坤,顺也;震,动也;巽,入也;坎,陷也;离,丽也;艮,止也;兑,说也。”这八种性质又可以用天、地、雷、风、水、火、山、泽的特征来表示。由八卦又可以组成六十四卦,但并非说至六十四卦这宇宙生化系统就完结了,实际上仍可展开,所以六十四卦最后两卦为“既济”和“未济”,这就是说事物(不是指任何一种具体事物,但又可以是任何一种事物)发展到最后必然有一个终结,但此一终结又是另一新的开始,故《说卦》中说:“物不可穷也,故受之以未济终焉。”天下万物就是这样生化出来的。“易”这个系统是表现着宇宙的生化系统,是一个开放性的系统。《系辞》中还说:“天地絪缊,万物化醇,男女构精,万物化生。”《序卦》中说:“有天地,然后有万物;有万物,然后有男女;有男女,然后有夫妇;有夫妇,然后有父子;有父子,然后有君臣;有君臣,然后有上下;有上下,然后礼仪有所错。”这种把《易经》解释成为包含着宇宙的生化系统的理论,我们可以说是《系辞》对《易经》的宇宙生成论的解释。这里有一个问题需要作些分疏,照我看“太极生两仪……”仅是个符号系统,而“天地絪缊,化生万物……”和“有天地,然后有万物”就不是符号了,而是一个实际的宇宙生化过程,是作为实例来说明宇宙生化过程的。因此我们可以说,《系辞》所建立的是一种宇宙生化符号系统。这里我们又可以提出另一个中国哲学研究的新课题,这就是宇宙生成符号系统的问题。汉朝《易经》的象数之学中就包含宇宙生成的符号问题,而像“河图”、“洛书”等都应属于这一类。后来又有道教中的符箓派以及宋朝邵雍的“先天图”、周敦颐的“太极图”(据传周敦颐的“太极图”脱胎于道士陈抟的“无极图”,此说尚有疑问,待考)。关于这一问题需另文讨论,非本文所应详论之范围。但是，我认为区分宇宙生成的符号系统与宇宙实际生成过程的描述是非常重要的。宇宙实际生成过程的描述往往是依据生活经验而提出的具体形态的事物（如天地、男女等等）发展过程，而宇宙生成的符号系统虽也可能是依据生活经验，但其所表述的宇宙生成过程并不是具体形态的事物，而是象征性的符号，这种符号或者有名称，但它并不限定于表示某种事物及其性质。因此，这种宇宙生成的符号系统就象代数学一样，它可以代入任何具体形态的事物及其性质。两仪（--和—）可以代表天地，也可以代表男女，也可代表刚健和柔顺等等。所以我认为，仅仅把《系辞》这一对《易经》的解释系统看成是某种宇宙实际生成过程的描述是不甚恰当的，而应了解为可以作为宇宙实际生成系统的模式，是一种宇宙代数学，我把这一系统称之为《系辞》对《易经》解释的宇宙生成论。像《系辞》这类以符号形式表现的宇宙生成论，并非仅此一家，而《老子》的“道生一，一生二，二生三，三生万物，万物负阴而抱阳，冲气以为和”，也是一种宇宙生成的符号系统，也是一种宇宙代数学，其中的数字可以代以任何具体事物。“一”可以代表“元气”，也可以代表“虚霩”（《淮南子·天文训》谓“道始于虚霩”，虚霩者尚未有时空分化之状态）。“二”可以代表“阴阳”，也可以代表“宇宙”（《天文训》谓“虚霩生宇宙”，即由未有时空分化之状态发展成有时空之状态）。“三”并不一定就指“天、地、人”，它可以解释为有了相对应性质的两事物就可以产生第三种事物，而任何具体事物都是由两种相对应性质的事物产生的，它的产生是由两种相对应事物交荡作用而生的合物。[1] 然而汉朝的宇宙生成论与《系辞》所建构的宇宙生成论不同，大都是对宇宙实际生成过程的描述，此是后话，当另文讨论。[2]

我们说《系辞》对《易经》的解释包括两个系统，即本体论系统和宇宙生成论系统，那是不是说《系辞》对《易经》的解释包含着矛盾？我想，不是的。也许这两个系统恰恰是互补的，并形成为中国哲学的两大系。宇宙本身，我们可把它作为一个平面开放系统来考察，宇宙从其广度说可以说是无穷的，郭象《庄子·庚桑楚》注："宇者，有四方上下，而四方上下未有穷处。"同时我们又可以把它作为垂直延伸系统来考察，宇宙就其纵向说可以说是无极的，故郭象说："宙者，有古今之长，而古今之长无极。"既然宇宙可以从两个方面来考察，那么"圣人"的哲学也就可以从两个方面来建构其解释宇宙的体系，所以"易与天地准"。"易道"是个开放性的宇宙整体性结构模式，因此"易道"是不可分割的，是"大全"，宇宙的事物曾经存在的、现在仍然存在的或者将来可能存在的都可以在"易"这个系统中找到一一相当的根据。但"易道"又不是死寂的，而是一"生生不息"系统，故它必须显示为"阴"和"阳"（注意：但"阴"和"阳"细组而生变化，"阴阳不测谓之神"）相互作

---

① 关于"三"的问题，庞朴同志提出"一分为三"以区别于"一分为二"，这点很有意义。如果从哲学本体论方面来考虑，"一分为三"的解释或可解释为在相对应的"二"之上或之中的那个"三"可以是"本体"，如"太极生两仪"，合而为"三"，"太极"是"本体"，而"两仪"是"本体"之体现。我在一篇文章中讨论过，儒家与道家在思想方法上有所不同，儒家往往是于两极中求"中极"，如说"过犹不及"、"叩其两端"、"允执其中"，而道家则是于"一极"求其对应的"一极"，如"天下皆知美之为美，斯恶已"。（参见《论〈道德经〉建立哲学体系的方法》，《哲学研究》，1986 年第一期）儒家于"两极"中求"中极"，这"中极"并不是和"两极"平列的，而是高于"两极"之上的。就本体意义上说，这"中极"就是"中庸"，就是"太极"。因此，就哲学上说，"一分为三"与"一分为二"都是同样有意义的哲学命题。就哲学意义上说"一分为三"实是以"一分为二"为基础。

② 例如《淮南子·天文训》中说："道始于虚霩，虚霩生宇宙，宇宙生元气，元气有涯垠，清阳者薄靡而为天，重浊者凝滞而为地。"《孝经纬·钩命诀》："天地未分之前，有太易、有太初、有太始、有太素、有太极，是为五运。形象未分，谓之太易。元气始萌，谓之太初。气形之端，谓之太始。形变有质，谓之太素。质形已具，谓之太极。五气渐变，谓之五运。"可见，汉朝的宇宙生成论大体上都是"元气论"。

用的两个符号(不是凝固的什么东西),这两个互相作用的符号代表着两种性质不同的势力。而这代表两种不同性质的符号是包含在“易道”之中的,“易道”是阴阳变化之根本,所以说“一阴一阳之谓道”。杨士勋《春秋穀梁传疏》中引用了一段王弼对“一阴一阳之谓道”的解释,文中说:“《系辞》云:一阴一阳之谓道。王弼云:一阴一阳者,或谓之阴或谓之阳,不可定名也。夫为阴则不能为阳,为柔则不能为刚。唯不阴不阳,然后为阴阳之宗;不柔不刚,然后为刚柔之主。故无方无体,非阴非阳,始得谓之道,始得谓之神。”阴和阳代表着两种不同的性质,此一方不能代表彼一方,只有“道”它既不是阴又不是阳,但它是阴阳变化之宗主(本体),故曰“神无方,易无体也”。就这点看,《系辞》把《易经》解释为一平面的开放体系和立体的延申体系的哲学,无疑是有相当深度的哲学智慧的。再说一下,《系辞》对《易经》的整体性哲学解释和《左传》对《春秋》的叙述事件型解释是两种很不相同的解释方式。

李零教授说:“汉代的古书传授有经、传、记、说、章句、解故之分。大体上讲,它们的区分主要是,‘经’是原始文本,‘传’是原始文本的载体和对原始文本的解说(类似后世所说的‘旧注’)。‘经’多附‘传’而行,‘传’多依‘经’而解,……‘记’(也叫‘传记’)是学案性质的参考资料,‘说’则可能是对‘经传’的申说(可能类似于‘疏’),它们是对‘传’的补充(这些多偏重于义理)。‘章句’是对既定文本,……所含各篇的解析,……‘解故’(也叫作‘故’),则关乎词句的解释。”李零教授说清了“经”与诠释“经”的“传”、“记”、“说”、“解”、“注”、“笺”、“疏”等等之间的关系。① 今天,我们要读懂“五经”,是不能不借助历代儒学大家的注疏的。同时,在我国对经典的诠释中常需具备“训诂学”、“文字学”、“音韵学”、“考据学”、“版本学”、“目录学”等等的知识,也就是说具备这些方面的知识才能真正把握中国诠释经典的意义。

---

① 李零:《郭店楚简校读记》,北京大学出版社,2002 年,第 72 页。

1998年,我曾提出"能否创建中国解释学"的问题,其后写了四篇文章讨论此问题。[1] 在中国,自先秦以来有着很长的诠释经典的历史,并且形成了种种不同的注释经典的方法与理论。而各朝各代诠释经典的理论与方法往往也有所不同。例如在汉朝有用所谓"章句"的方法注释经典,分章析句,一章一句甚至一个字一个字地详细解释。据《汉书·儒林传》说,当时儒家的经师对"五经"的注解,"一经之说,至百余万言。"儒师秦延君释"尧典"二字,十余万言;释"曰若稽古"四字,三万言。当时还有以"纬"(纬书)证"经"的方法,苏舆《释名疏证补》谓:"纬之为书,比傅于经,辗转牵合,以成其谊,今所传《易纬》、《诗纬》诸书,可得其大概,故云反复围绕以成经。"此种牵强附会的解释经典的方法又与"章句"的方法不同。至魏晋,有"玄学"出,其注释经典的方法为之一变,玄学家多排除汉朝繁琐甚至荒诞的注释方法,或采取"得意忘言",或采取"辨名析理"等简明带有思辨性的注释方法。王弼据《庄子·外物》以释《周易·系辞》"言不尽意,书不尽言",作《周易略例·明象章》,提出"得意忘言"的玄学方法,而开一代新风。[2] 此是一典型解释儒经的新方法。郭象继之而有"寄言出意"之说,其《庄子·逍遥游》第一条注说:

> 鹏鲲之实,吾所未详也。夫庄子之大意,在乎逍遥游放,无为而自得,故极大小之致,以明性分之适。达观之士,宜要其会归,而遗其所寄,不足事事曲与生说,自不害其弘旨,皆可略之。

这种"寄言出意"的注释方法自与汉人注释方法大不相同。《大慧普觉禅师语录》卷二十二中说:"曾见郭象注庄子,识者云:却是庄子注郭

---

① 此五篇论文均收入拙著《和而不同》一书中,辽宁人民出版社,2001年。

② 王弼《周易略例·明象》:"夫象者,出意者也;言者,明象者也。尽意莫若象,尽象莫若言。言生于象,故可寻言以观象;象生于意,故可寻象以观意。意以象尽,象以言著。故言者所以明象,得象而忘言;象者所以存意,得意而忘象。"参见汤用彤先生《魏晋玄学论稿》中之《言意之辩》。《汤用彤全集》第四卷,河北人民出版社,2000年,第22页。

象。”如果说汉人注经大体上是“我注六经”，那么王弼、郭象则是“六经注我”了。

郭象注《庄子》还用了“辨名析理”的方法，这种方法和先秦“名家”颇有关系，盖魏晋时期“名家”思想对玄学产生有所影响。郭象《庄子·天下注》的最后一条谓：

> 昔吾未览《庄子》，尝闻论者争夫尺棰连环之意，而皆云庄生之言，遂以庄生为辩者之流。案此篇较评诸子，至于此章，则曰：其道舛驳，其言不中，乃知道听途说之伤实也。吾意亦谓，无经国体致，真所谓无用之谈也。然膏粱之子，均之戏豫，或倦于典言，而能辨名析理，以宣其气，以系其思，流于后世，使性不邪淫，不犹贤于博弈者！故存而不论，以贻好事也。

这里郭象把“辨名析理”作为一种解释方法提出来，自有其特殊意义，但“辨名析理”几乎是所有魏晋玄学家都采用的方法，所以有时也称魏晋玄学为“名理之学”。如王弼说：“夫不能辨名，则不可言理；不能定名，则不可以论实也。”嵇康《琴赋》谓：“非夫至精者，不能与之析理也。”就这点看，魏晋玄学家在注释经典上已有方法论上的自觉。至宋，有陆九渊提出“六经注我，我注六经”的问题，[①]实在魏晋时已开此问题之先河，不过当时并未把它作为一问题提出。至清，因考据之学盛，有杭世骏论诗而对“诠释”有一说：“诠释之学，较古昔作者为尤难，语必溯源，一也；事必数典，二也；学必贯三才而穷七略，三也。”[②]意思是说，诠释这门学问，就今人对诗文的诠释说比古昔作者更加困难，原因是首先应了解其原意，其次要知道所涉及的典故；再次是必学贯天、地、人三学而对“七略”知识有所了解。杭世骏所言之“诠释”虽非今日

---

① 陆九渊著，钟哲点校：《陆九渊集》，中华书局，1980年，第522页。《陆氏年谱》记载有杨简曾闻：“或谓陆先生云：‘胡不注六经？’先生云：‘六经当注我，我何注六经。’”

② 杭世骏：《李义山诗注序》，《道古堂全集·文集》卷八。

所说之西方“诠释学”(Hermeneutics)之“诠释”,但也可看到自先秦两汉以来,我国学者在各学科中均意识到对著作之文本是需要通过解释来理解的。因此,对中国儒学的研究,必须注意历代对“经书”的注释,以使人们了解在我国的历史传统确有对“经典”诠释颇为丰富的理论与方法的资源。通过《中国儒学史》的撰写,对儒家经典的诠释历史加以梳理,总结出若干有意义的理论与方法,也许对创建“中国诠释学”大有益处。①

四、儒学与外来文化的传入

罗素说:“不同文明的接触,以往常常成为人类进步里程碑。”②在两千多年的儒学发展史中,我们可以清楚地看到,“儒学”的每一次发展除其自身内在自觉地更新外,都是在与我国国内存在的各学派交流中得到发展的,汉儒吸收了道家、法家、阴阳家的学说而有“两汉经学”;魏晋南北朝时期,诸多玄学家均有注儒家经典者,而“以儒道为一”。③ 儒学在我国历史上与我国原有各学派之间的相互影响无疑是在研究儒学史时应予注意的。这方面已有论述较多,兹不详述。也许更应关注的是外来文化传入对儒学发生重大影响的问题。

在儒学发展史上,可以说有两次重大的外来文化传入对我国儒学

---

① 参见拙作《论创建中国解释学问题》,《中国哲学》第二十五辑,辽宁教育出版社,2004年。

② 《中西文明的对比》,见罗素:《中国问题》,第146页。

③ “向子期(秀)以儒道为一。”(谢灵运《辨宗论》),汤用彤《王弼之〈周易〉、〈论语〉新义》说:“陈寿《魏志》无王弼传,仅于《钟会传》尾附叙数语,实太简陋。然其称弼‘好论儒道’,‘注《易》及《老子》’,孔老并列,未言偏重,……盖世人多以玄学为老、庄之附庸,而忘其亦系儒学之蜕变。”汤著《向郭义之庄周与孔子》中说:“郭序曰,《庄子》之书‘明内圣外王之道’。向、郭之所以尊孔抑庄者,盖由此也。”其时有王(弼)韩(康伯)《周易注》、何晏《论语集解》、王弼《论语释疑》、向秀《周易注》、郭象《论语体略》《论语隐》、皇侃《论语义疏》等等。

产生过重大影响,第一次是自公元一世纪以下,印度佛教文化的传入,它成为宋明理学(道学)产生的重要原因之一。如果不算唐朝传入的景教和在元朝曾发生过一定影响的也里可温教,因为这两次外来文化的传入都因种种原因而中断了。第二次文化外来是西方文化大规模的进入中国。自十六世纪末,特别是自十九世纪中叶西方文化全方位的传入,大大地影响和改变了儒学在中国社会生活中的地位。那么,我们需要问,今天应该如何看儒学与西学的关系？我想,这也许涉及到文化发展中"源"与"流"的关系问题。

我们知道,任何历史悠久且仍然有着生命力的民族文化必有其发生发展的源头,也就是说有其发源地,它可被称为该民族文化之"源"。例如今日欧洲文化的源头可以说主要是源自古希腊,印度文化的发源地在南亚的恒河流域。中华文化源远流长,有五千年的历史,它的源头在东亚的黄河、长江流域。在这些有长久历史的民族文化发展过程中总是在不断吸收着其他地区民族文化以滋养其自身,而被吸收的种种文化对吸收方说则是"流"。一个有长久历史仍然有着生命力的文化就像一条不断流着的大江大河,它必有一个源头,它在流动之中往往会有一些江河汇入,这些汇入主干流的江河常被称为"支流",甚至某些支流在一定情况下其流量比来自源头的流量要大,但"源"仍然是"源","流"仍然是"流"。因此,我们在讨论一种文化的发展时必须注意处理好文化的"源"与"流"的关系。

(一) 儒学与印度佛教的传入

儒学自孔子起就自觉地继承着源自中华大地的夏、商、周三代的文化,在长达两千多年的历史中曾是中华文化的主体,因而也可以说它的学说是来自中华大地文化的源头。印度佛教文化在一世纪传入中国之后曾对中国社会的宗教、哲学、文学、艺术、建筑、医学等等诸多方面有着重大影响,这一事实是中外学界所公认的。但是,上述的所有学科在历史上仍然体现着中华文化内在的精神面貌。因此，中国固有文化仍然是“源”，而印度佛教文化只是“流”。佛教传入中国的历史很长，在魏晋时有着广泛的影响，然就其与“魏晋玄学”的关系说，并非因佛教的传入而有“玄学”，而恰恰相反，是因有“玄学”而佛教才得以在我国比较顺利地流行。印度佛教对魏晋南北朝时期中国的思想文化起着重大作用，但它只是一个“助因”，并不能改变中国思想文化的根本性质和发展方向。“玄学是从中国固有学术自然的演进，从过去思想中随时演进的‘新义’，渐成系统，玄学的产生与印度佛教没有必然关系。易而言之，佛教非玄学生长之正因。反之，佛教倒是先受玄学的洗礼，这种外来思想才能为我国所接受。所以从一个方面讲，魏晋时代的佛学也可以说是玄学。但佛学对玄学为推波助澜的助因是不可抹杀的。”[①]例如在中国有影响的佛教学说僧肇和道生所讨论的许多问题仍是中国原本在“玄学”中所讨论的问题，如僧肇四论：动静、有无、知与无知、圣人人格等问题都是自王弼、郭象以来玄学讨论的主题，可以说《肇论》是接着“玄学”讲的。而道生之顿悟，“实是中印学术两者调和之论，一扫当时学界两大传统冲突之说，而开伊川谓‘学’乃以至圣人学说之先河。”[②]到隋时，据《隋书·经籍志》记载：当时“民间佛经，多于六经数十百倍”，但也未能改变儒学在社会上的正统地位。因而至隋唐，在我国出现了若干受我国固有的儒、道学术文化影响的佛教宗派，其中在我国最有影响的天台、华严、禅宗实是中国化的佛教宗派。另虽有玄奘大师提倡的唯识宗，流行三十余年后则渐衰。天台、华严、禅宗所讨论的重要问题是心性问题。“心性问题”本来是中国儒家思想所讨论的问题(近期出土文献对此问题讨论甚多)。天台有所

---

① 参见汤用彤：《魏晋玄学的发展》，见《汤用彤全集》第四卷，河北人民出版社，2000 年，第 112 页。

② 参见：汤用彤《谢灵运〈辨宗论〉书后》，《汤用彤全集》第四卷，第 96—102 页。

谓“心生万法”；[①]华严宗有融“佛性”于“真心”；禅宗则更认为“佛性”即人之“本心”（本性）。由于佛教的中国化，使得中国化的佛教宗派、特别是禅宗大大改变了印度佛教的原貌；佛教在中国从“出世”走向世俗化，认为在日常生活中就可以成佛，因而原来被佛教排斥的儒家“忠君”、“孝父母”[②]和道家的“顺自然”[③]等等思想也可以被容纳在禅宗里面。在世界历史上，文化也曾发生过异地发展之问题，印度佛教文化在中国的发展就是一例。公元八、九世纪佛教在印度已大衰落，然而在中国却大发展，而有天台、华严、禅宗等。中国佛教这些宗派直接影响着朝鲜半岛、日本等地。因此，我们可以说中国文化曾受惠于印度佛教，而印度佛教又在中国得到发扬光大。

至宋，理学兴起，一方面批评佛教，另一方面又吸收佛教。本来中国儒学是入世的“治国平天下”之道，而非如佛教的“出世”寻求“西方极乐世界”，两者很不相同，但理学不仅吸收了华严宗“理事无碍”、“事事无碍”的思想，而有“人人一太极，物物一太极”和“理一分殊”等思想，有助于程颐、朱熹传承先秦孔孟的“心性”学说，而建立了以“理”为本的形而上学。[④] 陆九渊、王阳明则更多地吸收禅宗的“明心见性”等思想，传承先秦儒家“尽心、知性、知天”的思想，而有“吾心便是宇宙”和“心外无物”等思想，建立了以“心”为体的形而上学。[⑤] 程朱的“性即

---

① 智顗《修习止观坐禅法要》：“一切诸法，皆由心生。”

② 契嵩本《坛经·无相颂》：“恩则孝养父母，义则上下相邻。”宋宗杲大慧禅师说：“予虽学佛者，然爱君忧国之心，与忠义士大夫等。”“学不至，不是学；学至而不用，不是学；学不能化物不是学。学到彻头处，文亦在其中，武亦在其中，事亦在其中，理亦在其中，忠义孝道乃至治身治人安国安邦之术无不在其中。”

③ 无门和尚《颂》：“春有百花秋有月，夏有凉风冬有雪，若无闲事挂心头，便是人间好时节。”

④ 《朱子语类》卷一中，朱子曰：“太极只是天地万物之理。在天地言，则天地中有太极，在万物言，则万物中各有太极。未有天地之先，毕竟是生有此理。”“伊川说得好，曰‘理一分殊’。合天地万物而言，只是一个理，及在人，则又各有一个理。”

⑤ 《陆九渊集》中《与曾宅之》写到：“盖心，一心也；理，一理也；至当归一，精义无二，此心此理，实不容二。”王阳明《传习录上》中说：“心即理也，天下又有心外之事，心外之理乎？……心即理也，此心无私欲之蔽，即是天理，不须外面添一分。”

理”和陆王的“心即理”虽理路不同，但都是要为“治国平天下”的理想找一形而上学的根据；这样就使宋明理学较之先秦儒学有了更加完善的理论体系。这一发展正是由于理学吸收、消化和融合了隋唐以来中国化的佛教宗派而形成的。但是，从根本上说，理学仍然是先秦以来儒家“心性”学说的发展，佛教只是助因。从这里我们也可以看出文化的“源”和“流”的关系。

（二）儒学与“西学”的传入

在十九世纪末，由于西方列强的入侵，大大有利于西方文化(西学)在中国的传播。因此，引起了“中西古今之争”，此“中西古今之争”一直延续至今。所谓“中西古今之争”无非是说中国文化面临着三个相互联系的问题：如何对待西方文化；如何看待我国本民族的固有文化；在现时代如何创建我国自身的新文化。一个多世纪以来，西方学术思想像潮水一般地涌入我国，最早有影响的西方学说是严复翻译的《天演论》，因而进化论思想影响着中国几代人。其后，继之而有叔本华哲学、尼采哲学、康德哲学、古希腊哲学、无政府主义、马克思主义，英国经验主义、欧洲大陆理性主义、十九世纪德国哲学、实用主义、实在论，分析哲学、现象学、存在主义、结构主义，解构主义、解构性后现代主义以至建构性后现代主义等等，先后进入我国。中国学界面对如此众多的学术派别(西学)，我们如何接受，如何选择，无疑是个大难题。

我们是不是可以根据百多年来的历史，对“西学”输入中国作一些分析？照我看，从中国社会发展的情况看也许可以把“西学”对中国学术思想的影响分成：中国社会迫切需要的思想、有利于促进中国哲学更新和发展的思想，以及和中国哲学较相近，能对中国社会发生巨大影响的思想等几类。当然也还有其他西方学术派别影响着我国学术界，此处就不一一详谈了。

第一，中国社会迫切需要的思想：自鸦片战争以来，中国社会迫切需要的是如何改变我国落后、挨打的局面。为了自强图存，再守着过时的思想文化传统，提倡什么“奉天承运”、“三纲六纪”、“中学为体，西学为用”已经不行了，中国社会必须“进化”，于是西方的“进化论”思想自严复的《天演论》译出之后无疑成为影响中国社会的主要思潮。其时，中华民国的缔造者孙中山即是“进化论”的信徒。至于我国学术文化界，无论是激进派的，如陈独秀、鲁迅、郭沫若等等，自由主义派的，如张东荪、胡适、丁文江等等都接受了“进化论”思想，甚至保守派的，如梁漱溟、杜亚泉等也不反对“进化”。[1] 其后，尼采的“重新估价一切”的思想深深地影响中国学术界，这正适合中国社会急遽变化之需要。中国必须改变，因而需要对过去的一切进行重新评估。1904 年，王国维介绍尼采时，指出尼采学说的目的是要“破坏旧文化而创造新文化”，为“弛其负担”而“图一切价值之颠覆”，并“肆其叛逆而不惮”，盛赞尼采的“强烈之意志而辅以极伟大之知力”。其后，鲁迅、陈独秀、沈雁冰(茅盾)、郭沫若等等无不要求以“强固的意志”去对旧传统“进行战斗”。特别是蔡元培在一次演讲中说：“追至尼采(原注：德国之大文学家)，复发明强存弱亡之理，……弱者恐不能保存亦积极进行，以与强者相抵抗，如此世界始能日趋进化。”而傅斯年在《新潮》杂志上号召：“我们须提着灯笼沿街找超人，拿着棍子沿街打魔鬼”，赞扬尼采是一个“极端破坏偶像家”。所以尼采思想在“五四运动”前后都有过重大影响。[2] 其他如无政府主义思想也曾发生过一定影响，盖因其反对“专制政权”甚激烈。

第二，有利于中国哲学得到更新和发展的思想：宋明理学在中国

---

① 杜亚泉《接续主义》中说：“国家之接续主义，一方面含有开进之意味，一方面又含有保守之意味。盖接续云者：以旧业与新业相接续之谓。有保守而无开进，则拘墟旧业，复何用其接续乎！”

② 参见乐黛云：《尼采与中国现代文学》，收入《比较文学与中国现代文学》，北京大学出版社，1987 年。

统治了近千年,这一学说日愈僵化,逐渐成为束缚人们思想的教条。因此,有了现代新儒学的出现。人们一向以自熊十力开创,而经牟宗三等发展,至今而有第三代如杜维明、刘述先等为现代新儒学的代表。但是,实际上在中国另外还有一些企图吸收“西学”来发展儒学的学派,例如以冯友兰为代表的“新理学”派和以贺麟为代表的“新心学”派。

熊十力的“新唯识论”体系虽颇有创见,但相对地说还是比较传统地继承着儒家哲学,不过我们已可以看出,他对“西学”确颇有认识,如他说:“西学以现象为变异,本体为真实,其失与佛法等。”同时熊先生也看到中国哲学在“认识论”有不重“思辨”之缺点,故“中国诚宜融摄西洋而自广”,使两者结合而成“思修交尽之学”。[①] 可见,熊十力已注意到必须吸收西方哲学之长而为中国哲学开拓新的方面。其后,牟宗三则多吸收与融合康德哲学;而杜、刘等则以开放的心态面对西方哲学,而维护儒学传统则未变。

冯友兰的“新理学”之所以新正是在把柏拉图的“共相”与“殊相”和“新实在论”(如“潜在”的观念)引入中国哲学。他把世界分成“真际”(或称之为“理”,或称之为“太极”)和“实际”,实际的事物依照所以然之理而成为其事物。冯先生之创建“新理学”,其意图主要是使中国哲学中的“形上学”更加凸显,以说明宋明理学可发展为与西方哲学媲美的形上学。[②]

贺麟的“新心学”的思想也许可以说包含在《儒家思想的新开展》一文中。他认为:(1) 必须以西洋的哲学发挥儒家理学(此“理学”指“性理之学”)。由于中国哲学特别重视的在于道德精神的建构,而并非一种注重学说知识体系建构的哲学,如能会合融贯、吸收借鉴西洋

---

① 参见《熊十力全集》第五卷,第 57、58、63 页,第四卷,第 105、111 页,湖北教育出版社,2001 年。

② 可参见冯友兰:《三松堂全集》第四卷《新理学》,河南人民出版社,1986 年。

哲学,不仅可作道德可能的理论基础,且可奠定科学可能的理论基础。(2) 必须吸收基督教的精华以充实儒家的礼教。(3) 必须领略西洋艺术而使新诗教、新乐教、新艺术与新儒学一起复兴。[①] 为什么贺麟要从这三个方面来讨论"儒家思想的新开展"? 我认为,正是因为西方哲学一向重视对"真"、"善"、"美"问题的讨论,而贺麟正是希望在吸收西方文化的基础上发展"新儒学"。因此,他在《中国哲学与西洋哲学》中说:"今后中国哲学的新发展,有赖于对西洋哲学的吸收与融会,同时中国哲学家也有复兴中国文化、发扬中国哲学,以贡献于全世界人类的责任。"[②]

汤用彤先生为什么在写完《汉魏两晋南北朝佛教史》之后,就开始研究"魏晋玄学",主要是要梳理中国哲学自汉至魏晋南北朝之变化。他认为,中国哲学就思想上说自有其自身发展内在逻辑,印度佛教的传入虽对"玄学"的发展有推进作用,但它只是"助因",而非正因。[③] 这也就是文化发展的"源"与"流"的问题吧! 但这一研究的结果,却说明中国哲学自有其"本体之学",而其"本体论"或与西方哲学不同,[④]其"道"、"无"、"理"、"太极"等虽为"超越性"的,但它不离万事万物,而内在于万事万物,故"体用如一",[⑤]而其人生境界又是"即世间而出世

---

① 贺麟:《儒家思想的新开展》,见《文化与人生》,商务印书馆,1988 年,第 8—9 页。

② 见贺麟《哲学与哲学史》,商务印书馆,1990 年,第 127 页。

③ 参见《魏晋思想的发展》,《汤用彤全集》第四卷,第 112 页。

④ 汤用彤:《魏晋玄学流派略论》中指出,魏晋玄学与东汉有根本之不同,他说:"魏晋玄学已不复拘拘于宇宙运行之外用,进而论天地万物之本体。汉代寓天道于物理,魏晋黜天道而究本体,以寡御众,而归于玄极(王弼《易略例·明象章》);忘象得意,而游于物外(《易略例·明象章》)。于是脱离汉代宇宙论(Cosmology or Cosmogony)而留连于存存本本之真(Ontology or Theory of Being)。"按:张东荪否认中国有"本体论"(参见张耀南:《张东荪知识论研究》,台湾洪叶文化事业有限公司,1995 年)。又,俞宣孟教授也反对中国有本体论(参见上海《社会科学报》,2004 年 9 月 9 日)。这是由于他们企图用西方本体论学说规范中国哲学之故。

⑤ 《周易注》引王弼曰:"演天地之数,所赖者五十也。其用四十有九,则其一不用也。不用而用之以通,非数而数之以成,斯易之太极也。四十有九,数之极也。夫无不可以无明,必因于有,故于有物之极,而必明其所由之宗也。"郭象《庄子注》:"夫圣人虽身在庙堂之上,然其心无异于山林之中,世岂识之哉!"

间”的。

从以上几例可以看出，上个世纪中叶中国哲学的研究者们特别注意自身哲学研究所未展开的方面，如认识论、形上学(本体论)、宗教精神、纯艺术精神，从而努力吸收西方哲学“以自广”。

第三，和中国哲学较相近而对中国社会发生较大影响的思想：

中国哲学的创造者，无论儒、道还是先秦其他诸子，都是有社会关怀的“士”，这一传统十分久远，我们从《尚书·说命》中“非知之艰，行之惟艰”就可以看到儒家的精神是入世的，要“明明德”于天下。要“明明德”于天下，就不仅是个理念问题，必须实践，必须身体力行，必须见之于事功。所以孔子说：“吾岂匏瓜也哉？焉能系而不食？”所以儒家哲学是一种“治国平天下”的实践的哲学。[①] 马克思《关于费尔巴哈的提纲》中说：“哲学家们只是用不同的方式解释世界，问题在于改变世界。”“全部社会生活在本质上是实践的。”[②]因此，他们在“实践”问题上可有相同之处。马克思主义自上个世纪以来一直影响着中国社会，除了中国社会确实需要一巨大的变革外，我认为这和儒家思想重视“实践”(道德修养的实践，社会政治生活的实践)有着密切的关系。毛泽东的《实践论》就是证明，这是大家都了解的。同时，儒学与马克思主义又都是带有理想主义的学派。儒学有其“大同”社会的理想；马克思

---

① 参见拙作《论知行合一》，收入《反本开新——汤一介自选集》中，首都师范大学出版社，2008年。

② 《马克思恩格斯全集》第三卷，人民出版社，1960年，第8页。

主义有其共产主义的理想。[1] 他们的理想主义或许带有某种“空想”成分，但无疑都有对人类社会发展前景的乐观主义的期盼，我们必须珍视。

中国学术界无疑都十分关心马克思主义中国化的问题，从哲学这个层面讲，我认为做得比较成功的应该是冯契同志。已故的冯契同志是一位有创造性的马克思主义者，他力图在充分吸收和融合中国传统哲学和西方分析哲学的基础上使马克思主义哲学成为中国化的马克思主义哲学。他的《智慧说三篇》可以说是把马克思主义的实践唯物辩证法、西方的分析哲学和中国传统哲学较好结合起来的尝试。[2] 冯契同志在他的《智慧说三篇·导论》中一开头就说：“本篇主旨在讲基于实践的认识过程的辩证法，特别是如何通过‘转识成智’的飞跃，获得性与天道的认识。”冯契同志不是要用实践的唯物主义辩证法去解决西方哲学的基本问题，而是要用实践的唯物主义辩证法解决中国哲学的“性与天道”的问题；而如何获得“性与天道”的认识，又借用了佛教哲学中的“转识成智”，以此来打通“天”与“人”的关系问题。他说：“通过实践基础上的认识世界与认识自己的交互作用，人与自然、性与天道在理论与实践的辩证统一中互相促进，经过凝道而成德、显性以宏道，终于达到转识成智，造成自由的德性，体验到相对中的绝对、有限中的无限。”接着冯契同志用分析哲学的方法，对“经验”、“主体”、“知

---

① 《礼记·礼运》：孔子曰：“大道之行也，与三代之英，丘未之逮也，而有志焉。大道之行也，天下为公，选贤与能，讲信修睦。故人不独亲其亲，不独子其子，使老有所终，壮有所用，幼有所长，矜、寡、孤、独、废、疾者皆有所养，男有分，女有归。货，恶其弃于地也，不必藏于己；力，恶其不出于身也，不必为己。是故谋闭而不兴，盗窃乱贼而不作，故外户而不闭。是谓大同。”《马克思、恩格斯、列宁、斯大林论共产主义社会》：“在共产主义社会高级阶段，迫使人们奴隶般的服从社会分工的现象已经消失，脑力劳动和体力劳动的对立也随之消失，劳动已不仅仅是谋生的手段，而且成了生活的第一需要，生产力已随着每个人的全面发展而增长，一切社会财富的资源都会充分地涌现出来，……只有在那时候，才能彻底打破资产阶级法权的狭隘观点，社会才能把‘各尽其能、各取所需’写在自己的旗帜上。”（人民出版社，1958 年，第 11 页）

② 参见拙作《读冯契同志〈智慧说三篇〉导论》，上海《学术月刊》1998 年增刊。

识”、“智慧”、“道德”等等层层分析,得出如何在“认识世界和认识自己的过程中转识成智”。首先,冯契同志把金岳霖先生的“以经验之所得还治经验”,扩充为“得之以现实之道还治现实”,而这个“得之以现实之道还治现实”必须有一个主体,这个“主体”即“我”。我认为这点很重要,因为没有离开“主体”的“现实”(“现实”已不是自在的,而是“为我之物”了),必须有一个主体,才可以在“认识世界和认识自己的过程中转识成智”。而“我”这个主体在现实生活中,必定是一“知识”的主体,又是一“道德”的主体。我想这里可能产生两个必须回答的问题:第一个问题是:“转识成智”,即是由“知识”领域进入“智慧”领域(境界),也就是说要由“以物观之”进入到“以道观之”。由此就要超越这个作为主体的“我”,这样,作为主体的“我”必须达到“与道同体”(王弼语)的境地,才是“以道观之”。第二个问题是:作为知识的主体(认识世界的主体)和自由道德人格的主体(认识自己的主体)在“转识成智”的过程中是同一的还是不同一的?如果是不同一的,“转识成智”将不可能,因为这样就不可能在“自证中体认道(天道、人道、认识过程之道)”。我认为,冯契同志正是运用实践唯物主义辩证法解决这两个问题的,也就是说用实践唯物主义辩证法来解决“性与天道”这一古老又常新的哲学问题。

冯契同志有一非常重要的命题:“化理论为方法,化理论为德性。”他对这个命题解释说:“哲学理论一方面要化为思想方法,贯彻于自己的活动,自己的研究领域;另一方面又要通过自己的身体力行,化为自己的德性,具体化为有血有肉的人格。”而无论“化理论为方法”,还是“化理论为德性”,都离不开实践。照我的理解,“化理论为方法”不仅是取得“知识”的方法,而且也是达到“智慧”的方法。冯契同志说:“知识和智慧、名言之域和超名言之域的关系到底如何,便成为我一直关怀、经常思索的问题。”“知识”的取得无疑离不开实践,而“智慧”是否也只能靠实践才能体证呢?冯契同志说:“在实践的基础上认识世界和认识自己的交互作用中如何转识成智,获得关于性与天道的认识?这样一种具体的认识是把握相对中的绝对,有限中的无限,有条件的东西中的无条件的东西。这里超名言之域,要通过转识成智,凭理性的直觉才能把握的。"这里可以注意的是:认识世界和认识自己都必须在实践的基础上实现。世界和自我都是一个实在的发展过程,人生活在这个过程之中离不开实践的活动,没有实践就没有人的"世界"和人的"自我",当然也就没有"性与天道"的问题;只有在实践中人才可以把"世界"和"自我"内化,而有"性与天道"的问题。对"性与天道"的证悟,是把握相对中的绝对、有限中的无限。当然,我们说"转识成智"这种具体的认识是把握"相对中的绝对、有限中的无限"也是具有相对性的。对于一个哲学家来说,他可以完成"转识成智",但是对于人类来说,由于只要有人类存在,人们的实践活动总是要继续下去的,而且要不断地使人们的认识在实践的基础上,由具体到抽象,再由抽象上升到具体。因此,实践的唯物主义辩证法作为一种方法,它不仅是取得"知识"的方法,而且也是体证"智慧"的方法。但是,正如冯契同志所说,"知识"和"智慧"不同,"知识"所及为可名言之域,而"智慧"所达为超名言之域,这就要"转识成智"。照冯契同志看,"转识成智"要"凭理性的直觉才能把握"。对这一点冯契同志也有一个解释:"哲学的理性的直觉的根本特点,就在于具体生动地领悟到无限的、绝对的东西,这样的领悟是理性思维和德性培养的飞跃。"(按:这有点像熊十力先生所提出希望建立"思修交尽"的"量论"那样)"理性的直觉"这一观念很重要,照我看,它是在逻辑分析基础上的"思辩的综合"而形成的一种飞跃。如果没有逻辑分析,就没有理论的说服力;不在逻辑分析基础上作"思辨的综合",就不可能形成新的哲学体系。因而,"理性的直觉"不是混沌状态的"悟道",而是清楚明白的自觉"得道"。我们从冯契同志许多论文中,特别是《导论》中,可以体会他运用逻辑分析和思辨综合的深厚功力,正由于此,实践唯物主义辩证法才更具有理论的力量，这也说明他研究的目的归根结底是为了用实践唯物辩证法来解决“性与天道”这一古老又常新的中国哲学问题，以贡献于世界。

前面我们已经讲到，冯契同志的“智慧”学说就是要解决“性与天道”问题的学说，他说：“关于道的真理性认识和人的自由发展内在地联系着，这就是智慧。”这里冯契同志非常注重“道的真理性的认识”和“人的自由发展”的内在联系。从这一点看，冯契同志的“智慧”学说也是颇具有中国哲学的特色的。“涵养须用敬，进学在致知”。前者是属于道德修养的问题，后者是属于知识学问的问题。在中国哲学史中，特别是在儒家哲学中，“道德”和“学问”是统一的，学以进德。朱熹说：“为学，须思所以超凡入圣。”[①]冯契同志认为，“转识成智”是在实践基础上认识世界和认识自己交互作用所达到的飞跃。我认为这里有两点很重要：第一是认识世界和认识自己都必须在实践的基础上才有可能实现；第二是认识世界与认识自我是一个统一的过程。只有在它们的交互作用中才能实现“转识成智”。对此，冯契同志把“德性之知”引入他的哲学体系。他特别申明：“我不赞成过去哲学家讲德性之智时所具有的先验论倾向，不过，克服了其先验论倾向，这个词还是可以用的。”在中国哲学史中，张载首先提出“德性之知”，他说：“见闻之知，乃物交而知，非德性所知；德性所知，不萌于见闻。”[②]张载把“见闻之知”与“德性之知”割裂开来，因此确有先验论顷向。为什么在张载的哲学里会发生这样的问题呢？我认为，他没有认识到在实践的基础上“见闻之知”和“德性之知”可以统一起来。而冯契同志解决了这个问题，他说：“主体的德性自在而自为，是离不开化自在之物为我之物的客观实践活动过程的。”我认为冯契同志的这个看法是接着中国哲学的问题讲的，对中国哲学中关于“知识学问”与“德性修养”的关系给了更为

① 《朱子语类》，第135页。

② 《正蒙·大心篇》，《张载集》，中华书局，1978年，第24页。

合理的解决。

从中国哲学的传统看,“做学问”与“做人”应是统一的,一个人学问的高下往往是和他境界的高低相联系的。冯契同志认为,“做学问”首先要“真诚”。《中庸》说:“唯天下至诚,为能尽其性;能尽其性,则能尽人之性:能尽人之性,则能尽物之性;能尽物之性,则可以赞天地之化育;可以赞天地之化育,则可以与天地参矣。”学问要作到“转识成智”,要达到“参天地,赞化育”的境界,必须有一至诚的心。“做学问”要“真诚”,“做人”同样要“真诚”,真诚的人才可以作到“化理论为方法,化理论为德性”。这无疑是儒家理想的生活态度,也是马克思主义者理想的生活态度。冯契同志在这两方面都为我们作出了榜样,而且他的“智慧学说”之所以有其理论的力量也正在于此。

近半个世纪以来,要想作一个真正有创造性的哲学家是很难的,这点我们大家都有体会,正因为如此,《智慧说三篇》就更有其特殊的价值。我之所以用比较长的篇幅来讨论冯契同志的《智慧说三篇》,这是因马克思主义中国化对当前中国哲学的发展是个最重大的问题。司马迁作《史记》对自己有个要求,这就是要求他的书能“究天人之际,通古今之变,成一家之言”,冯契同志的《智慧说三篇》不正也是一部努力追求“究天人之际,通古今之变,成一家之言”的智慧书吗?有真诚之心做学问的学者们多么希望有更为宽松的学术环境,使他们能充分发挥自己的才智,创作更多更好的体现我们这个时代的哲学著作来。

从印度佛教文化(哲学)的传入到西方文化(哲学)的传入毕竟有一个“源”与“流”的关系。我认为,从文化(哲学)发展的“源”与“流”的关系看,中国文化(哲学)的前景可以有两个不同的提法:一是新的中国文化(哲学)将沿着中国化的马克思主义发展;另一是新的中国文化将会是吸收马克思主义和其他各民族的优秀文化(哲学)的中国自身的文化(中国哲学)。说法或有差异,前者的重点是在马克思主义吸收了中国特有文化而成为新的中国文化;后者是说中国自身文化传统吸收了马克思主义而成为新的中国文化。我认为,这两个发展方向也许并不对立,或可互补?但是,中国文化毕竟应是中国自身的文化,这样才有“根”,才是由其源头发展下来的中国文化。无论如何,建设新的中国哲学、新的儒家哲学是需要我们长期、深入不断研究的。

《中国儒学史》是由多位学者合力撰写的,在学术思想上不可能完全一致,甚至可能是很不一致,如何办?我认为,或许不一致并不是坏事,而是好事,因为这样可以留下继续讨论、更加深入研究的余地。我们只要求史料有根有据,论说“持之有故,言之成理”,表达清楚明白,并有自己的创新见解,这样就可以了。也就是说,《中国儒学史》虽是一部书,但仍应可体现“百家争鸣”的精神。当然,在写作的“体例”上,我们希望能尽可能地一致。

这篇“总序”并不代表参与《中国儒学史》编撰的众多学者的看法,也没有经过大家讨论,因此它只是我个人的一些看法,所以不能算是一篇真正的“总序”。欢迎大家批评指正。

汤一介

2010 年 4 月 3 日完成

目　录

前　言

清朝由满族贵族所建立。满族贵族之所以能入主中原，结束明末的大乱，成功地笼络汉人，初步建立满族贵族与汉族士绅联合一体的政权，稳定社会，并且造就中国历史上最后一个所谓的"康乾盛世"，除了政治、经济的原因之外，与满族统治者崇尚儒学，实行崇儒重道的文化政策有着十分密切的关系。因此在讨论清代儒学[①]之前有必要叙述一下满族贵族入主中原以后所采取的文化政策。

作为异族的满族以武力入主中原，致使满汉民族矛盾空前激化，清政府为了缓和因杀戮而造成的民族对立不得不采取汉化的文化政策，推尊儒学便是其重要的内容。他们通过制定有利于发展儒学的政策与措施，不仅重新恢复了儒学的统治地位，与此同时也收服和笼络汉族士大夫们的人心，使他们开始为自己服务，起到了武力所达不到的作用。

清政府建立伊始就采取了崇儒重道的政策。崇儒重道就是推崇

---

① 本书讲的清代儒学仅限于古代部分，即 1644 年至 1840 年这一时段的儒学。1840 年至 1911 年晚清部分属近代儒学，另有专卷论述。

儒家,强调儒学的道德教化作用,重在把儒家思想与政治结合,使其官方化,成为治国安邦的指导思想。

顺治九年(1652),清世祖亲政后举行“临雍释奠大典”,勉励太学师生说:“圣人之道,如日中天,上赖之以致治,下习之以事君。尔等务尽心教训诸生,诸生亦当祗承师训,力体诸身,教成为师训之功,学成乃弟子之职。倘训诲不严,服习有怠,尔师生俱不能辞其责。”①要他们服膺儒家的圣人之道,以此来劝导士子,实际上是希望他们从心里服从新朝的统治。十年,颁谕礼部:“国家崇儒重道,各地方设立学宫,令士子读书,各治一经,选为生员,岁试、科试入学肄业,朝廷复其身,有司接以礼,培养教化,贡明经,举孝廉,成进士,何其重也。”②把“崇儒重道”明确为一项基本国策。十二年又颁谕礼部:“自明季扰乱,日寻干戈,学问之道,阙焉未讲。今天下渐定,朕将兴文教,崇经术,以开太平。”③世祖自谓:“朕惟帝王敷治,文教是先。臣子致君,经术为本。”④两次提及“文教”、“经术”,即儒学的基本学说及其经典,希望以此来指导政治,统一视听,规范朝纲。

清圣祖亲政后继续顺治朝的政策,康熙九年(1670)十月,颁布著名的《圣谕十六条》,其内容包括:“举凡敦孝弟以重人伦,笃宗族以昭雍睦,和乡党以息争讼,重农桑以足衣食,尚节俭以惜财用,隆学校以端士习,黜异端以崇正学,讲法律以儆愚顽,明礼让以厚风俗,务本业以定民志,训子弟以禁非为,息诬告以全良善,诫窝逃以免株连,完钱粮以省催科,联保甲以弭盗贼,解仇忿以重身命。”随后又“通行晓谕八旗,并直隶各省府州县乡村人等,切实遵行”⑤。这十六条定期在各地宣讲,从此成为定制。所论重人伦重教化,由道德修养推及社会风气、经济、政治方方面面,其中尤其强调了教化的作用。圣祖说:“朕维至

---

① 《清世祖实录》卷六十八,《清实录》第三册,中华书局,1985年,第539—540页。

② 《清世祖实录》卷七十四,《清实录》第三册,第585页。

③④ 《清世祖实录》卷九十一,《清实录》第三册,第712页。

⑤ 《清圣祖实录》卷三十四,《清实录》第四册,第461—462页。

治于世，不以法令亟，而以教化为先。其时人心醇良，风俗朴厚，刑措不用，比屋可封，长治久安，茂登上理。盖法令禁于一时，而教化维于可久。若徒恃法令，而教化不先，是舍本而务末也。”[①]崇儒重道作为清廷统治的指导思想，宣扬了儒学的核心价值，把道德伦理与政治有效地结合起来。

配合崇儒重道的政策，清政府还采取了一系列发展儒学的措施。

第一，重开科举、学校制度。早在顺治元年，清政府诏令“各省府州县儒学食禀生员，仍准廪给；增附生员，仍准在学肄业，俱照全优免”[②]。规定承袭明制，举行乡试、会试，整顿学校，继续设置国学和府、州、县学，并设八旗和宗室官学，各省书院也陆续重建。八年(1651)，世祖亲政，诏告天下，奖励“各直省儒学，以正贡作恩贡，次贡作岁贡”[③]。九年十月，召见江南督学御史杨义，说：“督学御史之设，原为考试生童，拔其文行优长者，以储国用。迩闻不论文行但徇情面，殊负学臣职掌。今遣督理学政，其生员应严加考试。文义不通者，概行黜退。童生入学，亦必视其文行优长，方行收录。若仍蹈旧习，事发，重处不宥。”[④]学校、书院所讲内容以儒家经典为主，主要有四书、五经、《性理大全》、《资治通鉴纲目》、《大学衍义》、《历代名臣奏议》、《文章正宗》等。清政府通过科举与学校，培养和吸收汉族中优秀的儒家人才为其服务。

在重视科举的基础上，康熙十七年正月，清政府特开博学鸿儒(博学鸿词)科，颁谕：“我朝定鼎以来，崇儒重道，培养人才。四海之广，岂无奇才硕彦，学问渊通，文藻瑰丽，可以追踪前哲者？凡有学行兼优，文词卓越之人，不论已仕未仕，令在京三品以上，及科道官员，在外督抚布按，各举所知，朕将亲试录用。”选拔“奇才硕彦，学问渊通”，“学行

---

① 《清圣祖实录》卷三十四，《清实录》第四册，第 461 页。

② 《清朝文献通考》卷六十九，浙江古籍出版社，2000 年，第 5485 页。

③ 《清世祖实录》卷五十二，《清实录》第二册，第 411 页。

④ 《清世祖实录》卷六十九，《清实录》第三册，第 544 页。

兼优,文词卓越之人”,以“振起文运”,迎接“一代之兴”。[①] 后经应试选出一批人才,分别授予侍读、侍讲、编修、检讨等,以此缓解了汉族士绅与满族贵族之间的矛盾。

第二,重开日讲、经筵。顺治十四年,清政府谕礼部:“经筵大典,理当早举。向因文华殿未建,有旨暂缓。今思稽古典学,有关治道,难以再迟,应于保和殿先行开讲。尔部即详孝典例,择吉开列仪注具奏。”[②]后来举行了经筵盛典、日讲等。清圣祖重视经筵、日讲。康熙十年,经筵、日讲继续举行,所讲皆儒学经典,主讲者为满汉儒学名臣。圣祖晚年对日讲、经筵有一段话值得回味,他说:“从来经筵之设,皆帝王留心学问,勤求治理之意,但当期有实益,不可止饰虚文。朕观前代讲筵,人主惟端拱而听,默无一言。如此,则虽人主不谙文义,臣下亦无由而知之。若明万历、天启之时,何尝不举行经筵,特存其名耳,何裨实用。朕御极五十年,听政之暇,勤览书籍,凡四书、五经、《通鉴》、《性理》等书,俱经研究。每儒臣逐日进讲,朕辄先为讲解一过,遇有一句可疑,一字未协之处,亦即与诸臣反复讨论,期于义理贯通而后已。盖经筵本系大典,举行之时不可具文视也。”[③]圣祖朝的日讲、经筵并非主讲者一言堂,而是主讲者与皇帝之间的问对,尤其是圣祖平时留心儒学,带着充分准备去听讲,并不时发挥自己的意见,显然深化了对儒学的理解。

第三,从尊孔子到尊朱熹。顺治九年,世祖亲视国子监孔庙祭拜。康熙二十三年(1684),圣祖南巡途中专程去曲阜拜谒孔庙,书写“万世师表”四字匾额悬挂殿中,并重申“至圣之道,与日月并行,与天地同运,万世帝王咸所师法,逮公卿士庶罔不率由”。宣布“历代帝王致祀阙里,或留金银器皿。朕今亲诣行礼,务极尊崇至圣,异于前代,所有

---

① 《清圣祖实录》卷七十一,《清实录》第四册,第 910 页。

② 《清世祖实录》卷一百一,《清实录》第三册,第 867 页。

③ 《清圣祖实录》卷二四五,《清实录》第六册,第 432 页。

曲柄黄盖留之庙中，以示朕尊圣之意。”①期间还留下《过阙里诗》一首：“銮辂东鲁，先登夫子堂。两楹陈俎豆，数仞见宫墙。道统唐虞接，儒宗洙泗长。入门抚松柏，瞻拜肃冠裳。”表达了对孔子作为儒家始祖的敬仰之情。

尊孔子表现为崇尚理学，崇尚理学则尤其表现为尊朱熹，圣祖说：“自汉以来，儒者世出，将圣人经书多般讲解，愈解而愈难解矣。至宋时，朱子辈注四书、五经，发出一定不易之理，故便于后人。朱子辈有功圣人经书者，可谓大矣。”②与此同时，也延揽程朱理学人才，如魏裔介、魏象枢、熊赐履、汤斌、陆陇其、李光地、张伯行等。康熙四十年以后，清廷以“御纂”的名义，下令汇编朱熹论学精义为《朱子全书》。五十一年，圣祖指出：“朱子注释群经，阐发道理，凡所著作及编纂之书，皆明白精确，归于大中至正，经今五百余年，学者无敢疵议。朕以为孔孟之后，有裨斯文者，朱子之功最为弘巨。”③随即颁谕，将朱熹从祀孔庙的地位提升，由东庑先贤之列升至大成殿十哲之次。尊朱熹是考虑到元以下朱熹的历史地位，以及根据明清之际的社会现实所做出的选择。朱熹之学由此而官方化。

第四，儒学经典的访求与编纂。清政府意识到“书籍关系文教”④，定鼎伊始，开始编纂儒家书籍。世祖颁谕礼部，称：“尔部即传谕直省学臣，训督士子，凡经学、道德、经济、典故诸书，务须研求淹贯，博古通今。明体则为真儒，达用则为良吏，果由此等实学，朕当不次简拔，重加任用。又念先贤之训，仁优则学，仍传谕内外大小各官，政事之暇，亦须留心学问，俾德业日修，识见益广，佐朕右文之治。”⑤圣祖也十分

---

① 《康熙起居注》第二册，中华书局，1984 年，第 1254—1255 页。

② 《圣祖皇帝庭训格言》，影印文渊阁《四库全书》第 717 册，上海古籍出版社，1990 年，第 656 页。

③ 《清圣祖实录》卷二四九，《清实录》第六册，第 466 页。

④ 《清世祖实录》卷一一七，《清实录》第三册，第 915 页。

⑤ 《清世祖实录》卷九十一，《清实录》第三册，第 712 页。

重视儒学典籍的编纂,说:"自古帝王致治隆文,典籍具备,犹必博采遗书,用充秘府,盖以广见闻而资掌故,甚盛事也。朕留心艺文,晨夕披览,虽内府书籍,篇目粗陈,而裒集未备。因思通都大邑,应有藏编,野乘名山,岂无善本,今宜广为访辑。凡经史子集,除寻常刻本外,其有藏书秘录,作何给值采集,及借本抄写事宜,而部院会同,详议具奏,务令搜罗罔轶,以副朕稽古崇文之至意。"[①]编纂儒家典籍体现两帝"留心"学问,"右文"、"崇文"之意。顺治、康熙两朝编纂的儒家经典主要有:《易》有《易经通注》、《日讲易经解义》、《周易折中》,《书》有《日讲书经解义》、《书经传说汇纂》,《诗》有《诗经传说汇纂》,《春秋》有《春秋传说汇纂》,《礼》有《日讲礼记解义》,《孝经》有《孝经衍义》,四书有《日讲四书解义》,以及《御纂朱子全书》等。

清政府的崇儒重道政策及相关措施,不仅恢复与弘扬了儒学传统,发展延续了理学,同时也成功完成了对汉族士大夫的拉拢,对满汉文化的认同及民族之间的融合有益,也对清初政局的稳定起了积极作用。有清一代大体遵循崇儒重道的政策,就统治者而言,他们尊尚程朱理学,终清一代始终未变。

关于清代儒学的发展与演进。皮锡瑞在《经学历史》中指出:"国朝经学凡三变。国初,汉学方萌芽,皆以宋学为根柢,不分门户,各取所长,是为汉、宋兼采之学。乾隆以后,许、郑之学大明,治宋学者已鲜。说经皆主实证,不空谈义理。是为专门汉学。嘉、道以后,又由许、郑之学导源而上,《易》宗虞氏以求孟义,《书》宗伏生、欧阳、夏侯,《诗》宗鲁、齐、韩三家,《春秋》宗《公》、《穀》二传。汉十四博士今文说,自魏、晋沦亡千余年,至今日而复明。实能述伏、董之遗文,寻武、宣之绝轨。是为西汉今文之学。"[②]皮氏把经学分为汉宋兼采之学、专门汉

① 《清圣祖实录》卷一二五,《清实录》第五册,第 331 页。

② 皮锡瑞:《经学历史》十《经学复盛时代》,中华书局,2004 年,第 249—250 页。

学和西汉今文之学三个形态。儒学本包括经学，[1]由此出发，也可以把清代儒学分为理学、汉学、今文经学三个形态。在清代，单纯从时间而论，理学、汉学、今文经学之间既有先后又有交错，如果采取逻辑与历史统一的方法划分，理学、汉学、今文经学先后的次序就明确化了，由此可以看出清代儒学发展的轨迹。

本书采取历史与逻辑统一的方法，把清代儒学分为理学、汉学、今文经学三个形态。依次是：清初理学占主导地位，先是受晚明影响，王学大师领袖坛坫，后来由于王门后学的空疏误国而受到批评，遂使理学的重心由王学向朱子学转变，朱子学登上庙堂并得到清廷的支持。与此同时，明清之际渐出端倪的批判反思理学、倡导汉学的趋向也在不断扩大，到了乾隆时期，因编纂《四库全书》等原因内外互动导致汉学（东汉古文经学）复兴。汉学家精于考据，疏于义理，埋首于故纸堆里，不问世事。他们一味地倡导复古，加上嘉道之际政治腐败、社会矛盾激化，导致比汉学更古且具有济世特色的西汉今文经学复兴，从而把清代儒学复古的特点推向极致。以复古开新来概括清代儒学的发展与演进，一点也不为过，这种发展与演进似乎遵循着时间愈前复古愈近、时间愈后复古愈远的逻辑（清初的理学复宋明之古，清代中期的汉学，以及稍后兴起的今文经学复东汉、西汉之古），可以说清代儒学以复古开新的模式集传统儒学之大成，在儒学发展史上占有重要的历史地位。

本书分十一章，依次阐述儒学的三个形态即理学、汉学、今文经学在清代发展演进的历史。

---

① 关于儒学与经学的关系，简而言之，传统意义上的经学偏于对诸经及经说的考辨，以及渊源流变的研究，不太重视思想的阐释，儒学则兼顾二者，其中更强调思想的阐释。

第一章

理学的发展与衰落

清代儒学的第一个形态是理学,[①]理学以顺治、康熙、雍正三朝为盛,乾隆、嘉庆时期开始衰落,让位于以训诂考据为特色的汉学。清代理学可以从多角度划分,或从地域角度划分,[②]或从学理上分为王学与朱子学,或从政治层面可分为殿堂理学、馆阁理学、草野理学。[③] 本书把理学理解为一个历史的过程,大体分三阶段:其一是明代遗民的理学,其二是顺治、康熙、雍正时期的理学,其三是乾隆、嘉庆时期的理学。清代初期,理学占统治地位,整个学术话语权归于理学,除了其内部交织着朱子学与王学之间的异同争论之外,赞同理学、反对理学都脱不掉与理学的关系,对理学的修正、反思,甚至批评也属于研究理学的范围,准确地说

---

① 理学有广义和狭义之分,广义理学包括理学(狭义)、心学,狭义理学仅指程朱理学。本书讲理学主要指广义理学。

② 参见龚书铎主编:《清代理学史》,广东教育出版社,2007 年。

③ 参见王茂、蒋国保、余秉颐、陶清:《清代哲学》,安徽人民出版社,1992 年。

它们都是谈理学不可或缺的环节。朱王之间、赞同理学与反对理学之间的交织与互动，演生出清代理学特有的发展轨迹。

第一节　明代遗民的理学

明代遗民的理学主要指生活在清初包括顺治、康熙前期的明末遗老的理学，他们的价值取向及政治立场大体属于明代，入清以后不仕清廷，以明遗自居，其本身具有强烈的遗民意识。明遗理学的特征及总体趋势：其一，总结晚明理学的经验教训，反对空谈心性，反思与批评理学。其二，对理学的批判，尤其是对王门后学的鞭挞，使理学由王学转向朱子学（王夫之回归张载，是个例外，有专章讨论）。其三，反思明末王学空谈误国，注重务实求真、经世致用，倡导经世实学。

一、反思与批评理学

反思与批评理学的人多半是理学中人，当然也有非理学家。反思与批评理学的矛头所向，直指其学理的讹误和社会的危害，尤以批评王学为主，也牵涉到朱子学。

第一，从学理上反思与批评理学。朱之瑜（1600—1682）反对王学，有人问及"阳明之学近异端，近世多为宗主，如何？"他回答说："王文成亦有病处，然好处极多。讲良知，创书院，天下翕然有道学之名；高视阔步，优孟衣冠，是其病也。"其徒"王龙溪有《语录》，与今和尚一般。其书时杂佛书语，所以当时斥为异端"[①]。王守仁虽然对于理学有贡献，但过于高渺、流于空疏，尤其是后学则杂糅佛家，朱之瑜对此甚为不满。他不仅批评王门后学，也连带反对程朱之学，如说："明道先

① 朱之瑜：《朱舜水集》卷十一，《问答三》，中华书局，1981年，第396—397页。

生甚浑厚宽恕，伊川先生及晦庵先生，但欲自明已志，未免有吹毛求疵之病。”[①]对于程颢给予肯定，至于程颐和朱熹则颇有微词。

黄宗羲(1610—1695)反对把儒学分为文苑、儒林、理学、心学这四者，主张打并归一，他说：“夫一儒也，裂而为文苑、为儒林、为理学、为心学，岂非析之欲其极精乎？奈何今之言心学者，则无事乎读书穷理；言理学者，其所读之书不过经之章句，其所穷之理不过字义之从违。薄文苑为词章，惜儒林于皓首。封己守残，摘索不出一卷之内。其规为措注，与纤儿细士不见长短！”[②]这主要是针对当时官修《明史》而发的，尤其是批评一些馆臣依据《宋史》之例，把儒林与道学分开的做法，进而指出当时的理学与心学皆存在着流弊，他主张完整全面地理解儒学，即便是讲理学、讲心学，也要把心性修养、读书穷理与实际运用结合起来，否则流于空谈无用。

王夫之(1619—1692)对王守仁的知行合一提出批评，说：“姚江王氏知行合一之说得籍口以惑世；盖其旨本诸释氏，于无所可行之中，立一介然之知曰悟，而废天下之实理，实理废则亦无报忌惮而已矣。”[③]以为知行合一之说本于佛家，是以知代行，以悟代知，转向内在体认而尽废天下之实理，使儒学变成无用之学。

也不乏有批评王学连带朱熹乃至整个理学者，这主要是指颜元和潘平格。颜元(1635—1704)为学早年受孙奇逢的影响，后来受刁包的启发，一度出入于程朱、陆王之间。他 57 岁那年南游中州，目睹“人人禅子，家家虚文”[④]的现状，开始批判朱子学。颜元批判理学人性论，认为天命附于人体方是性，脱离人形体的“天命之性”是不存在的。他还认为，气恶理亦恶，理善气也善，气即理之气，理即气之理，理纯一至善

---

① 朱之瑜：《朱舜水集》卷十一，《问答三》，第 402 页。

② 黄宗羲：《南雷诗文集》上，《留别海昌同学序》，《黄宗羲全集》第十册，浙江古籍出版社，1994 年，第 627 页。

③ 王夫之：《礼记章句》卷三十一，《中庸》，《船山全书》第 4 册，岳麓书社，1998 年，第 1256 页。

④ 李塨：《颜习斋先生年谱》卷下，58 岁条，《颜元年谱》，中华书局，1992 年，第 80 页。

而气质却恶的情况也是不存在的。在回答恶的来源时，他认为，人的恶行由后天的引蔽习染所致，因此为善去恶在于后天的学习教化。他批判宋儒只讲读书和静坐是脱离实际，以学琴为例说明脱离实际死读书是毫无意义的。他认为书本是道的“谱”，而非道本身，把书上的文字与圣人的大道等同起来是幼稚可笑的。潘平格(1611—1677)也批评理学，称“朱子近羽，陆子近缁，与习斋说不谋而合”[①]。羽即道士，缁为浅黑色僧服，喻指僧人。但这在当时不占主流地位。

傅山(1607—1684)批评理学，认为：“凡所称理学者，多不知诗文为何事何物，妄自谓我圣贤之徒，岂可无几首诗、几篇文字为后学师范，遂高兴如何物清意味，何物天下理而已矣。也有几篇行世，其为之弟子者，又不知其先生父兄之诗文为何物意，以为吾师吾父兄之诗文岂有不佳者，尽气力为之表扬，不顾人禁受得与否，而惟恐其人之不闻不见也。以故长耳下风，动辄数十卷，只得教人叫奈何耳。此事俑于宋而至于今遂大盛。”[②]理学只讲天道心性等形而上的问题，不关心天下的庶物，仅以抽象的理为宗，而耻于谈具体的事，流于空谈不切合实际。理学同时又受佛教尤其是禅宗的影响，类似于灯录的语录盛行，对于诗文一概不重视，显然有悖于儒学的真谛。

顾炎武(1613—1682)明确指出理学空谈的流弊，在他看来：“命与仁，夫子之所罕言也；性与天道，子贡之所未得闻也”，而今天的君子，“聚宾客门人之学者数十百人，譬诸草木区以别矣，而一皆与之言心言性，舍多学而识，以求一贯之方，置四海之困穷不言，而终日讲危微精一之说，是必其道之高于夫子，而其门弟子之贤于子贡，祧东鲁而直接二帝之心传者也。我弗敢知也”。[③] 明末以来的心学津津乐道于“性与天道”，而不讲出处、去就、辞受、取与之辨，也不顾天下国家的安危，同

---

① 李塨：《恕谷后集》卷十三，《醒葊文集序》，《丛书集成初编》本，商务印书馆，1936年，第162页。

② 傅山：《傅山全书》卷三十九，《杂记(六)》，山西人民出版社，1991年，第780页。

③ 顾炎武：《亭林文集》卷三，《与友人论学书》，《万有文库》本，商务印书馆，1937年，第215页。

样背离原始儒学的传统。他在批判宋明理学的基础上提出“理学，经学也”的主张，倡导绾理学于经学之中，如说：“理学之传，自是君家弓治。然愚独以为理学之名，自宋人始有之。古之所谓理学，经学也。”“今之所谓理学，禅学也。”[①]后来全祖望把“理学，经学也”概括为“古今安得别有所谓理学者，经学即理学也。自有舍经学以言理学者，而邪说以起。不知舍经学则其所谓理学者，禅学也”。[②] 在顾炎武看来，就严格意义说，古代并没有理学只有经学，经学就是理学。当时讲的理学是宋代相传下来的，因其杂糅佛老，其实质是禅学，一语道破理学末流的本质。

第二，反思与批评明末理学空谈虚理的社会危害性。朱之瑜“痛愤明室道学之祸，丧败国家，委铜驼于荆棘，沦神器于犬羊”[③]。认为明朝灭亡多由理学末流空虚所致。他认为：“缙绅贪戾，陵迟国祚，岂非学问心术之所坏哉?”当时理学诸家讲解四书、五经等儒家典籍，非新奇不足骇俗，非割裂不足投时，但所讲均非圣贤正义，也无意于修身、齐家、治国、平天下。到了“嘉、隆、万历年间，聚徒讲学，各创书院，名为道学，分门别户，各是其师。圣贤精一之旨未阐，而玄黄水火之战日烦。高者求胜于德性良知，下者徒袭夫峨冠广袖，优孟抵掌，世以为笑。是以中国问学真种子几乎绝息。”[④]空谈理学的连锁反应是扭曲儒家经典，进而导致心术变坏，心术变坏又招致世风日下，最终的结果只能是政治腐败、国破家亡，惨痛的历史教训值得吸取。

张履祥(1611—1674)批评王学说：“姚江以异端害正道，正有朱紫、苗莠之别。其弊至于荡灭礼教。今日之祸，盖其烈也”[⑤]。王学是

---

① 顾炎武：《亭林文集》卷三，《与施愚山书》，第 232 页。

② 全祖望：《鲒埼亭集》卷十二，《亭林先生神道表》，《全祖望集汇校集注》，上海古籍出版社，2000 年，第 227 页。

③ 朱之瑜：《朱舜水集》卷五，《答某书》，第 111 页。

④ 朱之瑜：《朱舜水集》卷七，《答安东守约书》，第 173—174 页。

⑤ 张履祥：《杨园先生全集》卷四，《答沈德孚二》，中华书局，2002 年，第 85 页。

造成今日大祸的罪魁祸首。他又说："儒者不为儒者之学，反去旁求二氏之说，搀入正道。二氏亦不专守二氏之说，辄欲袭取儒先之言，牵合彼教。此百余年以来，积重之习。想此风自宋时渐有，而决裂大闲，则始于三教一门，遂令滥觞，不可界限。学术之祸中于世运，夷夏之闲亦致尽决。率兽食人，人将相食，未知何时而已也。"[①]学术事关政治，王学与佛家混淆，对两者皆有害。因此，他力主明辨儒释，儒释不辨学术不明，学术不明则夷夏之分无从谈起，当今国破家亡、生灵涂炭皆由学术所为，直指王学的社会危害性。

黄宗羲抨击脱离实际的空疏学风，痛斥晚明理学"天崩地解，落然无与吾事"[②]的心态。在他看来："儒者之学，经纬天地。而后世乃以语录为究竟，仅附答问一二条于伊、洛门下，便厕儒者之列，假其名以欺世。治财赋者则目为聚敛，开阃捍边者则目为粗才，读书作文者则为玩物丧志，留心政事者则目为俗吏，徒以生民立极，天地立心，万世开太平之阔论钤束天下。一旦有大夫之忧，当报国之日，则蒙然张口，如坐云雾，世道以是潦倒泥腐，遂使尚论者以为立功建业，别是法门，而非儒者之所与也。"[③]儒学本来以经世济民为用，后来的理学诸家虽然忝列儒学门墙，却不干实事，夸夸其谈，流于空疏不切实际，尤其是国难当头之际，则束手无策，致使国破家亡。这有力地鞭挞明末理学空谈心性贻误家国的可耻行径。

陆世仪(1611—1672)针对明末理学聚徒讲学空谈积习，斥之为"晋人清谈"，他说："天下无讲学之人，此世道之衰。天下皆讲学之人，亦世道之衰也。三代之世，君君、臣臣、父父、子子，各务躬行，各敦实行。庠序之中，诵《诗》《书》习《礼》《乐》而已，未尝以口舌相角胜也。嘉隆之间，书院遍天下，讲学者以多为贵，呼朋引类，动辄千人，附影逐

---

① 张履祥：《杨园先生全集》卷二十八，《愿学记三》，第777—778页。
② 黄宗羲：《南雷诗文集》上，《留别海昌同学序》，第627页。
③ 黄宗羲：《南雷诗文集》上，《赠编修弁玉吴君墓志铭》，第421页。

声，废时失事，甚至有借以行其私者。此所谓处士横议也，天下何赖焉。”[①]在这里，他并非一概反对讲学，反对的是明末以来所讲的空疏之学，脱离实际讲学没有任何意义，只能培养腐儒。因此他主张讲有用之学，包括“诵诗书，习礼乐”等，尤其重视人伦关系的建构，期于实际运用。

顾炎武对明末以来社会积弊无情的针砭，强调“法不变不可以救今”[②]。他从总结明亡教训出发，对王学末流进行批判，说：“五胡乱华，本于清谈之流祸，人人知之。孰知今日之清淡，有甚于前代者。昔之清谈谈老庄，今之清谈谈孔孟，未得其精而已遗其粗，未究其本而先辞其末。不习六艺之文，不考百王之典，不综当代之务，举夫子论学论政之大端一切不问，而曰一贯，曰无言。以明心见性之空言，代修己治人之实学。股肱惰而万事荒，爪牙亡而四国乱，神州荡覆，宗社丘墟。”[③]痛砭明末以来理学空谈误国之病，认为明末的“神州荡覆，宗社丘墟”，正是空谈误国的结果。他还把明末空谈理学与晋末空谈老庄而误国相比较，以历史事实说明空谈的危害性，由此积极倡导一种务实之学，以为这才是儒学的本义。

吕留良(1629—1683)指出：“道之不明也，几五百年矣。正嘉以来，邪说横流，生心害政，至于陆沉，此生民祸乱之原，非仅争儒林之门户也。”[④]批王学尊朱子学不在于争门户，而在于正本清源，总结明亡的历史经验与教训。

就理学自身而言，诸儒对理学尤其是王学的反思与批评总体上发生了两个转向，其一是由王学转向朱子学，其二是由空谈虚理转向经

---

① 陆世仪：《思辨录辑要》卷一，《大学类》，《丛书集成初编》本，商务印书馆，1936年，第8页。

② 顾炎武：《亭林文集》卷六，《军制论》，第291页。

③ 顾炎武著，黄汝成集释：《日知录集释》卷七，《夫子之言性与天道》，上海古籍出版社，2006年，第402页。

④ 吕留良：《吕晚村先生文集》卷一，《复高汇旃书》，《四库禁毁书丛刊》，集部148册，北京出版社，1998年，第485页。

世致用。

二、由王学转向朱子学

由王学转向朱子学的一个重要特征是王学大师们开始接受朱子学，表现为调停朱陆异同。

孙奇逢说："文成之良知，紫阳之格物原非有异。"①强调王守仁与朱熹之间并非不同，而是各有所侧重。他对他们的贡献皆给予肯定，说："门宗分裂，使人知反而求诸事物之际，晦翁之功也。然晦翁殁天下之实病不可不泄，词章繁兴，使人知反而求之心性之中，阳明之功也。然阳明殁而天下虚病不可不补。"②朱熹求之于事，王守仁求之于心性，皆有功于儒学，他们互补而并非对立，所谓"两贤之大旨未尝不合也"。孙氏曾作《理学宗传》，折衷朱熹与王守仁，"谓专尊朱而不敢遗陆、王，谓专尊陆、王而不敢遗紫阳，盖陆、王乃紫阳之益友忠臣，有相成而无相悖。"他主张："我辈今日要真实为紫阳，为阳明，非求之紫阳、阳明，各从自心自性上打起全副精神，随各人之时势身分，做得满足无遗憾，方无愧紫阳与阳明。"③在他看来，与其说陷于朱熹与王守仁的门户窠臼而不能自拔，不如从自我做起，对于朱子学和阳明学有所贡献，如此才不辜负他们。

李颙认为，陆之教人，"一洗支离锢弊之陋，在儒中最为儆切，令人于言下爽畅醒豁，有以自得"，朱之教人，"循循有序，恪守洙泗家法，中正平实，极便初学。要之，二先生均大有功于世教人心，不可以轻低昂者也。若中先入之言，抑彼取此，亦未可谓善学也"。④ 朱熹与陆九渊之学虽然角度不同，但皆以教人为本，有功于世道人心，应该都给予肯

---

① 孙奇逢：《四书近指》卷一，《大学之道章》，《孙奇逢集》上册，中州古籍出版社，2003 年，第 278 页。

② 汤斌等编：《孙夏峰先生年谱》，《孙奇逢集》中册，第 1408 页。

③ 孙奇逢：《夏峰先生集》卷二，《复魏莲陆》，中华书局，2004 年，第 69 页。

④ 李颙：《二曲集》卷四，《靖江语要》，中华书局，1996 年，第 36 页。

定。对于朱熹与王守仁,他说:“必也以致良知明本体,以主敬穷理、存养省察为工夫,由一念之微致慎,从视听言动加修,庶内外兼尽,姚江、考亭之旨,不至偏废,下学上达,一以贯之矣。故学问两相资则两相成,两相辟则两相病。”[①]王守仁注重本体,朱熹强调工夫,下学上达,一以贯之,他们并不矛盾,因此相资互补才双赢,相斗则两派俱伤。他还形象地比喻道:“学术之有程朱,有陆王,犹车之有左轮,有右轮,缺一不可,尊一辟一,皆偏也。”[②]对程朱陆王采取兼顾的态度。

黄宗羲早年师从晚明大儒刘宗周,治王守仁之学,但并不墨守,而是有所修正,有所批评。他针对王学末流的空谈,指出:“心无本体,工夫所至,即其本体。”[③]强调工夫对王学进行修正,从学理上讲不反对朱熹。正如章学诚评道:“梨洲黄氏,出蕺山刘氏之门,而开万氏兄弟经史之学,以至全氏祖望辈尚存其意,宗陆而不悖于朱者也。”[④]

孙奇逢、黄宗羲、李颙虽是王学大师,但面对自身学派所出现的危机,以及来自各方面的批判,已经不可能固守原来的壁垒,于是开始以不同的方式走融合朱陆学术之路。

朱子学中人虽然也调停程朱陆王,但还是偏袒朱熹。

朱之瑜说:“尊德性、道问学,不足为病,便不必论其同异。生知、学知,安行、利行,到究竟总是一般。是朱者非陆,是陆者非朱,所以玄黄水火,其战不息。”接着他以水路与陆路皆可由长崎至东京为喻,形象地加以说明:“譬如人在长崎往京,或从陆,或从水。从陆者须一步一步走去,由水程者一得顺风,迅速可到。从陆者计程可达,从舟者得风,累日坐守。只以到京为期,岂得曰从水非,从陆非乎?然陆自不能及朱,非在德性问学上异也。”[⑤]尽管调停朱陆,反对陷于朱陆之间的门

---

① 李颙:《二曲集》卷十五,《富平答问》,第 129 页。
② 李颙:《二曲集》卷四十二,《四书反身录·孟子下·尽心》,第 532 页。
③ 黄宗羲:《南雷诗文集》上,《明儒学案序》,第 73 页。
④ 章学诚著,叶英校注:《文史通义校注》内篇五,《浙东学术》,中华书局,1985 年,第 523 页。
⑤ 朱之瑜:《朱舜水集》卷十一,《问答三》,第 369 页。

户之争，但天平还是倾向于朱熹，所谓“陆自不能及朱”说明了这一点。他又说：“朱子道问学、格物致知，于圣人未有所戾。王文成即有高才，何得轻诋之？不过沿陆象山之习气耳！”[①]他之所以推崇朱熹在于其重视学问，并继承发展光大朱熹格物之学，演成自己尚躬行的实学。

陆世仪尊朱，但不争门户，他说：“鹅湖之会，朱陆异同之辨，古今聚讼，不必更扬其波。”[②]学术争论是正常的，不应大惊小怪。至于后儒各立宗旨，各分门户，互相诋毁，已非朱陆之争原貌。他认为，程朱的“居敬穷理”和王阳明的“致良知”都是入门工夫，皆可以至于道。当有人问及陆世仪的为学宗旨时，他答道：没有宗旨。在他看来，大儒决不立宗旨，应触类旁通，博大精深。不立宗旨是不想争门户，但这并不是说对朱陆的学问没有看法，据其《思辨录》所载：“许舜光问格致之说，朱注似属支离，不若阳明直截。曰，朱注说格物只是穷理二字，阳明说格物便多端。今《传习录》所载，有以格其非心为说者，有乃朱子之旧者；至于致知则增一良字，以为一贯之道，尽在是矣。缘阳明把致知二字竟作明明德三字看，不知明明德工夫，合格致诚正修俱在里面。致知只是明德一端。如何可混，且说个致良知虽是直截，终不赅括，不如穷理稳当。问何为？曰，天下事有可以不虑而知者，心性道德是也，有必待学而知者，名物度数是也。假如只天文一事，亦儒者所当知，然其星辰次舍，七政运行，必观书考图，然后明白，纯靠良知，致得去否？故穷理二字赅得致良知，致良知三字赅不得穷理。”[③]他不同意王守仁以致知替代明明德，尤是对良知提出异议，在良知与穷理的关系上，重视穷理，因此偏于朱熹。他反对空谈积习，主张经世，把封建、井田、学校视为治国的大纲。他也重视教育，在所主持的书院聘请专家名士主讲，积极倡导“切于用世”的六艺实学。

---

① 朱之瑜：《朱舜水集》卷五，《答佐野回翁书》，第 84—85 页。

② 陆世仪：《思辨录辑要》后集卷八，《诸儒类》，《陆子遗书》，第 11 页。

③ 陆世仪：《思辨录辑要》卷三，《格致类》，第 33—34 页。

尊朱熹的主要有张履祥、吕留良，他们为明遗朱子学的代表人物。

张履祥早年信奉王学，后由刘宗周“慎独”、“诚意”转向朱熹的“格物穷理”。针对当时朱陆之学的状况，他写道：“今人多好象山，不乐朱子，于近代人物，尊陈、王而诎薛、胡。固因人情便简率而苦精详，乐放旷而畏谨严；亦缘百余年来，承阳明气习，程、朱之书不行于世，而王、陆则家有其书，士人挟册，便已沦浃其耳目，师友之论，复锢其心思，遂以先入之言为主。虽使间读程、朱，亦只本王、陆之意指摘其长短而已。”①陆子学传至明代有陈献章、王守仁之学，朱子学则有薛瑄、胡居仁之学，明末以来理学诸家则多尊陆王之学，程朱之学衰微，甚至读程朱之书也本陆王之意。他对这种情况的出现甚为不满，因此表彰朱子学，认为儒家的学问为居仁由义，它们离不开居敬穷理的功夫，“凡先儒之言，若志伊尹之所志，学颜子之所学；若为天地立心，为生民立命；若以兴起斯文为己任，种种道术，举不外是矣。夫居敬穷理之方，朱子以其躬行心得者谆复言之，至详至备矣，吾人遵而守之，日夕从事于此，则亦可以有获矣。入门而升堂，升堂而入室，循之其有阶，导之有其相也。”②朱熹以躬行实践而获居敬穷理之工夫，这是找到了登儒学之堂、入孔门之室的阶梯与门径，只有遵循朱熹之学，才能领会儒学的要领。

吕留良自谓：“某窃不揣谓：救正之道，必从朱子求；朱子之学必于《近思录》始。又窃谓：朱子于先儒所定圣人例内的是头等，圣人不落第二等；又窃谓：凡朱子之书有大醇而无小疵，当笃信死守，而不可妄置疑凿于其间。此数端者，自幼抱之。”③他自幼抱定笃信朱熹的信念，重视朱熹《近思录》是服膺其中所讲的儒学正统，希望通过朱子学来扭转世道人心。他推崇朱熹所著《四书章句集注》并把它视为科举制艺

---

① 张履祥：《杨园先全集》卷四十一，《备忘录》三，第1143页。

② 张履祥：《杨园先生全集》卷五，《与何商隐书一》，第111页。

③ 吕留良：《吕晚村先生文集》卷一，《与张考夫书》，第481页。

的准绳，如说："今教之曰为讲义制举文字，则当从朱而辨理道之是非。阐千圣之绝学，则姑舍是，夫讲章制艺，世间最腐烂不堪之具也。而谓朱子之道仅足为此，则亦可谓贱之至恶之至矣，此某之所未敢安也。夫朱子《章句集注》，正所以辨理道是非，阐千圣绝学，原未尝为讲章制艺而设，即祖制经训从朱子，亦谓其道不可易学者，以是为归耳。"[①]主张把朱熹所注四书当成士子学习四书的蓝本。值得一提的是，吕留良尊朱与所谓的理学名臣尊朱（为清廷服务）有本质的不同，他通过"尊朱黜王"以期正人心、救风俗，唤起知识界的民族意识，如指出："凡天下辨理道、阐绝学，而有一不合于朱子者，则不惜辞而辟之耳。"[②]他生于明清之际，明亡的现实促使他致力于经世之学，把探寻"治乱之源"作为为学宗旨，尊朱从属于其经世的目的。

张履祥首倡朱子学，其影响至吕留良，后经陆陇其、张伯行、汤斌、熊赐履、李光地等人努力，为清廷所用，朱子学由民间之学遂转变为庙堂之学。

三、由空谈转入经世致用

批判空谈心性虚理则转向经世致用。早在明万历末年兴起的经世思潮，至清初空前高涨。经世主要是对社会弊端进行针砭，发出"天下兴亡，匹夫有责"的呐喊，清朝建立伊始，理学诸大师，如孙奇逢、朱之瑜、李颙、黄宗羲，以及富有经学色彩的顾炎武、费密等，都以不同的方式参加抗清斗争。抗清失败以后，他们都转而著述救世，倡导切实致用之学。

倡导学以经世，呼唤以修己治人的实学，代替明心见性的虚理。

朱之瑜认为"学问之道，贵在实行"，"圣贤之学，俱在践履"。[③] 陆

① 吕留良：《吕晚村先生文集》卷一，《答吴晴岩书》，第491页。

② 吕留良：《吕晚村先生文集》卷一，《答吴晴岩书》，第492页。

③ 朱之瑜：《朱舜水集》卷十，《答安东守约问八条》，第369页。

世仪说:“今人所当者,正不止六艺,如天文、地理、河渠、兵法之类,皆切于用世,不可不讲。俗儒不知内圣外王之学,徒高谈性命,无补于世,此当世所以来迂拙之诮也。”①顾炎武力主讲求“当世之务”的经世之学,是因为“孔子之删述六经,即伊尹、太公救民于水火之心”,儒家经典是“天下后世用以治人之书,将欲谓之空言而不可也”。② 黄宗羲说:“儒者之学,经天纬地。”③主张学问与事功的统一,以期“救国家之急难”。④ 李颙认为:“儒者之学,明体适用之学也。”⑤倡导一种“道不虚谈,学贵实效”的学风,把德业与功业融为一炉。颜元以恢复“周礼正学”为己任,一意讲求“习行经济”的六艺实学。他说:“学习躬行经济,吾儒本业也;舍此而书云书云,讲云讲云,宋明之儒也,非唐、虞、三代之儒也。”⑥费密肯定儒家的“古经之旨,敦实以致用,无不同也。而其传亦皆学实以致用”⑦。儒家经籍是古代治国安邦经验教训的总结,是经世致用的百科全书,后儒或高谈心性或把它视为制举之业,皆有悖于儒学宗旨。

他们对儒学经典的具体研究,也体现经世致用的用意。

孙奇逢治经不在章句训诂,重在“通人事以致用”。所作《四书近指》服膺实用原则,对《论语》、《孟子》、《大学》、《中庸》“挈其要领,统论大旨”,这四部经学典籍,主要是“修己治人,亲师取友,理财折狱,用贤远奸,郊天事神,明理适用。总之,皆学也”。⑧ 虽然谈心性,但与社会道德联系在一起,道德又与政治统一。他评论《论语》时指出:“论学是希贤希圣之事,论孝是为子立身之事,论仁是尽心知性之事,论政是致

---

① 陆世仪:《思辨录辑要》卷一,《大学类》,第 13 页。
② 顾炎武:《亭林文集》卷四,《与人书三》,第 255 页。
③ 黄宗羲:《南雷诗文集》上,《赠编修弁玉君墓志铭》,第 21 页。
④ 黄宗羲:《南雷诗文集》,《姜定庵先生小传》,第 607 页。
⑤ 李颙:《二曲集》卷十四,《周至答问》,第 120 页。
⑥ 颜元:《习斋记余》卷六,《论开书院讲学》,《颜元集》下,中华书局,1987,第 519 页。
⑦ 费密:《弘道书》卷上,《圣人取人定法论》,民国九年怡兰堂刊本,第 51 页。
⑧ 孙奇逢:《四书近指·凡例》,《孙奇逢集》上,第 368 页。

君泽民之事，论言行是与世酬酢之事，论富贵贫贱是境缘顺逆之事，论交道是亲师取友之事，论生死是生顺殁宁之事。”[①]反对抽象地讨论一些问题，而把问题的讨论与实际所做的事情结合起来，体现他不局限于书本而是重人事的特点。这就是“明理适用”，即通经与致用相统一。

王夫之认为，读书穷理之实，着眼于实即重视经世。他说：“书义而外，论以推明经史，而通其说于治教之详，策以习天人治乱、礼乐、兵刑、农桑、学校、律历、吏治之理，非此则浮词靡调，假于五经、四书而不知其所言者何谓，国无可用之士，而士益偷则益贱。”[②]批评宋明以来的科举制度，以及八股文，这种教育方式所取之士不可能担当起安邦济民的责任。他反对学无所用，主张学以致用，关心天下事，体现为学务实的特征。他治《周易》也强调其经世的特色，说：“‘殷之末世’，纣无道而错乱阴阳之纪。文王三分有二，以服事殷，心不忍之速亡，欲匡正以图存而不能，故作《易》以明得失存亡之理，危辞以示警戒。危者使知有可平之理，善补过则无咎，若慢易而不知戒者，使知必倾，虽得位而亦凶，冀殷之君臣谋于神而悔悟。”[③]作《周易》是为阐明社会治乱的缘由、人事得失的道理，以危严之卦爻警戒，希望君臣有所悔悟，改弦更张，励精图治，这是把《易》视为经世之书。

顾炎武以务实的态度解释《大学》所谓的致知格物，说：“致知者，知止也。知止者何？为人君止于仁，为人臣止于敬，为人子止于孝，为人父止于慈，与国人交止于信，是之谓止。知止然后谓之知。至君臣、父子、国人之交，以至于礼仪三百，威仪三千，是之谓物。”“以格物为多识于鸟兽草木之名，则末矣。知者无不知也，当务之为急。”[④]把致知理解为知止，止是止于五伦，物是具体的伦理之物，格物致知不离日常的

---

① 孙奇逢：《夏峰先生集》卷十三，《语录》，第 554 页。

② 王夫之：《噩梦》，《船山全书》第十二册，第 569 页。

③ 王夫之：《周易内传》卷六上，《系辞下传》第十一章，《船山全书》第一册，第 612 页。

④ 顾炎武著，黄汝成集释：《日知录集释》卷六，《致知》，第 376—377 页。

人伦日用,凡此事关国家社会的稳定,而非一些无关紧要的细微末节。他不把《春秋》当成纯粹记史之书,认为《春秋》之作"言焉而已,而谓之行事者,天下后世用以治人之书。将欲谓之空言而不可也"[①]。《春秋》是致用之书,他发挥了其中的"夷夏之防"的思想,指出:"君臣之分,所关者在一身,夷夏之防,所系者在天下。故夫子之于管仲,略其不死子纠之罪,而取其一匡九合之功,盖权衡于大小之间,而以天下为心也。夫以君臣之分犹不敌夷夏之防,而《春秋》之志可知矣。"[②]这是把天下国家的存亡置于君臣个人关系之上,肯定管仲亦即肯定他把国家民族利益当成最高利益。

与顾炎武一样,吕留良也重视《春秋》"夷夏之防"的思想,他说:"君臣之义,域中第一事,人伦之至大。此节一失,虽有勋业作为,无足以赎其罪者。""看微管仲句,一部《春秋》大义,犹有大于君臣之伦,为域中第一事者,故管仲可以不死耳。原是论节义之大小,不是重功名也。"[③]他又说:"子路、子贡两章发问皆责其失节,而夫子两答皆只称许其功,而未尝出脱其不死之罪,以其罪原无可解也。若有可解,夫子必早辨之,不留待后儒发明矣。总坐不懂夫子大旨,其意终疑立功不足以赎失节之罪,故曲为之说。不知管仲之功,非古今功臣之功所能比也,看下章自分明。九合诸侯,桓公之志事,然桓公只解兵车以合之耳。不以兵车而合诸侯,此方是管仲之妙用,仁者之功也。"[④]《论语》记载孔子不仅赦免管仲不死公子纠之罪,反而肯定管仲转而辅佐齐桓公之功,其原因在于管仲任宰相后,以仁义九合诸侯,建立了尊王攘夷之功,对稳定周朝统治,避免中原亡于少数民族起了积极的作用。吕留良大加揄扬,把《春秋》"尊王攘夷"当成天下第一件大事,超过君臣之

---

① 顾炎武:《亭林文集》卷四,《与人书三》,第 255 页。

② 顾炎武著,黄汝成集释:《日知录集释》卷七,《管仲不死子纠》,第 412 页。

③ 吕留良:《四书讲义》卷十七,《四库禁毁丛刊》本,经部第一册,第 623 页。

④ 吕留良:《四书语录》卷二十六,《论语·宪问第十四·桓公杀公子章》,《四库禁毁丛刊》本,经部第一册,第 284 页。

义，显然是针对明清鼎革的社会现实而发的，肯定民族矛盾是当时的主要矛盾，国破家亡哪里还有君臣之义在，在明遗中持这种观点的人不在少数。夷夏之防的民族意识既是明清鼎革的社会现实的反映，也是清廷高压政策的结果。

颜元依据《周礼》主张恢复"周孔正学"，指出："《周礼·大司徒》以乡三物教万民而宾兴之：一曰六德，知、仁、圣、义、忠、和；二曰六行，孝、友、睦、姻、任、恤；三曰六艺，礼、乐、射、御、书、数。"[①]这里的六德、六行、六艺的核心是"习行经济"，大到治国安邦，小到人伦日用，都要务实，切莫空谈。他把"学习、躬行、经济"当成"吾儒本业"，认为空谈不解决实际问题，必须把讲论与习行结合起来，而且应以习行为标准，这是把致用放在第一位。李塨发挥颜元的观点，认为："《周礼》人方疑为伪书，何有三物？但门下不必作《周礼》三物观，惟以仁义礼智为德，子臣弟友五伦为行，礼乐兵农为艺。请问天下之物尚有出此三者外乎？吾人格物尚有当在此三物外者乎？"[②]清代怀疑《周礼》的大有人在，所以李塨主张不必作《周礼》三物观。应以仁义礼智为德，子臣弟子为行，礼乐兵农为艺，德、行、艺所包含的就是天下三物。此三物代表道德、伦常、工艺。

一些理学家或讲学或办书院，希望通经实践来实现自己的经世主张。如李颙开出"明体适用"的书目，经书列于榜首，企图恢复儒学的通经致用传统。陆世仪志存致用，提出讲求"切于用世"的六艺实学："古者六艺，学者皆当学之，今其法不传。吾辈苟欲用心，不必泥古，须相今时宜，及参古遗法，酌而行之。"[③]其讲学仿宋儒胡瑗的湖学教法，设置经义、治事二类，经义则当分为《易》、《诗》、《书》、《礼》、《春秋》诸科，治事则宜分天文、地理、河渠、兵法诸科，体现了通经与致用的结

① 颜元：《存治编》卷一，《学校》，《颜元集》上，第 109 页。

② 李塨：《恕谷后集》卷四，《与方灵皋书》，第 36—37 页。

③ 陆世仪：《思辨录辑要》卷一，《大学类》，第 12 页。

合。反理学的颜元在漳南书院期间以实际行动实现了自己的通经致用主张,其所创书院,“请建正庭四楹,曰习讲堂。东第一斋西向,榜曰‘文事’,课礼、乐、书、数、天文、地理等科。西第一斋东向,榜曰‘武备’,课黄帝、太公以及孙、吴五子兵法,并攻守、营陈、陆水诸战法,射御、技击等科。东第二斋西向,曰‘经史’,课十三经、历代史、诰制、章奏、诗文等科。西第二斋东向,曰‘艺能’,课水学、火学、工学、象数等科。”“门内直东曰‘理学斋’,课静坐、编著、程、朱、陆、王之学;直西曰‘帖括斋’,课八股举业,皆北向。以上六斋,斋有长,科有领,而统贯以智、仁、圣、义、忠、和之德,孝、友、睦、姻、任、恤之行”。“置理学、帖括北向者,见为吾道之敌对,非周、孔本学”。① 此乃他所倡导的书院规模大略。

总之,明遗理学以总结明亡的经验与教训为己任,反思与批评理学自身的不合理之处,剔除其腐朽成分,改造完善其体系,对矫挽明末心学诸流弊,理学的发展是有积极意义的。然而随着清廷的日益巩固,大部分明遗的谢世,明遗理学完成了自己的使命,逐渐地退出历史舞台,让位于为新朝政权服务的清廷及儒臣理学。

第二节 顺康雍时期的理学

顺治、康熙、雍正时期的理学指的是清廷及儒臣们的理学。这一时期的理学已失去明遗理学的宽容与豁达、朱王兼采以及批判济世的精神,而沦落于朱王之间的门户争论。伴随着朱王门户之争,王学为官方所不喜而逐渐被冷落,朱子学则登上庙堂,渐趋官方化,成为政治的附庸。

---

① 颜元:《习斋记余》卷二,《漳南书院记》,《颜元集》下,第 413 页。

一、门户之争与朱子学的官方化

这里所讲的门户之争是指因官修《明史》是否立《道学传》而引起的朱子学与王学的争论。康熙十八年(1679),清廷诏开“明史馆”,徐乾学为监修。他为修明史所撰《修史条例》认为,“明朝讲学者最多,成、弘以后指归各别。今宜如《宋史》例,以程朱一派另立《理学传》(理学也称道学——引者)”,而陈献章、王守仁、湛若水等人,尤其是王门后学,与程朱不同,“宜如《宋史》象山、慈湖例,入《儒林传》”。[①] 馆臣中包括朱、陆两派,学非一途,对此持论各异。对《明史》是否立《道学传》、王守仁应归入何传等问题有争议。代表人物为张烈和毛奇龄。

张烈(1622—1685)为学原出于王学之门,后易帜反戈,服膺程朱。毛奇龄可谓清代考据学开派宗师之一。但他于理学则尊崇王学,批判朱熹。在是否立《道学传》上,张烈指出:“《宋史》有《道学传》,惟《宋史》宜有之。周程绍先圣之绝绪,朱子集诸儒之大成,以《道学》立传,宜也。”其余“可列之《儒林》”[②]。对于明史,他认为不宜立《道学传》,因为王阳明不属于道学。毛奇龄同意张烈的结论,但所持的论据不同。他称“道学是异学”,主要论据是南北朝道教典籍中已有“道学”之名并列《道学传》。他考察道学的源流,在指出道学与道教有关系之后,还进一步把道学溯源于老子,称“道学者,虽曰以道为学,实道家之学也”[③]。他把程朱理学当成道学,所以不赞同阳明学为道学,而认为阳明学是儒学。

黄宗羲、朱彝尊、陆陇其等对立《道学传》也持异议。如朱彝尊(1629—1709)对道学批评,不同意清初修《明史》立《道学传》,说:“元

---

① 徐乾学:《憺园集》卷十四,《议下·修史条议六十一条》,《续修四库全书》第1412册,上海古籍出版社,2003年,第491页。

② 张烈:《王学质疑》附录,《读史质疑三》,《四库全书存目丛书》子部23册,齐鲁书社,1995年,第104页。

③ 毛奇龄:《西河文集·辨圣学非道学文》,《万有文库》,商务印书馆,1937年,第1569页。

修《宋史》,始以儒林、道学析而为两。言经术者入之儒林,言性理者别之为道学;又以同乎洛闽者进之道学,异者置之儒林。其意若以经术为粗,而性理为密,朱子为正学,而陆、杨为歧途。默寓轩轾进退予夺之权,比于《春秋》之义。然六经者,治世之大法,致君尧舜之术,不外是焉。""故儒林足以包道学,道学不可以统儒林。夫多文之谓儒,特立之谓儒,以道得民之谓儒,区别古今之谓儒,通天地人之谓儒,儒之为义大矣。非有逊让于道学也"。[①] 儒学本来是一体的,宋代以前正史中的《儒林传》反映了这一现实,而元代修《宋史》则把儒林与道学一分为二,致使经术与性理分道扬镳,这进一步夸大了朱陆之间的差别,导致门户之争。他竭力反对这一做法,主张仍以儒林为本,不必要在儒林之外另设一道学。徐乾学根据众议,取消"道学"之名,但把王阳明列入勋臣传。这一主张与张烈看法相同,削弱了王阳明作为一代儒学宗师的地位。毛奇龄对此颇为不满,但馆臣们大都同意徐乾学的意见,他自已也改变不了这一现实。

张烈与毛奇龄就立《道学传》而引起的争论,涉及理学内部的心与理、格物致知、知行关系等老问题。

关于心与理问题。张烈指出:"天之道,非别有一物寄于声臭之上。时行物生,即所谓'无声无臭','上天之载'也。人之心,非别有一物在窈窈冥冥之中,视听言动,皆心所在也。"[②]道(理)只在具体事物及行事中见,心则通过视听言动感性行为得以显现。毛奇龄则说:"意即道也。谓意之得乎善而当乎诚,即谓之道。诚者天之道,思诚者人之道是也。是以未发为本,而既发为道。"[③]未发是意也即心,为根本,已发为道,道即心之既发。两人立论角度有所不同。张烈侧重从认识论角度释心与理,他所谓的道多为自然之道,与心不同。毛奇龄则倾向

---

① 朱彝尊:《曝书亭集》卷三十二,《史馆上总裁第五书》,《国学基本丛书》本,商务印书馆,1935年,第546—547页。

② 张烈:《王学质疑》卷五,《总论》,第94页。

③ 毛奇龄:《大学知本图说》,《毛西河全集》,嘉庆萧山陆体元凝瑞堂重刻本,第17页。

于从道德角度谈心与理的关系,主心即理。

王阳明主张“夫物理不外于吾心,外吾心而求物理,无物理矣”。因此,“有孝亲之心,即有孝之理,无孝亲之心,即无孝之理矣。有忠君之心,即有忠君之理,无忠君之心,即无忠之理矣。理岂外于吾心邪?”[①]作为道德法则的理,不存于道德行为的对象上,如孝、忠并不存在于父或君上,孝忠之理只是人的意识通过实践所赋予行为与事物的。心即理,即心之条理,人若依此事亲自然是孝,事君自然是忠,交友自然是信,因此,理不在心外。

张烈批驳道:“然惟吾生必有父,而后此心知孝,吾生必有君,而后此心知忠。且惟其为父,故孝以事之,若他人则不得以孝施矣;惟其为君,故忠以事之,若他人则不得以忠名矣。所当忠当孝者在君父,而知忠知孝者即在吾心。此所谓无心外之事,无心外之理也。求之父,求之君,即所以求此心,所谓合内外之道也。”[②]肯定君父的客观存在,而且认为“唯其”为君父,不是其他,所以以忠孝事之。当忠当孝者即君父,这是忠孝的对象。知忠知孝者,即我心,这是忠孝的行为主体。先有忠孝对象,然后通过忠孝使父君与我心相联系,所以,“求此心”,必“求之君父”,把主观(内)与客观(外)统一起来。反对心与理等同。毛奇龄不同意张烈的观点,说:“夫阳明何尝谓无事物?但有心乎事父,不在父上求,非无父也。只在事父之心上求,谓只以此事父之事求之于心,非舍事父之事而但求心也。”[③]以心求事父之孝道,是在心中建立孝的观念,使孝成为理性的自觉,也即把孝作为客观道德准则的他律内化为主体行为的自律。在他看来,单凭感官不能获得对象的认识,必须依靠理性的自觉,开启心里所固有的善的潜能,才能把握事物。张烈断定理从事物中来,忠孝之理必求于君父,重物,强调事物的客观

---

① 王阳明:《传习录》中,《答顾东桥书》,《王阳明全集》上,上海古籍出版社,1992年,第42页。

② 张烈:《王学质疑》卷一,《心即理也》,第83页。

③ 毛奇龄:《西河文集·折客辨学文》,第1542页。

性,有感觉经验的色彩。毛奇龄从人的理性角度提出问题,重人,强调事物的对象性,以及理性的自觉,比张烈要深刻。两人侧重点有所不同。这个世界只有人或从人角度去观察才有意义,离开人或没有人,世界虽说存在,但无意义。

关于格物致知问题。王阳明解“格”为“格者,正也。正其不正,以归于正也”。[①] 以“正”训“格”。张烈反驳说:“去不正以全其正,仍然诚意事也。以存天理为穷理,使辨别未真,将以何者为天理?所存皆私意耳!用好银者,诚也;识银色者,知也。顾银色之参杂诡异,日新月巧,非一一辨验,积累功深,不能识也。”又说:“夫即物穷理,然后诚于为善,彼见之不真,为之不笃者,不即物穷理之病也。今以为不然。而以去私存理为格物,不知所谓私与理者,何从而辨别之,是无头学问也。”[②]好银为诚意,识别银为格物。必须穷理,即经过一番辨验,才使好银之想得以兑现。而王阳明所说的正其不正,只是诚意,把格物穷理与诚意混同。张烈从认识具有的相对性出发,认为未经验证的善恶是值得怀疑的,确定真理的客观性,才谈得上诚意。在诚意之前,必须即物穷理,判明是非,必以辨明善恶为前提,没有这个前提,便是“无头学问”。他把格物致知理解为一般的客观事物认识,而不是从道德角度立论。

毛奇龄不赞同张烈的主张,在他看来,“格物以修身为本,而修身则又以诚意为本。虽身有心意,不分先后,而诚意之功,则先发于正心。何则?以意之所发,始知有善有不善,亦意所发,始能诚于为善,与诚于不为不善。正心时无是事也。是以‘诚意’二字为圣门下手第一工夫”。又“乃自诚意工夫一分善不善,而知,而行之,以求得于善,而心已正,身已修矣。由是而家,而国、天下,皆以此推之。”[③]诚意为

---

① 王阳明:《传习录》上,《王阳明全集》上,第 25 页。

② 张烈:《王学质疑》卷二,《致知格物》,第 85、87—88 页。

③ 毛奇龄:《大学知本图说》,第 8、9 页。

本、为先。格物本于修身，修身又本于诚意，诚意为圣门的第一下手工夫。这是因为未发谓之心，既发谓之意，以意之所发，才开始知道善恶，工夫始于诚意，意诚则自知其善。诚意类似人生理的本能，它能分辨出善恶，当不善时，它能知晓并通过行为消除恶。诚意即慎独，诚意后，心已正，诚意工夫为修身、齐家、治国、平天下的根本。

关于知行关系问题，王阳明把它说成是“知之真切笃实即是行；行之明觉精察处即是知”。张烈则反对把知行混为一谈，而倾向于先知后行之说。他从理论上论证这一主张：“若是，则只曰‘行’可矣，或止曰‘知’可矣！古人何兼设此二字乎？兼设二字，必确是两事，不可紊淆，此《易》之对待也。惟其为两，必自相生，此《易》之流行也。今单执其相生者，深斥其两立者。”又说：“好浑同，恶分析，深斥即物穷理，恐其太分明，无以为容私之地也。”进而主张：“行之必先知，知之必需格物，明矣！”[①]强调知行是认识的两极，各有其特定内涵，不容混淆，在这个前提下才有可能谈相互联系。有“相生”的一面，体统虽分，感应则合。王阳明“好浑同，恶分析”，违背认识的规律。张烈认为，行不应离开知，离开知的行是盲目的行，所以“行之必先知”，以此来批评王阳明的知行合一，或化知为行，是无的放矢。毛奇龄反驳张烈的观点，为王阳明知行合一辩解，说：“夫知贵乎行，儒者空讲理学，有知无行。阳明真有知有行者。”[②]之所以强调知行合一，是因为程朱理学空讲学问，有知无行，知行合一才是真知真行。知行关系，既相互联系又彼此区别，联系不等于等同，区别也不等于对立，张烈和毛奇龄的观点都有所偏差。

张烈与毛奇龄之间的争论反映了朱子学与王学的对立，不过在当时理学诸臣中，朱子学占据主导地位，他们大都是基于明亡的教训，因此不遗余力地批评王学、表彰朱子学。

---

① 张烈：《王学质疑》卷三，《知行合一》，第 89、88 页。

② 毛奇龄：《西河文集·折客辨学文》，第 1545 页。

魏裔介、熊赐履、张伯行、张烈等指出王学的诸种流弊。如魏裔介(1616—1686)指出:"后世象山、阳明俱以颜子为心学之宗。陆一传而为慈湖至不起意,而陆入于禅矣。王一传而为龙谿至无善无恶,而王又入于禅矣。"①心学承传经陆象山和王阳明后学已经改变了原来的面貌,陷入佛家禅学而非儒学。熊赐履说:"自姚江提宗以来,学者以不检饬为自然,以无忌惮为圆妙,以恣情纵欲、同流合污为神化,以灭理败常、毁经弃法为超脱。学术人心,敝于败坏。"②王学受禅宗影响,空谈心性,最终离经叛道,背离了儒学的淑世精神。张烈指出:"自阳明操戈树帜,为天下祸首,于是魁杰黠猾之士,相助为波涛,而庸愚下士尽从风而靡,五经四书悉更面目,纲常名教为之扫地矣。"③自王守仁的致良知说出,不仅儒家经典委曲变异,儒家的纲常名教也荡然无存。张伯行说:"姚江王氏祖述金谿,而朱子之学为支离影响,倡立致良知之新说,尽变其成规,知其不足以服天下,则又为晚年定论之书,附会牵合。"④对王守仁祖述陆九渊,创致良知说及撰写《朱子晚年定论》贬低朱熹,推崇陆九渊甚为不满。

张伯行、汤斌、魏象枢、熊赐履、李光地、张烈等则把朱熹当成门户,为朱子之学成为庙堂之学而不遗余力。陆陇其说:"朱子之学,孔孟之门户也。学孔孟而不由朱子,是入室而不由户也。"⑤又说:"继孔子而明六艺者,朱子也。非孔子之道者皆当绝,则非朱子之道者皆当绝。"⑥以钦定的"洙泗干城"、"程朱嫡派"俨然理学正统宗师。他认为,阳明之学不熄灭,朱子之学就不会受到尊重,因此竭力地辟王学。张

---

① 魏裔介:《希贤录》卷一,《为学门·总论》,《四库全书存目丛书》子部154册,齐鲁书社,1995年,第277页。

② 熊赐履:《闲道录》,《四库全书存目丛书》子部22册,第34页。

③ 张烈:《王学质疑》附录,《朱陆同异论》,第98—99页。

④ 张伯行:《正谊堂续集》卷四,《性理正宗序》,《正谊堂文集》,《国学基本丛书》,商务印书馆,1936年,第216—217页。

⑤ 陆陇其:《陆稼书先生文集》卷一,《答嘉善李子乔书》,《丛书集成初编》,商务印书馆,1936年,第16页。

⑥ 陆陇其:《陆稼书先生文集》卷二,《四书集义序》,第52页。

伯行尊朱，说："朱子之学，主敬以立其本，穷理以致其知，反躬以践其实，为功切实可循。"[①]张烈认为明代中叶以前尊朱，社会风俗淳美，隆庆以来毁程朱，世风日下，他建议清廷尊朱黜王，以防犯人心，"若朱子之言，如食可致饱，衣可御寒，宫室之蔽风雨，药饵之疗疾病，皆实用也"[②]。河北二魏，即魏裔介和魏象枢均尊朱子，发挥朱子的格物穷理之说，反对王学良知说。汤斌官至礼部尚书，尊朱子学，他"反复审择，知程朱为吾儒之正宗。欲求孔孟之道而不由程朱，犹航断港绝，潢而至于海也，必不可得矣"[③]。李光地称："自朱子以来，至我皇上又五百年，应王者之期，躬圣贤之学，天其殆将复启尧舜之运，而道与治之统复合乎！伏惟皇上承天之命，任斯道之统，以升于大猷。"[④]对朱熹毫不吝惜赞美之词，尊朱子可谓达到无以复加的地步。

作为理学名臣的魏裔介、熊赐履、李光地等，还通过日讲、经筵等方式把自己尊朱的主张传授给清圣祖，圣祖也开始尊理学尤表现为尊朱熹，多次称赞朱熹的人格与学问，如说："至于朱夫子，集大成而继千百年绝传之学，开愚蒙而立亿万世一定之规。"自谓读书五十载，"只认得朱子一生居心行事"[⑤]。他认为朱子的著作"体道亲切，说理详明，开发圣贤之精微，可施诸政事，验诸日用，实裨益于身心性命者"[⑥]。康熙四十年(1701)以后，清廷以"御纂"的名义，下令汇编朱熹论学精义《朱子全书》，并委托理学名臣熊赐履、李光地先后主持纂修事宜。五十一年(1712)正月，圣祖明确指出："朱子注释群经，阐发道理，凡所著作及编纂之书，皆明白精确，归于大中至正。经今五百余年，学者无敢疵

① 张伯行：《困学录集粹》卷二，《河干公余》，《丛书集成初编》，商务印书馆，1936年，第25页。

② 张烈：《王学质疑》卷首，《王学质疑序》，第82页。

③ 汤斌：《汤子遗书》卷四，《答陆稼书书》，《汤斌集》上册，第189页。

④ 钱仪吉编：《碑传集》卷十三，彭绍升：《故光禄大夫文渊阁大学士李文贞公事状》，中华书局，1993年，第333页。

⑤ 清圣祖：《御制文集》第四集，卷二十一，《朱子全书序》，《四库全书》第1299册，第535页。

⑥ 清圣祖：《御制文集》第四集，卷二十八，《康熙几暇格物论》，第581页。

义。朕以为孔孟之后,有裨斯文者,朱子之功最为弘巨。”[1]随即颁谕,将朱熹的从祀孔庙的神位由东庑先贤之列迁至大成殿十哲之次,这进一步提升了朱熹在儒学发展史上的地位,标志着朱子学得到清廷的认可。

这一时期心学呈现出衰落的趋势,但也未完成绝迹,其中不乏可圈可点的人物,李绂就是出类拔萃者。李绂(1673—1750),字巨来,号穆堂,江西临川(今抚州)人。少时颇具天赋,有神童之目。康熙四十七年(1708)乡试中举,翌年成进士,为翰林院编修。康熙末官侍讲学士、内阁学士、兵部侍郎、广西巡抚等。雍正三年(1725)任直隶总督时,因参劾雍正宠臣河南巡抚田文镜而遭革职。乾隆初,重新被起用,历任户部侍郎、八旗志书馆副总裁、兵部侍郎、三礼馆副总裁、光禄寺卿等。他一生著述丰厚,计有《穆堂初稿》、《穆堂别稿》、《陆子学谱》、《朱子晚年全论》、《阳明学录》、《春秋一是》等。

作为清代最后的王学大师,李绂以维护心学为己任,称陆九渊所谓“道外无事,事外无道”,才是“真得圣贤为学之法者”。[2] 他撰《陆子学谱》阐释陆九渊之学说及后学演变,可以说是清代儒家对陆学的总结。他也尊称王守仁,指出:“自象山陆子之教不明,士堕于章句训诂者三百余年。洎王阳明先生倡明绝学,然后士知有躬行实践之功。”[3]赞扬王守仁不仅在于其传承陆学,更重要的是提出的“躬行实践”之学,而这是对书生气太足的理学一次有力矫挽,使儒学沿着原有的方向前进。

总之,在熊赐履、陆陇其、张伯行、李光地等人的努力下,清廷出于政治上的需要,采取“崇儒重道”的文化政策,定朱学于一尊,程朱理学被钦定为官方之学,王守仁心学从此一蹶不振。

---

① 《清圣祖实录》卷二四九,中华书局,1985年,第466页。

② 李绂:《穆堂初稿》卷四十五,《书朱子语类后》,《续修四库全书》第1422册,第100页。

③ 李绂:《穆堂初稿》卷二十六,《文学刘先生墓志铭》,《续修四库全书》第1421册,第511页。

二、清圣祖的理学

清政府以儒学作为指导思想，他们所标榜的儒学实际上是理学，把理学官方化、政治化是清廷理学的特色，而这一切虽然有理学名臣的推波助澜，但清圣祖起了至关重要的作用。因此为了理解清廷的理学，很有必要认识一下清圣祖的理学。

圣祖理学是在理学诸名臣教诲与影响下形成的。早期，对他影响最深的是理学名臣熊赐履。自康熙十年二月至十四年三月间，熊赐履一直充任日讲官。圣祖亲政后的日讲，虽然自九年十一月二十一日即宣告举行，但实际上正式开始则是在此后的一年多的十一年四月。此时熊赐履把年轻的圣祖引入理学之门。熊氏笃信朱熹，曾对圣祖明确表示："臣读孔孟之书，学程朱之道。"[①]半月后，他以朱熹注《论语·学而》篇的讲解，开始康熙朝日讲。在以后的三年里，隔日进讲，向圣祖讲"读书切要之法"、"天理人欲之分"、"俯仰上下，只是一理"、"本然之性与气质之性"、"辟异端，崇正学"等程朱理学范畴与命题，宣扬朱熹的知行观，驳斥王守仁的知行合一之说，为圣祖打下理学基础。圣祖谕礼部，"帝王图治，必稽古典学，以资启沃之益。经筵日讲，允属大典，宜即举行。尔部详察典例，择吉具仪奏闻"[②]。圣祖的理学散见在《清圣祖实录》、《康熙起居注》、《圣祖仁皇帝圣训》、《康熙政要》、《圣祖庭训格言》等书中。

(一) 道统治统合一论

圣祖作为政治家不单纯于理学的学理论究，而是把学理与治事联系起来，也就是说在继承理学家道统说的同时，把它与治统打并归一，提出了自己的道统治统合一论。

圣祖把道统治统看成是一致的，如说："朕惟天生圣贤，作君作师，

---

① 《康熙起居注》第一册，第 29 页。

② 《清圣祖实录》卷三十四，《清实录》第四册，第 462 页。

万世道统之传,即万世治统之所系也。""道统在是,治统亦在是矣。历代贤哲之君,创业守成,莫不尊崇表彰,讲明斯道。"[1]建立了道统与治统合一论。在这里,道统治统由诸圣贤组成,包括尧、舜、禹、汤、文、武,以及孔子、曾子、子思、孟子,也包括儒家经典,有《周易》、《尚书》、《诗经》、三《礼》、《春秋》这五经,以及《论语》、《大学》、《中庸》、《孟子》这四书。五经和四书的地位也有所不同,其中孔子、孟子、子思、曾子这四子继承二帝三王的道统,他们所作的四书则使五经之道周备,可以说四书得五经之精意。道统治道相结合说明的是学以致用。圣祖五岁时就开始读书,八岁就践履书中所言,"求得大意而后愉快。日所读者必使字字成诵,从来不肯自欺。及四子之书既已通贯,乃读《尚书》,于典谟训诰之中,体会古帝王孜孜求治之意,期见之施行"[2]。先读《大学》、《中庸》、《论语》、《孟子》这四本书,然后读《尚书》,对于其中的典、谟、训、诰诸篇尤深体会,说明他读儒家经典力求大意,期以实用,主要是指导政治,体现道统治统的统一。

对于道统治统的立论根据,他说:"惟道原于天,弘之者圣。自庖羲氏观图画像,阐乾坤之秘;尧舜理析危微,厥中允执;禹亲受其传,汤与文武周公,递承其统,靡不奉若天道,建极绥猷,夐乎尚矣。孔子生周之季,韦布以老,非若伏羲尧舜之圣焉而帝,禹汤文武之圣焉而王,周公之圣焉而相也。岿然以师道作则,以及门贤哲,绍明绝业,教思所及,陶成万世,伏羲尧舜禹汤文武周公之统,惟孔子继续而光大之矣。"[3]"道原于天"即道统治道建立的依据是天,而弘扬者则为诸圣,伏羲"观图画像",究心于天道,为《周易》的源头,尧舜禹关心政事,开《尚书》之先,经汤文武周公承传,天道人事由此确立,后来孔子编定诸经,继承与弘扬以上诸圣,建立诸圣相传的道统(孔子以后有德无位,偏于

---

① 《御制文集》初集卷十九,《日讲四书解义序》,《四库全书》第1298册,第185页。

② 《康熙起居注》第二册,第1249页。

③ 《清圣祖实录》卷一三〇,第398页。

道统）。孔子死后，杨墨之徒兴起而攻击道统，孟子则给予批判，有功于诸圣，维护了道统，使道统之传达于今日。

他自称继承努尔哈赤、皇太极、福临之大统，一统海内，兢兢业业治理国家，使天下稳定太平。所为常思"二帝三王之治本于道，二帝三王之道本于心。辨析心性之理而羽翼六经，发挥圣道者，莫详于有宋诸儒。"①因此尤推崇宋儒，不仅在于其建立了道统治统论，而且也在于其明理适用。因此他进一步构建了理学的传递系统，说："性理之学，至宋而明。自周、程授受，粹然孔、孟渊源，同时如张如邵，又相与唱和而发明之。从游如吕如杨，如谢如尹，又相与赓续而表彰之。朱子生于其后，绍述周、程，参取张、邵，斟酌于其及门诸子之同异是非，然后孔孟之指，粲然明白，道术一归于正焉。"②两宋理学上接孔孟道统，周敦颐、程颢、程颐、张载、邵雍这北宋五子相互发明，其中程颐门下弟子最多，如三吕（吕大忠、吕大钧、吕大临）、杨时、谢良佐、尹焞传递其学，至南宋朱熹则继北宋五子之大成，进一步发展完善儒家的道统。

对于理学道统，他尤其表彰朱熹，认为孔孟之学，"至于朱子集大成，而继千百年绝传之学，开愚蒙而立亿万世一定之规，穷理以致其知，反躬以践其实，释《大学》则有次第，由致知而平天下；自明德而止于至善，无不开发后人而教来者也。五章补之于断简残篇之中，而一旦豁然贯通之为要，虽圣人复起，必不能逾此。问《中庸》各篇之义，则不偏不倚，无过不及之名，未发已发之中，本之于时中之中，皆先贤所不及也。若《语》、《孟》则逐篇讨论，皆内圣外王之心传，于世道人心之所关匪细。如五经则因经取义，理正言顺，和平宽宏，非后世浅见而轻议者同日而语也。至于忠君爱国之诚，动静语默之敬，文章言谈之中，全是天地之正气，宇宙之大道"。自谓读其书，察其理"非此不能知天人相与之奥，非此不能治万邦于衽席，非此不能仁心仁政施于天下，非

① 《御制文集》初集卷十九，《性理大全序》，《四库全书》第 1298 册，第 184 页。
② 《御纂性理精义》卷首，《御纂性理精义凡例》，《四库全书》第 719 册，第 595 页。

此不能外内为一家。读书五十载，只认得朱子一生居心行事。”[①]在这里全方位的揭示了朱熹的儒学贡献。众所周知，理学对儒学的贡献之一就是编定四书，确立了四书在儒家经典中的突出地位，五经由此而退居其次。对于四书的注释，北宋诸子虽有涉猎，但都不完备，只有朱熹的《四书章句集注》集其大成，朱注四书，对《大学》、《中庸》、《论语》、《孟子》的注释，文简义丰，其中微言大义昭然若揭。自元以来被奉为科举考试之圭臬，沿袭到清。圣祖读书五十年，对朱注四书表彰有加，不仅知晓天人，而且安邦治国皆以朱熹思想为楷模，只认得朱子一生居心行事。

他进一步认为，自汉代以来，儒者不乏对儒家经书作注作解，不仅没注解清楚，反而愈解愈难。到了宋代，朱熹注四书、五经，阐发经中道理，给后人提供诸多方便，朱注经书之所以受欢迎，是因为“朱子云圣贤立言，本自平易，而平易之中，其旨无穷”。朱子有功于圣人经书可谓大矣。而当今“必推之使高，凿之使深，是未必真能高深，而已离其本指，丧其平易无穷之味矣。此最要处也”[②]。对时下所注经书之弊痛下针砭。他在避暑山庄处理政务，闲暇之余，翻阅经史性理等书籍，“至于体道亲切，说理详明，开发圣贤之精微，可施诸政事，验诸日用，实裨益于身心性命者，惟有朱子之书，驾乎众家之上。令人寻味无穷，久而弥觉其旨。此朕读书嗜古，阅历数十年之后，有得于心”[③]。朱熹的著作道理精纯，即有补于身心性命，也有益于政事，因此他常读不懈。

圣祖理学虽然以朱熹为圭臬，但并非排斥王守仁，对于王守仁的著述他都曾经用心做过研究，称常读朱熹、王守仁等书，道理也十分深微。不赞同他们的门人各是其师说，互为攻击，以为这是把道私化了，

---

① 《御制文集》第四集，卷二十一，《御制朱子全书序》，《四库全书》第1299册，第534—535页。

② 《圣祖仁皇帝庭训格言》，《四库全书》第717册，第655—656页。

③ 《康熙几暇格物论》，《四库全书》第717册，第655—656页。

主张以“宽舒”、“无私”的态度去面对王守仁，不赞成无谓的门户之争。

(二) 真假理学论

圣祖讲理学的另一特色是辨析真假理学，这事起因于一些理学名臣讲的是理学而行的却是非理学，其言行不一的现象为圣祖所侧目。康熙二十二年(1683)以后，圣祖便在不同场合多次给予批驳。

同年十月，圣祖与汤斌、张玉书讨论理学，圣祖说：“日用常行无非此理，自有理学名目，彼此辩论，朕见言行不相符者多。朕见言行不符者甚多，终日讲理学，而所行之事全与其言悖谬，岂可谓之理学？若口虽不讲，而行事皆与道理相吻合，此即真理学也。”张玉书说：“皇上此言真至言也。理学只在身体力行，岂尚辞说？”[①]汤斌答曰：“理学者本乎天理，合乎人心，尧、舜、孔、孟以来总是此理，原不分时代。宋儒讲理，视汉、唐诸儒较细，故有理学之名。其实理学在躬行，近人辩论太繁耳。”[②]从这一段君臣问答来看，圣祖所讲的真理学应是言行一致，尤其尚躬行，反对空谈性理，虽有理学之名而无理学之实，则是假理学。理学注在日用常行，而不在空洞说教，务实求真才是理学的真谛。

他讲的真理学就是注重躬行，这样的话语屡见不鲜，如：学问无穷，不徒空言，惟当躬行实践。“今人讲道学者，徒尚语言文字，而尤好非议人。非惟言行不符，而言之有实者，盖亦寡矣。”[③]凡学道学之人必须身体力行，见诸实事，而非徒托之空言，当时圣祖对官内以道学之名而欺世之人甚为不满直接予以痛斥。道学即理学，宋以来真正精通道学者并不多见，只因道学家大都言行不一，尤其不尚躬行，空发议论。尚躬行以实际行动践履理学所言，躬行实践成为辨别真假理学的试金石。本此，圣祖以言行是否一致作为评判标准，对当时的理学名臣做出褒贬。

---

① 《清圣祖实录》卷一一二，第 157—158 页。

② 汤斌：《汤斌集》下册，中州古籍出版社，2003 年，第 1819 页。

③ 《圣祖仁皇帝庭训格言》，第 632 页。

他认为，学士汤斌曾师从中州孙奇逢讲论道学，颇有实行，加上汤氏典试浙江操守甚善，可补授江苏巡抚。评论于成龙说："居官清廉，如于成龙者甚少。"[①]于成龙不讲理学，而为官清廉，这才是真理学。以事功评判真假理学，理学不与事功相结合，无裨于国事，则是假理学，讲论这种理学徒劳无益。他对言行不一的理学名臣多有斥责。如斥责崔蔚林，说他是"直隶极恶之人，在地方好生事端，干预词讼。近闻以草场地土纵其家人肆行控告。又动辄以道学自居，焉有道学之人而妄行兴讼者乎？此皆虚名耳。又诋先贤所释经传为差伪，自撰讲章甚属谬戾。彼之引疾乃是托词。此等人不行惩治，则汉官孰知畏惧！尔等可将此事商酌来奏"[②]。崔蔚林好事，居乡不善，罔称道学，最后被革职。这里不仅有言行不一的问题，同时也有学派的因素。圣祖服膺朱子学，对王门后学大体采取批评的态度，而崔蔚林曾师从王学大师孙奇逢，应为王学中人，学术观点本不相同，加之崔蔚林人品不佳、行事不妥，理所当然地受到圣祖的批评。[③]

三十三年(1694)，圣祖以《理学真伪论》试翰林院诸官员，对标榜理学的熊赐履、魏象枢、汤斌、李光地等言行不一进行申斥，指责魏象枢对索额图"挟仇怀恨"，质问"道学之人，果如是挟仇司恨乎"。讥讽汤斌当着皇帝面说"德格勒文甚不堪，臣一时不能忍笑，以至失仪"，另一面自我表白"自有生以来，未曾有似此一番造谎者"，圣祖申诉他："使果系道学之人，惟当以忠诚为本，岂有在人主之前，作一等语，退后又别作一等语者乎？"[④]他对诸理学名臣的斥责，主要因为他们言行不一，但也透露出对君主的忠诚，言行是否一致指臣子对君主，以此来判定言行一致，其局限性是显而易见的。通过真假理学的论辩也可看出当时理学官方化的色彩，把理学视为对帝王是否忠诚的试金石，这显

① 《清圣祖实录》卷一二六，第336页。

② 《康熙起居注》第二册，第1134页。

③ 参见拙作《清代思想史论》，中国社会科学出版社2007年，第63—64页。

④ 《清圣祖实录》卷一六三，第785页。

然是对理学的曲解。同年，南巡河工时，他批评治河总督张鹏翮说："尔平时亦讲理学，乃一味苛刻严厉，岂所谓光风霁月乎。况大臣受朝廷委任，必须为国为民，事事皆有实济。若徒饮食菲薄，自表廉洁，于国事何益耶！"[①]"实济"即实学经济，强调理学重在学以致用，与事功联系起来才有益。

五十四年(1715)又申斥张伯行。圣祖召见张伯行，要其讲《论语·泰伯》"民可使由之，不可使知之"一句，张伯行讲的不周详，且所讲之处亦非得其旨。圣祖质疑他从前所著之书，必是请人代笔，申斥道："张伯行自谓知性理之书，性理中之《西铭》篇尚不能背诵，以为知性理，可乎？凡人不爱通五经、四书，如何能讲性理？"圣祖自谓："博览载籍，即道书、佛经无不记识，讲即讲，作即作。若以朕为天纵使然，此即是逢迎朕者也。张伯行为巡抚时，有人逢迎，彼即喜之。"[②]讲理学不仅熟读其书，而且也要身体力行，尤其要注重修为，反对阿谀奉迎。

他反对以理学自我标榜，认为宋末、明末之人好讲理学，而有流入于刑、名、佛、老者不在少数。他说："理学之书，为立身根本，不可不学，不可不行。朕尝潜玩性理诸书，若以理学自任，则必至于滞执己见，所累者多。反之于心，能实无愧于屋漏乎？"[③]熊赐履生前自以为得道统之传，死后不久，便有人出来评议其是非。现在也不乏有人以道学自居，自谓承传道统，实际上是彼此争门户，而这与市井之人有何区别。人读书重在身体力行，空言无益，这实际上是在批评毛奇龄与张烈等人的门户之争。

他在为明永乐年间编纂的《性理大全》作序时对真理学做了扼要的概括，指出："见其穷天地阴阳之蕴，明性命仁义之旨，揭主敬存诚之要，微而律数之精意，显而道统之源流，以至君德圣学，政教纪纲，靡不

① 《清圣祖实录》卷二二〇，第221页。
② 《康熙起居注》第三册，第2228页。
③ 《康熙志居注》第三册，第2222页。

大小兼该，而表里咸贯，洵道学之渊薮，致治之准绳也。”[①]《性理大全》囊括理学的方方面面，天道心性，修养齐家，以及政事治平，由内圣达于外王打并归一。此书如此重要，圣祖下令再版并为其作序大加表彰，与此同时，又根据《性理大全》编定《性理精义》，集中彰显《性理大全》中的精义。

圣祖从早年到晚年六十余年，未尝少辍经书。对于其中的“理道之言，尤所加意。临莅日久，玩味愈深，体之身心，验之政事，而确然知其不可易。”[②]用身心去体悟，然后通过政事实践验证，这便是他倡导的真理学。

（三）对理学诸范畴的诠释

圣祖推崇理学也表现在对理学范畴的诠释上，他对理学中的理字做出解释，以实理来解释太极。这种理，“语大乾坤莫能载，语小乾坤莫能破。散之万物，归于一中，无过不及，日用平常见于事物者”[③]。把理视为“日用平常见于事物者”，以具体事物为依托谈理，反对抽象空洞的谈理。在他看来，自宋儒开始比较系统地论理之名，到了朱熹那里扩充发展它，由此而理明道备。后人杂出议论，总不能破万古之正理。他提出明理，说：“读书以明理为要，理既明则中心有主，而是非邪正自判矣。遇有疑难事，但据理直行，得失俱可无愧。《书》云：学于古训乃有获。凡圣贤经书，一言一事，俱有至理，读书时便宜留心体会。此可以为我法，此可以为我戒，久久贯通，则事至物来，随感即应，而不待思索矣。”[④]理隐藏在事物中，反映事物的本质，因此读书在于明理，明理则抓住事物的本质，心中有主，处理事情便游刃有余。

明理即要穷理，因此又论格物致知，他说：“非格物致知穷其理之

---

① 《御制文集》第一集，卷十九，《性理大全序》，《四库全书》第1298册，第184页。

② 《御制文集》第四集，卷二十一，《性理精义序》，《四库全书》，《四库全书》第1299册，第533—534页。

③ 《御制文集》第四集，卷二十四，《理学论》，《四库全书》第1299册，第532页。

④ 《圣祖仁皇帝庭训格言》，第620页。

至当者,即理在前而不识也。”所以,“学者当于致知格物中,循序渐进,不可躐等。有一事必有一事之理,有一物必有一物之理。从此推去,自有所得。求之而失于过,不得其理也;求之而失于不及,亦不得其理也。惟一中即是无私,无私而后得其理之正也乎”①。穷理即体认天理,需要格物致知,格物致知又非躐等,而要循序渐进,同时也要考虑到不同事物有不同的理,在格致过程中遵循适度即中正原则,没有私心杂念便能穷理。

根据他的理解,理或道具有本体论意义,所谓天地古今,大本大原,只是一理,天地古今,道理只是一个,因此说一以贯之。但道或理离不开人的体认与弘扬,天道人道必待人而后兴。“道之大原出于天,而弘之者人。物必有理,理以数显,数以理神。天人相与之际,穷理极数,厥有奥旨。可得而详之与。善言天者,必有验于人,极先天之数,而尽天地万物之变化。”②“圣人之道川流敦化,万古不息,与天地流水同其无终穷焉。”③这几处引文皆在说明理或道兼有本体与客体的双重意义。道或理作为事物的本质隐藏在其内部,作为人们的认识对象,相对于人来说是被动的,这就需要人发挥其主观能动性,“穷理极数”,由表及里,拨开种种现象去认知作为本质的道或理,认知理或道便达到主体与客体的统一,也就是所谓的天人合一。

基于此,他讴歌了人的主观能动性,认为人的一生虽然说命定,然而命由心造,福由己求,“人力夺天工者有之,如取火镜、指南针。一物之微,能参造化”。“又若春耕夏耘,乃至西成秋获,苟徒天工不尽人力,何以发造化之机,而时亮天工乎?”④“朕常讲论天文、地理及算法、声律之学,尔等闻之,辄奏曰:皇上由天授,非人力可及。如此称誉朕躬,转掩却朕之虚心勤学处矣。尔等试思,虽古圣人,岂有生来即无所

① 《御制文集》第四集,卷二十四,《理学论》,《四库全书》第1299册,第532页。

② 《清圣祖实录》卷一三四,第456页。

③ 《御制文集》第一集,卷二十,《泉林记》,《四库全书》第1298册,第194页。

④ 《圣祖仁皇帝庭训格言》,第643页。

不能者？凡事俱由学习而成”，“何得谓天授非人力也”。[①] 在这里，他反对命定论、宿命论，主张积极有为。所谓“人力夺天工”，肯定了人利用自然、改造自然的力量，如农业耕种收获非天所赐而在人为，机械制造也在人为，天地自然没有为人准备现成的东西，只给人们的生活与生产提供了一些基本的前提条件，人依据这些前提条件，发挥其创造力创造出人所需的一切。他自己也反对生而知之，而主张知识是通过后天学习获得的。

理学讲理喜欢在理前面冠以天字，即所谓的天理，圣祖对天理有一番理解，称其为“过化存神之妙”，经分化产生出阴阳二气，其运动表现为“天之气下降，地之气上升”[②]，“天之所产阳也，而其冲然无象者，则为阴之静。地之所产阴也，而其磅礴外见者，则为阳之动”[③]，阴阳二气细缊交合，“天化育万物，生之以春，长之以夏，成之以秋，藏之以冬。阴阳消息，四时代嬗，而其道归乎生”[④]。阴阳由天理分化而来，所指示的是天地间的两种运动状态，它们各有特点，发挥着不同的功能，造就万物及其变化。

讲天理涉及理欲、心性等范畴，对于天理与人欲的关系，他肯定天理即天本然之善，天理赋予人，人也有天本然之善。学问无他，“惟在存天理，去人欲而已。天理乃本然之善，有生之初，天之所赋畀也。人欲是有生之后，因气禀之偏，动于物，纵于情，乃人之所为，非人之固有也。是故闲邪存诚，所以持养天理，堤防人欲；省察克治，所以辨明天理，决去人欲。若能操存涵养，愈精愈密，则天理常存，而物欲尽去矣”[⑤]。去人欲，存天理，是去其本无，存其本有。人欲为人后天“气禀之偏”即习杂所致，非人本性所固有，因此要用“省察克治”诸工夫去

① 《十朝圣训》第一册，《圣祖仁皇帝》卷五，《圣学》，文海出版社，第 72 页。

② 《御制文集》第一集，卷十七，《君臣一体论》，《四库全书》第 1298 册，第 173 页。

③ 《御制文集》第一集，卷十八，《礼乐论》，《四库全书》第 1298 册，第 177 页。

④ 《御制文集》第一集，卷十七，《宽严论》，《四库全书》第 1298 册，第 173 页。

⑤ 《圣祖仁皇帝庭训格言》，第 622 页。

除，而天理本有则通过“闲邪存诚”便能彰显。

论性出自本然，但也强调尽性，他说：“天命而有性，率性而有道，此性命之自然也。圣人修之明之，推之教之，不齐者齐之，太过者抑之，皆循乎天道而尽己之性。”[①]性命出自自然即本然。天命之性属自然，即无人为的成分，或有长短不齐，则要通过尽性即修养回归天赋予人性本来的样子，以达到性与天道合一。他把尽性与政事联系起来，指出：“圣人之道，始于明明德，极于位天地育万物。造端于宥密，而弥纶于两间。百姓昭明，协和万邦，飞潜动植，咸若其天者，非从外求也，尽性而已。”[②]尽性是起点，反身自修，达于明明德，由此开出政事治平。

关于这个问题，他有进一步的发挥，说：“朕惟古昔圣王，所以继天立极，而君师万民者，不徒在乎治法之明备，而在心法道法之精微也。执中之训肇自唐虞，帝王之学，莫不由之。言心则曰：人心惟危，道心惟微。言性则曰：若有恒性，克绥厥猷惟后。盖天性同然之理，人心固有之良，万善所从出焉。本之以建皇极，则为天德王道之纯；以牖下民，则为一道同风之治。欲修身而登上理，舍斯道何由哉！”[③]这里引《尚书·大禹谟》“人心惟危，道心惟微”及《尚书·汤浩》“若有恒性，克绥厥猷惟后”二句分别说明心性，此心性为圣人所传，治国安邦必本于心性，挖掘天赋人心性之本然，以此来治理才是正路。治道始于心性，通过自身的修为，使心性之精微精纯彰显，立人极即确立真正道德意义上的人，这才是帝王之学的起点。帝王之政也由修身养性开出。

理学讲敬，他结合修身从政经验加以表彰，说：“性理之书，千言万语，不外一敬字。人君治天下，但能居敬，终身行之足矣。”[④]又“临民以主敬为本。昔人有言：一念不敬，或贻四海之忧；一日不敬，或以致千百年之患。《礼记》首言毋不敬，《五子之歌》始终皆言敬慎，大抵诚与

---

① 《御制文集》第四集，卷二十一，《理学论》，第 532 页。
② 《御制文集》第二集，卷四十，《性理奥跋》，《四库全书》第 1298 册，第 706 页。
③ 《御制文集》第一集，卷十九，《性理大全序》，《四库全书》第 1298 册，第 184 页。
④ 《康熙起居注》第三册，第 2365 页。

敬,千圣相传之学,不越乎此。”“人君惟敬修其德以与天意相感孚,不必指何事为何德之应。总之,和气致祥,乖气致戾,乃古今不易之恒理,遇祥益谦,遇灾知儆,乃人君应天之实事,亦无时不致其谨凛而已。”[①]把理学归为一个敬字,一刻也不离敬,以敬为立身之要,治国牧民也以敬为本。敬在这里有二义,其一是静,凡遇事要静,就会避免做出情绪化的行为;其二是敬重,怀有一种崇敬的心情,一种慎重的心态,以此出发则不会出差错。

圣祖的儒学以理学为主,但也不废经学,希望融理学于经学当中。牛钮、陈廷敬在日讲时对他说:“自汉、唐儒者专用力于经学,以为立身致用之本,而道学即在其中。”[②]他接受道学即在经学中的主张。又主张通经致用,他在《日讲易经解义序》中重申“帝王立政之要,必本经学”,进而提出“以经学为治法”[③]的主张。晚年一直坚持“治天下以人心风俗为本,欲正人心、厚风俗,必崇尚经学”[④]。

清廷及儒臣的理学与明遗理学截然不同,就学理而言以尊朱子学为特色,在政治上则与清廷所推行的“崇儒重道”政策渐趋一致,朱子学已沦为统治者的工具。明遗理学所特有的批判救世精神荡然无存,代替的是服从新朝的统治,朱子学作为官方意识形态对巩固新朝起着不可替代的作用。

第三节　乾嘉时期的理学

这一时期的理学大体继承了顺治、康熙、雍正时期理学传统,总体

① 《御制文集》第一集,卷二十六,《杂著·讲筵绪论》,《四库全书》第1298册,第225、227页。
② 《康熙起居注》第二册,第879页。
③ 《御制文集》第一集,卷十九,《日讲易经解义序》,《四库全书》第1298册,第187页。
④ 《清圣祖实录》卷二五八,第552页。

上说没有超过它，朱王之间的门户渐趋淡化，各自以发明自己的学说为主旨。其中王学虽有一二位大师力挽狂澜，但依然挡不住进一步消沉的趋势，朱子学逐步形成了自己特有的学派，即桐城学派，面对汉学考据学的兴起，他们大都跳出本门户，试图走出一条汉宋融合之路。

一、朱子学

这一时期的理学以宗程朱之学为盛，主要有谢济世、尹会一、陈宏谋、汪绂、雷鋐、朱珪等为代表。

谢济世(1686—1754)，字石霖，号梅庄，广西全州人。康熙五十一年(1712)进士，选为翰林院庶吉士，散馆授检讨。充任顺天府乡试、会试同考官，后任御史等职。谢济世为官正直，曾因文字狱获罪，后病老致仕。主要著作辑为《梅庄杂著》。他以孔孟为圣学竭力表彰，对程朱与陆王颇有微词，"臣所虑者，程、朱之说固非，臣之说亦未尽是，乞睿鉴舍其瑕而取其瑜，不胜惶悚"[①]。对理学继其精华，去其糟粕，采取扬弃的态度。进而也辟宋儒，认为宋儒虽然推尊孔孟批评诸子，实际上"其于孔、孟也，名宗之而实畔之，于诸子也，名辟之而实宗之。"[②]谢氏的这些观点也可谓是理学的异端。

尹会一(1691—1748)，字无孚，号健馀，直隶保定府人。雍正二年(1724)进士，先后任扬州知府、河南巡抚、都察院左副都御史、工部侍郎、江苏学政等职。又创办书院，在各地讲学传播理学。主要著作《健馀先生文集》、《尹少宰奏议》、《四鉴录》、《健馀札记》等。尹会一提倡理学，笃信程朱，尤其崇拜清初朱学代表人物汤斌，为其从祀孔庙不遗余力。他尤其服膺朱子《小学》，自谓少年习举子业，未知为学次第。四十岁以后，读朱子《小学》，为其折服，以为"修身大法，做人样子，沉潜反复，愈觉其味无穷。必明乎此，而后学为人子，学为人臣，循循于

① 谢济世:《梅庄杂著》卷一,《进学庸注疏奏》,道光年间版。
② 谢济世:《梅庄杂著》卷二,《原性》,道光年间版。

忠孝廉节之行，可以消除骄惰病根，不至随所居所接而长，其有裨于世道人心，储才致用，甚切亦甚大”①。尊朱熹与功名、顺从联系在一起。

他讲理学首先要立身，说：“士大夫立身，自有本末，各成其是，皆足以传后而无疑。”②又以笃行为先，他在教授诸生时制定《学约》，包括严师范、访真儒、明教法、设讲堂、立课程、择士子、订会期、量材质、核实行、正文体共十个方面，希望士子恪守。他在说明《学约》时说：“实力尊行，毋惑于浮议，毋视为具文，以圣贤为必可学，以性善为必可复，以义理悦其心，以规矩约其外。渐摩之久，将必有学成德尊、明体达用之儒出于其间，而其次亦不失为谨身寡过之士，于以共襄国家兴贤育才之盛典，岂不美哉！”③这十条做人的规则不是一纸空文、空洞的说教，而是见之于实际的行动，所谓“明体达用”正是此意，由此出发才能造就“谨身寡过之士”，然后“共襄国家兴贤育才”之盛典，在这里突显了理学由内圣开出外王的精义。

汪绂(1692—1759)，字灿人，号双池，安徽婺源人。他自幼勤奋好学，因家庭贫困而无力求取功名，便在家读书不辍，以自学名家。主要著作有《理学逢源》、《文集》、《诗集》及大量的经注等。他为学尤尊朱子，称朱子虽曾从游于李侗、胡宏，但能对其补偏救弊；朱子虽祖述于周敦颐、程颢、程颐、张载、邵雍，但能吸取其精华使之更醇正，朱熹有师，但又不拘泥于师，能充分地吸取他们的长处，创造性地发展他们的思想。对于同时代的人，如张栻、吕祖谦，“或过或不及，皆不能如朱子之至大而无外，至精而不遗，大中至正而无所偏倚也。此朱子所以为集诸儒之大成也”④。也就是说正是朱熹有吞吐百家、汇纳众流的气魄，才能集诸儒之大成。

---

① 尹会一：《尹少宰奏义》卷十，《敬敷小学之教疏》，《丛书集成初编》本，中华书局，1985 年，第 90 页。

② 尹会一：《健馀先生文集》卷一，《立身》，《续修四库全书》第 1424 册，第 618 页。

③ 尹会一：《健馀先生文集》卷二，《江苏学约序》，第 618 页。

④ 汪绂：《理学逢源》卷十二，《外篇·道统类·师儒》，《续修四库全书》第 947 册，第 708 页。

他认为理学，“要不过欲人反求之于身心而得其天性之本然。则以是见之行事，以实践而力行之，而于以措之民物，莫不皆准”[①]。反之于本心，求之于实践，古今儒学别无二致。仁君首先要率先垂范，上行下效，所谓“君道立而四方则之。君也者，民之表也；道也者，民之范也”[②]。人主是承继天而治理天下，治天下必须从根本出发，这个根本就是君主以身作则，并以法来规范百姓，百姓则受其福泽。

陈宏谋(1696—1771)，字汝咨，号榕门，广西临桂人。雍正元年(1723)进士，累官按察使、布政使、巡抚、两广总督、吏部尚书、东阁大学士兼工部尚书等，一生著述甚丰，主要有《培远堂文集》、《培远堂文檄》、《培远堂手札节要》、《课士直解》等。

他为学以程朱理学为宗旨，讲理学重在实践。说：“是真理学，必有真事功。理学由于所习，事功征于所遇，既遇矣，而又无事功，必非真理学也。”[③]人们依赖于理学在于其讲事功，离开事功有何理学，把理学与事功结合在一起。反身内求是理学的重要内容，他说：“理所当为，事在得为，自当以心入之，以身先之。惟宜平心静气，求其有济，尽其在我而已。”[④]加强自我反省身心的作用。他重视知行、体用，说：“坐而能言，起即能行。处则有中，出则有为。措之于词，为名世之文章；行之于事，为经世之事业。明体者此也，达用者此也。”[⑤]理学与事功统一，就是知行、体用的一致，所讲理学是务实有用的理学，也就是他称之为的“真理学”。

雷鋐(1697—1760)，字贯一，号翠庭，福建宁化人。雍正十一年(1733)进士，累官通政司通正使、浙江学政、左副都御史等。著有《读

---

① 汪绂：《理学逢源》卷首，《理学逢源自序》，《续修四库全书》第947册，第192页。

② 汪绂：《理学逢源》卷七，《外篇·王道类·君道》，《续修四库全书》第947册，第452页。

③ 陈宏谋：《学仕遗规》卷三，《王丰川存省录·按语》，《陈榕门先生遗书》，民国三十三年广西省乡贤遗著编印委员会编印，第39页。

④ 陈宏谋：《培远堂手札节要》卷下，《寄刘参戎连捷书》，《陈榕门先生遗书》，第8页。

⑤ 陈宏谋：《课士直解·评语》卷六，《陈榕门先生遗书》，第5页。

书偶记》、《经笥堂集》、《经笥堂文钞》等。早年师从朱子学家蔡世远，从此服膺朱子学。他对朱子评价甚高，总结其学术说："其要不外居敬以立其本，穷理以致其知，返躬以践其实而已矣。人苟不自甘流俗，奋然以圣贤为必可学而至，实用力于此三言焉，如履康庄大道，以登堂而入室，自不为歧途曲径所眩惑。"[①]把"居敬以立其本，穷理以致其知，返躬以践其实"当成朱熹之学的根本，由此便能入朱子堂，升朱子室。如能立志超然于富贵利达之外，讲明践履探究原委，经历贫贱患难死生而如一，他称此为实学，"按实而求之，即道学也。"[②]这是以道学为实学。先儒讲学之书已经十分完备，关键在于身心体验，所谓体验主要指实践，由此他写道："人不尽生安之质，不致知力行，日积月累，如何能践形尽性"，读书"则实究其理，行已则实践其迹，念念向前，不轻自恕而已矣"。[③] 他提出知行并进的命题，说"古之学者未有不知行并进者也"[④]。主张为学不离日用饮食、纲常民物，这便是下学，而不创为新奇诡异、幽深元渺之论，则是正学。

朱珪(1731—1806)，字石君，号南崖，晚号盘陀老人。顺天大兴人。乾隆十三年(1748)进士，选庶吉士，散馆授编修，又迁至侍读学士。一生担任过多种职务，重要者如安徽巡抚、两广总督、上书房总师傅、户部尚书、体仁阁大学士等，一生对学人关爱有加，提拔许多优秀人才，俨然学界领袖。主要著述有《知足斋文集》和《知足斋进呈文稿》等。他维护朱子学，称朱熹之学"以穷理为先务"，其得力处"在于慎独躬行，而必先以致知格物者"。[⑤] 他注重义利等修为，说："盖古今无二性，而知行无二学，义利明则趋向正，由是而上溯进德居业知几存义之

---

① 雷鋐：《经笥堂文钞》，《漳平县朱子祠记》。

② 雷鋐：《经笥堂文钞》，《东林书院示诸生》。

③ 雷鋐：《经笥堂文钞》，《鹅湖诗说》。

④ 雷鋐：《经笥堂文钞》，《祟子学谱序》。

⑤ 朱珪：《重修蓝田书院记》，《知足斋文集》卷二，《续修四库全书》第1452册，第270页。

真传。"[①]似乎反对气质之性与义理之性之分，强调知行合一，重在明义利，以"进德居业"，察不善苗头，心存道义为宗，如此才不罔称士大夫。

作为臣子，他把理学运用执政实际，以求标范。如认为克己复礼为仁，其切要之目为视、听、言、动这四者，前三者为耳、目、口之官，后者动则概括意与身。他告诫皇上："盖体仁足以长人，而视远惟明，听德惟聪，惟口出好兴戎，德惟一，动罔不吉，皆古帝王传心之要旨也。视则兼乎色与玩好矣，听则兼乎声音与出纳五言矣，言则兼乎俞咈涣号矣，动则兼乎兴作与临莅矣。而尤在于一心枢机宥密之间，慎之又慎，敬之又敬，克之于几，复之于独省，以一心与天相应，与臣民相见，则非礼者，无由伺吾之间而入之。"[②]以心为核心，把持好视、听、言、动诸感觉，敬慎克己，然后所视、所听、所言、所动无不中正清明而合乎礼，皇上如此，天下人无不仰慕如日月，这便仁。这是以理学来规范当权者，希望以理学为人处事。

二、桐城派的朱子学

清代的桐城派不仅以古文而称著于世，同时也以推崇程朱理学而名扬坛站。乾隆、嘉庆时期的主要代表人物有刘大櫆、姚鼐等。

桐城派的始祖是方苞(1668—1749)，字凤九，一字灵皋，晚年自号望溪。累官武英殿修书总裁、内阁中书、内阁学士、礼部侍郎等，一生著述丰厚，后人辑为《方望溪先生全集》。作为桐城派创始人，方苞推尊理学，说："孔、孟以后，心与天地相似，而足称斯言者，舍程、朱而谁与？若毁其道，是谓戕天地之心，其为天之所不佑决矣。"[③]穷理之学北宋以后才发达，只是因为有了周敦颐、二程(程颢、程颐)、张载、邵雍这五子，他们的贡献是接绪穷理之学而发扬光大，任何背离都不过是学

① 朱珪：《重修蓝田书院记》，《知足斋文集》卷二，第270—271页。

② 朱珪：《知足斋进呈文稿》卷二，《御书四箴恭跋》，《续修四库全书》第1452册，第389—390页。

③ 方苞：《方望溪先生全集》卷六，《与李刚主书》，《万有文库》，商务印书馆，1935年，第111页。

术的蛀虫。对于理学,他尤其称许程朱,对明以来王守仁反对朱子学甚为不满,并以断绝而后快。

对于桐城派,方苞率先以理学运用于文学,首创义法,指出:“《春秋》之制义法,自太史公发之,而后之深于文者亦具焉。义即《易》之所谓‘言有物’也,法即《易》之所谓‘言有序’也。义以为经而法纬之,然后为成体之文。”[①]所为“义法”即言之有物,有次第,文以载道,文章在于说理,否则更是空文,这是对韩愈的发展,为其后学指明了方向。

刘大櫆(1698—1779),字才甫,一字耕南,号海峰,工于文辞,师承于方苞,姚鼐为其弟子,介于方苞与姚鼐之间,起着承上启下的作用。刘大櫆的著作辑为《海峰文集》、《海峰诗集》等。

他也把理学运用于文艺理论,提出论文主神气说,认为“行文之道,神为主,气辅之。曹子桓、苏子由论文,以气为主,主矣。然气随神转,神浑则气灏,神远则气逸,神传则气高,神变则气奇,神深则气静,故神为气之主。至专以理为主者,则犹未尽其妙也”[②]。在神与气的关系上,神更为根本,即“为气之主”,可谓是文章的灵魂。他还强调文章要实,不穷理读书,文辞空疏无物,不经济不适于用,则属于连篇累牍,义理、书卷、经济这三者乃行文之实。譬如大匠操斤与土木材料的关系,文人是大匠,义理、书卷、经济则是匠人之材料,两者缺一不可,这开了其后姚鼐等论学主义理、考据、辞章三者统一之先河。

姚鼐(1732—1815),字姬传,一字梦谷。学者以书斋名惜抱轩而称其为惜抱轩先生。乾隆十年(1750)中举,二十八年(1763)成进士,选庶吉士。后充山东、湖南乡试副考官,会试同考官,四库全书纂修官等。四十二年(1777)辞官归里,以著述授徒为业,主讲于梅花、敬敷、紫阳、钟山等书院,门下弟子众多。主要著述有《惜抱轩文集》、《惜抱尺牍》、《九经说》等,选编《古文辞类纂》。他上承方苞、刘大櫆,下启梅

---

① 方苞:《方望溪先生全集》卷二,《又书货殖传后》,《万有文库》,第 45 页。

② 刘大櫆:《论文偶记》之三,人民文学出版社,1998 年,第 3 页。

曾亮、管同、方东树、姚莹等人,可谓桐城派集大成者。

姚鼐于理学尤尊程朱,认为生于程朱之后的儒者,正是因为有了程朱才得明孔孟之旨,“程、朱犹吾父、师也。然程、朱言或有失,吾岂必曲从之哉?程、朱亦岂不欲后人为论而正之哉?正之可也,正之而诋毁之,讪笑之,是诋讪父、师也。且其人生平不能为程、朱之行,而其意乃欲与程、朱争名,安得不为天之所恶”[①]。他对程朱推崇之至,视为父、师,而对反对程朱之人如毛奇龄、李塨、程廷祚、戴震等,则大加鞭挞,应绝断其学脉。在他看来,推崇程朱是因其承袭孔孟学统,“后世君子必归于程、朱者,非谓朝廷之功令不敢违也,以程、朱生平行己立身,固无愧于圣门,而其论说所阐发,上当于圣人之旨,下合乎天下之公心者,为大且多”[②]。对于程朱学说,后世儒者只要笃信、遵行、恪守就可以了,这可以说以程朱是非为是非。

他同样把理学运用于文学,主张文章本于天地自然,天地之道不过是阴阳刚柔而已。如果获得阴阳刚柔的精华,则可以为文章之美。阴阳刚柔并行不容偏废,“然古君子称为文章之至,虽兼具二者之用,亦不能无所偏优于其间,其故何哉?天地之道,协合以为体,而时发奇出以为用者,理固然也。其在天地之用也,尚阳而下阴,伸刚而绌柔,故人得之亦然。文之雄伟而劲直者,必贵于温深而徐婉;温深徐婉之才,不易得也。然其尤难得者,必在乎天下之雄才也”[③]。文章本于天地,即文章虽然是主观所为,但应符合客观规律,直抒胸襟,而且也要找到阴阳刚柔的平衡点,所谓不偏激,雄健婉约相结合才是佳作。这是以阴阳刚柔来品评文章的优劣。

当时汉学大盛并有走向偏激的态势,姚鼐竭力矫挽,说:“当明时,经生惟闻宋儒之说,举汉、唐笺注屏弃不观,其病诚隘。近时乃好言汉

① 姚鼐:《惜抱轩文集》卷六,《再复简斋书》,《惜抱轩全集》,中华书局,1991年,第78页。

② 姚鼐:《惜抱轩文集后集》卷一,《程绵庄文集序》,《惜抱轩全集》,第206页。

③ 姚鼐:《惜抱轩文集》卷四,《海愚诗钞序》,《惜抱轩全集》,第35页。

学,以是为有异于俗。夫守一家之偏,蔽而不通,亦汉之俗学也。"[①]当时的汉学家惟以推阐汉儒之学为己任,鄙视宋学,也是儒学一偏。他指出了汉儒之学的不足,以为他们"各抱一经,师弟传受,侪偶怨怒嫉妒,不相通晓,其于圣人之道,犹筑墙垣而塞门巷也。"[②]自陷于门户之中而不能自拔,对儒学发展有害无利。对宋儒他大加称誉,"宋之时,真儒乃得圣人之旨,君经略有定说;元、明守之,著为功令"[③]。正是由于理学,有明一代政治虽然腐败,但士大夫仍能维持纲纪,明守节义,使其得以延续,这与清初儒学大都把明亡归为理学,至少是理学末流空谈心性,大相径庭。

针对当时汉学与宋学关于考据与义理关系的纷争,姚鼐提出义理、考证、文章不可偏废的主张,说:"天下学问之事,有义理、文章、考证三者之分,异趋而同为不可废。一途之中,歧分而为众家,遂至于百十家。同一家矣,而人之才性偏胜,所取之径域,又有能有不能焉。凡执其所能为,而毗其所不为者,皆陋也,必兼收之乃足为善。"[④]强调义理、考据、文章统一,与同时期的翁方纲、许宗彦等人唱为同调之鸣。这一主张不仅对调和汉宋、扭转学风有益,而且对全面完整地把握儒学也有积极意义。

三、陆王心学

在理学中,自从朱子学占据主导地位以后,陆王心学的空间愈来愈小,进一步衰落。这一时期值得一提的人物不多,主要有彭绍升,以及与他相关的汪缙、罗有高。

彭绍升(1740—1796),字允初,号尺木,法名际清,法号知归子,江苏长洲人。为清初理学家彭定求曾孙,自幼受庭训,后授教于著名经

---

① 姚鼐:《惜抱轩文集》卷六,《复孔㧑约论禘祭文》,《惜抱轩全集》,第70页。

②③ 姚鼐:《惜抱轩文集》卷七,《赠钱献之序》,《惜抱轩全集》,第84页。

④ 姚鼐:《惜抱轩文集》卷七,《赠钱献之序》,《惜抱轩全集》,第80页。

学家卢文弨，但仍推尊理学尤其是陆王心学。他又与罗有高、汪缙相交，三人皆学佛，彼此影响，儒佛相杂互释，这在乾隆时期是颇具特色的。彭绍升的主要著作《二林居集》、《一行居集》、《观河集》、《测海集》等。

彭绍升主心，以为《大学》乃"古圣人传心之学也。传心之学，'明明德'一言尽之矣。亲民者，明德中自然之用，非在外也。民吾同体，亲之云者，还吾一体而已矣。故下文不曰亲民，而曰明明德于天下。心量所周，荡然无际，民视民听即吾视听，民忧民乐即吾忧乐。"[①]强调心的作用，即"明明德"是以心，德发自内心，其心本明，推及于天下苍生，所谓"明明德于天下"，这就是"传心之学"。

对于朱陆后学有关朱陆道问学与尊德性之辨，他提出自己的看法，称二十四岁时开始有志于学，以为学在于求诸自我，对于朱、陆两家之书，只取其切于身心者反观而默识体会，至于他们彼此异同的原因未暇顾及。后来反复研读《中庸》，"乃益信陆子之学，其为圣人之学无疑也"。因此不同意那种以为陆九渊遗弃问学、专重德性是其流弊的说法，指出这种观点，"是未知圣人之学唯在复性，复性之功在明明德，外德性无所为问学也。外德性而为问学，谓之玩物丧志"。因此，"知圣人之学，则知陆子之学矣"。[②] 把复性当成圣学的要领，为学应围绕着德性进行，否则就是"玩物丧志"。他又说："君子尊德性而道问学。不知德性，何以问学？不知问学，又安知德性之所以尊哉？同此德性，明其无外，则曰广大；明其无内，则曰精微；明其无上，则曰高明。明其无所倚曰中，明其无所作曰庸。致之、尽之、极之、道之，皆问学之事，道之乃所以尊之也。"[③]依《中庸》次第，尊德性然后才是道问学，致广大然后才尽精微，极高明然后才道中庸。先尊德性是立志，道问学

① 彭绍升：《二林居集》卷一，《读古本大学》，《续修四库全书》第1461册，第307页。
② 彭绍升：《二林居集》卷三，《答宋道原》，《续修四库全书》第1461册，第325页。
③ 彭绍升：《二林居集》卷一，《读中庸》，《续修四库全书》第1461册，第308页。

之所学不过是尊德性之学，属伦理道德之学，所学也是为尊德性服务的。因此在尊德性与道问学的关系上，更重视前者，其学术显然偏向于陆九渊。

与彭绍升相交甚密的有汪缙和罗有高。汪缙(1725—1792)，字大绅，号爱庐，吴县人，贡生。有《汪子全集文录》等流传于世。他先读北宋五子书，后又读佛典，尝谓宋以来儒与佛争，儒与儒争，纷纭莫衷一是，应统其同异，通其隔阂，仿明赵大洲《二通》之作，著《二录》、《三录》，以明经世济民之道。又著《读书四十偈私记》，以通出世之法；著《读易老私记》，以贯穿天人之际。曾主建阳书院，昌明正学。归里后，闭户习静，不复应制举，作《无名先生传》云："先生讲学，不朱不王；先生著书，不孟不庄；先生吟诗，不宋不唐；先生为人，不狷不狂；先生处世，不圆不方。"[①]不落于孔孟老庄、程朱陆王，以及儒佛之间的门户，对他们大都采取宽容的态度。又作《撞庵先生记》，自称学无墙壁，行无辙迹，其孤往如此。晚年致书彭绍升，论孤往之趣，有"天之高也不附于天，地之厚也不附于地，古今之寥阔也不附于古今，孤往而已矣。人物孤往也，交游孤往也，著述孤往也。名海中人，老死不相往来矣"[②]一段，可见其独立孤傲如此，汪氏为学终归于佛学，但不反对儒学，可谓儒道释融合。

罗有高(1734—1779)，字台山，号吉云山人，瑞金人。乾隆三十年顺天举人。有《台山文集》、《台山诗集》、《尊闻居士集》等存世。归里入凤凰山讲学。尤喜程颢、陆九渊、王守仁、罗钦顺之书，旁推典证，颇多心得。曾师从雷鋐，后又师从彭芝庭，与其子彭绍升相交，过从甚密，共学佛学。曾言东西二圣人权实互用，门庭迥别。与戴震相交于京师，论训诂考据学。他曾与友人论学，说："为宋儒之学，不及道原；

① 江藩：《国朝宋学渊源记·汪缙》，《国朝汉学师承记》附录，中华书局，1983年，第186—187页。

② 《清史列传》卷七十二，《文苑三·汪缙》，中华书局，1987年，第5926页。

归西方之教，不如照月；肄训诂之学，不如戴太史；文则吾不知也。”又“人之所以学佛者，为了生死耳。闭户参究，回光反照，即可以了矣，何事仆仆道路为！亦可谓疲于津梁矣。当钟鸣漏尽之时，尚不知反，几死道路，危哉！且屡上公车，求一进士而不可得，名利之心甚炽，而能了不染之心耶！清净世界中，一朵莲花岂容此凡夫趺坐其上！”[①]道原即宋道原，戴太史即戴震，说明罗氏之学兼而有之，至于学佛学的目的是解决生死问题。对读书人竞奔士途，求取功名的行径持批评态度。

罗有高又论《春秋》大义，说："圣人作《春秋》东规西矩，南衡北权，中绳五则，不爽万物，就裁其本，在于学《易》。学《易》之本，在于谨彝伦、慎言行，约之以礼。人之彝伦言行壹于礼，则性复仁，全措之正，施之行，变化生而经纬天地之事起。此圣人所自尽，而愿天下万物同归而无歧者也。”[②]说明他也关心实事，注重通经致用，并非纯粹陷于性理。他对南宋诸大儒在国事愈来愈危难之际，柄持尧舜、孔孟之道，给予充分的肯定，称此符合《春秋》大义。南宋朱陆二人在北方异族屡犯边境之下，力陈诚正义利之辨，与孟子在战国扰攘之时述唐、虞、三代之道一样，是天经地义的，皆有功于儒学。

段玉裁对彭绍升的心学有如下描述，称："彭君好释氏之学，长斋佛前，仅未削发耳。而好谈孔、孟、程、朱，以孔、孟、程、朱疏证释氏之言。其见于著述也，谓孔、孟与佛无二道，谓程、朱与陆、王、释氏无异致。”[③]这段话也同样适用于汪缙和罗有高。彭绍升、汪缙、罗有高都把程朱与陆王、儒学与释家打并归一，调和在心学上，这在乾隆汉学中天之际，可谓独树一帜，不过影响甚微。

总的说来，这一时期的理学在学理上缺乏创新，渐渐地失去往日的活力，大都停留在原有的范畴面前，至多做一些修补。但理学也有

① 江藩：《国朝宋学渊源记·罗有高》，《国朝汉学师承记》附录，第185页。

② 《清史列传》卷七十二，《文苑三·罗有高》，第5927页。

③ 段玉裁：《东原年谱订补》，《戴震全书》第六册，黄山书社，1995年，第699页。

一些时代赋予的特色:以尊重程朱为己任,与官方之学相互应和,陆王之学进一步消沉,几成绝迹。务实,注重把学理运用于实践,期以说明一些社会实际问题,理学诸家的经世带有为清廷服务的色彩。

第二章

王学的延续与余波

清代儒学承明代而来，晚明儒学以王学为主，入清以后的一段时间，王学仍领袖坛坫，如孙奇逢、黄宗羲、李颙等都是王门重镇，不过他们已经与明代王门后学不同，对王守仁及王学不是一味地恭维，而是反思批评王学末流的流弊，吸取王学的精华，也借鉴朱熹，大体走会合朱熹、王守仁之路。

第一节　孙奇逢的心学

孙奇逢，河北容城人，字启泰，一字钟元。明万历二十八年(1600)举人。天启年间，阉宦魏忠贤专擅朝政，左光斗、魏大中、周顺昌以党祸被逮，孙奇逢与友人等积极营救，义声遂震荡天下。清初，巡按柳寅东、侍郎刘余佑先后以人才推荐孙奇逢,祭酒薛所蕴疏陈其学行,以比元代许衡、吴澄,又以病辞。孙奇逢后因田园被圈入旗,移居新安,又南徙河南辉县苏门山。工部郎马光裕奉以夏峰田庐与孙奇逢,四方学者归之,所居成聚。孙奇逢居夏峰二十五年,学者称夏峰先生,又以屡征不起而有"征君"之谓。

孙奇逢的理学原守程朱,但也喜欢陆王,如其自述有云:"某幼而读书,谨守程、朱之训,然于陆、王亦甚喜之。"[①]后来转向王学。但随着明清之际的社会剧变,理学由王学逐渐转向朱子学,在这一转变中,孙奇逢虽为王学中人,也不反朱子学,而是调停二者,试图走朱王融合之路。他的主要著作有《四书近指》、《理学宗传》、《读易大旨》、《夏峰先生集》等。他讲心学非空谈心性,而是把躬行实践融入其中,阐释了务实的心学。

一、以心为本体

孙奇逢作为理学(广义)中心学一脉,重视心的研究是其应有之义。他虽然以心为本体,但并非如明末心学空谈本体,而把心的研究与客观实际结合起来。

在论心之前,分析一下他对理气的理解。对于理学来说,理气关系,有理生气说,有理为气之理说,有有是气方有是理说,纷纭不一,他发挥刘宗周的观点:"理即是气之理,断然不在气先,不在气外。知此,则知道心即人心之本心,义理之性亦即气质之本性,一切纷纭之说,可以尽扫矣。"[②]主张理气是统一的,理不离气,不赞同它们之间有先后。本此认为道心与人心、义理之性与气质之性也无前后,是统一的。理气尽管统一,但地位有所不同。如他说:"盈天地间,知觉、运动、聚散、流峙,皆气之为也,而知觉有知觉之理,运动有运动之理,聚散、流峙有聚散、流峙之理,就中正可体认。"又说:"问理与气是一是二?曰:混沌

---

① 孙奇逢:《夏峰先生集》卷二,《寄张蓬轩》,中华书局,2004年,第61页。

② 孙奇逢:《日谱》,《孙奇逢集》下册,中州古籍出版社,2003年,第1334—1335页。

之初，一气而已。其主宰处为理，其运旋处为气。指为二不可，混为一不可。”[①]以知觉运动论理气，其中感性的表现为气，而深层的法则为理。理气相互统一，其地位不同表现为气为初始，理则为主宰，前者为始基，后者为本体，体现了本体论与发生论的一致。

论理气重理，理本于心，由此孙奇逢详细讨论心。他说：“欲观天地，观之于万物而已，万物所以成天成地也；欲观万物，观之于我而已，我备万物也。人只因不识我，遂不识天地，不识万物。”[②]以为我为中心审视万物，万物皆备于我，这里发挥了孟子的思想。以我为中心是因为我有心，实际上是以心为中心。因此，他倡导为学应以心为主，“人心虚灵，最不可有先入之见”。“心有主始不为旁门曲学所乱，亦所谓先立乎其大，则其小不能夺也。”[③]心属客观的心，以心为主，学习六经、四书便不会有先入之见，客观地评价经学。这里的大即是心，小即旁门曲学，立大则小不能夺。

由此出发，他反对词章记诵之学，以此为腐儒之学，说：“孔子志在东周，孟子志安天下，此是孔孟之学术。得行其志焉，则亲见尧、舜；不得志，则羹墙尧、舜，非苟焉而已也。斯道不明，圣学湮塞，骛博者俗，径约者虚。阳明崛起，揭良知为宗，博约、知行合而为一。盖仲尼殁，至是且二千年，斯道为之大光。而全体大用，立德、立言、立功随感而应，无处非道，无地非学，腐儒面目得阳明一洗之。”[④]强调儒学应以春秋时的叔孙豹“立德、立言、立功”三不朽为宗，这与孔孟所谓的为学主立志、以天下为己任是一致的，注重人生的修为，服膺王守仁的良知、博约、知行合一之旨，关心世道人心，有体有用，内圣开出外王。

他论学强调心，因此对感觉感性重视不够，说：“圣人之心体光明，洞达如水澄镜净。事物之来千条万目，以一心印之全不费力。识字是

---

① 孙奇逢：《夏峰先生集》卷十三，《语录》，第 546 页。
② 孙奇逢：《夏峰先生集》卷十三，《语录》，第 557 页。
③ 孙奇逢：《夏峰先生集》卷十四，《语录》，第 586 页。
④ 孙奇逢：《夏峰先生集》卷九，《读十一子语录书后》，第 342—343 页。

生人内贼，子贡正从此处受病。夫子特为一刀割断，万法俱销，万义齐堕。譬如标指见月，月已见矣，中间更无是月非月与第二月等见，只是一月，了无有指。”①心体本来洁净，一尘不染，也就是说无主观私心杂念，如此认知万物客观不谬。多学而识容易掺杂主观之见，使认知有所偏颇，因此他主张取消识即闻见之知。就如同指月，月印万川，并非多月，只是一个月，重在有心体认。他又说：“盈天地间千条万绪，纷陈于耳目前。其视之礼与非礼，目不能操其权，其听之礼与非礼，耳不能操其权，总归之于心。心主思。思其非礼者，勿视勿听，此谓先立其大。”②天地间无非礼与非礼，礼并不诉诸感性，而是本于心，心属理性，能思考，指挥感性，“先立其大”就是从心做起。

他说：“盖天下有无形声时，无不睹闻。”“此性在不睹不闻中自有睹闻。未见形而见心，未闻响而闻寂，是吾心之睹闻也。此性在睹闻内却有不睹不闻，形声接而寂若不为之动，是睹闻中之不睹闻也。戒慎恐惧即是不睹不闻之惺体，此际著力不得，只有默默检点，工夫则即工夫、即本体耳，此兼动静乃根尘不及之处。”③形声为感觉的对象，睹闻为感觉，天下可以无感觉的对象，不可以无感觉，“不睹不闻中自有睹闻”是指心性超越感觉经验，而属于内在的理性，心性不为感觉所动，其所固有的理性自能以内在超越的方式完成自我修养，这种工夫直接与本体相联，因此说“工夫即本体”。

论心必然涉及性，心性合说是理学的专利，他也不例外，说：“阳明言无善无恶心之体，后之儒者群起而攻之。阳明所言盖心也，非性也。心性必不容分，而才情相去倍蓰什佰千万，亦必欲强而同之乎？”“夫心当寂然不动，有何善恶之可名？而天命之性，自在其中。正与无极而太极，太极本无极稳合。”④王守仁所说的无善无恶是指本心而非性，也

---

① 孙奇逢：《四书近指》卷十一，《多学而识》章，《孙奇逢集》上册，第330页。

② 孙奇逢：《夏峰先生集》卷十四，《语录》，第570页。

③ 孙奇逢：《四书近指》卷二，《天命谓性》章，《孙奇逢集》上册，第282页。

④ 孙奇逢：《夏峰先生集》卷二，《答常二何》，第71页。

就是说善恶不从本心立论,因为心“寂然不动”,为一本体,天命之性也包含其中,心性不可分,才情则相去甚远。他又说:“阳明是说心之体,非说性之体也。继善成性,性自是善。心有人心、道心,人心危而道心微,可谓皆善乎,此只在阳明自信得及,我辈何庸代为置辨耶?”[①]论善恶从性上说,性本身是善的。人有人心与道心之分,道心即本心,即心之体,无善无恶,人心就不同了,受才情及习染的影响而有善恶。

他又把心、性、天、命四字看成是一致的,说:“万物无所不禀,则谓之曰命;万物无所不本,则谓之曰性;万物无所不主,则谓之曰天;万物无所不生,则谓之曰心。其实一也,古之圣人尽性、立命、知天,皆本于心,故但尽其心而已矣。”[②]命为万物所禀,性为万物之体,天为万物之主,心为万物之生,这四者是一致的,其中心是本体,尽心知命知性知天。他又说:“心性天命四字只一样,人具之为心,心之灵处为性,性之自出为天,天之一定为命。只要人从本来处探讨得真切,而下手存养二字,存养工夫又须做到尽头不可歇手。静时默存,动时惺存,是谓存心。静是寂养,动是顺养,是为养性。心性合而成身,存养合而成修。寿则心性与身俱存,夭则心性不与身俱灭。天合自我植立,有常存宇宙间者,故曰立命。此知天之至,事天之极而天命之性完全于心之结果处也。知天是知自心之天,事天是事自心之天,立命是立自心之命。总之,心生天,生命也。”[③]心、性、天、命体现了天人合一。这里重在存养工夫,即存心养性,其方法是静则寂养,动则顺养。存心养性旨在达到天与人合和统一,心与性合一,心性与身合一。达到合一,心性则超越身体躯壳,与天为一,如此才立命。这里的天并非远人,而内于本心,即所谓天心,也可以说是道心,即天赋予人最初(本来)的样子,知天事天都是知自心之天,事自心之天,由此看出心为修养的主宰。

---

① 孙奇逢:《夏峰先生集》卷二,《魏莲陆》,第 69 页。

② 孙奇逢:《夏峰先生集》卷十四,《语录》,第 565—566 页。

③ 孙奇逢:《四书近指》卷十七,《尽心知性》章,第 362 页。

他又从养气角度讲养心，指出："养气非求之气，知言亦非求之于言。养气者养心，知言者知心，此孟子之得于心者也。告子只论求不求，孟子只论得不得。人身只是一气所生，掀揭事业俱由胆力上生来。养气者，识定之为大识，力定之为大力。气必统于义者，统于义之为正气也。义必反于心者，反于心之为本义也。养之成浩然者进于浑然一团元气。知言工夫从养气中来。"总之"气与心非二，志与气亦不相离"[①]。孟子讲的养气实际上是养心，知言也是知心。此气非自然之气，类似于气节，养气节要识定有定力，又讲义便是正气。养气就是养正气、志气，正气、志气皆由心出，因此与心合一不二，如此不动心，不为情欲、义利所诱惑。孟子的心学为不动心之学。

二、顿由渐来，行足以兼知

孙奇逢以心为本体，这个本体并非抽象而靠工夫去体认，他论工夫，提出顿悟与渐悟之说："若所悟出于顿，人已隔判事物遗弃，圣贤之传授无之。不知顿从渐来，无渐，何顿可言？天下之归于一日，正以有克复之渐也。吾道之贯于一唯，正以有忠恕之渐也。紫阳亦云：用力之久，一旦豁然贯通。何尝非顿悟乎？用力在平时，收功在一旦。渐者，下学也；顿者，上达也。不可以分言，则顿之非虚，而渐之非实，当不作歧观矣。"[②]顿悟、渐悟不可偏废，但不主张孤立地谈顿悟，顿悟不符合圣贤传授之义。圣人所谓克己复礼便是渐，顿悟由渐悟而来，只有用力持久，才有天下归仁。顿从渐修，如同量的积累才有质变，平时努力修为，才有一旦豁然贯通的功效。由渐到顿是下学上达，两者统一，修养工夫有一个循序渐进的过程。

他又分析下学与上达的关系，主张："吾夫子一生，日用起居，接人应物，莫非下学，至其精义入神，达天知命，则总在下学卑迩之中，所谓

---

① 孙奇逢：《四书近指》卷十三，《则不动心》章，第 343 页。

② 孙奇逢：《夏峰先生集》卷二，《寄张蓬轩》，第 63 页。

不离日用常行内，直造先天未画前。若分何时为下学，何时为上达，何处为卑迩，何处为高远，便于道理割裂。即此推之，形色亦天性，糟粕亦神奇。说心在事上见，说体在用上见，约礼在博文上见，致知在格物上见。内圣外王，一以贯之，原无许多头绪。”[①]下学指日用起居接人应物等平常事，上达指精义入神，达天知命，下学是用，上达是体，上达离不开下学，以下学为基础，上达总是在下学中见。联系到心、体、约礼、致知，它们皆应在事、用、博文、格物上见。修养不可躐等，他反对空谈心性，主张心性等通过日用平常之事来体现。

他讲的体贴偏于上达，认为程颢讲的“天理”二字，是“自己体贴出来。是无时无处，莫非天理之流行也。精一执中，是尧、舜自己体贴出来；无可无不可，是孔子自己体贴出来；主静无欲，是周子自己体贴出来；良知是阳明自己贴体出来。能有此体贴，便是其创获，便是其闻道，恍惚疑似，据不定，如何得闻。从来大贤大儒，各人有各人之体贴，是在深造自得之耳”。[②] 天理也好，良知也罢，并非远离人而凌驾于人之上，它们根植于人们的内心，并与人们的日常生活休戚相关，人们对它们并非如逐物那样放手追求，而是通过内心的“体贴”，指主观反省，是靠内在自我体悟得来的。

他讲的下学则是不离日用。《四书近指》记载：有人问孙奇逢：“学为何也哉？”他回答说：“学为圣人而已。”又问：“仲尼日月也，犹天之不可阶而升也，乌能学？”回答说：“日在天之上，心在人之中，天与日月不可学，亦学吾之心而已。心以天地万物为体，其操功却在日用饮食间。故曰不离日用常行内，直造先天未画前，尽心知性以知天，而圣人之能事毕矣。”[③]这一对答表明孙奇逢为学重心的特色，学圣人之学应从自我身心体悟起，这种心的体悟并非空疏无物，而是与人们的日用伦常

---

① 孙奇逢：《夏峰先生集》卷十四，《语录》，第 595 页。

② 孙奇逢：《夏峰先生集》卷十四，《语录》，第 577—578 页。

③ 孙奇逢：《夏峰先生集》卷四，《四书近指序》，第 129—130 页。

联系在一起,通过平时日用生活体现出来。

《语录》也有以下记载:有人问“百姓日用而不知”是何意?孙奇逢回答说:“谁能明叛于纲常名教之外?遇父亦知爱,遇兄亦知敬,遇亲戚朋友亦知礼让,此百姓日用于其中者也。而谓其知爱亲之实以尽仁之道,知敬兄之实以尽义之道,知亲友相接之实以尽礼让之道,此贤知所不能者,乌敢望于百姓乎?”[①]儒家讲的一些纲常名教虽然是大道理,但这些大道理都离不开平时的日用,也就是说所谓的人伦之道必须通过日常生活中处理具体的人伦关系来表现。百姓不了解这些大道理无关紧要,懂得在日用中实行即可。又有人问:“如何是道学?”他回答道:“日用间,凡行一事,接一人,无有不当理中情之处,此所谓道也,即所谓学也。必待聚众上坐开讲,拟程拟朱,恐其名是而实非。道学之实不可无,道学之名正不必有。”[②]在这里他把道学理解为日用间的待人接物之学,而不是讲堂上的夸夸其谈,所注重的是“道学之实”而非“道学之名”。

格物穷理也是理学工夫论的重要组成部分,他给予系统阐释,认为,王守仁讲良知与朱熹格物并不矛盾,其立脚点有所不同:“如主文成则天下无心外之物,无物外之心,一切木砾瓦石一览即见,皆因吾心原有此物。起一念事亲则亲即是物,起一念事君则君即是物,知与物不相离者也。如主紫阳则今日格一物,明日格一物,诗书文字、千言万语只是说明心性,不是灵。知原在吾心,如何能会文切理通晓意义?且一旦豁然则物即是知,物物皆知。水月交涵,光光相射,不复辨别格之与致矣。此亦知与物不相离者也。识得知与物原不相离,则致知有致知之工夫,虚中澄湛,不染一尘,内外皆忘,物我并照。格物有格物之工夫,随事察识,因类旁通,镜古知今,达权通变。然而终不得言先

① 孙奇逢:《夏峰先生集》卷十四,《语录》,第569页。

② 孙奇逢:《夏峰先生集》卷十四,《语录》,第595页。

后者,致时已涵物物之理,格时适见吾固有之灵而已"[①]。依王守仁之见,心外无物,物外无心,心与物统一,之所以认识某物,是因为心中原有此物,识得某物只不过从念上发力就行了,这便是所谓的致,致也是知,知与物不相分离。依朱熹之见,物是通过格来完成,通过格此物,物便是知,知与物也不相分离。致与格都是认识事物的方式,致知与格物皆属工夫,两者殊途而同归。

他所说的格物,即"合天下国家身心意知以为物,不离平治、修齐、诚正,以为格也。此处求信于心,共偕大道而已"[②]。格是行动,物非自然之物,而是社会人伦之物,格物就是由内圣开出外王来,其中以心为本。他又说:"曾子乃于明德即是希天。须在物上讨个谛当,身心意知家国天下皆是物,格即神之格、思之格,感而遂通之谓。学者不以心为物役,却时时与物酬酢,无一事不是分内。"[③]此物为事,包括正心、诚意、致知、修身、齐家、治国、平天下,格即从事,常不离事物,但切莫以心为物役,也就是说格物应以心为主,用心去格物,事物皆在分内,他告诫居家应如此,居官亦应如此。

他论穷理对朱熹有微词,认为:"朱子谓理有未明,则知有未尽,若偏以穷理属知也。又曰:凡物心有当然之则,而自不容已。所谓理也,外而至于人,则人之理不异于己;远而至于物,则物之理不异于人。由此言之,亦是求理于心,非就事物而求其理也,岂如后人向一草一木而求其理乎!"[④]理存在于物还是存在于心,理学家有不同的看法。他不赞同朱熹把理当成外在于人的当然之则,而主张理根植于心,心又与物统一,求物之理便是求心之理,人是通过心来认知外物的,心成了沟通人与物理唯一的媒介,所论还是祖述王守仁之说。

谈工夫重视实际必然讨论知行,孙奇逢强调说:"尊德性,道问学,

---

① 孙奇逢:《四书近指》卷一,《大学之道》章,第 278—279 页。
② 孙奇逢:《夏峰先生文集》卷二,《答常二河》,第 71 页。
③ 孙奇逢:《夏峰先生文集》卷二,《复许西山》,第 88 页。
④ 孙奇逢:《夏峰先生文集》卷二,《答常二河》,第 70—71 页。

说虽不一,本是一事。本人既以相安,后世仍然聚讼。紫阳格物,人谓属知;阳明格物,人谓属行。又有谓穷理则格致诚正之功皆在其中,正物则必兼举致知、诚意、正心而功始备而密,则是二子之说未尝不合而为一。""盖行足以兼知,未有能行而不知者,知不足以兼行。"[①]尊德性偏于行,道问学偏于知,知行不可偏废,格物穷理应是知行合一。在此基础上,他更重视行,所谓"行足以兼知","知不足以兼行",说明知离开行是一句空话,行是有目的之行,本身已经含有知,行了便是知了,或者说行是知的完成、实现。

孙奇逢读书为学重在行,说:"每读手字,切切以学问为事,牵我千里停云之思。窃念此事,患不信,患不肯实实下工夫。果能信而下工夫,五经、四书皆我注脚,夫岂他求。千圣万贤亦岂有异道哉?千里来读书人不少,而读一字识一字,识一字行一字,恐万里亦不多见其人也。"[②]为学要务实,学以致用,把它当成一种事业,践履为第一事,方为有用,否则学问便是空疏之学。他又说:"学问事,此中同人津津讲求,渐有头绪,总之不离躬行二字。口里说一丈,不如身上行一尺。谚云:积丝成缕,积寸成尺。寸尺不已,遂成丈匹。此言虽小,可以喻大。"[③]学问之事在于躬行,与其说教不如实践。

又讲求时中,他写道:"学者果能见其(指王守仁——引者)确然不可拟议,当下承当,则自致其良知,即自信其本心,庶天之所与我者。不致因循半途,废弃一篑,操之在我,穷达何分。"这里标出一个"时"字,"时之所遇者在天,而我之所学者本天,而不违于时"[④]。为学处事以时为先,不违时就是顺应变化,不拘泥于陈规陋习。他论中庸认为君子以中庸为本,"见其为宇宙大宗而庶孽不得而乱之,言君子就是中

① 孙奇逢:《夏峰先生集》卷二,《答魏石生》,第86页。
② 孙奇逢:《夏峰先生文集》卷二,《寄李符梦》,第53页。
③ 孙奇逢:《夏峰先生文集》卷二,《答田侪兰》,第79页。
④ 孙奇逢:《夏峰先生文集》卷二,《答张仲诚》,第85页。

庸。官骸肢体，浑是一元之结聚；血脉拥卫，纯是太极之流行。”[①]孔子于中字下添一注脚即“庸”字，又于中字上添一注脚即“时”字，表明中不离日用，因此说中庸，中不可执著，因此说时。

强调躬行实际，重视经济，他说：“吾儒中得阳明大为吐气，庶理学、经济不分二事。”[②]知行合一即是理学与经济合一，反对空谈理学，尤其是无用之学。他赞赏汉代的孝悌力田科，写道“汉有孝悌力田科，尔等只读书明农，便是真学、真士。孔子曰：幼而不能强学，老而无以教，吾耻之。今日教尔等以孝悌力田，正老农不负烛光之一念也。”此为人生第一吃紧事，“明此而为农，是良善之民；明此而为士，是道义之士”。[③] 孝悌力田为汉代选举的科目。《汉书·惠帝纪》四年载：“春正月，举民孝悌力田者复其身。”《汉书·文帝纪》十二年诏：“孝悌，天下之大顺也。力田，为生之生也。”重视躬行实践，服膺汉代孝悌力田，把读书与耕种打并归一，才是真学问，真士人。孙奇逢在夏峰种地就是践履自己重躬行的主张。

三、理学史的编纂

作为清初理学大师，孙奇逢十分重视理学史的研究，所编纂的理学史著作把古代圣贤皆网罗其中，并把他们的思想传递视作道统学统，由此进一步发展了韩愈所提出的道统论。

在论及道统学统的重要性时，孙奇逢指出：“学之有宗，犹国之有统，家之有系也。系之宗有大有小，国之统有正有闰，而学之宗有天有心。今欲稽国之运数，当必分正统焉；溯家之本原，当先定大宗焉；论学之宗传，而不本诸天者，其非善学者也。”[④]学有宗主，国有统序，家有谱系，考镜源流，辨彰学术，弘扬道统学统是十分必要的。与此同时，

① 孙奇逢：《四书近指》卷二，《君子中庸》章，第 283 页。
② 孙奇逢：《夏峰先生集》卷二，《答姜二宾》，第 65 页。
③ 孙奇逢：《夏峰先生集补遗》卷下，《孝友堂汇训》，《孙奇逢集》中册，第 1059 页。
④ 孙奇逢：《理学宗传·叙一》，《孙奇逢集》上册，第 620 页。

这里也透露出道统的依据，那就是“本诸天”，“道之大原出于天，神圣继之”。[①] 他又说：“道原于天，故圣学本天。本天者愈异而愈同，不本天者愈同而愈异。夫天，大之而元会运世，小之而春夏秋冬，至纷纭矣，然皆天之元气也。诸大圣、诸大贤、诸大儒各钟一时之元气。”[②]道统学统的确立并非主观臆想、凭空发议论，而是有根据的，这个根据就是天，天的元气有自己的序列，道统学统也如此，抬出天来旨在说明道统学统的合法性，神圣不可侵犯。

具体而言，他的道统学统自古代圣贤开始，所谓“时至事起，汤、武自不能为尧、舜之事，孔、孟自不能为汤、武之事，而谓朱必与陆同，王必与朱同耶？天不能以聪明全畀一人。尧、舜亦未尝尽尧、舜之量，孔子亦未尝尽孔子之量。孔子集大成矣，聪明不尽泄于孔子也。朱子集诸儒之大成，聪明岂遂尽泄于朱子乎？阳明格物之说，以《大学》未曾错简，论其理非论其人，何妨于道之一。曲儒以此为王子罪案，则隘矣。天下有治有乱，圣学有晦有明，皆天以聪明囿之，人力不得而与也”。“道之一，正于至不一处见一，所谓殊途而同归，一致而百虑耳。流水之为物也，万派千溪，总归于海。”[③]中国古代的道统由尧、舜、汤、禹、孔、孟圣贤组成，他们前后相联一以贯之，每个人作为道统链条中的一环各有自己的特色，发挥自己的作用，缺一不可。也就是说道统有其共性，但又有各自的特色，如《周易》所说的“殊途而同归，一致而百虑”，是有差别的统一。

他试图以《周易》所谓元、亨、利、贞循环轨迹对学统的传递进行总结，谋求儒学发展的新途径。他说：“尧舜而上，乾之元也，尧舜而下其亨也；洙泗邹鲁其利也，濂洛关闽其贞也。分而言之，上古则羲皇其元，尧舜其亨，禹汤其利，文武周公其贞乎？中古之统，元其仲尼，亨其

① 孙奇逢：《理学宗传·叙一》，《孙奇逢集》上册，第620页。

② 孙奇逢：《夏峰先生集》卷四，《道一录序》，第137页。

③ 孙奇逢：《夏峰先生集》卷四，第137—138页。

颜曾，利其子思，贞其孟子乎？近古之统，元其周子，亨其程张，利其朱子，孰为今日之贞乎？明洪、永表章宋哲，纳天下人士于理。熙、宣、成、弘之世，风俗笃淳，其时有学有师，有传有习，即博即约，即知即行，盖仲尼殁至是且二千年，由濂洛而来且五百有余岁矣，则姚江岂非紫阳之贞乎？余谓元公接孔子生知之统，而孟子自负为见知。静言思之，接周子之统者，非姚江其谁归欤？归程朱，固元公之见知也，罗文恭、顾端文意有所属矣。"[①]学统分别以元、亨、利、贞加以说明：尧、舜以上为元，尧、舜以下为亨，孔子、孟子为利，周敦颐、程颢、程颐、张载、朱熹为贞。具体地说分为三个层面，上古为羲皇，尧、舜，禹、汤，文、武、周公分别代表元、亨、利、贞。中古为孔子，颜渊、曾子，子思，孟子为代表元、亨、利、贞。近古周敦颐，二程、张载，朱熹代表元、亨、利，而当下王守仁属于贞，元亨利贞循环前进。其中这里也包蕴着贞下启元的思想，喻指儒学发展不断更新，永无止境。

所作《理学宗传》侧重学统，网罗宋明理学十一人，如周敦颐、程颢、程颐、张载、邵雍、朱熹、陆九渊、薛瑄、王守仁、罗洪先、顾宪成。其余有汉、隋、唐儒考，宋、元儒考，明儒考各若干人，一幅理学承传的画卷展现在眼前。以元、亨、利、贞比喻周敦颐、二程兄弟、张载、朱熹、王守仁，虽有表彰王守仁的色彩，但更重要的是把理学看成一个有机系统，诸家都是这一系统中不可缺少的环节，发挥着自己特有的作用。

在理学史的研究中，孙奇逢尤其重视朱陆异同的问题，这与南宋以来的朱陆之争不无关系，他认为不妥善地解决这个问题将制约着儒学的正常发展。他的基本态度是求同存异，互补共生，说："朱则成其为朱，陆则成其为陆。圣贤豪杰，豪杰圣。即有不同，亦不失建安、姚江面目，又何病焉。某谓学人不宜有心立异，亦不必著意求同。若先儒无同异，后儒何处著眼。""亦各存其所见而矣。""尝思之，固不敢含糊一家之言，亦不敢调停两是之念。不坠之绪，即剥丧蔑贞，必存乎其

---

① 孙奇逢：《理学宗传·叙一》，《孙奇逢集》上册，第621页。

人。譬之适都者,虽南北之异,远近之殊,要必以同归为止。”[1]朱熹、陆九渊、王守仁之所以堪称大家,正是因为他们的学术各有其特点,既然这样就不必硬往一处拉,说他们如何相同,同异非主观臆断,而必须从他们学术的内在逻辑出发,做出客观的判断。因此,反对后儒无原则地弥合他们之间的差异。学术应求同存异,如此才符合《周易》所谓的“殊途而同归”。他又说:“门宗分裂,使人知反而求之事物之际,晦翁之功也,然晦翁殁而天下之实病,不可不泄,词章繁兴,使人知反而求之心性之中,阳明之功也。然阳明殁而天下之虚病不可不补。”[2]为学虚实兼顾,事物与心性不可偏废,朱熹与王守仁的贡献在于扭转理学发展中出现的偏颇,使之归于中正,使理学沿着合理的方向前进,因此其功皆不可没。

在他看来,对待朱熹与王守仁之学,与其说是空发议论,不如见之于行动。因此他说:“言阳明之言者,岂遂为阳明?须行阳明之行,心阳明之心,始成其为阳明。言紫阳之言者,岂遂为紫阳?须行紫阳之行,心紫阳之心,始成其为紫阳。我辈今日要真实为紫阳,为阳明,非求之紫阳、阳明,各从自心自性上打起全副精神,随各人之时势身份,作得满足无遗憾,方无愧紫阳与阳明。无愧二子,又何惭于天地,何惭于孔孟乎?”[3]讲王守仁之学、朱熹之学不如行其学,身心一致,以实践践履它,如此才对得起朱熹与王守仁,实际上是反对争朱王之门户,以门户之心看待朱王之学,必然囿于其中而不知其意,这种偏见对儒学发展有害而无利。

对于明代的朱陆之争,孙奇逢也有自己的意见,认为,罗钦顺守朱熹的学说,王守仁则服膺陆九渊,在学术上,“两人者固各有得也,不必强而同也。仆患遵紫阳者不能尽紫阳。能尽紫阳,又复何憾?”后来的

---

① 孙奇逢:《夏峰先生文集》卷二,《寄张蓬轩》,第 62 页。

② 赵御众、汤斌等编:《孙夏峰先生年谱》,《孙奇逢集》中册,第 140 页。

③ 孙奇逢:《夏峰先生集》卷二,《与魏莲陆》,第 69 页。

学者“乏融通之见，失原初之旨，支上生支，遂成歧路”。近儒有言，“看古人于异处，正好著眼。今日试于异处而加体认之功，可以见吾心之所主矣！”[①]融通不是无原则的调和，而是求同存异，但也不能夸大差别，人为地制造对立，进而争门户，造成学术的内耗。凡此对儒学的正常发展无益处。

他比较罗洪先与王畿，认为罗洪先为王守仁的功臣、王畿的益友。王守仁的良知之说本于孟子的不虑而知，王畿“遂以为一念灵明，无内外无寂感，吾人不昧此一念灵明，便是致知”。王畿以一念之明为极则，罗洪先不同意这种观点，认为：“阳明常以入井怵惕，孩提爱敬，平旦好恶三言为证，盖以一端之发现，未能即复其本体。故言怵惕矣，必以扩充继之；言好恶矣，必以长养继之；言爱敬矣，必以达之天下继之。孟子之意可见，阳明得其意者也，故亦不以良知为足，而以致知为功。《念庵集》中多以此立论，故曰阳功臣、龙溪益友宗传。”[②]反对王畿单纯以良知来标的王守仁之学，尤其是把良知理解为“一念灵明”的内观，而认为王守仁言之有物，并以孟子三言为证。致知需要功夫，发挥孟子的继、扩、充思想，所谓继善成性，扩而充之才能把善端发扬光大。王守仁谈良知离不开致知，如果前者是本体，那么后者则是功夫，只有通过功夫才能见本体。就这一点来说，罗洪先更接近王守仁，因此称其为“阳明功臣”，罗氏对王畿的修正也可谓王氏的“益友”。

孙奇逢从心态上入手，告诫学者不要存门户之见，如区分“小德川流”与“大德敦化”，所谓小德川流指的是“自浑朴散，而象数之繁、异同之见，理气之分，种种互起争长”等，“大德敦化”则是“有统宗会元之至人出焉，一以贯之”，并以此为喻告诫学者“不能有此大见识，切不可专执一偏之见。正宜于古人议论不同处着眼理会，如夷尹惠不同，微箕比不同，朱陆不同，岂可相非？正借有此异以证其同，合知廉勇艺而文

① 孙奇逢：《夏峰先生文集》卷二，《复魏莲陆》，第 70 页。

② 孙奇逢：《夏峰先生集》卷九，《题念庵集后》，第 315 页。

之以礼乐，愈见冶铸之手。”[1]只有“大德敦化”的人才能超越褊狭的门户之见，以宽广的胸襟去海纳百川，求同存异，共谋学术的发展。

孙奇逢能超越门户之见，从理学总体上把握程朱与陆王之间的关系，进而主张合程朱与陆王于一堂，调和程朱与陆王重在不说空话，必须躬身实践。他对理学史的研究“其大意在明天人之归，严儒释之辨”[2]。

孙奇逢的理学以王学为宗，但与明末王学空谈心性不同，而是十分重视实际，尤其是人们的日常生活，在平凡中见其不平凡。他的理学博得当时一些学者的好评。如傅山写道：“理学家法，一味扳拗，先生则不然，专讲作用。”[3]魏裔介说他：“学以慎独为宗，体认田里为要，以日用伦常为实际。”[4]汤斌说：“故言心即在事上见，言已即在人上见，言高远在卑迩上见，言上达在下学上见。”[5]四库馆臣称：“奇逢之学，主于明体达用，宗旨出于姚江，而变以笃实，化以和平，兼采程朱之旨，以弥其缺失。”[6]突出其理学不争门户，讲求实践的特点。

孙奇逢身为北学泰斗，一生弟子众多，主要有汤斌、耿介、魏一鳌、窦克勤、冉觐祖、张伯行、张沐、崔蔚林等。汪晋征说：“中州六七十年间，征君倡道于夏峰，潜庵嗣音于睢水，而登封逸庵耿先生又同时后先颉颃于潜庵者也。厥后柘城窦敏修氏、中牟冉永光氏，又皆砥砺躬修，精心著述。其所造已足为天下后世所信从。呜呼！沐朝廷振兴鼓励之盛心，承宋、元、明历代相传之统绪，中州乃能儒硕迭起，文献相望，为四方有志者所矜式而弗替，何其盛也！何其盛也！”[7]黄宗羲、顾炎武、傅山、张尔岐等与孙奇逢交往，尊为老师宿儒，另外著名学者费密

---

① 孙奇逢：《夏峰先生集》卷十三，《语录》，第 537 页。

② 汤斌：《理学宗传序》，载《孙奇逢集》中册，第 1299 页。

③ 傅山：《傅山全书》第一册，第 787 页。

④ 魏裔介：《孙征君先生传》，载《孙奇逢集》中册，第 1329 页。

⑤ 汤斌：《汤斌集》上，《孙钟元先生墓志铭》，第 287 页。

⑥ 《四库全书总目》卷九十七，《子部·儒家类存目三·理学传心纂要》，中华书局，1965 年，第 822 页。

⑦ 汪晋征：《耿逸庵先生敬恕堂集序》，载《敬恕堂文集》卷首。

从四川远道师从，其影响可见一斑，北学尤以中州为盛。

第二节　黄宗羲对心学的改造

黄宗羲(1610—1695)，字太冲，号南雷，又号梨洲，浙江余姚人，清初著名思想家、史学家。其父黄尊素，为明末东林名士，天启年间，官至御史，因获咎于宦官魏忠贤，冤死狱中。明思宗即位，惩治魏党，黄宗羲十九岁，草疏入京讼冤，以铁椎毙伤仇人，由是名显。南归后，师事晚明大儒刘宗周。崇祯十一年(1638)，南京太学诸生陈贞慧、吴应箕等出《南都防乱揭》，以抨击魏党余孽阮大铖，黄宗羲列名其首。十七年(1644)明亡，南京福王政权继起，阮大铖擅权为祸，穷究防乱揭事，兴起大狱，黄宗羲被逮，几遭其害。清兵南下，福王政权崩溃，浙中鲁王监国。黄宗羲纠合同志，起兵浙东，抗击清兵，时称世忠营。鲁王授监察御史。兵败，入四明山结寨自守。顺治六年(1649)，黄宗羲寻鲁王于海上，获授左副都御史。后以母老间道归里，毕力著述。康熙年间，清廷征召，黄宗羲虽屡辞不就。清廷诏开《明史》馆，然亦遣子黄百家入京，佐史局事。自己仍以遗民自居，著书终老。

黄宗羲早年师从刘宗周，宗王阳明，大体不出心学一路，晚年学路有变，颇多创获。他说："读书不多，无以证斯理之变化，多而不求于心，则为俗学。"[①]又说："学者必先穷经，然拘执经术，不适于用。欲免迂儒之诮，必兼读史。"[②]"儒者之学，经纬天地。"[③]全祖望说："自明中

---

① 全祖望：《鲒埼亭集》卷十一，《梨洲先生神道碑文》，《全祖望集汇校集注》上，上海古籍出版社，2002年，第219页。

② 《清史列传》卷六十八，《黄宗羲传》，《清史列传》第十七册，中华书局，1987年，第5439页。

③ 黄宗羲：《南雷诗文集》上，《赠编修弁玉吴君墓志铭》，《黄宗羲全集》第十册，浙江古籍出版社，1994年，第421页。

叶以后，讲学之风，已为极敝，高谈性命，直入禅障，束书不观，其稍平者则为学究，皆无根之徒耳。先生始谓：学必原本于经术而后不为蹈虚；必证明于史籍，而后足以应务；元元本本，可据可依，前此讲堂锢疾，为之一变。"[①]赞扬黄宗羲之学对扭转世风的积极作用。另外，黄宗羲为学广泛涉足史学、经学、天文、历算、章律等，全祖望称他："以濂洛之统，综会诸家。横渠之礼教，康节之数学，东莱之文献，艮斋、止斋之经制，水心之文章，莫不旁推交通，连珠合璧，自来儒林所未有也。"[②]黄宗羲一生著述宏富，主要有《明儒学案》六十二卷、《宋元学案》一百卷、《明夷待访录》二卷、《留书》一卷、《孟子师说》四卷、《授书随笔》一卷、《南雷文案》十卷，《外集》一卷、《吾悔集》四卷、《撰杖集》四卷、《蜀山集》四卷、《子刘子行状》二卷、《诗历》四卷等。总之，黄宗羲的儒学调停程朱与陆王，改造心学，倡导经学与史学结合，经史之学与经世致用结合，把博与约统一起来，承前启后，无愧为一代宗师。

一、气一本也

黄宗羲对心学的改造是他对气的研究。他的理气观是在反对朱熹理本论及明代理气二元论中产生的。朱熹主张理为气的本体，又视理气为二物。明儒曹端用活人骑马，人驭马来解释"理驭气"。薛瑄把理气关系比做日光与飞鸟，说日光与鸟为二物，理气也为二物。黄宗羲反对上述观点，提出了自己的理气思想。他首先对理气界定：气之"流行而不失其序，是即理也"[③]。又说："自其浮沉升降者而言，则谓之气；自其沉浮升降不失其则者而言，则谓之理。"[④]"流行"、"浮沉升降"是指气，"不失其序"、"不失其则"是讲气的运动法则、条理，这便是理。这是从理气相互联系角度界定理气，表明理气不可分。他进一步论述

① 全祖望：《鲒埼亭集外编》卷十六，《甬上证人书院记》，《全祖望集汇校集注》中，第1059页。
② 全祖望：《鲒埼亭集》卷十一，《梨洲先生神道碑文》，《全祖望集汇校集注》上，第220页。
③ 黄宗羲：《孟子师说》卷二，"浩然章"，《黄宗羲全集》第一册，第60页。
④ 黄宗羲：《明儒学案》卷四十四，《诸儒学案上》二，《黄宗羲全集》第八册，第356页。

理气关系，认为理为气之理，无气则无理。在理气统一的基础上，他又肯定气为理的根本，有气，然后才有理，无离气之理，理是气的理。他的这一主张可以概括为理气一元，尤其以气为本。

黄宗羲由气推出阴阳，并以此来分析宇宙的本质。他说："气则合下只有一气。相生而后有阴阳。亦非合下便有阴阳也。""阴阳本是一气，其互生也，非于本气外又生一气也。"①气本来就存在，不存在"于本气外又生一气"的现象，气相生才有阴阳，阴阳也是一气。也就是说，宇宙间充满了气，别无独立的他物，有的只是气。用他的话来说："通天地，亘古今，无非一气而已。"②所谓"通天地"，是指气存在的空间特点，"盈天地间皆气"，"地间只有一气充周"。所谓"亘古今"，是指气的时间特点，"夫大化流行，只有一气充周无间"。气无处不在，无时不有，存在于无限的时空中。他指出："夫太虚，絪缊相感，止此一气，无所谓天气也，无所谓地气也。"③宇宙间的事物千姿百态，其存在及运动形式多种多样，究其根本不过一气。这显然继承了宋明理学中的气论。

与气理、阴阳相关，他讨论太极，《宋元学案·濂溪学案》附有黄氏《太极图讲义》一文，代表其太极观，他写道："通天地，亘古今，无非一气而已。气本一也，而有往来阖辟升降之殊，则分之为动静。有动静则不得不分之为阴阳。然此阴阳之动静也，千条万绪，纷纭轇轕，而卒不克乱，万古此寒暑也，万古此生长收藏也。莫知其所以然而然，是即所谓理也，所谓太极也。以其不紊而言，则谓之理；以其极至而言，则谓之太极。识得此理，则知一阴一阳即是为物不贰也。其曰无极者，初非别有一物依于气而立，附于气而行。或曰：因《易》有太极一言，遂疑阴阳之变易，类有一物主宰乎其间者，是不然矣，故不得不加无极二

① 黄宗羲：《南雷诗文集》上，《答忍庵宗兄书》，《黄宗羲全集》第十册，第218页。
② 黄宗羲：《宋元学案》卷十二，《濂溪学案下》，《黄宗羲全集》第三册，第606页。
③ 黄宗羲：《易学象数论》卷一，《图书四》，《黄宗羲全集》第九册，第8页。

字，造化流行之体，无时休息，中间清浊、刚柔、多少参差不齐，故自形生神发，五性感动后观之，知愚贤不肖、刚柔善恶中，自有许多不同。世之人一往不返，不识有无浑一之常，费隐妙合之体，徇象执有，逐物而迁，而无极之真竟不可见矣。圣人以静之一字，反本归元，盖造化、人事皆以收敛为主，发散是不得已事，非以收敛为静，发散为动也。一敛一发，自是造化流行不息之气机，而必有所以枢纽乎是，运旋乎是，是则所谓静也。故曰主静，学者须要识得静字分晓，不是不动是静，不妄动方是静。慨自学者都向二五上立脚，既不知所谓太极，则事功一切俱假，而二氏又以无能生有，于是误认无极在太极之前，视太极为一物，形上形下，判为两截。蕺山先师曰：千古大道陆沉，总缘误解太极，道之大原出于天，此道不清楚，则无有能清楚者矣。"①

这一段论述包括以下意思：第一，肯定气为本原。天地间是一气，古今无非一气，气本为一，分而有阴阳动静，自然界一切都充满了气。他论五行之气来源时说："夫太虚，絪缊相感，止有一气，无所谓天气也，无所谓地气也。自其清通而不可见，则谓之天，自其凝滞而有形象，则谓之地。故曰'资始资生'，又曰'天施地生'。"②以一气解释《彖》文的乾坤二元，认为整个宇宙充满了气，万物生成离不开气，气为万物的本原。

第二，气与太极、理密不可分。生物的所以然而然，也就是理或太极，理与太极的区别在于理寓于气，其有条不紊是气的规律，气极至而言即太极，因其至尊无极，太极、无极是个形容词，可谓理的别称。他解释"《易》有太极，是生两仪"说："阴阳者，气也。爻者，质也。"③以阴阳二气为两仪或阴阳爻象的本原。这里讲的"太极"指气之阴阳未分的状态。他又发挥刘宗周太极观："'一阴一阳之道'，即太极也。天地

① 黄宗羲：《宋元学案》卷十二，《濂溪学案下》，《黄宗羲全集》第三册，第 607 页。
② 黄宗羲：《易学象数论》卷一，《图书四》，《黄宗羲全集》第九册，第 8 页。
③ 黄宗羲：《易学象数论》卷一，《先天图一》，《黄宗羲全集》第九册，第 17 页。

之间，一气而已，非有理而后有气，乃气立而理因之寓也。就形下之中而指其形而上者，不得不推高一层，以立至尊之位。故谓之太极而实无太极之可言，所谓‘无极而太极’也。”[①]这表明气与太极与理密切相关，气又与太极相关，太极说与理气论相通，发挥其师刘宗周的太极观。他说：“太极与阴阳果二物乎？其为物也果二，则方其未合之先各安在邪？朱子修身认理气为二物，其原盖出于此。不知此三语正明理气不可相离，故加妙合以形容之。”[②]周敦颐《太极图说》“无极之真，二五之精，妙合而凝”三语说明，太极与阴阳也是统一的，不能截然分开。气本一，以动静而分阴阳，理指阴阳有条不紊的规则，太极形容其极致，至于无极亦依气而立，太极、无极只是称谓不同，实质一致。

进一步说太极与阴阳是一种共生的关系，他在与友人通信时论道：“弟以为一阴一阳之为道，道即太极也。离阴阳无从见道。所谓《易》有太极，是生两仪，此为作《易》者言之。因两仪而见太极，非有先后次第也。宗兄之意，是先有太极，而后分之为阴阳。当其未分阴阳之时，不知太极寄于何所？有物先天地，无形本寂寥，能为万象主，不遂四时凋。此二氏之言也，《易》岂有是乎？”[③]不赞同太极与阴阳有先后次序，即先有太极，然后现分为阴阳。“所谓易有太极，是生两仪，此为作《易》者言之”，是指从作《易》角度而言，太极与阴阳并无先后之分而是共生，或者说太极中已经包蕴着阴阳，即“其言太极也，统三百八十四爻之阴阳，即为两仪；统六十四卦之纯阳纯阴，阳卦多阴，阴卦多阳，即为四象；四象之分布，即为八卦。故两仪四象八卦，生则俱生，无有次第。”[④]否则就坠入佛老无中生有的泥坑。依此理论看天地与万物的关系，也可以说是一种共生的关系，天地之所以生万物，是其本身已经包括生养万物的因子，而万物生养不过是顺其自然地展开，从逻辑

① 黄宗羲：《宋元学案》卷十二，《濂溪学案下》，《黄宗羲全集》第三册，第 604 页。
② 黄宗羲：《宋元学案》卷十二，《濂溪学案下》，《黄宗羲全集》第三册，第 617 页。
③ 黄宗羲：《南雷诗文集》卷上，《再答忍庵宗兄书》，《黄宗羲全集》第十册，第 219—220 页。
④ 黄宗羲：《南雷诗文集》卷上，《万公择墓志铭》，《黄宗羲全集》第十册，第 503 页。

上讲无所谓先后。这旨在反对无生有的观点。

阴阳又与道相联,由此引出道器、名实、形神等范畴。在道器问题上,黄宗羲主张器在道才在。他说:"形而上者谓之道,形而下者谓之器。器在斯道在,离器而道不可见。"①他又说:"一阴一阳即为道,道即太极也,离阴阳无以见道。"②这说明道离不开器,器为道之本。在名实关系上,他主张名决定于实,说:"仁、义、礼、智、乐,俱是虚名。人生堕地,只有父母兄弟,此一段不可解之情,与生俱来,此之谓实,于是而始有仁义之名。'知斯二者而弗去',所谓知及仁守实有诸己,于是而始有智之名。当其事亲从兄之际,自有条理委曲,见之行事之实,于是而始有礼之名。不待于勉强作为,如此而安,不如此则不安,于是而始有乐之名。"③仁义礼智乐皆为名,父母兄弟之情与生俱来则是实。先有父母兄弟之实,然后才有仁义礼智乐之名,实决定名。对于形神问题,他认为气形成人的形体,魂魄之质是气。他以蜡烛为喻:烛为形,火为魄,光为魂,魄魂为神,神依形而存在。他也不承认天有意志,认为自然界"四时之寒暑温凉,总一气之升降为之。其主宰是气者,即昊天上帝也"④。自然界四季变化是气运动的表现,昊天上帝不过是气的别名罢了。他的这些思想可以说是对宋明以来气本论的一个发展。

二、心性情一元

黄宗羲从"理气"一元出发,阐述其"心性论"。他说:"夫大化之流行,只有一气充周无间",表现在人上,"为恻隐、羞恶、恭敬、是非之心,同此一气之流行也。圣人亦即从此秩然而不变者,名之为性。故理是有形(见之于事)之性,性是无形之理"。⑤ 在他看来,既然"在天为气者

① 黄宗羲:《南雷诗文集》卷上,《先师蕺山先生文集序》,《黄宗羲全集》第十册,第51页。

② 黄宗羲:《南雷诗文集》卷上,《再答忍庵宗兄书》,《黄宗羲全集》第十册,第219页。

③ 黄宗羲:《孟子师说》四,"仁之实章",《黄宗羲全集》第一册,第101—102页。

④ 黄宗羲:《破邪书》,《上帝》,《黄宗羲全集》第一册,第194页。

⑤ 黄宗羲:《南雷诗文集》上,《与友人论学书》,《黄宗羲全集》第十册,第146页。

在人为心”,“在天为理者在人为性”,而“理气、心性”又统一于气,所以,必然合乎逻辑地推出“恻隐、羞恶、恭敬、是非之心,同此一气之流行”。作为气化流行产物的心,自然有仁义礼智四端之善,而与心名异实同的性,也当然是天生本善的。他还说:“性之为善,合下如此,到底如此,扩充尽才,而非有所增也,即不加扩充尽才,而非有所减也。”[①]这显然比孟子的性善论进了一步,孟子所说的性善虽然主张四端与生俱来,但仍须人们逐步扩充,而黄宗羲所说的性善则指明“人之善性本然咸具”,无须扩充。

他在肯定人的四个善端皆是气的流行而成、与生俱有、无须扩充的基础上,进一步论述“气质之善”的问题。他说:“夫气之流行,不能无过不及,故人之所禀,不能无偏。气质虽偏,而中正者未尝不在也。犹天之寒暑,虽过不及,而盈虚消息,卒归于太和。以此证气质之善,无待于变化。理不能离气以为理,心不能离身以为心。若气质必待变化,是心亦须变化也。”[②]在他看来,“气质”与“心性”是统一的,不能“判为二物”,如果承认“性善”,就等于肯定“气质之善”,肯定“气质”、“无待变化”。但是,他又认为,如气的流行常会出现偏颇一样,人性也会出现偏差,其根本原因在于人后天的习染。尽管如此,人性中“中正者未尝不在也”。

他讲理气又讲性情,在批判程朱把性与情截然对立的基础上,提出性情不可二分的情理观。他说:“自来儒者以未发为性,已发为情。其实性情二字,无处可容分析。性之于情,犹理之于气,非情亦何从见性?”[③]这表明,性与情是不可分离的,性依存于情,正像理依存于气一样,性因情而见,性在情中。他指出,程朱将《中庸》所说的“未发”释为“性”,“已发”释为情,强迫人们要遵守那个不变的“未发时气象”(性),

---

① 黄宗羲:《南雷诗文集》上,《与陈乾初论学书》,《黄宗羲全集》第十册,第 152—153 页。

② 黄宗羲:《明儒学案》卷三十八,《甘泉学案》二,《黄宗羲全集》第八册,第 182 页。

③ 黄宗羲:《明儒学案》卷十九,《江右王门学案》四,《黄宗羲全集》第七册,第 519 页。

即“天理”,是违反人性的错误观念。他在深刻揭露这种荒谬性时说:“情贯于动静,性亦贯于动静,故喜怒哀乐,不论已发未发,皆情也,其中和则性也。”[①]说明性、情是一致的,强调性在情中、理在情中的重要性,以此批判礼教对人情感的扭曲和扼杀。

黄宗羲对人性的探讨涉及公私问题,肯定现实的人都具有“各得自私,各得自利”的自然权利。他提出:“有生之初,人各自私也,人各自利也,天下有公利而莫或兴之,有公害而莫或除之。有人者出,不以一己之利为利,而使天下受其利,不以一己之害为害,而使天下释其害”,若“夫以千万倍之勤劳而己又不享其利,必非天下之人情所欲居也”。[②] 这就是说,“各得自私,各得自利”是人不可剥夺的自然权利。君主、国家的责任在于“使天下受其利”和“使天下释其害”,而“以千万倍之勤劳”为前提的“自私”、“自利”也是人之常情、合乎道理的。只要人们对社会尽义务,社会就必须给人们以权利。这是从他的人性论转变而来的一种崭新的政治伦理观念。

他还痛斥了专制统治者以虚伪的“公”掩盖其一己之私利的行径。他指出,专制的君主“以为天下利害之权皆出于我,我以天下之利尽归于己,以天下之害尽归于人,亦无不可。使天下之人不敢自私,不敢自利,以我之大私为天下之大公”[③]。显然表明,专制统治者这种侵犯人们权利的“大私”与人们各得其正当的“自私”、“自利”是冰炭不相容的。前者违背“人道”,后者合乎“人性”。他的人性论,既是对个人勤劳所得权利的尊重,也是对独占天下之利的专制统治者的批判。

与心性相关,黄宗羲阐释了自己的伦理道德观,主要表现在对虚假的道德进行批判。他说:“志道德者不屑于功名,志功名者不屑于富贵。藉富贵以成功名,其功名为邂逅;藉富贵以谈道德,其道德为虚

---

① 黄宗羲:《明儒学案》卷四十七,《诸儒学案中》一,《黄宗羲全集》第八册,第 409 页。

②③ 黄宗羲:《明夷待访录》,《原君》,《黄宗羲全集》第一册,第 2 页。

假。”[①]在他看来，虚伪是道德的大敌，诚则是人，伪则是禽兽。他还认为，“古人见道亲切，将盈天地间一切都化了，更说甚富贵贫贱”，到了后来，“世人但见富贵贫贱之充塞，更转身不得，以为莫大之事”[②]，最后形成的仁、义、礼、智、信都是虚名。在他看来，任何事物本来都是彼此互通互依，平平常常的，所以“人伦者，日用寻常之事”，一切人伦关系都应是相互的、平等的，他的道德观具有鲜明的五伦平等色彩。他不仅认为父子之间应当是“无不融合”的伦理关系，而且认为君臣之间应当是“互助”和“师友”的伦理关系：“缘夫天下之大，非一人之所能治，而分治之以群工。”“以天下为事，则君之师友也。”[③]与父子、兄弟、夫妇之伦相比，君臣之伦是后起的，进而批判君主专制的礼法制度是“藏天下于筐箧”的“非法之法”，从而主张以“未尝为一己而立”的“天下之法”[④]取代之。对以“三纲”为核心的旧道德的批判，显示出其道德观的平等精神。

他在批判旧道德的同时，对当时的社会陋习展开批评，倡导革新风俗。他说：“治天下者既轻其赋敛矣，而民间之习俗未去，蛊惑不除，奢侈不革，则民仍不可使富也。”[⑤]当时，在旧道德制度的笼罩下，民间习俗和迷信活动十分盛行，奢侈糜费的社会风气日长，特别是在婚丧习俗方面和佛巫蛊惑方面造成的影响很坏。对于这些习俗和迷信，他认为除采取各种“禁令”措施外，还要对广大民众进行科学、文化和思想等教育，提高文化素质，移风易俗。

三、以各人自用著者为真

黄宗羲虽讲心性，但反对空谈性命，主张独立思考。全祖望认为，

---

① 黄宗羲：《南雷诗文集》上，《陈夔献五十寿序》，《黄宗羲全集》第十册，第 662 页。

② 黄宗羲：《孟子师说》七，“饥者甘食章”，《黄宗羲全集》第一册，第 155 页。

③ 黄宗羲：《明夷待访录》，《原臣》，《黄宗羲全集》第一册，第 4—5 页。

④ 黄宗羲：《明夷待访录》，《原臣》，《黄宗羲全集》第一册，第 6—7 页。

⑤ 黄宗羲：《明夷待访录》，《财计三》，《黄宗羲全集》第一册，第 40 页。

与“自明中叶以后，讲学之风，已为极敝，高谈性命，直入禅障，束书不观”不同，黄宗羲“谓学必原本于经术而后不为蹈虚；必证明于史籍，而后足以应务；元元本本，可据可依，前此讲堂锢疾，为之一变”。[①] 黄宗羲自己力主读书与用心相结合，说：“读书不多，无以证斯理之变化，多而不求于心，则为俗学。”[②]他虽然倡导博览群书，“于书无所不窥”，其学涉猎经史百家，但更注重以理性来读书，与不求于心的俗学不同，把博闻多见与理性思考结合起来。在他看来，读书执其成说，“以裁古今之学术”，缺乏独立思考，只是“肤论瞽言”。对于同门陈确“皆发其自得之言，绝无依傍”，这种善于独立思考的精神给予肯定。黄宗羲主张：“学问之道，以各人自用著者为真。凡倚门傍户、依样葫芦者，非流俗之士，则经生之业也。”[③]没有独创精神，不求真知，不是为学之道。

他治学主张独立思考，求真，并提出了求真的方法，即功夫。他说：“心无本体，功夫所至，即是本体。”[④]“心无本体”实际上否认了人心中有先验的天理、良知的存在。“功夫所至，即是本体”说明功夫在体认本体中的作用。他也谈到体，说：“古今学术不能无异同，然未有舍体而言用者。所谓体者，理也。”[⑤]这里所谓的体即理，是事物的内在本质。认识事物的本质，就必须下功夫，也就是认识的方法，通过认识方法获得对事物本质的认识，这才是真知。他又说：“人自形生神发之后，方有此知。此知寄于喜怒哀乐之流行，是即所谓物也。”“格有通义，证得此体分明，则四气之流行，诚通诚复。不失其序，依然造化，谓之格物。”[⑥]所谓的“格”有“通”之义，“诚通诚复”就是功夫所至，达于本体。这既是主体与客体合一格物的过程，也是感性认识向理性认识的

---

① 全祖望：《鲒埼亭外编》卷十六，《甬上证人书院记》，《全祖望集汇校集注》中，第1059页。

② 全祖望：《鲒埼亭集》卷十一，《梨洲先生神道碑文》《全祖望集汇校集注》上，第219页。

③ 黄宗羲：《明儒学案》卷首，《凡例》，《黄宗羲全集》第七册，第6页。

④ 黄宗羲：《明儒学案》卷首，《自序》，《黄宗羲全集》第七册，第3页。

⑤ 黄宗羲：《南雷诗文集》上，《张母李夫人六十寿序》，《黄宗羲全集》第十册，第666页。

⑥ 黄宗羲：《南雷诗文集》上，《答万充宗论格物书》，《黄宗羲全集》第十册，第194—195页。

飞跃。

黄宗羲尤重视学术与事功的关系，提出学术贵在适用的思想。

他首先对脱离实际死读书的学风进行批判。在论及心学和理学空虚疏阔的学风时，他指出："言心学者，则无事乎读书穷理；言理学者，其所读之书不过经生章句，其所穷之理不过字义之从违。"[①]心学不读书穷理流于空谈，理学虽读书不过经生章句，读死书，穷理不过字义，均脱离实际，全无用处。心学、理学这种风气发展到明末愈演愈烈，他们均不关心国事，只重仕途利禄。如"治财赋者则目为聚敛，开阃扞边者则目为粗材，读书作文者则目为玩物丧志，留心政事者则目为俗吏"。在这一腐败成风的条件下，"一旦有大夫之忧，当报国之日，则蒙然张口，如坐云雾"[②]。在国难当头之日，儒家士大夫们束手无策，任人宰割，就是想有经世救国之心，也无其力。

他在批判理论脱离实际学风的基础上，强调学以致用，尤重践行。他说："道无定体，学贵适用。奈何今之人执一以为道，使学道与事功判为二途。事功而不出于道，则机智用事而流于伪；道不能达于事功，论其学则有，适于用则无，讲一身之行为则似是，救国家之急难则非也：岂真儒哉！"[③]学贵适用就是要把学道与事功结合在一起，事功不在学问指导下进行，必然是伪事功，学问不付诸于实践，达于事功，等于无用之学，不能经世救国，其学问是毫无意义的空谈。他在发挥王阳明"致良知"时写道："圣人教人只是一个行，如博学、审问、慎思、明辨是行也。笃行之者，行此数者不已是也。先生(王阳明——引者)致之于事物，致字即是行字，以救空空穷理，只在知上讨个分晓之非。"[④]把王阳明"致良知"的"致"字，解释为"行"，讲行的目的是反对"空空穷理"、"在知上讨个分晓"，这些都是脱离实践的夸夸其谈。他认为应在

① 黄宗羲：《南雷诗文集》上，《留别海昌同学序》，《黄宗羲全集》第十册，第627页。
② 黄宗羲：《南雷诗文集》上，《赠编修弁玉吴君墓志铭》，《黄宗羲全集》第十册，第421页。
③ 黄宗羲：《南雷诗文集》上，《姜定庵先生小传》，《黄宗羲全集》第十册，第607页。
④ 黄宗羲：《明儒学案》卷十，《姚江学案》，《黄宗羲全集》第七册，第197页。

行上问是非，学问只有在事功中接受检验，判明是非。总之，把为学与经世统一起来。

四、事功、富民、民本

黄宗羲治学力主事功、经世，主要表现在探讨了物质生活与礼仪、事功与仁义等问题，提出富民、民本等思想。

他认为物质生活与礼仪密切相关，说："民非水火不生活。饮食之事，与生俱生，养生送死，郊天祭地，皆取办于饮食。《礼运》：'夫礼之初，始诸饮食。'"[①]在这里，物质生活需要是基础，只有在此基础上，"养生送死，郊天祭地"等礼仪活动才得以进行。道德活动来源于人们的物质生活需要。接着他又讨论了仁义道德与事功的关系，指出："古今无无事功之仁义，亦无不本仁义之事功。四民之业，各事其事，出于公者，即谓之义；出于私者，即谓之利。"[②]仁义与事功相互联系，仁义离不开事功，事功也离不开仁义。从公利角度出发解释义利，尽管分工不同，各自履行自己的职责，出于公心就是义，出于私心便是利。

基于对物质生活的重视，他提出了"富民"思想。他把明亡的经济原因归结为"夺田"和"暴税"，认为制止土地兼并的最好办法是恢复三代井田制，"授田以养民"。为杜绝苛捐杂税，他主张"重定天下之赋"，就是说："授田于民，以什一为则；未授之田，以二十一为则。其户口则以为出兵养兵之赋。"对于纳赋税则采取较为灵活的态度："出百谷者赋百谷，出桑麻者赋布帛，以至杂物皆赋其所出"，可谓"任土所宜"。[③]他对解决货币制度积弊提出己见，主张"废金银，使货物之衡尽归于钱"，以便流通，"使封域之内，常有千万财用流转无穷"。[④] 同时也强调移风易俗，培养勤俭节约的社会风尚。他还对"崇本抑末"作出新解

---

① 黄宗羲：《孟子师说》卷六，"人之于身章"，《黄宗羲全集》第一册，第 142 页。

② 黄宗羲：《南雷诗文集》上，《国勋倪君功墓志铭》，《黄宗羲全集》第十册，第 485 页。

③ 黄宗羲：《明夷待访录》，《田制三》，《黄宗羲全集》第一册，第 27—28 页。

④ 黄宗羲：《明夷待访录》，《财计二》，《黄宗羲全集》第一册，第 38 页。

释，认为除“为巫而货”和“为奇技淫巧而货”以外，其他工商业活动不应视为末业。他说：“世儒不察，以工商为末，妄议抑之。夫工固圣王之所欲来，商又使其愿出于途者，盖皆本也。”[①]把对国家有利的正常工商业提到本业的地位，符合开始兴起的商品经济发展的要求。

黄宗羲的民本思想主要表现为以下几个方面。

第一，对君主专制政权制度进行批判。在君臣关系上，他提出君臣二者“名异而实同”的道理。他以秦为界把古代史分为两段，秦以前为古，秦以后为今，并从主客关系出发探讨君民关系。他说：“古者以天下为主，君为客，凡君之所毕世而经营者，为天下也。”所以“天下之人爱戴其君，比之如父，拟之如天，诚不为过”。相反，“今也以君为主，天下为客，凡天下之无地而得安宁者，为君也”。这种主客关系颠倒，造成“天下之人怨恶其君，视之如寇仇，名之为独夫”的局面，由此他提出“为天下之大害者，君而已矣”，颇为激进的主张。他虽抨击秦以后的君主专制，憧憬“三代之治”，有复古倾向，但认为做君应“不以一己之利为利，而使天下受其利；不以一己之害为害，而使天下释其害”，这是“为君之职分”。[②] 为君应以天下百姓为主，那么作臣子的也应服务于百姓。进而阐述了君臣关系，他反对“臣为君而设”的观点，强调，臣应“为天下，非为君也；为万民，非为一姓也”。又“天下之治乱，不在一姓之兴亡，而在万民之忧乐”。一个人不出仕则与君形同路人，如果出仕就不应为君“仆妾”，而应为君“师友”。他反对明代不设宰相，试图以宰相限制君权，把朝廷官员称为“分身之君”[③]。君臣之间应无不可逾越的界限，两者“名异而实同”[④]。

第二，在法治与人治的关系上，他提出“有治法而后有治人”的主张。他把中国历史上的法律分为两种，认为秦以前的法律不是“为一

---

① 黄宗羲：《明夷待访录》，《财计二》，《黄宗羲全集》第一册，第41页。

② 黄宗羲：《明夷待访录》，《原君》，《黄宗羲全集》第一册，第2—3页。

③ 黄宗羲：《明夷待访录》，《置相》，《黄宗羲全集》第一册，第8页。

④ 黄宗羲：《明夷待访录》，《原臣》，《黄宗羲全集》第一册，第5页。

己而立”的，因此是“天下之法”，即“无法之法”。秦以后的法律是为维护一家一姓私利的，因此是“一家之法”，即“非法之法”。正是由于秦以后的“一家之法”，使“天下之乱即生于法之中”。这实质上是说“三代以上有法，三代以下无法”。针对秦以后“有治人而后有治法”的人治思想，他力主“有治法而后有治人”[①]，强调实行法治，法治是治国的基本纲领。

第三，提出以学校来判明是非。他指出：“天子之所是未必是，天子之所非未必非，天子亦不敢自为是非，而公其是非于学校。”[②]这是对君权至上的否定，突出学校在判明是非中的作用，学校充当了仲裁机构的职能。

黄宗羲的民本思想以厚古薄今、不反对君主制度为前提，也就是说民众自己不能当家做主，而是要靠开明君主的恩惠和施与，这与建立在天赋人权基础上的近代意义民主是不同的，其时代的局限性是显而易见的。但不可否认的是，黄宗羲的观点对清末资产阶级改良与革命思潮产生重要影响。

综上所述，黄宗羲对心学的改造是以理气为出发点的。由气推出阴阳，并以此来分析宇宙的本体。阴阳又与道相联，由此引出道器、名实、形神等范畴，阐述自己的本体论与宇宙发生论。接着他又从“理气”一元出发，阐述其“心性论”。在肯定人的四个善端皆是气的流行而成、与生俱有、无须扩充的基础上，进一步论述“气质之善”的问题。他讲理气又讲性情，在批判程朱把性与情截然对立的基础上，提出性情不可二分的情理观。他对心性的探讨涉及公私等，肯定现实的人都具有“各得自私，各得自利”的自然权利。他虽讲心性，但反对空谈性命，主张独立思考，求真，并提出了求真的方法，即功夫。他尤重视学术与事功的关系，提出学术贵在适用的思想。事功、经世则是他倡导

---

① 黄宗羲：《明夷待访录》，《原臣》，《黄宗羲全集》第一册，第6—7页。

② 黄宗羲：《明夷待访录》，《学校》，《黄宗羲全集》第一册，第10页。

适用的展开，主要探讨了物质生活与礼仪、事功与仁义等问题，提出富民、民本等思想。可以说黄宗羲的思想逻辑由自然向人生、社会转进，由形而上之道逐渐落实到形而下之器，由学术走向政治，关心社会现实则是他思想的归宿。

黄宗羲的儒学在清代占有重要地位，章学诚说他"出蕺山刘氏之门，而开万氏弟兄经史之学，以至全氏祖望辈尚存其意"[①]。章学诚自己也受其影响。梁启超说他"有清代学者的精神，却不脱明代学者的面目"[②]。也就是说黄宗羲的思想是在批判改造明末心学基础上产生的，其中必然留有心学的痕迹，同时他究心于史籍，强调务实致用，这又具有清学的精神。可以说他沟通宋明浙东学术与清代浙东学术，是位承上启下的儒学大家。

五、《明儒学案》的编纂

作为王学的改造者，黄宗羲讲心学也讲史学，其史学重要的贡献就是儒学史的编纂，而《明儒学案》则是这方面的代表作。据黄宗羲自序所说，《明儒学案》"成于丙辰之后"，"丙辰"即康熙十五年(1676)，他在世时就有钞本流传，当时不少儒家为其作序及评论，可见此书的影响非同一斑。由于其书内容博大精深，在有限的文字中很难做详尽论述，这里只根据书前《发凡》并结合相关内容略陈其特色。

第一，一部理学史，尤其是心学史的力作。

关于此书的性质，黄宗羲认为属理学史的编纂，如说："尝谓有明文章事功，皆不及前代，独于理学，前代之所不及也。牛毛茧丝，无不辨晰，真能发先儒之所未发。程、朱之辟释氏，其说虽繁，总是只在迹上；其弥近理而乱真者，终是指他不出。明儒于毫厘之际，使无遁影。

① 章学诚：《文史通义·内篇二》，上海古籍出版社，1993年，第69页。

② 梁启超：《中国近三百年学术史》，东方出版社，1996年，第54页。

陶石亦曰:若以见解论,当代诸公,尽有高过者。与羲言有明而合。"①肯定明代儒学的发展是文章与事功不如前代,但唯独理学大盛,也就是说作为儒学的核心是理学,而且对理学的研究鞭辟入里,愈来愈精致、细腻,因此说"发先儒之所未发",如程朱与陆王之辨可谓登峰造极。

进一步而言,高扬心学是此书的特色之一,尤其重视王守仁之学脉。黄宗羲认为,有明学术,陈献章开其端,至王守仁而始大明。此书论述王守仁思想,十分推崇其"致良知"之教,"自姚江指点出良知","便人人有个作圣之路,故无姚江,则古来之学脉绝矣"。② 作为刘宗周的弟子,黄宗羲从学脉来讲无疑属于王学,推尊王守仁是理所应当的,他的《明儒学案》从某种意义上说是王学史或心学史。但这又并非是黄宗羲的主观之见,而是对明代儒学特色的客观反映。因为明代儒学确实以王守仁一脉为主,特别是中期以后王学大盛,王门后学在各地均有传播与流布,替代朱子学领袖坛坫。

第二,突出案主治学宗旨与不争门户相结合。

注重案主的治学宗旨,黄宗羲指出:"大凡学有宗旨,是其人之得力处,亦是学者之入门处。天下之义理无穷,苟非定以一二字,如何约之使其在我!故讲学而无宗旨,即有嘉言,是无头绪之乱丝也。学者而不能得其人之宗旨,即读其书,亦犹张骞初至大夏,不能得月氏要领也。是编分别宗旨,如灯取影。""宗旨亦若是而已矣。"③强调为学要有宗旨,以为这是儒者的得力与入门之处,没有宗旨则杂乱无章,成为无头脑的学问。基于此,立每一学案都揭示出案主的为学宗旨,以标出其特色,目的在于使不同案主之间的学术思想区别开来。

标出宗旨在着力突出不同案主之间的治学特色,而不是以此来争

---

① 黄宗羲:《明儒学案》卷首,《明儒学案发凡》,《黄宗羲全集》第七册,第5—6页。

② 黄宗羲:《明儒学案》卷十,《姚江学案序》,《黄宗羲全集》第七册,第197页。

③ 黄宗羲:《明儒学案》卷首,《明儒学案发凡》,《黄宗羲全集》第七册,第5页。

门户,因此,黄宗羲在资料上务求其全,旨在反映“其人一生之精神”,如所说:“每见抄先儒语录者,荟撮数条,不知去取之谓何?其人一生之精神未尝透露,如何见其学术!是编皆从全集纂要钩玄,未袭前人之旧本也。”[①]在选材上兼收并蓄,他又说:“学问之道,以各人自用得著者为真。凡倚门傍户,依样葫芦者,非流俗之士,则经生之业也。此编所列,有一偏之见,有相反之论,学者于其不同处,正宜着眼理会,所谓一本万殊也。以水济水,岂是学问?”[②]兼收并蓄,如“朱陆门人,各持师说,入主出奴,明儒沿袭”[③],异同错出,一概予以并录。又如“凡宗姚江者”,此书也使其“是非互见,得失两存”[④]。对朱陆后学的不同学说,以及王门后学的不同观点尽量收录,体现其宽容博大的胸襟。

本着这一编纂理念,黄宗羲的《明儒学案》卷首冠以《师说》,辑录刘宗周关于明代理学家的论述二十余则,以示本书立论所宗,以下,则“以有所授受者,分为各案;其特起者,后之学者不甚著者,总列诸儒之案”[⑤]。依次列为崇仁、白沙、河东、三原、姚江、浙中王门、江右王门、南中王门、楚中王门、北方王门、粤闽王门、止修、泰州、甘泉、诸儒、东林、蕺山等十七个学案。因此该书于各学案前,均有作者绪论一段,提纲挈领,介绍案主学术宗旨。之后为案主本传,记其一生学行。文集、语录等资料选辑,则自案主全集纂要钩玄,置于卷末。这样的编纂体例,结构严整,首尾一贯,充分贯彻了作者的编纂理念与精神。

第三,不仅阐释学术渊源流变,也作为参考书,给学者以深造自得。

黄宗羲说:“儒者之学,不同释氏之五宗,必要贯串到青原、南岳。夫子既焉不学,濂溪无待而兴,象山不闻所受。然其间程、朱之至何、王、金、许,数百年之后,犹用高曾之规矩,非如释氏之附会源流而已。

①②⑤ 黄宗羲:《明儒学案》卷首,《明儒学案凡例》,《黄宗羲全集》第七册,第 6 页。

③ 《明儒学案》,郑性《序》,第 1 页。

④ 莫晋《序》,《黄宗羲全集》第十二册,第 171—172 页。

故此编以有所授受者，分为各案；其特起者、后之学者、不甚著者，总列诸儒之案。”[①]儒学可从“有所授受”的传承中获得，也可以从个人的自得中获得，“特起者”尤其如此。既可以立有流派的学案，也可设立独立儒者的学案，重点在“规矩”而非“附会源流”。因此，可以说此学案不全是史，而有子书的特色。黄宗羲又说：“古人之于学问，其不轻受如此，盖欲其自得之也。即释氏亦最忌道破，人便作光景玩弄耳。此书未免风光狼藉，学者徒增见解，不作切实工夫，则羲反以此书得罪于天下后世矣。”[②]此书不仅在于知晓有明一代儒学的发展与变流，而且还在于在此基础上提供学者一个“前代之所不及”的明代理学读本，作为自修的工具。学者切不可以此书为终及目的，而是寻着它去阅读案主的原著，领会其真谛。这说明任何史书只是参考书，最好的学习方法是阅读原著而不是后人节选的资料。

第四，集理学史编纂之大成。

关于理学史的编纂，南宋朱熹所撰《伊洛渊源录》可谓其先河。明中叶以后有周汝登的《圣学宗传》，以及清初孙奇逢的《理学宗传》，黄宗羲对两书评道：“从来理学之书，前有周海门《圣学宗传》，近有孙钟元《理学宗传》，诸儒之说颇备。然陶石篑《与焦弱侯书云》：海门意谓身居山泽，见闻狭陋，尝愿博求文献，广所未备，非敢便称定本也。且各家自有宗旨，而海门主张禅学，扰金银铜铁为一器，是海门一人之宗，非各家之宗旨也。钟元杂收，不复甄别，其批注所及，未必得其要领，而其闻见亦犹之海门也。学者观羲是书，而后知两家之疏略。”[③]周汝登为学由于受禅学影响，试图以史昌学，为表彰自身学术主张而不惜强人就我，所著《圣学宗传》过于褊狭。而孙奇逢的《理学宗传》虽然兼收并蓄，在取材上较为完备，因缺乏宗旨而不得要领。此后，又有魏裔介的《圣学知统录》、汤斌的《洛学编》、魏一鳌的《北学编》、费密的

---

①② 黄宗羲：《明儒学案》卷首，《明儒学案凡例》，《黄宗羲全集》第七册，第6页。

③ 黄宗羲：《明儒学案》卷首，《明儒学案凡例》，《黄宗羲全集》第七册，第5页。

《中传正纪》、张夏的《洛闽渊源录》、熊赐履的《学统》、范镐鼎的《理学备考》等相继而起，儒学史的编纂成一时之风气。熊赐履《学统》的门户颇深，重蹈周汝登"以史昌学"旧辙，范镐鼎《理学备考》则摭拾他人著述，体例参差庞杂，未尽人意。只有黄宗羲的《明儒学案》体例严整，自成一家，是名副其实的"为学作史"。[①] 总之，《明儒学案》可谓集理学史编纂之大成，因此在儒学史编纂领域占有重要的历史地位。

第三节　李颙的体用之学

李颙（1627—1705 年），字中孚，号二曲，学者尊为二曲先生，陕西周至人。早年读冯从吾书，读后"恍然悟圣学渊源，乃一意究心经史，求其要领"[②]。就地域划分来讲李颙应属于关学，"关学初以马嗣煜嗣冯从吾，后李容（李颙——引者）出，奂彩及稢士诸人同师事容，有名于时"[③]。后又读程、朱、陆、王之书，服膺王学，就学术倾向而言李颙应属于心学。康熙十七年（1678），清廷举博学鸿儒科，礼部以"海内真儒"欲招揽，李颙以死相拒，不出。后又多次以病相推辞，耕读授徒终老。著作有《悔过自新说》、《四书反身录》、《盩厔答问》、《司牧宝鉴》、《匡时要物》等，后收入《二曲集》。李颙之学虽以陆王之学为宗，但与孙奇逢一样并不排斥程朱之学，强调为学贵在有悔，由悔过自新达于救世济时，所谓明体适用是其儒学的核心。

一、调停朱熹与王守仁

朱陆之争为理学一大公案，明儒以门户自限，使其争论尤为激烈。

---

① 梁启超：《中国近三百年学术史》，第 360 页。

② 王维戊：《关学续编本传》，《二曲集》附录二，中华书局，1996 年，第 615 页。

③ 《清史列传》卷六十六，《儒林上一·白奂彩》，第 5266 页。

入清以后出现了调和的趋向，李颙则是其代表之一。他虽为王学大师，但对朱熹与陆九渊及王守仁之学采取兼容的态度。

对于朱熹、陆九渊，李颙认为，陆子教人，“一洗支离锢蔽之陋，在儒中最为儆切，令人于言下爽畅醒豁，有以自得”。朱子教人，“循循有序，恪守洙泗家法，中正平实，极便初学”。既然朱陆两大贤人均大有功于世道人心，切不可以轻易加以褒贬。因此主张：“今且不必论异同于朱、陆，须先论异同于自己，试反己自勘，平日起心动念，及所言所行与所读书中之言同耶，异耶？同则便是学问路上人，尊朱抑陆亦可，取陆舍朱亦可；异则尊朱抑陆亦不是，取陆舍朱亦不是。只管自己，莫管别人。”[①]朱熹与陆九渊之学皆有功于世道人心，各有特色，不必硬要相同，这一点主张与孙奇逢一致。与其说论他们的异同，不如反省自身，以自己的言行与他们书中所言相印证，同则尊朱熹或陆九渊都可以，异即没有读懂他们，如何能谈论异同，其意在反对盲目的肯定与否定。

关于朱熹、王守仁各自的儒学特色，他说：“先觉倡道，皆随有补救，正如人之患病，受症不同，故投药亦异。孟氏而后，学术堕于训诂词章，故宋儒出而救之以主敬穷理；晦庵之后，又堕于支离葛藤，故阳明出而救之以致良知，令人当下有得。及其久也，易至于谈本体而略工夫，于是东林顾、高诸公，及关中冯少墟出而救之以敬修止善。”[②]朱熹和王守仁扭转风气在于矫枉过正，都是儒学发展之必需。肯定王守仁补朱熹之功，与此同时也肯定朱子后学如顾宪成、高攀龙等补王学之功。他们补偏救弊是在发展儒学，而并非相互排斥，因此反对把朱子后学与王门后学补充朱熹和王守仁看作是简单地向朱学王学的回归。

他又说：“姚江当学术支离蔽锢之余，倡致良知，直指人心一念独知之微，以为是王霸、义利、人鬼关也。当机睹体直下，令人洞悟本性，

---

① 李颙：《二曲集》卷四，《靖江语要》，第 36 页。

② 李颙：《二曲集》卷十，《南行述》，第 76 页。

简易痛快,大有功于世教。而末流多玩,实致者鲜。往往舍下学而希上达。其弊不失之空疏杜撰鲜实用,则失之恍惚虚寂杂于惮。”又:“必也,以致良知为本体,以主敬存理、存养省察为工夫。由一念之微致慎,从视听言动加修。庶内外兼尽,姚江、考亭之旨,不至偏废,下学上达,一以贯之矣。故学问两相资则两相成,两相辟则两相病。”[①]朱熹提出格物工夫,其后学发展到烦琐支离,不切实际,王守仁以致良知为本体救支离之弊,有功于世教人心,起了补偏救弊的作用。但其后学舍弃下学而空谈上达走向另一个极端,同样有害于学术。在他看来,本体与工夫缺一不可,朱熹和王守仁犹车的左右轮,不可缺少,兼取其长才能促进儒学的发展。

他还称赞王守仁的高足王艮,称他有关愚夫俗子不识一字之人,“皆知自性自灵,自完自足,不假闻见,不烦口耳,而二千年不传之消息,一朝复明”。他“不由语言文字,默契心宗,一洗俗学支离之陋,毅然以尧、舜、孔、孟以来道脉自任”。又“言言透髓,字字切实,吾人所当服膺也”。[②] 王艮主张用心体悟,而非简单地依靠感觉,一味地追求语言文字,这不是针对士大夫,而是针对所有百姓(他们大都没文化、不识字),因为他们都是人,在心性上与士大夫,乃至于圣贤无不同,关键在于心性努力,这进一步发展了王守仁的致良知学说。

李颙虽然调停朱、王,但相比较而言其思想更倾向于王守仁,这从他对理学的一些相互关联的范畴诠释可以看出。他论良知与主敬的关系时,认为良知之说敦大本,“夫然后主敬穷理,存养省察,方有着落,调理脉息,保养元气,其于治病于标者,自不可同日而语。否则,学无来历,主敬,是谁主敬?穷理,是谁穷理?存甚?养甚?省甚,察甚?”[③]在这里,良知属于本体,主敬穷理、存养省察属于工夫,工夫是体

① 李颙:《二曲集》卷十五,《富平答问》,第 129 页。
② 李颙:《二曲集》卷二十二,《观感录》,第 277—279 页。
③ 李颙:《二曲集》卷十五,《富平答问》,第 135 页。

认本体的手段,两者相比本体更为主要。下面讨论一下李颙的工夫与本体关系。

他论主敬中的敬,说:“学固不外乎敬,然敬乃学中之一事。谓由敬以复初则可,若直指之字为敬,则是效先觉之所为以复敬,非复初也。心也性也,其犹镜乎!镜本明而尘溷之,拂拭所以求明,非便以拂拭为明也。知此,则知敬矣。”[①]学离不开敬,敬是主体的一种状态,表征着心性本来的样式,心性本自明,无须刻意的擦拭,这就是敬。又论穷理中的理,他说:“理者,人心固有之天理,即愚夫愚妇一念之良也,圣之所以圣,贤之所以贤,亦不过率其与愚夫愚妇同然之良而已。此中庸平常之道也。乃世之究心理学者,多舍日用平常而穷玄极赜,索之无何有之乡”,此为“理学中之异端也。故学焉而与愚夫愚妇同者,是谓同德,与愚夫愚妇异者,是谓异端”。[②] 理即人心所固有的天理,天理内在于人心,也可以说天理即是良知,天理自在人心即是良知并通过日用平常所表现出来,离开人们的日用伦常来空谈天理或良知则是理学中的异端。

关于知止,他说:“心之为体,本虚本明,本定本静;祗缘不知所止,遂不能止其所止。随境转迁,意见横生,以致不虚不明,不安不静,未尝安其所安,是以不能虑所当虑。须是真参实悟,知其所止而止;止则情忘识泯,虚明不动,如镜中象,视听言动,浑是天机。”[③]不知止则为物所役,心为物累,失去心体之虚、明、定、静,最终丧失自我。知止则不随波逐流,不为外物所诱惑,心体还原其本来的状态,视听言动等感觉自然不妄。与止相关,他论及定说:“学问之要,全在定心;学问得力,全在心定。心一定,静而安,寂然不动,感而遂通,廓然大公,物来顺应,犹镜之照,不迎不随,此之谓能虑,此之谓得其所止。”[④] 定是学问

---

① 李颙:《二曲集》卷十一,《会语》,第 96 页。

② 李颙:《二曲集》卷三十一,《四书反身录·论语上》,第 436 页。

③④ 李颙:《二曲集》卷二十九,《四书反身录·大学》,第 403 页。

的要领和得力之处，心定则静，静而安，安则顺应听一自然，不为外物左右。止与定一样都是理学修养诸工夫，修此工夫在于达到本体。

他论动静说："问得力之要。曰：其静乎。曰：学须该动静；偏静，恐流于禅。曰学固该动静，而动则必本于静。动之无妄，由于静之能纯；静而不纯，安保动而不妄。昔罗盱江揭万物一体之旨，门人谓如此恐流于兼爱。罗曰：子恐乎，吾亦恐也。心尚残忍，恐无爱之可流。今吾辈思虑纷拿，亦恐无静之可流。新建论动静合一，此盖就已成言。方学之始，便欲动静合一，犹未驯之鹰，辄欲其去来如意，鲜不飏矣。即新建之盛德大业，亦得力于龙场之三载静坐，静何可忽也。""故必以静坐位基，三炷为程，斋戒为功夫，虚明寂定为本面。"[①]在动静关系上，主张两者不可偏废，动静合一，但有主次之分，其中应以静为主，动易生妄，静则纯真，静坐则能去除杂念，循此而往，时时返观，时时体验。一时如此，便是一时的圣人；一日如此，便是一日的圣人；一月如此，便是一月的圣人；终其身常常如此，缉熙不断，则全是圣人，与天为一。这里发挥王守仁动静合一论，以为王氏此论非空洞悟出，而得力于龙场驿的实践。

有人问他《中庸》以慎独为要，请明示慎的迫切。他回答认为，不要求知慎，而要先知独。独明了而后慎可得而言。又问，人们把独解释为人所不知而己独知。他回答说："不要引训诂，须反己实实体认。凡有对，便非独，独则无对，即各人一念之灵明是也。天之所以与我者，与之以此也。此为仁义之根，万善之源，彻始彻终，彻内彻外，更无他作主，惟此作主。慎之云者，朝乾夕惕，时时畏敬，不使一毫牵于情感，滞于名义，以至人事之得失，境愚之顺逆，造次颠沛，生死患难，咸湛湛澄澄，内外罔间，而不为所转。夫是之为慎！"[②]对慎独的理解反对搬弄文字、训诂考据，主张用心体会，所谓独是无对，从自我中寻找，主

---

① 李颙：《二曲集》卷二，《学髓》，第 19—20 页。

② 李颙：《二曲集》卷三十，《四书反身录·中庸》，第 415—416 页。

张当身体悟,尤其要先领会独,体认其“一念之灵明”,这似类于一种直觉,而且是天所赋予的,慎则是把持独的一种心理状态,有了慎便有独。

在心性修养问题上,朱熹偏向于工夫,陆九渊偏向于本体,李颙虽然强调外在的工夫重要,反对空谈心性,但仍重视本体,重心偏向于此,无愧为清初王学重镇。

二、悔过自新说

李颙作为王学大师,自然发挥王守仁的良知之教,但他不局限于此,而是折衷程朱理学提出了独到的“悔过自新”说,进一步发展了心学。

他以日月比喻良知,认为天如果没有了日月,那么遍地都是昏暗的,人如何能出做入息。同理,“人若无良知,则满身成僵尸,安能视听言动。自己一生大主宰,抵死不认,支离缠绕,模拟仿效于外,所谓道在迩而求诸远,骑驴觅驴,可哀也已!”[①]把良知看作是人之所以成为人的重要依据,良知可谓人的灵魂,有了它人才有了主宰,但它并不远人,就在人心中,只是有些人体悟不到罢了。

良知自在人心,对于人来说,不因圣人有所增,也不因凡人有所减,更不因人的种类不同而有所差异,无论是圣人凡人、贵贱都是一样的,只不过立志与不立志使之相互差异,由此他说:“立则不昧本良,顺而致之,便是天则,火然泉达,凡即为圣;否则,乍起乍灭,情移境夺,反覆牿亡,圣即为凡。”以前人“有迹本鄙卑贱,而能自奋自立,超然于高明广大之域,上之为圣为贤,次亦获称善士。如心斋先生,本一盐丁也,贩盐山东,登孔庙而毅然思齐,绍前启后,师范百世;小泉先生,本一戍卒也,守墩兰州,闻论学而慷慨笃信,任道担当,风韵四讫。他若朱光信以樵竖而证性命,韩乐吾以陶工而觉斯人,农夫夏云峰之表正

① 李颙:《二曲集》卷三,《常州府武进县两庠汇语》,第28—29页。

乡闾，网匠朱子节之介洁不苟。子数子者，初曷尝以类自拘哉！彼其时身都卿相，势位赫烜而先无所闻，死无可述者，以视数子，其贵贱为何如耶？”[①]人都有良知，在这一点上人与人之间无所谓贵贱而是相互平等，人后来有所区别关键在于立志与不立志，他所举以上诸人皆能立志，环境虽处恶劣，但能胸怀远大志向，学做圣贤，这便是由凡人进入圣贤之列，这是鼓励人后天的努力至关重要，切不可自持而无所作为。

保持良知要知耻，他反对士大夫专务于穷深极微，高谈性命，认为其心要知羞恶、羞耻，“不失此耻心，斯心为真心，人为真人，学为真学。道德、经济咸本于心，一真自无不真，犹水有源，木有根；耻心若失，则心非真心，心一不真，则人为假人，学为假学，道德、经济不本于心，一假自无所不假！”[②]与顾炎武一样强调要知耻，知耻心，保存此心勿失，此心才是真心，此人才是真人，此学才是真学，这是把有耻心提高到做人为学的高度，而道德修养与经世济民皆由此开出。他论礼义廉耻，说：“若夫今日吾人通病，在于昧义命，鲜羞恶，而礼义廉耻之大闲，多荡而不可问。苟有真正大君子深心世道，志切拯救者，所宜力扶义命，力振廉耻，使义命明而廉耻兴，则大闲籍以不逾，纲常赖以不毁，乃所以救世而济时也。当务之急，莫切于此。”[③]“昧义命，鲜羞恶”为时人通病，因此必须要讲“礼义廉耻”，“扶义命，振廉耻”是建立必要的道德纲常，以此约束人心，正心术必然有益于世道人心，此为救世之良药。

与良知相关，他提出灵原这一概念，认为贯通天地万物、上下古今，皆为灵原的实际。没有灵原，便无以见天地万物、上下古今，反之，无天地万物、上下古今，亦无以见灵原，灵原与自然界相伴而存在，而且似乎比自然界更为根本，因为自然界是灵原的实际。以此论人，他

---

① 李颙：《二曲集》卷二十二，《观感录》，第19—20页。

② 李颙：《二曲集》卷三十八，《四书反身录·论语下》，第491页。

③ 李颙：《二曲集》卷十，《南行述》，第76页。

指出:“人人具有此灵原,良知良能,随感而应。日用不知,遂失其正,骑驴觅驴,是以谓之百姓。学之如何?亦唯求日用之所不知者而知之耳。曰:知后如何?曰:知后则返于无知未达。曰不识不知,顺帝之则。”“一内外,融微显。已应非后,未应非先。活泼泼地,本自周圆。有所起伏,自窒大全。”“无念之念,乃为正念,至一无二,不与物对。此之谓止,此之谓至善。念起,而后有理欲之分,善与恶对,是与非对,正与邪对,人禽之关,于是乎判。”“所贵乎学者,在慎几微之发,严理欲之辨。存理克欲,克而又克,以至于无欲之可克;存而又存,以至于无理之可存。欲理两忘,纤念不起,犹镜之照,不迎不随。夫是之谓绝学,夫是之谓大德敦化。”①灵为通灵,原即本原,以圆圈图来表示“灵原”,灵原不属于意念,而是天赋予人的一种直觉。灵原与良知的关系是,它们虽然都根植于人心,但灵原比良知还要根本,似乎是良知的本体和始基。灵源之际无任何意念,纯属本然,从灵原入手,良知良能自然而生,人并不知觉,但寻此而有所作为,必然止于至善。人如果有意念便容易产生私心,理欲、善恶、是非纷至沓来,此时应有所修为,通过慎、严、克、存等修养工夫,恢复无念,回归良知直至灵源的状态。

李颙在批判改造理学道德修持主张的基础上提出“悔过自新”说。他认为,古今名儒倡道救世的宗旨不尽相同,有的以主敬穷理为宗,有的以先立乎大为宗,有的以心之精神为宗,有的以自然为宗,有的以复性为宗,有的以致良知为宗,有的以随处体认为宗,有的以正修为宗,有的以知止宗,有的以明德为宗,真是莫衷一是。但“要之总不出悔过自新四字,总是开人以悔过自新的门路,但不曾揭出此四字,所以当时讲学,费许多辞说。愚谓不若直提悔过自新四字为说,庶当下便有依据。”②以“悔过自新”标明自己儒学的宗旨,这是李颙心学的一大特色,且专作《悔过自新说》来阐释自己的这一主张。他强调,古今儒家“倡

① 李颙:《二曲集》卷二,《学髓》,第18—19页。

② 李颙:《二曲集》卷一,《悔过自新说》,第3页。

道救世”，虽各家宗旨不同，大体不出“悔过自新”四字，总是以悔过自新来开启众人为学的门路。“悔过自新”不是狭隘的个人修持道德论，而是立足于现实的“倡道救世”学说。

他还分析了悔过自新的内涵，对于悔过，指出：“同志者苟留心此学，必须于起心动念处潜体密验。苟有一念未纯于理，即是过，即当悔而去之；苟有一息稍涉于懈，即非新，即当振而起之。若在未尝学问之人，亦必且先检身过，次检心过，悔其前非，断其后续，亦期至于无一念之不纯，无一息之稍懈而后已。”[①]悔过即是检讨自身，重要在于从细微处入手，其中不缺直觉体悟，稍有一丝杂念当即刻悔之。悔过又非一劳永逸，而是时时刻刻都在进行。在他看来，做到了悔过自新，天子则建皇极而天下以此平，诸侯能贞侯度而国以此治，大夫能立臣道而家以此齐，士及庶人能日隆德业而身以此修，最终达到修齐治平。

他认为，自新是自我常新，“性，吾自性也；吾自德也。我固有之也。曷言乎新？新者，复其故之谓也”。如太阳本身发光不因日出日落而有所损益，但又日复一日更新，因此能常新。如果“于本体之外，欲有所增加以为新，是喜新好异者之为，而非圣人之所谓新矣”。[②]性与德皆为我本有而非外铄，悔过自新之新不过是复归于固有，也就是说把内在的本心本性彰显出来而非外求。他又说：“天之所以与我，而我得之为一身之主者”，这便是人的本性。此性“本广大精微、高明中庸而有德，故谓之德性。只因主不做主，不能钤束所属，以致随其所好，反以役主”。因此复性，“须一扫支离蔽锢之习，逐日逐时、逐念逐事在德性上参究体验，克去有我之私，而析义于毫芒，以复其广大精微，愈精微，愈广大”。“德性本吾故物，一意涵养德性而浚其灵源，悟门既辟，见地自新。”[③]天赋人性其特点是“广大精微”、“高明中庸”，关键在于自我把握，如果自我做不了主，放心外逐，便是失去本心，当务

①② 李颙：《二曲集》卷一，《悔过自新说》，第 5 页。

③ 李颙：《二曲集》卷三十，《四书反身录·中庸》，第 423 页。

之急是克服其私,以显其“广大精微”、“高明中庸”,这一过程也就是自新。“浚”即疏通,涵养德性、疏通灵源,也是自新,灵源与悔过自新相通。

他把悔过自新与渐悟、顿悟相联,进一步探讨了其内涵,说:“悔过自新,此为中材之言也,而即为上根言之也。上根之人,悟一切诸过皆起于一心直下,便划却根源,故其为力也易;中材之人,用功积久,静极明生,亦成了手,但其为力也难。盖上根之人,顿悟顿修,名为解悟;中材之人,渐修渐悟,名为证悟。吾人但期于悟,无期于顿可矣。”[①]悔过自新适应于才智一般的人,也适应于才智出类拔萃的人。因为悔过有二种,一种是“渐修渐悟”,另一种是“顿悟顿修”,前者属于才智一般的人,后者属于出类拔萃的人。他更重视渐修渐悟,甘做一般的人。

李颙不仅从理论上阐释悔过自新之义,而且还举例加以说明。他认为,尧、舜、周公、孔子、二程、张载、朱熹、王守仁等之所以成为圣贤在于他们能悔过自新。卑贱之人悔过自新也可成名士显人。如“子张,鲁之鄙家也,颜浊聚,梁父之大盗也,学于孔子;段干木,晋国之大驵也,学于子夏;高何、县子石,齐国之暴者也,指于乡曲,学于子墨子;索卢参,东方之巨狡也,学于禽滑黎。”[②]这六人应是刑戮死辱之人,他们不仅免于刑戮死辱,反而成为天下名士显人,得益于师从圣贤而悔过自新。天赋予人本性就这一点来说,凡人皆有之,因此人是平等的,后来犯了错误,通过悔过自新重新做人,这对每个人都如此,人性非固定不变,都有成圣成贤的机会,就这一点来说人也是平等的。这里有一个潜台词,那就是要靠人后天的努力,即所谓的悔过自新,就是后天的一种努力。

---

① 李颙:《二曲集》卷一,《悔过自新说》,第 6 页。

② 李颙:《二曲集》卷一,《悔过自新说》,第 12 页。

三、明体适用说

李颙意识到儒学关系国计民生，因此必须重视对儒学的阐扬，他说："儒学明晦，不止系士风盛衰，实关系生民休戚、世运否泰。儒学明，则士之所习者，明体适用之正业，处也有守，出也有为，生民蒙其利济，而世运宁有不泰？儒学晦，则士之所攻者，辞章记诵之末技，处也无守，出也无为，生民毫无所赖，而世运宁有不否？"①儒学在先秦不占统治地位，它只是诸子之一，到了汉代就有所不同，儒学被统治者赋予了正统地位，转变为统治阶层的指导思想，作为政治的附庸，儒学从此担负起安邦治国的重任，儒学的兴衰往往直接影响到世运的泰否。既然如此，他深挖儒学真谛，总结历史经验，提出"明体适用"的独特儒学观。

什么是"明体适用"，他有如下回答，说："穷理致知，反之于内，则识心悟性，实修实证；达之于外，则开物成务，康济群生。夫是之谓明体适用。"②如果把悔过自新看成做人为学，那么明体适用则把做人为学和经世结合起来，这是对悔过自新说的发展，使其落到实处。

他认为，体用虽然为学者们津津所乐道，但未识其渊源，在与顾炎武通信中讨论了"体用"一词的源流，以及儒家与佛家在这一问题上的区别，他说："《系辞》暨《礼记》'礼者，体也'等语，言体言用者固多，然皆就事言事，拈体或不及用，语用则遗夫体，初夫尝兼举并称。如内外、本末、形影之不相离，有之实自佛书始。"但"西来佛书，虽无此二字，而中国佛书，卢惠能实始标此二字。惠能，禅林之所谓六祖也，其解《金刚经》，以为金者，性之体；刚者，性之用"。惠能以后，"临济、曹洞、法眼、云门、沩仰诸宗，咸祖其说；流播既广，士君子亦往往引作谈柄。久之，遂成定本"。应注意到"天地间道理，有前圣之所未言，而后贤始言之者；吾儒之所未言，而异学偶言之者。但取其益身心、便修证

①② 李颙：《二曲集》卷十四，《周至答问》，第 120 页。

斯已耳。”[1]体用二字虽出于儒家经典，但并没有联起来并称运用，真正使用这一词的是中国佛教中的禅宗，由惠能导其先，其后诸流派加以播扬，理学也广泛使用，最后作为特定的概念为学界所接受。其实还有一些来源于异域的文化，后来都被中国人接受，依他来看，外来的文化加以改造并为我适用是合乎情理的。

通过这段历史考察之后，他得出以下结论，说：“今无论出于佛书、儒书，但论其何体何用。如明道存心以为体，经世宰物以为用，则体为真体，用为实用。此二字出于儒书固可，即出于佛书亦无不可。苟内不足以明道存心，外不足以经世宰物，则体为虚体，用为无用。此二字出于佛书固不可，出于儒书亦岂可乎？”[2]退一步说体用出于佛书或者儒书都不重要，重要的是对体用的正确理解，“明道存心以为体，经世宰物以为用”就是真正的体用。在这里，并不以借鉴体用的概念来发空论，这样的体用是虚体无用，而是以求真务实的态度解释体用。

他把明体适用之学当成儒学的根本，说：“儒者之学，明体适用之学也。秦、汉以来，此学不明，醇厚者梏于章句，俊爽者流于浮词，独洛、闽诸大老，始慨然以明体适用为倡，于是遂有道学、俗学之别。”“明体而不适于用，便是腐儒；适用而不本明体，便是霸儒；既不明体，又不适用，徒灭裂于口耳伎俩之末，便是异端。”“吾儒之教，原以经世为宗。自宗传晦而邪说横，于是一变而为功利之习，再变而为训诂之习。浸假至今，则又以善笔札、工讲诵为儒教当然，愈趋愈下，而儒之所以为儒，名存而实亡矣。”[3]明体是明其本体，以上所论悔过自新便是明体，而学以致用就是适用，这是李颙所理解的儒学，即由内圣开出外王来。明体与适用密不可分，离开明体便是霸儒，离开适用便是腐儒，“明体而不适用，失之腐；适用而不明体，失之霸。腐与霸，非所以言学也”[4]。

---

① 李颙：《二曲集》卷十六，《答顾宁人先生》，第 149 页。

② 李颙：《二曲集》卷十六，《答顾宁人先生》，第 149—150 页。

③ 李颙：《二曲集》卷十四，《盩厔答问》，第 121—122 页。

④ 李颙：《二曲集》卷七，《体用全学识言》，第 48 页。

既不明体又不适用则为异端，凡此皆非儒学正宗。在这里，他既反对片面的追求功利，也反对单纯的训诂考据，进而批评俗学，所谓俗学就是穷理不居敬，闻见虽多而不修身养性，“圣贤立言觉世之苦心，支离于繁说，埋没于训诂，其来非一日矣。是六经、四书不厄于嬴秦之烈火，实厄于俗学之口耳！”[①]对于儒学来说俗学的危害性更大，因为它们打着儒学的幌子，不是繁荣而是糟蹋儒学，使其变成无用之学。

他倡导体用之学，因此反对体用相脱节的词章之学和利禄之学，写道：“自教化陵夷，父兄之所督，师友之所导，当事之所鼓舞，子弟之所习尚，举不越乎词章名利，此外茫不知学校为何设，读书为何事。呜呼！学术之晦，至是而极矣；人心陷溺之深，至今日而不忍言矣。”以前墨氏之学志在于仁，视天下为一家万物为一体，慈悯利济，唯恐一夫失其所，杨氏之学志在于义，一介不取一介不与。如此杨墨还受到孟子的严厉批评，而后世词章名利之习还远不如他们，“夫以履仁蹈义为事，其源少偏，犹不能无弊。矧所习惟在于词章，所志惟在于名利，其源已非，流弊又何所底止。此其以学术杀天下后世尤酷，比之洪水猛兽，尤为何如也？”[②]把后儒的词章与名利之学比做洪水猛兽，连杨、墨之学都不如。进而言之，洪水猛兽为害止于其身而已，而“学术不明，其为害也，根于其心”，心受其害，则“醉生梦死，不自知觉，发政害事，为患无穷”。又“夫天下之大根本，莫过于人心；天下之大肯綮，莫过于提醒天下之人心。然欲醒人心，惟在明学术，此在今日为匡时第一要务。”[③]强调治国安邦离不开学术，学术在明人心。他认为孔子、颜子、子思、孟子，以及宋代的周敦颐、二程、张载、朱熹，明代的王守仁等皆为治病的名医，而五经、四书及诸儒语录皆为治病的良方。他极力反对重名利的利禄之学和华而不实的词章之学，倡导一种淡薄名利、求

① 李颙：《二曲集》卷十五，《富平问答》，第 125 页。
② 李颙：《二曲集》卷十二，《匡时要务》，第 104—105 页。
③ 李颙：《二曲集》卷十二，《匡时要务》，第 105、104 页。

真务实的经世儒学。

他的明体适用之学也表现在对格物的理解，认为格物为圣学入门第一义，“入门一差，则无所不差，毫厘千里，不可以不慎。物即身、心、意、知、家、国、天下之物；格者，格其诚、证、修、齐、治、平之则。《大学》本文分明说物有本末，事有终始，其用功先后之序，层次原自井然。”后儒不理解格物真意，“遂昧却物有本末之物，将格物物字另认另解，纷若射覆，争若聚讼，竟成古今未了公案”。大人之学，“原在止至善，故先格物以明善。善非他，乃天之所以与我者，即身、心、意、知之则，而家、国、天下之所以待理者也。本纯粹中正，本广大高明。涵而为四德，发而为四端，达而为五常。见之于日用，则忠信笃敬”。如果“舍却至善之善不格，身、心、意、知、家、国、天下之理不穷，而冒昧从事，欲物物而究之，入门之初，纷纭轇轕，堕于支离。此是博物，非是格物。”[①]反对把格物泛化，尤其指为天地万物之物。而强调格物之物为《大学》所说的身、心、意、知、家、国、天下之物，换言之，此物乃是人们的心身、人伦、社会之物。其中身心意知为体，家国天下为用，格物由体及用，由里及外，由内圣到外王，心性为起始，非外在于我而内钳于我心中，格就是反身内格，发挥扩充其天赋予人的诸善端，达为人伦开出治平。达到治国平天下也就是至善的境界，在这里体用统一。

他又说：“即以身、心、意、知、家、国、天下言之，亦自有序，不能究其身、心、意、知，而骤及于家、国、天下之理，犹是缓本急末，昧其先后，尚不能近道，况外此乎？今须反其所习，舍去旧见”，“方悟天之所以与我者，止此一知。知之所以为则者，止此至善。虚灵不昧，日用云为之际，逐事精察，研是非之几，析义利之介，在在处处，体认天理，则诚正之本立矣。夫然后由内而外，递及于修齐之法、治平之略。”“庶有体有用、天德王道一以贯之矣，夫是之谓大学，夫是之谓格物。否则，误博物为格博，纵博尽羲皇以来所有之书，格尽宇宙以内所有之物，总是骛

① 李颙：《二曲集》卷二十九，《四书反身录·大学》，第404—405页。

外逐末!”[①]格物非博格天下之物,这是舍己逐物,以物累心,徒劳无益,而应反身内求,从自身做起。其顺序是先究心于正心、诚意、知止、修身以立其本,然后才是齐家、治国、平天下以明其用。其中有体有用,“身心意知”是体,“家国天下”是用,凡体及用,体为根本,用是体之用,总之体用统一。他对格物的理解突出反映了心学的特点。

李颙不仅提出明体适用的观点,而且还以实际行动实践自己的主张,他把讲学看的尤为重要,认为立人达人,移风易俗,拨乱反正,旋转乾坤,皆在讲学,此乃“生人之命脉,宇宙之元气,不可一日息焉者也”[②]。“最上道理,只在最下修能,不必骛高远。说精微,谈道学,论性命,但就日用常行,纲常伦理,极浅极近处做起。”[③]反对空谈道学性命,力主不离日用,下学而上达。他也办学兴校,倡导读“明体适用”之书,说:“故体,非书无以明;用,非书无以适。欲为明体适用之学,须读明体适用之书,否则纵诚笃虚明,终不济事。”[④]由此开列明体类书目二十四部,其中阐述“明体中的功夫”十五部,为学者规定必修书籍。如《象山集》、《阳明集》、《龙溪集》、《近溪集》、《慈湖集》、《白沙集》、《二程全集》、《朱子语类大全》、《朱子文集大全》、《吴康斋集》、薛敬轩《读书录》、《胡敬斋集》、罗整庵《困学记》、《吕泾野语录》、《冯友墟集》等。适用类十七种,有《大学衍义》、《衍义补》、《文献通考》、《吕氏实政录》、《衡门芹》、《经世石画》、《经世挈要》、《武备志》、《经世八编》、《资治通鉴纲目大全》、《大明会典》、《历代名臣奏议》、《律令》、《农政全书》、《水利全书》、《泰西水法》、《地理险要》等。

他也意识到光靠办学兴校是不够的,还必须重视物质资料的生产,说:“民有恒产,然后可望其有恒心。故明君将欲兴学校以教民,必先有以制民之产;所以然者,衣食足然后可望其知礼义也。后世言治

---

① 李颙:《二曲集》卷二十九,《四书反身录·大学》,第405页。

② 李颙:《二曲集》卷十二,《匡时要务》,第105页。

③ 李颙:《二曲集》卷六,《传心录》,第45—46页。

④ 李颙:《二曲集》卷十六,《书一·答王天如》,第163页。

者，动曰兴学校，却全不讲为民制恒产，不知恒产不制，而责民以恒心，是犹役馁夫负重，驱羸马致远，纵勉强一时，究之半途而废耳。”[①]发挥孟子有关民无恒产便无恒心、管子衣食足则知礼节等思想，以为办书院、兴学校必须要有物质基础，把学校的建设与发展经济联系起来。

李颙的明体适用之学得到当时学者的好评。范鄗鼎说："窃窥先生(指李颙)之学，全在躬行；其躬行之实，在安贫改过。”“予谓先生之安贫改过，盖非托之空言，实有见诸行事之深切著明者。”“知先生之躬行，而后读先生之诸书，庶可以得先生之万一也乎！”[②]倪雍梧概括李颙思想说："学以明体而适用也，学苟不适乎用，则空谈性命，卒无补于国计民生，天下后世亦安赖有若人哉。然体之不立，而轻言用，不流于庞杂，即入于偏颇，纵才克肆，应一时而其究也不能无弊。惟体用相为表里，故明德即所以新民，中和自征诸位育。”[③]全祖望在论李颙的历史地位时指出："当是时，北方则孙先生夏峰，南方则黄先生梨洲，西方则先生(指李颙——引者)，时论以为三大儒。”[④]李颙为清初关学代表，他接绪明儒冯从吾，企图重振关学，就学术性质而言，他以心学为宗，但不忘兼采程朱，所创“悔过自新”、“明体适用”等思想已非关学、心学所限，因此在清初儒学中占有重要的历史地位。

第四节　李绂对心学的总结

李绂(1673—1750)，字巨来，号穆堂，江西临川(今抚州)人。少时颇具天赋，有神童之目。康熙四十七年(1708)乡试中举，翌年成进士，

---

① 李颙：《二曲集》卷四十三，《反身续录》，第 539 页。

② 范鄗鼎：《二曲集序》，《二曲集》附录四，第 710—711 页。

③ 倪雍梧：《司牧宝鉴序》，《二曲集》卷二十八，第 367 页。

④ 全祖望：《鲒埼亭集》卷十二，《二曲先生窆石文》，《全祖望集汇校集注》上册，第 237 页。

为翰林院编修。康熙末官侍讲学士、内阁学士、兵部侍郎、广西巡抚等职。雍正三年(1725)任直隶总督时,因参劾雍正宠臣河南巡抚田文镜而遭革职。乾隆初重新被起用,历任户部侍郎、八旗志书馆副总裁、兵部侍郎、三礼馆副总裁、光禄寺卿等。他为官“爱才如命,以识一贤拔一士为生平大欲之所存”①。乾隆七年(1742)致仕。

李绂著有《穆堂初稿》、《穆堂别稿》、《陆子学谱》、《朱子晚年全论》、《阳明学录》、《春秋一是》等。全祖望称他是个全才,“尽得江西诸先生之裘冶,学术则文达、文安,经术则盱江,博物则道原、原父,好贤下士则兖公,文章高处逼南丰,下亦不失为道园,而尧舜君民之志不下荆公,刚肠劲气大类杨文节,所谓大而非夸者,吾言是也”②。文达、文安即陆九龄、陆九渊,盱江指李觏,道原、原父是刘恕、刘敞,兖公指欧阳修,南丰为曾巩,道园为元代文学家虞集,荆公为王安石,杨文节为杨诚斋,凡此皆江西文化名人。这里仅探讨一下他的心学。

一、《朱子晚年全论》

关于朱陆异同之论,始于明代。赵汸《对江右六君子策》称“朱子《答项平父书》,有去短集长之言,岂鹅湖之论至是而有合耶?使其合并于晚岁,则其微言精义必有契焉,而子静则既往矣”,始倡“朱陆早异晚同”之说。其后程篁墩因著《道一偏》分朱陆异同为三节,开始如同冰炭相反,中间则疑信参半,最终如辅车相倚,“朱陆早异晚同”之说由此而成。王守仁又著《朱子晚年定论》,专取朱子议论与象山相合之语,与《道一编》相互唱和。后陈建著《学蔀通辨》,反对“朱陆早异晚同”之说,指出:“朱陆早同晚异之实,二家谱集具载甚明”,以上诸说“皆颠倒岁月以弥缝陆学,而不顾矫诬朱子,诳误后学之深。故今前编

---

①　袁枚:《小仓山房续文集》卷二十七,《内阁学士原任直隶总督临川李公传》,《袁枚全集》第二册,江苏古籍出版社,1993年,第464页。

②　全祖望:《鲒埼亭集》卷十七,《阁学临川李公神道碑铭》,《全祖望集汇校集注》上册,第319页。

编年以辩,而二家早晚之实,近世颠倒之弊,举昭然矣”。自谓“究心十年著成此辩,垂十万言,其大要明正学不使为惮学之所乱,学朱子不使为后人之所诬,撤丰蔀不使涂后人之耳目而已”[①]。站在朱熹立场对陆王后学进行攻击。

入清以后,孙承泽撰成《考正朱子晚年定论》进一步肯定朱熹晚年并未归于象山之学。李绂针对孙的观点提出自己的看法,认为孙氏“盖从朱读陆子、阳明子之书,亦未尝细读朱子之书,徒欲钞窃世俗唾余以附于讲学者也。所载朱子之语,止取其诋陆子之言,其论学之合于陆子者,则概不之及。其所辨年岁亦不甚确,如鹅湖之会,谓各赋一诗见志,是全未见陆子语录者也”[②]。指责孙承泽所著没有认真系统地阅读过朱熹和陆九渊的著作,不过是只言片语、断章取义,甚至还把朱陆交往及相关的年岁时间弄错,怎能令人信服。

他说:“尝谓讲学之人,宗程朱者,立意摘陆王之疵;宗陆王者,立意摘程朱之疵。如此皆是动气否？末学无知,敢求教正。讲学而立意摘人之疵,其意已不善,不得为讲学者矣。虽然,此当为宗朱子者言之,不必为宗陆王者言之也。群讲学者于此求其摘朱子之疵者,千不得一也;求其不摘陆王之疵者,亦千不得一也。盖世止有摘陆王之疵者,未闻有摘朱子之疵者;非陆王之多疵而朱子独无疵也,势也。”[③]朱陆后学相互指责,其共同的特点是囿于门户,未读朱陆之书而已有先入之见,因此立意摘其不当之处。这并不是从客观实际出发,而是凭一己主观之见,其学术怎能不出现偏差。“势”指清初由于朱子学逐渐代替陆王之学而居正统地位,这种态势使当时对陆王之学的批判似乎成为一犬吠影、百犬吠声的局面。

---

① 陈建:《学蔀通辨·提纲》,《续修四库全书》第 939 册,第 625—626 页。

② 李绂:《穆堂初稿》卷四十五,《书孙承泽考正朱子晚年定论后》,《续修四库全书》第 1422 册,第 105 页。

③ 李绂:《穆堂初稿》卷四十三,《答雷庶常阅传习录问目》,《续修四库全书》第 1422 册,第 82 页。

接着他又说:“自有明以朱注取士,应科举者共守一家之言,为富贵利达之资。《大全》、《讲章》而外,束书不观,道听途说成为风俗。《大学》改本,虽弃孔子以从朱子而不遑恤,孰敢为陆王而议朱子哉?吴文正公生平信奉朱子,晚始略举尊德性、道问学为调停之说。其言本出朱子,而论者已哗然攻之矣。南宋至今六百余年,止有一阳明先生追寻《古本大学》,而攻之者至今未已。其实,《古本大学》孔氏遗书,非阳明之有心立异也。阳明谓:有心求异即属不是,吾说与晦庵时有不同者,为入门下手处,有毫厘千里之分,不得不辨。然吾之心与晦庵之心未尝异也。若其余文义解得明当处,如何动得一字。此条现载《传习录》中,阳明且如是,况宗阳明者乎。若程篁墩《道一编》,止言朱陆晚同;席文襄《鸣冤录》,止辨陆学非禅,并未尝摘朱子之疵。惟一无所知如陈建、吕留良辈,妄附朱子,著为谬书,诋陆王,至不可堪忍。凡宗陆王者从无如此语言文字,然则孰为动气亦不辨而自明矣。至于程朱之称,亦当分别,就伊川言称程朱可也,就明道当称程陆。陆子之言与明道若合符节,无丝毫之异。朱子与明道则相背而驰,明道谓:存久自明,何待穷索。又曰不可将穷理作知之事。而朱子立教,则首曰穷理以至其知。大端如此,小者益无论矣。《二程遗书》与朱陆《全集》具在,请细覆之。”①这里进一步分析了朱子学占据统治地位的原因,主要是从元明以来朱注四书为科举考试之范本,士子无不奉为圭臬,陆子之学只在民间流传。明代虽然有王守仁出力倡陆子之学,但对朱子也不敢有微词,而是小心翼翼地尽量调和二者,其中所有的援朱入陆之嫌,也招致了来自朱子后学的批评。在李绂看来,程朱并提应有所辨,这里讲的程应指小程即程颐,而非指大程即程颢,陆九渊继承程颢重心体认之学,而不是朱熹所谓的穷理致知所推崇的程颐。总之,李绂主张应全面系统地阅读二程、朱熹、陆九渊,乃至王守仁的著作,不应

① 李绂:《穆堂初稿》卷四十三,《答雷庶常阅传习录问目》,《续修四库全书》第1422册,第82—83页。

有先入之见，以只言片语定乾坤。

有鉴于此，李绂作《朱子晚年全论》详细全面地探讨了朱陆异同问题。他所用的方法是详细阅读《朱子大全集》，凡是朱子晚年论学之书，有年有月证据确凿的共三百五十七条，共为一编。其时事出处，讲解经义与牵率应酬之作，概不采入，而论学之书则片纸不遗，因此称《朱子晚年全论》。其中所谓“晚”，指“论之定可知”，“全”指“无所取舍以迁就他人”之意，试图从有时间依据的朱熹晚年全面论学之语来解决朱陆异同问题。

最后他得出以下结论：“朱子与陆子之学，早年异同参半，中年异者少同者多，至晚年则符节之相合也。朱子论陆子之学，陆子论朱子之学，早年疑信参半，中年疑者少信者多，至晚年则冰炭之不相入也。陆子之学，自始至终确守孔子义利之辨与孟子求放心之旨；而朱子早徘徊于佛、老，中钻研于章句，晚始求之一心。故早年、中年犹有异同，而晚乃符节相合。夫早年、中年所学有异同，因而所论者有疑信，宜矣。至于晚年，所学者符节相合，而所论者冰炭不相入，何耶？盖早年二君子未相见，故学有异同而论有疑信。中年屡相见，故所学渐同而论亦渐合。朱子与项平甫书，欲兼取两长；陆子与朱子书，谓康庐之集，加款于鹅湖，此其证也。考康庐之集，朱子年五十二岁，陆子年四十三岁。自是以往，又十一年而陆子下世。此十一年中，两先生不及再相见。始启争于无极、太极之辨，继附益以门人各守师说，趋一偏而甚之。其兼学于两家者，往来传述，不得先生之意而矫枉过正，如包显道有读书讲学，充塞仁义之语，朱子教刘敬夫考索《周礼》，陆子颇不然之。于是朱子指陆子为顿悟之禅宗，陆子指朱子为支离之俗学，实则两先生之学皆不尔也。《朱子晚年定论》，陆子既不及闻其说，至阳明先生抄为一编，凡三十四条，中间因词语相类而误入中年之论者，特何叔京一人耳。罗整庵摘以相辨，而无知之陈建遂肆狂诋，其实晚年相论皆然，虽百条不能尽也。夫谓朱子晚年讥陆子为禅，虽道听途说，世俗科举之士皆能信之。谓朱子晚年之论尽与陆子合，则虽有意为学，而粗涉其涯涘者，亦不能无疑焉。”[①]

根据以上李绂的考察可以看出，朱陆异同有一个发展变化的过程，表现为早年异同参半，中年异少同多，晚年符节相合，之所以出现这种情况，是因为朱熹早、中、晚思想变化不同，而陆九渊自始至终恪守孔孟之学。再进一步追论，朱熹与陆九渊相识在中年以后，早年并未相见，那时朱熹徘徊于佛老，后又究心于章句之学，直到晚年才重视对心的研究，而这与陆九渊心学渐相一致，也可以说受陆九渊的影响。至于鹅湖之会至陆九渊死这一段时间共十一年，二人再也没有相见，发生无极太极争辩，门人则各守其师，遂使学术观点的分歧变为门户之争，这并不符合朱陆二先生之学的本意。王守仁作《朱子晚年定论》把《与何叔京书》(朱熹早年之作)误入中年等等，显然与事实不符。陈建又反其道而行之，倡为朱陆早同晚异之说也见其褊狭。

在这里，李绂反对因所谓朱陆异同而导致的门户之争，主张以朱熹合于陆九渊，如说：“余尝尽录朱子五十一岁至七十一岁论学之语见于《文集》者，一字不遗，共得三百七十余篇，名曰《朱子晚年全论》，其言无不合于陆子。其自悔之言亦不可数计。今就其与刘子澄一人之书观之”，“皆有年月可考，确为晚年。其论学全与陆子合，其悔悟亦深切。”[②]同时以“尊德性求放心为主”，而不取元明二代因科举而编纂的朱子未定之书，如说：“余尝辑《朱子晚年全论》三百七十余条，并以尊德性求放心为主。而元明陋儒专取其中年未定之书用以取士。明初附益之，编为《大全》，科举之学因陋就简，朱子全书未尝寓目，遂以讲

① 李绂：《朱子晚年全论序》，《朱子晚年全论》卷首，中华书局，2000年，第2页。

② 李绂：《穆堂初稿》卷四十五，《孙氏考正朱子晚年定论后》，《续修四库全书》第1422册，第105—106页。

章训诂之学为足以师承朱子，此亦朱子所不欲受也。”[1]四库馆臣称李绂之书“皆以朱子悔悟为言，又举凡朱子所称切实近理用功者，一概归之心学。”[2]以朱就陆，其心学立场是显而易见的。

对于朱熹的弟子及后学，则为他所侧目，说：“朱子中年，亦以读书教弟子，至于晚年，则专以求放心、敦践履为主，而深以徒倚书册为戒。”[3]至于《朱子语类》劝人读书之说，那不过门人依据自己的意思记录罢了，并不可信，他又说：“朱子门人，平日专以读书讲论为工夫，故须无事而后下手。不知圣贤之学，不如是也。”[4]既然如此，善于学习朱子思想，而应当细玩其晚年所著述，才不会被世俗烂时文、破讲章所误。

李绂为学服膺清初孙奇逢、李颙、黄宗羲诸先生之学，以为他们开清代躬行实学之先，这些学者皆王学路径，但与争门户的王门后学不同，他们大都以宽容的心态去对待朱子学。李绂推崇他们也可见自己为学已脱离了门户之争，说明其为学的博大与宽容。

二、《陆子学谱》

李绂为学推尊陆九渊，他说：“陆子谓道外无事，事外无道。真得圣贤为学之法者。”[5]又推崇王守仁传陆九渊之学，自从陆九渊学术不明后，儒学经生大都堕于章句训诂之学而不问其他，自王守仁“倡明绝学，然后士知有躬行实践之功”[6]。王守仁心学的贡献在于一扫章句训诂极端化之弊，倡导身行实践之学，这是对陆九渊心学的继承与发展。

陆九渊以后阐扬其学的大有人在，但系统为其作学谱的则惟有李

---

① 李绂：《穆堂初稿》卷十八，《原学》，《续修四库全书》第 1421 册，第 408 页。（《穆堂初稿》两次称《朱子晚年全论》三百七十余篇或条，与《朱子晚年全论序》中所称三百五十七条不符，疑有删节，待考。）

② 《子部·儒家类存目四》，《朱子晚年全论提要》，《四库全书总目》卷九八，第 830 页。

③ 李绂：《穆堂别稿》卷九，《古训考》，《续修四库全书》第 1422 册，第 260 页。

④⑤ 李绂：《穆堂初稿》卷四十五，《书朱子语类后》，《续修四库全书》第 1422 册，第 100 页。

⑥ 李绂：《穆堂初稿》卷二十六，《文学刘先生墓志铭》，《续修四库全书》第 1421 册，第 511 页。

绂,这是他独特的贡献。他在阐述《陆子学谱》撰写缘起时说:“绂自早岁,即知向往。牵于俗学,玩物而丧志三十余年矣。再经罢废,困而知反。尽弃宿昔所习,沉潜反复于先生(陆九渊——引者)之书。自立课程,从事于先生所谓切己反改过迁善者五年于兹。于先生之教,粗若有见焉。独学无友,不敢自信。今岁万子字兆奉召还朝,相见之次,叩其近业,心同理同,若同堂而共学也。既而同事书局,时相考证,益著益明。乃敢抄撮先生绪言,并其教思所及,共为一书,名曰《陆子学谱》,盖兼用《近思》、《渊源》二录之体。先生之言与行略备,其源渊所及,亦十分得五六,视黄氏宗羲所为象山学案,颇加广焉,将以藏诸名山,传之其人。俾有志于希圣者门径可循,归宿有所,不沉溺于纷华,不泛滥于章句,庶几斯道有绝而复新之日矣乎!”[①]本书首列八目,包括辨志、求放心、讲明、践履、定宗仰、辟异学、读书、为政,其次为友教、家学、弟子、门人、私淑,最后是附录,详尽地勾勒出陆九渊学术编年及弟子后学的承传演进系统,四库馆臣称此书“是编发明陆九渊之学”,“考陆氏学派之端委,盖莫备于是书”,[②]给予肯定。

《陆子学谱》一书的另一个特点是简明扼要地阐述陆九渊心学要义。下面简略做一陈述。

辨志,他说:“官先事,士先志。故陆子教人以辨志为入门始事。志之不辨,则此心茫无定向,岂能有造于圣学哉。志恶乎辨,义与利而已。孔子以此分君子小人,孟子以此别舜跖,世之习而不察者多矣。陆子鹿洞讲义,闻者至于泣下,则辨之不早辨也。”[③]士先辨志,辨志则使心有所定向,首先是义利之辨。孔子由此出发区分君子和小人,孟子由此出发分别舜与跖。陆九渊曾在白鹿洞讲学,听者大受感动,也不外是义利之辨,尤其当早辨才能立志。

① 李绂:《陆子学谱序》,《陆子学谱》,《四库全书存目丛书》子部 27 册,第 286—287 页。

② 《四库全书总目》卷九八,《子部·儒家类存目》,第 830—831 页。

③ 李绂:《陆子学谱》卷一,《辨志》,第 291 页。

求放心，他把儒学归为心学，说："圣人之学，心学也。道统肇始于唐虞，其授受之际，谆谆于人心道心。孔子作《大学》，其用功在正心诚意。至孟子言心益详，既曰仁人心也，又曰心之官则思，思则得之，先立乎其大，则小者不能夺。仁义礼智，皆就其发见之心言之，而莫切于求放心之说。明道程子谓圣人千言万语，止是欲人将已放之心约之，使反复入身来，自能寻向上去，下学而上达。至陆子则专以求放心为用功之本，屡见于文集语录。故《辨志》之后，即以《求放心》继焉。凡涵养操存省察，皆所以求放心也"。[①] 其依据是唐虞之时，帝王授受之际，谆谆教导于人心与道心。孔门作《大学》，其用功处在于正心诚意。到了孟子言心更为精详，如仁即是人心，心之官能思，思则得之，先立其大，则小者不能夺。仁义礼智皆从心上发端，修身莫过于求放心。程颢也讲圣人千言万语，只不过是想要人约束已放逐之心，使反身内省，由里及外才能寻向上去，这就是所谓的下学而上达。陆九渊则专以求放心为用功之本，圣贤言心可谓一以贯之。他讲的心学以心为主，但此心非空洞无物而是有内容的，"凡涵养操存省察，皆所以求放心也"。

讲明，他说："孔子以学之不讲为忧，孟子论博学归之于详说，故陆子谓学有讲明、有践履。而世人妄谓陆子废言语文字，皆未尝读陆子之书者也。虽然，陆子所谓讲明，悉本于孔氏遗书，不敢改经文、立新义。率天下从事于不可穷之知，以求胜于尧舜所不能遍之物也。《大学》之言致知格物也，知乌在？即致其知先后之知。物乌在？即格其有本末之物，故曰此谓知本，此谓知之至也。《中庸》之言明善也，善乌在？诚身顺亲，信友护上，皆善也。其为功有序，预则立，不预则废。盖善之先后，不可以不明也。孟子论家国天下之次，本于《大学》。论亲长平天下，则本于《中庸》。至南宋而后乱之，其恪守孔孟讲明之法，

① 李绂：《陆子学谱》卷一，《求放心》，第 293—294 页。

陆子一人而已。”[①]孔子以学不讲为忧，孟子论博学归于详说，陆九渊也重讲明，而非不重体悟、轻视语言文字。他所谓的讲明是讲明儒家经典的真谛，如《大学》与《中庸》，前者讲“致知格物”，后者讲“明善”，《孟子》则继承《大学》与《中庸》，使《论语》、《大学》、《中庸》、《孟子》一以贯之，至于南宋陆九渊恪守孔孟讲明之法，更重要的是强调付诸于实践，所讲也是躬行实践之学。

践履，他说：“《书》言非知之艰，行之维艰。而朱子《与刘子澄书》讥陆子之学，止是专务践履，不知践履而外，别无所谓学也。朱子释学而章，谓学之为言效，后觉者必效先觉之所为，岂非以践履为学乎？陆子尝谓古之人，言皆实言，行皆实行。言论未形，事实先著，盖即孔子躬行君子之意。”[②]朱熹讥讽陆九渊只务实践，而不知实践以外无所谓学，把学与实践分开，其实陆九渊则把为学与实践看成一体，实践本身就是学。因此在知行关系上，李绂以为陆子更强调行先于知，与知相比，行更困难，并引《尚书·说命》“非知之艰，行之惟艰”加以说明。

定宗仰，他说：“韩子谓古之学者必有师，陆子教人亦以亲师友为先。宋儒惟周子首开道统，其余则各有师承。乃詹阜民问陆子之学所受，则告以读《孟子》而自得之于心。是直接孟氏之统，而于当世诸儒，无所师也。是故论喻义责志，则宗孔子。论先立乎大，求其放心，则宗孟子而已。然于濂溪、明道二子，无一语不相契合，远宗孔孟，近抑周程，岂非所谓焉不学无常师者哉。”[③]陆九渊直接意义上的老师虽然不显名，从这个意义上或许可以说是无所师，但就论学宗旨、信仰而言，当然有师承，他上溯为孔子、孟子，同朝代的则有周敦颐和程颢。陆氏师从孔子尤其是孟子重心学一路，与朱子学双峰并立，对后世产生重要影响。

---

① 李绂：《陆子学谱》卷一，《讲明》，第295—296页。

② 李绂：《陆子学谱》卷一，《践履》，第297页。

③ 李绂：《陆子学谱》卷二，《定宗仰》，第299页。

辟异学,他说:"陆子论学,原本于此心之理。尝谓四海有圣人出焉,此心同,此理同。千古有圣人出焉,亦此心同,此理同,无所谓异也。其有异焉者,或杂于佛老而误认其心,或溺于章句而自丧其志耳。故曰同此之谓同德,异此之谓异端。夫章句之弊,与佛老之言,诚若有间。然庄子论臧谷亡羊,则挟书册与博簺者同讥焉。"[①]"博簺"为古代一种赌博游戏。陆九渊论学重心,讲心同理则同,这里实际上是说诸儒论学以心为主,心相同理也相同,虽然各有轻重偏颇是可以理解的,称此为同德。如果杂以佛老而产生对心的误读,或是溺于章句之学而自丧其志,就不是真正的儒家,这便是异端。辟异学就是辟异端,他理解的异学并非局限于佛老,包括受佛老影响的阳儒阴释,以及章句儒。

读书,他说:"世言先生不教人读书者,妄也。先生深于经,熟于史,沉浸于唐及北宋大家之文。读其杂著、讲义、程文,经史贯穿。读其书、序、论、记、铭、诔诸篇,精于文律者,未能或之先也,非读书何以致是。朱子谓子静若不读书,安能作众人之师。先生亦自谓某何尝不教人读书,但比他人读来差别耳。昔大程子责谢上蔡读史为玩物丧志,及自己读史,又逐行看过,一字不差。先生之意,正犹是也。"[②]不同意世人以为陆九渊不教人读书的说法,认为他对于经史有精深的研究,不仅如此,即便是唐及北宋大家之文,以及其他各种文体都细玩于心中。又引朱熹说陆九渊如果不读书,如何能作众人之师为证,陆九渊自己也讲我何尝不教人读书。与此同时李绂也注意到陆子读书与众不同之处,也就是说陆九渊反对读死书,这只能是玩物丧志,而主张读有用之书并倡导学以致用。

为政,他说:"幼而学之,壮而欲行之,儒术非迂疏而寡效也。陆子之学,未及大行于天下。其致君之忠,止见于轮对五札。其察使安民之道,止见于与苏宰赵守诸书。其出身而加民者,则荆门之政。过化

---

① 李绂:《陆子学谱》卷二,《辟异学》,第 301 页。

② 李绂:《陆子学谱》卷三,《读书》,第 306 页。

存神，期月间，政修事治，吏畏民怀，讼狱衰息，周益公所谓躬行之效者也。假使南宋能竟其用，则孔子之为东周，孟子之安天下，夫岂远哉！”[①]陆九渊之学重在学以致用，其致用当然包括为政，他虽然没有做过什么大官，但其经世致用之心跃然于纸上，字里行间渗透着对国计民生的关注，提出了诸多改革弊政的措施，只是未被采用。

李绂以简洁的文字突出了陆九渊治学的诸特点，强调为学重在实用，他自己对理学的解读也遵循着这一路向，反映了清代理学更加务实的特色，这或许受着汉学家务实学风的影响。

三、尚躬行之学

李绂自己的儒学以心学为主，但并非抽象的论心，而是以事论心，讲求躬行实践，建立当时十分独特的尚躬行之学。

他训学说：“学训效。其义虽有二，而以效吾心之天则为本义，效先生之教则余力学文之事耳。盖仁义礼智我固有之，非由外铄，察识而扩充之，则圣学无余蕴矣。亲师取友，特提撕而使吾察识，鞭策而使吾扩充焉耳，非有加于吾性之外也。”[②]学即效，讲实效就是躬行之学。而且又不是一般的躬行，以践履“吾心之天”为本义，即挖掘实践天赋予人的良心，有余力则行学文之事。心即本心，性也属内在，善于自我反省。他接着说：“学问之道无他，求其放心而已。吾一日之间自昧旦而起至寝息而止，吾心发一念即自加审察。为理耶，即奋然直前，为欲耶，即毅然断绝。由是推之，行事必求一于理而无欲，而心之理得矣。心之理得而全乎其为人矣。此夫妇之愚不肖可以与知，可以能行，而人皆可以为尧舜也。反是则谓之放其良心，反是则谓之失其本心。放其良知、失其本心则孟子所谓近于禽兽而非人矣。至于所行之是非则

① 李绂：《陆子学谱》卷三，《为政》，第 308 页。

② 李绂：《穆堂初稿》卷十八，《原学下》，《续修四库全书》第 1421 册，第 407 页。

吾心自有良知，且余力以学文，亦既知其大端矣。”[①]为学在于心，本心、良心皆人所本有，为学在于时刻把持住它们，丝毫也不能松懈，而且不断的扩充发扬，这本身就是躬行实践的过程，这就是他所理解的心学。相反，放其良心不知反，失其本心不知求，离禽兽就不远了。在这里，他充分发挥了孟子心学的精意。

以下对李绂的躬行之学要义做一些分析。

李绂发挥王守仁致良知之说，致良知可以说是他的躬行心学的核心。他在考察良知到致良知的过程时说：“良知之说始于《孟子》，所谓孩提之童无不知爱其亲，及其长无不知敬其兄者也。良训善。朱子释以自然，语异而意同，盖自然发见之善心即所谓性也。顾中人以下善端之发，道心甚微，而气拘物蔽，人心甚危，良知不可全持，则修道之教起焉。阳明先生有见于此，故即良知而加以致之之功，盖尽人以合天，明善以复性，至当而不可易也。”[②]良知之说始于《孟子》，致良知则是王守仁的发明。王守仁在良知前面加上一个“致”字，其原因是人受后天气染物欲的拘束与蒙蔽，本心之良知不能把持，出现“道心甚微”的情况。所谓“致”属于修养工夫，通过“致良知”达到“尽人以合天，明善以复性”的目的。《传习录》中《答陆原静书》云：“性无不善，故知无不良。良知即未发之中，即廓然大公寂然不动之本体，人人之所同具。惟不能不昏于物欲，故必学(即致)以去其昏蔽，然于良知之本体，不能有加损于毫末”。这就是所谓的“致良知”。

他所理解的致良知范围非常广泛，内容也十分丰富，说：“良知为未发之中，所谓人生而静之天性，主静即致良知也。良知为性之发见，定之则廓然大公，物来顺应。事事皆本乎性，是定性即致良知也。敬则心存而知不昧，循礼则制外以养其内，举敬与执礼皆所以致良知也。即物穷理似涉于逐外，然穷理以致吾心之知，所谓察之念虑之微，则亦

① 李绂：《穆堂初稿》卷十八，《原学下》，《续修四库全书》第1421册，第407页。

② 李绂：《穆堂初稿》卷十八，《致良知说上》，《续修四库全书》第1421册，第411页。

致良知也。求放心则阳明所宗主者，因为致良知之说所自出。而胡析泉谓良知者良心之别名，则求放心即致良知也。端倪即良知，指发见之性由静中养出，亦致良知也，良知即天理之发见，随处体认，亦致良知也。盖致良知之说苟得其解，触处洞然，一以贯之。故阳明先生之论亦非纯执定一端，其答欧阳崇一，则谓集义即是致良知。《传习录》谓事物之来惟尽吾心之良知以应之所谓忠恕违道不远也。又云所恶于上是良知，毋以使下是致良知。"[①]良知的根本为未发之中，就是善之端倪。他认为，致良知之说近求之于濂、洛、关、闽无不尽合，远求之于孔、曾、思、孟也无不相同。周敦颐的主静、程颢的定性、程颐的敬、张载的礼、朱熹的穷理致知、陆九渊的求放心、陈献章的静中养出端倪、湛若水的随处体认天理等，都被纳入致良知的范围，这是以致良知来统摄理学。儒者切己自省，真积力久，一定各有躬行心得之妙，举以示人，以为学者进入儒学的门径。

他以阴阳论盛衰，进而提出"无定之命"与"有定之命"，说："阴阳之气，化生万物，气有消长生息，当其盛不能遽使之衰，当其衰不能遽使之盛。""盛者不遽就衰，而君子不敢不忧其盛，衰者不遽复盛，而君子必有以救其衰。"结论是"故有定之命则居易以俟之。所以自怨尤无定之命则修身以立之。"[②]阴阳变化为一客观规律，不依人的意识为转移，由此而出现的盛衰也属于客观，人应顺应，这是"无定之命"。与此同时，人的主观也非消极等待，而是积极有为，要知晓其规律，有一种忧患意识，以自我修身等待时机，这是"有定之命"。前者重在尊重客观法则，后者则重视主观能动性。对于"有定之命"来说，人有所作为的空间很大，他所倡导躬行实学就是主观能动性的发挥与实践。

李绂的躬行之学从讨论知行关系及地位入手，认为，古代没有以学为知的，至朱子开始以学、问、思、辨为知，把格物视为穷致事物之

---

① 李绂：《穆堂初稿》卷十八，《致良知说上》，《续修四库全书》第1421册，第412页。

② 李绂：《穆堂初稿》卷十八，《原命》，《续修四库全书》第1421册，第404—405页。

理。又因《大学》并未能详细讲格致之事，怀疑其义亡佚而作传加以补充，于是使古人为学的方法发生变化，导致“寻章摘句之弊，流为玩物丧志。断断于口耳之间，举古人躬行实践之学，不得而见之矣”[①]。反对以学为知，因为此知仅仅停留在脑海中而并没有在实际中验证，只有通过实践才能使知物化，达到实际效果，这才是真知，因此力主躬行实践之学。他强调指出行才有实效，说：“学主于效法，以行言，不以知言。”[②]“道犹路也。凡道就所行者言。行必有其实。指其实，行乃不迷。”[③]学在于行而不在于知，行在有实效，这是以实效来判定学。他又说：“圣人之道，固有行之而不著者，未有不行而能知者也。不行而知，是明道程子所谓望塔说相轮者也。”[④]在知行地位上，行比知更为重要，因为只有通过行才使事情达成。

论行突出躬行的实际价值，他说：“用功之地，人伦而已矣。唐虞五教不过教以人伦，文王之敬止在仁教孝慈，孔子之自求在子臣弟友。故孟子谓学则三代共之，皆所以明人伦。”[⑤]又说：“圣人之学在于躬行心得，由小学以至大学，齐治均平之业咸出乎其中，此学之名与实也。”[⑥]儒学首要在躬行，躬行不仅贯穿于洒扫应对、出处进退等个人修养之始终，而且也贯穿于齐家治国平天下，打通小学与大学、内圣与外王，可以看出躬行是儒学的灵魂，只有躬行才使学名副其实。在这里，他尤其注意内修之躬行，即所谓的工夫，说：“天下无道外之事，即无事外之学。早间有事，即从早间事上做工夫；午间有事，即从午间事上做工夫。未有离事而有工夫者。”“圣贤为学之法者，盖皆因事而后有工夫也。论存养，则事至而此心不动，大程子所谓动亦定也。论省察，则事至而后有意念，《中庸》所谓慎其独也。至力行之必因事而后见，又

①② 李绂：《穆堂初稿》卷十八，《原学》上，《续修四库全书》第1421册，第406页。

③⑤ 李绂：《穆堂初稿》卷二十四，《中庸明道论》，《续修四库全书》第1421册，第480页。

④ 李绂：《穆堂初稿》卷二十八，《高安县学吴君墓表》，《续修四库全书》第1421册，第539页。

⑥ 李绂：《来复堂集序》，《穆堂初稿》卷三十六，《续修四库全书》第1421册，第655页。

无论矣。世岂有无事之功夫哉?”①事以道宗,学又以事为宗,做事便有工夫,也就是说工夫不离事,这里讲的工夫主要指修养诸工夫,人伦修养并非空洞说教而要在具体的工夫中完成,工夫又必须通过事体现出来。这实际上是反对静主张动。

关于理学所讲的义理与气质,心与性等问题,他说:“义理与气质为定名,心与性为虚位”,“学者苟有志于圣贤之学,躬行实践可矣,何必言心性?孔子之自勉者在子臣弟友,若命与仁则罕言之。子贡亦谓性与天道不可得而闻也。孟子因告于论性而误,故反覆与辨耳。其教门人则止曰孝弟而已,义利而已,未尝言性。今之教人者不敢望孔、孟,从学者不敢望子贡,实行不修,而高言心性,妄也甚矣!吾非敢言心性也,吾嫉夫世之实行不修,于阳明子无能为役,而高言心性者也。”②从《论语》出发反对宋明理学侈谈所谓的义理之性与气质之性,以及心性之论。孔子教授弟子只讲日用伦常,切于生活实际,从来不谈一些虚无缥缈之论,不切实际之说。至于孟子讲心性那是因为批驳告子的原因,他和孔子一样皆言孝弟伦常,并发挥孔子的义利之辨。李绂自己虽然也谈心,但都从躬行出发,如上所说。他也反对神仙鬼神之说,以为儒学经世之术在于伦理之间。老有所终幼有所养,何必求神仙?鬼神本茫然无物,是流俗蒙昧的产物,不可轻信。

对于朱熹因陆九渊教人有发明本心之说,并由此以为这就是顿悟的说法,李绂不以为然,为此事他曾查阅《陆子全集》的不同版本,并未发现陆九渊有顿悟之说。他认为陆子生平教人,重在循序渐进,反对躐等,举鹅湖之诗说:“涓流积至沧溟海,卷石崇成泰华岑”,以为这是“天下所共见共闻者,其不为顿悟之说也明矣。”至于发明本心亦非顿悟,“孟子论乍见孺子入井,即所以发明恻隐之心,论呼蹴之与不受,即所以发明羞恶之心”。陆九渊讲的发明之意不过如此,并非如朱子所

① 李绂:《穆堂初稿》卷四十五,《书朱子语类后》,《续修四库全书》第1422册,第100页。

② 李绂:《穆堂初稿》卷十八,《心体无善恶说》,《续修四库全书》第1421册,第414—415页。

谓的一旦豁然贯通而众物之表里精粗无不到。自从圣贤之学,“变而为科举之业,剽窃口耳,不复以身心体认。陆子之书未尝经目,而道听途说,随声附和,咸曰陆氏为顿悟之禅学。不知陆子全书具在,绝无此说,而循序之教,则无时不然,无人不然,正与尚顿悟者相反。”[1]在李绂看来,把陆九渊发明本心之说归咎于佛家所讲的顿悟,显然是没有认真阅读其书,此论纯属无稽之谈。

倡导躬行实践,因此反对制艺时文。他说:“自阳明先生倡道东南,天下之士靡然从之,名臣修士不可数计。其道听途说起而议之者,率皆诵习烂文、旧讲章,以求富贵利达之鄙夫耳。间有一二修谨之士,阉然媚世,而自托于道学者,稍相辨论,不知其未尝躬行,自无心得,不足以与于斯事而考见其是非之所在也。”[2]科举所用之文只不过是利禄之学,王守仁力倡实践之学,天下积极响应,这对矫挽因科举所用而出现的经生章句之学与八股之文有积极意义。心之所得见诸于事皆离不开躬行,躬行是连接心与事的桥梁,这才是道学或理学的真谛。他十分重视教学实践,在桂林重修宣成书院时主张:书院讲学处应东西相向,诸生聚集在此,面对面的就坐,相互讲道问业,教学由此而兴。学非独学,必有朋友彼此交流,以学术相砥砺,其中聚处十分重要,办书院就是为士子提供相聚集的处所,提倡多建书院。

李绂所处的时代,理学进一步消沉,其程朱一脉已为清廷所利用,日渐僵化,但他却一枝独秀,其原因是改造心学,强调躬行实践,这与当时渐进的务实学风相同。但总的来说王学后继乏人,他可称之为王学的最后一位重镇。梁启超在评价李绂的学术地位时,称其“陆王派之最后一人”,“结江右王学之局”,[3]十分公允得当。

---

① 李绂:《穆堂初稿》卷十八,《发明本心说》,《续修四库全书》第1421册,第410—411页。

② 李绂:《穆堂初稿》卷十八,《致良知说》下,《续修四库全书》第1421册,第412页。

③ 梁启超:《中国近三百年学术史》,东方出版社,1996年,第62页。

第三章 朱子学的发展

前面提及清初儒学以理学为主，理学则有一个由王返朱的过程，朱子学领袖坛坫，成为理学中的主流，同时也有一个由民间向官方转化的趋势。在这一过程中，存在着两种朱子学，即明遗朱子学与儒臣朱子学。就学理而言他们虽然都奉朱子为圭臬，都尚躬行、务实，但由于政治立场不同，其用心也有所不同。明遗朱子学反思明亡教训，儒臣朱子学则使其变成官方之学而不遗余力，朱子学成了为新朝服务的意识形态。这里主要探讨论一下张履祥与陆世仪的明遗朱子学，以及李光地的儒臣朱子学。

第一节 张履祥的平民朱子学

张履祥(1611—1674)，字考夫，号念芝，学者尊为杨园先生，浙江桐乡人。崇祯时他曾参加乡试,均已落第告终,后拜晚明大儒刘宗周为师,明亡,缟素不食,绝意仕进,退居杨园,以著述授徒为业。著有《言行见闻录》、《愿学记》、《近古录》、《经正录》、《备忘录》等,后收入《杨园先生全集》。他在论及为学次第时说:“予年二十三四以后,释氏之书已绝不入目。盖笃信先儒之言故也。然于阳明、龙溪之书,则深信而服膺之,以为圣贤地位,盖可指日而造其域矣。后读《近思录》以及程、朱诸书,渐觉二王之言,矜骄无实而舍之。”[①]他早年泛滥诸家,后信奉王学,接着由刘宗周的“慎独”、“诚意”转向朱熹的“格物穷理”,最后以朱子学为指归,是清初朱子学的开先人物。

一、批王尊朱

张履祥的理学以批陆王、尊程朱为特色,他对陆九渊、王守仁的批评主要从学理和政治两个层面展开。

从学理层面看,张履祥比较程朱、陆王之学,说:“象山之所得力,若充四端、辨义利、先立其大之旨,朱子少时皆所致力。朱子日新厥德,涵养深粹,以至于广大精微、高明中庸之地,则有非象山所能及者。惟陆氏傲然自多,不复虚心求益,故安于径直,见为支离,遂与朱子终若淄、渑之不可复合也。薛、胡之于程、朱,不啻如七十子服孔子。而陈、王则天资高敏,初以文学起家,简易直捷之途已有所得,于程、朱文理密察之学,竟若傲然不以屑意。但恐隐微自揣,实亦不能宁心精虑,以求所为动而中礼者,故覆从而病之。特于濂溪、明道,间有服膺,则以其言包涵宏阔,高朗要约,易以附托之故。然其所言之当于理者,固皆周、程之本有,其为周、程所无者,则皆出入释、老,杂以私智,使先代遗经驱率由己。若裁以伊川、紫阳之绳墨,偏私破裂,不难立见。至王则尤甚矣。世人所以群尚争趋,要匪有他,朱子之学精详,陆氏之学简率;薛、胡之律己谨严,陈、王之为教放旷。人情乐放旷而畏谨严,便简

① 张履祥:《杨园先生全集》卷三十九,《备忘录》一,第1073页。

率而苦精详，固易向陆避朱，右陈、王而诎胡、薛。又百余年来，承姚江横流之后，程、朱之书鲜行于世，陈、王则家诵其言。世人挟册，即已胶锢其耳目，师友论说，益复沦浃其心志，遂以先入之言为主，不肯舍一己之私，进求维新之益。”[①]陆九渊之学在于先立其大，重在先发明本心，朱熹之学则偏重于格物穷理，陆子讥讽朱子支离，两人学风有所差异。经门人后学演义，遂成水火之势。有明以来，薛瑄、胡居仁继承朱子学，陈献章、王守仁则服膺陆子学。但总体上说，陆子学经陈献章、王守仁的努力占居主导地位，程朱之学消沉下去。张履祥认为朱熹讲格物穷理，也讲本心，不过是通过格物等获得，可以说把工夫与本体结合起来，体现了《中庸》所谓的广大精微，高明中庸之旨。因此朱熹比陆九渊更加符合儒家本义。

对于明代尊陆王之学，废朱子学，他报怨道：“今人多好象山，不乐朱子，于近代人物，尊陈、王而诎薛、胡。固因人情便简率而苦精详，乐放旷而畏谨严；承阳明气习，程、朱之书不行于世，而王、陆则家有其书，士人挟册，便已沦浃其耳目，师友之论，复锢其心思，遂以先入之言为主。虽使闲读程、朱，亦只本王、陆之意指摘其长短而已。谁复能虚心笃志，求所谓穷理以致其知，践履以敏其行者？此种习尚不能丕变，窃忧生心害事之祸，未有艾也。”[②]承认当时人多喜陆象山而不喜朱子这一事实。对于有明以来的理学诸家，推尊陈献章和王守仁，贬低薛瑄和胡居仁，其原因是在于人之常情，即“便简率而苦精详，乐放旷而畏谨严”，陆王之学具有尚简率、乐放旷之嫌，因此得到学者们的推崇。时人不仅不读程朱之书，即使是读了也以陆王之意来读，这如何能体悟程朱之学的大义，对此他表现出极大的忧虑。

对那些匡救王学末流的儒家，他则给予充分肯定，称：“幸有祸乱之中，良心天启，耳目所及，往往有人向往正学者。正宜洗心涤虑，体

① 张履祥：《杨园先生全集》卷四，《答丁子式》，第98页。
② 张履祥：《杨园先生全集》卷四十一，《备忘录》三，第1143页。

究濂、洛、关、闽之遗书，以求得乎孔、孟之正传，见诸躬行而无所愧怍焉。以一救其猖狂无忌、似是而非之积习。”[1]主张读周敦颐、二程、张载和朱熹之书，把握其精髓，荡涤污秽，一扫学术积弊，如此才能恢复孔子儒学的正统。

站在政治高度批评陆王，张履祥说：“姚江以异端害正道，正有朱紫、苗莠之别，其弊至于荡灭礼教，今日之祸，盖其烈也。”[2]中国古代儒学指导政治，儒学的好坏关系到世道人心，“今日之祸”指清代明而引起的社会动荡，生灵涂炭。把明亡的原因归咎于王学末流的空谈误国，这是大部分明遗所持的立场，也是他们对明亡经验教训的总结。

在他看来：“学术坏而心术因之，心术坏而世道因之，古今不易之理也。”[3]学术坏，人心坏，最终殃及家国，他说：“国变卒作，天地崩坠，中兴事业，佐理无闻。将来之乱，恐未有已。”[4]他曾与友人聊天时发出以下感叹：“伤悼百有余岁，学术不明，邪说肆出。虽有勤学好古之士，一经渐濡，终其身而不能自出，自误误人，酿成生心害政之祸，以至于兽食人、人相食，而未知有已也。”[5]这里所说的“邪说”即指心学末流，明代中叶以来，心学泛化，杂以佛老，造成人欲横流，道德沦丧，以至于在明末天崩地解之时无所事事，导致国破家亡。他又说：“近世学者，祖尚其(陆九渊——引者)说，以为捷径，稍及极格物穷理，则谓之支离烦碎。夫恶支离则好直捷，厌烦碎则乐径省，是以礼教凌夷，邪淫日炽，而天下之祸不可胜言。”[6]明代心学末流片面发展陆九渊之学，一味空谈心性，礼教受到凌夷，最终酿成天下大祸。张履祥认为不转变这种风气，不仅儒学的发展会受到伤害，而且还会殃及国家，给社会带来

---

① 张履祥：《杨园先生全集》卷四，《与唐灏儒》四，第79—80页。
② 张履祥：《杨园先生全集》卷四，《答沈德孚》，第85页。
③ 张履祥：《杨园先生全集》卷二十七，《愿学记》二，第759页。
④ 张履祥：《杨园先生全集》卷九，《答吴文生》，第263页。
⑤ 张履祥：《杨园先生全集》卷四，《与唐灏儒》四，第79页。
⑥ 张履祥：《杨园先生全集》卷五，《与何商隐》一，第111页。

隐患。

明末东林之学服膺程朱，对王学有补偏救弊的作用，同时也议论朝政，往往切中时弊，张履祥也颇有微词，兹举几条以见其大概：东林诸公，“表彰程朱之学，然与程朱毕竟不同。盖其入门便从静悟二字用功，与圣门博文约礼、文行忠信、入孝出弟、守先待后之意，往往不合”[①]。东林诸公，“未尝得行其志。窃疑虽使得以有为，天下国家必将受其害。以其学术不纯，取人甚杂，不能行所无事，势必小人旅进，肆行无忌，其君子一死以自全。苍生不蒙其泽，宗社不奠其安者也”[②]。东林诸君子，“有意救阳明之敝，其矜尚名节是已。然其流至于争党，则以取人不免偏重才气一边，而于暗然为己之功不无少疏。至于释氏之书，则又未尝屏绝。以云救时可矣，明道或未也。孟子云：君子反经而已矣，明道以是，救时以是”[③]。概括几条意思如下：东林之学虽然推崇程朱批评王学，但其学不纯，指掺杂心学，乃至于佛家的成分，同时也不脱党派门户之争。但毕竟与王学不同，他把王学与东林之学作比较，称王学类似于春秋战国时期的吴、楚两国，它们不断地蚕食周朝，损害周天子的地位，而东林之学则如齐桓公、晋文公尊王攘夷，功罪不可相掩。这是借评论东林阐释了严夷夏之防的思想，也可以说是对清廷入主中原合法性提出质疑。

批陆王之学是因为他们杂糅佛老，张履祥对儒学与佛老的关系有以下看法，说：“儒者不为儒者之学，反去旁求二氏之说，搀入正道。二氏亦不专守二氏之说，辄欲袭取儒先之言，牵合彼教。此百余年以来，积重之习。想此风自宋明渐有，而决裂大闲，则始于三教一门，遂令滥觞，不可界限。学术之祸中于世运，夷夏之闲亦至尽决。率兽食人，人将相食，未知何时而已也。”[④]与严夷夏之防一样，也要明儒学与佛老之

① 张履祥：《杨园先生全集》卷四十一，《备忘录》三，第1136页。
② 张履祥：《杨园先生全集》卷四十，《备忘录》二，第1112页。
③ 张履祥：《杨园先生全集》卷二十八，《愿学记》三，第764页。
④ 张履祥：《杨园先生全集》卷二十八，《愿学记》三，第778页。

辨,不赞同儒学与佛老相互吸取,反对儒释道三家合流,这是基于维护儒学纯洁性考虑所做出的,担心儒学杂于佛道,流于方外,与世无补。但从儒学发展史看,儒学吸取佛道的积极成果是必然的。

学理上批评陆王体现了张履祥推尊朱熹之意,政治上批判王学,认为明亡源于此,反映了明遗的一般意见。至于明亡是否由于王学末流空谈误国所致,问题要比所论复杂得多,要充分地考虑到当时的社会经济、政治等多种因素才能对这问题有一个比较圆满的回答。张履祥的解释是建立在明遗价值观及程朱立场之上的。

二、明理适用

作为理学家,张履祥为学主义理,反对把学问诸门类相互割裂开来,他说:"为学只一件事,非有歧也。今人不知,为应举者则曰科举之学,为治道者则曰经济之学,为道德者则曰道学,为百家言者则曰古学,穷经者则曰经学,治史者则曰史学。噫!学若是歧乎!夫学一而已矣,理义之谓也。圣人先得我心之所同然也,吾唯从事于我心之所同然。修之于身则为道德,见之于行则为事业,发之于言则为文章,事亲、从兄,此理也,此义也;敷奏以言,明试以功,此理也,此义也;为法天下,可传后世,此理也,此义也。"[①]学只有一个学,那就是义理之学,其原因是天下人之心皆相同,不过圣人首先意识到而创造出来。天心之所同然的内容即是"修之于身则为道德,见之于行则为事业,发之于言则为文章",把儒学理解为从自我修身开始达于事业之学。

他论学反对空发议论,主张义理并重视学以致用,提出明理适用的思想。他对明理适用有一番自己的解释,说:"读书所以明理,明理所以适用。今人将适用二字看得远了,以为致君泽民,然后谓之适用。此不然也。即如今日,在亲长之前,便有事亲长之理;处宗族之间,便有处宗族之理;以至亲戚、朋友、乡党、州里,无一不然;以至左右仆妾

---

① 张履祥:《杨园先生全集》卷十三,《答颜孝嘉》,第369—370页。

之人,亦莫不然。此际不容一处缺陷,处之当与不当,正见人实际学问。孟子曰:君子以仁存心,以礼存心。又曰爱人者,人恒爱之;敬人者,人恒敬之。又曰:舜为法于天下,可传于后世,我犹未免为乡人也,是则可忧也。舜之横逆,直从父子兄弟之间起来,较之宗族乡党,其难百倍。然自瞽瞍底豫,以至格及有苗,无非爱敬之尽处。故曰:君子必自反也,我必不仁也,必无礼也;我必不忠。《中孚》格及豚鱼,诚爱诚敬,岂有终不可格之理。"[①]明理适用并非仅指"致君泽民"等大问题,也在日常生活中体现。明理当然是明儒家人伦之理,包括事亲长之理,处理宗族之理等,凡事莫不有一个理字,首先要明此理,以理存心便有仁义礼智信,依此而践行去做便是适用。他讲的明理适用体现了体用统一,把学理与运用结合起来。他对理学诸范畴的解读都体现了明理适用的特点。以下做进一步的分析。

他讲的读书明理有重古代圣贤、儒家经典之意。晚明心学论性流于空谈,他则尊重古人,反对这些奇谈怪论,说:"至于性解,古之圣贤发明已无余蕴,学者但汇经书之言性者,参以先儒论说,而验之身心,以及天地万物,则有以默识其所以然者。又何必更为之解?解而同乎古之人,则可以不作;若将求异乎古之人,则已自蹈不知妄作之病,陷于惑世诬民之罪。"[②]对性的理解孔孟等圣贤已有详细阐释,对性的体现既有"验之身心",也要及"天地万物",知"其所以然"即可。反对只从身心角度谈性,以此论性容易流于空洞无物,对后儒论性诸说不屑一顾。

在经权的关系上,重在守经。体用本是一原,即体用统一,却出现有体无用、有用无体之说,三教本三门,而把它们视为一门,知行本不同,却大谈知行合一。他对这些奇谈怪论十分反感,认为:"君子反经而已矣,权亦只是经也,而世之学者,好为达权通变,经不足守之说。

---

① 张履祥:《杨园先生全集》卷十三,《答颜孝嘉》,第 367—368 页。

② 张履祥:《杨园先生全集》卷二,《答陈乾初》一,第 30 页。

以是人心坏，学术害，横流所极，至于天地易位，生民涂炭，而未知其所止息。”[①]出现上述异说的原因在于后儒不理解经与权的关系，只讲权变而不知守经，权也是经，这里的经指常道，也可看作是儒家的经典，反经即回归经典问题自然得到解决。

太极范畴出自《周易·系辞》，理学把它视为本体而大加论述，其中不乏趋向于空疏。在张履祥眼中，太极虽然是本体但并非抽象，而与具体的事物联系在一起，“天地间，只是一个太极而已。《中庸》言小、大德，大者万物一太极也，小者物物一太极也。万物一太极是理一，一物一太极是分殊。以人身而言，未发之中，万物一太极也；已发之和，物物一太极也”[②]。太极存在于天地间一切事物包括人之中，太极存在于整体之中，同时也存在于个体之中，它是一般与个别的统一，反对脱离具体事物谈论太极。

格物择善，他说：“《大学》、《中庸》二书，所以开示后学，至详且切矣。《大学》之要，在于致知、诚意，《中庸》之要，在于明善、诚身。而其求端用力之处，一则曰格物，一则曰择善而固执之。要之非有二也。择善即格物之谓，知至则明乎善矣，意诚则诚乎身矣，知至意诚而德明矣，明善诚身而性尽矣。始于择善，终于止至善，而所以齐家、治国、平天下，与夫位天地、育万物者，举不越乎此矣。”[③]《大学》重在致知诚意，《中庸》要在于明善诚身，这些都不会自然而然地达到，必须用力获得，开始用力处则是格物与择善。择善就是格物，通过格物择善才能意诚德明，这是尽性之事，然后才是齐家、治国、平天下。在格物择善等处用力，如此才能由内圣达于外王。

存心致知为程门四字教，居敬穷理则为朱门四字教，张履祥给予充分的发挥，说：“世人做功夫，多只走释氏一路，所以不得长进。一等

① 张履祥：《杨园先生全集》卷二，《答陈乾初》一，第30页。

② 张履祥：《杨园先生全集》卷四十一，《备忘录》三，第1147页。

③ 张履祥：《杨园先生全集》卷七，《答沈尹同书》三，第185页。

人是欲求静的，却失之堕聪黜明，不知心之神明，如何可使之槁木死灰。一等人是欲默识的，却失之悬空想像，不知在物为理，处物为义，无地不有，无时不然，如何舍却日用行习，别寻一个道理。舜明于庶物，察于人伦；孔子好古敏求，则善固执，可谓先圣后圣，其揆一也。敬义夹持，居敬穷理，洛、闽以所为吾儒之正统。今只守此家法，一意致知力行，有忿必惩，有欲必窒，见善则迁，有过则改，以是勉焉，日有孳孳，毙而后已，庶其无失矣。"[①]心学受禅宗的影响，或主静或主默识，以静态的方式内省，乞求于直觉的体悟，而忘记从具体事物求其理，于日用伦常见其用。因此他主张心性修养要与日用伦常相结合，居敬与穷理打并归一，敬与义不可偏废，这才是儒家的正统。

他认为，居敬所以存心，穷理所以致知，两者是一致的，不过朱熹讲得更具体贴切些。为学必须从此而入手，舍此别无他法，由此他论心，断言存心指"存其固有之良心也。其端为恻隐、羞恶、辞让、是非，其事为君臣、父子、昆弟、夫妇、朋友。自洒扫、应对、进退，以至位天地、育万物，无非是也。放此之谓放其心而不知求，失此之谓失其本心。至于梏之反覆，不足以事父母，不足以保妻子，则其违禽兽不远矣。君子终日乾乾，夕惕若，惟此功夫最为吃紧耳"[②]。存人之良心，此心表现为孟子所谓的四端，而这四端又是通过与之相应的具体事物及其活动体现出来。因此这里讲的心是实心而非空论，求其放心也即是找回游离于具体行为之外的心，这是把心落实在物上，或者说落在具体的人伦日常生活中，是以物来论心。他对放心似有另一种解释，说："心之放非一端，人知放其心于声色嗜欲之为放心，而不知学问之际，其为放心更深也。不到惟精惟一，允执厥中，总为放心。"[③]放心不局限于受一些感觉因素的影响，而且也指学问，一味地追逐学问而不悟其

---

① 张履祥：《杨园先生全集》卷二十八，《愿学记》三，第 780 页。

② 张履祥：《杨园先生全集》卷二十七，《愿学记》二，第 748 页。

③ 张履祥：《杨园先生全集》卷二十八，《愿学记》三，第 771 页。

精微处,也是放心。在这里他也意识到做学问等不能离开心。

在本体与工夫的关系上,张履祥强调:"理一无工夫,工夫全在分殊上。吾人日用致力,只要穷致物理,随事精察而力行之,即不必言未发之中,而未发之中无乎不在。世儒好说本体,岂知本体不假修为,人人具有,虽使说得精微广大,何益于日用?"①理不离日用,本体不离工夫,离开工夫,本体无从体现。以道德修养来说,归回于至善以见心体,必须通过格物穷理,从日常实践做起方能达到。他论诚意、格物、致知也说:"吾人日用工夫,止有庸德之行,庸言之谨,内省不疚,无恶于志而已,此诚意之事也。其致知格物之事,则博学、审问、慎思、明辨是也。"②庸即平常,在日用平常中见其工夫。

重工夫,重日用力行是务实,因此反对浮躁,即空虚不切实际,如他所说:"为学最喜是实,最忌是浮。《记》曰:甘受和,白受采,忠信之人可以学礼。忠信只一实字,故敬曰笃敬,信曰笃信,行曰笃行,好曰笃好,无所往而不用是实也。"③读书为学,"须是切实。切实者,切已也,养德、养身是也。养己之身,推之可以养人之身;养己之德,推之可以养人之德。壹是皆以修身为本,养德以是,养身亦以是。舍是,虚费光阴,徒劳心力"④。不仅为学也要笃实、切实,修身养德也要笃实,从自己出发推及他人,反对华而不实的虚假作风。清初朱子学得以复兴,一个重要原因就是王学末流空谈心性以至于学术大坏,世道人心沦丧,补偏救弊就是提倡以务实的学风替代虚学。张履祥则是这方面的开先人物,这对学术上的拨乱反正有积极意义。

重视务实,对客观应采取顺应的态度,他写道:"夫事物之不能不日至者,势也。迎之非也,拒之亦非也,以其皆不免于自私而用智也,非顺应之道也。""事至则泛应,泛应者,所以推行天理于事事物物,而

---

① 张履祥:《杨园先生全集》卷四十一,《备忘录》三,第1147页。
② 张履祥:《杨园先生全集》卷七,《答沈尹同书》,第185页。
③ 张履祥:《杨园先生全集》卷三十六,《初学备忘上》,第998页。
④ 张履祥:《杨园先生全集》卷三十六,《初学备忘序目》,第997页。

不使其有过有不及也，非以外驰也。”[1]势即客观事物发展的趋势，其内的必然性是不以人的主观意志为转移，因此只有顺应，这显然也是一种务实的态度。

三、耕读兼顾

张履祥经历晚明心学蹈虚空疏，以及明清鼎革所带来的社会动荡，因此为学力主务实，这种务实尤其表现为对国计民生的关心，所提出的一些务实主张贴近百姓，反映社会实际。

主张耕读结合，他说：“近世以耕为耻，只缘制科文艺取士，故竞趋浮末，遂至耻非所耻耳。若汉世孝悌力田为科，人即以为荣矣。实论之，耕则无游惰之患，无饥寒之忧，无外慕失足之虞，无骄侈黠诈之习。思无越畔土，物爱厥心臧，保世承家之本也。”[2]与孙奇逢一样称赞汉代的“孝悌力田”科，使士子既能读书又能耕田，学以致用。耕种是人们的物质生活之必需，解决好此问题则无后顾之忧。他也注意到耕读所遭遇到的诸多困难，说：“令子勤习耕事，以今之时，赋敛日烦，民生穷蹙，稼穑维宝之意，固不可忘。而子弟游闲浮薄之习，亦不可不力反。但箕裘之任，终以《诗》、《书》为主，前哲如吴康斋、刘忠宣之风，可为师法也。若一意重农，恐遂至于废读。带经之事日疏，俚鄙之情日长，一传再传，将忧礼义之弗克世其家也。知交子弟有去为商贾者，有流于医药卜筮者，较之耕桑，自是绝远。区区之望，实欲如古之孝弟力田，躬耕养志，不求闻达之英贤耳。”[3]但仍要坚持不懈，耕读如果偏一方，不是影响民生，使百姓日益穷困，就是导致道德沦丧，世风下降。应效法汉代“孝弟力田”科，把它作为国家取士的一项制度固定下来，这是试图通过制度来确保耕读的实施，引导奖励士子们。

---

① 张履祥：《杨园先生全集》卷五，《与何商隐书》，第 112 页。

② 张履祥：《杨园先生全集》卷四十七，《训子语上》，第 1353 页。

③ 张履祥：《杨园先生全集》卷四，《与严颖生》二，第 94 页。

他进一步讨论耕读关系，认为耕与读不可偏废，读而废耕，饥寒交迫至；耕而废读，礼义遂亡，但耕读“又不可虚有其名而无其实，耕焉而田畴就芜，读焉而诗书义塞。故家子弟坐此通病，以至丧亡随之。古人耕必曰力耕，学必曰力学。天之生人，俱有心思智虑，俱有耳目手足，苟能尽力从事，何患恒心或失而世业弗永乎？”[①]耕读不可偏废，不是空论也不是空文，而要在于其实际行动。所谓“力耕”与“力学”就是把耕读关系提升到实践层面，在实践中完成它们之间的互动，以满足社会的需要。

他把耕种提到关系国计民生的高度，说：“稼穑之艰，学者尤不可不知。食者，生民之原，天下治乱，国家废兴、存亡之本也。古之人自天子以至于庶人，未有不知耕者。”[②]民以食为天，食来源于耕种，天下人皆应从事耕种。孟子曾讲过人无恒产则无恒心，他服膺这一主张，认为人需要有恒业，有恒业才有恒心。无恒业之人，“始于丧其本心，终至丧其身。然择术不可不慎，除耕读二事，无一可为者。商贾近利，易坏心术；工技役于人，近贱；医卜之为类，又下工商一等；下此益贱，更无可言者矣”[③]。“恒业”即永久之业，指耕读，中国古代社会阶层以士农工商为序，其中耕读的主体指的就是士农，他们在社会阶层中占主导地位，然后才是工商等。他的这种观点是古代农业社会实际需要的反映。

面对社会出现的诸种弊病，张履祥还提出社会改革诸措施，如说：“富者田连阡陌，贫者无立锥，以至游民日众，陵暴横行，虽有尧、舜，无以使老有所终，壮有所养，幼有所长。有王者起，田制必当变。学校不以孝弟忠信造士，而相率为浮文以坏乱其心术，学校必当变。取士不以实行，而专以艺文，不足以得贤才，科举必当变。自一命以下，至于杂流，俱命自朝廷，虽舜、禹为选司，无以知人，铨法必当变。职事相牵

①③ 张履祥：《杨园先生全集》卷四十七，《训子语上》，第 1352 页。

② 张履祥：《杨园先生全集》卷三十六，《初学备忘上》，第 993 页。

制，虽有才能不得舒展，官制必当变。入任之后，无论贤不肖，一概资格序转，贤者踬于上达，不肖者优游以取高位，资格必当变。养兵以病民，而兵不足用，军政必当变。一州之土物，自足养一州之人民，而使西北必仰给于东南，赋法必当变。士人不知法令，他日无以守官，掾史世其家，得以因缘为奸。当仿进士观政、监生历事之例，自京朝以至郡邑，使生员、贡士主文移、狱讼、钱谷之事，而去其吏员、掾史等而下之，衙役必当变。"[①]社会改革涉及范围广，包括田制、学校、科举、铨法、官制、资格、军政、赋法、衙役等，改革所要达到的目的是建立一种合理的土地分配、学校教育取士、官制用人、军事财政、刑法等制度，这是一种全方位的改革方案，其中田制与学校及科举排在前面，这与他关心耕读是一致的，说明他倡导的改革从最基本的生活需要与人伦道德入手，而其他的政治等制度则是建立在这样一个基本需要之上的。

清初学者对于张履祥的学术贡献及历史地位给予积极的肯定，周镐说："先生虽及蕺山之门，独能力挽颓波，明正学于举世不明之日，上继洛、闽之绪，下开清献之传，志称朱子后一人，允矣无愧。"[②]承认他是清初朱子学的开山人物。方东树说："近代真儒，惟陆清献公及张杨园先生为得洛、闽正传。自陈、湛不主敬，高、顾不识性，山阴不主致知，故所趋无不差，而清献与先生实为迷途之明烛矣。先生尝师山阴，故不敢诵言其失，然其为学之明辨审谛，所以补救弥缝之者亦至矣。先生实开清献之先，清献尤服膺先生之粹。"[③]把他与陆陇其并提，称他们为"迷途之明烛"，实际上张履祥在传播发扬朱子学方面先于陆陇其。张履祥与陆陇其有一点不同，那就是张履祥没有仕清，陆陇其则为清廷的朱子干城而从祀孔庙。就学术而言，陆陇其囿于朱子门户，所学为后人垢病，其儒学的气度与规模远不如张履祥。

---

① 张履祥：《杨园先生全集》卷二十八，《愿学记》三，第 767 页。

② 周镐：《张杨园先生全集序》，《杨园先生全集》卷首，第 11 页。

③ 方东树：《重编张杨园先生年谱序》，《杨园先生全集》附录，中华书局，2002 年，第 1487 页。

第二节　陆世仪的用世之学

陆世仪(1611—1672),字道威,号刚斋,又号桴亭,江苏太仓人。明季为诸生。与同里陈瑚、盛敬、江士韶诸人以道义相勉励,提倡正学。初行袁了凡功过格,继之以为不当,作《格致编》,以敬天为入德之门,创立考德课业格,日以所为之事、所读之书记录于格,以考验其进退。他不以独坐书斋为限,而抱有康平天下之志。明亡,知其志向难以实现,隐居不仕清廷,筑桴亭与同志讲学。又先后讲学东林、毗陵等书院,倡导经世之学,远近归之。他一生为学博及天文、地理、河渠、兵法、封建、井田、学校等,"凡其所言,皆参酌古今,务在因时制宜,有可见诸行事,而其生平成敬穷理,履中蹈和"①。为学尊朱熹,但不立门户,志存经世,著有《思辨录》、《论学酬答》、《性善图说》,及诗文杂著等四十余种、百余卷。他强调:"今人所当学者,正不止六艺,如天文、地理、河渠、兵法之类,皆切于用世,不可不讲。"②提倡读书的目的不是为了高官厚禄,也不是为了空谈静坐,而是要将圣贤的言语思想身体力行,为现实服务。

一、阴阳一太极

陆世仪的理学以太极即阴阳之气为入手,首先分析了自然界的发生及演进,其次转进到人性诸问题,并以气为轴心,打通宇宙论与人性论,体现了性道合一的思想。

他关注天地的产生,并依据《周易·系辞上》探讨了天地产生的原

① 唐受祺:《陆桴亭先生遗书序》,《陆桴亭先生遗书》卷首,光绪年间刊本,第2页。

② 陆世仪:《思辨录辑要》卷一《大学类》,《丛书集成初编》,商务印书馆,1936年,第13页。

因及其过程，发挥“易有太极，是生两仪”指出：“便是说天地之原起。但太极是甚么东西？说个有字，自不知者观之，得无认作一物。否！这太极不过是理。理是无形的，无所谓极，而实太极，是为无极而太极。这太极何尝会动静，但天地是个阴阳，阴阳是个气，气自然有动静。然其动也，非无因而动也，必有当动之理而后动，这便是太极动而生阳。其静也，非无因而静也，必有当静之理而后静，这便是太极静而生阴。其动静也，又非一动一静而遂已也，理必循环不已，这便是静极复动，动极复静。动静之久，则分阴分阳而两仪立，两仪立则五行生，五气布而四时行，究竟五行不过一阴阳，阴阳不过一太极，太极不过一无形之理而已。这便是生天生地的根因。”[①]在这里，太极是本体或始基，其中包含理气，理无形看不见，气为具体，指阴阳动静，理气结合，动静相互作用，于是阴阳分别而两仪开始，然后是五行四时产生，这是天地万物生成的过程。其根源在于太极，因为其中已包含着发生的种子，这个种子就是理气，也可以说天地万物的生成是太极展开的过程，这里尤突显了气的作用。这种说法体现了本体论与宇宙发生论的统一。

他说：“天地间只是阴阳五行。《易》明阴阳之理，《洪范》发五行之蕴，周子《太极图说》，则合而阐之，以明五行一阴阳，阴阳一太极。故至今周子而后言阴阳者，必言五行，言五行者必言阴阳。不特谈道者为然，即医师、日者、星相、技术之家，非此不验。盖至理之所范围，莫能过矣。康节以四为数，言水火土石而遗金木终欠自然。”“凡虚处皆天，凡实处皆地，凡气皆天，凡质皆地。假如人物鸟兽其肢体血肉是地质，其知觉虚灵皆天气也；假如其草木枝干花叶皆地质，其生机皆天气也。”[②]依据儒家经典如《周易》、《尚书》等，太极、阴阳、五行为天地起源及生成发展的基本模式，周敦颐等正统理学加以阐释，后来程朱给予

---

① 陆世仪：《太极图说讲义》，《桴亭先生文集》卷一，第 12 页。

② 陆世仪：《思辨录辑要》卷二十四，《天道类》，《四库全书》第 724 册，第 210、211 页。

发扬,其他谈天说地者概莫能外。在天地万物生成过程中,气的特定作用在于它使包括人在内的动植物"知觉虚灵",可以说是其中的灵魂,有形的东西则属于质料。

讲太极其中包含理气,进而他分析了理气关系,说:"朱子谓理先于气,是就天地未生前论。假如轻清上浮者而为天,是气也,然必有轻清上浮之理而后轻清者浮而为天;重浊者下降而为地,是气也,然必有重浊下降之理而后重浊者下降而为地。不然,何不闻重浊上浮、轻清下降乎?譬如人著新衣,忽生虮虱,此气之所成也,然必有生虮虱之理而后虮虱生,衣服外面则不生矣,无是理故无是气也,岂非理先于气乎?"[①]在理气关系上,强调"理先于气",其理由是轻清之气可以上浮为天,重浊之气可以下降为地,其原因是背后的理,理使之然,此理有规律、法则之意,它虽然依附于气,但指导着气的变化,而且不同的气作用不同,是因其理不同。从这个意义上说"无是理故无是气"。

他又以气论述道器关系,发挥《周易》"形而上者谓之道,形而下者谓之器"写道:"要知形下不但是有形之物,即空虚无形其中皆有气,气亦是形下,其中之所以会则道也。故《中庸》洋洋乎发育万物,峻极于天。张子误认此意,以为有形者为器,无形者为道,故有取乎庄子之野马细缊,而曰太和所谓道。此处一差,所以《正蒙》中言道,往往多错。"[②]形而下不局限于有形之物如器,也包括无形之气,把气归结为形而下,而其所以然则为道,赋予形而上之道规律或者原因之义。因此不赞同张载有关"有形者为器,无形者为道"等说法,以为这是受庄子的影响。

陆世仪还把其气论运用于解释人性,使宇宙论与人性论达到统一。他的人性论探讨人性及其善恶等问题,提出性善"全在气质上见"的思想。

① 陆世仪:《思辨录辑要》卷二十三,《天道类》,《四库全书》第724册,第203页。

② 陆世仪:《思辨录辑要》卷二十四,《天道类》,《四库全书》第724册,第206页。

他说:“人性之善,不必在天命上看,正要在气质上看。何以言之?性字是公共的。人有性,物亦有性,禽兽有性,草木有性。若在天命上看,未著于人,未著于物,人之性即物之性,物之性即人之性,无所分别也。无所分别而谓之至善,则人至善,物亦至善,何以见得至善必归之于人?惟就气质之性上看,则人之性不同于物之性,禽兽之性不同于草木之性。人得其全,物得其偏;人得其灵,物得其蠢;人得其通,物得其塞。其为至善,必断断之属于人无疑也。故人之性善,正如火之性热,水之性寒……全在气质上见。”[①]论性善应以气质为准。其根据是性为一般的共性,此性为天命所赋予,人与物都一样。从天命理解性只一种天性,无所谓善与不善。从气质看就有所不同了,人与物的气质不同,性也有偏全不同。他以此论性的目的是反对宋明理学抽象空谈,而是试图把性落实在气质,从性的载体来谈性,使性具有直接现实性,因为人性的展开与实现在于后天。

针对孔子论性主张性相近,孟子论性只主性善,孔孟二说已有不同,至于宋儒又言性,提出义理之性与气质之性等说法,他皆表示反对,指出:“只看易有太极,是生两仪句,则理气之说明,而性之为性昭然矣。盖太极者理也,两仪者气也,理无不善,一人乎气,遂分阴阳,分阴阳遂分刚柔,分刚柔遂有清浊,有清浊遂有善恶。故孔子曰性相近也,又曰上智下愚不移,是兼义理气质而言性,所谓合太极两仪而统言者也。孟子则指其最初者而言,以为阴阳之气,虽杂糅偏驳之极,而太极则未尝杂人之气质,虽下愚浊恶之极,而性则未尝不善,故专以善为言,是独指太极以发明此理。要之立言虽殊,旨意则一。太极两仪未尝二,性如何有二。”[②]宋儒论性有气质之性与义理之性之说,而且以为气质之性是恶,义理之性是善的,甚至把这一区别溯源于孔孟,如孔子主张“性相近”,孟子主张“性善”已开其先。陆世仪则认为,孔子论性

---

① 陆世仪:《高顾两公语录大旨》,《桴亭先生文集》卷二,第 23 页。

② 陆世仪:《思辨录辑要》卷二十六,《人道类》,《四库全书》第 724 册,第 235—236 页。

兼顾义理与气质，孟子论性则注重天赋人性之初，前者兼先后天，后者重先天(生理意义上的)，角度不同，但宗旨是一致的。他根据“易有太极”一段的说法，主张理气一体统一，气也阴阳不二，不存在着所谓的气质之性与义理之性，论性只有一个性。

《周易》有“继之者善，成之者性”之说，他给予分析道：“然而性善之说，则终以先入之言为主，以为孟子论善只就天命之初，继之者善处论，未敢说到成之者性。直至己亥，偶与两儿言性，始觉得成之者性以前着不得性字，既说成之者性，便属气质，既属气质，何云性善。于是旷览夫天人之原，博观于万物之际，见夫所为异异而同同者，始知性为万物所同，善惟人性所独。性善之旨正不必离气质而观也。”[①]性善指天赋而言，性有载体，如人体作为载体有气质，同时也必然受到后天的习染，因此要“继善成性”，继是继天赋人之所有，成是使人之所有潜在的善性变成现实的善性，因此性善不离气质，人非生活在真空中，但又不落气质，保持其天赋的特点。

二、格致诸工夫

陆世仪治学的侧重点不在心性本体，而在于诸修养工夫，以为儒学自孔、孟起皆重视工夫，如“吾十有五而志于学”是孔子入门工夫，“博文约礼”是颜子入门工夫，“自省”是曾子入门工夫，“戒惧慎独”是子思入门工夫，“集义”是孟子入门工夫。理学诸家如宋代周敦颐的“主静”，张载的“万物一体”，程朱的“居敬穷理”，胡瑗的“经义治事”，陆九渊的“立志辨义利”，明代薛文清的“主敬”，湛若水的“随处体认天理”，陈献章的“自然养气”，王守仁的“致良知”等，皆所谓入门工夫，通过诸工夫“皆可以至于道。学者不向自心证取，而辄欲同之他人，岂所谓实下工夫者乎”。[②] 诸工夫尽管各有偏重，但都“可以至于道”，同时

① 陆世仪:《思辨录辑要》卷二十七,《人道类》,《四库全书》第 724 册,第 252 页。

② 陆世仪:《思辨录辑要》卷二,《居敬类》,《丛书集成初编》,第 28 页。

强调诸工夫在于“自心证取”，非有赖于他人。

他服膺朱熹，发挥阐扬格致、居敬、穷理诸工夫说：“夫穷理之学，格致是也。理在吾心而乃求之天下之物，何也？曰此儒者之道，所谓体用合一，而孟子之所称万物皆备于我也。一物不备不足以践我之形，一理未穷不足以尽性之量，故君子之学能立命者，以其能尽性也。夫性未可遽尽，而理可以渐穷，学者有志于穷理，则必事事而察之，日日而精之，时时而习之，渐造渐进，以至于极，为神为圣，莫非是也。然而又非驰骛于穷大之谓也。驰骛于穷大而莫为之主，则事至而纷纠，事去而放逸，虽有所得，旋亦放失。是故君子又有居敬之学。”[①]把穷理与格致看成是一致的。既然理在心，为何能求之于天下之物？其原因是心物统一、体用合一，使求物之所以可能，同时他又告诫“践我之形”、“尽性之理”必须遍求天下万物，一时不能松懈，切莫好高骛远，要从具体的事物入手，一事一物的格致穷理，不存在着一蹴而就的现象，格致穷理是一个循序渐进的过程。

有人说：“格致之说，朱注似属支离，不若阳明直截。”陆世仪则说：“朱注说格物，只是穷理二字，阳明说格物便多端。今《传习录》所载，有以格其心为说者，有仍朱子之旧者。至于致知，则增一良字，以为一贯之道，尽在是矣。缘阳明把致知二字，竟作明明德三字看，不知明明德工夫，合格致诚正修俱在里面。致知只是明德一端，如何可混。且说个致良知，虽是直截，终不赅括，不如穷理稳当。问何为？曰，天下事有可以不虑而知者，心性道德是也；有必待学而知者，名物度数是也。假如只天文一事，亦儒者所当知，然星辰次舍、七政运行，必观书考图，然后明白，纯靠良知致得去否。故穷理二字，赅得致良知，致良知三字，赅不得穷理。”[②]朱熹讲格物穷理，王守仁有格心之说，相对于

① 陆世仪：《论学酬答》卷二，《答王周臣天命心性志气情才问》，《陆桴亭先生遗书》第 11 册，第 5 页。

② 陆世仪：《思辨录辑要》卷三，《格致类》，《丛书集成初编》，第 34 页。

朱熹来说王氏之说更重在内,《大学》有致知,王守仁加一良字,创致良知之说并以此概括明明德,这是不知明德工夫包括致知及其他,因此以致良知囊括一切是错误的。对穷理与致良知,陆氏更倾向于前者,因为致良知只包括不虑而知,着力于内在的心里体认,而忽视外在的知识,并未包括学而知之,而穷理则内含两者,打通内圣与外王,比致良知更为全面。

他讲穷理、格致又论居敬,指修养工夫,转向于内,说:“古人以居敬为力行,穷理为致知者。毕竟敬字赅得行字,行字当不得敬字。须把居敬作主,下面却致知力行一齐并进,方有头绪。文公本传云,文公之学,大抵穷理以致其知,反躬以践其实,而以居敬为本,此方是千圣千贤入门正法。”[①]服膺朱熹之学,穷理是致知,反身以践其实,强调敬,敬字包括行,居敬就是力行,因此以居敬为本,这体现了儒学的“入门正法”。人问:“居敬穷理四字,是吾子宗旨否?”他回答说:“仪亦不敢以此四字为宗旨,但做来做去,觉得此四字为贯串周匝,有根脚,有进步,千圣千贤道理总不出此。然亦是下手做工夫,得力后方始觉得,非著意以此四字为入门也。入门之法,只真心学圣贤耳。”[②]以“居敬穷理”为儒学灵魂,诸圣贤所讲的道理皆不出这四个字,下工夫成圣成贤皆从此开始,这是人们日常生活中最容易做到的,因此称它为“入门之法”。

他把居敬与诚意、敬等范畴联系起来,指出:“夫居敬之学,则诚意是也。诚意之始由于不欺,一善不敢饰,一恶不敢隐,至功夫再进,则真心发矣。将欲饰善而自知耻,将欲隐恶而自知愧,至功夫又进,则谨慎至矣。几微之善亦无不存,几微之恶亦无不绝,至功夫更进,则戒惧生矣。无善可凭而常惺惺,无恶可绝而常业业,诚之至也,敬之至也。故《中庸》以至诚为圣人,朱子以敬字为圣门第一个字,盖真见千圣相

① 陆世仪:《思辨录辑要》卷二,《居敬类》,《丛书集成初编》,第27页。

② 陆世仪:《思辨录辑要》卷二,《居敬类》,《丛书集成初编》,第29页。

传止此一法。有是法,然后有以穷天下之理,而为尽性为至命,可以即此而造极。无是法,则为异端为曲学为俗儒所为,入于邪僻委琐而不可救也。故居敬穷理在圣人为一贯之学,在学者为入德之门,即此下学,即此上达,初无有二。”[①]把居敬看作是诚意。诚意就是不欺,对善恶不掩饰隐瞒,发自内心,进而谨慎戒惧,工夫层层深入,以至至善无恶。诚也是敬,朱熹最喜欢讲敬字,这一字最能体现儒学的工夫,穷理尽性至命离不开它。凡此都是下学,属于工夫,因此陆氏反对抽象的谈论上达、本体,不主张心性体悟,以为这是异端或曲学,这实质上是反对陆王后学,因为他们深受佛教,尤其是禅学的影响。陆氏倡导居敬与穷理一以贯之,是下学与上达、工夫与本体的一致,只有通过下学、工夫才能上达窥见本体。

陆世仪讲格物致知,讲穷理,并非仅反向内心,而且也向外,求天下事物之理,他说:“有一事一物之格致,有彻首彻尾之格致。即凡天下之物,莫不因其已知之理而益穷之,此一事一物之格致也。用力之久,而一旦豁通,此彻首彻尾之格致也。一事一物之格致,即随事精察工夫;彻首彻尾之格致,即一贯工夫。”[②]知天下事物,必穷其已知之理,其间通过一事一物来格物致知完成。格致就是向外,它贯穿始终,其对象是客观存在的事物,穷理是对事物的认知,格物与穷理是统一的。

他认为格物有多种途径,物也有多样性,“但得一道而入,则可以推类而通。且如《论语》川上之叹,《中庸》鸢飞鱼跃之旨,《孟子》犬牛人性之辨,莫非物也。于此精思而有得,则凡备于我者,皆可得而尽通,其言虽是,然愚以为格物之法,必由近以及远,由粗以及精,由身心以及家国天下,由日用饮食以至天地万物,渐造渐进,乃至豁然。夫然后天人物我,内外本末,幽明死生、鬼神昼夜,皆可一以贯之而无疑。

① 陆世仪:《论学酬答》卷二,《答王周臣天命心性志气情才问》,《陆桴亭先生遗书》第 11 册,第 5—6 页。

② 陆世仪:《思辨录辑录》卷三,《格致类》,《丛书集成初编》,第 31 页。

不然未能切身理会，而遽欲求之鸢鱼犬牛之际，吾恐学者不入学究一途，却又入禅宗看话头，参竹篦子一路。”[①]孔子讲的河水流逝属于无生命之物，《中庸》与孟子讲的是有生命之物，总之皆是物。他引申为自然、人类自身、社会等存在的诸现象都是物，物实际上就是不依人的意识为转移的客观存在。既然物众多又广大无边，格物必须由近及远，精益求精，同时要懂得一以贯之、触类旁通之理，才不至于把格物做机械的理解，出现格竹子的笑话。

陆世仪讲格物致知表现为重视书本，主张阅读实际有用之书。他说：“致知工夫，莫备于六书。盖天地间一物必有一字，而圣贤制字，一字必具一理。能即字以穷理，则格物之道存焉。”[②]六书指造字的六种规则。书中每一字具有一理，皆天地间一物，说明书中所载并非空洞的说教，而反映了格物致知之理，因此读书就是格物致知穷理。

他提倡读地理、水利、农田、兵法等方面的书籍，认为地理书“宜详险要，《一统志》所载多泛记山川、人物名胜，而于险要独略，或亦朝廷祕慎之意。然学者必不可不知也。予尝读二十一史战争之事，其有关于险要者，分省分郡，各以类注，颇有关学问”[③]。水利、农田书籍是一回事，读“两书可互相发明。能知水利，则农田思过半矣”[④]。兵法之书，“儒者不可不习。此虽毒天下之事，而实仁天下之事。儒者不习，而顾使强武之人习之，得以肆行其不义，此天下之所以常乱而不治也”[⑤]。格物、致知、穷理既然是学问就离不开书本，书本作为前人经验的总结，为后人提供认知事物的方便，他在各地讲学时就列举许多格致书籍与诸生阅读，重视读书是理学中朱熹一脉的特点之一，陆世仪强调格致继承与发扬了这一点。

陆世仪对格致、居敬、穷理诸工夫的分析，避免流于本体的空疏，

---

① 陆世仪：《思辨录辑要》卷三，《格致类》，《丛书集成初编》，第 32—33 页。

② 陆世仪：《思辨录辑要》卷四，《格致类》，《丛书集成初编》，第 50 页。

③④⑤ 陆世仪：《思辨录辑要》卷三，《格致类》，《丛书集成初编》，第 53 页。

与此同时也体现其内外交修、内圣与外王并举的特征。

三、封建、井田、学校

陆世仪理学的重心注重躬行，倡导经世，其经世思想主要表现在“封建、井田、学校”三方面，以为这三者是“致治之大纲，后世若欲治平”[①]的道理所在。

政治上的封建制与郡县制。陆世仪认为明朝灭亡的政治原因是中央集权过分集中的郡县制造成的，他说：“凡县邑之守令，其有分土，有分民，兵农礼乐悉出其手，如古诸侯之职。至于太守二千石之职，已止有分土无分民矣。上而至于督抚，其有分土无分民与太守同，而何忧乎协谋致乱之云云也。盖太守者所以监县邑，而督抚者又所以监郡府，其权主于察吏而不主于治民，故所任非人而其失终不足以致乱。”[②]封建时的“古诸侯之职”具有管理兵农礼乐之权，即有禄田又有治民权，称之为“有分土有分民”，而郡县制条件下的官吏虽受封爵位，只有禄田而无治民权，称之为“有分土无分民”。此种体制下的吏制有六弊：“佐贰不得自选一，不主兵权二，上司太多，疲于应接三，缙绅满邑，谋议多左四，子衿数百，动辄哄堂、不可教谕五，迁转太数六。”[③]这是针砭明末腐朽政治的弊端。因此他主张把中央的行政、司法等权力下放给地方，使地方有更大的权力，也就是说郡县制下的官吏应像“古诸侯之职”一样，有地方行政权及人事任免权。他还认为行政改革的关键在于县一级有自主权，减少行政管理的层次，官员有相对稳定性。同时使郡道以上取消治民权，只有监察权，避免藩侯割据现象的出现，以稳定政治全局。

在讨论封建制与郡县制问题上，陆世仪认识到封建、郡县都有得失，提出“去两短，集两长”的主张，其实质是立足于取古制之长以补今

---

①③ 陆世仪：《思辨录辑要》卷十八，《治平类》，第183页。

② 陆世仪：《论学酬答》卷一，《答王登善封建郡县问》，第13页。

制之短：封建之得，“在于分数明，事权一，历年久，礼乐刑政易施，诸侯贤明，可以自立，无掣肘之患”。封建之失，“在于子孙世守，赏罚难行，公族蔓延，疏远之贤，不得进用”。郡县之得，“在于力小易制，无尾大不掉之虞，官吏得其人则易治，非其人亦易去”。郡县之失，“在于防制太密，权位太轻，迁转太数，小人得售其奸，君子不得行其志。故封建之弊，谓之太强，其末也，每坏于强侯之分争。郡县之弊，谓之太弱，其末也，优柔不支，每失天下于盗贼。善治天下者，当去两短，集两长。循今郡县之制，复古诸侯之爵，重其事权，宽其防制，久其禄位，有封建之实，无封建之名，有封建之利，无封建之害，以此语治，其庶几乎”。[①]这里不仅注意到封建与郡县的得失和利弊，同时也提出了改革的方法。那就是至少在提法上，不否认郡县制，或者说形式上保留郡县之制，内容上引入封建古制有价值之处，“有封建之实，无封建之名，有封建之利，无封建之害”，以期在不改变现有政治体制的前提下，达到革新政治的目的。

他认为要想实现“封建”、“郡县”论中的“去两短、集两长”，只有从“制乡”做起，因此又倡导建立治理乡邑的“约正三长”制。治理地方主要有四法，它们是乡约、社学、保甲、社仓。所谓社学、保甲、社仓，即孔子之所谓的“足食、足兵、民信，孟子之所谓出入相友、守望相助、疾病相扶持也”。而乡约则是“约一乡之众而相与共趋于社学，共趋于保甲，共趋于社仓也”。在这四者之中，乡约为纲，是一般原则，因此是虚的，而社学、保甲、社仓这三者为目，属于具体操作，因此是实的。[②]乡约与其他三者应是相互统一的关系，作用虽不同，但同等重要。

他没有停留在制度本身的制定上，而且是注重于制度的执行。如在用人制度上，提出推举一乡之长的必要性，认为“乡无长不可治，拟每乡立约正一人，以本乡中廉平公正、宿儒耆老为之，凭一乡之公举”，

---

① 陆世仪：《思辨录辑要》卷十八，《治平类》，第183—184页。

② 参见陆世仪：《治乡三约》卷首，《自序》，《陆桴亭先生遗书》第18册，第1—2页。

尤其强调“凡举约正，不可概凭里甲开报，须细心采访，每乡多举三四人，精加选择……宁择而后用，勿用而后择”。“约正”即乡长，乡长的人选应由德高望重之人通过“公举”产生，这体现出慎重的选人标准和用人方法。在此基础上，他指出乡长的具体职责，“约正之职，掌治乡之三约：一曰教约，以训乡民。一曰恤约，以惠乡民。一曰保约，以卫乡民”。教约即社学，恤约即社仓，保约即保甲，因三约之下又设三长，即“教长”、“恤长”、“保长”。三长为约正的助手，兼约副之职。“教长以知书义者为之，恤长以富厚公廉者为之，保长以有智力者为之。皆听命于约正，由一乡之人公举。”三长各有职司，“教事责教长，恤事责恤长，保事责保长”，约正对官府负责，三长对约正负责。如果三长不称职，“则于年终之时，约正白于官府而请易。至于约正，则必俟岁终，合一乡之公评而诛赏，不得数数废置也”。[①] 打破终身制，以政绩的好坏来任免“三长”。可见他的政治制度的改革措施重在基层，直接对百姓负责，其政治从社会底层入手，以此为基础向上推进，正体现了其一贯主张的“治天下必自治一国始，治一国必自治一乡始”[②]的思想。

陆世仪的政治主张与顾炎武、黄宗羲有相似之处，但又有不同。他们都看到了由于郡县制权力集中于皇帝一人的弊病，不满意中央集权制，主张权力下放。陆世仪的分权主张与顾炎武关于分权及地方自治的观点相近，顾氏所谓“寓封建之意于郡县之中”，与陆世仪以古制之长补今制之短，有异曲同工之妙。黄宗羲认为三代之封建制有一定合理性，三代以下政治出现弊病，大体肯定秦以前的政治体制，对秦以后的政治体制采取批判的态度，此与陆世仪相近。但黄氏是以古制代替今制，陆氏则是以古制补充今制；黄氏侧重以相权限制君权，强调法制作用，而陆世仪以扩大地方权力来分散君权，以此解决当时政治出现的种种症结，立脚点有所不同。

---

① 引文均见陆世仪：《治乡三约》载《陆桴亭先生遗书》第 18 册，第 1—15 页。

② 陆世仪：《思辨录辑要》卷十八，《治平类》，第 189 页。

经济上的“经界”制与“田赋”法。陆世仪主张只有提倡“重农”即“以农桑稼穑为主”，才能“无游惰之患，无饥寒之状，无外慕失足之虞，无骄侈黠诈之习”。发展农业生产是天下治乱、国家废兴存亡之本。所以为了恢复和发展农业生产，他提出了一系列的改革措施。

他基于明末由于土地兼并而导致民变的教训，虽不反对废除土地所有制，但主张在井田制的基础上加强改革。他说：“三代而上，天下非天子所得私也，秦废封建而始以天下奉一人。三代而上，田产非庶人所得私也，秦废井田而始以田产予百姓，此数语说得最确。”[①]这种井田制虽然是好的经济制度，但井田之法，“行之春秋、战国，而寻其遗迹也易，行之后代而更新开拓也难；行之于创造而产无专主也易，行之于承平而夺民定产也难；行之封建而诸侯各视为己业也易，行之郡县而守令迁转如传舍也难；行之边鄙而开荒集众也易，行之内地而欲夺民之世产也难。欲行井田，必先封建”。所以“井田沟洫、形体之制，不可执一而论”[②]。由于政治上的郡县制代替封建制，也使与其相配套的井田制推行出现困难。因此，只有在恢复封建制的基础上，才能实施井田制。

陆世仪提出欲行井田必正经界，认为“经界是治地大法”，而三代以后已无人知晓经界，把阡陌当成经界，其实阡陌与经界有所不同，“阡陌有实无虚，经界则有虚有实；阡陌有曲有直，经界则有直无曲”。经界“如今地图之计里画方，计里画方，今人但于纸上约略画就，古人则实实于地上经画出来，真所谓经天纬地。”[③]所谓“经界”实际上是一种丈量土地的方法，把画经界喻之为绘地图，天下地图最难画准，一旦有经界，画地图定准无疑。其实宋代的改革家王安石、明代权相张居正都重视“经界”，并防止大土地占有者泯没经界、以便兼并，但丈量结果，地少者溢出而地多者变少，仍未达到初衷。陆世仪这种以经界与

①② 陆世仪：《思辨录辑要》卷十九，《治平类》，第191页。

③ 陆世仪：《思辨录辑要》卷十九，《治平类》，第193页。

地图联系起来的新的土地测量方法既形象又切实可行。

不止于此，他把经界与井田联系起来，提出了治理的措施："今时欲行井田，须乘大乱之后，设处田皆入官，定都图，修水利，然后将田分作分数，上田四十亩，中田六十亩，下田八十亩，逐都逐图，编成字号，募人佃种，力能胜一分者一分，不能胜者半分，虽富有力者，不得佃一分之外，老则授之子，无子而不能胜者，以田归官，听人另佃，其佃田逾一分之外，及无子而授他姓，不以田归官者罪之。夫定都图，经界也，修水利，沟洫也；作分数，画井也。上田四十，中田六十，下田八十，一易再易三易也。募人佃种，二十授田也，力能胜者种一分，八口之家也。不能胜者半分，余夫也。虽富有力，不得佃一分之外，限田也。老则授之子，无子而不能胜者，以田归官，六十归田也。然后斟酌地力，轻徭薄赋。"[①]通过正"经界"的形式把有效的土地确定下来，然后兴修水利，按人口多少，能力大小还分配田亩，使田有所耕，人有所用，按照地、人的实际情况来担负相应的徭役、赋税。

与土地所有制改革相适应，陆世仪主张改革田赋。他基于清初江南田漕运的困难以及由此而产生的弊端，力倡"设开中法"，说："江南岁漕五百万石，若无良法救疗，此万世之病也。常思得一策，苟能循而行之，则三十年后，岁漕可已。其法莫若用洪永开中法，凡畿辅之地及山东西九边各塞，或募徽商，或召土著，或遣谪贪污官吏，给与闲田，永不起科，听其以意，号召乡人，有能垦至百顷者，或复其官，或荣其身，数年之间，边鄙充足。三十年间，漕运可已。"[②]正是由于他出生于江苏太仓，深知清初江南漕运劳民伤财，费多效少，才提出"开中法"。此法在于通过免除赋税的方式，鼓励京津、山东、山西、安徽，乃至于各边塞的商人、土著、有罪戍边之官吏耕种荒地，开垦边塞，扩大粮食产量。这不仅使北方居高不下的米价下降，京畿地区粮食自给自足，同时使

① 陆世仪：《思辨录辑要》卷十九，《治平类》，第 196—197 页。
② 陆世仪：《思辨录辑要》卷十六，《治平类》，第 157 页。

江南不必漕运,解决南粮北调所带来的艰辛。他的这些主张及措施,对于发展农业生产,稳定政治都是有积极意义的。

他还建议稳定赋额,说:“凡田赋之法,最要简明直截,赋额一定,上下遵守,永世不易,故贪暴不敢挪移作弊。”[①]由此他痛陈当时姑苏钱粮的三大困和四大弊,即“浮粮积害之困”、“水利壅塞之困”、“豫征白粮之困”与“杂徭妨正之弊”、“吏胥侵蚀之弊”、“棍儒朋侵之弊”、“四民失业之弊”。[②] 针对百姓的困苦,他提出了统治者应对肥田高产,其赋当多;瘠田低产,其赋当少。在水利方面,主张疏通娄江、泄太湖积水,建议朝廷停止“折色”、“豫征”,让百姓“休养生息”,特别是统治者应对农民要“务减赋以恤民,量入以为出”。针对统治者的流弊,他指出:第一,朝廷应对地方“杂徭”做出明确规定,并奖励重用廉干人才;第二,朝廷在命官用吏上要“清源”、“节流”,以加强对吏制的管理;第三,对贪官、污吏与“棍儒”的结党营私,坚决严惩不贷;第四,提倡正道正风和相应的社会保障措施,以扶持社会正当行业的生存。

文化教育上的“学校之制”和“经济之才”。陆世仪的教育思想以“人处天地之间,无不学而成其能者”为依据,肯定教育对培养人才的重要作用,强调学校教育要与社会实际需要相结合。从教育本身看,要符合学生的实际情况;从社会需要看,要符合社会的发展要求。基于这两点的考虑,他针对当时学校教育的弊端,提出了有关教材设置、教学内容、教育方法等改革建议和措施。

教学内容上的更新。他认为教育的最终目的是培养对国家有用的人才,而“国学”是实现这一目的的最后环节。他说:“学校之制,其在乡学,不过读书识字、歌诗习礼而已。至于国学,决当仿安定湖学教法而更损益之。”如“经义则当分为《易》、《诗》、《书》、《礼》、《春秋》诸

---

① 陆世仪:《思辨录辑要》卷十六,《治平类》,第 155 页。

② 参见陆世仪:《桴亭先生文集》卷五,《姑苏钱粮三大困四大弊私言》,《续修四库全书》第 1398 册,第 497—503 页。

科，治事则宜分为天文、地理、河渠、兵法诸科，各聘请专家名士以为之长。”[①]在宋代胡瑗“湖学教法”的基础上，根据时代要求，增加了新的教学内容，如建议“今人所当学者，正不止六艺。如天文、地理、河渠、兵法之类，皆切于用世，不可不讲”[②]。从教育要“切于用世”的立场出发，强调学校不仅要开设“六艺”之科，还要增设“天文、地理、河渠、兵法”等科。强调，“经义”与“治事”相结合，反对八股的教育内容。

他特别是把当时最新的西学科技成果引入教学中，像他所说：“西学有几何用法，《崇祯历书》中有之，盖详论勾股之法也。勾股法《九章》算中有之，然未若西学之精。”[③]同时他还肯定西方天文学“近理”，说：“西学绝不言占验，其说以为日月之食，五纬之行，皆有常道、常度，岂可据以为吉凶，此殊近理。”“天文图盖天不如浑天，人知之矣。然浑天旧图亦渐与天不相似。惟西图为精密，不可以其为异国而忽之也。”[④]认为中国应该不断吸收外来文化中有用的东西，把学习西学与经国济世有机地结合起来，丰富和发展我国古代的教育内容。从他的论述中似乎可以看到近代科学教育的初曙。

他重视对教师的选择，认为应该聘请各科目学有所长的“专家名士”，以改变当时“学校设官，如教授、训导之类，徒立虚名”的局面。汉代设立博士“是即专家名士之意也，故汉儒之学虽未精纯，然尊重师传，渊源有本，是以其学尤多近实”。他也强调学校之师的品德学问是影响人才辈出的关键因素。凡是学校的老师，不论是乡学、国学、太学，“决当以德行学问为主。德行学问高于一乡者，即聘之为乡学之师；德行学问高于一国者，即聘之为国学之师；德行学问高于天下者，即聘之为太学之师”。[⑤]选择老师得当，教出的学生必然是德才兼备者。

教材设置，他列举了许多必读书目，多为经世致用之书，并主张

---

①⑤　陆世仪：《思辨录辑要》卷二十，《治平类》，第 200 页。

②　陆世仪：《思辨录辑要》卷一，《大学类》，第 13 页。

③　陆世仪：《思辨录辑要》卷十五，《治平类》，第 151 页。

④　陆世仪：《思辨录辑要》卷十四，《治平类》，第 145、141 页。

“力能兼者兼之,力不能兼,则略其涉猎而专其讲贯。又不然,则去其诗文,其于经济中,或专习一家,其余则断断在所必读,庶学者俱为有体有用之士。今天下之精神皆耗于帖括矣,谁肯为真读书人,而国家又安得收读书之益哉!”[①]故此,接下来提出了从“乡学”到“国学”,从“小学”到“太学”的三十年一整套的教育教材,书目涉及之广是前所未有的,这体现出他的办学宗旨,认为学校教育不是“帖括”之徒的培养场所,科考登仕也不是办学的唯一目标,学校的真正目标是为国家和社会培养出各个方面的有用人才,而“有用人才”的标准则是“有体有用”,既有道德心性的修养,又有经世致用的本领。

陆世仪反对空讲学与讲空学,指出:“天下无讲学之人,此世道之衰;天下皆讲学之人,亦世道之衰也。”[②]所以,他要求把“躬行”、“实行”引入教育内容,把学校教育与社会功业直接联系起来,从而对汉唐以来儒家的传统教育体制做了进一步完善。他所主张的学校制度,已接近近代规模,这不仅是道德教育,也不仅限于经义教育,而兼有科学教育,即包括天文、地理、水利、兵法;小学亦不仅是识字教育,还有歌诗学礼。所有这一切丰富了传统教育的内容,在当时儒学中颇为少见。

与顾炎武相比,陆世仪的经世思想批判的成分相对减少,建设性的成分明显增加,他不再是停留在口号上,而是见之行动,其经世主张趋于具体,具有很强的操作性,在当时是难能可贵的。

第三节　李光地的正统朱子学

李光地(1642—1718),字晋卿,号厚庵,别号榕村,福建安溪人。

---

① 陆世仪:《思辨录辑要》卷四,《格致类》,第 48 页。

② 陆世仪:《思辨录辑要》卷一,《大学类》,第 8 页。

康熙九年(1670)进士,选翰林院庶吉士,授编修。又历任侍读学士、内阁学士、翰林院掌院学士等。康熙二十八年(1689)被贬为通政使,后又历任兵部侍郎、顺天学政、工部侍郎等。康熙后期任吏部尚书、文渊阁大学士等。作为理学名臣与清圣祖关系密切,时常讲学问对。圣祖博学,凡历算、音律弥不通晓,而李光地奏进文字,圣祖未尝不称善,以至于尝说:"李光地久任讲幄,简任纶扉,谨慎清勤,始终如一。且学问渊博,研究经籍,讲求象数,虚心请益。知之最真无有如朕者,知朕亦无有过于李光地者。"[①]李光地是清廷尊朱的有力推动者,参与主持编纂《朱子全书》、《性理精义》、《周易折中》等。自己也留下大量著作,主要有《周易通论》、《周易观象》,以及《尚书解义》、《古乐经传》、《诗所》、《大学古本说》、《中庸章段》、《中庸余论》、《论语杂记》、《孟子杂记》、《朱子礼纂》、《榕村语录》、《榕村文集》等。

针对明以来王学末流蹈空沦虚,李光地为学重在由虚返实,并提出自己为学的三大纲领,即"一曰存实心,二曰明实理,三曰行实事"。"故惟圣人之道谓之中庸,过此即为隐怪。此是实理,此是实心,此是实事。即浅即深,即粗即精,无大无小,无内无外。"[②]存实心、明实理、行实事是其做学问的三个主要方面。以下从这三点出发来统摄其思想并做些分析。

一、明实理

李光地的理学对其中的理字尤加关注,反复申论,详尽探讨了理气、理事、理性等关系,完善了对理的认识。

蔡清认为,天地间二气滚作一团,其不乱处就是理。罗钦顺则认为,理即气的转折处,如春转到夏,夏转到秋,从古到今,何尝有一毫差

---

① 《清史列传》第三册,中华书局,1987 年,第 718 页。

② 李光地:《榕村语录》卷二十三,《学一》,《榕村语录榕村续语录》上,中华书局,1995 年,第 410—411 页。

错,这便是理。李光地不赞同此说,但不知其病在何处。后来读到薛瑄《读书录》,有性即气之最好处,颇赏其语而未畅。五十一岁后,忽然觉得以上三说皆有偏差,认为他们没有理解“理气先后”的内涵,说:“先有理而后有气,不是今日有了理,明日才有气。如形而上者为道,形而下者为器,岂判然分作两截?只是论等级,毕竟道属上,器属下;论层次,毕竟理在先,气在后。理能生气,气不能生理。”“理气固不可分作两截,然岂得谓无先后?如有仁之理,一感于事,便有温和之气。有义之理,一感于事,便有果决之气。”[①]主张理先气后,但并非把二者截然分开,如此则会得出今日有理,明日才有气的结论。李光地的意思是从层次上说,它们之间的不同,也就是一物中包含理气,理气皆寓于事物之中,理感于事便有气,从这个意义上说理先气后。

他又说:“气也者,何也?阴阳、动静、明晦、出入、浮沈、升降、清浊、融结、盈乎天地之间,而淆以降命,曰离是而有理焉,孰从而证诸?夫阴阳、动静,振古而然也,至于今不异也。出入、明晦,振古而然也,至于今不异也。浮沈、升降、清浊、融结,振古而然也,至于今不异也。不异之为常,有常之为当然,当然之为自然,自然之为其所以然。是故皋陶谓之天,伊尹谓之命,刘子谓之天地之中,孔子谓之道,谓之太极,程子、朱子谓之理。程子之论道器也,曰道上器下,然器亦道也,道亦器也。朱子之论理气也,曰理先气后,然理即气也,气即理也。”[②]气充满天下之间,其中包含着对立的因子并通过事物中或事物间的对应状态、样式表现出来。它们从古到今一成不变,有其恒常性,也可以说是当然的,即自然而然,没有任何人为的造作,而其所以然就是理,由此来看,理有原因,气之所以如此,是因为其背后有理,因此说理先气后。理气也是合一的,理即气,气亦即理。

对于理事关系,他说:“君臣、父子、夫妇、昆弟、朋友,不相紊乱,这

---

① 李光地:《榕村语录》卷二十六,《理气》,《榕村语录榕村续语录》上,第455—456页。

② 李光地:《榕村集》卷八,《尊朱要旨·理气》,《四库全书》1324册,第639页。

是理。然此理,不是到事物上才有。性即有仁义礼智,不可混矣。命即有阴阳五行,不可乱矣。顺性命之理,说得最好。性命即理也。程子说性即理也,是因人把性字说空了,故指点此句。其实在事物为理,人之所秉为性,天之所降为命。命本以天言,性本以人言,理本以事物言。道亦理也,但理以事物条理言,道以人所行之路言。然又曰形而上者谓之道,曰天道,曰天理,曰天心,皆是借用字眼。"[1]在理事关系上,以理为本,因为理"不是到事物上才有"的,也就是说理先于事物而存在,并且是事物得以存在的原因,同时也具有事物的规律、法则之义。性指仁义礼智,命即阴阳五行,其中不可混、不可乱是因为其中的理,理才使它们如此。他把性、命、道看成是与理同一序列的范畴,至于天道、天理、天心,其实质都是理。

他赞同朱熹的格物说,认为格物就是格事物中的理,指出:"格物之说,至程、朱而精,然物有本末一节,即是引起此意。物,事即物也;本末始终,即物中之理也。格之,则知所先后,而自诚意以下,一以贯之矣。象山陆子看得融洽,未可以同异忽之。朱子解物字,亦言事物之理,可见物字兼事也。《章句》表里精粗四字,似不如本末、终始之为亲切。然精即本,粗即末,表即终,里即始也。《大学》除此处,别无物字,而道理又极完全。以此诠格物之义,则程、朱之义益明,而古注、涑水、姚江之说皆绌矣。"[2]格物中的物即事物,对于物的指称,因本末终始更能说明而且又亲切,因此取代表里精粗,物之所以有本末始终是因为其中之理,事物与其中的理密不可分,理与事物合一,因此格物就是格物中之理,认识了其中的理,也就认识了事物的本质,对事物的了解才能本末终始一以贯之,把《大学》所讲的八条目都囊括其中,这是程朱格物的精髓。李氏对于司马光和王守仁的格物之说则采取否定的态度。

---

① 李光地:《榕村语录》卷二十六,《理气》,《榕村语录榕村续语录》上,第457—458页。

② 李光地:《榕村语录》卷一,《大学》,《榕村语录榕村续语录》上,第9页。

关于格物，李光地称陆九渊看得融洽，主要是指“陆象山《答赵咏道书》，引《大学》从物有本末起，至格物止，引得极精。两物字便是一个，把物之本末，事之终始讲究明白，便知所先后。未有知本末终始，而尚倒置从事者。知所先后，便有下手处，岂不近道。”①称赞陆九渊对《大学》格物的诠释，是把事物理解为终始本末，而其中贯穿着理，格物是格其中之理，表现为一个循序渐进的过程。

他论理性关系，说：“程子言性即理也，今当言理即性也。不知性之即理，则以习为性，而混于善恶；以空为性，而入于虚无。不知理之即性，则求高深之理，而差于日用；溺泛滥之理，而昧于本源。性即理也，是天命之无妄也；理即性也，是万物之皆备也。理即性也，实实有个本体在，即《乾》之元，而人之性也。有此，便不得不动，不得不静。故朱子解太极曰：即阴阳，而指其本体不杂乎阴阳而为言。极精。”②性即理与理即性两种提法各有偏重，但彼此不相分离。离开理言性就会出现善恶相混，流于虚无。相反，离开性言理则会忽视日用而失去本源。相比较而言，李光地更强调理即性，理是本体、所以然，以理说性使性有本体，他对理的重视体现其尊奉程朱理学的特点。

二、存实心

李光地论天地自然事物偏于理气，论人则着重讨论了心性等问题，其特点是存实心论心性。

他认为正如理气不可分一样，心性也彼此相互联系在一起，但又明确指出心与性之间的不同，如同理不等于气，性也不等于心。他说：“《诗》言，上天之事，无声无臭。《书》曰，道心惟微。夫曰天事，则阴阳化育具焉。曰道心，则是有心矣。是气也，心也，而以为无声臭焉，微焉，则理与性之不离于斯与，不杂于斯与，是心也。”“愚乃以孔、孟之言

① 李光地：《榕村语录》卷一，《大学》，《榕村语录榕村续语录》上，第8—9页。

② 李光地：《榕村语录》卷二十六，《理气》，《榕村语录榕村续语录》上，第457页。

折之。孔子所谓仁者，人也，心、性之合也。孟子所谓仁，人心也，心、性之合也。然且有不仁之人，有不仁之心，是心不与性命也。心不与性合而曰即心，即性，可与，不可与，是知孔子所谓人者。立人之道曰仁与义，非谓人为仁也。孟子所谓心者，恻隐之心，仁之端也；羞恶之心，义之端也，非谓心为性也。"[①]这里所讲的道心接近于性类似于理，人心即心，类似于气。性"不离"、"不杂"者就是心。从仁来理解人，内包心性，但有人有不仁之心，此心就不是性。之所以有不仁不义等现象的出现，才立人道，孟子讲的四端指心(心有善恶)，非指性(性本是善的)。在李氏看来，性属天赋，心有后天的成分，受影响的是心而不是性，这是心与性的区别。

他把心性与善恶联系起来加以考察，指出：心与性不同表现为心有善恶，性至善无恶，"知心性之说，则知天命气质之说。何以故？曰知人则知天。夫性无不善，而及夫心焉，则过也，不及也，杂糅不齐，于是乎善恶生焉。天命无不善，而及夫气焉，则过也，不及也，杂糅不齐，于是乎善恶生焉"。"理统其全，气据其偏，全乎理者，中气也。过乎中、不及乎中，则谓之偏气，杂糅不齐之气，而理不备焉。""人之五性偏，则万事坠矣。其使万物死、万事坠，非理性本然也，气之偏者为之也。理则全而不偏，惟中者近之。故论道者贵中。"[②]这里他从两个视角讨论善恶，其一是心与性不同，性为天赋无不善，心为人所有，"杂糅不齐"，即过或不及，于是有善恶；其二是以理气特点论善恶，理全气偏，所谓理全指适中，气偏则是指过与不及，人生后天受习染等影响，难免出现偏颇，因此有恶。如果以"万物死、万事坠，非理性木然，气之偏者为之"推论，人有善恶并非出自性，因为它是天赋的，而是出自后天的气。如何避免偏颇，那就要倡导中道，使理气结合不偏不倚。

他探讨了气偏对人的影响，说："过乎中，不及乎中，则谓之偏气，

---

① 李光地：《榕村集》卷八，《尊朱要旨·心性》，第640页。

② 李光地：《榕村集》卷八，《尊朱要旨·气质一》，第641页。

谓之杂糅不齐之气。”“气之推移有中偏,故有精粗,有粹驳。夫非无仁也,得仁之偏者也,仁之驳者也,则不知其为仁也。夫非无义也,得义之偏者也,义之粗者也,则不知其为义也。中则合仁与义,抑且粹然仁矣,粹然义矣。”[①]气有中偏因而有精粗粹驳,即使是气偏之时,其中仁义始终存在着,只是不知。也就是说仁义内在于人性,由于受气偏的影响而人没有意识到。他还进一步区分了中人以下的几种情况:“降而中人焉,偏于仁,不足以义,非仁之至也;偏于义,不足于仁,非义之至也;降而庸恶焉,岂无所谓爱,不得谓之仁,是无义也,并与仁而失之者也。岂无所谓果,不得谓之义,是无仁也,并与义而失之者也。降而禽兽焉,岂能无所贪,而去仁也远矣;岂能无所决,而去义也远矣。”“比而观之,皆所谓杂糅不齐之气。夫以过不及名之,乌乎不可哉。”[②]中人即一般人,或偏于仁或偏于义,实际上并没有尽知仁义。庸恶即下等人,这种人则仁义皆失,至于禽兽非人则离仁义远着呢。凡此皆由气偏即有所不齐所致,因此必须适中,中则仁义相和,粹然仁义。

有人问气既偏,与性善有何关系,李光地回答说:“人受天地之中以生,虽其偏之极矣,而理未始不全赋焉,而性未始不全具焉,特其掩于气之偏,故微而不能自达,或感而动,或学而明,或困而觉,然后微渺之端绪可得而见焉。要皆其所本有,而非其所本无也。向者,郁抑蒙覆于胜负屈伸之势,然昭之可以明,廓之可以大,何则?其根在焉,加以雨露粪壤,可以繁阴矣。其火宿焉,动之以薪草,可以燎原矣。”[③]人后天所秉之气有所偏,但性则是全的,因为它是天所赋予的,其理全而性也全。由于受气偏所掩盖,使性善微而不能自显,以至于不能发达。简而言之,性善为人所本有而非所本无。他还举例加以说明,性善如植物之根、火之源,假以雨露粪壤、薪草,必然繁茂燎原,也就是说性善

① 李光地:《榕村集》卷八,《尊朱要旨·气质二》,第641页。
② 李光地:《榕村集》卷八,《尊朱要旨·气质二》,第641—642页。
③ 李光地:《榕村集》卷八,《尊朱要旨·气质三》,第642页。

之因子必待培育扩充使其成为现实。

他认为,善是人固有的本性(天赋),恶也必须寻其根源,依据朱熹的说法“阳主生,阴主杀”,但“主”字觉得太重。如果形体主阴心思阳,那么恶则从形体而生,李光地反对形体主于为恶之理,说:“故人以心思为主,而贯彻形体,则形体亦善;以形体为主,而役使天君,则心思亦恶。善出于心。恶亦出于心。”“如此看恶字有根,而亦不碍本性之善也。”[1]恶的根源并非来自形体,形体受心思的趋动,恶的真正根源是心思,由此看不仅善出于心,恶也出于心。这与此前他把心与性分开,性至善心有善有恶的主张是一致的。

他论道心人心、天理人欲,说:“当年与德子谔、徐善长所言皆错。其时于一切天理人欲,都从动静分看,便不是。阴与阳都是好的,如何说阳善阴恶?阳气也,阴形也,气非理也,然气与理近。犹之心非性也,然心与性近。”“虞廷说道心,是从天理而发者,说人心,是从形体而发者。饥渴之于饮食,是人心也;呼蹴不受,则仍道心也。人心、道心,大体、小体都从此分别。能中节,则人心与道心一矣。”[2]与理气相近不相等一样,心性相近也不相等,天理与人欲不能简单地从动静加以区别。天理人欲与道心人心相对应,由天理而发出的是道心,由形体而发出的是人心,这里只是大小体之分,而非善恶区别。也就是说人心虽然有人欲,但人欲并非就是恶,如说:“人欲者,耳目口鼻四肢之欲,是皆不能无者,非恶也。徇而流焉,则恶矣。”[3]正当合理的人欲即人的基本物质需要并非恶,任意放纵不加节制才会导致恶。

论心性修养涉及工夫,李光地讨论知行关系问题。有人问朱子主张知先行后有何根据?他引经据典回答道:“非知之艰,行之艰也;博学于文,约之以礼也;格物致知,诚意正心修身也,智、仁、勇也;择善,

① 李光地:《榕村语录》卷二十五,《性命》,《榕村语录榕村续语录》,第445页。
② 李光地:《榕村语录》卷二十五,《性命》,《榕村语录榕村续语录》,第451页。
③ 李光地:《榕村集》卷二,《读书笔录》,第550页。

固执也；知言，养气也；始条理，终条理也；知天事天也，皆其据也。《易》曰，乾知大始，坤作成物，乾以易知，坤以简能。易则易知，简则易从。盖阳先阴后，阳知阴能。阳为神理，为心；阴为辙迹，为事。”“然则人性之德，动于智，生于仁，盛于礼，止于义。然则君子之学，启于智，存于仁，达于礼，成于义。知行之序，性命之理，不可易矣。”[①]以上所引《尚书》“非知之艰”、《论语》“博学于文”、《大学》“格物致知”等都证明先知后行。尤其是《周易》“乾以易知，坤以简能”，其中的能即行，先易知然后再简能。阴阳也如此，阳属于心离不开知，阴属于事离不开行。人伦道德也是“动于智”、“启于智”，先智即知，知先行后的秩序是不可更易的。

论知行关系尤其重视知，由此他对王守仁的致良知有以下评论，称：“王说之病，其源在心之即理，故其体察之也，体乎夫心之妙也，不体察夫理之实也。心之妙在于虚，虚之极，至于无，故谓无善无恶心之体，此其本旨也。其所谓心自仁义，心自恻隐、羞恶、辞让、是非，是文之以孔孟之言，非其本趣也。是故遗书史，略文字，扫除记诵见闻，以是为非心尔，非道尔。”[②]致良知的错误在于王守仁主张的心即理，王氏的心即理实际上是以心代理，致良知成了体悟我心而不察其理，导致良知之说流于虚无。孔子重多闻多见，好古敏以求之。孟子所讲的“四端”只是善的端倪，并不反对闻见，善端正是通过后天来光大发扬。书史、文字、记诵、见闻不可去，书史、文字无非道，记诵、见闻无非心。人们不说观理而说博文，不说求道而说格物，就是强调读书、闻见、知识的重要性。

朱子讲知是学习的开始，行是学习的终结，主敬则贯穿于学习的始终，李光地又讨论敬。什么是敬？他指出：“敬者，动容貌，谨威仪，正辞色，敛心志，必有事焉，而在乎用其力，不用其力之间。”“敬与行

---

① 李光地：《榕村集》卷八，《尊朱要旨·知行一》，第643页。
② 李光地：《榕村集》卷八，《尊朱要旨·知行一》，第644页。

对，而知在其中，《易》之直内方外，《中庸》戒惧谨独是也。敬与知对，而行在其中，《中庸》尊德性，道问学，程子之涵养，进学是已。”[①]主敬是一种主观的修养状态，在用力与不用力之间，敬与行相对知在其中，与知相对行也在其中，说明敬包括知行，在敬中知行相互交织在一起。他发挥朱熹的观点写道：“朱子谓，致知不以可敬，则昏昧纷扰，而无以察理义之归。力行不以敬，则颓堕放肆，而无以践理义之实。然则敬与知行混而为一，盖可见矣。”[②]致知辅以敬可察理义之归，力行辅以敬可践履理义之实，知行离开了敬就会流于昏昧与放肆。

论敬必然涉及静，周敦颐主静，程颐主敬，敬与静是一个怎样的关系？李光地有以下回答：“程子举其全，周子目其要。乾之学也，敬也，故其象曰，终日乾乾，夕惕若。艮之学也，静也，故其彖曰，艮其背不获其身，行其庭不见其人。夫动静者，时也，流行者，命也。夙寤丕显，酬应群物而无邪也。响晦安身，闭塞万动而不息也，推之作止由是，推之语默由是，推之发虑息机由是，是之谓居敬。然阴阳相生，以静为本，故贞者事之干，艮者万物之所以成始成终也。”[③]对于修养来说，程颐主敬是举其全面，周敦颐主静是举其要领。敬与静两者各有偏重。如以易卦为例：乾卦主敬，大“象”说“终日乾乾，夕惕若”，意为时刻保持刚健而不松懈。艮卦意为止即静之义。其“彖”说“艮其背不获其身，行其庭不见其人”，指修养不为利欲所动。乾卦为原生卦反映易卦之全，其他卦包括艮卦在内皆由乾与坤卦互交演生。至于动静则是一种时间流向，万物生养离不开它。其实敬不仅包括动也内含静，如他又说：“其曰昏昧，曰颓堕，以静之时言也；曰纷扰、曰放肆，以动之时言也。则敬贯乎动静，而知行亦通乎动静，又可见矣。”[④]动静各有所偏，使其绝对化则流弊会显现出来。敬则贯穿动静使动静适度，敬包括知行，

① 李光地：《榕村集》卷八，《尊朱要旨·主敬一》，第645页。

②④ 李光地：《榕村集》卷六，《初夏录一·中庸篇》，第607页。

③ 李光地：《榕村集》卷八，《尊朱要旨·主敬二》，第648页。

知行也与动静相贯通。

他论诚说:“所谓诚其意者,至此谓知本,以能得言也。自曾子所受于夫子,而传之子思、孟子者,一诚而已。《大学》自均平、齐、治,本之诚意,犹《中庸》、《孟子》自治民获上顺亲信友,本之诚身也。诚,则有以成己,有以成物。而明德、新民、止至善之道,在我所谓明善、格物,盖所以启思诚之端,而非思诚以外事也。诚身者,统言之也。自此心之存、之发,至一言、一事,皆必致其实焉之谓也。诚意者,诚身之要也。意者,心之所主也,心主于为善,然而存之不固,发之不果、不确,是无实也。欲善者本心之明,今而无实,非自欺而何?原其所以如此者,盖以意藏于内,其实不实,已所独知,非人之所及检,是以每陷于自欺之域而不顾。惟君子慎独以诚意,诚意以诚身,则心正、身修而明德,明矣。”[①]诚即是孔门一以贯之的真精神,也是修养工夫的要领,知此皆为知本。《大学》讲的齐家、治国、平天下皆本于诚意,《中庸》、《孟子》讲诚身。诚包括成己与成物,身属于外在,意属于内在,在诚身与诚意的关系中,诚意更为根本,因为一切皆由心之所存所发,善存于心,善也发于心,心存性善其所发必善,其中诚意起着重要的作用。诚意才诚身,正心、修身、齐家、治国、平天下由此启沃。不仅如此,《大学》讲的“明明德、新民、止于至善”这三纲也离不开诚,是诚的作用,如他又说:“自明者,以诚明之也。新民者,以诚新之也。仁、敬、孝、慈、信,各止其所,以诚止之也。以其分有明德、新民之殊,而贯之者一诚而已。”[②]由此看来诚是诸修养工夫的核心。

李光地的心性论及其工夫论紧扣朱熹,结合四书展开,不愧为清初尊朱的大家。

三、行实事

李光地身为朝廷重臣,关心国计民生,结合儒家诸典籍对相关问

---

①② 李光地:《榕村集》卷六,《初夏录一·大学篇》,第603页。

题进行阐释,体现了他治学重实事、实际的特征。

他继承发扬了儒学中的民本思想,告诫君主治理天下应以民为根本,其依据是:"大抵天生民而立之司牧,非徒以荣之,将使助天而生养斯民也。苟以救民为心,虽汤、武之放伐,《大易》以为顺天应人;管仲之事仇,圣人以为仁。孟子曰:民为贵,社稷次之,所见精矣。"①民为天地所生,生养子民体现天的意志,之所以有管理者是帮助天为生养子民服务的,而不是凌驾于其上的统治者,一切都要从子民的利益出发,民为邦本。他又认为,天生民而立之君并非要坐享富贵,而是要其抚养天下,如果自绝于天,那么人亦不戴之为君:"由孟子之论,见得天为民立君,原以治安百姓,非为君一家欲其富贵久长,世世子孙享受也。故汤、武革命,受命于天,绝无不是处。孟子直是从天立论,得最上一层道理。"②民为天所生,君主之所以立是为民,君主只图富贵,不为民服务,是站在天的对立面,也不会为民所拥戴。对于汤武之所以革命,如同《周易·革》所说的"顺天应人",夏桀商纣逆天行道,残害子民,背离天道人心,汤武起来革他们的命是符合天意民心的。

君主善于反思,他说:"治天下,样样皆当讲求。第一是要有根本。汤曰:朕躬有罪,无以万方;万方有罪,罪在朕躬。武王曰:作之君,作之师,有罪无罪,惟我在,天下何敢有越厥志?一人横行于天下,武王耻之。有此,便要算他是圣人。"③商汤王、周武王之所以是历史上的圣王,在于他们治国理民敢于承担责任,即便是别人有什么过错,也首先反省自己,从不强加于人,如此率先垂范,上行下效,天下大治。

他发挥王通关于周公的一段话说:"周公之风雨绸缪,似欲使子孙相继,天下永远属之我家,迹近于私。不知世无圣贤,既不可行尧舜之事,若子孙之世及者,又不为启沃辅翼,使称其位,则害及于人矣。故

---

① 李光地:《榕村语录》卷二十二,《历代》,《榕村语录榕村续语录》,第 397 页。
② 李光地:《榕村语录》卷五,《上孟》,《榕村语录榕村续语录》,第 75 页。
③ 李光地:《榕村语录》卷二十七,《治道一》,《榕村语录榕村续语录》,第 476—477 页。

曰:安家者,所以宁天下也;存我者,所以厚苍生也。""若是子孙不贤,不如速亡。故迁都之议曰:洛邑之地,四达而平,使有德易以兴,无德易以衰。"[①]传贤还是传子是君主王位继承所面临的大问题。相传尧舜时期传贤,禹之后传子,所谓家天下。周公虽然不脱传子这一定制,但试图把传贤与传子统一起来。如果后世子孙不贤,而且所作所为害国害民,不如速速灭亡。对于周平王东迁延续周之国祚,不在地理而在德性,以为德安邦济民是首要的。

他又说:"安社稷臣,只知社稷为重;天民,却见得百姓要紧,要匹夫匹妇无不与被尧舜之泽,实实见到天之生斯民也。""问:社稷臣功岂不及于百姓?曰:如霍子孟与民休息,天下富庶,岂不恩泽于民?只是起念为安社稷耳。即事君人者,岂无有益社稷之处,只起意为容悦耳。"[②]社稷象征着国家,大臣以国家为重,国家并非抽象而是由众民组成。天民意指民为天所生,是对民的一种崇高表示。君为天生民所立,理所应当为其服务,普施其泽。大臣也要关心百姓疾苦,以恩泽子民为己任。因此服务于社稷与天民并不矛盾而是一致的。

又援引伊尹的话加以引伸说:"伊尹云:匹夫匹妇,不获自尽,民主罔与成厥(其)功。天地间道理是公共的,人说不妥,到底有些毛病。所以武侯只要人攻其短,不是故意如此。他高明,直见得事理无尽,非一人之见,便能至当不易。裁断虽是一人,众议必要周尽。竟是以能问不能,以多问寡;有若无,实若虚的本领。此却是圣贤穷理治事根本。王荆公只为少却这段意思,便万事瓦裂。""做事与人商量有好处,推与众人,便是与人为善之意。"[③]这一段的精彩处是"裁断虽是一人,众议必要周尽",强调共同协商的必要性,反对一个人独裁专断。其根据是"天地间道理是公共的"而非个人的,公共的必须由众议决断。另

---

① 李光地:《榕村语录》卷二十,《诸子》,《榕村语录榕村续语录》,第 348—349 页。
② 李光地:《榕村语录》卷六,《下孟》,《榕村语录榕村续语录》,第 106 页。
③ 李光地:《榕村语录》卷二十二,《历代》,《榕村语录榕村续语录》,第 398—399 页。

外,个人的能力等也是有限的,必有所偏,而合众人的力量集思广义,所做出的裁断必然会周全。这里透露出民主的讯息。

他把圣人看成是众人的缩影,说:"《中庸》说得浑厚,云百世以俟圣人而不惑。""然却有一层征诸庶民的道理。盖论到全体,必俟圣人始可不惑,若零零星星凑拢将来,则合众人之公,便是一圣人。"①从圣人角度立论,圣人之所以能知百世而不惑,是因为圣人善于吸取子民的经验,融会贯通,圣人集中反映了众民的智慧与知识。从百姓角度立论,综合百姓的智慧与力量,以成就天下之公正,所谓"合众人之公,便是一圣人"。一些学者把《论语》"民可使由之,不可使知之"这句话理解为有不相信民众之嫌,李光地怀疑这是断章取义,断言"《论语》多是记录文字,多剪头去尾"。"上面必有凡民都使之知的说话"②,在他看来,孔子是相信民众的。

又以朋友来说明君臣关系,如他说:"古者君臣为朋友,情意相洽,进言亦易,畏惮亦轻。朱子云:金人初起,君臣席地而坐,饮食必共,上下一心,死生同之,故强盛无比。及入汴,得一南人教他分辨贵贱,体势日益尊崇,而势随衰。高祖初得天下,群臣故无礼,叔孙通不过记得许多秦家制度耳。杜工部云:叔孙礼乐萧何律,其实坏事,就是此二件。"③"君臣、朋友皆尊贤也。君择臣,臣亦择君,朋友同德同术,劝善规过,都是尊贤。"④就政治制度而言,秦以前是分封制,诸侯国有相对的独立性,周天子的权力有限,整个中国类似现在的联邦。秦始皇废封建立郡县制,实际上是君主专制。儒学由先秦时期的子学变为经学,并成为统治者的意识形态,为其专制统治服务,原来的人伦意义上的君臣关系转变为政治上的纲常,尊卑贵贱等级出现。此种政治体制延续二千余年不变,而李光地却把君臣关系比做朋友关系,同心同德,

---

① 李光地:《榕村语录》卷二十三,《学一》,《榕村语录榕村续语录》,第413页。
② 李光地:《榕村语录》卷三,《上论二》,《榕村语录榕村续语录》,第41页。
③ 李光地:《榕村语录》卷二十七,《治道一》,《榕村语录榕村续语录》,第485页。
④ 李光地:《榕村语录》卷七,《中庸一》,《榕村语录榕村续语录》,第126页。

而且还可以相互选择,不仅如此,他还以南宋时金人与宋人君臣关系截然不同之实例,证明正确处理好君臣关系事关国家兴衰。这是对传统纲常的挑战,在君主专制时期有这种思想实属难能可贵。

做实事,他说:“圣人老吾老,幼吾幼,以及人之老、幼,一毫无所勉强。但至要做实事,便到底是他的老幼,不在一家住,这里便要安排。须是替他制田里,教树畜,有许多事。”[①]“及”字有推恩之义,推恩不是口头禅而要做实事,这里的实事主要指“制田里,教树畜”,发展农林养殖业,以农业为本。他也注意到商业的发展,说:“古者安于邦域,人鲜轻赍远游之事,故务谷米麻丝而民自足。今也仕宦商旅万里纷然,金币之重亦势也。居官者不能率之务本而遏其分,方且与之攘夺而崇其竞,是胥上下而市也。”“民无以耕,山泽关市之利与民共之可也。”[②]古代人们安土重迁,主要从事农业,大都自给自足,交换仅限于物与物之间,很少有货币交换流通。现在有所不同,随着人们流动性的增大,商品经济渐露萌芽,货币交换出现,人们开始重视货币,他似乎看到了由自然经济向商品经济过渡的一种趋势,这种眼光在当时可以说是超前的。

四、倡导经学

李光地作为理学家推崇朱熹,重道问学,重博文,其道问学、博文的内容主要是儒家经典,因此倡导经学是其应有之义。他对诸经及经学的发展都有自己的评价,从中可以看出清初朱子学重视经学的特点。

对诸经,他说:“人欲穷经,毕竟以经圣手者为妙。《易》、《书》、《诗》、《春秋》、《周礼》,随分精熟一部,受用不尽。《仪礼》虽亦圣作,但在仪节上讲,何尝不是道德性命所发见,毕竟略隔一层。《礼记》中圣

① 李光地:《榕村语录》卷十一,《周易三》,《榕村语录榕村续语录》,第203—204页。

② 李光地:《榕村集》卷一,《观澜集》,第541页。

人议论亦多,但大半出自汉人,不尽是圣人之笔。""五经、六艺,今止四经、四艺而已。经止《易》、《诗》、《书》、《春秋》,礼即在六艺中;艺止礼、乐、书、数,射、御已不讲。《易》将《注疏》、《程传》、《朱义》看过,略通大义,一年可了。《诗》将《注疏》与《朱传》看,《书经》亦然。《春秋》三传《注疏》,每种一年,兼之礼、乐、书、数,不过十余年无不通矣。聪明人用十余年功亦不难,便是许多年代无此人,岂不可叹!"[①]要熟读经书,五经中的三礼指《周礼》、《仪礼》和《礼记》,他认为《周礼》最为重要,《仪礼》多讲仪节重在实践,《礼记》则大半杂糅汉人之说,这二经的地位比《周易》、《尚书》、《诗经》、《春秋》稍逊。礼更重实际,应归于六艺之中。《周礼》虽然多讲政治,但有王莽伪造之嫌,其地位不如四经。这四经,《周易》要读孔颖达的《周易正义》(包括王弼《注》)、程颐的《伊川易传》、朱熹的《周易本义》,《诗经》读孔颖达的《毛诗正义》(包括毛亨《传》、郑玄《笺》)、朱熹的《诗集传》,《尚书》读孔颖达《尚书正义》(包括孔安国《传》)、朱熹的《书集传》,《春秋》读《左传正义》、《公羊传注疏》、《穀梁传注疏》,又兼顾礼、乐、书、数这四艺,可谓完人。

李光地对经学的发展及经学史上的人物给予适当的评价。

作为清初朱子学的官方代表,李光地竭力推崇朱熹,他认为,孔子删《诗》、定《礼》、赞《易》、修《春秋》,事事不放过。后来,朱子遵循孔子家法,"生平事事不见他放过,即做古文,官爵、地名,必书见在;诗用故事,于古名号讲究甚悉;至字法,亦有几年工夫。而孔、孟、周、程之书,皆赖之以明。其居官,凡大小事,毫不厌烦,都有区处,虽几句文稿,亦觉得理足"。[②] 朱熹对孔子的关注不仅涉及行谊,而且对其著作的细微末节处也不放过。不仅孔子、孟子,包括北宋周敦颐、二程、张载、邵雍都是因为朱熹的推尊与揄扬,才有如此显赫的地位。

他说:"朱子正是孔子传派,其于经书躬行心得矣,而解说处,却字

---

① 李光地:《榕村语录》卷一,《经书总论》,《榕村语录榕村续语录》,第2、4—5页。

② 李光地:《榕村语录》卷十九,《宋六子二》,《榕村语录榕村续语录》,第332页。

字依文顺义，不少走作，才无弊。”[①]朱熹遍注群经，所解应为儒学正统。他还以佛家三派比喻儒家也有三派之分，说“佛家有经师，有法师，有禅师。经师是深通佛经，与人讲解；法师是戒律精严，身体力行；禅师是不立文字，参悟正觉。儒门亦似有此三派。郑、贾诸公，经师也；东汉诸贤，壁立万仞，法师也；陆子静、王阳明禅师也。程、朱便是三乘全修，所以成无上正果。”[②]郑玄和贾逵、东汉诸贤、陆九渊和王守仁各有所偏，程朱之学则三者兼顾，既重经学又有微言大义、躬行践履，兼有佛家中经师、法师、禅师的特点，因此是“无上正果”，即得儒学真谛，为儒家正传。

他也肯定一些汉唐大儒的贡献，指出：“孔子之书，高深精妙，昭日月而沛江河。孟子既没，直到周、程出，而其说大明。其中遥遥不绝如线，幸赖董仲舒、郑康成、韩文公撑拄其间，为功甚大。而昌黎首建义旗，排斥二氏，其功尤巨。若无数子，则佛教西来，聪明之士从风而靡，有不为之夺统者哉?”[③]在儒家经学发展中，董仲舒、郑玄、韩愈三人功不可没，他们成为周敦颐、二程等沟通孔孟的桥梁。其中韩愈的贡献更大，这主要是指他对佛老方外的批判直接开启了后来的新儒学。他说：“唐以来，有议论不决者，当以董、韩为断。韩子不独学问文章好，其人亦不说欺人语，生平辟佛、老，只在日用伦常、礼乐文物上说。”[④]又说：“韩文公《原道》几句，开周、程、张、朱之端。周、程、张、朱如日中天，韩公则东有启明也。千秋万世，韩公之从祀，再推他不去。”[⑤]韩愈批判佛老，阐扬儒学义理，凡此对北宋以来的新儒学构建起了奠基的作用。

对汉唐诸儒偏于外王而不注重内圣之学，他也提出批评，说：“自

---

① 李光地：《榕村语录》卷十九，《宋六子二》，《榕村语录榕村续语录》，第 333 页。

② 李光地：《榕村语录》卷十八，《宋六子一》，《榕村语录榕村续语录》，第 306 页。

③ 李光地：《榕村续录》卷十六，《学》，《榕村语录榕村续语录》，第 780 页。

④ 李光地：《榕村语录》卷十九，《诸儒》，《榕村语录榕村续语录》，第 342 页。

⑤ 李光地：《榕村语录》卷十九，《诸儒》，《榕村语录榕村续语录》，第 343 页。

孔、孟后，心学不讲，汉、唐儒者，虽读儒书，只以谶纬、文词为事，讲到经济、气节而止，将孔子合外内之道遗却一边，全不从天命之性、自己心上下工夫。"①儒学也讲心性、天命，这是尊德性、内圣工夫的源头，尊德性与道问学应是一致的，由内圣才能开出外王来。但对汉唐解经则给予肯定，他说："解经在道理上明白融会，汉儒自不及朱子。至制度名物，到底汉去三代未远，秦所澌灭不尽，尚有当时见行的。即已不存者，犹可因所存者推想而笔之，毕竟还有些事实。不似后来礼坏乐崩，全无形似，学者各以其意杜撰，都是空言。此汉儒所以可贵。"②其原因是解经的道理即义理方面朱熹虽胜一筹，但解经所涉及的制度名物等方面则更看重的是事实，而且汉代距离诸经产生的时代不远，较孔子接近，因此他们所做的经注经解更接近经书的原貌，这也是后来乾嘉汉学推崇汉儒经学的重要原因。

另外，李光地对诸经皆有解说，所解经书兼顾训诂与义理。彭绍升说："公平生释经之书甚具，其言曰：蔑训诂者无师，带章句者无得，故学莫先于能择矣。其于程、朱之说，时有同异。论《大学》宜还古本，而以知本为格物第一义。《易》兼综象数，《礼》兼采《大戴记》。论子云、仲淹书有格言，节取焉可也；康节、象山所造高明，慎师焉可也。知言者以为然。"③汉宋兼收，朱陆并蓄融为一炉，采众家之长以补自家之短，体现其为学兼收并蓄的态度。

作为理学名臣，李光地一生为学甚广，对经学、音韵学、理学尤其是朱子学都有贡献，正如陈寿祺说："安溪李文贞公以名世之资，应运翊辅，广渊笃诚，好贤若渴。幼而敏异，博综群书，与顾亭林、梅定九二先生游；通律算音韵之学，洞性命天人之旨，陶冶百氏，刊悠千载。尝敕纂《周易折中》、《性理精义》、《音韵阐微》、《朱子全书》，以为非公莫

① 李光地：《榕村语录》卷二十三，《学一》，《榕村语录榕村续语录》，第417页。

② 李光地：《榕村语录》卷十九，《诸儒》，《榕村语录榕村续语录》，第341页。

③ 彭绍升：《故光禄大夫文渊阁大学士李文贞公事状》，《碑传集》卷十三，第338页。

能为。而《书》、《诗》、《春秋》传说、《律吕正义》,分简诸大臣编纂,皆命就公是正,次第进御,颁行学官。盖熙朝经术修明,自圣祖成之,自公发之。而后雍正、乾隆间,继述众经,圣教由是大显。"[①]尤其是倡导朱子学影响到清圣祖,对于清廷尊朱熹起了至关重要的推进作用。而他对经学的关注,甚至影响到乾隆时期的汉学。李光地不仅为学广博,而且因其地位显赫而弟子也众多。彭绍升说:"公门下士杨名时、陈鹏年、冉觐祖、蔡世远,并以德望重于时。它如张昺、张瑗、惠士奇、秦道然、王兰生、何焯、庄亨阳之徒,类有清节,通经能文章,故本朝诸名公称善育才者,必以公为首焉。"[②]作为康熙朝的主要理学家,李光地在学理上或许创新不多,但他对理学的推动,尤其是推尊朱熹,使其成为官方的思想并指导清初的政治,这对当时的社会稳定是十分有益的,其历史地位也不容低估。

---

① 陈寿祺:《安溪李文贞公全书总序》,《左海文集》卷六,《续修四库全书》第1496册,第267页。

② 彭绍升:《故光禄大夫文渊阁大学士李文贞公事状》,《碑传集》卷十三,第338页。

第四章

张载之学的阐扬

清初理学从总体而言确有由王学转向朱子学的趋势，但其中也不乏特立独行者，那就是王夫之。王夫之在反王学过程中并没有转向朱子学，而是回归张载之学，一生治学以张载为宗，对其学问服膺之至，所谓“希张横渠之正学而力不能企”，孜孜以求，为阐扬张载之学而不懈努力，这在清初理学中可谓独树一帜。王夫之的理学虽然因种种原因不显于当世，但就其思想而言，博大精深，可谓集理学之大成，因此有必要辟专章加以讨论。

王夫之(1619—1692)，字而农，号薑斋，湖南衡阳人。晚年隐居湖南衡阳石船山(今湖南衡阳县曲兰)，学者称船山先生。父王朝聘，为当时著名学者，王夫之从小就受其影响，学兼经史百家。清兵南下，他曾在衡阳举兵抗清。兵败，投奔南明永历政权，授官行人司介子。后清军入桂，永历政权西迁，遂返归湖南，迄于逝世。他隐居不出，潜心著述，罕为世人所知。一时为名流著作偶尔涉及王夫之者，仅见于钱澄之的《田间诗集》、陆陇其的《三鱼堂日记》等。康熙三十一年(1692),著名学者刘献廷漫游两湖,闻王夫之学行,始作杂记表彰,称王夫之"其学无所不窥,于六经皆有发明。洞庭之南,天地元气,圣贤学脉,仅此一线耳"[①]。尔后,湖广学政潘宗洛撰《船山先生传》再加表彰。乾隆时,官修《四库全书》,因一时为考据学风所蔽,所著录的王夫之著作只有几部考据作品,其他著述均未刊入。直到道光二十二年(1842),由其裔孙世俭首刻《船山遗书》十八种,同治四年(1865),曾国藩又刻《船山遗书》五十六种,才使王夫之学说显现于世,并产生重要影响。

关于王夫之的治学精神及特色,可以用他晚年为其新筑草庐"观生居"自提堂联"六经责我开生面"来概括,即借解释经书并结合时代创造一套别开生面的富有哲理批判精神的儒学体系,此一语是他儒学思想特色的高度概括,道出其治学的精神。其主要著作有《周易外传》、《周易内传》、《读四书大全说》、《四书训义》、《尚书引义》、《噩梦》、《读通鉴论》、《春秋家说》、《春秋世论》、《春秋左氏传博议》、《诗广传》、《张子正蒙注》、《思问录》等。

对于王夫之的定位及治学宗旨,应归于理学一路,尤其是推尊张载,这一点集中反映在为张载《正蒙》作注的《序论》中。他肯定理学兴起的历史地位,说:"宋自周子出,而始发明圣道之所繇,一出于太极阴阳人道生化之终始,二程子引而伸之,而实之以静一诚敬之功,然游、谢之徒,且歧出以趋于浮屠之蹊径。故朱子以格物穷理为始教,而檠括学者于显道之中,乃其一再传而后,流为双峰、勿轩诸儒,逐迹蹑影,沈溺于训诂。故白沙起而厌弃之,然而遂启姚江氏阳儒阴释诬圣之邪说;其究也,为刑戮之民、为阉贼之党皆争附焉,而以充其无善无恶、圆融理事之狂妄,流害以相激而相成,则中道不立、矫枉过正有以启之

① 刘献廷:《广阳杂记》卷二,中华书局,1957年,第57页。

也。”[①]理学承孔孟儒学而来，肯定理学开派诸大师周敦颐、程颢、程颐，以及朱熹对儒学发展的积极作用，但对他们的后学则采取批评的态度。理学发展到有明一代，心学一脉大盛，尤其是王守仁之学阳儒阴释违背儒学真谛，其后学流于空疏与狂妄，并与政治腐败互为表里，最终酿成国破家亡之祸，因此必须加以矫正。

关于理学，他表彰张载，称：“学之兴于宋也，周子得二程而道著。程子之道广，而一时之英才辐辏于其门；张子敩学于关中，其门人未有殆庶者。而当时钜公耆儒如富、文、司马诸公，张子皆以素位隐居而未繇相为羽翼，是以其道之行，曾不得与邵康节之数学相与颉颃，而世之信从者寡，故道之诚然者不著。贞邪相竞而互为畸胜，是以不百年而陆子静之异说兴，又二百年而王伯安之邪说熺，其以朱子格物、道问学之教争贞胜者，犹水之胜火，一盈一虚而莫适有定。使张子之学晓然大明，以正童蒙之志于始，则浮屠生死之狂惑，不折而自摧，陆子静、王伯安之蕞然者，亦恶能傲君子以所独知，而为浮屠作率兽食人之伥乎！”[②]肯定理学对复兴儒学的贡献，周敦颐、程颢、程颐等功不可没。于理学诸家尤推崇张载，但张载之学在当时并未得到人们的重视，其原因是“素位隐居”，门人弟子流传甚少。后来陆九渊与朱子论争，王守仁又继承发展心学一脉，限于门户是非之中，陆王一脉又杂糅方外，已非儒学正宗，如果发扬张载之学定能起到拨乱反正的作用，在王夫之看来，张载不仅是儒学的正统，更是理学的正脉。

他还超越理学从儒学史角度为张载定位，说：“张子之学，上承孔、孟之志，下救世主来兹之失，如皎日丽天，无幽不烛，圣人复起，未有能易焉者也。”[③]对于孔孟儒学及其发展而言，张载之学起到了承上启下

① 王夫之：《张子正蒙注》卷首，《序论》，《船山全书》第十二册，岳麓书社，1992年，第10—11页。

② 王夫之：《张子正蒙注》卷首，《序论》，《船山全书》第十二册，岳麓书社，1992年，第11—12页。

③ 王夫之：《张子正蒙注》卷首，《序论》，《船山全书》第十二册，岳麓书社，1992年，第11页。

的作用,这已经超出理学,而是把张载置于整个儒学史中加以考察,肯定其在儒学发展中的历史地位。他赞叹道:“呜呼! 孟子之功不在禹下,张子之功又岂非疏洚水之岐流,引万派而归墟,使斯人去昏垫而履乎平康之坦道哉! 是匠者之绳墨也,射者之彀率也,虽力之未逮,养之未熟,见为登天之难不可企及,而志于是则可至焉,不志于是未有能至者也。”①把张载比喻为孟子,称赞其拨乱反正之功。又喻为匠人之绳墨,射人之彀率,旨在说明张载之学为后世儒学的范式与标准。在王夫之眼里,张载可谓“高山仰止,景行行止”,“希张横渠之正学而力不能企”,自谦自己很难达到,但有志于努力达到。

第一节　王夫之的自然观

王夫之的自然观通过气理、道器、气化等范畴肯定了自然界的客观实在性,与此同时也揭示了自然界的历史发展过程。

一、太虚即气

王夫之论气继承了张载“太虚者,气之体”的思想,提出“太虚即气”的气体论。

他说:“细缊之中,阴阳具足,而变易以出,万物不相肖而各成形色,并育于其中,随感而出,无能越此二端。”②他认为细缊为“太和未分之本然”,是阴阳具足的物质实体,也即阴阳未分二气合一,细缊太和的实体。这种物质实体自身包含阴阳二气,二气交感不仅使万物并育,而且也产生了包括人在内的天地万物,“天地之化,人物之生,皆具

① 王夫之:《张子正蒙注》卷首,《序论》,《船山全书》第十二册,第 12—13 页。

② 王夫之:《张子正蒙注》卷一,《太和》,《船山全书》第十二册,第 43 页。

阴阳二气”[①]。在这里,肯定气的客观实在性作为世界本原的特点,从而否认了在气之外有某种别的创造者的存在。他进一步从体用角度分析了气与万物的关系,说:“言太和絪缊为太虚,以有体无形为性,可以资广生大生而无所倚,道之本体也。二气之动,交感而生,凝滞而成物我之万象,虽即太和不容已之大用,而与本体之虚湛异矣。”[②]充满太虚的气作为“太和絪缊之本体”,它无所依赖而化生一切,它既是实有其体又虚湛无形,而“物我万象”不过是气所凝成的,是“太和”必然表现的“大用”。气和万象的关系是体用关系,气为本体。

他论证万物统一于气的主张,说:“阴阳二气充满太虚,此外更无他物,亦无间隙,天之象,地之形,皆其所范围者。”[③]太虚就是无限的虚空,看似虚空无物,其实充满了气,是气的一种状态,“人之所见太虚,气也,非虚也”。宇宙天地之间万物虽说千姿百态,种类万千,均是气的表现形式,气充满宇宙,在气之外不存在另一个空间,因此,“虚空者,气之量”,“凡虚空皆气也”,气弥沦无涯,“气在空中,空无非气”。[④]不仅自然界充满了气,人类也为气所涵盖,“天人之蕴,一气而已”[⑤]。从自然界到人类社会都是气的蓄聚。在他看来,心、性、天、理都必须在气上说,如果离开气则一切无从谈起。万物统一于气,坚持了气的一元论。

他论述了气的无限性。在论及时间无限性时,他说:“天地之终,不可得而测也。以理求之,天地始者今日也,天地终者今日也。其始也,人不见其始,其终也,人不见其终。”[⑥]“夫天,吾不知其何以终;地,

---

① 王夫之:《张子正蒙注》卷一,《参两》,《船山全书》第十二册,第 57 页。

② 王夫之:《张子正蒙注》卷一,《太和》,《船山全书》第十二册,第 40 页。

③ 王夫之:《张子正蒙注》卷一,《太和》,《船山全书》第十二册,第 26 页。

④ 王夫之:《张子正蒙注》卷一,《太和》,《船山全书》第十二册,第 23 页。

⑤ 王夫之:《读四书大全说》卷十,《告子上》,《船山全书》第六册,岳麓书社,1991 年,第 1052 页。

⑥ 王夫之:《周易外传》卷四,《未济》,《船山全书》第一册,岳麓书社,1988 年,第 979 页。

吾不知其何以始也。天地始者,其今日乎!天地终者,其今日乎!”[①]不知道天地的终始,实际是说时间无始无终,宇宙永恒。由此他也阐述了空间的无限性,又说:“上天下地曰宇,往古来今曰宙。虽然,莫为之郛郭也。惟有郛郭者,则旁有质而中无实,谓之空洞可矣,宇宙其如是哉!宇宙者,积而成乎久大者也。”[②]宇宙是无限的,无边无际,不承认有郛郭(屏障)的存在,如果认为有郛郭,那就会得出宇宙有限的结论。他讲的“积而成乎久大者”,其中“大”就是上天下地、空间,“久”是往古来今、时间,宇宙是时间与空间无限性的统一。

他还按照当时的科学水平,试图具体证明物质永恒不灭的原理,如说:“以天运物象言之,春夏为生,为来,为伸,秋冬为杀,为往,为屈,而秋冬生气潜藏于地中,枝叶槁而根本固荣,则非秋冬之一消灭而更无余也。车薪之火,一烈而尽,而为焰,为烟,为烬,木者仍归木,水者仍归水,土者仍归土,特希微而人不见尔。一甑之炊,湿热之气,蓬蓬勃勃,必有所归;若盦盖严密,则郁而不散。汞见火则飞,不知何往,而究归于地。有形者且然,况其絪缊不可象者乎!”[③]这是从自然界春夏生长,秋冬潜藏,以及从薪柴、油、汞等引火加热后转化为另一种物质形态的实例,得出“生非创有,而死非消灭”[④]这一结论。在这里,他不仅论证了物质实体是不能“创有”和“消灭”的,只是物质存在的具体形态,它们可以互相转化,“故曰往来,曰屈伸,曰聚散,曰幽明,而不曰生灭”,而且,试图把“絪缊不可象”的气与“有形”的季节变化及薪火、蒸气、水银等具体实物区别开来。这些具体的物质形态是可以变化的,作为物质本体的气是永恒的。它只有往来聚散而没有生灭。

王夫之论述气以后又谈及理,肯定天地间理气并存的意义。他对

---

① 王夫之:《周易外传》卷五,《系辞上传》第一章,《船山全书》第一册,第992页。

② 王夫之:《思问录·内篇》,《船山全书》第十二册,第420页。

③ 王夫之:《张子正蒙注》卷一,《太和》,《船山全书》第十二册,第21—22页。

④ 王夫之:《周易内传》卷五上,《系辞上传》第四章,《船山全书》第一册,第520页。

理进行界定："理者，天之所必然者也。"[1]由此看来，理是一种不以人的意志为转移的客观必然性及其秩序。理又是多样的，每个事物都有其内在的理，他说："理者，天之昭著之秩序也。时以通乎变化，义以贞其大常，风雨露雷无一成之期，而寒暑生杀终于大信。君子之行藏刑赏，因时变通而协于大中，左宜右有，皆理也。"[2]不仅是自然界而且社会所有现象都含有理。具体分为两大类："一则天地万物已然之条理，一则健顺五常、天以命人而人受为性之至理。"[3]前者是指自然界事物的内在规律性，后者说的是社会道德人伦法则、规范，自然之理和社会之理（法则）是自然与社会合理存在、有序运行的必要条件。他说的理是有具体内容的，不是空洞无物的抽象。

他还肯定理气之间的相互联系，认为理气互相为体，理不先气也不后，气原是有理的，"理便在气里面"[4]。理在"气里面"是说理为气中所固有，气中"原是有理"是说理气同有。理气互体表明它们相互包含，共处在一个统一体内，因此是相互联系的。在他看来，理气在其统一体中地位不同，说："理本非一成可执之物，不可得而见；气之条绪节文，乃理之可见者也。故其始之有理，即于气上见理。"[5]理的特点是不可执、不可见的事物共相，隐藏在事物的内部，是气的条绪节文，只有在气上见理。理与气的关系成了一般和个别的关系，理是一般的共相，气是个别的具体事物，一般离不开个别并通过个别表现出来。他把理气也看成从属关系，说："气者，理之依也。气盛则理达。天积其健顺之气，故秩序叙条理，精密变化而日新。"[6]气是理赖以存在的依托，气壮健繁，理就条畅通顺。他还用体用关系解释理气，"理只是以

---

① 王夫之：《张子正蒙注》卷二，《神化》，《船山全书》第十二册，第 87 页。
② 王夫之：《张子正蒙注》卷三，《诚明》，《船山全书》第十二册，第 136 页。
③ 王夫之：《读四书大全说》卷五，《泰伯》，《船山全书》第六册，第 716 页。
④ 王夫之：《读四书大全说》卷十，《告子上》，《船山全书》第六册，第 1076 页。
⑤ 王夫之：《读四书大全说》卷九，《离娄上》，《船山全书》第六册，第 992 页。
⑥ 王夫之：《思问录·内篇》，《船山全书》第十二册，第 419 页。

象二仪之妙，气方是二仪之实”[1]，二仪指阴阳二气，妙为妙用，实即实体。气是体，理是用，气为根本。

二、天下惟器

在道器关系上，王夫之从《周易》本文出发对佛老、玄学，以及一些理学家的道器说进行批判，提出“天下惟器”的实有思想。

王夫之对玄学、佛老、一些理学家离器言道和器外求道采取批判的态度。

他在评王弼“得意忘象”时说：“若夫言以说象，相得以彰，以拟筌蹄，有相似者。而象所由得，言固未可忘已。鱼自游于水，兔自窟于山。筌不设而鱼非其鱼，蹄不设而兔非其兔。非其鱼兔，则道在天下而不即人心，于己为长物，而何以云‘得象’‘得意’哉？故言未可忘，而奚况于象？况乎言所自出，因体因气，因动因心，因物因理。道抑因言而生，则言、象、意、道，固合而无畛，而奚以忘耶？”[2]“筌鱼”之喻出自《庄子·外物篇》。原文为：“筌者所以在鱼，得鱼而忘筌；蹄者所以在兔，得兔而忘蹄；言者所以在意，得意而忘言。”筌为捕鱼工具，蹄是捕兔工具。王弼以庄学解释《系辞》“书不尽言，言不尽意”，以及“圣人立象以尽意，设卦以尽情伪，系辞焉以尽其言”等，探讨言、象、意三者关系。他的《周易略例·明象》说：“故言者所以明象，得象而忘言。象者所以存意，得意而忘象。犹蹄者所以在兔，得兔而忘蹄；筌者所以在鱼，得鱼而忘筌也。然则言者象之蹄也，象者意之筌也。是故存言者，非得象者也。存象者，非得意者也。”既然卦爻辞是用来说明卦爻象的，得到卦象内容便可忘掉卦爻辞。既然卦爻象及所取的物象是用来保存卦义的，得到卦义便可忘掉卦爻象。如同捕到鱼兔，忘掉筌蹄。王夫之认为，言可明象，与象相得益彰，象不能忘言，言不忘是因为它

---

① 王夫之：《读四书大全说》卷十，《告子》，《船山全书》第六册，第1052页。

② 王夫之：《周易外传》卷六，《系辞下传》第三章，《船山全书》第一册，第1039—1040页。

是表达人心和物理的工具,象作为道的载体也不可忘,如同筌蹄是捕猎的工具一样,岂能捕到猎物而忘捕猎的工具,作为贮存物理于心中工具的语言,与作为负荷道主体的物象是统一的。形而上的道与形而下的器,“统之乎一形,非以相致,而何容相舍乎?”王弼所谓“‘得言忘象,得意忘言’,以辨虞翻之固陋则可矣,而于道则愈远矣。”[1]

他批判佛老说:“故聪明者耳目也,睿知者心思也,仁者人也,义者事也,中和者礼乐也,大公至正者刑赏也,利用者水火金木也,厚生者谷蓏丝麻也,正德者君臣父子也。如其舍此而求诸未有器之先,亘古今,通万物,穷天穷地,穷人穷物,而不能为之名,而况得有其实乎?老氏瞀于此,而曰道在虚,虚亦器之虚也。释氏瞀于此,而曰道在寂,寂亦器之寂也。谣词炙輠,不能离乎器,然且标离器之名以自神,将谁欺乎?”[2]聪明、睿智、仁、义、中和、大公至正、利用、厚生、正德等都是一般的原则,也即所谓的道,它们都离不开自己的载体,如耳、目、心、人、事、礼乐、刑赏、水火金木、谷瓜丝麻、君臣父子,也即所谓的器。一般的道或功能要靠具体的人和事来体现,这证明“无其器则无其道”。舍弃这些具体的事物而求之于抽象的理是不可能的,也是不现实的。老释不懂得此理,不是把道当成虚无,就是把道当成寂灭,寂灭也离不开具体的事物。道依赖于器,道不能先于器有。既无器之虚静也无虚道和静道,即使是谣词诡辩亦不离器。

他对佛老的批判波及到邵雍等理学家,说:“若夫悬道于器外以用器,是组与表里异体;设器而以道鼓动于中,是表里真而组者妄矣。先天之说,橐籥之喻,其于《易》之存人以要天地之归者,又恶足以知之!”[3]以道居于形器之外而支配运用器,是把二气未分状态当作独立实体,由于不附着于形器之表里,必然导出道或理先天地而有,此为邵

---

① 王夫之:《周易外传》卷五,《系辞上传》第十二章,《船山全书》第一册,第 1029 页。
② 王夫之:《周易外传》卷五,《系辞上传》第十二章,《船山全书》第一册,第 1028—1029 页。
③ 王夫之:《周易外传》卷五,《系辞上传》第十二章,《船山全书》第一册,第 1027 页。

雍的先天说。反之,以器为实物,置道于其中以鼓动器,又是以器之表里为真实,以二气未分状态为虚妄,导出《老子》以虚空为道的橐籥说。因此,反对器外有道和以道宰器。他又说:“天下无象外之道。何也?有外,则相与为两,即甚亲,而亦如父之于子也;无外,则相与为一,虽有异名,而亦若耳目之于聪明也。父生子而各自有形,父死而子继;不曰道生象,而各自为体,道逝而象留。然则象外无道,欲详道而略象,奚可哉?”[①]主张象外有道是把象与道看成两个实体如父与子,其实象与道是一体而异名,如耳目与聪明,耳目为器,聪明为功能,即道。他反对“道生象”和“道逝而象留”,把道与器割裂开来的说法。

王夫之在论述道器统一的基础上提出“天下惟器”的思想。

他对道器概念的内涵进行界定,指出:“故卦也、辞也、象也,皆书之所著也,器也;变通以成象辞者,道也。”[②]卦形、卦象、奇偶之数以及卦爻辞属于具体的或个别的事物,即器,变通指阴阳变易的法则,即道。他释《周易》“天地之道”说:“‘道’谓化育运行之大用。自其为人物所必繇者,则谓之道。”[③]道为人物形成的根据及其所遵循的法则。他具体论及器的特征:其一,器含象数。“引阴阳之灵爽以前民用者,莫不以象数为其大司。夫象数者,天理也,与道为体,道之成而可见者也。”[④]器包括有形的象及其规定性的数,象数与道为体为道之可见者,阴阳变易的法则(道)通过象数表现出来。其二,器有特殊。“天下之器,其象各异,而用亦异,要其形质之宜,或仰而承,或俯而覆,或微而至,或大而容,或进而利,或退而安,要唯酌数之多寡以善刚柔之用。”[⑤]天下器物即个体事物不同,其功用也各异,包括形状、变化、数量都不同,因此要斟酌使用。其三,器有表里。“且盈天地之间,则皆有归矣。

① 王夫之:《周易外传》卷六,《系辞下传》第三章,《船山全书》第一册,第 1038 页。
② 王夫之:《周易内传》卷五下,《系辞上传》第十二章,《船山全书》第一册,第 568 页。
③ 王夫之:《周易内传》卷五上,《系辞上传》第四章,《船山全书》第一册,第 519 页。
④ 王夫之:《周易外传》卷五,《系辞上传》第四章,《船山全书》第一册,第 998 页。
⑤ 王夫之:《周易内传》卷五下,《系辞上传》第十章,《船山全书》第一册,第 554 页。

有其表者,有其里者,则有其著者。著者之于表里,使其二而可以一用,非既已二而三之也。盈天地之间,何非其著者之充哉!”“盈天地之间皆器矣。器有其表者,有其里者,成表里之各用,以合用而底于成。”[①]天地之间都是有形之器,器物都包括表里两部分,其表里各有独特的功能,发挥着不同的作用,但又相协为一,皆由于阴阳二气健顺的性能将其联结为一体。由此可以看出道器概念是描述事物的一般法则与个别特质相对应的范畴。

他依据《周易》从形而上与形而下角度探讨道器关系,释《系辞》“是故形而上者谓之道,形而下者谓之器”说:“‘形而上’者,当其未形而隐然有不可逾之天则,天以之化,而人以为心之作用,形之所自生,隐而未见者也。及其形之既成而形可见,形之所可用以效其当然之能者,如车之所以可载,器之所以可盛,乃至父子之有孝慈、君臣之有忠礼,皆隐于形之中而不显。二者则所谓当然之道也,形而上者也。‘形而下’即形之已成乎物而可见可循者也。形而上之道隐矣,乃必有其形,而后前乎所以成之者之良能著,后乎所以用之者之功效定。故谓之‘形而上’而不离乎形。道与器不相离。”[②]“形而上”的特征是“未形而隐”,“形而下”则是“成而形可见”,以形的隐显来区别道与器。把道视为未形可见的当然之则,器则是有形可见的具体事物。如车、器、父子、君臣为具体事物,有此才有车器可载,父子有孝慈,君臣有忠礼的道理,前者属有形可见之器,后者是未形不可见之道。道与器不是两个并存的事物或实体,而是同一事物的两个方面,道是一般的法则,器是具体的特性,道的本性及其功能离不开具体有形的器,都必须通过器来彰显、确定。因此形而上之道与形而下之器不分离,所谓“据器而道存,离器而道毁”[③]。

---

① 王夫之:《周易外传》卷五,《系辞上传》第十二章,《船山全书》第一册,第 1026 页。

② 王夫之:《周易内传》卷五下,《系辞上传》第十二章,《船山全书》第一册,第 568 页。

③ 王夫之:《周易外传》卷二,《大有》,《船山全书》第一册,第 861 页。

在道器相互联系统一的关系中，王夫之更重视器，发挥《系辞》“形而上者谓之道，形而下者谓之器”时说：“‘谓之’者，从其谓而立之名也。‘上下’者，初无定界，从乎所拟议而施之谓也。然则上下无殊畛，而道器无异体，明矣。天下惟器而已矣。道者器之道，器者不可谓之道之器也。无其道则无其器，人类能言之。”“无其器则无其道，人鲜能言之，而固其诚然者也。洪荒无揖让之道，唐、虞无吊伐之道，汉、唐无今日之道，则今日无他年之道者多矣。未有弓矢而无射道，未有车马而无御道，未有牢醴璧币、钟磬管弦而无礼乐之道。则未有子而无父道，未有弟而无兄道，道之可有而且无者多矣。故无其器则无其道，诚然之言也，而人特未之察耳。”[①]形而上与形而下的称谓只是人所立的名字，实际上二者无绝对界限。有形有象的物体是客观世界存在的实体，道不能作为独立的实体而存在，道只能以器为其存在的实体。他以历史的演进过程来说明道依赖于器，如远古时代无尧舜让位之道，尧舜时代无商周讨伐桀纣之道，汉唐无今日之道，今日无未来之道，无弓箭、车马、牢醴璧币、钟磬管弦、儿子、兄弟等，便无射箭、驾御、制礼作乐、为父兄之道。社会的发展演变以人们的具体实践活动为前提，一般的法则是通过大量个别的活动总结出来的，作为一般法则的道不会产生在具体事物之前，而只能出现在其后，且因个体事物的改变而改变。这是对那种“天不变，道亦不变”观点的批判。

他又说：“形而上者，非无形之谓。既有形矣，有形而后有形而上。无形之上，亘古今，通万变，穷天穷地，穷人穷物，皆所未有者也。故曰：‘惟圣人然后可以践形。’践其下，非践其上也。”“器而后有形，形而后有上。无形无下，人所言也。无形无上，显然易见之理，而邪说者淫曼以衍之而不知惭。则君子之所鉴其愚而恶其妄也。”[②]形而上并非无形，也即形而上并不存在于有形之上，而依赖于有形之物，不存在脱离

① 王夫之：《周易外传》卷五，《系辞上传》第十二章，《船山全书》第一册，第 1027—1028 页。

② 王夫之：《周易外传》卷五，《系辞上传》第十二章，《船山全书》第一册，第 1028—1029 页。

个体的绝对抽象。在这里,他不否认形而上之道,而否认形而上之世界,因为形而上的世界把作为一般原则的道实体化了。“惟圣人然后可以践形”一语出自《孟子·尽心》,“践形”即践其形而下,他把孟子此语释为圣人只有通过具体的感性实践活动去体察事物,而非抽象地谈论仁、义、礼、智等善性。“而后”指前者是后者存在的条件。从强调“形而下”到“践其下”,王夫之不是一般地停留在区别道器,而是进一步践履体认,通过对具体事物的实践来把握其规律或法则。

在道器关系中,既然器是最根本、最重要的,王夫之主张圣人的主要任务是治器、作器、述器以至成器。他说:“故古之圣人,能治器而不能治道。治器者则谓之道,道得则谓之德,器成则谓之行,器用之广则谓之变通,器效之著则谓之事业。”“故‘作者之谓圣’,作器也;‘述者之谓明’,述器也。‘神而明之,存乎其人’,神明其器也。”“呜呼！君子之道,尽夫器而止矣。辞,所以显器而鼓天下之动,使勉于治器也。”“故《易》有象,象者像器者也;卦有爻,爻者效器者也;爻有辞,辞者辨器者也。”[①]圣人能制作器物,但不能改造其中的道。按照器物固有的法则制作即是道,在治器中对道的体认即是德,把器物制作成功即是行,把治器功效推广即变通,把治器工作做得卓有成效即事业,也就是说,能治器物,道德功业皆在其中,不能治器者,无资格论道。这是对《系辞》“化而裁之谓之变,推而行之谓之道,举而措之天下之民谓之事业”的发挥。“作者之谓圣”、“述者之谓明”出自《礼记·乐记》,“神而明之,存乎其人”出自《系辞》。圣人发明创造的是器,高明的人阐述的也是器,精通的天才所精通的还是器,均不离器。无论是创作还是叙述,以至于提高自己的境界,都离不开器。

王夫之论道器落脚在实有上。他说:“是故调之而流动以不滞,充之而凝实而不馁,而后器不死而道不虚生。器不死,则凡器皆虚;道不虚生,则凡道皆实也。岂得有坚郛峙之以使中屡空耶？岂得有庞杂窒

① 王夫之:《周易外传》卷五,《系辞上传》第十二章,《船山全书》第一册,第1028—1029页。

之而表里不亲耶？故合二以一者，既分一为二之所固有矣。”①器物不死，道不虚是因为阴阳二气充实其中。二气充塞于器中，使器有虚的特点，二气充塞于道中，使道非虚无而为实有，气将道器合二而一。

儒学史上对道器关系的解释大体有三种：一是以道为体，器为用。孔颖达据王弼义释道器，把道当成体，器为用。程颐、朱熹把阴阳当作器，而所以阴阳者为道，认为道是器的根据。二是以心为体。程颢、陆九渊不赞成区分道器，主张二者皆根源于人心，陆氏弟子杨简彰其说。三是以器为体，道为用。崔憬把器当成体，道当成用，道依赖于器。张载认为道无形，是气化的过程。薛季宣、叶适、陈亮均主张道寓于形器之中，以器为实体，道作为规律不能脱离形器而存在。元明气化论者继承了这一器本道末的思想。王夫之“天下惟器”的实有道器观是对张载以来器本道末论的发展。

三、气化日新

王夫之在肯定自然界客观存在的同时，探讨了自然界运动发展问题。他认为，自然界的运动与发展不是简单的重复，而是“气化日新”的前进过程。

在物质与运动的关系方面，他强调两者不可分割，说：“动静者乃阴阳之动静。”②动静的物质载体是阴阳二气，动静是阴阳的自身运动，这样便把物质与运动紧密地联系起来。也就是说，运动是物质本身固有的内在属性，没有运动的物质和没有物质的运动同样是不存在的。他在论述物质与运动关系的同时，又谈及运动与静止的关系，认为静止也是物质存在的一种形式，他提出“动、静皆动”的动静观。所说的静止不是外在于运动中的抽象静止，而是物质运动过程中所出现的静

① 王夫之：《周易外传》卷五，《系辞上传》第十二章，《船山全书》第一册，第 1027 页。

② 王夫之：《张子正蒙注》卷七，《大易》，《船山全书》第十二册，第 275 页。

止。凡是在静止中必然有运动，用他的话说“静即含动，动不舍静”[①]。这是说运动是无条件的、绝对的，静止是有条件的、相对的。他还把运动形式分为二种，“太极动而生阳”称为“动之动”，“静而生阴”称为“动之静”，[②]“动之动”指“止而动之，动动也”，“静之动”指“行而止之，静亦动也”，[③]前者是运动的动态，后者为运动中的静态，表现形式不同，但都在运动。他不承认有绝对的静止，说：“废然无动而静，阴恶从生哉！一动一静，阖辟之谓也。由阖而辟，由辟而阖，皆动也。废然之静，则是息矣。”[④]但承认静止的相对性，有相对静止才有“物我之万象”。相对静止是物质存在的必要条件，也是认识和区分事物的前提。

事物总是在运动变化的，他把其原因归结为事物内部的对立矛盾：“天下之变万，而要归于两端。”[⑤]所谓“两端”，是指事物内部的两面性，正是对立面的矛盾推动事物的发展。他在分析矛盾时提出“合二为一”和“分一为二”的论题，指出：“故夫天下之赜，天下之动，事业之广，物宜之繁，典礼之别，分为阴，分为阳，表里相待而二，二异致而一存乎其人，存乎德行。德行者，所以一之也。”[⑥]天下万事万物虽然复杂纷纭，但均分为阴阳、表里，构成“相待而二”的两方面。这两方面既对立存在差异又是统一的，所以说“合二以一者，既分一为二之所固有”，这里实质上讲了矛盾的同一性和斗争性问题。一方面，“刚柔、寒温、生杀，必相反相为仇”，“相反相仇则恶”，“阴阳异用，恶不容已”，承认了对立面双方斗争的性质。另一方面，“阴得阳，阳得阴，乃遂其化，爱不容已”，“互以相成，无终相敌之理”，[⑦]没有一则没有两，一之体立，两之用行，注意到矛盾的同一性，矛盾的对立面共存于同一个统一体中。

---

① 王夫之：《思问录·外篇》，《船山全书》第十二册，第430页。

②④ 王夫之：《思问录·内篇》，《船山全书》第十二册，第402页。

③ 王夫之：《张子正蒙注》卷一，《太和》，《船山全书》第十二册，第36页。

⑤ 王夫之：《老子衍》二章，《船山全书》第十三册，岳麓书社，1993年，第18页。

⑥ 王夫之：《周易外传》卷五，《系辞上传》第十二章，《船山全书》第一册，第1027页。

⑦ 王夫之：《张子正蒙注》卷一，《太和》，《船山全书》第十二册，第41页。

他在论及矛盾纵向运动时认为,合说明阴阳之始本一,因动静而分为两,最后又合阴阳于一。概括出一(合)——两(分)——一(合)的公式,强调矛盾对立面的统一,合一是矛盾的最后归宿。

王夫之在论述运动变化时更侧重其发展、前进的意义,也就是说他把变化理解为一个新陈代谢过程,如说:"天地之德不易,而天地之化日新。今日之风雷非昨日之风雷,是以知今日之日月非昨日之日月也。"①"江河之水,今犹古也,而非今水之即古水。灯烛之光,昨犹今也,而非昨火之即今火。水火近而易知,日月远而不察耳。爪发之日生而旧者消也,人所知也。肌肉之日生而旧者消也,人所未知也。人见形之不变而不知其质之已迁,则疑今兹之日月为邃古之日月,今兹之肌肉为初生之肌肉,恶足以语日新之化哉!"②以天地、日月、风雷、水火,以及人体、爪发、肌肉为实例,证明今非昨,现在不是过去,无论是自然还是人类自身都在不断变化日新,整个客观物质世界始终处于吐故纳新、新陈代谢变化之中。"荣枯相代而弥见其新",可以说是自然和人类发展变化的根本法则。

他进一步论述了发展变化的形式及周期,区分两种发展形式。其一是"内成":"内成通而自成"、"成者内成",指事物自身内部变化。如"一芽之发,渐为千章之木;一卵之化,积为吞网之鱼"③。芽与树、卵与鱼是同一事物变化,但根本性质没有变。其二是"外生":"生者外生","外生变而生彼",此事物变为彼事物。"内成"的特点是"日新而不爽其故"、"质日代而形而如一",事物保持原样,其内部新质逐渐代替旧质,这是总量中的部分质变,属量变范围。"外生"的特点是"推故别致其新","谢故以生新",旧事物被新事物所代替。在他看来,世界上不存在不变的事物,"守其故物而不能自新,虽其未消,亦槁而死"④,"唯

①④ 王夫之:《思问录·外篇》,《船山全书》第十二册,第 434 页。

② 王夫之:《思问录·外篇》,《船山全书》第十二册,第 454 页。

③ 王夫之:《周易内传》卷三下,《益》,《船山全书》第一册,第 349 页。

其日新”才能存在发展。王夫之认为发展也是有周期的，以生物为例：“胚胎者，阴阳充，积聚定，其基也；流荡者，静躁往来，阴在而阳感也；灌注者，有形有情，本所自生，同类牖纳，阴阳之施予而不倦者也。其既则衰减矣，基量有穷，予之而不能多受也。又其既则散灭矣，衰减之穷与而不茹，则推故而别致其新也。”[1]胚胎、流荡、灌注、衰减、散灭为事物发展变化的一周期，其中胚胎、流荡为事物的发生时期，灌注为事物的成长发展时期，而衰减、散灭为事物衰亡时期。旧事物灭亡，新事物产生，循环往复，以至无穷。

王夫之也注意到事物发展的规律性问题，提出“奉常以处变”的思想，也即掌握事物发展常规来面对变化。他既承认“天地固有之常理”、“运行之常度”，同时也指出：“乘之时者，变也。”[2]常是一种客观必然性、规律，变是不经常的、迅速变化的现象。在他看来，常与变是统一的。一方面，“变在常之中”，“常立而变不出其范围”，另一方面，“常亦在变之中”，常变相互包含，说明事物发展变化及其规律是复杂的。他主张认识事物的变化及其规律性，就必须“执常以迎变，要变以知常”、“取常以推变”[3]，既要掌握和运用事物的发展规律把握事物的变化，同时也要考察事物的变化进一步认识事物的规律。

第二节　王夫之的知识论与人性论

王夫之的知识论包括对能与所、知与行关系的分析，提出“能必副其所”、“行可兼知”等命题，强调主观必须符合客观，以及主体实践的意义。他的人性论涉及人性的本质、理与欲、性与情等问题，提出“性

① 王夫之：《周易外传》卷二，《无妄》，《船山全书》第一册，第 888 页。
② 王夫之：《周易外传》卷七，《说卦传》，《船山全书》第一册，第 1089 页。
③ 王夫之：《周易外传》卷六，《系辞下传》第八章，《船山全书》第一册，第 1059 页。

者生理也”、“理必寓于人欲以见”、“率性以达情”等观点，深化了人性等相关问题的探讨。

一、能必副其所

《尚书·无逸》有“君子所，其无逸”，《尚书·召诰》有“王敬作，所不可不敬德”两句，前句“所”依《左传·昭公二十年》“入复而所”注，当“居官”，后句“所”，依郑玄《书·牧誓》注当“且”。两句话的意思是，“君子做官不可贪图安逸”，“王要谨慎做事，将不可以不认真行德”。吕祖谦把“君子所，其无逸”释为“君子以无逸为所”。蔡沈《集传》加以附会，把“王敬作，所不可不敬德”断句为“王敬作所”。在王夫之看来，“无逸”、“敬”是主观活动，“所”是客观的对象，以“无逸”、“敬”为“所”，是以主观取代客观，这显然受佛教的影响，“敬、无逸，‘能’也，非‘所’也明甚，而以为‘所’，岂非释氏之言乎？”[①]他在改造佛学“能”、“所”的基础上提出自己的能所观。

他说：“天下无定所也。吾之于天下，无定所也。立一界以为‘所’，前未之闻，自释氏昉也。境之俟用者曰‘所’，用之加乎境而有功者曰‘能’。‘能’‘所’之分，夫固有之，释氏为分授之名，亦非巫也。乃以俟用者为‘所’，则必实有其体；以用乎俟用而可有功能者为‘能’，则必实有其用。体俟用，则因‘所’以发‘能’；用乎体，则‘能’必副其‘所’。体用一依其实，不背其故，而名实各相称矣。”[②]这段经典表述包括以下内容：

首先，对佛家的批判。王夫之说：“夫‘能’、‘所’之异其名，释氏著之，实非释氏昉之也。其所谓‘能’者即用也；所谓‘所’者即体也，汉儒之已言者也。所谓‘能’者即思也，所谓‘所’者即位也，《大易》之已言

---

① 王夫之：《尚书引义》卷五，《召诰无逸》，《船山全书》第二册，岳麓书社，1988 年，第 377 页。
② 王夫之：《尚书引义》卷五，《召诰无逸》，《船山全书》第二册，岳麓书社，第 376 页。

者也。所谓'能'者即己也，所谓'所'者即物也，《中庸》之已言者也。"[①]在他看来，作为描述认识主体与认识对象的概念并不始于佛家，诸经典早有此类概念，汉儒的体用，《周易》的位思，《中庸》的己物等，都具有能所的含义，佛家只是以"能"、"所"把它标出并加以区分。佛家讲的"能"是能知，"所"是所知，把所知对象看作是能知主体所产生的作用或幻境。王夫之对这种把认知对象消解在主体中的观点进行批判。

他说："乃释氏以有为幻，以无为实，'唯心唯识'之说，抑矛盾自攻而不足以立。于是诡其词曰：'空我执而无能，空法执而无所。'然而以心合道，其有'能'有'所'也，则又固然而不容昧，是故其说又不足以立，则抑'能'其'所'，'所'其'能'，消'所'以入'能'，而谓'能'为'所'，以立其说，说斯立矣。故释氏凡三变，而以'能'为'所'之说成。"[②]揭露佛教玩弄诡词，以认识主体代替认识对象，指出其说自相矛盾。诡词，一是既然划分客观对象和认识主体，又说"唯心唯识"；二是否定自身存在以否定认识主体存在；又否定客观事物从而否定认识对象存在，否认"能"、"所"的存在；三是混同"能"、"所"，消"所"入"能"。

与佛教主张相似，陆王心学认为"心外无物"，"意之所在便是物"。王夫之对心学也展开批判。他说："今曰'以敬作所'，抑曰'以无逸作所'，天下固无有'所'，而惟吾心之能作者为'所'。吾心之能作者为'所'，则吾心未作而天下本无有'所'。""惟吾心之能起为天下之所起，惟吾心之能止为天下之所止。"[③]依心学之意，天下本无所，只有我心作用产生所。若没有我心的作用，天下本来无所，把心作用当成世界存在的始终。这是"能""所"混同。他还以实例加以驳斥："越有山，而我未至越，不可谓越无山，则不可谓我之至越者为越之山也。""所孝者父，不得谓孝为父；所慈者子，不得谓慈为子；所登者山，不得谓登为

①② 王夫之：《尚书引义》卷五，《召诰无逸》，《船山全书》第二册，第377页。

③ 王夫之：《尚书引义》卷五，《召诰无逸》，《船山全书》第二册，第378页。

山;所涉者水,不得谓涉为水。"[①]越有山是客观的,不能因我没到而否认它,也不能把我到越山这一活动等同于越山。孝的对象是父,不能把孝当成父,慈的对象是儿子,不能把慈当成儿子,所登的是山,不能说登就是山,所涉的是水,不能把涉当成水。否则便是"能"代"所"。

从经世角度,他还指出了佛教、心学的社会危害:"今曰'以敬作所',抑曰'以无逸作所',天下固无有'所',而惟吾心之能作者为'所'。吾心之能作者为'所',则吾心未作而天下本无有'所',是民之可畏,小民之所依,耳苟未闻,目苟未见,心苟未虑,皆将捐之,谓天下之固无此乎?"[②]消所入能必然以心为用,导致政治上不关心国家存亡与人民疾苦。

其次,王夫之借用佛家的"能"、"所"概念并加以改造,提出"能必副其所"的命题。

他区别"能""所","所"是认识对象,"能"是主体认识和活动能力,有体用、物(事)己的特征。他说:"'能',在己为用也;'所',在事之体也。"[③]所为外在的事、为体,能为己、为用,所是客观,能为主观。又说:"其所谓'能'者即用也,所谓'所'者即体也,所谓'能'者即己也,所谓'所'者即物也。"[④]他把"能""所"也当成己物,"所谓己者,则视、听、言、动是已"[⑤]。物指自然,以及社会存在物,"天之风霆雨露亦物也,地之山陵原隰亦物也;则其为阴阳、为柔刚者皆物也。物之飞潜动植亦物也,民之厚生利用亦物也;则其为得失、为善恶者皆物也。凡民之父子兄弟亦物也,往圣之嘉言懿行亦物也;则为其仁义礼乐者皆物也。"[⑥]所必实有其体,能必实有其用,它们不是虚幻而是实有。

---

① 王夫之:《尚书引义》卷五,《召诰无逸》,《船山全书》第二册,第 378—379 页。

② 王夫之:《尚书引义》卷五,《召诰无逸》,《船山全书》第二册,第 378 页。

③ 王夫之:《说文广义》卷一,《所》,《船山全书》第九册,岳麓书社,1989 年,第 102 页。

④ 王夫之:《尚书引义》卷五,《召诰无逸》,《船山全书》第二册,第 377 页。

⑤ 王夫之:《尚书引义》卷一,《大禹谟二》,《船山全书》第二册,第 267 页。

⑥ 王夫之:《尚书引义》卷五,《召诰无逸》,《船山全书》第二册,《尧典一》,《船山全书》第二册,第 241 页。

他认为“所”作为体或物，并不是纯粹的与人无关的东西，而是指有待于人去加以认识和利用的，即“境之俟用者曰所”。因此，所在这里有双重性，其一，客观实在性，其二，对象性。“能”是己或用，也不是纯粹主观的，是人们施加于外部世界而能够取得功效的认识和活动能力。“能”“所”这两者既有区别而又存在联系。认识必须有认识的对象，同时也要有认识主体的能力，相互联系的关节点就是“境”，即外部环境，正是外在环境具有的对象性，使主观与客观联系起来。而这种区别与联系构成了认知结构，为认识的完成创造前提条件。那么就认知过程而言，应是“因所以发能”，主观认识由客观对象而引发，正因为如此，才有“能必副其所，体用一依其实”，认识必须符合客观对象。他看到认识能力的功效性，认识能力不是简单地摹写对象，“己欲交而后交，则己固有权矣”①。权指主动性。如果没有主观能动性，则“有物于此，过乎吾前，而或见焉，或不见焉。其不见者，非物不来也，己不往也”。只能是“物自物而己自己”，只有“心先注于目，而后目注交于彼”，才能“遥而望之得其象，进而瞩之得其质，凝而睇之然后得其真，密而之然后得其情”。②对客观事物认识不断深化。

王夫之的“能必副其所”指出人认知事物的方法，“‘所’著于人伦物理之中，‘能’取诸耳目心思之用。‘所’不在内，故心如太虚，有感而皆应，‘能’不在外，故为仁由己，反己而必诚”。③ 认知对象不在主观意识之中，因此人要虚己观物，不要有先入之见，应以客观的态度对待外部世界。认知主体的能力又不在主体之外，因此要认识客观事物必须发挥主观能动性，把虚己与反己、从客观实际出发与主观能动性有机地结合起来。

二、行可兼知

能与所主要探讨主观与客观的关系，主观符合客观必须要见之于

---

①② 王夫之：《尚书引义》卷一，《大禹谟二》，《船山全书》第二册，第268页。

③ 王夫之：《尚书引义》卷五，《召诰无逸》，《船山全书》第二册，第80页。

行,由此出发,王夫之又讨论了知行问题。在知行关系上,他批评知行合一、知先行后,发挥《尚书》"知之非艰,行之惟艰"的命题,提出"知必以行为功"、"行可兼知"的知行观。

他批判理学知行关系的两种态度,程朱"欲折陆、杨(简)'知行合一,知不先,行不后'之说,而曰'知先行后',立一划然之次序,以困学者于知见之中,且将荡然以失据,则已异于圣人之道矣"。而王守仁"其所谓知者非知,而行者非行也。知者非知,然而犹有其知也,亦惝然若有所见也。行者非行,则确乎其非行,而以其所知为行也,以知为行,则以不行为行"[①],这是"销行以归知"。程朱为了驳斥陆、杨知行合一,知不先行不后而说"知在先,行在后",在王夫之看来,这显然把知行截然分为两段割裂开来,使学者陷入知见之中而不能自拔,失去做人的依据,有悖于圣道。而王守仁的"知行合一",所谓知并不是知,行也根本不是行,知不是真知,尚有点知,模糊有些见解,行不是行,那确实不是行,把知当成行。把知当成行,便是把不实行当成行,这是取消行。

他还提出知的方法:"夫知之方有二,二者相济也,而抑各有所从。博取之象数,远征之古今,以求尽乎理,所谓格物也。虚以生其明,思以穷其隐,所谓致知也。非致知,则物无所裁而玩物以丧志;非格物,则知非所用而荡智以入邪。二者相济,则不容不各致焉。"[②]求知(广义)的两种方法指格物和致知,格物指广泛地观察天文物理,考证古今变迁求理,即行;致知指保持心虚静以增长洞察事物的智慧,用心思考以穷究物内在之理,即知。无格物,心思考不能发挥作用,就会摇荡心智走入邪路;无致知,就无法对事物作出判断,必然溺于对外物的考察而失去为学的主见。提出知的两种方法是对知的认识的深化。

《尚书·说命》记述商大臣傅说向高宗武丁进言治国方略,深得武

① 王夫之:《尚书引义》卷三,《说命中二》,《船山全书》第二册,第 311—312 页。

② 王夫之:《尚书引义》卷三,《说命中二》,《船山全书》第二册,第 312—313 页。

丁赞赏，傅说接着对武丁说："知之非艰，行之惟艰"，王夫之称此为"千圣复起，不易之言"，并解释说："艰者先，先难也，非艰者后，后获也。"[1]以难易说先后，他认为禹所说"后克艰厥后，臣克艰厥臣"，皋陶所说"慎厥身修思永"，伊尹所说"德无常师，主善为师"，孔子所说"知及之，仁不能守之，虽得之，必失之"等，都是讲行，强调行的作用。由此出发，他提出"行可兼知"的观点："行可兼知，而知不可兼行。下学而上达，岂达焉而始学乎？君子之学，未尝离行以为知也必矣。离行以为知，其卑者，则训诂之末流，无异于词章之玩物而加陋焉，其高者，瞑目据梧，消心而绝物，得者或得，而失者遂叛道以流于恍惚之中。"[2]行包括知，知不包括行，只有广泛接触具体事物，才能达于对其规律的认识，哪有先理解规律而后学的。君子之学不离行讲知。他对离行讲知，不是泥于专搞训诂考证、玩弄词章，就是陷入闭目养神、空谈玄虚、想入非非之境这两种片面性持批评态度。

他认为行的重要意义还表现在行内在固有的功效性，"且夫知也者，固以行为功者也。行也者，不以知为功者。行焉可以得知也，知焉未可以收行之效也。将为格物穷理之学，抑必勉勉孜孜，而后择之精，语之详，是知必以行为功也。行于君民、亲友、喜怒、哀乐之间，得而信，失而疑，道乃益明，是行可有知之效也。其力行也，得不以为歆，失不以为恤，志壹动气，惟无审虑却顾，而后德可据，是行不以知为功也。冥心而思，观物而辨，时未至，理未协，情未感，力未赡，俟之他日而行乃为功，是知不待有行之效也"。[3]认识过程尽管有知的作用，但它的完成及所获得的效果主要靠行，这是由行所具有的功效性决定的。因为知仅局限于主观领域，不能见之于客观，而行则沟通主观与客观，具有直接现实性的特征，它能与对象直接接触，并使之发生改变，达到人所希望的结果，因此知以行为功。另外，把由行所获的知识用于处理

---

① 王夫之：《尚书引义》卷三，《说命中二》，《船山全书》第二册，第313页。

②③ 王夫之：《尚书引义》卷三，《说命中二》，《船山全书》第二册，第314页。

政治、人伦等事物,通过这一活动也可检验知的正确与否,在这里行又作为知的标准。王夫之对行功效性的论述包含行作为知的完成、效果与标准双重意义。

儒学史上对知行关系的讨论涉及知行先后、轻重、难易诸问题。在知行关系上,程颢以心知天,陆九渊倡导反省内求的易简工夫。程颐、朱熹主张先致知后涵养,重知轻行。孟子的良知含有知行合一的思想。王守仁继承发展,明确提出知行合一,但仍有以知代行之嫌。王廷相提出知行并举。王夫之论知行结合经书,在知行合一的基础上,强调行的作用,尤其是把行当成知的完成、结果、标准,这既是对古代知行观的发展,也与明清之际反对夸夸空谈,崇尚实行的经世致用之风相一致。

三、性者生理也

王夫之从其气一元论的宇宙观出发,对以往的人性论作了批判和综合。他提出"性者生理也"的命题。"生理"是指人类整个生命、气质所包含的理。在他看来,不管是物还是人,其本质都是由气规定的,因此,理不能离开气,性即气即理:"夫性即理也,理者理乎气而为气之理也,是岂于气之外别有一理以游行气中者乎?"[①]这是说性是气及气的理,没有离开气的纯理,也没有离开气的纯乎理的性。他进一步认为,所谓性是由气化生成的具体形质之性,因此又不可以离开形质而言性,因为"质者,性之府也;性者,气之纪也;气者,质之充而习之所能御者也。然则气效于习,以生化乎质,而与性为体,故可言气质中之性;而非本然之性以外,别有一气质之性也"[②]。这表明气质中的性与本然中的性是相一致的。

他进而针对程朱气质之性的论点批评道:"所谓'气质之性'者,犹

---

① 王夫之:《读四书大全说》卷十,《孟子·告子上》,《船山全书》第六册,第1076页。

② 王夫之:《读四书大全说》卷七,《论语·阳货》,《船山全书》第六册,第861页。

言气质中之性也。质是人之形质,范围著者生理在内;形质之内,则气充之。而盈天地间,人身以内人身以外,无非气者,故亦无非理者。理,行乎气之中,而与气为主持分剂者也。故质以函气,而气以函理","是气质中之性,依然一本然之性也。"[①]在这里不难看出,他虽然沿用程朱关于"性即理也"、"气质之性"等旧命题和范畴,但都给予了新的诠释,注入了气一元论的内容,明确否定宋儒关于"气之外别有一理"和气质之外另有一"本然之性"的观点。尤其是他提出的大而言之虚空皆气,离气更无他物;质为气之凝,理乃质之所然,性为气之理。就天而言,曰道,就人物而言曰性,就天授以人而言,曰命等主张,从而把气、质、性、命、道、理看成是一个事情相互联系的几个方面,则是十分精辟的。

王夫之又论述了人性的双重属性,其一是人的自然生理、心理以及本能、欲望等活动,其二是人具有区别于禽兽的道德观念和判断善恶的能力,指出人性是自然和道德双重属性的统一体。他说:"天以其阴阳五行之气生人,理即寓焉而凝之为性。故有声色臭味以厚其生,有仁义礼智以正其德,莫非理之所宜。声色臭味,顺其道则与仁义礼智不相悖害,合两者而互为体也。"[②]在人性的两个属性中,道德观念、判断善恶的能力是主要的属性,因为人的仁义礼智之心才是指导和支配人的生理、心理及知觉、思维等活动的重要因素,否则就难以与禽兽相区别了。

王夫之在肯定人性由自然之气所规定的基础上,还提出别具一格的"性日生而日成"的思想。他主张"细缊生化"的现象不仅存在于自然物的生成变化之中,而且也表现在人性的形成和发展过程之中。他说:"在天而天以为象,在地而地以为形,在人而人以为性,性在气中,

---

① 王夫之:《读四书大全说》卷七,《论语·阳货》,《船山全书》第六册,第858—857页。

② 王夫之:《张子正蒙注》卷三,《诚明》,《船山全书》第十二册,第121页。

屈伸通于一,而裁成变化存焉"[①],"性者生理也,日生则日成也",而"天之生物,其化不息","形化者化醇也,气化者化生也"[②],又"天之与人者,气无间断,则理亦无间断,故命不息而性日生。"[③]"天"在赋予人以形气的同时,也赋予人以"生理",人的形气在不断地变化,其"生理"也在不断地变化。因此,人性不仅是由阴阳二气合和而成,而且是"日生则日成"的。若言理言性、言天言命都是相对于气之絪缊生化而言的,离开气之生化,就无理无性,无天无命。他又进一步讲:"故天日命于人,而人日受命于天,故曰性者生也,日生而日成之也","惟命之不穷也而靡常,故性屡移而易,抑惟理之本正也而无固有之疵,故善来复而无难,未成可成,已成可革。性也者,岂一受成型,不受损益也哉?""形气者,亦受于天者也,非人之能自有也,而新故相推、日生不滞如斯矣。"[④]在他看来,人自禀二气出生之后并非一成不变,而是"形日以养,气日以滋,理日以成"的。初生受天之命,生后又一日生成而一日多命,天一日也不停息其命,人无一日而不承命于天。另外,社会的运动发展没有穷尽,人性也随之屡移屡易,以前所没有的可以形成,已经形成的也可以革除,正像形气受之于天一样,人性也能新故相推,日生不滞。这一观点鲜明地揭示出人性的自然历史进程,这一进程不以人的意志转移。

他还强调后天习养对人性不断发展的作用,认为"受命于天"的人性"成型"后,还须要在"人日受命于天"的过程中继续善养,因为"善养其气,至于久而质且为之改也","是故气随习易,而习且与性成也"。[⑤]从而把受先天客观之"气"影响的人性与人后天实践活动的"习"统一起来。在此基础上,他提出"继善成性"的命题,说:"继之为功于天人

---

① 王夫之:《张子正蒙注》卷一,《太和》,《船山全书》第十二册,第26页。

② 王夫之:《尚书引义》卷三,《太甲二》,《船山全书》第二册,第299—300页。

③ 王夫之:《读四书大全说》卷十,《孟子·告子上》,《船山全书》第六册,第1077页。

④ 王夫之:《尚书引义》卷三,《太甲二》,《船山全书》第二册,第301—302页。

⑤ 王夫之:《读四书大全说》卷七,《论语·阳货》,《船山全书》第六册,第861页。

乎！天以此显其成能，人以此绍其生理者也”，“不继不能成。天人相绍之际”，“继之则善矣，不继则不善矣。天无所不继，故善不穷；人有所不继，则恶兴焉”。[①] 这是说“继善成性”为人所特有的自觉能动性的体现。“继”与“不继”就在于人是否能发挥“作圣之功”。他认为，人可以“行而后知有道，道犹路也。得而后见有德，德犹得也”[②]。人的品性德行是在后天习养中不断得到完善和提高的，所以“‘习与性成’者，习成而性与成也”[③]。

王夫之不仅认为性与命、天与人是密切相联的，人性的形成是“受命于天”由“阴阳二气”所规定的，而且主张人性在后天“日生日成”的过程中，通过“继善”、“习养”才能不断完善和发展。这种“性日生而日成”、“继善成性”的人性论，既考虑到了自然因素和社会影响，同时也充分估计到了主体自律和道德自觉，与以往的人性论学说相比，无疑是一个巨大的进步。

四、理必寓于人欲以见

王夫之从人性理欲的统一出发，批判“离欲别有理”，提出“理必寓于人欲以见”的观点。

程颐说：“损人欲以复天理。”朱熹也说：“天理存则人欲亡，人欲胜则天理灭。”佛老主张无欲，绝欲。王夫之说：“离欲而别为理，其唯释氏为然。盖厌弃物则，而废人之大伦矣。今云‘然后力求所以循天理’，则是离欲而别有所循之理也，非释氏之辞哉！”“使不于人欲之与天理同行者，即是以察夫天理，则虽若有理之可为依据(自注：老之重玄，释之见性)。而总于吾视听言动之感通而有其贞者，不相交涉。乃断弃生人之大用，芟剃无余，日中一食而后不与货为缘，树下一宿而后

---

① 王夫之：《周易外传》卷五，《系辞上传》第六章，《船山全书》第一册，第1007—1008页。

② 王夫之：《思问录·内篇》，《船山全书》第十二册，第402页。

③ 王夫之：《尚书引义》卷三，《太甲二》，《船山全书》第二册，第299页。

不与色相取，绝天地之大德，蔑圣人之大宝，毁裂典礼，亏替节文，己私炽然，而人道以灭，正如雷龙之火，愈克而愈无已也。”[①]佛老和一些理学家把理与欲绝对割裂开来，灭欲最终是灭人道，人道灭了何存理。退一步讲，离欲言理，灭尽人欲而后存理，不近人情，违反人道。在他看来，“孔颜之学，见于六经、四书者，大要在存天理。何曾只把这人欲做蛇蝎来治，必要与他一刀两段，千死千休？且如其余之‘日月至’者，岂当其未至之时，念念从人欲发，事事从人欲做去耶？此不但孔门诸贤，即如今寻常非有积恶之人，亦何尝念念不停，唯欲之为汲汲哉？既饱则不欲食矣，睡足则不欲寝矣。”[②]孔子经书虽然注重存天理，但并不否认人欲，包括饮食起居在内的人欲对人是不可缺少的。佛老、和一些理学家笼统地把理欲绝对对立起来，显然违背了孔颜之学的本质。

他主张理欲是统一的，这种一致表现在理“必寓于人欲以见”，“终不离欲而有理也。”[③]因为，“天理充周，原不与人欲相为对垒。理至处，则欲无非理。欲尽处，理尚不得流行，如凿池而无水，其不足以畜鱼者与无池同；病已疗而食不给，则不死于病而死于馁”。[④] 理欲不是对立的，理之所至，欲就是理，去欲则理不通行。理欲如水与鱼、食与馁的关系，欲比理更基本。他又说：“只理便谓之天，只欲便谓之人。饥则食，寒则衣，天也。食各有所甘，衣亦各有所好，人也。”[⑤]把欲当成人身固有的，各甘所食各好所衣，这种生活生存的基本欲求并不违反理。不仅一般人有欲，即使是圣人、贤人也有欲，“圣人有欲，其欲即天之理。天无欲，其理即人之欲。学者有理有欲，理尽则合人之欲，欲推即合天之理。于此可见：人欲之各得，即天理之大同；天理之大同，无人

---

① 王夫之：《读四书大全说》卷八，《孟子·梁惠王下》，《船山全书》第六册，第 911—912 页。

② 王夫之：《读四书大全说》卷五，《论语·雍也》，《船山全书》第六册，第 673—674 页。

③ 王夫之：《读四书大全说》卷八，《孟子·梁惠王下》，《船山全书》第六册，第 911 页。

④ 王夫之：《读四书大全说》卷六，《论语·宪问》，《船山全书》第六册，第 799 页。

⑤ 王夫之：《读四书大全说》卷四，《论语·里仁》，《船山全书》第六册，第 639 页。

欲之或异"[1]。于人欲见天理,人都有理欲,理合于人欲,人欲又合于天理,天理与人欲相通,天理是抽象的法则,人欲是具体的个别,因此只有从人欲中见天理。"行天理于人欲之内,而欲皆从理,然后仁德归焉。"[2]欲服从理是以理寓于欲中为前提的,人的道德也由此引出。

他不以精神与物质区别理欲,认为物质性的可为天理也可为人欲,精神性的可为人欲也可谓天理:"天理、人欲,只争公私诚伪。如兵农礼乐,亦可天理,亦可人欲。春风沂水,亦可天理,亦可人欲。""凡诸声色臭味,皆理之所显。非理,则何以知其或公或私,或得或失?故夫子曰'为国以礼'。礼者,天理之节文也。识得此礼,则兵农礼乐无非天地流行处。""倘须净尽人欲,而后天理流行,则但带兵农礼乐一切功利事,便于天理窒碍,叩其实际,岂非'空诸所有'之邪说乎?"[3]"春风沂水"语出《论语·先进》,曾皙答孔子曰:"莫(暮)春者,春服既成,冠者五六人,童子六七人,浴乎舞雩,咏而归。"理欲的界限在公私诚伪上,诚伪的识别在礼。把礼当成标准,符合礼的声色臭味诸人欲和兵农礼乐可为天理,不符合礼的"春风沂水"也可成为人欲。如认为必须绝对摈除欲而才有天理,那么诸如兵事、农业、典制等一切带有功利事业都被看作有碍于天理流行,这实际上与佛教贬低物质存在和物质生活没有什么差别了。

理学家大都主张存理去欲。张载主张:"上达反天理,下达徇人欲者与!"程颢提出:"人心惟危,人欲也;道心惟微,天理也。"程颐说:"损人欲以复天理而已。"朱熹也说:"学者须是革尽人欲,复尽天理,方始是学。"王阳明认为去人欲以复天理便是致良知。凡此,把天理与人欲割裂开来。王夫之理存于欲之说,从理欲统一出发承认欲的存在,把欲纳入合理的轨道,是对存理去欲说的矫正,发展了孔孟的节欲说。

---

① 王夫之:《读四书大全说》卷四,《论语·里仁》,《船山全书》第六册,第639页。

② 王夫之:《读四书大全说》卷六,《论语·宪问》,《船山全书》第六册,第799页。

③ 王夫之:《读四书大全说》卷六,《论语·先进》,《船山全书》第六册,第763页。

五、率性以达情

程颐、邵雍等把诗中的情感活动看作是害道蔽性的人欲，作诗是“玩物丧志”。邵雍的《伊川击壤集序》就把理与情对立，根本否认诗抒情性质。李贽提倡“童心”、“真情”，但把“道理”、“义理”与“童心”（情）对立起来。王夫之借治《诗》提出性情合一论。

王夫之论性主外成内生，“内生而外成者，性也，流于情而犹性也；外生而内受命者，命也，性非有而莫非命也”[①]。性由人体内在固有与受外部条件影响结合而成。他说：“夫苟受之有生而不再矣，充之不广，引之不长，澄之不清，增之不富，人之与天，终无与焉已矣，是岂善言性者哉！古之善言性者，取之有生之后，阅历万变之知能，而岂其然哉！”[②]把后天的“阅历万变之知能”与先天的“良知良能”对立起来，认为人性虽然有先天的因素，但后天环境对其形成尤为重要。因此，他反对先天一成不变的人性，提出“性日定，心日生，命日受”的命题，人与禽兽不同，“禽兽终其身以用天而自无功，人则有人之道矣。禽兽终其身以用其初命，人则有日新之命矣。有人之道，不谌乎天；命之日新，不谌其初。俄倾之化不停也，祗受之牖不盈也。一食一饮，一作一止，一言一动，昨不为今功，而后人与天之相爱如呼吸之相应而不息。”[③]动物只能依据先天赋予而过活，人则有主观能动性，在改造客观环境中不断改造自己，性命在这一过程中不断更新变化，所以“性日定，心日生，命日受”[④]。“有万年之生，则有万年之昭明；有万年之昭明，则必有续相介尔万年者也。此之谓命日受，性日生也。”[⑤]这种人性可塑的主张是对人性不变论及性三品等级论的批判。

---

① 王夫之：《诗广传》卷三，《小雅》五一《论宾之初筵》，《船山全书》第三册，岳麓书社，1992 年，第 429 页。

② 王夫之：《诗广传》卷四，《大雅》二一《论既醉一》，《船山全书》第三册，第 453 页。

③ 王夫之：《诗广传》卷四，《大雅》三二《论荡》，《船山全书》第三册，第 464—465 页。

④ 王夫之：《诗广传》卷三，《小雅》二五《论节南山》，《船山全书》第三册，第 410 页。

⑤ 王夫之：《诗广传》卷四，《大雅》二一《论既醉一》，《船山全书》第三册，第 454 页。

他论情主张通达舒畅,“圣人者,耳目启而性情贞,情挚而不滞,己与物交存而不忘,一无蔽焉。《东山》之所以通人之情也”[①]。情必诚恳然后而不滞,无所隐蔽,成为通达之情。情也要无所待,他释《小雅·蓼萧》说:“露之降下,无所择于萧,无所择于非萧也,澹然相遇而不释,然而已厚矣。萧之于露也,无所得于露,无所失于露也,感于相即而已浃矣。”[②]无所求无所择,澹然相遇,遂以相乐,于以见情洁净自然,通天地之性。他论情不相袭,“情亦不相袭矣”。“果有情者,亦称其所触而已矣。触而有其不可遣焉,恶能货色笑而违心以为度?触而有其可遣,孰夺吾之色笑而禁之乎?”[③]情不相袭,每人因所遇所触不同而有独特之情。其触可排遣则可排遣,不可排遣则不可排遣,要依真情而非伪情。

他认为诗中要有我有情,“或曰:圣人无我。吾不知其奚以云无也。我者,德之主,性情之所持也”[④]。同时要跳出个人利欲、得失。他认为情表现为情感,情感表现为才能,而情感与才能都表现于活动,“与其专言静也,毋宁言动。”“性效于情,情效于才,情才之效,皆效以动也。”[⑤]一般说,他不反对男女情爱,释儒家经典“发乎情,止乎理”说:“止者,不失其发也。有无理之情,无无情之理也。”[⑥]情甚于理。他十分重视把情分为“贞情”与“淫情”,言情首先要择情,“审乎情,而知贞与淫之相背,如冰与蝇之不同席也,辨之早矣”[⑦]。诗歌只能描写“行乎情而贞,以性正情”[⑧]一类的“贞情”,决不可让欲之情玷污纸笔。《诗经·静女》“俟我于城隅”表达的是一种淫情,因为“两贞之相俟,未有于

---

① 王夫之:《诗广传》卷二,《豳风》四《论东山三》,《船山全书》第三册,第 384 页。
② 王夫之:《诗广传》卷三,《小雅》十二《论蓼萧》,《船山全书》第三册,第 396 页。
③ 王夫之:《诗广传》卷一,《卫风》四《论竹竿》,《船山全书》第三册,第 338 页。
④ 王夫之:《诗广传》卷四,《大雅》十五《论皇矣三》,《船山全书》第三册,第 448 页。
⑤ 王夫之:《诗广传》卷一,《郑风》三《论女曰鸡鸣》,《船山全书》第三册,第 346 页。
⑥ 王夫之:《诗广传》卷一,《邶风》七《论匏有苦叶》,《船山全书》第三册,第 324 页。
⑦ 王夫之:《诗广传》卷一,《邶风》十《论静女》,《船山全书》第三册,第 328 页。
⑧ 王夫之:《诗广传》卷三,《小雅》五一《论宾之初筵》,《船山全书》第三册,第 429 页。

城隅者也”[1]。他强调情的社会意义:“不毗于忧乐者,可与通天下之忧乐矣。忧乐之不毗,非其忘忧乐也,然而通天下之志而无蔽。以是知忧乐之固无蔽而可为性用。故曰:情者,性之情也。”[2]不毗于忧乐,即不倚执一忧一乐,不倚不执然后能于己之所忧所乐通天下之忧乐,于是不致流于不道。不倚执其情非轻其情忘其情而是正视其情,把情纳入人性的轨道。

王夫之强调性情应是一致的,这种一致性表现为“率性以达情”,“性为情节”。

他论情应坦诚相示,说:“‘《诗》达情’,达人之情,必先自达其情,与之为相知,而无别情之可疑。”“《鸡鸣》之哲妇自达其情曰‘甘与子同梦’,故以妇人而感君子也有余,不自匿而已矣。故《易》曰:‘观其所感,而天地万物之情可见矣。’见情者,无匿情者也。是故情者,性之端也。循情而可以定性也。”[3]自达其情,使其情当下表白,成为真实的存在。这种真情没有暧昧,能使人明白相知。相知是通,通不匿情,可见天地万物之情。情必然要表白,因为情本是性的开端,如隐匿不表白则非真情,真情与性一致。

他认为,性情不一致就会出现情之流荡,“君子甚恶其言。非恶其崇情以亢性,恶其迁性以就情也。情之贞淫,同行而异发久矣”。“贞亦情也,淫亦情也。情受于性,性其藏也。乃迨其为情,而情亦自为藏矣。藏者必性生而情乃生欲。故情上受性,下授欲。受有所依,授有所放,上下背行而各亲其生,东西流之势也。”[4]情本为性的开端,性无不善,情原亦应是善的。但情受性而既成之后成为独立的系统,而且有其自己的机能,由于受着欲望的影响,开始离性盲动,渐渐流于淫。他又说:“情附气,气成动,动而后善恶驰焉。驰而之善,日惠者也;驰

① 王夫之:《诗广传》卷一,《邶风》十《论静女》,《船山全书》第三册,第 328 页。
② 王夫之:《诗广传》卷二,《豳风》四《论东山三》,《船山全书》第三册,第 84 页。
③ 王夫之:《诗广传》卷二,《齐风》一《论鸡鸣》,《船山全书》第三册,第 353 页。
④ 王夫之:《诗广传》卷一,《邶风》十《论静女》,《船山全书》第三册,第 327 页。

而之不善，日逆者也。故待其动而不可挽。”“血者，六腑之躁化也。气无质，神无体，固不能与之争胜，挟持以行而受其躁化，则天地清微之用隐矣。”[①]他把性（或曰神、心）当成形而上者，因为说无体（指无存在之形体），无体之性清微而无力，不能与情欲这一现实存在的力量抗衡。如果不早调节而任情顺欲盲动，其流荡必然不可救，人的本性与真情则不可见。

为了防止情的流荡，王夫之提出“心统性情，而性为情节”[②]，在性情关系上强调以性节情。诗言志、抒情是同一观点的不同表述。他对言志、抒情的提法加以吸收，认为笼统讲言志抒情并不能划清不同性质的志、情。他对这两者区分：“诗言志，非言意也；诗达情，非达欲也。心之所期为者，志也；念之所觊得者，意也；发乎其不自已者，情也；动焉而不自持者，欲也。意有公，欲有大，大欲通乎志，公意准乎情。但言意，则私而已；但言欲，则小而已。人即无以自贞，意封于私，欲限于小，厌然不敢自暴，犹有愧怍存焉，则奈之何长言嗟叹，以缘饰而文章之乎？”[③]情上受性下授欲的制约，诗歌应当表现性之情感，不能降情以从欲，即去表现情之欲。言志亦当如此，应当正言其志，斥其淫志，正志合符人性，淫志失其本心。情流荡是因为离性而私动，欲匡正也应率性以达情，而后情无不正。

他还阐述了节情之道。认为治不道之情应舒其窒滞，“是故欲治不道之情者，莫若以舒也。舒者，所以沮其血之躁化，而俾气畅其清微，以与神相邂逅者也”[④]。舒所以能治情，因情原本于性，后为欲所诱妄动而自迷。徐徐舒达其情则可以与神相邂逅，与情一致。他又说：“情，非圣人弗能调以中和者也。唯勉于文而情得所正，奚患乎貌丰中啬之不足以联天下乎？故圣人尽心，而君子尽情，心统性情，而性为情

① 王夫之：《诗广传》卷三，《小雅》三五《论小弁》，《船山全书》第三册，第 415—416 页。
② 王夫之：《诗广传》卷一，《召南》一《论鹊巢》，《船山全书》第三册，第 308 页。
③ 王夫之：《诗广传》卷一，《邶风》九《论北门》，《船山全书》第三册，第 325 页。
④ 王夫之：《诗广传》卷三，《小雅》三五《论小弁》，《船山全书》第三册，第 416 页。

节。自非圣人,不求尽于性,且或忧其荡,而况其尽情乎？虽然,君子之以节情者,文焉而已。文不足而后有法。”“故善学《关雎》者,唯《鹊巢》乎！文以节情,而终不倚于法也。”①君子当以文节情,文即诗与礼,中国古代向来以诗礼治民,不得已用才法。君子尽情使其畅达不窒滞,圣人则尽心知性而调其情,使其达于中和。以中和即中正和谐来调节其情,是节情的最高境界。

在性情问题上,宋儒大体主张以情从性。程颢主张以情从理,而不主张全无喜怒。程颐主张不迁怒之理。胡宏、朱熹不赞成无情,但强调中节,节其情。朱熹认为“性者心之理,情者心之动”,情是性之发出来的。王阳明认为“七情不可有所著”。明以来,以自然人性论为基础,出现了与理学不同的情性说。李贽提出了抒发真性情的“童心说”,认为天下只有一个情。袁宏道的“性灵说”和以情挈情的“理在情内说”片面地强调情。王夫之主张情性统一,抒发真情,以中和来节情,克服了宋明以来言性情的两种偏向。

第三节　王夫之的历史观

王夫之运用“气化日新”的观点去考察历史,探讨了历史的发展趋势及其规律性等问题。

一、历史观概览

在论及历史发展趋势时,王夫之提出“世益降,物益备”的历史进化论。他认为,人类历史与自然界一样是一个不断发展前进的过程：“洪荒无揖让之道,唐、虞无吊伐之道,汉唐无今日之道,则今日无他年

① 王夫之:《诗广传》卷一,《召南》一《论鹊巢》,《船山全书》第三册,第 308 页。

之道者多矣。”[1]人类处于远古蒙昧时代不存在王位禅让原则，尧、舜时代也无后来商汤对夏桀、文武对殷纣吊民伐罪之道，汉、唐也不会有当今之道。历史不会倒退，道总是在变的，这是对所谓“天不变，道亦不变”的批判。本此，王夫之具体描绘了人类由蒙昧、野蛮进入文明的过程。

在论及人类史前的蒙昧、野蛮时代时，他说：“燧、农以前，我不敢知也，君无适主，妇无适匹，父子、兄弟、朋友不必相信而亲，意者其頹光之蔡乎？昏垫以前，我不敢知也，鲜食艰食相杂矣，九州之野有不粒不火者矣，毛血之气燥，而性为之不平。轩辕之治，其犹未宣乎？《易》曰‘黄帝、尧、舜垂衣裳而天下治’，食之气静，衣之用乃可以文。烝民之听治，后稷立之也。”[2]在史前时代，也就是古史传说中的燧人氏、神农氏以前，人类茹毛饮血，没有君臣之分，夫妇、父子之别，还处在蒙昧、野蛮的时代。那时的人类不会用火，也不会耕种，“衣裳未正，五品未清，婚姻未别，丧祭未修，狉狉獉獉，人之异于禽兽无几也”[3]。他还形象地把此时的人比作“植立之兽”。到了黄帝、尧、舜时代，才脱离野蛮状态，开始逐步走进文明的社会。他肯定我们的祖先后稷所开始的农业生产，是人类改造自然活动中的光辉业绩，正是后稷把农业生产普及化，才奠定了文明社会的基础。

人类步入文明以后并没有停止前进，而是沿着文明大道继续向前发展。王夫之认为三代虽说比人类史前的野蛮时期有进步，但不是理想的社会，那时“国小而君多，聘享征伐一取之田，盖积数千年之困敝，而暴君横取，无异于今川、广之土司，吸龁其部民，使鹄面鸠形，衣百结而食草木”[4]。他把三代与自己所处时代的少数民族相对比，证明三代并非像后世所美化的那样，这是对歌颂三代的厚古薄今论的批判。对

---

① 王夫之：《周易外传》卷五，《系辞上传》第十二章，《船山全书》第一册，第 1028 页。

② 王夫之：《诗广传》卷五，《周颂》十一，《船山全书》第三册，第 491—492 页。

③ 王夫之：《读通鉴论》卷二十，《唐太宗》，《船山全书》第十册，岳麓书社，1988 年，第 763 页。

④ 王夫之：《读通鉴论》卷二十，《唐高祖》，《船山全书》第十册，第 746 页。

于殷纣之世，他说："朝歌之沈酗，南国之淫奔，亦孔丑矣。"[①]至周代，分土建侯，诸侯同姓日益发展其疆域，"渐有合一之势"。春秋时期礼崩乐坏，弑父弑君，兄弟姻党相互残杀，天下大乱。于是孔子出作《春秋》使乱臣贼子惧怕，删定《诗》、《书》、礼、乐，才使社会道德风俗向好的方向转变。经过战国时期这一"古今一大变革之会"，发展到秦以后的郡县制，出现了汉、唐、宋、明这样统一强盛的朝代，终于形成一个"财足自亿也，兵足自强也，智足自名也"[②]的伟大的中华民族。

王夫之虽然强调历史发展的总趋势是前进的，但也注意到前进中的曲折性，这尤其表现为不同时期不同地域发展的不平衡性。如吴、楚、闽、越等地在汉以前为荒陋的夷地，后来由于政治清明，重视仁义教化而变成文明之邦。相反，齐、晋、燕、赵等地，隋唐以前很文明，后来则由文明退化为野蛮。在分析变化的原因时，他企图用"气一元论"进行解释，认为这是气的衰旺更迭所致，显然是错误的。但他也注意到学习、兴文教在人类趋于文明中的积极作用。

王夫之不仅认为历史是前进的，而且也主张历史前进是有规律可寻的。由此他系统阐述了"理势合一"的思想。

二、理与势的界定

王夫之论理势首先重视对理势的界定。他论"理"，指出："理者，固有也。"[③]"理者，物之固然，事之所以然也。"[④]"万物皆有固然之用，万事皆有当然之则，所谓理也。乃此理也，唯人之所可必知，所可必行，非人之所不能知、不能行，而别有理也。"[⑤]"理本非一成可执之物，

---

① 王夫之：《读通鉴论》卷二十，《唐太宗》，《船山全书》第十册，第 763 页。

② 王夫之：《黄书·宰制》，《船山全书》第十二册，第 519 页。

③ 王夫之：《春秋家说》上卷，《桓公三》，《船山全书》第五册，岳麓书社，1993 年，第 120 页。

④ 王夫之：《张子正蒙注》卷五，《至当》，《船山全书》第十二册，第 194 页。

⑤ 王夫之：《四书训义》卷八，《论语四·里仁第四》，《船山全书》第七册，岳麓书社，1990 年，第 377 页。

不可得而见;气之条绪节文,乃理之可见者也。"[①]"势之顺以趋者,理也。"[②]"顺必然之势者理也。"[③]"天者,理而已矣;理者,势之顺而已矣。"[④]归纳起来,他论"理"有以下特点:(1) 理是具体的。"气外更无虚托孤立之理。"[⑤]理是"气之条绪节文","气载理而理以秩叙乎气"。[⑥]理气不可分,理与事物联系在一起。(2) 理是事物"固有"、"固然"、"所以然"、"当然"之则。理是事物本身所固有的,是事物之所以成为事物的根据、原因,是事物的本质。(3) 理既然是事物固有的,因此,隐藏在事物的内部,"不可得而见","非一成可执之物"。但并不是不可以认识的,理"唯人之所可必知,所可必行"。只要发挥人的主观能动性,身体力行是可以认识的。(4) 理是"顺必然之势者"、"势之顺以趋者",理势不可分,理是一种必然性。总之,王夫之所谓的理是指客观事物内在固有的本质、必然性及其规律。

王夫之对"势"的界定:"一动而不可止者,势也。"[⑦]"凡言势者,皆顺而不逆之谓也;从高趋卑,从大包小,不容违阻之谓也。"[⑧]"势者非适然也。以势为必然而然,有不然者存焉。"[⑨]"强弱之分者,势也。"[⑩]"势者事之所因,事者势之所就,故离事无理,离理无势。"[⑪]他论势也包括以下含义:(1) 势具有"一动而不可止"、"顺而不逆"、"不容违阻"的特点,是一种不可阻挡,不可抗拒,只有顺从的态势、趋向。(2) 势是"非适然也"。势不是偶然的,"以势为必然",势也具有事物发展的必然之意。(3) 势与具体事物是不可分的,与理也不可分。如果说理偏重说明事物发展的内在规律,那么势则主要反映事物外部的发展趋

①⑧　王夫之:《读四书大全说》卷九,《孟子·离娄上》,《船山全书》第六册,第 992 页。
②⑩　王夫之:《尚书引义》卷五,《立政周官》,《船山全书》第二册,第 397 页。
③　王夫之:《宋论》卷七,《哲宗一》,中华书局,1964 年,第 134 页。
④　王夫之:《宋论》卷七,《哲宗一》,中华书局,1964 年,第 136 页。
⑤　王夫之:《读四书大全说》卷十,《孟子·告子上》,《船山全书》第六册,第 1052 页。
⑥　王夫之:《读四书大全说》卷三,《中庸》,《船山全书》第六册,第 549 页。
⑦　王夫之:《读通鉴论》卷十五,《宋孝武帝五》,《船山全书》第十册,第 582 页。
⑨　王夫之:《春秋家说》上卷,《桓公三》,《船山全书》第五册,第 120 页。
⑪　王夫之:《尚书引义》卷四,《武成》,《船山全书》第二册,第 335 页。

势,形势。(4) 势也有量的规定性。有强弱、轻重、高卑、大小之分,反映事物发展变化的规模、程度等。总之,“势”是事物发展的一种不可抗拒的客观趋势,是事物固有的内在规律的外部表现。

王夫之论理势,可以说是对前人的继承和发展。朱熹论理,虽然说是集理学之大成,但他在把握理的基本含义上首尾不一贯,没有一个中心,出现歧义,使理的概念不严格,不明确。前人论势也不太规范,比较笼统,不是从理论层次上把握势,因此,不能说是对“势”的严格界定。这些不足的一个主要原因就是他们往往就理论理,就势论势,不从理势关系中去规定理势。王夫之超越前人的地方,就在于从理势关系角度对其作界定。这可避免在规定理势概念时出现歧义性,准确地把握理势概念的基本内涵。他在此基础上多视角、全方位地揭示理势概念的诸种特点,把理势确定为用来说明社会历史发展规律及其客观趋势关系的一对范畴。

三、理势关系

王夫之论理势关系,提出了理势相依、理势相成、理势皆变、审势求理等思想。

他认为,理势是相互依赖、相互联系的,说:“言理势者,犹言理之势也,犹凡言理气者,谓理之气也。”又说:“故其始之有理,即于气上见理;迨已得理,则自然成势,又只在势之必然处见理。”[①]理势的这种相互依赖关系是从理气相依关系引出的。正如在理气关系中,理是通过“气之条绪节文”表现出来一样,在理势关系中,理则是从“势之必然处”显现出来。所不同的是理气关系侧重说明自然,在自然界,“理与气不相离”,而理势关系注重说明社会历史,在社会历史领域,“理势不可以两截沟分。”[②]他还从“势之难易”与“理之顺逆”角度把握理势相依,说:“势之难易,理之顺逆为之也,理顺斯势顺也,理逆斯势逆矣”,

①② 王夫之:《读四书大全说》卷九,《孟子·离娄上》,《船山全书》第六册,第992页。

又"理之顺即势之便也。攻以此攻,守以此守,无二理也,无二势也。势处于不顺,则事虽易而必难。事之已难,则不能豫持后势而立可久之法以昭大信于天下,所必然矣。"[①]理势的相互依赖表现为,势之难易根源于理之顺逆,理之顺也即势之顺,理之逆也即势之逆。势不顺利就会造成事难,事情难办就不能预见或判断历史发展的趋势,从而确立可立之法来取信于民。这说明理事互为因果,势事互为因果,理势也互为因果,这种理势相依体现在"理势合一"。他说:"孟子于此,看行'势'字精微,'理'字广大,合而名之曰'天'。"[②]"理势合一"的结合部是"天",这里的"天"应是"得理自然成势"的客观过程。理势相依揭示了社会发展的自然历史过程。

在他看来,理势也是相辅相成、互动的。他从德(贤)和力(强弱)角度阐述理势相辅相成、互动关系,指出:"'小德役大德,小贤役大贤',理也。理当然而然,则成乎势矣。"[③]小德小贤服务于大德大贤这是当然之理,理当然而然,顺理成章就形成势。他又说:"大德大贤宜为小德小贤之主,理所当尊,尊无歉也。小德小贤宜听大德大贤之所役,理所当卑,卑斯安也。而因以成乎天子治方伯、方伯治诸侯、诸侯治卿大夫之势。势无不顺也。"[④]大德大贤宜居高位,小德小贤宜听从大德大贤的差役,尊卑高下合理有序,由此形成的上下级多层次的政治统治形势。这种形势由理决定,符合当然之理,因此势无不顺,强调理对势的作用。

相反,王夫之也重视势对理的影响。他指出:"'小役大,弱役强',势也。势既然而不得不然,则即此为理矣。"[⑤]弱小服务于强大,这不是以德服人,而是以力压服人,本来不符合理,不过是势。但势"既然而不得不然",也就是理了。他又说:"若夫大之役夫小,强之役夫弱,

① 王夫之:《尚书引义》卷四,《武成》,《船山全书》第二册,第335页。
② 王夫之:《读四书大全说》卷九,《孟子·离娄上》,《船山全书》第六册,第992—993页。
③④⑤ 王夫之:《读四书大全说》卷九,《孟子·离娄上》,《船山全书》第六册,第990页。

非其德其贤之宜强宜大，而乘势以处乎尊，固非理也。然而弱小之德与贤既无以异于强大，藉复以其蕞尔之土、一割之力，妄逞其志欲，将以陨其宗社而死亡俘虏其人民，又岂理哉！故以无道之弱小，而无强大者以为之统，则竞争无已，戕杀相寻，虽欲若无道之天下尚得以成其相役之势而不能。则弱小固受制于强大，以戢其糜烂鼎沸之毒。而势之顺者，即理之当然者已。”[①]弱小者服务于强大者并不是因为有德有贤，只是“乘势以处乎尊”，即由于势的原因，这本来是非理的。但如果弱小者不依附、屈从于强大者，就会带来损害与牺牲。为了避免这种情况的发生，弱小者必须受制于强大者，这是大势所趋，也就是理所当然。他说：“无道之天下，小役大，弱役强，非弱小者有必役于强大之理，非强大者有可以役弱小之理，但以疆域兵甲争主客耳”，弱小者“而顺之存，逆之亡，则亦不得谓之非理矣”。[②] 天下无道，由于力量的大小差异，弱肉强食，顺之则存，逆之则亡，这是一种大趋势、大环境，虽然不是“理之当然”，但也是“必然之理”。以下所论都说明势对理的作用，这是对“有道之天唯理，无道之天唯势”简单说法的否定。在王夫之看来，历史的发展，无论是“成乎治之理”，还是“成乎乱之理”，两者“均成其理，则均成乎势”。[③] 理势总是相辅相成、互动的。

他还把理势互动、相辅相成概括为“理成势”和“势成理”，说：“顺逆者，理也，理所制者，道也；可否者，事也，事所成者，势也。以其顺成其可，以其逆成其否，理成势者也。循其可则顺，用其否则逆，势成理也。”[④]“理”有顺(合理)和逆(不合理)两种情况。“事”也有可(可能)和否(不可能)两种情况。理的顺逆要看它是否符合道，事的可否取决于势，这说明理受道制约，事由势而形成。事物发展的趋势合理，事就有可能成功。事物发展的趋势不合理，事就不可能成功。事情的成功与

① 王夫之：《读四书大全说》卷九，《孟子·离娄上》，《船山全书》第六册，第 990—991 页。
② 王夫之：《读四书大全说》卷八，《孟子·梁惠王下》，《船山全书》第六册，第 908—909 页。
③ 王夫之：《读四书大全说》卷九，《孟子·离娄上》，《船山全书》第六册，第 991 页。
④ 王夫之：《诗广传》卷三，《小雅》四一《论大东》，《船山全书》第三册，第 421 页。

否取决于势是否符合理,这是“理成势”。相反,遵循事物可能发展趋势,就会合理。合理也好不合理也好,均受事物发展趋势的可否影响,这是“势成理”。理势互动与合理和可能联系起来表明,合理就成为可能,不合理则成为不可能,相反,可能的就是合理的,不可能的就是不合理的,把现实与理想结合起来。

他不仅从横向研究理势的关系,而且从纵向探讨理势的变化及其特点。他说:“时异而势异,势异而理亦异。”[①]时机发展变化,历史发展的趋势及其规律也将随之变化。“势因乎时,理因乎势,智者如此,非可一概以言成败也。”[②]历史发展的趋势及其规律以时代条件的变化为转移。他又说:“势相激而理随以易,意者其天乎!阴阳不能偏用,而仁义相资以为亨利,虽圣人其能违哉!”[③]这强调理势的变化符合自然阴阳交替的规律和仁义相资的原则,是不以人(包括圣人)的主观意识为转移的。

他总结理势发展的客观进程,提出“极重而必返”的思想,说:“轻重之势,若不可返,返之几又在是也。”又:“故极重而必返,夫人而可与知也。”统治者“苛暴淫虐,日削月靡,孤人子,寡人妻,积以岁月而淫逞不收,若此者,其灭其亡皆旦夕之间,河决鱼烂而不劳余力。智者静以俟天,勇者决以自任,勿为张皇迫遽而惊为回天转日之难也,存乎其人而已矣。”[④]“轻重之势”是可以转化的。统治者“苛暴淫虐”,力量很强大,但“极重而必返”,其灭亡不过是“旦夕之间”的事,谁也违背不了这一历史发展的趋势。他指出:“极重之势,其末必轻,轻则反之也易,此势之必然者,顺必然之势者,理也。”[⑤]这表明“极重而返”的发展趋势是历史的必然,因此,符合历史发展的规律。

---

① 王夫之:《宋论》卷十五,《恭宗端宗祥兴帝一》,中华书局,1964年,第260页。
② 王夫之:《读通鉴论》卷十二,《晋愍帝》,《船山全书》第十册,第458页。
③ 王夫之:《读通鉴论》卷一,《秦始皇》,《船山全书》第十册,第67—68页。
④ 王夫之:《读通鉴论》卷八,《后汉灵帝一六》,《船山全书》第十册,第334—335页。
⑤ 王夫之:《宋论》卷七,《哲宗一》,中华书局,1964年,第134页。

王夫之也重视依历史发展的规律来驾御时势的变化。他认为，知时才可谋国，“时者，方弱而可以强，方强而必有弱者也。见其强之已极，而先自震惊，遂朒缩以绝进取之望；见其势之方弱，而遽自踸踔，因兴不揣之师；此庸人所以屡趋而屡踬也。焚林之火，达于山椒则将熸，扑之易灭而不敢扑，待之可熄而不能待，亦恶知盈虚之理数以御时变乎！”[①]要善于观察弱可以转为强，强也可以转为弱的趋势，善于把握强弱转化的时机，才能认识“盈虚之理数”，即变化的规律，驾驭时变。

他提出“贞一之理”与“相乘之几”的问题，认为，“几”是“动静必然之介”。[②] “天下不可易者，理也；因乎时而为一动一静之势者，几也。”[③]“几”是“因乎时”，在“动静之势”中表现出来的必然之理。他在论及“贞一之理”和“相乘之几”时指出：“夫天有贞一之理，有相乘之几焉。知天之理者，善动以化物；知天之几者，居静以不伤物，而物亦不能伤之。”[④]所谓“贞一之理”，指的是历史发展变化的基本规律，而“相乘之几”则是历史发展过程中诸种势力交互激荡、消长所形成的转化契机。“贞一之理”通过“相乘之几”而实现，“相乘之几”是“贞一之理”实现的“发动之由”，即内在根据。只有把这两者统一起来，才能把握理势的动态特点。

他论理势，既强调历史发展趋势及其规律的客观不可抗拒性，也意识到历史总是人类自身的历史。他重视人的活动在历史发展中的作用，认为虽说“时之未至，不能先焉”，“人固不可与天争”[⑤]，“此天地，非人之所可强也”，但“天欲开之，圣人成之；圣人不作，则假手于时君及智力之士以启其渐”。[⑥] 社会历史发展的趋势及其规律在天（自然）

① 王夫之：《读通鉴论》卷二十五，《唐宪宗》，《船山全书》第十册，第 949 页。
② 王夫之：《张子正蒙注》卷五，《至当》，《船山全书》第十二册，第 212 页。
③ 王夫之：《读通鉴论》卷十四，《东晋安帝》，《船山全书》第十册，第 527 页。
④ 王夫之：《读通鉴论》卷二，《汉文帝》，《船山全书》第十册，第 117 页。
⑤ 王夫之：《宋论》卷七，《哲宗一》，中华书局，1964 年，第 134 页。
⑥ 王夫之：《读通鉴论》卷三，《汉武帝》，《船山全书》第十册，第 138 页。

“所启”下，人可以“效之”而达“以启其渐”，历史发展是通过人的活动实现的。既然历史的发展趋势及其规律与人有关系，那么人就可以认识和利用它。自此他提出“知时以审势，因势而求合乎理”[①]的主张，强调审势求理的必要性，“权以通古今之势”[②]，告诫人们灵活地把握历史发展的趋势，如果“不明于理，则亦不明于势”，那么就会“守株自困，可坐待其毙”[③]。他说：“夫知之者，非以情，以理也；非以意，以势也。理势者，夫人之所知也。理有屈伸以顺乎天，势有轻重以顺乎人。”[④]理势是可知的。因为理“顺乎天”，不违背自然的客观进程，势“顺乎人”，与人的行为不相矛盾，理势合一也就是天人合一。不应以情、意作为判断知法的根据，而应以理势来判断法的合理性。他说：“利害之所生，先事而知者，或以理、或以势。势之可以利，势之可以害，慧者知之，不待智也。智者察理，慧者觉势。势之所知观于月，理之所知观于火。庄周曰：‘月固不胜火。’几于道之言也。”[⑤]对理势的分析思考，是了解利害的关键。小聪明的人（慧者）认识利害的势，而大聪明的人（智者）则能认识利害背后的理，“是故大智者以理为势，以势从理”[⑥]。只有了解理才能真正认识势。王夫之上述主张，对把握社会历史的发展进程是很有启发的。

四、理势的实际运用

王夫之论理势不局限于理论上的探讨，而是重视理势的实际运用。在他看来，国家的治乱存亡、制度的承袭因革，“皆理势之必有”[⑦]。

他运用理势思想分析历史制度的因革，在论及三代分封制取代原

---

① 王夫之：《宋论》卷四，《仁宗一三》，中华书局，1964年，第106页。

② 王夫之：《尚书引义》卷五，《召诰》，《船山全书》第二册，第374页。

③ 王夫之：《周易内传》卷三下，《困》，《船山全书》第一册，第383页。

④ 王夫之：《尚书引义》卷五，《立政周官》，《船山全书》第二册，第396页。

⑤ 王夫之：《春秋家说》上卷，《桓公三》，《船山全书》第五册，第119—120页。

⑥ 王夫之：《春秋家说》上卷，《桓公三》，《船山全书》第五册，第120页。

⑦ 王夫之：《读通鉴论》卷二十八，《五代上》，《船山全书》第十册，第1106页。

始的野蛮时代时认为，三代时的君主“安于其位者习于其道，因而有世及之理，虽愚且暴，犹贤于草野之罔据者。如是者数千年而安之矣”。古代的分封制取代原始的野蛮时代是一个进步，是大势所趋，符合历史发展的规律，是合理的。但演变到后来，诸侯之间“强弱相噬而尽失其故，至于战国，仅存者无几”，尤其是周室东迁以后，诸侯们“交兵毒民，异政殊俗，横敛繁刑，艾削其民”，人民生活在水深火热之中。不仅如此，“古者之诸侯世国，而后大夫缘之以世官，势所必滥也。士之子恒为士，农之子恒为农，而天之生才也无择，则士有顽而农有秀；秀不能终屈于顽，而相乘以兴，又势所必激也”。[①] 分封的世袭等级制也束缚了人的发展。王夫之通过对学校、乡里选举、土地制度、兵农合一、肉刑、职田、什一税等方面的研究，得出“封建不可复行于后世，民力之所不堪，而势在必革也”[②]的结论。由于分封制度的崩溃不可避免，“于是分国而为郡县，择人以尹之”。

接着，他对郡县制的合理性给予充分地肯定，说：“郡县之制，垂二千年而弗能改矣，合古今上下皆安之，势之所趋，岂非理之能然哉？”郡县制取代封建制后，历二千年而运作正常，这是因为符合历史发展的大趋势，是历史的必然，因此是合理的。具体表现在：“封建毁而选举行，守令席诸侯之权，刺史牧督司方伯之任，虽有元德显功，而无所庇其不令之子孙”。反对封建世袭制，这样就可使“才可长民者皆居民上以尽其才”，充分发挥个人的智能与才干，有一个平等竞争的机会，即便是守令贪残，民也“有所藉于黜陟以苏其困”[③]。他在论及郡县制有利、有善时指出：“郡县之天下有利乎？曰：‘有，莫利乎州郡之不得擅兴军也。’郡县之天下有善乎？曰：‘有，莫善于长吏之不敢专杀也。’”[④] 与封建制相比，“郡县者，非天子之利也，国祚所以不长也；而为天下

① 王夫之：《读通鉴论》卷一，《秦始皇》，《船山全书》第十册，第67—68页。
② 王夫之：《读通鉴论》卷二，《汉文帝》，《船山全书》第十册，第114页。
③ 王夫之：《读通鉴论》卷一，《秦始皇》，《船山全书》第十册，第67—68页。
④ 王夫之：《读通鉴论》卷十五，《宋孝武帝》，《船山全书》第十册，第585页。

计，则害不如封建之滋也多矣"[①]。如果不从帝王私利出发而从天下国家公利看，郡县制比封建制更合理。秦始皇建立郡县制以后，汉初诸藩王想要恢复封建制，导致异姓王和同姓王叛乱，最后被朝廷镇压以失败而告终，这更证明："夫封建之不可复也，势也。"[②]在他看来，郡县制取代封建制是历史发展的大趋势，是历史的必然。

他运用理势理论分析朝代的更迭，说："帝王之受命，其上以德，商、周是已；其次以功，汉、唐是已。"[③]商、周、汉、唐分别建立在"德"、"功"基础上，反映历史发展的规律。宋虽然"无商周之德，汉唐之功"，而"终以一统天下，底于大定，垂及百年，世称盛治者"。其原因是"天"启迪宋太祖之心，使之"惧以生慎，慎以生俭，俭以生慈，慈以生和，和以生文"[④]。宋太祖具有忧患意识，操持谨慎，约束自己，重视个人的道德修养，达到政通人和，因此有天下。明太祖把广大人民从元朝残酷统治下拯救出来，"拔人于禽而昭苏之"[⑤]，也是大德大功之人。

他说："成汤之取天下，亦诛君之举也，文王专征伐，亦代商之势也。"汤、文采用"攻可守"的方式，汤先灭韦、顾、昆吾三国，剪掉桀的羽翼，然后再放桀于南巢。文王惩罚纣帮凶崇、黎的同时，对商纣采取"服事"。在王夫之看来，汤、文这种"守天下者，正名定分而天下信"的作法，是"惟因理以得势"，就是说"汤、文之为此者以循理，而势已无不得矣。"关于武王伐纣，他认为，武王"后同恶之讨(指奄、徐)，先殷郊之战"，直接向纣王发动进攻，在考虑到势的轻重(利害)同时，也注意到理的顺逆。由于"不可以守，而以之攻"，所以"王也要近乎霸矣"。他说："攻天下者，原情准理而天下服，则亦顺势以循理。"[⑥]武王伐纣是

① 王夫之：《读通鉴论》卷一，《秦始皇》，《船山全书》第十册，第 68 页。
② 王夫之：《读通鉴论》卷二，《汉文帝》，《船山全书》第十册，第 109 页。
③ 王夫之：《宋论》卷一，《太祖一》，第 1 页。
④ 王夫之：《宋论》卷一，《太祖一》，第 3 页。
⑤ 王夫之：《尚书引义》卷四，《泰誓牧誓》，《船山全书》第二册，第 334 页。
⑥ 王夫之：《尚书引义》卷四，《武成》，《船山全书》第二册，第 336 页。

“顺势以成理”。王夫之在论及刘邦灭项羽时指出:“向令汉高不乘时以夷项氏,宁可使山东之民涂炭于暗噁咤叱咤之主而不恤耶?”项羽“任情废置,安忍阻兵,尚欲养之,将无为天下养痈耶?使鸿沟之割,汉且守硁硁之信而西归,羽力稍完,其能不重困吾民以锋镝乎?率土之滨而有二天子,害且无穷,而岂天理之正哉!”[①]刘邦乘时消灭项羽,是乘势而得理。

他还对一些重要历史事件进行分析。对于张骞出使西域,他认为不仅是汉武帝远求“善马”的欲望,而是大事所趋,符合并促进了中原与西域诸国之间的经济文化交流。汉武帝开发东南、西南,由于耗费巨大,因而招致许多的人反对。王夫之认为,汉武帝此举“以一时之利害言之,则病天下;通古今而计之,则利天而圣道以弘”[②]。这是对汉武帝不计较眼前得失,从长远发展趋势出发开发东南、西南边陲的肯定。在汉初七国之乱平定、诸王气焰已被扑灭的形势下,汉武帝派主父偃单车去齐国任相,齐王就畏罪自杀了。王夫之以为,这不过是“乘势而有功”[③],并非慑于主父偃个人的威力。他说:“项羽之强也而可使弱,弱者亦何不可使强也。曹操虑袁绍之难平,而卒与争衡者周瑜之一隅;苻坚荡慕容、姚氏之积寇,而一败不支于谢玄之一旅。时之所兴,势之所凑,人为之效其羽翼,天为之长其聪明,燎原之火,一爝未灭,而猝已焚林,讵可量邪?”[④]治乱、强弱、兴亡都是在不断变化的,这是历史发展的趋势。对于曹操统一中原,他认为:“曹操曰:‘使天下无孤,则不知几人称帝,几人称王。’自操言之,固为欺凌蔑上之语,若从旁旷观,又岂不诚然耶?是虽不得谓强大之役人为理之当然,而实不得谓弱小之役于人非理之所不可过也。”[⑤]这表明,不仅“有道之天”可以“以

---

① 王夫之:《读四书大全说》卷十,《孟子·尽心下》,《船山全书》第六册,第1136页。

② 王夫之:《读通鉴论》卷三,《汉武帝》,《船山全书》第十册,第138页。

③ 王夫之:《读通鉴论》卷三,《汉武帝》,《船山全书》第十册,第134页。

④ 王夫之:《读通鉴论》卷六,《后汉光武帝》,《船山全书》第十册,第222—223页。

⑤ 王夫之:《读四书大全说》卷九,《孟子·离娄上》,《船山全书》第六册,第991页。

理成势”,而且“无道之天”也可以“因势成理”。

如果说王夫之运用理势理论分析历史制度,朝代因革属于宏观研究,旨在从总体上把握历史发展的趋势及规律,那么他对历史事件的分析则属于微观研究,其目的在于了解具体历史条件下的趋势及规律。历史的总体发展趋势及其规律是通过具体的历史发展趋势及其规律表现出来的,而具体的历史发展趋势及其规律也要置于总体的历史趋势及规律中才能得到全面的了解。因此,理势的宏观分析与微观分析是统一的。他的理势观独特之处不仅反映在理论上的创建,也表现在实际运用,把理势理论的研究与对历史事实的分析结合起来。理势观是他历史观的最精彩之处。

王夫之的儒学开生面之处不胜枚举,以上所列不过是有代表性的而已。也应看到,他的儒学虽多创获,因其以遗民自居而不仕新朝,遁隐林泉,使其学不彰,影响甚微,这在儒学史上不能不说是件憾事。

第五章

反理学与务实学风

以上提及伴随着理学的发展，反理学开始出现，它们抛弃了理学末流的空疏，开始关心实证、经世，使得儒学愈来愈趋向于务实。清初反理学与务实学风的发展主要有三种偏向：其一是经学在沉寂千余年之后开始重返历史舞台，其二是围绕经学研究而重新发皇的训诂考据学，其三是对虚理的批评导致经世之学的兴起。而顾炎武对经学的倡导及贡献、阎若璩对晚出《古文尚书》的考辨、颜李学派的习行之学以及唐甄的政治思想则是这三种偏向的代表。

第一节　顾炎武的经学

顾炎武(1613—1682)，原名绛，字忠清，明亡后改名炎武，字宁人，亦自署蒋山傭，学者称为亭林先生，江苏昆山县人。主要著作有《日知录》、《音学五书》、《天下郡国利病书》、《肇域志》、《亭林诗文集》等。顾炎武之所以被学术界誉为清代的“开国儒宗”，主要是因为他倡导复兴经学的诸种努力。他的经学博大精深，对群经多有创获，并把考据与义理结合起来归于通经致用，从而一扫理学末流空谈心性之弊，开清初儒学务实之新风。

一、对经学的倡导

有明以来，儒学发展仍沿袭宋代。明代儒学的特点是“文章事功，皆不及前代，独于理学，前代所不及也。”[①]就理学而言，明代学术发展到王守仁的良知之学可以说达到顶峰，王学传至王畿，尤其是泰州学派，流弊愈来愈显现出来。王守仁心学乃至整个理学的没落，客观地提出建立新学术形态的课题。因此，在明清之际日益高涨的务实思潮中，出现了反王学，由王学返归朱学，以至于对整个宋明理学反思批判的趋势。顾炎武顺应这一历史趋势，在反思批判理学中开始建构自己的经学体系。

顾炎武对理学的批判首先直指心学。

从理论上看，心学与孔孟学说不符。他说：“古之圣人所以教人之说，其行在孝、弟、忠、信，其职在洒扫、应对、进退，其文在《诗》、《书》、《礼》、《易》、《春秋》，其用之身在出处、去就、交际，其施之天下在政令、教化、刑罚。虽其和顺积中而英华发外，亦有体用之分，然并无用心于内之说。”而“今之所谓内学，则又不在图谶之书，而移之释氏矣。”[②]古代圣人教人为学，包括行、职、文、用、施多种指向，而有明以来则仅限于心学，他对此杂糅佛家之学甚为不满，并很赞同黄震对心学的批判：“近世喜言心学，舍全章本旨而独论人心、道心，甚者单摭道心二字，而

① 黄宗羲：《明儒学案》卷首，《发凡》，《黄宗羲全集》第七册，第5页。

② 顾炎武著，黄汝成集释：《日知录集释》卷十八，《内典》，第1045—1047页。

直谓即心是道，盖陷于禅学而不自知，其去尧、舜、禹授受天下之本旨远矣。”[①]他也引述唐伯元的话，重申：“古有好学，不闻好心。心、学二字，六经、孔、孟所不道。”[②]在他看来，孔门之说无论从其内容还是体用来说都侧重人伦日常生活，主务实，而“未有专用心于内之说”。心学不符合孔孟要旨，非儒家经学之正统，实质上是释老方外之学。

从实践上看，心学空谈误国。他说：“五胡乱华，本于清谈之流祸，人人知之。孰知今日之清谈，有甚于前代者。昔之清谈谈老庄，今之清谈谈孔、孟，未得其精而已遗其粗，未究其本而先辞其末。不习六艺之文，不考百王之典，不综当代之务，举夫子论学论政之大端一切不问，而曰一贯，曰无言。以明心见性之空言，代修己治人之实学，股肱惰而万事荒，爪牙亡而四国乱，神州荡覆，宗社丘墟。”[③]把明末心学空谈与魏晋玄学清谈相联系，追溯心学清谈的思想渊源旨在以史明鉴，告诫世人切勿空谈误国，其用心是无可非议的。但把明朝的灭亡归咎于心学，未免有些简单化，也不符合历史。

他也对明末讲学之风提出质疑。在他看来，“命与仁，夫子之所罕言也；性与天道，子贡之所未闻也”，而今天的君子“聚宾客门人之学者数十百人，譬诸草木，区以别矣，而一皆与之言心言性，舍多学而识，以求一贯之方，置四海之困穷不言，而终日讲危微精一之说，是必其道之高于夫子，而其门弟子之贤于子贡，祧东鲁而直接二帝之心传者也。我弗敢知也。”[④]当下的讲学之人津津乐道于“性与天道”，而不讲出处、去就、辞受、取与之辨，也不顾天下国家之安危，同样背离儒家经学传统。

顾炎武在批判宋明理学的基础上提出“理学，经学也”的主张，倡导纳理学于经学之中。他说：“理学之传，自是君家弓治。然愚独以为理学之名，自宋人始有之。古之所谓理学，经学也，非数十年不能通

---

① 顾炎武著，黄汝成集释：《日知录集释》卷十八，《心学》，第 1048—1049 页。

② 顾炎武著，黄汝成集释：《日知录集释》卷十八，《心学》，第 1051 页。

③ 顾炎武著，黄汝成集释：《日知录集释》卷七，《夫子之言性与天道》，第 402 页。

④ 顾炎武：《亭林文集》卷三，《与友人论学书》，第 240 页。

也。故曰：'君子之于《春秋》，没身而已矣，今之所谓理学，禅学也，不取之五经而但资之语录，校诸帖括之文而尤易也。'又曰：'《论语》，圣人之语录也。'舍圣人之语录，而从事于后儒，此之谓不知本矣。"[①]后来全祖望把他的"理学，经学也"概括为"古今安得有所谓理学者，经学即理学也。自有舍经学以言理学者，而邪说以起"。[②] 在顾炎武看来，就严格意义说古代并没有理学，只有经学。如果有理学，也只是宋代的事。因此，称古代儒学为经学就可以了，不必再言理学。但鉴于宋代以后理学出现的既定事实，他也承认理学称谓并进一步指出理学有古今之分。具体地说，在古代虽然无理学之名，但有理学之实，古代的理学即经学，至少说为经学的一部分，舍经学便无理学。而宋代以后虽然有理学之名，但已经无理学之实（古代意义上的），因为今天的理学受禅学语录、帖括之文的影响，已经成为禅宗化的空虚之学或只为科举服务的僵化之学，不是古代意义上的理学即经学。这种古代有理学之实（经学）而无理学之名，宋代以后有理学之名而无理学之实（禅学）的思想，实质上是绾理学于经学中。他指出："至于鄙俗学而求六经，舍春华而食秋实，则为山覆篑，当加进往之功；祭海先河，尤务本原之学。"[③]由此看来，经学才是儒家的本源之学。

他提倡"古之所谓理学，经学也"、"今之所谓理学，禅学也"，意在拨离宋明理学中的禅学，复兴古代的经学。就学术而言可以说是"法古用夏"，从世风而言可以说是"拨乱涤污"，在清代学术思想史上的意义是不可低估的。梁启超指出："'经学即理学'一语，则炎武所创学派之新旗帜也。……自炎武此说出，而此学阀之神圣，忽为革命军所粉粹，此实四五百年来思想之大解放也。"[④]胡适也认为，顾炎武"用经学

① 顾炎武：《亭林文集》卷三，《与施愚山书》，第 232 页。

② 全祖望：《鲒埼亭集》卷十二，《亭林先生神道表》，《全祖望集汇校集注》，第 277 页。

③ 顾炎武：《亭林文集》卷四，《与周籀书书》，第 254 页。

④ 梁启超：《清代学术概论》，第 11 页。

来代替禅学,这是当日的革命旗号"[①],实属公允之论。

二、对经学史的研究

顾炎武倡导经学,对经学史上诸问题提出自己的看法。

关于《易》,他反对图像之说。在论及荀爽、虞翻易学时,他指出:"荀爽、虞翻之徒,穿凿附会,象外生象,以同声相应为《震》、《巽》,同气相求为《艮》、《兑》,水流湿、火就燥为《坎》、《离》,云从龙则曰《乾》为龙,风从虎则曰《坤》为虎。《十翼》之中,无语不求其象,而《易》之大指荒矣。"[②]他也批判陈抟、邵雍的图书象数论,认为"希夷之图,康节之书,道家之《易》也。自二子之学兴,而空疏之人、迂怪之士举窜迹其中以为《易》,而其《易》为方术之书,于圣人寡过反身之学去之远矣"[③]。他认为程颐的《伊川易传》、朱熹的《周易本义》为古今说《易》最好的本子,极力推崇,指出:"复程朱之书以存《易》","必有待于后之兴文教者"。[④] 又说:"不有程子,大义何由而明乎?"[⑤]这是公允的评价。他认为《易》的宏旨在于注重天道和人事,"圣人所闻所见,无非《易》也。若曰:'扫除闻见,并心学《易》',是《易》在闻见之外也。六十四卦三百八十四爻,皆所以告人行事"[⑥]。《易》可谓是以占卜的方式再现人如何与自然协调的天人之学。

关于《书》,他详细考察《尚书》源流及其发展,提出"尽信《书》则不如无书"[⑦]的主张,其精神与勇气值得敬佩和推崇。这种怀疑的态度与辨伪精神虽然没有著为专书,然而也与阎若璩考证晚出古文《尚书》之伪桴鼓相应。顾炎武研究《尚书》一方面"疑其所当疑",另一方面"信其所当信"。他说:"五经得于秦火之余,其中固不能无错误。学者不

---

① 胡适:《戴东原的哲学》,《胡适学术文集·中国哲学史》下册,中华书局,1991年,第1001页。
②⑤ 顾炎武著,黄汝成集释:《日知录集释》卷一,《卦爻外无别象》,第10页。
③ 顾炎武著,黄汝成集释:《日知录集释》卷一,《孔子论易》,第51页。
④ 顾炎武著,黄汝成集释:《日知录集释》卷一,《朱子周易本义》,第9页。
⑥ 顾炎武著,黄汝成集释:《亭林文集》卷四,《与人书二》,第254页。
⑦ 顾炎武著,黄汝成集释:《日知录集释》卷二,《古文尚书》,第115页。

幸而生乎二千余载之后，信古而阙疑，乃其分也。近世之说经者，莫病乎好异。以其说之异于人，而不足以取信，于是舍本经之训诂，而求之诸子百家之书。犹未足也，则舍近代之文，而求之远古。又不足，则舍中国之文，而求之四海之外。""近代之人，其于读经，卤莽灭裂，不及昔人远甚，又无先儒为之据依，而师心妄作。刊传记未已也，进而议圣经矣，更章句未已也，进而改文字矣。此陆游所致慨于宋人，而今且弥甚。徐防有言：今不依章句，妄生穿凿，以遵师为非义，意说为得理，轻侮道术，浸以成俗。呜呼，此学者所宜深戒！"[①]对经书采取"疑其所当疑"、"信其所当信"，并把两者结合起来，这种实事求是的态度对当时学风起到补偏救弊的作用。

关于《诗》，他在论及《诗》的年代时说："《二南》也，《豳》也，小、大《雅》也，皆西周之诗也，至于幽王而止。其余十二国风，则东周之诗也，王者之迹熄而诗亡，西周之诗亡也。诗亡而列国之事迹不可得而见，于是晋之《乘》、楚之《梼杌》、鲁之《春秋》出焉，是之谓《诗》亡然后《春秋》作也。《周颂》，西周之诗也。《鲁颂》，东周之诗也。成、康之世，鲁岂无诗，而今亦已亡。故曰诗亡，列国之诗亡也。其作于天子之邦者，以《雅》以《南》，以《豳》以《颂》，则固未尝亡也。"[②]《诗》非一时之作，它的完成表现为一个历史过程。他认为"《诗》之世次，必不可信。今《诗》亦未必皆孔子所正"[③]。不同意今文家"王鲁"之说，也不信《诗》依年代为先后之说。《史记·孔子世家》有"《关雎》之乱，以为《风》始；《鹿鸣》为《小雅》始；《文王》为《大雅》始；《清庙》为颂始"，于是有这"四始"之说，他不同意这种看法，指出："《周南》、《召南》，南也，非风也。《豳》谓之《豳诗》，亦谓之《雅》，亦谓之《颂》，而非《风》也。《南》、《豳》、《雅》、《颂》为四诗，而列国之《风》附焉，此《诗》之本序也。"[④]把"四诗"

---

① 顾炎武著，黄汝成集释：《日知录集释》卷二，《丰熙伪尚书》，第 123、125 页。

② 顾炎武著，黄汝成集释：《日知录集释》卷三，《王》，第 144 页。

③ 顾炎武著，黄汝成集释：《日知录集释》卷三，《诗序》，第 176 页。

④ 顾炎武著，黄汝成集释：《日知录集释》卷三，《四诗》，第 130 页。

解释为南、豳、雅、颂为近代学者所遵循，不失为一种新说法。他也承认孔子删《诗》，但孔子删《诗》不过是“选其辞，比其音，去其烦且滥者”[①]罢了。

关于《礼》，他尤为重视礼的重要性，指出：“礼者，本于人心之节文，以为自治治人之具。”[②]又说：“今之学者，生于草野之中，当礼坏乐崩之后，于古人之遗文一切不为之讨究，而曰礼吾知其敬而已，丧吾知其哀而已，以空学而议朝章，以清谈而干王政，是尚不足以窥汉儒之里，而可以升孔子之堂哉！”[③]礼的重要性不在空谈，仅有敬哀之心是不够的，还必须研究名物制度。他研究三礼，强调“因文以识其义，因其义以通制作之原”[④]，一扫世俗尚空言之风气，他重视名物制度的研究影响到乾嘉学者治三礼。

关于《春秋》，他肯定孔子作《春秋》，并认为孔子作《春秋》旨在严夷夏之防。由于他本人遭遇亡国的惨痛，深以外族入主中夏为耻，所以在研究《春秋》时，便着重在民族大义上发挥经旨，用心良苦。他研究《春秋》三传，破除今古文壁垒，兼采三家之长，说：“若鄙著《日知录》《春秋》一卷，且有一二百条。如‘君氏卒’。‘禘于太庙，用致夫人’，当从《左氏》，‘夫人子氏薨’，当从《穀梁》；‘仲婴齐卒’，当从《公羊》；而‘三国来媵’，则愚自为之说。”[⑤]又“若经文大义，左氏不能尽得，而公、谷得之，公、谷不能尽得，而啖、赵及宋儒得之者，则别记之于书。”[⑥]对于宋明以来学人贬低唐人啖助的《春秋》研究，他则独加赞许，认为“啖助之于《春秋》，卓越三家，多有独得”。[⑦] 这表明他不仅博采三家之长，而且也兼取后儒之所得。他的《春秋》研究为后人重视，“可谓扫除门

① 顾炎武著，黄汝成集释：《日知录集释》卷三，《孔子删诗》，第 131 页。
② 顾炎武：《亭林文集》卷二，《仪礼郑注句读序》，第 203 页。
③ 顾炎武著，黄汝成集释：《日知录集释》卷六，《檀弓》，第 348 页。
④ 顾炎武：《亭林文集》卷二，《仪礼郑注句读序》，第 204 页。
⑤ 顾炎武：《亭林文集》卷三，《答俞右吉书》，第 234 页。
⑥ 顾炎武：《亭林文集》卷二，《左传杜解补正序》，第 198 页。
⑦ 顾炎武著，黄汝成集释：《日知录集释》卷二，《丰熙伪尚书》，第 125 页。

户，能持是非之平”。[①]

关于《论语》和《孟子》，他反对宋明理学的诠释，认为这是“以明心见性之空言，代修己治人之实学”，违背了《论语》和《孟子》的宏旨。他则以修己治人之实学来取代明心见性之空言，还孔、孟原貌。

三、研究诸经的方法

顾炎武治经有一套缜密的方法，主要有以下几方面。

第一，注重从历史角度治经。他说：“且经学自有源流，自汉而六朝而唐而宋，必一一考究，而后及于近儒之所著，然后可以知其异同离合之指。如论字者必本于《说文》，未有据隶楷而论古文者也。”[②]前面对顾炎武关于经学史的阐述可证明这一点。

第二，从音韵、文字角度治经。他就此提出“读九经自考文始，考文自知音始”[③]的主张。他认为，《诗》三百零五篇，上自《商颂》，下逮《陈灵》，一贯而下，一千多年其音不变，帝舜之歌、皋陶之赓、箕子之陈、文王周公之系也没有什么不同，因此，三百零五篇乃是古人的音书。魏晋以下，离古愈远，词赋日繁，后名曰韵。至宋周颙、梁沈约所撰四声之作，使秦汉以下其音已渐戾于古，至东京益甚。休文作谱不能上据雅南，旁摭骚子，而仅按班固张衡以下诸人之赋、曹植刘桢以下诸人之诗所用之音，撰为定本，于是今音行古音亡，这是音学一变。下及唐代以诗赋取士，其韵以陆法言《切韵》为标准。到宋理宗末年，刘渊并一百六韵为一百七，元代黄公绍作《韵会》沿用至今，于是宋韵行唐韵亡，这是音学的再变。由此造成“世日远而传日讹”的局面。他的用意在于“据唐人以正宋人之失，据古经以正沈氏唐人之失，而三代以上之音部分秩如，至赜而不可乱。”[④]潜心三十余年，五次易稿始成《音

① 《四库全书总目》二九，《经部·春秋类》四，第235页。
② 顾炎武：《亭林文集》卷四，《与人书四》，第255页。
③ 顾炎武：《亭林文集》卷四，《答李子德书》，第244页。
④ 顾炎武：《亭林文集》卷二，《音学五书序》，第196页。

学五书》。其中列古今音韵流变,研究其所不同之处为《音论》二卷。考正三代以上音,注三百零五篇为《诗本音》十卷。注《易》为《易音》三卷。对沈氏之误以古音更定为《唐韵正》二十卷。综古音作十部为《古音表》二卷,由此六经可以读。他探源竟委,殚精考索古音,得到乾嘉学者的推服,王鸣盛云:“欲明三代以上之音,舍顾氏其谁与归。”[①]

他由知音进而考文,由此得知三代六经之音早已失传,六经之文存于世上大多数人也不懂,看不懂就用今世之音改文,这就是改经。他认为,古文之经自汉以来不绝于代。“天宝初,诏集贤学士卫包改为今文,而古文之传遂泯”,这是经之一变。汉人治经,如先后郑之释三《礼》,“或改其音而未尝变其字,‘子贡问乐’一章,错简明白,而仍其本文不敢移也,注之于下而已。所以然者,述古不自专,古人之师传,固若是也”。到了朱熹治《大学》、《系辞》,“径以其所自定者为本文,而以错简之说注于其下,已大破拘挛之习。后人效之,《周礼》五官互相更易,彼此纷纭,《召南》、《小雅》且欲移其篇第”[②],这是经之又一变。他考文的方法与其考音注重先后流变一样,可谓同条共贯,其所指陈又为后来考据学校勘经籍所继承发展。

第三,重视广求证据。潘耒认为,顾炎武治经“有一疑义,反复参考,必归于至当。有一独见,援古证今,必畅其说而后止”[③]。顾炎武引陈第的话说:“列本证旁证二条。本证者,《诗》自相证也。旁证者,采之他书也。二者具无,则宛转以审其音,参错以谐其韵。”[④]他又说:“一二先达之士知余好古,出其所蓄,以至兰台之坠文,天禄之逸字。旁搜博讨,夜以继日,遂乃抉剔史传,发挥经典。”[⑤]在以古音证古文字义时

① 王鸣盛:《蛾术编》卷三十三,《说字》十九《音学五书及韵补正论古音》,《续修四库全书》第1150册,第328页。

② 顾炎武:《亭林文集》卷四,《答李子德书》,第243—244页。

③ 潘耒:《日知录序》,《日知录集释》卷首,第1页。

④ 顾炎武:《音论》卷中,《古诗元叶音》,光绪年间本。

⑤ 顾炎武:《亭林文集》卷二,《金石文字记序》,第200页。

采用本证旁证兼采的方法。如唐明皇读《尚书·洪范》"无偏无颇，遵王之义"一句，觉得下文都协韵，只有"颇"与"义"不协，便下敕改为"陂"字。顾氏举《易象传》"鼎耳革，失其义也；复公悚，信如何也"和《礼记·表记》"仁者，右也，道者，左也；仁者，人也；道者，义也"证明古人读"义"为"我"，"义"字正与"颇"字协韵，唐明皇改"颇"为"陂"不对。他治经引据广博，严实可靠，为后来考据学精神所寄。

第四，治经贵能求通。他说："昔者汉之五经博士，各以家法教授：《易》有施、孟、梁丘、京氏；《尚书》欧阳、大小夏侯；《诗》齐、鲁、韩、毛；《礼》大、小戴；《春秋》严、颜，不专以一家之学。晋、宋以下，乃有博学之士会粹贯通。至唐时立九经于学官，孔颖达、贾公彦为之《正义》，即今所云疏者是也。排斥众说，以申一家之论，而通经之路狭矣。及有明洪武三年、十七年之科举条格，《易》主程、朱《传》、《义》，《书》主蔡氏《传》，《诗》主朱子集传，具兼用古注疏。《春秋》主左氏、公羊、穀梁、胡氏、张洽传，《礼记》主古注疏，犹不限于一家。至永乐中，纂辑《大全》，并《本义》于《程传》，去《春秋》之张传，及四经之古注疏，前人小注之文，稍异于大注者不录，欲道术之归于一，使博士弟子无不以《大全》为业，而通经之路愈狭矣。注疏刻于万历中年，但颁行天下，藏之学官，未尝立法以劝人之通习也。试问百年以来，其能通十三经注疏者几人哉？以一家之学，有限之书，人间之所共有者，而犹苦其难读也，况进而求之儒者之林，群书之府乎？然圣人之道，不以是而中绝也。"①他反对治经只局限于一书或一家，而主张通览群经，汇通百家，与乾嘉时期经学家治经只重视专精有所不同。

四、对诸经义理的阐释

顾炎武不仅建立了一套治经的方法，而且也重视对诸经义理的阐释与发挥。

---

① 顾炎武:《亭林文集》卷三,《与友人论易书》,第 217 页。

他论气依据《周易》提出“盈天地之间者气也”的主张，说：“张子《正蒙》有云：太虚不能无气，气不能不聚而为万物，万物不能不散而为太虚。循是出入，是皆不得已而然也。”①物质性的气充满宇宙，万物都由气构成，源于气又归于气，这是万物枯荣盛衰、生灭变化的必然规律。他又引邵宝说：“聚而有体谓之物，散而无形为之变。唯物也，故散必于其所聚。唯变也，故聚不必于其所散。是故聚以气聚，散以气散。”②这再次强调一切存在都是以气为表现形式的物质存在，物质的聚散而已。由此他反对迷信鬼神的存在，认为“善恶报应之说，圣人尝言之矣”。“岂真有上帝司其祸福，如道家所谓天神察人善恶，释氏所谓地狱果报者哉！善与不善，一气之相感，如水之流湿，火之就燥，不其然而然，无不感也，无不应也。”③把上帝司其祸福，包括道家天神察其善恶、佛家地狱报应等，统统纳入气的范围之内，认为这些都是气化感应的结果，就像水流湿、火就燥一样是自然的，非有上帝、天神洞察祸福善恶。这显然是倾向于无神论的主张。

他发挥《周易》道器范畴，主张“非器则道无所寓”，说：“形而上者谓之道，形而下者谓之器。非器则道无所寓，说在乎孔子之学琴于师襄也。已习其数，然后可以得其志；已习其志，然后可以得其为人。是虽孔子之天纵，未尝不求之象数也，故其自言曰：下学而上达。”④形而下者就是象和数，即器，形而上者就是道。在道器关系上，他所谓“非器则道无所寓”，是指道寄寓在象、数，即器之中，道通过器表现出来。“道寓于器”也可以说一般的道理寓于日常生活之中，因此说“下学而上达”。

他也言心，阐释《周易》艮卦之旨说：“心者，吾身之主宰，所以治事

① 顾炎武著，黄汝成集释：《日知录集释》卷一，《游魂为变》，第39页。

② 顾炎武著，黄汝成集释：《日知录集释》卷一，《游魂为变》，第40页。

③ 顾炎武著，黄汝成集释：《日知录集释》卷二，《惠迪吉从逆凶》，第66页。

④ 顾炎武著，黄汝成集释：《日知录集释》卷一，《形而下者谓之器》，第42页。

而非治于事。”[①]心是身之主宰，能“以仁存心，以礼存心”[②]，便能治事。存心，即“存此心于当用之地”，而非“摄此心于空寂之境也”。[③] 这表明所言的心非抽象空虚之心，而是具有具体内容的实心。由此，他阐述心与理、心与学的关系。在心与理关系上，认为“心不待传也，流行天地间，贯彻古今而无不同者，理也。理具于吾心，而验于事物。心者，所以综此理而别白其是非，人之贤否，事之得失，天下之治乱，皆于此乎判。”[④]在心与学的关系上，他发挥《孟子》主张“学问之道无他，求其放心而已矣”，“能求放心，然后可以学问”。[⑤] 凡此所论均表明他所言的心已不是空虚之心，而是有丰富内容，能判别是非，经纬天下之心。

他说性也引经书。考证“性”字“始见于《商书》，曰：‘惟皇上帝，降衷于下民，若有恒性。’恒即相近之义，相近，近于善也；相远，远于善也。故夫子曰：‘人之生也直，罔之生也幸而免。’”这里不仅考证“性”字的来源，同时也肯定性善。他认为性善的原因在于情和才，“孟子论性，专以其发见乎情者言之”。[⑥] 又“能尽其才则能尽性矣”，同时也强调性善“在乎扩而充之”，做到这一点，“则可以赞天地之化育而彝伦者叙矣。”[⑦]他进一步论述性与命、性与道的关系，说：“子之孝，臣之忠，夫之贞，妇之信，此天之所命，而人受之为性者也，故曰天命之谓性。求命于冥冥之表，则离而二之矣。”[⑧]命性两者是不可分离的。所不同的是从天角度说是“命”，从人角度说是“性”。命性的统一不是冥冥的抽象，而是孝、忠、贞、信道德准则。他说：“谓夫子之言性与天道不可得而闻，是疑其有隐者也。不知夫子之文章，无非夫子之言性与天道。”[⑨]

---

①② 顾炎武著，黄汝成集释：《日知录集释》卷一，《艮其限》，第 31 页。

③ 顾炎武著，黄汝成集释：《日知录集释》卷一，《艮其限》，第 32 页。

④ 顾炎武著，黄汝成集释：《日知录集释》卷十八，《心学》，第 1049 页。

⑤ 顾炎武著，黄汝成集释：《日知录集释》卷七，《求其放心》，第 437、438 页。

⑥ 顾炎武著，黄汝成集释：《日知录集释》卷七，《性相近也》，第 415、416 页。

⑦ 顾炎武著，黄汝成集释：《日知录集释》卷七，《才》，第 437 页。

⑧ 顾炎武著，黄汝成集释：《日知录集释》卷六，《顾諟天之明命》，第 378 页。

⑨ 顾炎武著，黄汝成集释：《日知录集释》卷七，《夫子之言性与天道》，第 400 页。

那么夫子的文章是什么，在他看来“莫大乎《春秋》，《春秋》之义，尊天王，攘夷狄，诛乱臣贼子，皆性也，皆天道也”[①]。顾氏对性与天道的诠释由宇宙论向道德、政治意义方面转变，即赋予它新的含义。

他依经书解格物致知，反对把格物理解为鸟兽草木等自然之物，认为“以格物为多识于鸟兽草木之名，则末矣”[②]。主张“君臣、父子、国人之交，以至于礼仪三百、威仪三千，是之谓物。《诗》曰：天生烝民，有物有则。《孟子》曰：舜明于庶物，察于人伦。昔者武王之访，箕子之陈，曾子、子游之问，孔子之答，皆是物也。故曰：万物皆备于我矣。”[③]这里的物已经不是自然之物，而是社会人伦之物。因此，他所谓的致知也限于人伦，说：“致知者，知止也。知止者何？为人君止于仁，为人臣止于敬，为人子止于孝，为人父止于慈，与国人交止于信，是之谓止，知止然后谓之知。”[④]致知就是知止。其内容包括对君、臣、父、子、人与人关系所恪守的仁、敬、慈、孝、信等伦理原则。致知成了确立与调节社会上诸种伦理道德关系的一般原则。

他重视学问与修养的关系，提出“博学于文”和“行己有耻”的命题，说：“愚所谓圣人之道如之何？曰‘博学于文’，曰‘行己有耻’。自一身以至于天下国家，皆学之事也；自子臣弟友以至出入、往来、辞受、取与之间，皆有耻之事也。耻之于人大矣！不耻恶衣恶食，而耻匹夫匹妇之不被其泽。故曰：‘万物皆备于我，反身而诚。’呜呼！士而不先言耻，则为无本之人；非好古而多闻，则为空虚之学。以无本之人，而讲空虚之学，吾见其日从事于圣人而去之弥远也。”[⑤]“博学于文”就是博学，其中的文包括“自身而至于家国天下，制度之为度数，发之为音

---

① 顾炎武著，黄汝成集释：《日知录集释》卷七，《夫子之言性与天道》，第400页。

② 顾炎武著，黄汝成集释：《日知录集释》卷六，《致知》，第377页。

③ 顾炎武著，黄汝成集释：《日知录集释》卷六，第376—377页。

④ 顾炎武著，黄汝成集释：《日知录集释》卷六，第376页。

⑤ 顾炎武：《亭林文集》卷三，《与友人论学书》，第216页。

容，莫非文也”。[①] “行己有耻”就是约之以礼，以礼待人首先贵在知耻、有耻。前者是做学问，后者是做人。顾炎武主张把“博学于文”和“行己有耻”统一起来，发挥儒家做学问和做人一致的精神。

五、通经致用

顾炎武认为儒学的本质是通经致用。他说：“孔子之删述六经，即伊尹、太公救民于水火之心，而今之注虫鱼、命草木者，皆不足以语此也，故曰：‘载之空言，不如见诸行事。’夫《春秋》之作，言焉而已，而谓之行事者，天下后世用以治人之书，将欲谓之空言而不可也。愚不揣，有见于此，故凡文之不关于六经之旨、当世之务者，一切不为。”[②]孔子删述儒家诸经典只因其为经世致用之书，而非如后儒所谓的饾饤考据和空谈心性，他著《日知录》尤为说明这一点，把“明学术，正人心，拨乱世以兴太子之事”[③]当作自己最大的奋斗目标。他为学虽然有法古倾向，但其目的是“引古筹今”，以“为吾儒经世之用”。[④] 倡导务实的学风。

他主张习有用之学，因此批评宋明理学的空疏学风，认为宋儒“病汉人训诂之学得其粗迹，务矫之以归于内，而达道、达德、九经、三重之事置之不论”[⑤]。诸儒不求于外在的学问而转向内求，这显然是未解儒学的微言大义。他认为做学问要积极进取，不进则退，同时也要多交流，多看看，“独学无友，则孤陋而难成；久处一方，则习染而不自觉。不幸而在穷僻之域，无车马之资，犹当博学审问，古人与稽，以求是非之所在，庶几可得十之五六”[⑥]。认为既不出门又不读书，面墙而坐，这如何能经世济民。反对死读书读死书，力主学以致用。

---

① 顾炎武著，黄汝成集释：《日知录集释》卷七，《博学于文》，第 403 页。
② 顾炎武：《亭林文集》卷四，《与人书三》，第 255 页。
③ 顾炎武：《亭林文集》卷二，《初刻日知录自序》，第 197—198 页。
④ 顾炎武：《亭林文集》卷四，《与人书八》，第 257 页。
⑤ 顾炎武著，黄汝成集释：《日知录集释》卷七，《行吾敬故谓之内也》，第 435—436 页。
⑥ 顾炎武：《亭林文集》卷四，《与人书一》，第 254 页。

他也反对利禄之学，说："凡今之所以为学者，为利而已，科举是也。其进于此，而为文辞著收一切可传之事，为名而已，有明三百年之文人是也。君子之为学也，非利己而已也，有明道淑人之心，有拨乱反正之事，知天下之势之何以流极而至于此，则思起而有以救之。"[1]利禄之学只是为己而非为人，君子为学当"有明道淑人之心，有拨乱反正之事"，这才是利他之学，是学人应有的志向。

他的经世之学表现为对国家天下大事的关心，说："有亡国，有亡天下。亡国与亡天下奚辨？曰：易姓改号，谓之亡国。仁义充塞，而至于率兽食人，人将相食，谓之亡天下。""是故知保天下，然后知保其国。保国者，其君其臣肉食者谋之；保天下者，匹夫之贱与有责焉耳矣。"[2]所谓"亡国"是指国家主权丧失，所谓"亡天下"是指社会道德的沦亡。主权丧失国家就自然灭亡，道德沦丧社会终将崩溃。他认为保国是君臣当官的事，保天下则天下百姓人人有责。在保国与保天下的程序上，是"知保天下然后知保其国"，保天下为先，保国继之。保天下就是不使社会人伦风俗沦丧，保国家就是巩固政权。所谓"有人伦然后有风俗，有风俗然后有政事，有政事然后有国家"[3]。这便是他经世的逻辑顺序，由此引出他的理想政治和社会风俗的讨论。

顾炎武研究政治，"意在拨乱涤污，法古用夏，启多闻于来学，待一治于后王"[4]。

在中央集权与地方分权关系上，他主张"寓封建之意于郡县之中"，强调把中央集权与地方分权结合起来。说："封建之废，固自周衰之日，而不自于秦也。封建之废，非一日之故也，虽圣人起亦将变而为郡县。方今郡县之敝已极，而无圣人出焉。尚一一仍其故事，此民生之所以日贫，中国之所以日弱而益趋于乱也。何则？封建之失，其专

---

① 顾炎武：《亭林余集·与潘次耕札》，第 166 页。

② 顾炎武著，黄汝成集释：《日知录集释》卷十三，《正始》，第 756 页。

③ 顾炎武：《亭林文集》卷五，《华阴文氏宗祠记》，第 274 页。

④ 顾炎武著，黄汝成集释：《日知录集释》卷首，《又与杨雪臣书》，第 2 页。

在下;郡县之失,其专在上。古之圣人以公心待天下之人,胙之土而分之国;今之君者尽四海之内为我郡县犹不足也。人人而疑之,事事而制之,科条文簿,日多于一日;而又设之监司,设之督抚,以为如此,守令不得以残害其民矣。不知有司之官凛凛焉救过之不给,以得代为幸,而无肯为其民兴一日之利者,民乌得而不穷,国乌得而不弱?率此不变,虽千百年而吾知其与乱同事,日甚一日矣。然则尊令长之秩,而予之以生财治人之权,罢监司之任,设世官之奖,行辟属之法,所谓寓封建之意于郡县之中,而二千年以来之弊可以复振,后之君苟欲厚民生强国势,则必用吾言矣。""知封建之所以变而为郡县,则知郡县之敝而将复变。然则将复变而为封建乎?曰不能。有圣人起,寓封建之意于郡县之中,而天下治矣。"[①]传统意义上的封建即秦以前的分封制,古代政治以秦为界,以前为封建,以后为郡县,封建有弊,代之以郡县也有弊。封建之弊在于分封诸侯权力太大,对中央构成威胁;郡县之弊在于中央集权,易专断。既然封建与郡县都有弊,又是已行或现行的制度,在新制度产生之前,只能兼顾两者之长以补其短。因此,他提出寓封建之意于郡县之中,也就是说在不废除郡县的前提之下,把封建重地方的思想运用于郡县制之中,体现了中央与地方的结合,试图解决中央集权与地方分权的矛盾。

在"独治"与"众治"关系上,他认为:"人君之于天下,不能以独治也。独治之而刑繁矣,众治之而刑措矣。"[②]由此出发,他提出"以天下之权寄之天下之人"的主张,"所谓天子者,执天下之大权者也。其执大权奈何?以天下之权寄之天下之人,而权乃归之于天子。自公卿大夫至于百里之宰,一命之官,莫不分天子之权,以各治其事,而天子之权乃益尊。后世有不善治者出焉,尽天下一切之权而收之在上。而万

① 顾炎武:《亭林文集》卷一,《郡县论》一,第179—180页。
② 顾炎武著,黄汝成集释:《日知录集释》卷六,《爱百姓故刑罚中》,第366页。

几之广,固非一人之所能操也”。[①] 这段话包括两层含义,其一是权力虽然归天子,但其使用是为天下百姓谋福利,其二是天子的权力也必须通过各级地方官层层贯彻执行。这种公天下之权、放权的主张体现民为邦本的思想。

关于天子的权力,他说:“天下之人各怀其家,各私其子,其常情也。为天子为百姓之心,必不如其自为。”“圣人者,因而用之,用天下之私,以成一人之公。”[②]天子有权应以天下为公,因顾及到百姓子民,汇集每个百姓之私以成就天子公天下。相反,“后世有不善治者出焉,尽天下一切之权而收之在上。而万几之广,固非一人之所能操也,而权乃移于法”[③]。于是统治者千方百计的立法,法如牛毛屡防屡范。法是人制定的,法制定后不是固定不变的,法出现流弊必须变法,对于法治与人治的关系,他颇为赞赏杜预解《左传》的观点:“法行则人从法,法败则法从人。”既不赞同单纯的人治,也不赞同单纯的法治,应是法治与人治相结合。

他虽然主张分权或放权,但是有针对性,有条件的,“天子之权不寄之人臣,而寄之吏胥”,因此造成“守令无权,而民之疾苦不闻于上,安望其致太平而延国命乎!”这是他不愿意看到的,他所希望的是剪除吏胥之权,把权归于守令,“守令贤而民事理”。当务之急是使守令有权,包括辟官、莅政、理财、汉军这四大权力,“是以言莅事而事权不在于郡县,言兴利而利权不在于郡县,言治兵而兵权不在于郡县,尚何以复论其富国裕民之道哉! 必也,复四者之权一归于郡县,则守令必称其职。国可富,民可裕,而兵家各得其业矣”。[④] 守令四权在握,权位名副其实,民富地方富方可国泰民安。

作为明遗,他恪守《春秋》所谓的“夷夏之防”,指出:“君臣之分,所

---

①③ 顾炎武著,黄汝成集释:《日知录集释》卷九,《守令》,第541页。

② 顾炎武:《亭林文集》卷一,《郡县论》五,第182页。

④ 顾炎武著,黄汝成集释:《日知录集释》卷九,《守令》,第541、543页。

关者在一身;夷夏之防,所系者在天下。故夫子之于管仲,略其不死子纠之罪,而取其一匡九合之功。盖权衡于大小之间,而以天下为心也。夫以君臣之分犹不敌夷夏之防,而《春秋》之志可知矣。"[①]与"夷夏之防"相比,君臣之间的关系只涉及君与臣个人的关系,至多涉及政权的建构,而"夷夏之防"则不同,它关系到国家民族的命运与前途。如《论语》中孔子对管仲不死子纠的评论突显了管仲抵御外民族、保卫周天子权威,实际上是维护汉族大一统的思想,他则对孔子这一思想给予积极的肯定。

顾炎武十分重视研究社会风俗,指出:"论世而不考其风俗,无以明人主之功。"[②]他研究音韵学也是为了"一道德而同风俗"[③]的大事。对风俗的研究主要有两方面。

注重历代风俗变迁的考察,他认为历代风俗之变,如《周易》中剥卦上九硕果,阳穷于上,接着便是复卦,初九一阳生于下,有一个物极必反的过程。大概几个阶段:"观哀、平之可以变而为东京,五代之可以变而为宋,则知天下无不可变之风俗也。"[④]其一是自春秋至战国,其二是西汉至东汉,其三是东汉末年至三国魏晋,其四三国以下到五代,其五是五代到宋。

关于周末的风俗,其不同反映为春秋到战国有变化。如春秋时尊礼重信,战国则不谈礼与信。春秋时宗周王,战国则不言王。春秋时严祭祀,重聘享,战国则无其事。春秋时论宗姓氏族,战国无一言及此。春秋时宴会赋诗,战国则不闻。春秋时有赴告策书,战国则没有,这种变化说明"文、武之道尽矣"[⑤],这是礼崩乐坏的主要表现。

两汉风俗二变,其基本观点是"三代之下风俗之美,无尚于东京

---

① 顾炎武著,黄汝成集释:《日知录集释》卷七,《管仲不死子纠》,第412页。
②⑤ 顾炎武著,黄汝成集释:《日知录集释》卷十三,《周末风俗》,第750页。
③ 顾炎武:《亭林文集》卷二,《音学五书序》,第195页。
④ 顾炎武著,黄汝成集释:《日知录集释》卷十三,《宋世风俗》,第758页。

者。”[1]自汉武帝听从董仲舒“罢黜百家，独尊儒术”，表章六经之后，儒家经学大盛，尤其是今文经学占据主导地位。今文重师承、利禄，但儒家经学大义未明，此风至于西汉末王莽新政愈来愈严重，东汉光武帝力图矫挽，重视明经修行之人，使风俗为之一变，顾氏盛赞东汉风俗，说：“余之所以斥周末而进东京，亦《春秋》之意也。”[2]东汉伊始的风俗由浮躁变敦实，光武、明、章诸帝果然有变齐至鲁之功，其风俗虽然回归于古，只可惜尚未纯于道。

对于宋代风俗，他认为，士大夫忠义之气至五代末已变化殆尽。北宋真宗、仁宗之时，诸贤“以直言谠论倡于朝。于是中外荐绅，知以名节为高、廉耻相尚”，靖康之变以后，“志士投袂，起而勤王，临难不屈，所在有之。及宋之亡，忠节相望”。[3] 宋代国力虽然积弱，但士大夫们也议论朝政，重名节，知廉耻。即便是宋末士大夫也以名节相砥砺，言外之义，明代风俗已日益衰落。

顾炎武认为风俗醇美与统治者的提倡有关，也受社会士人的影响。既然社会风俗、道德是因人力而形成的，同时也是因人力而改变的，由此他重视对人精神上和物质上的培养，提出具体改造风俗的措施。

从精神角度，他主张重视教育，奖励学术，指出：“目击世趋，方知治乱之关必在人心风俗，而所以转移人心，整顿风俗，则教化纲纪为不可阙矣。百年必世养之而不足，一朝一夕败之而有余。”[4]转移人心，整顿风俗首先就是教育，教育以潜移默化的方式扭转社会风俗的改变。他引述宋儒罗从彦的话说：“教化者，朝廷之先务；廉耻者，士人之美节；风俗者，天下之大事。”[5]与此同时也尊崇清议，提倡廉耻，他说：“古

---

① 顾炎武著。黄汝成集释：《日知录集释》卷十三，《两汉风俗》，第752页。
② 顾炎武著。黄汝成集释：《日知录集释》卷十三，《周末风俗》，第750页。
③ 顾炎武著。黄汝成集释：《日知录集释》卷十三，《宋世风俗》，第758页。
④ 顾炎武：《亭林文集》卷四，《与人书九》，第257页。
⑤ 顾炎武著，黄汝成集释：《日知录集释》卷十三，《廉耻》，第773页。

之哲王所以正百辟者,既已制官刑儆于有位矣,而又为之立闾师,设乡校,存清议于州里,以佐刑罚之穷。移之效遂,载在礼经,殊厥井疆,称于毕命。两汉以来,犹循此制。乡举里选,必先考其生平,一玷清议,终身不齿。君子有怀刑之惧,小人存耻格之风。教成于下,而上不严,论定于乡,而民不犯。"又说:"天下风俗最坏之地,清议尚存,犹足以维持一二。至于清议亡而干戈至矣。"[①]这里讲的清议指关心家国天下人民生活而非清谈,清谈指"礼法为流俗,目纵诞以清高",不过是演说老庄之"玄风",魏晋林下诸贤为之足以亡国。[②] 廉耻是知耻,不知耻则身不立,知耻反省检讨自己,立身自然有名节,凡此皆起到刑罚起不到的作用。这是以转变身心的方式来移风易俗。

从物质方面,他主张制民之产,"必在制民之产,使之甘其食,美其服,而后教化可行,风俗可善乎"[③]。教化要有一定的物质做基础,否则便流于空谈。他在改造社会风俗上把物质条件与精神条件结合起来。

顾炎武是一个脚踏实地的思想家兼活动家。一生身体力行,读万卷书行万里路。最后定居陕西,原因除了"秦人慕经学,重处士,持清议,实与他省不同"之外,还因为"华阴绾毂关河之口,虽足不出户而能见天下之人,闻天下之事。一旦有警,入山守险,不过十里之遥,若志在四方,则一出关门,亦有建瓴之便"。[④] 养精蓄锐等待时机,其经世之心昭然若揭。

他一扫明季空疏学风,开启清初实学先路,成为当时务实学风的首倡者。潘耒说:"学者将以明体适用也,综贯百家,上下千载,详考其得失之故,而断之于心,笔之于书,朝章、国典、民风、土俗、元元本本,无不洞悉。其术足以匡时,其言足以救世,是谓通儒之学。"[⑤]顾炎武就

① 顾炎武著,黄汝成集释:《日知录集释》卷十三,《清议》,第 764、766 页。
② 参见顾炎武《日知录集释》卷十三,《正始》,第 755 页。
③ 顾炎武著,黄汝成集释:《日知录集释》卷址二,《人聚》,第 721 页。
④ 顾炎武:《亭林文集》卷四,《与三侄书》,第 252 页。
⑤ 潘耒:《日知录集释》卷首,《日知录序》。

是这样一位经世致用的通儒。

顾炎武倡导经学在当时产生很大影响。但追本溯源，可以说是明中叶以后儒学内部产生回归经典运动的继续。嘉靖、隆庆时的归有光已有决破南宋以来理学藩篱而直穷经籍之志。他说："汉儒谓之讲经，而今世谓之讲道，夫能明于圣人之经，斯道明矣，道亦何容讲哉！"[①]其明经见道的主张得到积极回应。万历年间的焦竑、陈第闻风而动，史称"明经君子"。明末，钱谦益自述学问途辙渊源于归有光，并进一步发挥他的思想，他指出："汉儒谓之讲经，而今世谓之讲道。圣人之经，即圣人之道。"[②]顾炎武虽然不与钱谦益往还，但其好友归庄，还有黄宗羲等，与钱谦益过从甚密。后来阎若璩并推钱谦益、黄宗羲、顾炎武为海内三大读书人，顾炎武经学显然受钱谦益的影响。另外，顾炎武主张读经应从考音、考文始，也渊源于明人杨慎，尤其是陈第。顾炎武考音、考文，为考据列本证、旁证等是对陈第学说的发展。但就顾炎武经学博大精深，对群经多有创获，并把通经与经世结合起来，开清初学术新风气而言，早已超越明人，并对后来的经学发展产生重大影响。至于后来乾嘉考据学尊顾炎武为开山，忽视他经学思想的贡献，至多只继承了其经学中的考证、训诂和校勘诸工夫而已。

第二节　阎若璩辨伪《古文尚书》[③]

阎若璩(1636—1704)，字百诗，号潜邱。先世太原人，五世祖迁居

① 归有光：《归震川先生全集》卷九，《送何氏二子序》，《四部丛刊初编缩本》，第124页。

② 钱谦益：《初学集》卷二十八，《新刻十三经注疏序》，《钱牧斋全集》第2册，上海古籍出版社，2003年，第851页。

③ 此节参考林庆彰先生《清初的群经辨伪学》(台湾文津出版社，1990年)第四章考辨《古文尚书》写成，谨此表示谢意。

淮安山阳。他小时候口吃，入学读书智力如常人。后来经过多年努力苦读，十五岁那年悟性大开，从此颖悟异常。曾经集陶贞白、皇甫士安语题其柱曰："一物不知，以为深耻，遭人而问，少有宁日。"①其立志如此。二十岁始读《尚书》，于是便怀疑《古文尚书》，康熙十七年(1678)，应博学鸿儒科不第。后入徐乾学《一统志》局。晚年应清世宗之召，至京而卒。

阎若璩平生专长考据，自谓"古人之事，应无不可考者，纵无正文，亦隐在书缝中，要须细心人一搜出耳"②。其子作行状说："府君读书，每于无字句处精思独得，而辩才锋颖，证据出入无方，当之者辄失据。常语不孝辈：读书不寻源头，虽得之，殊可危。手一书，至检数十书相证，侍侧者，头目皆眩，而府君精神涌溢，眼烂如电，一义未析，反复穷思，饥不食，渴不饮，寒不衣，热不扇，必得其解而后止。"③阎氏的主要著作有《尚书古文疏证》、《毛朱诗说》、《四书释地》、《潜邱劄记》、《孟子生卒年月考》、《困学纪闻注》等。他一生最大的贡献就是沉潜三十余年，作《尚书古文疏证》八卷，考辨晚出《古文尚书》之伪，使《古文尚书》公案得以定谳。

一、辨晚出《古文尚书》的缘起

据史书记载，西汉初期伏生传授晁错《尚书》。当时的《尚书》为《尧典》、《皋陶谟》、《禹贡》、《甘誓》、《汤誓》、《盘庚》、《高宗肜日》、《西伯戡黎》、《微子》、《牧誓》、《洪范》、《大诰》、《金縢》、《康诰》、《酒诰》、《梓材》、《召诰》、《洛诰》、《多士》、《无逸》、《君奭》、《多方》、《立政》、《顾命》、《康王之诰》、《费誓》、《吕刑》、《文侯之命》、《秦誓》共二十九篇。汉武帝时，河内女子奏上《泰誓》一篇，为了保持二十九篇原样不变，朝

---

① 江藩：《阎若璩》，钱仪吉《碑传集》十一，《经学上之中》，第 3919 页。

② 阎若璩：《潜邱劄记》卷二，《释地余论》，《四库全书》第 859 册，第 435 页。

③ 阎咏：《先府君行述》，见张穆撰《阎若璩年谱》，中华书局，1994 年，第 136 页。

廷下令把《康王之诰》合在《顾命》之内,仍为二十九篇。《尚书》在当时被立于学官,又以汉代通行隶书书写,故称《今文尚书》。汉景帝时,鲁恭王修宫殿毁坏孔子故宅,从孔壁中发现用古文书写的《尚书》共二十四篇,与《今文尚书》相比多出十六篇,它们是《舜典》、《汩作》、《九共》、《大禹谟》、《益稷》、《五子之歌》、《胤征》、《汤诰》、《咸有一德》、《典宝》、《伊训》、《肆命》、《原命》、《武成》、《旅獒》、《冏命》,这十六篇由孔安国的家属献给朝廷,此为《古文尚书》。这是汉代《尚书》今、古文的大概情况。

汉代孔壁《古文尚书》于西晋末年永嘉之乱亡佚。东晋时,梅赜所上的《孔传》、《古文尚书》(即今传《古文尚书》)出现,据书前孔安国《序》说,此书共四十六卷,五十八篇,与伏生今文相比增多二十五篇,其篇目是《大禹谟》、《五子之歌》、《胤征》、《仲虺之诰》、《汤诰》、《伊训》、《太甲》(三篇)、《咸有一德》、《说命》(三篇)、《泰誓》(三篇)、《武成》、《旅獒》、《微子之命》、《蔡仲之命》、《周官》、《君陈》、《毕命》、《君牙》、《冏命》,与孔壁《古文尚书》二十四篇也不合。晚出的《古文尚书》卷数及篇数多与孔壁古文不合,开始时与今文并立,自从唐代陆德明据以作《经典释文》,孔颖达据以作《尚书正义》,便与伏生今文二十九篇混合为一。唐以来无人怀疑其作伪,到宋代吴棫开始提出异议,朱熹亦深表怀疑,吴澄诸人相继抉摘,其伪益彰,但未能条分缕析以抉其罅漏。明代梅鷟开始参考诸书,证其剽窃,而见闻较狭,搜采未周。至清代阎若璩引经据故,一一陈其矛盾之故,晚出《古文尚书》之伪真相大白。

阎若璩考辨晚出《古文尚书》之伪的方法是从根本入手,他说:"天下事由根柢而之枝节也易,由枝节而返根柢也难,窃以为考据之学亦尔。予之辨伪古文,吃紧在孔壁原有《真古文》,为《舜典》、《汩作》、《九共》等二十四篇,非张霸伪撰,孔安国以下,马、郑以上,传习尽在于是。《大禹谟》、《五子之歌》等二十五篇,则晚出,魏、晋间假托安国之名者,此根柢也。得此根柢在手，然后以攻二十五篇，其文理之疏脱，依傍之分明，节节皆迎刃而解矣。”[①]所讲的根本就是以考证的方法区别孔壁真《古文尚书》与晚出《古文尚书》，具体而言，对晚出《古文尚书》诸篇分析考辨，多角度全方位地运用各种考证手段来证明晚出书之伪。

梅鷟首开这一考辨方法，但他搜集的材料不完备，考证较为疏阔。到了阎若璩，材料详尽，考证精细，通过旁征博引，鞭辟入里，揭示晚出《古文尚书》作伪证据，毛奇龄想要翻案也翻不了。四库馆臣对此阎氏的考证工作给予极高的评价，说：“至若璩乃引经据古，一一陈其矛盾之故，古文之伪乃大明。所列一百二十八条，毛奇龄作《古文尚书冤词》，百计相轧，终不能以强词夺正理，则有据之言，先立于不可败也。”与此同时也指出其不足：马、郑注本“与伏生合，非别有一本注《孔氏书》也。若璩误以郑逸者即为所注之逸篇，不免千虑之一失。又《史记》、《汉书》但有安国上《古文尚书》之说，并无受诏作传之事，此伪本凿空之显证，亦辨伪本者至要之肯綮，乃置而未言，亦稍疏略。其他诸条之后，往往衍及旁文，动盈卷帙，盖虑所著《潜邱劄记》或不传，故附见于此，究为支蔓。又前卷所论，后卷往往自驳，而不肯删其前说，虽仿郑玄注《礼》先用鲁诗，后不追改之意，于体例亦究属未安。”而到最后仍然赞誉阎氏，“反复厘剔，以祛千古之大疑，考证之学，则固未之或先矣”[②]。经过阎氏考证，晚出《古文尚书》被判定为伪古文，其中的《孔安国传》为伪《孔传》，这不仅还原了经书之原貌，更重要的是动摇了宋明理学立论的根基，使理学受到前所未有的打击，清代经学由此开始走向复兴之路，正是由于此，乾嘉诸儒才把他奉为汉学开山。

阎若璩辨伪《古文尚书》所列论证一百二十八条，主要归纳如下几个方面。

---

① 阎若璩：《尚书古文疏证》卷八，第一百三《言疑古文自吴才老始》，《清经解清经解续编》第九册，凤凰出版社，2005 年，第 214 页。

② 《四库全书总目》卷一二，《经部·书类二》，第 101—102 页。

二、文献方面的考辨

阎若璩文献方面的考辨主要征引汉代文献，包括官修和私人书籍，运用第一手资料，以证据服人。

确定孔壁《古文尚书》即真古文亡佚的时间，是阎若璩考辨晚出《古文尚书》之伪的第一步，他说："牛弘历陈古今书籍之厄，以刘石凭陵，京华覆灭，为书之四厄。及其余征之两晋益合。秘书监荀勖，录当代所藏书目凡二万九千九百余卷，名《中经簿》，今不复传。隋唐时尚存。故《经籍志》云：晋秘府存有《古文尚书》经文是也。元帝之初，渐更鸠聚，著作郎李充以勖旧簿校之，才十之一耳。《古文尚书》之亡，非亡于永嘉而何哉？"[①]每当社会出现战乱，书籍文献便会遭到很大的破坏。西晋的永嘉之乱以前，真(孔壁)《古文尚书》尚还存在，永嘉之乱以后则亡佚。既然真《古文尚书》亡于永嘉之时，那么后来东晋梅赜所献的晚出《古文尚书》为伪书则是不言而喻的。对于前世之事，依据文献本原可以考证，只是后儒于旧书看得过少而未见到。

晚出《古文尚书》与孔壁《古文尚书》篇数不同。阎若璩引《汉书》，如《儒林传》："孔氏有《古文尚书》，孔安国以今文字读之，因以起其家，逸书得十余篇，盖《尚书》滋多于是矣。"《艺文志》："《古文尚书》者，出孔子壁中，武帝末，鲁共王坏孔子宅，多得《古文尚书》"，孔安国"以考二十九篇，得多十六篇。安国献之，遭巫蛊事，未列于学官"，"天汉之后，孔安国献之。夫一则曰，得多十六篇；再则曰，《逸书》十六篇"。这是《古文尚书》篇数见于西汉的情况。接着又引《后汉书》，如《杜林传》："林前于西州，得漆书《古文尚书》一卷，常宝爱之，虽遭艰困，握持不离身，后出示卫宏等，遂行于世。同郡贾逵为之作训，马融、郑康成之传注解，皆是物也。"此处《古文尚书》一卷虽然不言篇数，然而马融

---

① 参见阎若璩：《尚书古文疏证》卷一，第二《言古文亡于西晋乱故无以证晚出之伪》，第117页。

《书序》则说逸十六篇，这是《古文尚书》篇数见于东汉的情况。《汉书》中的《儒林传》、《艺文志》，《后汉书》中的《杜林传》及马融《书序》皆云《古文尚书》原为十六篇，东晋梅赜所上《古文尚书》增多二十五篇，其篇数与汉时不符，梅氏晚出《古文尚书》是伪书无疑。[①]

晚出《古文尚书》与孔壁《古文尚书》篇名也不同。阎氏认为，杜林所依据的孔壁《古文尚书》正是马融、郑玄所传者，根据郑玄的说法，比《今文尚书》多出的篇名是，《舜典》、《汩作》、《九共》、《大禹谟》、《益稷》、《五子之歌》、《胤征》、《汤诰》、《咸有一德》、《典宝》、《伊训》、《肆命》、《原命》、《武成》、《旅獒》、《冏命》共十六篇，其中《九共》为九篇，因此也称二十四篇，而晚出《古文尚书》二十五篇中无《汩作》、《九共》、《典宝》等篇，篇名与孔壁《古文尚书》不同，由此断定晚出《古文尚书》为伪书。[②]

晚出《古文尚书》与孔壁《古文尚书》内容上也不同。阎氏认为，郑玄注《书序》，于今安国所见存的，如《仲虺之诰》、《太甲》三篇、《说命》三篇、《微子之命》、《蔡仲之命》、《周官》、《君陈》、《毕命》、《君牙》十三篇，皆注曰亡。于今安国《传》所绝无的，如《汩作》、《九共》九篇、《典宝》、《肆命》、《原命》十三篇，皆注曰逸。不仅如此，又于安国《传》分出的《舜典》、《益稷》二篇，皆注曰逸。郑玄注《书序》，如《仲虺之诰》等篇，不是注曰亡就是注曰逸，梅赜所上的《古文尚书》篇名虽然与郑玄时篇名相同，但内容并非是孔壁《古文尚书》原文。由此而知晚出《古文尚书》是伪书。[③]

他坚信《史记》所引《尚书》多真古文说："今且有显然出太史公手标举书目，其辞至二十八字，为安国书所未载。"如《河渠书》首引《夏书》曰："禹抑鸿水，十三年过家不入门，陆行载车，水行载舟，泥行踏

---

① 参见阎若璩：《尚书古文疏证》卷一，第一《言两汉书载古文篇数与今异》，第 117 页。

② 参见阎若璩：《尚书古文疏证》卷一，第三《言郑康成注古文篇名与今异》，第 117—118 页。

③ 参见阎若璩：《尚书古文疏证》卷一，第三《言郑康成注古文篇名与今异》，第 118 页。

毳,山行即桥。”其中的“禹抑鸿水”,与《孟子》相合。“十三年”与今文作“十有三载乃同”相合,“过家不入门”,与《孟子》及《今文》“启呱呱而泣予弗子”相合。“其事事有根据,非苟作如此。魏晋间人,竟以世所童而习之之书,书且开卷便见,忘其采用,岂非天夺之鉴,褫其魄,与吾今日以口实也哉!”[①]《史记》卷二十九《河渠书》所引《夏书》二十八字,与《孟子》相合,实为真《古文尚书》之文,而伪作《古文尚书》未及详引。这是从《史记》引用《尚书》佚文来证明晚出《古文尚书》之伪。

晚出《古文尚书》中《泰誓》三篇,东汉马融怀疑其伪,说:“《泰誓》后得,案其文似若浅露,稽其事颇涉神怪,得无在子所不语中乎?”又举《春秋》引《泰誓》“民之所欲,天必从之。”《国语》引《泰誓》“朕梦协朕卜,袭于休祥,戎商必克。”《孟子》引《泰誓》“我武惟扬,侵于之疆,取彼凶残,我伐用张,于汤有光。”孙卿引《泰誓》“独夫受。”《礼记》《泰誓》曰:“予克受,非予武,惟朕文考无罪。受克予,非朕文考有罪,惟予小子无良。”汉代流行的《泰誓》(即马融所说的今文《泰誓》),为河内女子所献,实为伪书,与先秦流传的古文《泰誓》不同。所以马融举《春秋》、《国语》、《孟子》、孙卿、《礼记》所引古文《泰誓》之言,皆不在汉代的今文《泰誓》中。而晚出《古文尚书·泰誓》三篇却将马融所举古文《泰誓》文句全部收入其中。又如《墨子·尚同》篇有引古文《泰誓》曰:“小人见奸巧,乃闻不言也,发罪钧。”墨子加以解释:“此言见淫辟不以告者,其罪亦犹淫辟者也。”可谓深得《泰誓》之义。墨子生孔子之后、孟子之前,那时《诗》、《书》完好,未遭秦火,其书必真无疑。由于马融未引到,晚出《古文尚书》也遗缺这几句话,这是伪造《古文尚书》的一大破绽。[②]

刘歆作《三统历》末引《毕命》、《丰刑》“惟十有二年,六月庚午朏,王命作策丰刑”这十六字,《今文》、《古文》皆无,阎若璩深表怀疑,因不

---

① 参见阎若璩:《尚书古文疏证》卷五下,第七十七《言史记有夏书曰今忘采用》,第160页。

② 参见阎若璩:《尚书古文疏证》卷一,第七《言晚出泰誓独遗墨子所引三语为破绽》,第121页。

知刘歆从何处得之而载于此。然后想起《书大传》有《九共》、《帝告》篇之文，“安知非孔安国所得壁中书整篇外零章剩句如伏生所传者乎？”刘歆距孔安国的时代并不远，流传一定真实，而所载康王年月日又关系到历法，因此不忍删去。而晚出《古文尚书》以“王命作策丰刑”与己不合，故删去，这如同作《伊训》时删去“诞资有牧方明”，作《武成》删去“粤若来二月以下之辞”一样，可谓捉襟见肘。[①] 这是割裂原文屈从己意，由此也可看出晚出《古文尚书》之伪。

晚出《古文尚书》中《大禹谟》有“人心惟危，道心惟微，惟精惟一，允执厥中”一句，阎氏以为出自《荀子》和《论语》。《荀子·解蔽篇》引《道经》“曰人心之危，道心之微”。“惟精惟一”句是将《荀子·解蔽篇》中的“精于道”、“一于道”之语隐括而成，“允执厥中”则出自《论语·尧曰》“允执其中”，最后并成十六字为所谓的“虞廷”心传。如何知晓不是《荀子》引用《大禹谟》之文呢？他认为凡是《荀子》引《尚书》处，如“无有作好”四句，“维齐非齐”一句等，都冠以“书曰”，又如引《尚书》“弘覆乎天，若德裕乃身”，“独夫纣”等，皆冠以篇名。而《道经》并非《尚书》，《大禹谟》“人心之危，道心之微”出自《荀子》所引《道经》之文，由此可见《大禹谟》必是伪篇。[②] 这是从抄袭古书字句上判定晚出《古文尚书》之伪。

晚出《古文尚书》袭用古书文意。据周礼，古代官爵封地，公为五百里，依爵位递降，男为百里，似乎与《孟子》所说不符。而只记载冢宰以下六卿职掌，而不上及太师、太傅、公孤等官，也不符合晚出《尚书·周官》。不合于《孟子》诚属可疑，不合于《尚书·周官》不足以质疑。因为晚出《尚书·周官》出自于《汉书·百官公卿表》，表云：“夏、殷亡闻焉，周官则备矣。天官冢宰、地官司徒、春官宗伯、夏官司马、秋官司寇、冬

---

① 参见阎若璩：《尚书古文疏证》卷五上，第六十八《言古文毕命见三统历以与己不合遗末句》，第 151 页。

② 参见阎若璩：《尚书古文疏证》卷二，第三十一《言人心惟危道心惟微纯出荀子所引道经》，第 135—136 页。

官司空,是为六卿,各有徒属职分,用于百事。太师、太傅、太保是为三公,盖参天子,坐而议政,无不总统,故不以一职为官名。又立三少为之副,少师、少傅、少保是为孤卿,与六卿为九焉。记曰,三公无官,言其有人然后充之。"晚出《周官》的中段文意源于此。《礼记·明堂位》曰:"有虞氏官五十,夏后氏官百,殷二百,周三百。"《文王世子》曰:"设四辅及三公,不必备,唯其人。"以上《礼记·明堂位》和《文王世子》文意约入《周官》篇的首一段和中段。可见晚出《古文尚书》的文意是参考古书文意写成的。[①]

三、历史事实方面的考辨

从历史事实方面的考辨包括从礼制、官制、历法、地理等考证晚出《古文尚书》之伪。

日食的变化为人君所恐惧修省。然而建子、建午、建卯、建酉之月,所谓冬夏二至,春秋二分,日有食之,或不为灾,其余月则为灾。尤其是建巳之月。自冬至一阳生,到此月而六阳并盛,六阴并消,于此而忽以阴侵阳,是为以臣侵君,因此先王十分忧虑。以为日食禳救之礼,夏家则"瞽奏鼓,啬夫驰,庶人走"。周家则"乐奏鼓,祝用币,史用辞"。此礼在夏时为四月(建巳之月),在周时则为六月,虽然四月、六月区别,但皆称为正月。这里的正月指正阳之月,而不是春王正月之月。《左氏》昭十七年:"夏六月甲戌朔,日有食之。祝史请所用币,礼也。"平子不知却说:"唯正月朔,慝未作,日有食之,于是乎用币于社,伐鼓于朝,其余则否。"太史曰:"在此月也。日过分而未至,三辰有灾,于是乎百官降物,君不举,辟移时,乐奏鼓,祝用币,史用辞。故《夏书》曰:'辰不集于房,瞽奏鼓,啬夫驰,庶人走。此月朔之谓也。当夏四月,是谓孟夏。'"太史言此礼在周之六月,接着引《夏书》以证夏礼,也就是在

① 参见阎若璩:《尚书古文疏证》卷四,第六十二《言周官从汉百官公卿表来不合周礼》,第144页。

周之六月朔。而晚出《古文尚书》中的《胤征》篇却说："乃季秋月朔，辰弗集于房，瞽奏鼓，啬夫驰，庶人走。"不知"乃季秋月朔"为九月，如何有"瞽奏鼓"等礼，误解礼制，且不明历法。[①]

阎氏认为，一代有一代的官制，各有不同。如西汉有三公，即丞相、太尉、御史大夫。"三公典调和阴阳，职所当忧。"此三公与周代的太师、太傅、太保这三公，本不相同。晚出《古文尚书·周官》的作者，不知西汉时的三公，即丞相、太尉、御史大夫，妄以太师、太傅、太保为三公，并说"兹惟三公，燮理阴阳，失之远矣。"[②]他又认为，一代有一代官，官名及职能不同，如唐虞之时，四岳为官名，百揆非官名，百揆指其官以揆度百事为职任，如后来文契作司徒，司徒是官名，敷五教则是其职任。皋作士，士是官名，明五刑是其职任，百揆典三礼，如敷五教之类，不是官名而是职任。晚出《古文尚书·周官》说："内有百揆四岳"，把百揆与四岳官名并称，显然把官名与其职任混为一谈。[③]

刘歆作《三统历》引《武成篇》八十二字，其文"惟一月壬辰，旁死霸，若翌日癸巳，武王乃朝步自周，于征伐纣。粤若来三月，既死霸，粤五日甲子，咸刘商王纣"。"惟四月既旁生霸，粤六日庚戌，武王燎于周庙。翼日辛亥，祀于天位。粤五日乙卯乃以庶国祀馘于周庙。"此文见于《汉书·律历志下》。晚出《古文尚书·武成》则是"惟一月壬辰旁死霸，越翼日癸巳，王朝步自周，于征伐商。厥四月哉生明，王来自商，至于丰。乃偃武修文，归马于华山之阳，放牛于桃林之野，示天下费服。丁未，祀于周庙，邦甸侯卫，骏奔走，执豆笾。越三日庚戌，柴望，大告武成。"阎氏认为，以上二段文字不同，事迹有异。刘歆所引事迹，四月己丑朔，十六日甲辰望。惟四月既旁生霸，是十七日乙巳。越七天是二十二日庚辰，武王燎于周庙。次日，二十三日辛亥，武王祀于天位。

---

① 参见阎若璩：《尚书古文疏证》卷一，第八《言左传载夏日食之礼今误作季秋》，第121—122页。

②③ 参见阎若璩：《尚书古文疏证》卷四，第六十二《言周官从汉百官公卿表来不合周礼》，第145页。

越五日,是二十七日乙卯,乃以庶国祀馘于周庙。晚出《武成》“厥四月哉生明,王来自商,至于丰”,阎氏以为无所本。“丁未,祀于周庙,邦甸侯卫,骏奔走,执豆笾。越三日庚戌,柴望”,与刘歆所引相异,而刘歆所引的记日法与《今文尚书》相同,如《召诰》“惟三月丙午朏”,越三日便是戊申,《顾命》“丁卯,命作册度”,越七日便是癸酉。两篇讲越三日、七日,都从本日算起,中间分别相隔一日、五日。晚出《武成》不从本日算起,丁未越三日是庚戌,中间相隔两日,与《今文》算法不同。[①]这是从晚出《古文尚书》记日与古例不合来证明其伪。

《今文尚书·牧誓》说“王朝至于商郊牧野,乃誓。”牧野在朝歌之南,即商郊之地,并非二地。因此誓师之辞说“于商郊”,不必再说牧野。《诗经·大雅》说“矢于牧野”,又曰“牧野洋洋”,指是就是商郊,不必再说“商郊”二字。而晚出《古文尚书·武成》不知此义。叙武王时说:“癸亥,陈于商郊,俟天休命,甲子昧爽,受率其旅若林,会于牧野。”这似乎在说武王于癸亥,只在商郊屯兵,次日甲子昧爽,才开始在牧野誓师,然后与商军作战。商郊与牧野本为一地,这里却一分为二,显然伪造此书者不谙地理。[②]

四、文章等方面的考辨

伪书的文章和史例不合,阎若璩服膺朱熹有古史例不书时之说,并举《今文尚书》诸篇证明,如《康诰》“惟三月哉生魄”。《多方》“惟五月丁亥”。虽然书三月、五月,但都不冠以时。《洪范》“惟十有三祀”也不继以时。又引唐孔颖达的说法认为《春秋》主书动事,编次为文,于法日月,时年皆具,其不具是因缺乏史料。与此不同,《尚书》只记言语,不讲时。晚出《古文尚书·泰誓上》开卷大书“惟十有三年春”,显然

---

① 参见阎若璩:《尚书古文疏证》卷一,第五《言古文武成见刘歆三统历者今异》,第 119 页。

② 参见阎若璩:《尚书古文疏证》卷六上,第八十五《言武成认商郊牧野为二地》,第 176 页。

不符合古史例,可知其为伪书。[①]

阎氏以为古书引古人成语,往往从该成语的末字加以申释,如《左传》宣十二年君子引"《诗》曰:'乱离瘼矣,爰其适归',归于怙乱者也"。左氏襄公三十一年北宫文子引"《诗》云:'靡不有初,鲜克有终。'终之实难"。皆属此类。不仅《左氏》,《中庸》也如此。如引"《诗》曰:'德輶如毛',毛犹有伦",也属此类。《左传·庄公八年》引"《夏书》曰'皋陶迈种德。德乃降,姑务修德以待时乎!'"的"德乃降"并非《夏书》中的话,应和下句"姑务修德以待时乎"相连。伪作《大禹谟》者竟将"德乃降"误以为是《夏书》的句子。如果一定要以"德乃降"为《尚书》之语,那么以上"毛犹有伦",也应见于《诗·烝民》,而此篇并未有"毛犹有伦"一句。也就是说"德乃降"为庄公解释《尚书》之语,晚出《古文尚书的》作者一时不察,将其窜入《大禹谟》中,这是举《左传》、《中庸》为例,从文章不合古人撰书义例,证明晚出《古文尚书》之伪。[②]

阎氏认为,汉初为经作传注,其传注之文与经文分开单独成篇,如《春秋》三传之文,不与经相连。《艺文志》所载《毛诗故训传》也与经别行。到了马融作《周礼注》,为了省去经传分离而带来的阅读不便,开始采取经注合一的体例,在马融以前,不曾有经注合一的体例。晚出《古文尚书》安国《传》则经传合一,显然不符合古人传注体例,因为孔安国是武帝时人,那时不应有经传合一,必是后人伪作。[③] 这是从不合古人传注体例角度证明晚出《古文尚书》之伪。

阎氏文章方面的考辨还包括:从文章的难易辨《古文尚书》。根据文章的发展规律,文章应以越接近古代越难,愈晚近者愈易。晚出《古文尚书》凡与伏生所传相同篇目(即《今文》)皆难晓,而安国所献诸篇

① 参见阎若璩:《尚书古文疏证》卷四,第五十四《泰誓上惟十有三年春系以时非史例》,第139页。

② 参见阎若璩:《尚书古文疏证》卷一,第九《言左传德乃降之语今误入大禹谟》,第122页。

③ 参见阎若璩:《尚书古文疏证》卷五上,第六十九《言安国传就经下为之汉武帝时无此》,第152页。

(所谓《古文》)皆易晓。且同为命、诰之体,何以今文难晓,古文易晓。[①]从文章好作排偶辨。先秦文章不讲究排偶,如对仗也是流水对。《大禹谟》、《毕命》皆有意为对偶,非先秦文体。从文理乖舛辨,如"《书》曰'汤一征自葛始'","但味'汤一征自葛始',亦史臣所作。若仲虺面对成汤,自不得斥其号。于是伪作者,辄变其辞曰:'初征自葛始',又其苦心闪缩处乎!"[②]是论证《仲虺之诰》把"汤一征自葛始"改为"初征自葛始",文理不通。从文字应用考辨。阎氏据《尔雅》"郁陶,繇,喜也",郭璞《注》、邢昺《疏》解释皆同。晚出《古文尚书·五子之歌》有"郁陶乎予心,颜厚有忸怩"一句,把"郁陶"二字窜入文中,"郁陶"二字,实作"忧郁"解,可见其误用字义。[③] 从句读讹误辨。《论语·为政》引《尚书》"孝乎惟孝,友于兄弟"。当时句读如此。晚出《古文尚书·君陈》讹误为"惟孝友于兄弟",后朱熹将《论语》此句改为"《书》曰:孝乎! 惟孝支于兄弟"。承袭伪作而不自知。[④]

与阎若璩同时辨晚出《尚书》之伪的有黄宗羲,阎氏以师礼待黄氏。阎氏书成,寄黄氏请作序,他说:"曾寄与黄太冲读一过,叹曰:原来当两汉时,安国之《尚书》虽不立学官,未尝不私自流通。永嘉之乱而亡,梅赜上伪《书》,冒以安国之名,则是梅赜始伪,顾后人并以疑汉之安国,其可乎? 可以解史、传连环之结矣。"[⑤]引黄宗羲说以申己意,加强和扩大自己的考辨说服力。黄宗羲在序中赞阎"取材富,折衷当"。并谓"如此方可谓之穷经"。尤于其论"人心、道心"十六字,谓"得吾心",并指出十六字"为理学之蠹"。[⑥] 黄氏疑孔氏古文为伪书,已见陈祖范《经咫》。阎氏奉顾炎武为前辈,顾氏没有辨伪孔专著,但也

---

① 参见阎若璩:《尚书古文疏证》卷八,第一百十四《言朱子于古文犹为调停之说》,第 214 页。

② 参见阎若璩:《尚书古文疏证》卷四,第五十一《两以孟子引书叙事为议论》,第 138 页。

③ 阎若璩:《尚书古文疏证》卷四,第五十六《言尔雅解郁陶为喜今误认作忧》,第 140 页。

④ 参见阎若璩:《尚书古文疏证》卷一,第十《言论语孝乎惟孝为句今误点断》,第 123 页。

⑤ 阎若璩:《尚书古文疏证》卷八,第一百十三《言疑古文自吴才老始》,第 214 页。

⑥ 黄宗羲:《南雷诗文集》上,《尚书古文疏证序》,第 61—62 页。

对二十五篇提出疑义，为后来辨伪者如惠栋和崔述所引证。姚际恒《九经通论》中有《古文尚书通论》不乏精义，阎氏见后称其"多超人意见"，并亲自缮写，吸收在己书中。钱煌《壁书辨疑》也考辨《古文尚书》之伪，朱彝尊说："山阳阎百诗，钱塘姚善夫，桐城钱晓城三家，皆攻《古文尚书》者。"[①]可知阎若璩、姚际恒、钱煌为清初考辨《古文尚书》三大名家。还有朱彝尊、冯景与阎氏相互交流。阎氏书中常见引用"冯山公云"之文，朱彝尊撰《尚书古文辨》，专辨伪古文，阎氏书中也加引用。不过朱氏认为古文之伪，不必废其书。由此可见，阎若璩考辨晚出《古文尚书》之伪，非孤军奋战，而是当时学风所致，只不过他善于吸取别人成果，推一步加以完善，因此在这方面超迈众人，独领风骚。

第三节　颜李学派的习行思想

颜元(1635—1704)，初因其父养于朱氏，遂姓朱，名邦良，字易直，号思古人。后归宗复姓，改今名，字浑然，号习斋，河北博野人。颜元为学早年受孙奇逢的影响，后来受刁包的影响，一度出入于程朱、陆王之间。他 57 岁那年南游中州，目睹"人人禅子，家家虚文"[②]的现状，开始批判朱学。晚年，应聘主讲肥乡漳南书院，厘定规制，设文事、武备、经史、艺能诸科，规模甚宏。旋因水害，辞归故里。著作有《四存编》、《四书正误》、《朱子语类评》等。

一、颜元的经世之学

颜元为清初颜李学派创始人，他不仅倡导重习行、尚事功的实学，

① 朱彝尊:《经义考》卷九十二《书二十一》，第三册，台湾文史哲研究所，1999 年，第 551 页。

② 李塨:《颜习斋先生年谱》卷下，58 岁条，《颜元年谱》，中华书局，1992 年，第 80 页。

而且也提出一套经世的思想。他说:“如天不废予,将以七字富天下,垦荒,均田,兴水利;以六字强天下,人皆兵,官皆将;以九字安天下,举人材,正大经,兴礼乐。”[①]以生产建设富天下,以军事建设强天下,以道德礼仪安天下。

他的经世思想是建立在功利主义基础上的。他把“义”和“利”看成是统一的,鲜明地提出了“正其谊以谋其利,明其道而计其功”的义利观,说:“利者,义之和也”,“以义为利,圣贤平正道理也”。利有合乎义,有不合乎义,故“义中之利,君子所贵”。[②] 主张要取合义之利,反对纯粹排斥功利的论点。他又说:“世有耕种,而不谋收获者乎?世有荷网持钓而不计得鱼者乎?抑将恭而不望其不侮,宽而不计其得众乎?这不谋、不计两不字,便是老无、释空之根;惟吾夫子先难后获、先事后得、敬事后食三后字无弊。盖正谊便谋利,明道便计功,是欲速,是助长;全不谋利计功,是空寂,是腐儒。”[③]这是说种地哪有不想收获的?打鱼哪有不愿得鱼的?恭敬哪有希望受侮辱的?宽大哪有不计较得到民心的?正谊的目的是为了谋利,明道的目的是为了计功,若不谋利不计功,便堕入释老的空无,是不切合实际的。由此可见,颜元并非一般地反对“正谊”、“明道”,他首先提倡孔子主张的先付出劳动、先尽心竭力为君主做事,然后收获果实,享受君主俸禄的一种“先义后利”的原则。反对急功近利的“正谊便谋利,明道便计功”,指出这将导致拔苗助长、欲速不达的结果。他更反对空谈正谊明道的“全不谋利计功”,指出这将堕入释老虚空、迂腐之论的窠臼,从而纠正了以往的重义轻利、重利轻义等片面主张,特别是揭露了反功利学说的虚伪性。

他的功利道德观注重从社会作用方面立论,说:“尧、舜之正德、利用、厚生,谓之三事,不见之事,非德非用非生也。周公之六德、六行、

① 李塨:《颜习斋先生年谱》卷下,《颜元年谱》,中华书局,1992年,第67—68页。
② 颜元:《四书正误》卷一,《大学》,《颜元集》,中华书局,1987年,第163页。
③ 颜元:《颜习斋先生言行录》卷下,《教及门第十四》,《颜元集》,第671页。

六艺，谓之三物，不征诸物，非德非行非艺也。”[1]在他看来，所谓“尧舜三事”和“周公三物”中既有“义”也有“利”，因为“义”或“德”必须落实在“利”上，应“见之事”、“征诸物”。尤其是他认为“艺精则行实，行实则德成”[2]，只有所学能为天下国家之所用，所行能斡旋乾坤、利济苍生之所行，才能实现“正谊谋利、明道计功”的社会功用。他的这种功利之学，与程朱的性理之学是根本对立的，并显示出反理学的性质。

在学术上，颜元提倡古学，“礼、乐、兵、农，可以修身，可以致用，经世济民，皆在于斯，是所谓学也”[3]。具体言之，他依据《周礼》，主张恢复“周孔正学”，《周礼·大司徒》“以乡三物教万民而宾兴之：一曰六德，知、仁、圣、义、忠、和。二曰六行，孝、友、睦、姻、任、恤。三曰六艺，礼、乐、射、御、书、数。”[4]六德、六行、六艺的核心是“习行经济”，大到治国安邦，小到人伦日用，都要务实，切莫空谈。他把“学习躬行经济”当成“吾儒本业”，认为“舍此而书云书云，讲云讲云，宋、明之儒也，非唐、虞、三代之儒也”。[5] 他又说：“性命之理不可讲也，虽讲，人亦不能听也，虽听，人亦不能醒也，虽醒，人亦不能行也。所可得而共讲之，共醒之，共行之者，性命之作用，如《诗》、《书》、六艺而已。即《诗》、《书》、六艺，亦非徒列坐听讲。要惟一讲即教习，习至难处来问，方再与讲。讲之功有限，习之功无已。”[6]空谈不解决实际问题，必须把讲论与习行结合起来，而且应以习行为标准，这是把致用放在第一位。

在社会政治领域，提出效法三代，他说：“昔张横渠对神宗曰：‘为治不法三代，终苟道也。’然欲法三代，宜何如哉？井田、封建、学校，皆斟酌复之，则无一民一物之不得其所，是之谓王道，不然者不治。”[7]效

① 李塨：《颜习斋先生年谱》卷下，《颜元年谱》，中华书局 1992 年，第 96 页。
② 颜元：《四书正误》卷三，《论语上·述而》，《颜元集》，第 194 页。
③ 郭金城：《存学编序》，《颜元集》，第 37 页。
④ 颜元：《存治编·学校》，《颜元集》，第 109 页。
⑤ 颜元：《习斋记余》卷六，《论开书院讲学》，《颜元集》，第 519 页。
⑥ 颜元：《存学编》卷一，《总论诸儒讲学》，《颜元集》，第 41 页。
⑦ 颜元：《存治编·王道》，《颜元集》，第 103 页。

法三代表现为复古，恢复井田、封建、学校就可以实现复古，复古的目的是为了开新。

颜元论均田。李塨问其出去经世首先应做什么？回答说如果你得到君主的信任，委以重任，当务之急应是均田，因为“田不均，则教养诸政俱无措施处，纵有施为，横渠所谓终苟道也”[①]。土地问题成了为政的第一要务。实施均田的最好办法就是恢复井田。由此他对井田提出自己的看法。

对于井田，他说：“或问于思古人曰：井田之不宜于世也久矣，子之《存治》，尚何执乎？曰，噫，此千余载民之所以不被王泽也；夫言不宜者，类谓及夺富民田，或谓人众而地寡耳。岂不思天地间田宜天地间人共享之，若顺彼富民之心，即尽万人之产而给一人，所不厌也。王道之顺人情，固如是乎？况一人而数十百顷，或数十百人而不一顷，为父子者，使一子富而诸子贫，可乎？”“况今荒废至十之二三，垦而井之，移流离无告之民，给牛种而耕焉，田自更余耳。”“所虑者，沟洫之制，经界之法，不获尽传。北地土散，恒恐损沟，高低坟邑，不便均画。然因时而措，触类而通，在乎人耳。沟无定而主乎水，可沟则沟，不可则否；井无定而主乎地，可井则井，不可则均。”[②]先王实行井田是本着“天地间田宜天地间人共享之”的原则，而秦以后废除井田，土地私有化，致使土地不均，有人田多有人田少，甚至有人无田可种，面对这种情况，他主张应恢复井田制，通过井田使无地而流离失所的农民得以有田种，调动他们的积极性，通过耕种来改善自己的生活。与此同时也能激发农民垦荒，扩大耕地数量，满足不断增长的人口需要。

他也看到恢复井田所遇到的困难，当肖九苞问“复井田则夺富民产，恐难行”时，他说：“近得一策可行也，如赵甲田十顷，分给二十家，甲止得五十亩，岂不怨咨？法使十九家仍为甲佃，给公田之半于甲，以

① 颜元：《颜习斋先生言行录》卷上，《三代》第九，《颜元集》，第654页。

② 颜元：《存治编·井田》，《颜元集》，第103、104页。

半供上。终甲身，其子贤而仕，仍食之，否则一夫可也。”[①]农夫对田地只有使用权，让其耕种，而田应属于公田，井田的耕种也需要管理，“欲一月不刑一人，而均一邑之田亩”，关键在于用人，“亦任人耳。八家为井，立井长；十井为通，有通长，十通为成，有成长；随量随授之产，不逾月可毕矣”。[②] 建立起不同层次的管理机制，以确保耕作的顺利完成。

与井田相关，他主张恢复封建，时过境迁，谈封建更注重其意，所谓“师古之意，不必袭古之迹”。“侯庶不世爵禄，视其臣而以亲为差；侯臣不世邑采，取公田而以位计数；伯师不私出，列侯不私会”，如此者，“封建亦何患之有”？况“用时又必有达务王佐能因而润泽者”。余“第妄谓非封建不能尽天下人民之治，尽天下人材之用尔”。后世人臣不敢建言封建，“人主亦乐其自私天下也，又幸郡县易制也，而甘于孤立，使生民社稷交受其祸，乱亡而不悔，可谓愚矣。如六国之势，识者尝言韩、魏、赵为燕、齐、楚之藩蔽，嬴氏蚕食，楚、齐、燕绝不之救，是自坏其藩蔽也。侯国且如此，以天下共主，可无藩蔽耶！层层厚护，宁不更佳耶！《板》之诗云：大邦维屏，宗子维城，无俾城坏，无独斯畏。道尽建侯之利，不建侯之害矣。如农家度日，其大乡多邻而我处其中之为安乎，抑吞邻灭比而孤栖一墓之为安乎？”[③]鉴于中央集权之弊，主张恢复封建，通过封建可以分君主之权，不使天下归于一人。建立众多的诸侯国，反而可以更好地保护处于诸侯国中央的君主，夏、商、周三代之所以“享国”的时间比后世历朝要长，正在于封国建藩。封建所建立的屏障对于政权的稳固、防御外敌入侵有益而无害。引《诗·大雅·板》一句旨在说明在封建体制下，诸侯邦国可以成为帝王的垣墙、屏蔽，对于蔽护自己及其子孙都有好处。

他论学校主张，“学校所以明伦耳。故古之小学教以洒扫应对进

---

① 李塨：《习斋先生年谱》卷上，《颜元年谱》，中华书局，1992 年，第 46 页。

② 颜元：《颜习斋先生言行录》卷上，《三代第九》，《颜元集》，第 653 页。

③ 颜元：《存治编·封建》，《颜元集》，第 111 页。

退之节，大学以格致诚正之功，修齐治平之务，民舍是无以学，师舍是无以教，君相舍是无以治也。迨于魏、晋，学政不修，唐、宋诗文是尚。其毒流至今日，国家之取士者，文字而已，贤宰师之劝课者，文字而已；父兄之提示，朋友之切磋，亦文字而已。”“求天下之治，又乌可得哉？”① 学校是从事教育的场所，所教应以实用为主，小到人们的出处去就，大到经世致用，这是倡导把学问与治世联系起来，因此反对单纯的文字。对于现行的科举制度，他也提出批评，尤其反对八股，反对拘泥于经注，提出以征举替代科举。

颜元不是光说不做的人，他以实际行动来实践自己的经世致用主张。如晚年应邀办漳南书院，建议书院建“正庭四楹，曰习讲堂。东第一斋西向，榜曰‘文事’，课礼、乐、书、数、天文、地理等科。西第一斋东向，榜曰‘武备’，课黄帝、太公以及孙、吴五子兵法，并攻守、营陈、陆水诸战法，射御、技击等科。东第二斋西向，曰‘经史’，课十三经、历代史、诰制、章奏、诗文等科。西第二斋东向，曰‘艺能’，课水学、火学、工学、象数等科。”“门内直东曰‘理学斋’，课静坐、编著、程朱陆王之学；直西曰‘帖括斋’，课八股举业，皆北向。以上六斋斋有长，科有领，而统贯以智、仁、圣、义、忠、和之德，孝、友、睦、姻、任、恤之行。”“置理学、帖括北向者，见为吾道之敌对，非周、孔本学”②，此乃他所倡导的书院规模大略，可以说是对胡瑗教学方法的发展，突出了经世致用，反对理学与八股之学。遗憾的是书院不久被洪水淹没，但仍不失为一次很好的实践。

他所理解的井田是效法三代的井田制，以期达到均田的目的。恢复封建，建立众多的侯国，可以保护处于侯国中央的君主，使君主统治“长治久安”。兴学校则是选拔人才，治国离不开人才，由此他主张大力兴办教育。颜元以上所提的这三条措施惟独兴办学校教育是可行

① 颜元：《存治编·学校》，《颜元集》，第 109 页。

② 颜元：《习斋记余》卷二，《漳南书院记》，《颜元集》，第 413 页。

的，而且也取得了实际效果。

颜元在政治上并非一味守旧，也提出“有以更张”的改良主张。据他的学生记载：“先生鼓琴，羽弦断，解而更张之，音调顿佳。因叹为学而惰，为政而懈，亦宜思有以更张之也。”[①]他的“有以更张”的主张是对因循守旧世风的一种批判，表现了积极进取，穷则思变的经世精神。

他经世也注重武备，其基本看法是兵农相结合，说：“自兵农分而中国弱”，“治农即以治兵”。[②] 基于此，他提出了兵农结合的兵制，包括素练，“陇亩皆阵法，民恒习之，不待教而知矣”。亲卒，“同乡之人，童友日处，声气相喻，情义相结，可共生死”。忠上，“邑宰、千百长，无事则教农、教礼、教艺，为之父母；有事则执旗、执鼓、执剑，为之将帅。其孰不亲上死长”。无兵耗，“有事则兵，无事则民，应卒难，突有事，随地即兵，无征救求援之待”。安业，“无逃亡反散之虞”。齐勇，“无老弱顶替之弊”。靖奸，“无招募异域无凭之疑”。辑侯，“无专拥重兵要上之患。”[③]兵农相结合好处诸多，如就近操练，同乡默契，容易尊长，服从指挥，省去养兵之消耗，无逃亡之忧、冒顶之弊、无凭之疑、拥兵自重之患等等，既生产又武备，运用的好可为一举两得，这是对传统社会寓兵于农思想的发挥。

当时的学者大都对颜元的儒学给予积极的评价。钟錂说：“斋以习名者何？药世也。药世者何？世儒口头见道，笔头见道，颜子矫枉救失，遵《论语》开章之义，尚习行也。”[④]王源说颜元：“开二千年不能开之口，下二千年不敢下之笔。”[⑤]李塨说：“孔孟没而二千余年，人于蚓窍，杂于鬼国，而圣人之道几亡，习斋起而躬肩之。”[⑥]颜元的经世之学

① 颜元：《颜习斋先生言行录》卷下，《鼓琴第十一》，《颜元集》，第 659 页。
② 颜元：《存治篇·治赋》，《颜元集》，第 107 页。
③ 颜元：《存治篇·治赋》，《颜元集》，第 107—108 页。
④ 钟陵：《习斋记余》卷首，《习斋记余叙》，《颜元集》，第 393 页。
⑤ 王源：《居业堂集》卷八，《与梁仙来书》，《丛书集成初编》，商务印书馆，1936 年，第 120 页。
⑥ 李塨：《恕谷后集》卷一，《送恽皋闻序》，《丛书集成初编》，商务印书馆，1936 年，第 14 页。

一扫明末以来的空疏学风，在当时产生很大影响，从游者甚多，主要有李塨、王源等，其中以李塨最著名，他不遗余力地宣传颜学，遂与颜元齐名，开启颜李学派。

二、李塨对颜元思想的阐扬

李塨(1659—1732)，字刚主，号恕谷，河北蠡县人，康熙二十九年(1890)中举。李塨受学于颜元，以三物即六德、六行、六艺为学之本，期于致用，学数、学射御、学书，又从王余佑学兵法，从毛奇龄学乐律。颜元为北方学者，崖岸甚峻，足迹罕出乡里。李塨虽然生于北方，但其学术活动由北至南。他居京师不久便远游西至关中，南及吴越，遍交海内贤豪而言必称习斋先生，颜元之名亦因之播于远方，进一步发展传播了颜元的经世思想。

他的主要著作有《周易传注》七卷、《诗经传注》八卷、《春秋传注》四卷、《论语传注》二卷、《大学传注》一卷、《中庸传注》一卷、《论语传注问》二卷、《大学传注问》一卷、《中庸传注问》一卷、《中庸讲语》一卷、《小学稽业》五卷、《大学辨业》四卷、《恕谷后集》十三卷等。

与颜元一样，李塨之学也为经世致用之学，说："古之学一，今之学棼；古之学实，今之学虚；古之学有用，今之学无用。古今不同，何其甚也！"[①]比较古今学问在于反对明末以来虚学，恢复古代的有用之学。他理解的古代之学，主要指明德、亲民、止至善，以此为道，六德、六行、六艺，以此为物，"兵农礼乐射御书数水火工虞之事皆可学也"[②]。

李塨发挥颜元的观点，说："《周礼》人方疑为伪书，何有三物？但门下不必作《周礼》三物观，惟以仁义礼智为德，子臣弟友五伦为行，礼乐兵农为艺。请问天下之物，尚有出此三者外乎？吾人格物，尚有当

① 冯辰等：《李恕谷先生年谱》卷二，三十一岁条，第 11 页。

② 李塨：《圣经学规纂》卷一，《原学规纂》，第 2 页。

在此三物外者乎?”[①]清代疑《周礼》的大有人在,所以李塨主张不必作《周礼》三物观。应以仁义礼智为德,子臣弟子为行,礼乐兵农为艺,德、行、艺所包含的就是天下三物。此三物代表道德、伦常、工艺。万斯同赞同李塨的六艺实学,在评论其《大学辨业》时写道:“蠡吾恕谷李子示予《大学辨业》一编,其言物,谓即大司徒之三物,言格物,谓即学习礼、乐、射、御、书、数六艺之物。予读之,击节称是,且叹其得古人失传之旨,而卓识深诣为不可及也。夫古人之立教,未有不该体用合内外者,有六德、六行,以立其体;有六艺,以致其用。则内之可以治己,外之可以治人,斯之谓大人之学。”[②]在这里,格物就是学习有用之学,以便经世致用,包括修己治人,此亦是内圣外王之道。

他所说的六府三事,即“言水则凡沟洫、漕挽、治河、防海、水战、藏冰、榷诸事统之矣,言火则凡焚山、烧荒、火器、火战、与夫禁火、改火诸燮理之法统之矣,言金则凡冶铸、泉货、修兵、讲武大司马之法统之矣,言木则凡冬官所职、虞人所掌,若后世茶榷、抽分诸事统之矣,言土则凡体国经野,辨五土之性,治九州之宜,井田、封建、山河、城池诸地理之学统之矣,言谷则凡后稷之所经营”,“诸农政统之矣。至三事则所以经纬乎六府者也”。“颜习斋曰,正德,正利用厚生之德也;利用,利正德厚生之用也;厚生,厚生德利用之生也。”[③]水、火、金、木、土、谷即是六府,这是六种最基本的生活生产资料,通过它们的利用与创造可以充足国家的基本需要,三事即正德、利用、厚生,这里并非空洞谈论所谓的道德,而是把它与民生结合起来,物质基础发达,人民的物质生活水平提高了,道德自然而然就容易确立。他看出社会的稳定、道德的确立是建立在经济基础之上的。

他论及社会的分工及其地位问题,说:“农助天地以生衣食者也,

---

① 李塨:《恕谷后集》卷四,《与方灵皋书》,第 37 页。

② 万斯同:《石园文集》卷七,《大学辨业序》,《续修四库全书》第 1415 册,第 514—515 页。

③ 李塨:《瘳忘编》,《颜李丛书》,《四存学会校刊》本,第 1 页。

工虽不及农所生之大，而天下货物非工无以发之成之，亦助天地也；若商则无能为天地生财，但转移耳，其功固不尚于工矣，况工为人役，易流卑贱，商牟厚利，易长骄亢，先王抑之处末，甚有见也。”[①]对于农业社会来说，以农为本是天经地义的，但也需要工商以补其不足，农工商各有分工，农关系到衣食，工关系到货物的制造，对商的评价并不高，但由于它关系到交换，即“转移”，也不可或缺。即便是优伶、隶卒社会也需要，如他又说：“若优伶则所以奏乐者，不得无之，古且有伶官矣。”“隶为官行刑卒”，“其才庸下，故备驱使，而实不可无者，夫既为天地间不可无之人，则皆正人，所为皆正事也，其或为不正，则不教之过，而非隶卒之事即不正也，乃禁其子孙为士，不许与商农工为婚，是以为恶而绝之矣。以为恶而绝之，则当去之矣而可乎？宜更之，优隶卒之子孙，为士农工商皆从其便。”[②]“正人”即社会需要之人，“正事”也即社会必须之事，人的社会分工不同，社会地位也有不同，但在人格上应是平等的，因此不要歧视，要通过教育来提高他们的社会地位。这里也表现了对社会下层，包括优伶、隶卒的同情，也蕴含着对社会不公正的批判。另外，社会分工是商品经济所需，主张分工也在客观上有利于商品经济的产生与发展。

他论封建说：“陆桴亭曰：郡县即如诸侯，但易传子而为传贤，予不然之，独未闻古之论尧舜禹耶？昔人谓禹传子为德衰，孟子以天意解之，是未尝言天子不当传贤也。韩昌黎又谓天子传贤则无定人，非圣得圣，易启乱，传子则有定法，虽遇中材，人莫敢争，是天子之位亦以传贤为贤，但无人制之于上，故忧后世之纷争，而不得不传子也。若诸侯则有天子主之矣。如桴亭说，正昌黎所谓传贤则利民者大也，子亦可以悟矣！”[③]颜元力主封建，其原因在于分封诸侯可共同维系天子的权

---

① 李塨：《平书订》卷一，《分民》，《颜李丛书》，《四存学会校刊》本，第 4 页。

② 李塨：《平书订》卷一，《分民》，第 4—5 页。

③ 李塨：《平书订》卷二，《分土》，第 6—7 页。

力,与颜元视角有所不同,李塨论封建赞同陆世仪的主张,把封建解释为传贤,传贤对于统治的延续至关重要。传子如果子无能,很可能使统治衰亡,封建也随之灭亡,传贤可使封建得以延续。历来谈封建或分封大都是父传子家天下。李塨则赋予封建传贤之义,使其获得新的内涵,实属难能可贵。

对于均田,他也发展了颜元的主张,说:"非均田则贫富不均,不能人人有恒产,均田,第一仁政也。但今世夺富与贫,殊为艰难,颜先生有佃户分种之说,今思之甚妙。如一富家,有田十倾,为之留一顷,而令九家佃种九顷耕牛子种,佃户自备,无者领于官,秋收还。秋熟以四十亩粮交地主,而以十亩代地主纳官者即古什一之征也。地主用五十亩则今日停分佃户也(二分之一),而佃户自收五十亩。过三十年为一世,地主之享地利终其身亦可已矣。则地全归佃户。""若地主子弟众,情愿力农者,三顷两顷可以听其自种,但不得多雇佣以占地利。每一佃户必一家有三四人,可以有力耕锄,方算一家,无者或两家三家共作一家地,不足者一家五十亩亦可,无地可分者移之荒处。"[①]贫富不均在于田地不均,甚至有人无田可种,因此施仁政首要的任务在于使耕者有其田,而且还要平均分配。富人把田分给佃户并提供耕牛和粮种让他们耕种,佃户有了自己的田地并交一定的租子,富人获利,佃户享有土地使用权,把土地的所有权与经营权分开,这是土地制度的一项变革。

他还具体提出了七条有效的制田方法,其中第一、二、六、七条的内容分别是:"民与田相当之方,立行之。""其荒县人少者即现在之人分给之,余田招人来授。""令多者可卖,而不可买,买田者如数而止,而一县之内则必不可或均或不均以滋变端。""不得过授田之数耳,第家五十亩亦约略言之,行时以天下户口田亩两对酌计可也。"[②]这是计口

① 李塨:《拟太平策》卷二,《地官》,第1页。

② 李塨:《平书订》卷七,《制田》,第5页。

授田的良法，土地平均激发农民耕种的积极性，有利于消除由于土地不等而导致的贫富不均现象，对农业的发展有益而无害。但真正实行起来是困难的。

与颜元一样，李塨提出的一些经世主张虽有法古的倾向，但他也立足于当代，如说："吾人行习六艺，必考古准今。礼残乐阙，当考古而准以今者也；射、御、书有其仿佛，宜准今而稽之古者也；数本于古，而可参以近日西洋诸法者也。"[①]对六艺实学参酌古代，但也要"准今"，准今就是要考虑到当今的特点。总之，颜李之学并非一味的复古，而借用古代有用之学结合当今期以实用，这是古为今用。

李塨数次南游，结识毛奇龄、王复礼、阎若璩、万斯同、胡渭等人，受考据学的影响。用他的话说："年几四十，始遇毛河右先生，以学乐余力，受其经学。后复益之王草堂、阎百诗、万季野皆学穷二酉，助我不逮。"[②]尤其是受毛奇龄的影响，毛氏称李塨师事他，曾"受律吕，受《尚书》，受《易》及婚丧祭礼"[③]。颜元对李塨南方之行有告诫，有批评。李塨对以上诸经学家交往心中有数，其目的是"取其经义，犹以证吾道德经济"[④]。为自己的道德经济之学寻求理论支持，并未完全背离其师。李塨并未完全违背其师也可从毛奇龄的话中看出端倪，如毛氏说："李生非畔吾教者，彼不过自返其初服而已。当其不远数千里踵门来谒，似极有志，第揣其意似欲挟其业师博野颜元习斋之学，冀移易天下。予乍闻其说《四存编》大旨，似欲呈其书，而予遽阻之。""暨归一年，而书来请业，有云，古来《大学》说格物，只量度本末，似少实际。塨拟以《周礼》司徒职三物之教当之，似德行道义较有把握。恐《大学》教人成法只得如此。此即阴行习斋说也。"[⑤]从毛奇龄这段话来看，李塨虽然师从他，但并没有完全抛弃其师颜元的主张。李塨的经世思想与

① 冯辰等：《李恕谷先生年谱》卷三，癸未四十五岁，第25页。

②④ 李塨：《诗经传注》卷首，《题辞》，第1页。

③⑤ 毛奇龄：《逸讲笺》卷三，《大学辨业辨》，第1—2页，载《西河合集》。

颜元是有区别的,限于篇幅,从略。但他们之间的区别并不妨碍对世道人心的关心,以及对经世济民之学的倡导。他们都是清初经世思想的代表人物。

然而也应看到,康熙后期经世思想虽然存在,但已经变味,其中忧患救亡意识、社会批判性、反抗性的色彩渐渐淡化,建设性、服务性的成分逐渐增强,成为维护新朝的工具。分析起来,其原因是复杂的,主要有以下几方面:政治上多民族的统一国家基本建立,民族矛盾趋于缓和,社会日趋稳定。经济上兴修水利,蠲免田赋,奖励垦荒,促进经济复苏。文化上崇儒重道,费密的弟子张含章序其师《弘道书》说"圣主在上崇儒重道"[①],倡导经学,举行经筵、日讲,编修明史等,成功地笼络了一大批知识分子,消磨他们的反抗斗志。学术上的内在逻辑也使经世致用的内容减少,考据、训诂的影响愈来愈大。儒学考据学影响,学古压倒致用。另外,随着岁月的流逝,清廷的日益巩固,明遗一辈大儒不是谢世就是老矣,其自身的反抗意志趋于淡薄,或派子弟门人,甚至亲自服务清廷。新生的第二代,其生活的时代已与明遗不同,他们没有经历过明清之际血与火的洗礼考验,既定的社会现实使他们采取比父辈们更加务实的心态接受新朝。这一转变是学术与政治互动的结果,可以说是历史的必然。

第四节　唐甄的政治思想

唐甄(1630—1704),初名大陶,字铸万,号圃亭,四川达州人。曾做过知县,不久去职,颠沛流离,以著书终老。所著《潜书》,原名《衡

---

① 张含章:《弘道书》卷首,《序》,第1页。

书》,“曰衡者,志在权衡天下也。后以连蹇不遇,更名《潜书》”。[①]此书积三十年而成,分上下两篇,上篇谈学术,大体不出王学系统,下篇谈政治,可以体现他经世思想的特色。他的政治思想立足于传统的政治,尤其是政治体制、官僚制度,关心国计民生,表现出强烈的批判意识与忧国忧民的心态。

一、秦以来凡为帝王者皆贼

唐甄对秦以来的政治体制甚为不满,对君主专制给予严厉地批判。他认为,若有肩负数匹布或担数斗粟而行于路途之人,有人把他杀了并抢走其布粟,人们肯定冠以此人为贼。杀一人而抢走其匹布斗粟犹可称之为贼,杀天下之人而尽抢夺其布粟之富,反而不可以称之贼,此理讲不通。他总结历代帝王统治的危害性时,提出“秦以来,凡为帝王者皆贼也”的命题。因为他们“过里而墟其里,过市而窜其市,入城而屠其城”,大将杀人,并非大将杀的,实际上是天子杀的,官吏杀人,也并非官吏杀的,实际上是天子杀的。“杀人者众手,实天子为之大手。天下既定,非攻非战,百姓死于兵与因兵而死者十五六。暴骨未收,哭声未绝,目眦未乾,于是乃服衮冕,乘法驾,坐前殿,受朝贺,高宫室,广苑囿,以贵其妻妾,以肥其子孙。彼诚何心,而忍享之!若上帝使我治杀人之狱,我则有以处之矣。”“有天下者无故而杀人,虽百其身不足以抵其杀一人之罪。”[②]在历史上,秦始皇废除分封制,建立郡县制,国家虽然得到统一,但君主专制进一步得到加强。这里非仅指个人或某几个帝王,而是对历代帝王横行霸道的痛斥,是针对君主专制制度的一种总体批判,其主张颇类似于墨子讲的《非攻》,但言词更为激烈。在君主制度下,生灵涂炭,民不聊生,而统治者却逍遥法外,专

---

① 王闻远:《西蜀唐圃亭先生行略》,《潜书》附录,《关于唐甄及其先世的资料》,中华书局,1963年版,第228页。

② 唐甄:《潜书》下篇下,《室语》,第196、197页。

制使然。他又说:“盖自秦以来,屠杀二千余年,不可究止。嗟乎!何帝王盗贼之毒至于如此其极哉!”[①]唐甄身处于君主专制制度下,而对秦以来的君主专制所实施的暴政提出批评,是需要何等的胆识和勇气,这些惊世骇俗的文字令人钦佩不已。

既然君主在政治上享有绝对的权威,那么天下治乱的主要责任则在于君主。唐甄还给昏庸无能的君主分类,说:“海内百亿万之生民,握于一人之手,抚之则安居,置之则死亡。天乎君哉!地乎君哉!”“一代之中,治世十一二,乱世十八九”,“君之无道也多矣,民之不乐其生也久矣,其如彼为君者何哉!”“帝室富贵,生习骄恣,岂能成贤!是故一代之中,十数世有二三贤君”,“其余非暴即暗,非暗即辟,非辟即懦。”“懦君蓄乱,辟君生乱,暗君召乱,暴君激乱。君罔救矣,其如斯民何哉!呜呼,君之多辟。”[②]历史上治世少而乱世多,其原因在于贤君少昏君多。懦君、辟君、暗君、暴君这四种皆属于昏君,他们是历史上祸乱的罪魁祸首。他不同意治乱在天意的说法,认为治乱在人为,虽然君主当政有君权神授的成分,但如何为君主则取决于君主个人,与天或神并无大关系。因此说治乱的关键在于人为,具体地说在于君主的所作所为,这是从人事出发来说明人事,而不是对人事采取自然甚至超自然的解释。

唐甄注意到历史的发展与变迁以治乱交替的方式进行,他说:“天地其一形而长久乎?无成乃无毁,有成必有毁。天下之既成也,吾知其必有毁也;知其必有毁也,亦知其必复有成也。”[③]天地自然的事物成毁相资,转换更迭,这是必然的现象。其原因在于内部阴阳两种势力的此消彼长,人类社会的发展无不如此,如说:“阴阳者,治乱之道也。阴阳之复,其时不失,冬夏之日至是也。”[④]随着世运的变化,统治

---

① 唐甄:《潜书》下篇下,《全学》,第 176 页。
② 唐甄:《潜书》上篇下,《鲜君》,第 66 页。
③ 唐甄:《潜书》上篇下,《博观》,第 99 页。
④ 唐甄:《潜书》下篇上,《尚治》,第 105 页。

天下的帝王也在不断更迭,政治上的治乱相反相成。他还以秦朝为界,把古代的政治分为前后不同的两个时期,秦以前天下大治,秦以后天下大乱,其间虽然不乏治世,但总体上说是治乱循环往复,以至无穷,这种发展观明显地带有循环论特色。

二、平则万物各得其所

君主专制必然出现以自我为中心,把自己的意志强加于人的情况,针对此,唐甄提出“平则万物各得其所”的命题,这在当时具有进步意义。他讲“平”的基本含义不是等同,不是否定事物间的差异,而是强调万物各得其所,说:“天地之道故平,平则万物各得其所。及其不平也,此厚则彼薄,此乐则彼忧为高台者,必有洿池;为安乘者,必有茧足。王公之家,一宴之味,费上农一岁之获,犹食之而不甘。吴西之民,非凶岁为麲粥,杂以荍秆之灰;无食者见之,以为是天下之美味也。人之生也,无不同也,今若此,不平甚矣。提衡者权重于物则坠,负担者前重于后则倾,不平故也。”[①]自然界的“平”即指万物并行而不相互悖害,如《周易》所说的“一致而百虑,殊途而同归”,各自保持自己固有的特性,彼此相互尊重,人世间也应如此。至于人间出现的诸种“不平”则是人违背天地自然法则的结果,是人类的主观所为。他说:“天之生物,厚者美之,薄者恶之,故不平也。君子于人,不因其故,嘉美而矜恶,所以平之也。”[②]天生万物总是有差异的,但人为的对待这种差异,并因其美恶而加以厚薄,就会出现人心“不平”。正确的观点是:人不应以主观好恶来褒贬,而应客观的对待,尤其是对待人切不可存有偏见,做到这一点就是“平”。“提衡者权重于物则坠,负担者前重于后则倾”,是由于“不平”所造成的,古代圣王如尧舜禹等治国尤其尊重个性的差异,杜绝“不平”现象的发生。

---

① 唐甄:《潜书》上篇下,《大命》,第96—97页。

② 唐甄:《潜书》上篇下,《夫妇》,第78页。

他强调“恕”这一儒学的基本范畴深化了对“平”的认识，认为：“恕者，君子善世之大枢也。五伦百姓，非恕不行；行之自妻始。”[1]恕就是孔子所说的“己所不欲，勿施于人”，人们彼此尊重，不强加于人。恕从夫妻家庭关系开始，说明包括男女在内的所有个人必须相互尊重，彼此间承认对方的存在及个性。认识到个性的差异，彼此相互尊重，主张“平”就必须反对“势尊自蔽”，也就是要抑尊。他认为，天子是人而非神，民众也是人，既然都是人，人与人之间就应该相互尊重，因此“尧舜之为君，茅茨不剪，饭以土簋，饮以土杯”，无不与民同情。君王放下自己的尊严，与民众同甘共苦，一定会得到民众的拥戴。相反，人君“高居而不近人，既已瞽于官，聋于民矣；虽进之以尧舜之道，其如耳目之不辨何哉”。人君之尊“如在天上，与帝同体。公卿大臣罕得进见；变色失容，不敢仰视；跪拜应对，不得比于严家之仆隶。”君主高高在上，傲视群臣，君臣关系则日益生疏，君主智力也日益蔽塞，“岂人之能蔽其耳目哉？势尊自蔽也”。所有这一切皆由“势尊自蔽”所造成，因此必须扭转“势尊自蔽”。抑尊就必须与群臣、百姓打成一片，所谓“位在天下之上者，必处天下之下。古之贤君，不必大臣，匹夫匹妇皆不敢陵；不必师傅，郎官博士皆可受教；不必圣贤，闾里父兄皆可访治”。人君能在人格上与百姓平等，“故天下之善归之，是乃所以为尊也”。[2] 君主放下自己的架子，尊重别人也是尊重自己，如此才能受到民众的爱戴，为众望所归。这里讲的尊指的是德行而非指权位。

君主要抑尊不能仅停留在口头说教上，而同时要践履，亲身体察百姓民众的生活。他引先儒的话发挥道“语道莫若浅，语治莫若近”，这个“近”就是指：古代贤君“虽贵为天子，富有四海；存心如赤子，处身如农夫，殿陛如田舍，衣食如贫士，海内如室家。微言妙道，不外此

---

① 唐甄：《潜书》上篇下，《夫妇》，第 179 页。

② 唐甄：《潜书》上篇下，《抑尊》，第 67—69 页。

矣”。[1] 真正感受到百姓的疾苦,想百姓所想,急百姓所急,以实际行动,切身感受或体验来实现自己的诺言。

古代社会的稳定是靠礼来维持的,礼的特色是定等级,别亲疏,而他对礼的解释是,“接贱士如见公卿,临匹夫如对上帝”。[2] 认为这才是“礼之实”,显然打破了礼的传统等级观念,这是以人格平等的观念来改造礼,使礼成为人与人之间彼此相互尊重、服务于社会和谐的行为规范。

唐甄倡导统治者要尊重一般老百姓,与其重视民本是一致的,因此他论述自己的民本思想,说:“为政者多,知政者寡。政在兵,则见以为固边疆;政在食,则见以为充府库;政在度,则见以为尊朝廷;政在赏罚,则见以为叙官职。四政之立,盖非所见。见止于斯,虽善为政,卒之不固,不充,不尊,不叙,政日以坏,势日以削,国随以亡。国无民,岂有四政!封疆,民固之;府库,民充之;朝廷,民尊之;官职,民养之,奈何见政不见民也?”“茅舍无恙,然后宝位可居;蓑笠无失,然后衮冕可服;豆藿无缺,然后天禄可享。”[3]不主观盲目为政,而是根据百姓的实际需要执政这是知政,“四政”,即政“在兵”、“在食”、“在度”、“在赏罚”,知此并实践,则边疆巩固,府库充足,朝廷受到尊重,官职得以理顺。这“四政”皆离不开民,需要民众共同的参与来完成,民众参与成为统治知政的重要内容。他还把君与民的关系比作心与身的关系,心固然重要,但离不开身,身有疾病,心如何能安,身无疾病,心自然会安康,民众与君是身心相联,同呼吸共命运,体现对民的重视。

三、百官辅政

唐甄认为君主不可能单独治理天下,必须得任用官吏帮助治理,

---

① 唐甄:《潜书》下篇上,《尚治》,第 105 页。
② 唐甄:《潜书》上篇下,《善施》,第 82 页。
③ 唐甄:《潜书》下篇上,《明鉴》,第 108、109 页。

即所谓的百官辅政。个人的智慧与能力都是有限的,因此他主张要集思广益,说:"天下有天下之智,一州有一州之智,一郡一邑有一郡一邑之智,所言皆可用也。我有好,不即人之所好;我有恶,不即人之所恶;众欲不可拂也。以天下之言谋事,何事不宜? 以天下之欲行事,何事不达?"①偏听则暗,兼听则明,要广其视听,让群臣各自发表自己的建议,综合大家的力量去就成一番事业。

他对中央和地方两级官吏的建设与任用都有自己的主张。

对于中央,他认为君主治理天下离不开朝廷的宰相六卿的帮助,说:"古之为国者,得一贤相,必隆师保之礼,重宰衡之权","盖大权不在,不可以有为也。国有贤相,法度不患不修,赏罚不患不中,用舍不患不明","田赋不患不治。"②他提出执政的四条原则:一是专,六卿各专其职,守官既专,"其虑益熟,其学益精,其事易成"。二是虚,"毋作聪明以自用,毋作好恶以遵法,毋拒忠言以闻过"。三曰亲,与大臣亲近,随时与他们相见,沟通心志。四是尊敬六卿,"待以师宾之礼,不敢烦责"。③在中央,宰相应有相当的权力,任用贤相直接辅助君主处理带有全局性的重大问题。而六部诸卿的职务也很重要,他们各司其职,也就是说专管一摊,天子切勿事事专断,应多听取他们意见,同时也要善待他们,在礼节上给予充分的尊重。有了诸臣的通力合作,君主便可以高枕无忧了。

古代的政治制度设有谏官的传统,他则给予发扬,认为设谏官纳谏十分必要:"六卿六贰进讲陈戒,师箴,蒙诵,百工谏,士议于学,庶人谤于道,皆谏官也。天子特不纳谏尔,苟能纳谏,何患直言之不闻?"④要敢于纳谏,善于听取别人不同的意见,甚至是相反的意见,对于执政者是十分必要的。纳谏是指君主而言,直言则是指臣子,他说:"直言

---

① 唐甄:《潜书》下篇上,《六善》,第 146 页。
② 唐甄:《潜书》下篇上,《任相》,第 122—123 页。
③ 唐甄:《潜书》下篇上,《善任》,第 133—134 页。
④ 唐甄:《潜书》下篇上,《省官》,第 136 页。

者,国之良药也;直言之臣,国之良医也。除肤疡,不除症结者,其人必死;称君圣,谪百官过者,其国必亡。所贵乎直臣者,其上,攻君之过。其次,攻宫闱之过。其下焉者,攻帝族,攻后族,攻宠贵,是疡医也;君何赖乎有此直臣,臣何贵乎有此直名!是故国有直臣,百官有司莫得不畏之;畏之,自天子始。"①直言是良药,直臣为良医,良药苦口利于病,忠言逆耳利于行,直臣直言虽然听起来不舒服,但切中要害,有利于政治上的除旧布新。直臣直言分三层次,一是直言君之过,二是直言后宫之过,三是直言皇族宠臣之过。大臣敢于直言劝谏,矛头所指皇权、皇亲国戚,通过言论使权贵们知惧,这样可以消除政治上的症结,如此才不枉为人臣。唐甄自己就是一个直言的臣子,敢说敢为,石破天惊,因此为官并不顺利,他只当过地方官而没有做过大臣,潦到颠沛,终此一生。

对于地方,唐甄自幼随父宦游各地,后来自己也当过地方官,深知地方官的重要性,因此在自己的著作中反复强调这一点。他不赞同天下难治是因为民众的说法,认为难治者非民而是官,"论政者不察所由,以为法令之不利于行者,皆梍于民之不良,释官而罪民。此所以难与言治也。以诏令之尊威,上驰于下,下复于上,不待旬月而遍于海内矣。人见其遍于海内,吾见其未尝出于门庭也。盖遍于海内者,其文也;未尝出于门庭者,其实也。虽有仁政,百姓耳闻之而未尝身受之","君臣上下,隔绝不通","其何所籍以达于天下乎"。② 君主治理天下离不开官吏,官吏吃奉禄是为君主治理子民的,他们是沟通上下的重要环节。地方官吏不能有效地贯彻执行君主政令,甚至敷衍了事,致使政令不畅通,百姓子民无从知晓,朝廷的政令再好也无济于事,如何谈得上治。因此,治理国家惟在治官。

他认为当官应上对得起君主的信任,下对得起子民的期待,说:

---

① 唐甄:《潜书》上篇下,《抑尊》,第 68 页。

② 唐甄:《潜书》下篇上,《梍政》,第 154、155 页。

“辗转思之,不释于心。不得大成,且求小补;不能普利,且图少济。设为说之之言曰:君之贵,非君赐乎?必曰然。君之用,非出于民力乎?必曰然。吾愿君之有以报君赐而勿忘民力也。今夫受人壶餐,必有以酬之;而况受人富贵,且以遗子孙乎!食粟,衣帛,必念所自,况今薄禄之时,官之衣食,非取于农而实资于农乎!仁者居其位,受其福,所以兢兢业业不敢自安者也。”[①]地方官食国家的奉禄,为地方百姓所供养,就应该知恩图报,当好父母官,兢兢业业,发挥其应有的作用。地方安定了,国家天下才能安定。

四、财者,国之宝、民之命

唐甄强调为政应以民为本,他还具体提出了诸项富民措施,如:“养民之善政,十有八焉:劝家丰谷,土田不荒芜,为上善政一。桑肥棉茂、麻苧勃郁,为上善政一。山林多材,池沼多鱼,园多果蔬,栏多羊豕,为上善政一。廪蓄不私敛,发济不失时,水旱蝗螽不为灾,为上善政一。犯其父母必诛,兄弟相残必诛,为上善政一。阐幽发潜,彰孝举节,为上善政一。独骑省从,时行乡里,入其茅屋,抚其妇子,民不以为官,无隐不知,为中善政一。强不陵弱,富能周贫,为中善政一。除强暴奸伪,不为民害,为中善政一。居货不欺,商贾如归,为中善政一。省刑轻杖,民自畏服,为中善政一。察奸发隐,四境无盗,为中善政一。学校殿庑常新,春秋享祀必敬,为下善政一。城隍、道路、桥梁、庐舍修治,为下善政一。纳赋有方,致期不烦,为下善政一。选勇力智谋,具戈甲干楯,教之骑射,以卫四境,为下善政一。天灾流行,疫疠时作,使医疗治,为下善政一。蔬食布衣,燕宾必俭,为下善政一。”[②]这十八条富民措施可分为三个层次,第一层为上善政,包括以农为本,注重农时,因地制宜,兼顾多种副业,注重家庭伦理的建设。第二层为中善

---

① 唐甄:《潜书》下篇上,《柅政》,第 156 页。

② 唐甄:《潜书》下篇上,《达政》,第 139—140 页。

政,包括扶弱济贫,除暴安良,打击囤积居奇,慎用或轻用刑罚,防微杜渐。第三层为下善政,包括重视学校祭祀场所以及城隍、道路、桥梁等基础建设,赋税合理,习武练兵,防范外敌入侵,赈济灾民,预防疾病,勤俭节约等。这三个层次囊括国计民生的方方面面,唐甄对民情民生了解之细,由此可见一斑,不愧是做过地方官的人。

唐甄讲的养民,其最终目的在于富民,他关心民众的疾苦,提出富民的思想。他说:“财者,国之宝也,民之命也。宝不可窃,命不可攘。圣人以百姓为子孙,以四海为府库,无有窃其宝而攘其命者,是以家室皆盈,妇子皆宁。反其道者,输于幸臣之家,藏于巨室之窟。蠹多则树槁,痈肥则体敝,此穷富之源,治乱之分也。”[①]治乱的区别在于穷富,贫富不均,藏富于朝廷、官吏,社会必然出现动乱。相反,藏富于民,百姓富裕了,国家自然稳定,社会自然咸宁。

与富民相关,唐甄十分重视货币的改革,他认为,生养之道,三年应该有所成就,五年可以充足,十年则可以富裕,这是治国的常理。而“清兴五十余年矣,四海之内,日益困穷,农空,工空,市空,仕空。谷贱而艰于食,布帛贱而艰于衣,舟转市集而货折赀,居官者去官而无以为家,是四空也。金钱,所以通有无也。中产之家,尝旬日不睹一金,不见缗钱。无以通之,故农民冻馁,百货皆死,丰年如凶。良贾无算;行于都市,列肆焜耀,冠服华膴。入其家室,朝则熄无烟,寒则蜎体不申。吴中之民,多鬻男女于远方”,困穷如此,虽然偶遇丰收之年,也无生存之乐。“立国之道无他,惟在于富。自古未有国贫而可以为国者。夫富在编户,不在府库。若编户空虚,虽府库之财积如丘山,实为贫国,不可以为国矣。国家五十年以来,为政者无一人以富民为事,上言者无一人以富民为言。”[②]明确指出有清五十年以来国家仍处于贫困之中,表现为“农空、工空、市空、仕空”这“四空”。究其原因,在于缺少钱

---

① 唐甄:《潜书》下篇上,《富民》,第 105 页。

② 唐甄:《潜书》下篇上,《存言》,第 114 页。

币,所以无法进行必要的流通,导致货物不能发挥其用。他在当时就意识到货币流通的重要性,正是因为货币少制约了互通有无,影响了民众的生活,因此必须改革货币。

他认为自明代以来"银日益少,不充世用,有千金之产者尝旬月不见铢两;谷贱不得饭,肉贱不得食,布帛贱不得衣;鬻谷肉布帛者亦卒不得衣食;银少故也。当今之世,无人不穷;非穷于财,穷于银也。于是枫桥之市,粟麦壅积;南濠之市,百货不行;良贾失业,不得旋归"。"银者,易聚之物也;范为圜定,旋丝白灿,人所贪爱。囊之,瘗之,为物甚约;一库之藏,以钱则百库,虽尽四海而不见溢也。""盖银之易聚,如水归壑。哀今之人,尚可恃此以为命乎!圣人复起,必有变道矣。""救今之民,当废银而用钱。以谷为本,以钱辅之,所以通其市易也。今虽用钱,不过以易鱼肉果蔬之物;米石以上,布帛匹以上,则必以银;涓涓细流,奚补于世!钱者,泉也;必如江河之流而后可博济也。"[①]白银的减少造成百姓穷困。白银减少是不流通所致,不流通的一个原因是银本身所具有的容易收藏等特点,使得持有者不愿意进行流通,实现不了由使用价值向价值的转换,因此造成货物无法流通,百姓由此贫困。他提出了解决的办法就是以钱币取代白银,作为市场流通的货币。易于制造也易于流通,有利于市场交换。这种货币主张既务实又切近实际,也有可操作性,因此具有很强的现实意义,但他并不是朝廷重臣,其改革货币的主张能够起多大作用,则不得而知。

唐甄的经世思想以政治为特色,他大胆直言,议论政事,无所顾忌,在清初诸儒中可谓独一无二。潘耒读《潜书》叹道:"论治道则崇俭尚朴,损势抑威,省大吏,汰冗官,欲君民相亲如一家,乃可为治。皆人所不及见、不敢言者,先生独灼见而昌言之。"[②]对其政治主张给予正面的肯定。但也应看到,唐甄的政治思想过于激进,因而在学术界并没

① 唐甄:《潜书》下篇上,《更币》,第140—141页。

② 潘耒:《潜书》卷首,《序》,第6页。

有得到共鸣,而清朝的政治走向似乎也与他的希望背道而驰,康熙朝始兴的文字狱,雍正朝所建立的军机处都进一步强化了君主专制。这不是他个人的悲剧,而是时代的悲剧,为唐甄所批判的君主专制政体还要再存活二百多年,直到晚清资产阶级革命才最终寿终正寝。

第六章

汉学的复兴与发展

乾隆时期汉学大盛，之所以称之为汉学，主要是因为当时的儒学各领域大都笼罩在汉代经师所倡导的朴实考据学风之下，在中国儒学史上形成了与先秦诸子学、两汉经学、魏晋玄学、隋唐佛学和宋明理学相媲美的清代汉学。因它产生于乾隆并延伸到嘉庆时期，可称其为乾嘉汉学（简称汉学），又因其学以朴实考经证史为特征也称考据学或朴学。①

---

① 一些学者称乾嘉学派，值得商榷。学派指一门学问中由于学说师承不同而形成的派别，一般应具有以下特点：第一，有共同的宗师、共同的师承、共同的学术宗旨。第二，以人名、字号而得名。第三，以出生地、生活的地点（或者是郡望）命名。以此来衡量，乾嘉学派的提法不成立。因为乾嘉则是清代乾隆与嘉庆两位皇帝的年号，也可以说是表述时间的一个概念（如乾嘉时期），以时间概念来命名学派似乎在中国古代学术思想史上没有这个先例，况且在这八十多年间不同学问彼此林立，并没有一个统一的学术宗旨，因此笔者倾向于在乾嘉汉学之下分派。关于这一问题以后有专论详辩。

第一节　汉学的成因与源流

探讨清代汉学的成因应既考虑社会的外在方面,同时也要注意到学术的内在理路。正是社会的客观条件成熟与学术上的需要共同促使汉学的产生并发扬光大,演成儒学重要的学术形态。

就社会条件而言,汉学是康乾时代的产物。[①] 康熙中期以后,清王朝国力渐趋强盛。至乾隆时期,鼎盛之势达到高峰。在政治上,清朝政权巩固,国家统一,民族矛盾得到缓解,社会安定。在经济上,清廷采取了许多有利于发展经济的举措,促进了经济的繁荣,使国库日益充足。政治的巩固、经济实力的增强,以及国家统一、社会安定,为汉学的形成了提供了良好的社会环境,也奠定了雄厚的物质基础。此外,汉学的形成与清高宗的重视和提倡也有关系。高宗进一步发展了由清圣祖开启的重视儒家典籍之风,汉学地位逐渐提升。高宗为倡导经学,不仅下诏推举经术之士,且诏刊十三经注疏于太学。先后钦定《三礼义疏》,御纂《周易述义》,钦定《诗义折中》、《春秋直解》,组织编纂《四库全书》,并以经部列十类之首,突出儒家经学在传统学术中的地位。高宗的大力提倡、积极扶植,对汉学的产生不无影响。也应看到,康熙后期开始推行的"禁教"闭关锁国政策,经雍正到乾隆时期愈演愈烈。对外实行封锁,禁止中西之间的交流,这便阻碍了知识界吸收外来思想文化,束缚了知识分子眼界。加之政治上的专制高压,使学术界不去过问社会问题,一头扎进纯学术领域,究心于考据、训诂,由此带来的是儒学向着单一、精深的方向发展。

---

① 王俊义、黄爱平在自己的著作中有过详细的阐述。参见两人合著的《清代学术与文化》(辽宁教育出版社,1993 年版)。另有王氏的《清初学术探研录》(中国社会科学出版社,2002 年版)、黄氏的《十八世纪的中国与世界·思想文化卷》(辽海出版社,1999 年版)等。

从学术方面看,汉学的出现有其内在的发展逻辑。传统学术以儒学为主干儒家在古代社会发展的不同历史阶段,呈现出不同的学术形态。如儒学在先秦表现为诸子学,只是诸子之一,在汉代表现为经学,在宋明时期又表现为理学。清初,具有哲理化色彩的理学已经大体完成了自己的学术使命,社会现实和学术发展的逻辑要求创立新的学术形态以取代理学。随着理学的衰微,儒学领域开始酝酿起与传统理学不同的新思潮。这一思潮肇始于明末以来的实学之风,以朴实考经证史为方法,以经世致用为宗旨,希望达到挽救社会危机的目的。这种思潮是理学没落的产物,具有鲜明的反思批判理学特征,成为汉学产生的根源。①

清初的反思批判理学思潮之所以客观上成为汉学的先导,这与其自身所具有的双重性有关。其一,对理学的批判表现为强烈的经世色彩。这是决定批判理学思潮的性质及其历史价值的方面,它使批判理学思潮既不同于先前的宋明理学,也有别于其后的乾嘉考据学的根据所在。其二,对理学的批判又具有浓厚的法古倾向。批判的目的是为了重建,在没有建立新的儒学形态代替理学之前,只有以原有的理论形态为批判的武器,而汉代经学中朴实考证经史方法正是反对理学空虚之风的最好武器,于是学者们选择汉代经学,开始向儒家经典回归。这种回归经典的法古倾向使清初儒学界在方法论上逐渐抛弃宋明理学的哲学思辨,朝着朴实考经证史的道路走去。开始,反思批判理学的这两个方面,以经世致用为主,至于朴实考证经史不过是为学的方法。但是,随着清廷文化专制的加剧,使得批判理学这两方面发生地位转换。经世致用逐渐消沉,而朴实考证经史的方法成为主导。由此看出,清初诸儒对理学的批判并没有超越传统儒家汉学与宋学的框架

---

① 参见陈祖武、汪学群:《清代文化志》,上海人民出版社,1998年。汪学群、武才娃:《清代思想史论》,中国社会科学出版社,2007年。

而进一步发展，只是通过一次“研究法的运动”①，转向对传统学术进行全面整理和总结，最终形成汉学。

下面着重探讨一下汉学形成的源流。乾嘉汉学就学术实质而言就是经学，以汉人注经为圭臬。清初经学虽然不像汉学家那样过分地崇尚汉人经学，但在推崇经学方面与汉学家却是一致的，因此汉学家大都把自己的学术源流上溯至清初。以清代为限，②清初经学则是乾嘉汉学形成的渊源，正是清初经学家的多种努力，为后来的汉学产生提供了学术思想上的准备，因此称他们为汉学的先驱一点也不为过。

清代初期虽以理学为盛，但其末流弊端已显见，补偏救弊的最好方法就是重新拾起古老的经学，作为扭转学风的手段，因此经学之风已渐然兴起。这一时期的经学主要包括经学之风的倡导、群经辨伪、对经籍编纂三方面。

第一，倡导经学。针对宋明理学末流背离经学的现实，诸儒倡导应以经为本位，绾理学于经学之中。钱谦益主张：“汉儒谓之讲经，而今世谓之讲道。圣人之经，即圣人之道也。离经而讲道，贤者高自标目，务胜于前人；而不肖者汪洋自恣，莫可穷诘。”③发挥归有光道在经中的观点，主张应以汉儒为宗主去研究经学，“学者之治经也，必以汉人为宗主”。但也强调：“汉不足求之于唐，唐不足求之于宋，唐、宋皆不足，然后求之近代。”④广采汉以下，乃至当时人的著述，其议论持平。继钱谦益之后，方以智、顾炎武、朱之瑜、黄宗羲、吕留良、李颙、陈确、费密等学者遥相呼应，唱为同调。

方以智对执“糟粕六经”的观点给予驳斥，以为“闻道者自立门庭，

---

① 梁启超：《清代学术概论》，第 39 页。

② 钱穆《中国近三百年学术史》把经学考据学的渊源追溯到晚明，他的学生余英时甚至追溯到宋明，显然是不以清代为限立论的。在这里为了更明确方便地指出清代汉学的源流，仅从清初开始。

③ 钱谦益：《初学集》卷二十八，《新刻十三经注疏序》，第 851 页。

④ 钱谦益：《初学集》卷七十九，《与卓去病论经学书》，第 1706 页。

糟粕文字，不复及此，其能曼词者，又以其一得管见，洸洋自恣，逃之空虚。"[①]不满意离开经书而空谈儒学的性理，自然要进一步注意经典。他晚年在青原山持论更加明确："夫子之教，始于《诗》、《书》，终于《礼》、《乐》"，治经"太枯不能，太滥不切。使人虚标高玄，岂若大泯于薪火。故曰：藏理学于经学"。[②] 提出"藏理学于经学"的命题，试图把理学与经学统一起来。

顾炎武在批判理学基础上提出"理学，经学也"[③]的主张，把经学视为儒学的正统，后世理学不究心于五经，而沉溺于理学家的语录，为不知本是禅学。后来全祖望把其主张概括为"经学即理学"[④]，道出顾炎武绾理学于经学之中的用心。顾氏主张从历史角度治经，认为经学有其源流。他还从考音、文字角度治经，以为读九经应从考文开始，考文则应从知音开始，[⑤]强调治经的手段、工具的重要意义。他治经尤其重视经世，反对单纯的训诂、考证。

费密提出"从古经旧注发明吾道"[⑥]的命题，认为"且不传之学亦遗经得之，非得于遗经之外也。古今远隔，舍遗经而言得学，则不本圣门，叛道必矣"。圣人之道，"惟经存之，舍经无所谓圣人之道。凿空支蔓，儒无是也。归有光尝辟之云：'自周至于今，二千年间，先王教化不复见，赖孔氏书存，学者世守以为家法，讲明为天下国家之具。汉儒谓之讲经，后世谓之讲道。能明于圣人之经，斯道明矣。世之论纷纷然异说者，皆起于讲道也。'有光真不为所惑哉！"[⑦]他主张学儒家之学当从经书开始，经道一体，离经不仅不能悟道，反而叛道，服膺归有光有关经与道密不可分的思想。自谓："密（费密——引者）事先子多年，艰

---

① 方以智：《通雅》卷首，《序》，中国书店，1990 年，第 6 页。
② 方以智：《青原山志略·凡例·书院条》，康熙年间版。
③ 顾炎武：《亭林文集》卷三，《与施愚山书》，第 232 页。
④ 全祖望：《鲒埼亭集》卷十二，《亭林先生神道碑》，第 277 页。
⑤ 参见顾炎武：《亭林文集》卷四，《答李子德书》，第 244 页。
⑥ 费密：《弘道书》卷首，《题辞》，第 1 页，民国九年怡兰堂刊本。
⑦ 费密：《弘道书》卷上，《道脉谱论》，第 22—23 页。

苦患难阅历久，见古注疏在后。使历艰苦患难而不见古注疏，无以知道之源；使观古注疏而不历艰苦患难，无以见道之实。”[①]把经当成道的源泉，同时也注意到体悟大道仅靠本文是不够的，还必须要有人生的经验。

朱之瑜在回答人问“注解”时，有以下看法：“书理只在本文，涵泳深思，自然有会。”[②]“书理只在本文”，亦即道理不离经书，对经本文认真下功夫，其中道理自然会体悟。他反对简单地看重经注，主张对经注应若即若离，进一步讲读经也不是目的，而要通过读经明理，融会贯通其义理才真正做到读经。黄宗羲反对抄袭语录之糟粕、不以六经为根柢的明人讲学习气，强调为学必先穷经。吕留良认为，“不学六经，不足通一经”，主张“士必通经博古，明理学为尚”。“必通经，必博古，必明理学。”[③]通经博古即是注重经本文，明理学即明大道。李颙提出“明体适用”之学，应从读书开始，其在讲学时所开列之书，首先就是经书。他还提出“道学即儒学”的命题，“其实道学即儒学，非于儒学之外别有所谓道学也。”[④]在这里，儒学偏于经，道学侧重道，经道合流。以上绾理学于经学诸观点说明经学开始走向复兴。

第二，群经辨伪。诸儒不局限于经学的倡导，而是对宋明以来推崇的经书及注疏进行反思，从考据出发指出其讹误不实之处，掀起了群经辨伪思潮。

关于《尚书》。阎若璩继承前人遗绪梳理《古文尚书》疑案，潜心数十年，撰成《尚书古文疏证》一书，得疏证一百二十八条。他就史籍所载《古文尚书》篇数、郑玄注《古文尚书》篇名，以及梅赜本《古文尚书》内容、文句等，引经据古，一一指出其矛盾之处，揭出东晋晚出本作伪依据，得出“晚出于魏晋间之书，盖不古不今，非伏非孔，而欲别为一家

---

① 费密：《弘道书》卷下，《圣门定旨两变序记》，第21页。

② 朱之瑜：《朱舜水文集》卷十，《答安东守约问八条》，第369页。

③ 吕留良：《吕晚村先生文集》卷五，《戊戌房书序》，四库禁书丛刊第148册，第572—573页。

④ 李颙：《二曲集》卷十四，《周至答问》，第120页。

之学者也”[1]的结论。由于阎若璩此书在考据学上的贡献,江藩撰《汉学师承记》冠之为卷首,尊他为清代考据学开派宗师。此外,黄宗羲、顾炎武等皆对晚出《古文尚书》有所怀疑,有所考辨。黄宗羲对阎若璩《尚书古文疏证》给予正面的肯定,在为此书作序时指出晚出《古文尚书》与史传记载的矛盾,以及抄袭前人之文的出处,如其中的十六字心传本于《论语》和《荀子》。顾炎武《日知录》中有怀疑《古文尚书》多条,如《泰誓》、《古文尚书》、《书序》等,在指出“二十五篇之出于梅赜”之后,引孟子“尽信书不如无书”一句,这已经证明他对阎氏考辨晚出《古文尚书》为伪书的认同。朱彝尊后来也怀疑晚出《古文尚书》并从多角度指出其伪,尽管毛奇龄作《古文尚书冤词》加以反对,也无力扭转辨伪《古文尚书》的定谳。

关于《周易》。黄宗羲作《易学象数论》,黄宗炎作《图学辨惑》,毛奇龄作《河图洛书原舛编》,驳宋易图书派之非。黄宗羲认为河图、洛书是地理之书,与画卦无关,因为汉、唐学者皆未述及今日之河图、洛书。至于先天横图、先天方位图皆非《周易》本有,而是后人比附《周易》的产物。黄宗炎继承发扬其兄的说法,认为易图就传授源流来看非古,而是后人所造。其中河图、洛书为地理方册,先天诸图、太极图则是宋儒所伪造,受道家影响。朱彝尊和毛奇龄都指出河图、洛书、先天、太极诸图的道家性质。胡渭博采众家之长撰《易图明辨》,对宋易图书先天之学进行系统批判。他认为,《易》“无所用图”,不必区分“先天”、“后天”。[2] 对于图书之学解释《系辞》“河出图,洛出书”提出质疑,认为河图、洛书不是作《易》的本旨,因此治《易》不可拘泥。他还把伏羲、文王、周公、孔子之《易》视为一脉相承,指出:“九图乃希夷、康节、刘牧之象数,非《易》之所谓象数也。”[3]强调朱熹《周易本义》首卷所列

---

① 阎若璩:《尚书古文疏证》卷二,第二十三《言晚出书不古不今非伏非孔》,第 131 页。

② 胡渭:《易图明辨》卷首,《题辞》,《清经解清经解续编》第 9 册,第 229 页。

③ 胡渭:《易图明辨》卷十,《象数流弊》,第 275 页。

的九图与陈抟、邵雍、刘牧诸图不是圣人之《易》,不过是先天之图罢了。由此胡氏主张先天之图与圣人之《易》应分道扬镳,离之则两美,合之则两伤,[①]力图还《周易》之本来面目。胡渭《易图明辨》一书对宋易图书先天诸说进行彻底批判,客观上对清代中期汉易的复兴起了促进作用。

关于《诗》。所谓《诗传》、《诗说》,依毛奇龄的说法,"《诗传》,子贡作;《诗说》,申培作。向来无此书,至明嘉靖中,庐陵中丞郭相奎(子章)家忽出此二书,以为得之黄文裕(佐)秘阁石本,然究不知当时所为石本者何如也。"[②]后来引起学者的怀疑。清初由对此书的怀疑演成考辨。毛奇龄所作《诗传诗说驳议》是清初经学考辨《诗传》、《诗说》的集大成之作。他在述此书缘起时说:"予客江介,有以诗议相质难者,捃摭二家言,杂为短长,予恐世之终惑其说,因于辨论之余,且续为记之,世之说诗者可考鉴焉。"[③]他分别从《诗经》的传授源流、篇名、篇次与古书不合、内容与《鲁诗》不合、诗旨与史实不合等方面加以考辨,得出《子贡诗传》、《申培诗说》为伪作,"向来从无此书","多袭朱子《集注》"的结论。[④]与毛奇龄大体相近,姚际恒、朱彝尊等都以为《诗说》、《诗传》皆为明人丰坊伪撰,这是对明代诗学的批判,力图还《诗经》之原貌。陈启原作《毛诗稽古篇》,大力驳斥朱熹派的说诗,"所掊击者惟刘瑾《诗集传通释》为甚,辅广《诗童子问》次之","其间坚持汉学,不容一语之出入。虽未免或有所偏,然引据赅博,疏正详明,一一皆有本之谈。"[⑤]对刘瑾、辅广等朱熹派门人诗说的批判,也是对朱熹的抨击。

关于《周礼》。毛奇龄考订《周礼》虽非周公作,但不可称为伪书,当为"战国人书,而其礼则多是周礼。"[⑥]他认为,"周秦以前,并无周公

---

① 参见胡渭:《易图明辨》卷首,《题辞》,第 229 页。

② 毛奇龄:《诗传诗说驳议》卷一《总论》,《西河全集》,萧山陆凝瑞藏本。

③④ 毛奇龄:《诗传诗说驳议》卷一《总论》。

⑤ 《四库全书总目》卷十六,《经部·诗类》二,第 132 页。

⑥ 毛奇龄:《周礼问》二,第 17 页。

作《周礼》、《仪礼》一语见于群书，亦并无周、秦以前群书，若孔子、孟、老、荀、列、墨、管、韩百家及《礼记》、《大学》、《中庸》、《坊记》、《表记》、《孝经》所引经有《仪礼》、《周礼》一字一句，则周公不作此书明矣。”[①]周公没有作《周礼》并没有什么关系，《大学》、《中庸》也不知何人所作。说《周礼》为周公作，《大学》为孔子作，缺乏证据，必然造成学者间的互相争论，与世无补。但这并不损害其经的地位。他对《周礼》的价值是给予肯定的。万斯大有《周官辨非》明确指出《周官》(即《周礼》)为伪书。他本着“非通诸经，不能通一经，非悟传、注之失，则不能通经；非以经释经，则亦无由悟传、注之失”[②]的方法考辨《周礼》，指出《周礼》所载典章制度等大都与五经、《论语》、《孟子》多有不合，尤其证以《左传》，说：“吾考鲁史充有言：先君周公制《周礼》曰则以观德，德以处世，事以度功，功以食民。今观《周礼》无此言，则知周公之《周礼》已亡，而今之所传者，后人假托之书也。”[③]

关于四书。毛奇龄从总体上指出朱熹注四书的错误，他把四书本文与朱注对比，归纳出错误有三十二类数百处之多，包括人类错、天类错、地类错、物类错、官师错、朝庙错、邑里错、宫室错、器用错、衣服错、饮食错、井田错、学校错、郊社错、禘尝错、丧祭错、礼乐错、刑政错、典制错、故事错、记述错、章节错、句读错、引书错、据书错、改经错、改注错、添补经文错、自造典礼错、小诂大诂错、抄变词例错、贬抑圣门错，真所谓聚九州四海之铁铸不成此错。全面否定了朱子的《四书章句集注》。

关于《中庸》。这一时期考辨《中庸》之风甚盛，费密有《大学中庸驳论》，潘平格也有《考辨》，两书皆不可见。只有姚际恒《礼记通论》中的辨证。经姚氏多方考证，认为《中庸》的文字抄袭《孟子》，就字词的

① 毛奇龄：《西河文集》卷七，《李恕谷论周礼书》，第 220 页。
② 黄宗羲：《南雷诗文集》上，《万子充宗墓志铭》，第 405 页。
③ 万斯大：《周官辨非》，《四库全书存目丛书》经 85 册，第 645 页。

应用、所述的制度而言已非春秋时之书。从义理的分析证明《中庸》不符孔门宗旨，而《中庸》思想与佛老相契合。[①]

关于《大学》。陈确考辨《大学》之伪，主张"《大学》首章，非圣经也。其传十章，非贤传也"。否定《大学》为孔子、曾子所作，不承认《大学》为先秦作品。因为"其言似圣而其旨实窜于禅，其词游而无根，其趋罔而终困，支离虚诞"。[②] 所得的结论是，"《大学》言知不言行，必为惮学无疑"。[③] 毛奇龄也认为：《大学》没有古文、今文之殊，其所传文，也没有石经本、注疏本之异。"力主恢复经籍旧观。

清初诸儒对经书及宋儒经说的考辨与批评其意义不可低估，主要有以下二方面。

首先，可以说是对宋明理学的打击。如证明晚出《古文尚书》、河图洛书先天太极诸图、《大学》之伪等，动摇了理学立论的根基，从这个意义上说，"宋学已受致命伤"[④]，儒学的研究踏上健实之路。宋明理学的产生虽然有佛道的影响，其中也不乏吸取改造他们的成分。但作为儒学发展过程中的特定形态，理学的渊源主要是四书和《周易》，清初诸儒对《大学》、《中庸》，以及宋易图书学的考辨，证明《大学》、《中庸》并非先秦曾子、子思所作，而是汉人伪造，宋易图书先天太极诸说为后人比附《周易》，宋人解四书也非定本等，宋儒推崇的《大禹谟》中"人心惟危，道心惟微，惟精惟一，允执厥中"这十六字心传，为晚出《古文尚书》伪造。凡此种种颠覆了理学立论的基础。但也应该注意到，清初诸儒的考辨主要是指出经书的时代、篇名、篇数、作者等形式方面的伪，并非指其内容的伪，换句话说，清初诸儒所考辨的是事实之伪，而非价值取向、微言大义之伪。因此理学所阐释的这些义理仍然有意义。

---

① 参见杭世骏《续礼记集说》中所辑《礼记通论》。

② 陈确：《陈确别集》卷十四，《大学辨》，《陈确集》下，第 552 页。

③ 陈确：《陈确别集》卷十五，《大学辨》，第 573 页。

④ 梁启超：《清代学术概论》，第 15 页。

其次,开乾嘉汉学之先。他们考经证史的方法为汉学家们所继承,对诸经说的考辨也为汉学家们所进一步完善。惠栋、张惠言接续对宋易图书之学的批评,着力于对汉易的钩稽辑佚,转成汉易复兴,力求恢复《周易》面貌。焦循则从《系辞》出发,探索《周易》研究的新思路。惠栋的《古文尚书考》、程廷祚的《晚书订疑》则继承阎若璩考辨晚出《古文尚书》遗风,使伪《尚书》一公案定谳。戴震的《诗经补注》、《毛郑考正》继承陈启源《毛诗稽古编》,进一步名物考证。惠栋、秦蕙田、凌廷堪、胡培翚等对三《礼》之学的考辨与研究,出现了由宋儒言理向汉儒重礼的转向,并在当时产生一定影响。惠栋的《左传补注》、洪亮吉的《左传诂》、刘文淇的《左传旧疏考证》使《左传》成为显学。而庄存与的《春秋正辞》、孔广森的《春秋公羊通义》超越东汉古学,直接西汉,预示着今文经学开始复兴。

第三,对经籍编纂。顺治康熙两朝编纂儒家经典主要有:《易》有《易经通注》、《日讲易经解义》、《周易折中》,《书》有《日讲书经解义》、《书经传说汇纂》,《诗》有《诗经传说汇纂》,《春秋》有《春秋传说汇纂》,《礼》有《日讲礼记解义》,《孝经》有《孝经衍义》,四书有《日讲四书解义》,以及《御纂朱子全书》等。

对儒学经典的编纂值得一提的还有朱彝尊的《经义考》和《通志堂经解》。

朱彝尊编纂《经义考》的目的,其一,"学有统而道有归,然守一家之说,足以自信,不足以析疑。惟众说毕陈,纷纶之极,而至一者始见。"[①]其二,"先儒遗编,失传者十九"[②],尤以"宋元诸儒经解,今无人表章,当日就湮没。"[③]遂仿马端临《文献通考·经籍考》、朱西亭《授经图》《经序录》、孙退谷《五经翼》,并以各书之说增补之。《经义考》收集

---

① 朱彝尊:《五经翼序语》,《曝书亭集》,商务印书馆,1935年,第575页。

② 朱彝尊:《寄礼部韩尚书语》,《曝书亭集》卷三十三,第558页。

③ 陆陇其:《三鱼堂笔记》卷下,商务印书馆,1937年,第94页。

先秦至清初经学书目,共八千四百多种,著者四千三百多家,凡三百卷。按《易》、《书》、《周礼》、《仪礼》、《礼记》、《通礼》、《乐》、《春秋》、《论语》、《孝经》、《孟子》、群经、四书、《逸经》、《毖纬》、《拟经》等顺序编排。各经下所列书目先按时代先后排列。每一书著录作者、书名、卷数、存佚,再辑录该书的序跋和相关评论,间附朱氏按语。四库馆臣对此书评道:“然上下二千年间,元元本本,使传经原委,一一可稽,亦可以云详赡矣。”[①]可说是先秦至清初经学著作的总汇,其间所录虽不免有讹误和缺漏,然仍是研究经学不可或缺的重要工具书。

编纂《通志堂经解》旨在保存宋元经学文献。纳兰性德向座师徐乾学提出刊刻宋元经解的必要时说:“逮宋末元初,学者尤知尊朱子,理义愈明,讲贯愈熟。其终身研求于是者,各随所得以立言,要其归趋,无非发明先儒之精蕴,以羽卫圣经,斯固后学之所宜取衷也。惜乎其书流传日久,十不存一二。余向属友人秦对岩、朱竹垞购诸藏书之家,间有所得,雕版既漫漶断阙,不可卒读,钞本讹谬尤多,其间完善无讹者,又十不得一二。”[②]徐氏赞同纳兰的想法,将自己所收的宋元经说,加上其他藏书家所藏,共一百四十种刊刻付梓。《通志堂经解》可以说是宋元人经解总汇,其贡献是保存了宋元时代的经说。李兆洛认为,纳兰性德之刻《通志堂经解》,所以辅微抉衰,引掖来学甚厚。《通志堂经解》所收各书前的序,对于宋元经学来说也有考镜源流、辨章学术的作用。乾隆以后汉学大盛,宋学受到攻击,其经说也多束之高阁,多亏有《通志堂经解》使宋元人经说不至于湮灭。另外,由于《通志堂经解》保存了相当多的孤本文献,乾隆年间编《四库全书》也多有采纳。

总之,清初诸儒倡导经学对扭转学风、趋于通经学古起了推动作用;对群经的考伪,预示着回归经典运动的到来,而诸经书的编纂则促

---

① 《四库全书总目》卷八十五,《史部·目录类一》,第 732 页。

② 纳兰性德:《通志堂集》卷十,《通志经解总序》,华东师范大学出版社,2008 年,第 199—200 页。

进了相关的考据、辨伪、辑佚、校勘等学问的发展。凡此皆开后来汉学复兴之先河。

第二节　汉学的发展与别出

汉学之所以成为乾嘉时期的儒学主流，在于它具有大体相同的学风，基本都恪守“读九经自考文始，考文自知音始”[①]的治经原则，以训诂明义理明为共同的价值取向。但汉学也非铁板一块，在共同的前提下，不同学者治经的宗旨、方法不尽相同，侧重点有所差异，由此形成了不同的风格。学术界以地域划分汉学，有吴派、皖派、扬州派和浙东学派之说，[②]应该说这种划分大体反映当时儒学发展特色，但也存在着一定的困难，许多学者不好以某一地域所局限，也即根据地域很难把每个学者归为某派某学，简单的对号入座未免有削足适履之感。其实汉学在清代的发展有个历史过程，如果把它当成一个历史过程，那么所采用的方法就应该充分考虑到对它的分期，通过分期可以揭示其奠基、发展及衰落的演进过程。汉学也称乾嘉汉学，不仅包括乾隆时期，也延至嘉庆时期。就其学理而言，可以把汉学分为三个时期，即乾隆早期为汉学奠基期，中后期为发展期，嘉庆则为总结与衰落期，下面简单讨论一下汉学的发展与演变。

第一，奠基时期的汉学以惠栋、江永、沈彤为代表。

---

① 顾炎武：《亭林文集》卷四，《答李子德书》，第 244 页。

② 关于乾嘉汉学的分野学术界历来有不同的看法，如章太炎有吴皖二派之分，他认为清儒“其成学著系统者，自乾隆朝始。一自吴，一自皖南。吴始惠栋，其学好博而尊闻；皖南始江永、戴震，综形名，任裁断。此其所异也”。《检论》卷四，《清儒》。梁启超有“惠、戴两家，中分乾嘉学派”之说，又有四派之分：吴学以惠栋为中心，以信古为标志，是“纯汉学”。皖学以戴震为中心，以求是为标志，是“考据学”。后来有扬州学派，代表人物是焦循和汪中等。浙东派为全祖望和章学诚，后者贡献在史学。参见其《中国近三百年学术史》，第 27 页。以后学界的讨论有地域说或过程说诸如此类，大体没有超出上述范围。当代学者研究吴派、皖派、扬州派和浙东派的文章著作不在少数。

惠栋(1697—1758),字定宇,号松崖,江苏吴县人。主要著述有《周易述》、《易汉学》、《易例》、《九经古义》等。惠栋治学有其家学渊源,以汉学为宗,以为"汉人通经有家法,故有五经师",治经"古训不可改也,经师不可废也"。[①] 他治经以古为是,因此强调述而不作。在他看来,治经应学孔子阐述圣贤的见解,不要掺进己说,只有这样才能客观地反映、保存先圣的旨意。他治经重视音韵训诂,从考古文字入手。长期以来,人们治经不重视对经的古音古训研究,使得经书中的文字句读、名物典章制度不清楚,不辨经书真伪,造成随意释经、改经,出现讹误。惠栋等乾嘉学者都主张从音韵训诂入手解经,使以音韵、训诂为特征的小学逐渐脱离经学,发展为独立的学科。惠栋治经也有不足,他精于《易》,治《易》以虞翻世传的《孟氏易》为主,又参以古文家荀爽、郑玄所传的《费氏易》,对汉易不加辨别,也不分今古,全盘继承,相互抵触。后人评他治经"虽勤而识不高,心不细,见异于今者则从之,大都不论是非"[②]。

江永(1681—1762),字慎修,婺源人。江永著作有《礼经纲目》、《古韵标准》、《四声切韵表》、《音学辨微》等。他治学"长于步算钟律声韵,尤深于《礼》"[③],所著《礼经纲目》,仿朱熹《仪礼经传通解》体例,博考群经,洞悉条理,以补朱熹不足。他论声韵分平上去三声为十三部,入声八部,纠正顾炎武之疏。他的弟子有金榜、程瑶田、戴震等。金榜专治三《礼》,以郑玄为宗。程瑶田长于旁搜曲证,综核名实,不为经传注疏所束缚。戴震为学兼综考据与义理,对后世影响最大。

又有与惠栋交往过甚的沈彤(1688—1752),字冠云,又字果堂,江苏吴江人,著述集为《果堂全集》。他于群经多有撰述,尤精于治《礼》。所著《周官禄田考》详究周制,对周朝的官爵数、公田数、禄田数考核甚

---

① 惠栋:《松崖文抄》卷一,《九经古义述首》,《东吴三惠诗文集》,第300页。

② 王引之:《王文简公文集》卷四,《与焦理堂先生书》,《商邮王氏遗书》,江苏古籍出版社,2000年,第205页。

③ 江藩:《国朝汉学师承记》卷五,《江永》,第75页。

细，辨欧阳修《周礼》官多田少，禄且不给之疑。其说精密淹通。所著《仪礼小疏》宗郑玄、贾公彦礼说，兼采元人敖继公注，订正旧注讹误，与惠栋泥古学风迥然不同。

第二，发展时期的汉学人才济济，主要指惠栋的几位弟子、戴震、程瑶田、卢文弨。

惠栋的弟子有余萧客、江声等传其学。江声(1721—1799)，本字鲸涛，后改字叔坛，号艮庭，江苏元和人。他治经服膺汉学，长于旁征博引，曾拜惠栋为师，治《尚书》成《尚书集注音疏》。阎若璩、惠栋辨《尚书》旨在揭露晚出《古文尚书》伪作证据，而江声治《尚书》侧重在刊正经文，疏明古注。余萧客(1732—1778)，字仲林，别字古农，江苏吴县人。他曾师从惠栋，著有《古经解钩沉》等。他治学精于辑佚，鉴于唐以前经籍注疏后世多有遗失，便从史传、类书中广泛搜集古经籍注疏，加以排比考辨，纂辑经书。

代表这一期汉学特色的是戴震之学的兴起，他进一步完善发展了由惠栋开始的汉学之风。王鸣盛曾问戴震本人，他与惠栋之学有什么不同，戴震答道：惠栋的学问在于求古，我的学问在于求是。戴震自认为求古与求是是他与惠栋为学的分野。两者学风不尽相同，治经的侧重点也有差别，惠栋及弟子们多治《周易》、《尚书》，戴震及弟子们多治三《礼》，尤精小学、天文、历算。

戴震(1723—1777)，字东原，安徽休宁人，早年师从著名经学家江永。戴震主要著作有《孟子字义疏证》、《声韵考》、《方言疏证》等。戴震治经主张由文字训诂入手，把文字训诂当作治经的门径，所谓“故训明则古经明，古经明则贤人圣人之义理明”①。治经重文字，因而从《尔雅》入手，不能主观臆断，应在文字学上下功夫。文字又与音韵相联，他也精通古音，确立了韵类正转旁转之例，从《广韵》入手创造了九类二十五部之说和阴阳对转理论，与此同时把音韵文字所得运用于考

① 戴震：《戴震杂录》卷十一，《题惠定宇先生授经图》，《戴震全书》第六册，第505页。

据。《尚书·尧典》有“光被四表”一语，前人未产生过疑问。他根据《孔安国传》、《尔雅》等书，指出“光”为错字，应作“横”。古代“横”与“桄”通，“桄”被误作“光”。断定《尧典》古本必有“横被四表”。这一结论后来得到证实。

戴氏之学并非以诸经训诂自限，他恪守“由字以通其词，由词以通其道”[①]，是要以训诂为手段，去探求六经蕴含的义理，通经以明道。他所著《孟子字义疏证》是用文字训诂的方式阐发孟子学说，为批判理学的佳作。他指出：“理者，察之而几微必区以别之名也，是故谓之分理；在物之质，曰肌理，曰腠理，曰文理（亦曰文缕，理、缕，语之转耳。）；得其分则有条而不紊，谓之条理。”[②]把理视为事物的条理，由此推导出“理在情中”、“理在欲中”的结论，有力地批判了理学。戴震在算学、天文学、地理学方面也颇有研究。《九章算术》为古代数学名著，已失传，他从《永乐大典》中将其零散错乱的文本整理成编，使这部数学名著重放光彩。他又从《永乐大典》中辑出诸种算经校正《五经算术》。所著《勾股割圆记》采用西方数学对勾、股、弦与圆的关系作了详尽的论述。

戴震的同门程瑶田（1725—1814），字易田，后改易畴，一字伯易，号易伯，又号葺翁、让泉，晚以堂号让堂而被学界称为让堂老人，安徽歙县人。他治学以名物考证见长，是当时著名的经学家。戴震既是汉学家又是思想家，考据义理并举，瑶田治学也受其影响。所著《通艺录》为其一生著述的汇集，包括《禹贡三江考》、《仪礼丧服文足征记》等，对经书中有关制度、舆地、名物列专题考辨，不囿于经传注疏，多能旁搜广征，常绘以图画，列以表格，便于理解寻找，取材丰富，考证精详，论说明晰。他在治考据的同时精研心性，反对宋儒把性分为气质之性与天地之性，并认为前者恶后者善的说法，强调：“夫人之生也，乌

---

① 戴震：《东原文集》卷九，《与是仲明论学书》，第 370 页。

② 戴震：《孟子字义疏证》卷上，《理》，第 151 页。

得有二性哉。”[①]至于性与情、才的关系，他说：“性发为情，情根于性”，因此“性善，情无不善也”，而“情为性之所发，才乃情之所施，才且无不善”。[②] 主张性情才统一，皆善，回归孟子。对程朱理学虽然有修正，但不完全叛离。

与戴震交往的卢文弨（1717—1795），字绍弓，号矶鱼，又号檠斋，晚号弓父，因其堂号抱经，人称抱经先生，浙江余姚人。他治学宗汉儒，尤擅长校书，为著名校勘学家。乾嘉时期，群儒辈出，校雠之风大盛，细辨至一字之微，阔极到古今内外典籍之浩翰，比勘文字异同而求其正，钩稽作述指要以见其凡。文弨生于康熙末年，长于雍正、乾隆时期，也受此风影响。他每天早上天不亮就起身伏案校雠，天黑出户散步于庭中，旋即又篝灯如故，直到夜半方歇息，无论是在朝为官，还是归田主讲各地书院，凡数十年，寒暑从未间断，可谓虽耄而不怠，终身不废。他的俸禄不治生产，全买书籍，“闻有旧本，必借抄之，闻有善说，必谨录之。一策之间，分别迻写诸本之乖异，字细而必工”。[③] 他在校勘上取得的成绩虽不逮高邮王氏父子及俞樾、孙诒让等后辈，但实开清代校雠之风，功不可没。文弨的全部著述收入《抱经堂全集》中。

第三，总结与衰落期的汉学主要指戴震的弟子及后学等。

戴震弟子最有代表性的是段玉裁（1735—1815），字若膺，号茂堂，江苏金坛人，曾师从戴震，以文字训诂学见长。著述有《六书音韵表》、《说文解字注》等。顾炎武把古韵分成十部，江永又分为十三部。段氏恪守“治经莫重于得义，得义莫切于得音”[④]，采用客观归纳法，把古韵分为六类十七部，比顾、江二家更为精密，他又治文字学，为《说文解字》作注，训释音义及引申假借义，考证其讹误甚为准确。戴震弟子及

---

① 程瑶田：《论学小记》中，《述性一》，第5页。

② 程瑶田：《九谷考》卷首，《九谷考序》，第1页。

③ 段玉裁：《翰林院侍读学士卢公墓志铭》，《抱经堂文集》卷首，中华书局，1990年，第1页。

④ 段玉裁：《广雅疏证序》，载王念孙《广雅疏证》卷首，《清经解清经解续编》第五册，第5539页。

后学还有任大椿、洪榜、孔广森等，继戴震以后，其弟子嫡传主要师承戴氏音韵、文字、训诂等治经方法，但戴氏的义理之学后继乏人。[①]

另有王念孙(1744—1832)，字怀祖，号石臞，江苏高邮人。著有《广雅疏证》、《读书杂志》等。王念孙幼年受业于戴震，得声韵训诂之学，提出“训诂声音明而小学明，小学明而经学明”[②]的主张，本此治《广雅》，改正原书错字 580 个，补漏字 490 个，剔除衍字 39 个，修正颠倒错乱 123 处，正文误入音内 19 处，音内字误，误入正文 57 处，使《广雅》一书有善本可读。所著《读书杂志》考订各种古书中文字讹误及音训句读，指出不懂文字假借、不通音韵、不辨各种书体差别，以及正文、注文混杂等，是致误的原因。

汪中(1745—1794)，字容甫，江苏江都人。著有《述学》、《尚书考异》、《大戴礼记正误》、《春秋述义》等。汪中与其他汉学家不同，善于从训诂入手以求经义，对后儒一味用古而行事采取批判态度，认为这是不识“古之道不宜于今”。针对婚姻制度中歧视妇女的积弊，他提出“私奔不禁”、“女子许二嫁”等主张，倡言“婚姻之道，可以观政焉”，[③]表现出鲜明的反礼教精神。在乾嘉汉学中，汪中尤以治诸子学著称。他治《荀子》考订其绍发于孔子弟子子夏、仲弓，为学主礼兼采《周易》，对儒家经学有承上启下之功。他治《墨子》把兼爱看作是人人都应孝敬父母，还发挥墨学救世之意，说：“国家昏乱，则语之尚贤、尚同；国家贫，则语之节用、节葬；国家喜音沉湎，则语之非乐、非命；国家淫僻无礼，则语之尊天、事鬼；国家务夺侵陵，则语之兼爱、非攻。”[④]认为儒墨两家不存在正统与异端之分，不过为学不同罢了。在先秦，只有墨子能与儒家抗衡，其余诸子皆无法与墨子相比。汪中对墨学的表彰引来

---

① 焦循看到戴氏义理上的贡献，他表彰戴氏说“生平所得力，而精魄所属，专在《孟子字义疏证》一书。”《雕菰集》卷七，《申戴》，《丛书集成初编》，商务印书馆，1936 年，第 95 页。

② 王念孙：《王石臞先生遗文》卷二，《段若膺说文解字注序》，《高邮王氏遗书》，第 133 页。

③ 汪中：《述学》内篇一，《释媒氏文》，辽宁教育出版社，2000 年，第 17 页。

④ 汪中：《述学》内篇三，《墨子序》，第 43 页。

正统卫道士的反对，翁方纲斥责他为名教的罪人，声称要夺去其生员衣顶，但汪中仍率性而行。总之，他对诸子学的研究进一步发展了清初复兴诸子学风气，开晚清诸子学大兴之先河，同时对经学的子学化及把经学儒转变为子学儒有积极意义。

洪亮吉(1746—1809)，原名礼吉，字君直，一字稚存，号北江，阳湖人。其主要著述收入《洪亮吉集》中。他早年以诗古文辞为先达所称，后究心地理之学。对于儒家经学，他治《春秋》有《春秋左传诂》，主要不满意杜预之训诂，服膺汉儒贾逵、马融、郑玄之说。他的儒学思想尤其表现在关心人口问题，他敏锐地察觉到人口增长速度超过物质资料生产速度必然会带来社会动荡，除了天地调剂之法，即水旱疾疫自然减少人口之外，他还提出以君相调剂之法来应对增加的人口，即"使野无闲田，民无剩力，疆土之新辟者，移种民以居之。赋税之繁重者，酌今昔而减之。禁其浮靡，抑其兼并。遇有水旱疾疫，则开仓廪悉府库以赈之，如是而已，是亦君相调剂之法也"。[①] 尽管在那时不可能解决这些问题，但问题的提出就已经超越时代。应该说，他是一个富有远见的儒家。

凌廷堪(1755—1809)，字次仲，安徽歙县人。著有《礼经释例》、《燕乐考原》、《校礼堂文集》等。他为学推尊江永、戴震，重考据，以治三礼而显名。其《礼经释例》以《仪礼》为蓝本，对古礼进行研究，经他爬梳，分为通例、饮食之例、宾客之例、射例、变例、祭例、器服之例共八例，每类下又各有细目，共二百四十六例，几乎涵盖《仪礼》所载仪节。李慈铭称其书"条综贯穿，已无遗谊"，"注疏以下诸说，反复推明，觉繁重之仪，实本简易，尤有益于来学。"[②]而《校礼堂文集》中《复礼》诸篇对礼的内涵与外延作了深层次的解读，反对理学家所言之理，以为礼是根本，并试图以礼代理，得到了一些学者的应和。

---

① 洪亮吉：《卷施阁文甲集》，《治平篇》，《洪亮吉集》第一册，中华书局，2001年，第15页。

② 李慈铭：《越缦堂读书记》，上海书店出版社，2000年，第66页。

王引之(1766—1834),字伯申,号曼卿,王念孙之子。他幼受庭训,发展其父学说,以小学名家。所著《经义述闻》是依据其父王念孙《尔雅疏证》的成果,以及平日趋庭所闻而撰成的。此书是研究古书中音韵训诂、勘订讹误的名著。另外所著《经传释词》是研究古文虚词之书。他引《经义述闻》中的训诂方法,遍搜《九经》、《三传》,以及周秦、两汉书中虚字一百六十个,考订其渊源流变,阐释其意义、用途,“前人所未及者补之,误解者正之,其易晓者则略而不论”。[①] 当时方东树作《汉学商兑》,与汉学为难,然而对王氏之学十分钦佩,认为王氏《经义述闻》可令郑玄、朱熹俯首,汉唐以来诸儒无法与之相比。[②]

江藩(1761—1830),字子屏,号郑堂,江苏甘泉人。他受业于余萧客、江声,为惠栋再传弟子。江藩所著影响最大者为《国朝汉学师承记》附《国朝宋学渊源记》,此书把经学分为汉学和宋学两大派,崇汉抑宋,不脱门户之见,但毕竟是为清代汉学诸家树碑立传之作,称其为总结汉学诸家研究成果之作也不为过。

焦循(1763—1820),字理堂,一字里堂,江苏江都人。著有《孟子正义》、《易学三书》、《雕菰楼集》等。他治经不赞成以考据补苴代替经学研究,认为清代经学盛兴,前面有顾炎武、万斯大、胡渭、阎若璩,近来,在吴有惠栋之学,在徽有江永之学、戴震之学,精而又精。另有程瑶田、段玉裁、王念孙父子、钱大昕叔侄,他们都是名家,对经学发展做出贡献。但他认为,缺乏独立思考是盲目尊信汉儒经学的症结所在。因此在方法论上,他主张“证之以实而运之于虚”[③],学求其是、贵在汇通是焦循治经方法的体现。

焦循治《易》尤表现学求其是、贵在汇通的精神。他治《易》从研究程颐、朱熹易学出发,逐渐探求服虔、郑玄之《易》。自汉魏唐宋元明,

---

① 王引之:《经传释词》卷首,《经传释词序》,《高邮王氏遗书》,第 198 页。

② 参见方东树:《汉学商兑》卷中之下,第 343 页。

③ 焦循:《雕菰集》卷十三,《与刘端临教谕书》,第 215 页。

乃至同时代惠栋、张惠言等诸家治《易》之书，他都细读，采其精华写成专书。尤其是运用数学方法解《易》，用数的比例来求易学比例，又把文字训诂学中的假借、转注诸方法引入易学，创立独特的易学体系。焦循不同意朱熹所谓《周易》为卜筮之书的说法，而把《易》看作是圣人教人改过的书。他认为《周易》卦爻的推移法有旁通、相错、时行三条，核心是变通，“能变通则可久，可久则无大过，不可久则至大过。所以不可久而至于大过，由于不能变通。变通者，改过之谓也”。[①] 在他看来，离开变通就无从谈《易》。他治《易》混淆经传之分，忽视《周易》经传的创作是一个过程，但治学主张汇通、求是的精神，开创了新学风。

阮元(1764—1849)，字伯元，号芸台，江苏仪征人。所著大都收入《揅经室集》中。阮元治经从考据训诂入手，认为圣贤之道存于经，经非训诂不明。他以形象比喻说明文字训诂是理解圣人之道的门径：“圣人之道，譬若宫墙，文字训诂，其门径也。门径苟误，跬步皆歧，安能升堂入室乎？”[②]他虽然强调训诂考据的重要性，但不泥于考据训诂。在他看来，“或者但求名物，不论圣道，又若终年寝馈于门庑之间，无复知有堂室矣，”[③]实际上是主张考据与义理的统一。他也肯定实事求是的重要性，把实事求是的落脚点放在“实”上，认为只有从实际出发才能实事求是。他从训诂考据出发建立自己独特的仁学观，释仁旁征博引，把仁看作人，标志着人与人的相亲关系。从这一角度对《论语》中的仁字重新界定：“春秋时，孔门所谓仁也者，以此一人与彼一人相偶而尽其敬礼忠恕等事之谓也。”[④]他对性命的探讨也遵循了从考据引出义理的治经方法。另外，阮元利用自己的学术及政治地位，编纂《经籍籑诂》，校刻《十三经注疏》，刊刻《皇清经解》等，把清人解经著作收入其中，可谓集清代汉学之大成。

---

① 焦循：《易图略》卷三，《清经解清经解续编》第七册，第 8458 页。

② 阮元：《揅经室一集》二，《拟国史儒林传序》，《揅经室集》，中华书局，1993 年，第 37 页。

③ 阮元：《揅经室一集》二，《拟国史儒林传序》，《揅经室集》，第 37—38 页。

④ 阮元：《揅经室集一》八，《论语论仁论》，《揅经室集》，第 176 页。

汉学发展到嘉庆时期已经达到顶点，嘉庆后期，汉学在学理上已很难有所突破，加上外在的社会矛盾日渐突出，内外交织，其衰落则是历史的必然。

值得注意的一个现象是，汉学在演进过程中也出现别出，别出指的是一些儒家经史兼顾，以史治经，大有由经学返回史学的态势，主要代表是全祖望、钱大昕、王鸣盛、章学诚、邵晋涵等，从广义上说，他们也可以称之为汉学。

全祖望(1705—1755)，字绍衣，号谢山，浙江鄞县人。著有《经史问答》、《鲒埼亭集》等，他治经主张“荟萃百家之言”，指出：“汉人所谓治一经，必合五经而训诂之者。”[①]治经也推崇经世，论学则注重人品，重视学者的“践履”，认为学者的“践履”总是与其人品相关，人品如何会影响学术。他治学主张经史合一，接受顾亭林“经学即理学”的主张，也服膺黄宗羲所谓“浙东之学言性命必究心于史”的观点，并继承这一治学途径，重视儒学史的研究，他潜心续修的《宋元学案》实质上表现了经学与史学的统一。他赞赏杨万里“以史事证经学”的主张，自己在这方面同样有所创见。他赞同唐代陆德明《经典释文》的“力存古儒笺”，不满孔颖达的《五经正义》依违旧注，不能有所发明。在他看来，编纂文献资料，“必综汇历代所有，不以重复繁冗为嫌者”[②]，这表明他的经史研究必求材料丰富、翔实和完整。

与惠栋、戴震都有学术交往的王鸣盛和钱大昕以史学见长，但也十分重视经学。

王鸣盛(1722—1798)，字凤喈，号礼堂，一号西庄，晚号西沚居士，江苏嘉定(今属上海市)人。著作有《西沚居士集》、《西庄始存稿》、《耕养斋诗文集》、《十七史考异》等。他曾与惠栋讲论经义，知训诂必以汉儒为宗。精研《尚书》，专宗郑玄、马融之说。在他看来，两汉经学人专

① 全祖望：《经史问答》卷二，《全祖望集汇校注》，第1877页。

② 全祖望：《鲒埼亭集外编》卷四十二，《移明史馆帖子》，第1644页。

一经、经专一师的情况，直到郑玄兼采众经才算改变。遗憾的是郑玄的《尚书》注早已亡佚，于是他博览群书搜罗郑注，不得已则采纳马融、王肃《左传》的传疏加以补充，如果马、王传疏与郑注不同，便"折中于郑氏"[①]，对郑玄之学非常推崇。王鸣盛又以治史见长，所作《十七史考异》以实事求是为宗旨，考证古代典章、制度、事迹之实，表现了经史相合的治学门径。

钱大昕(1728—1804)，字晓征，一字辛楣，号竹汀居士，晚号潜研老人，江苏嘉定(今属上海市)人。著作有《十驾斋养新录》、《潜研堂文集》、《廿二史考异》等。他治经也从文字训诂开始，主张有文字以后才有训诂，有训诂以后才有义理，训诂是义理的根源，义理不存在于训诂之外。他治经虽然以汉学为宗，但反对把汉儒绝对化，主张以古为师师其是而已，为学的目的在于"订讹规过，非以訾毁前人，实以加惠后学"[②]。由此出发明确提出治学应实事求是。他治经也注意对经中义理的发挥，提出了一些大胆的主张。《左传》有"凡弑君，称君，君无道也，称臣，臣之罪也"一句，他评论说："后儒多以斯语为诟病。愚谓君诚有道，何至于弑，遇弑者皆无道之君也。"[③]传统观念认为夫死妇应守节不嫁，他则主张"去而更嫁，不谓之失节"，"使其过不在妇欤，而嫁于乡里，犹不失为善妇。不必强而留之，使夫妇之道苦也"。[④] 这是对传统婚姻观的挑战。与王鸣盛一样，钱大昕也治史，提出经史平等的思想，所著《廿二史考异》对《史记》至《元史》的历代正史进行校勘、考释，在历史文献考证方面取得卓越成就，有力地推动了当时由经返史的运动。他治学不专治一经，也不专攻一艺，但无经不通，无艺不精，可谓当时的通儒。

章学诚(1738—1801)，字实斋，浙江会稽(绍兴)人，著有《文史通

---

① 王鸣盛：《尚书后案》卷首，《尚书后案序》，《清经解清经解续编》第三册，第 3163 页。

② 钱大昕：《潜研堂文集》卷三十五，《答王西庄书》，《四部丛刊初编本》，第 342 页。

③ 钱大昕：《潜研堂文集》卷七，《答问四》，第 60 页。

④ 钱大昕：《潜研堂文集》卷八，《答问五》，第 72 页。

义》、《校雠通义》。他治经主张“六经皆史”[①],学以经世。他从学术史角度论证古代学术初无经史之别,六经为后起之称。他反对性与天道的空谈,主张应立足于社会,面对现实,在治学中积极倡导经世致用,认为这才是儒学的经世传统。章学诚关于六经即史、学以经世的思想对后起的今文经学及经世思潮产生了很大影响。

邵晋涵(1743—1796),字与桐,一字二云,浙江余姚人。著有《尔雅正义》、《孟子述义》、《穀梁正义》等,其为学继承乡贤黄宗羲之学,又参与族祖邵廷采之说,既重史学又重经学,打通经史,与章学诚唱为同调之鸣。邵氏研究经学通文字训诂,所作《尔雅正义》参以《周易》、《尚书》、《周官》、《仪礼》、《春秋》、《礼记》与先秦诸子等书,纠正邢昺《尔雅疏》的疏漏,与同时代郝懿行所撰《尔雅义疏》互补,有功于《尔雅》。

综上所述,乾嘉时期的汉学大都以务实的态度去对待儒学,主张实事求是,反对空疏的学风,大体代表了这一时期的儒学特色。归纳起来,汉学治学有以下特点:第一,有一种问题意识,从问题出发进行研究,这样便避免大而化之的泛泛议论。第二,务实求真,不发空论,重视实证,用证据说话。第三,不依傍权威,不迷信陈说,反对抱残守缺,敢于怀疑。第四,博约结合,虽能博通,但更重专家,学有所长,深化论题。第五,为学术而学术,追求学术独立,以及客观的学术评价体系。第六,相互间以学术砥砺互动并形成一个学术群体。

第三节 汉学的成就与局限

汉学的成就主要表现在对经书的注疏与整理上,依阮元所编的《清经解》、王先谦所编的《清经解续编》所列,主要成绩如下:

---

① 章学诚撰,叶英校注:《文史通义校注》卷一,《内篇上·易教》上,第1页。

《周易》有惠栋的《周易述》、《易汉学》、《易例》，焦循的《易通释》、《易图略》、《易章句》、《周易补疏》，张惠言的《周易荀氏九家义》、《周易虞氏消息》、《周易郑氏义》、《易图条辨》、《虞氏易候》、《虞氏易事》、《虞氏易礼》、《易义别录》，宋翔凤的《周易考异》，孙星衍的《周易集解》，江藩的《周易述补》，李松林的《周易述补》，李富孙的《易经异文释》，阮元的《周易校勘记》，姚配中的《周易姚氏学》，李锐的《周易虞氏略例》，李道平的《周易集解纂疏》等。

《尚书》有惠栋的《古文尚书考》，沈彤的《尚书小疏》，王鸣盛的《尚书后案》，江声的《尚书集注音疏》，段玉裁的《古文尚书撰异》，孙星衍的《尚书今古文注疏》，焦循的《尚书补疏》，阮元的《尚书校勘记》，陈寿祺的《尚书大传辑校》，刘逢禄的《尚书今古文集解》，宋翔凤的《尚书略说》，丁晏的《尚书余论》，齐召南的《尚书注疏考证》等。

《诗经》有戴震的《诗经补注》、《毛郑诗考证》，段玉裁的《诗经小学》、《毛诗故训传》，李富孙的《诗经异文释》，丁晏的《诗谱考正》，孔广森的《诗声分例》、《诗声颂》，阮元的《诗书古训》、《毛诗校勘记》，焦循的《毛诗补疏》，马瑞辰的《毛诗传笺通释》，陈奂的《毛诗传疏》、《毛诗传义类》、《毛诗说》，胡承珙的《毛诗后笺》、庄述祖的《毛诗考证》等。

三《礼》有沈彤的《周官禄田考》，江永的《周礼疑义举要》、《礼记训义择言》，庄存与的《周官记》、《周官说》、《周官说补》，段玉裁的《周礼汉读考》、《仪礼汉读考》，王鸣盛的《周礼军赋说》，阮元的《周礼校勘记》、《仪礼校勘记》、《礼记校勘记》，王聘珍的《周礼学》、《仪礼学》，金榜的《礼笺》、《仪礼释例》，郑珍的《仪礼私笺》，张惠言的《仪礼图》，庄述祖的《周颂口义》，程瑶田的《仪礼丧服足征记》，胡培翚的《仪礼正义》，胡承珙的《仪礼古今文疏义》，褚寅亮的《仪礼管见》，焦循的《礼记补疏》，凌廷堪的《礼经释例》，邵懿辰的《礼经通论》，凌曙的《礼说》，孔广森的《礼学卮言》等。

《春秋》有惠栋的《春秋左传补注》，沈彤的《春秋左传小疏》，顾栋高的《春秋大事表》，江永的《春秋地理考实》，凌曙的《春秋繁露注》，庄存与的《春秋正辞》，包慎言的《春秋公羊传历谱》，阮元的《春秋公羊传校勘记》、《春秋穀梁传校勘记》、《春秋左传校勘记》，孔广森的《春秋公羊通义》，焦循的《春秋左传补疏》，龚自珍的《春秋决事比》，洪亮吉的《春秋左传诂》，沈钦韩的《左传补注》、《左传地名补注》，刘文淇的《左传旧疏考证》，刘逢禄的《左氏春秋考证》、《公羊春秋何氏解诂笺》、《公羊何氏释例》、《穀梁废疾申何》，凌曙的《公羊礼疏》、《公羊问答》、《公羊礼说》，李富孙的《左传异文释》，钟文烝的《穀梁补注》，柳兴恩的《穀梁大义述》等。

《孝经》有阮元的《孝经校勘记》、丁晏的《考经征文》等。

《论语》有刘宝楠的《论语正义》、阮元的《论语校勘记》、宋翔凤的《论语说义》、刘逢禄的《论语述何》、焦循的《论语补疏》等。

《孟子》有焦循的《孟子正义》、阮元的《孟子校勘记》、宋翔凤的《孟子赵注补正》等。

另有其他方面的经学著作等，这里就一一列举了。

汉学的成就与其所采取的方法不无关系，下面对汉学家治经方法做一归纳：[①]

首先，小学研究方法。小学本为经学附庸，汉学家则使其蔚然大国，形成一门独立的学科。如惠栋治经必“识字审音，乃知其义”[②]，戴震断言“自昔儒者，其结发从事，必先小学”[③]，钱大昕说：“六经皆载于文字者也，非声音则经之义不正，非诂训则经之义不明。”[④]王鸣盛明确认为：“没有小学自然就没有经学。”凡此看出小学在治经中的作用，小学是治经的基础，也是治经的必由之路。小学方法主要包括审音和识字。

---

① 参见漆永祥：《乾嘉考据学研究》，第三章《乾嘉考据学方法》，中国社会科学出版社，1998 年。

② 惠栋：《松崖文抄》卷一，《九经古义述首》，《东吴三惠诗文集》，第 300 页。

③ 戴震：《东原文集》卷三，《六书论序》，《戴震全书》第六册，第 294 页。

④ 钱大昕：《潜研堂文集》卷二十四，《小学考序》，第 220 页。

关于音韵,顾炎武的《音学五书》在宋人郑庠以六部分类的基础上,析古韵为十部。江永继起著《古韵标准》则作十三部。段玉裁虽然为戴震弟子,但于古韵离析有青出于蓝之势,所著《六书音韵表》分作十七部。戴震受其启发,援段说入《声类表》,增为十八部。戴学嫡传王念孙、引之父子著《经义述闻》、《诗经群经楚辞韵谱》,愈加细密析作二十一部。同时人江有诰不谋而合,所著《诗经韵读》、《群经韵读》、《先秦韵读》,亦析古韵为二十一部。由此愈阐愈密的古韵离析,宋人叶韵说不攻自破,读先秦古籍始不致因训诂不明而生歧解。

文字方面,戴震的《方言疏证》、《尔雅文字考》开其先,邵晋涵的《尔雅正义》、王念孙的《广雅疏证》、段玉裁的《说文解字注》继其后,遂演成一股考文证字之流,文字学成为一门专门的学问。尤其是对文言虚词的探讨更具特色,将虚词的若干特殊用法条分缕析,梳理得井然有序,于后世读古文者有涣然冰释之效。

其次,广泛采用古书通例归纳法。钱大昕说:"读古人书,必先寻其义例,乃能辨其句读,非可妄议。"[①]凌廷堪说:"《仪礼》十七篇,礼之本经也。其节文威仪,委曲繁重。骤阅之如治丝而棼,细绎之皆有经纬可分也;乍睹之如入山而迷,徐历之皆有途径可跻也。是故不得其经纬途径,虽上哲亦苦其难;苟其得之,中材固可以勉而赴焉。经纬途径之谓何?例而已矣。"[②]江藩强调古书通例方法的重要性,说:"凡一书必有本书之大例,有句例,有字例。学者读时,必先知其例之所存,斯解时不失其书之文体。""注家亦有例","至于诸子各史,皆有大例。学者欲读其书,宜先知其例,书例既明,则其义可依类而得矣。"[③]运用古书通例归纳法治经取得诸多成就,如戴震对《水经注》通例的归纳,段玉裁对汉儒旧注通例的归纳,凌廷堪对《仪礼》通例的归纳,顾广圻

---

① 钱大昕:《潜研堂文集》卷十一,《答问》八,第105页。

② 凌廷堪:《校礼堂文集》卷二十六,《礼经释例序》,第241页。

③ 江藩:《经解入门》卷六,"体例不可不熟"第四十六。

对《释名》、《易林》等书通例的归纳，洪亮吉校《石经》二十四法的归纳，王念孙、王引之对发疑致误通例的归纳，江藩对古书通例集大成式的归纳等等，都是其中的佼佼者。

最后，实事求是、无征不信的求证方法。汉学家治经重视实事求是，凡立一说必重实证，无征不信。钱大昕治经拾遗规过就是客观地看待历史，即实事求是。所谓“桑榆景迫，学殖无成，惟有实事求是，护惜古人之苦心，可与海内共白”。[①] 洪亮吉称邵晋涵治学“推求本原，实事求是”。[②] 阮元治学也是“推明古训，实事求是”。[③] 证据包括书证和实证。书证尤表现为以经解经，以经证经。戴震自谓“仆之学不外以字考经，以经考字”。[④] 钱大昕称“《论语》之文与《礼经》相表里，以经证经，可以知辞达之义矣”。[⑤] 孙星衍称古人解经有三例：一是守师说，二是以经解经，三是以字解经。实证指亲身实践，所得出的结果与文献参证。汉学家如段玉裁、王念孙、王引之、郝懿行等人熟知草木鸟兽虫鱼之名称与习性，于“草木虫鱼，多出亲验”，王念孙作《广雅疏证》把“花草竹木，鸟兽虫鱼，皆购列于所居，视其初生与其长大，以校对昔人所言形态状。”[⑥]这种方法属于实事判断，对于辨明真假是非是十分必要的。

也正是这些方法使汉学走向衰落，这里主要指的是一些汉学家在治学上把经学方法片面化，以治经的方法代替整个经学的研究，或者说把小学等同于经学。他们尊汉只是尊经，而尊经也只是考据训诂一途，轻视义理，至于儒家的经世致用学风很少谈及。平心而论，古代经学主要在求政治上的应用。当时的政治理论不依托在神权君权上，而

---

① 钱大昕：《潜研堂文集》卷二十四，《二史考异序》，第 228 页。

② 洪亮吉：《卷施阁文甲集》卷九，《邵学士家传》，《洪亮吉集》第 1 册，第 192 页。

③ 阮元：《揅经室集自序》，《揅经室集》，第 1 页。

④ 见段玉裁《说文解字注》陈奂引段氏语。

⑤ 钱大昕：《潜研堂文集》卷九，《答问》六，第 81 页。

⑥ 刘盼遂：《高邮王氏父子年谱》，乾隆五十二年四十四岁条，《高邮王氏遗书》本，第 52 页。

别有一套符合人文、社会、历史演进的理论，这套理论都是从古代经书中推衍出来的。政治措施不倚重于当朝的法律或帝王、宰相、大臣等私人意见，必须根据从古经中推衍出来的理论作决夺。乾嘉汉学忽视了这一点。他们虽然自称汉学，其实无论从学术精神，还是从学术风格上看，都与汉代经学有所不同。正如钱穆指出："两汉经学注重政治实绩，清代经学则专注心力于书本纸片上之整理工夫。"[①]徐复观也说："先秦两汉，断乎没有无思想的经学家，无思想的经学家，乃出现于清乾嘉时代。"[②]这话虽然有些过头，但大体反映汉学的特点，他们大都只在整理古籍方面有贡献，由于没有或缺乏思想，所带来的学术上的繁荣与精深是畸形的。就是说，汉学家中多经师而少思想家，多校史者而少史学家，多校注而少著作，多训诂而少思想，是缺乏历史意识之学。只有这样评估汉学，才能正确理解嘉道之际以经世致用为己任的今文经学兴起的原因。

但也应注意，简单一概而论地说汉学没有义理、思想也不正确，一些汉学家所讲的义理是建立在训诂考据基础之上的，他们与宋明理学的分歧，与其说在于是否讲义理、思想。不如说是如何谈义理、思想，宋明理学谈义理、思想偏重于形而上，而汉学家谈义理、思想注重训诂考据，侧重在形而下。以下几章有关汉学部分着重分析一些汉学家的义理学，揭示出其思想特色，至于训诂考据不过是他们谈义理、思想的方法。当然不否认有些汉学家只趋于训诂考据一途而不谈义理，把治经的方法当成目的，这并不是儒学的真谛，揭示汉学家讲儒学的真谛必须注意到他们的义理学。[③]

另一个局限性就是门户之争。惠栋再传弟子江藩所撰《国朝汉学师承记》、《国朝宋学渊源记》，把汉学与宋学截然分离，扬汉抑宋。与

---

① 钱穆：《中国学术通义》，台北学生书局，1984 年，第 12 页。

② 徐复观：《中国经学史的基础》，台北学生书局，1982 年，第 51 页。

③ 在上世纪三十年代，冯友兰注意到这一点，参见《中国哲学史》下卷"清代道学继续"章。当代学者也开始关注义理学，并出版了相关的研究成果，参见台湾学者所编《清代义理学》等。

竭力表彰汉代学术相反，他对魏晋以下学术的大加贬斥，说："经术一坏于东、西晋之清谈，再坏于南、北宋之道学，元明以来，此道益晦。"[①]这主要是指魏晋以下玄学、佛学大兴，儒学失去汉代经学的面貌。尤其是宋学兴起后，儒释道的合一言天道性命，更使经术沉沦。在他看来，即使是宋儒讲的性理也是以汉代注疏为前提的，宋儒反汉儒是同室操戈。江氏此书一出即在当时引起一定的反响，龚自珍曾就"汉学"一语致书商榷，指出："本朝自有学，非汉学。有汉人稍开门径而近加邃密者，有汉人未开之门径，谓之汉学，不甚甘心。"[②]在历陈十条质疑后，建议江藩将书名改为《国朝经学师承记》，反对汉宋的门户之争。

江藩书出后，姚鼐的高足方东树撰《汉学商兑》针锋相对，汉宋学术之争大有不共戴天之势。他针对汉学中人标榜"实事求是"之学进行驳斥，称其实际上却脱离实际，埋头于故纸堆里，他说："汉学诸人，言言有据，字字有考，只向纸上与古人争训诂形声，传注驳杂，援据群籍证佐，数百千条。反之身已心行，推之民人家国，了无益处，徒使人狂惑失守，不得所用。然则虽实事求是，而乃虚之至者也！"[③]他认为，汉学以六经为宗，以训诂为方法，既不重道也不重理，全凭感性经验，抛弃理论思维，才是离经叛道，并具体指出汉学六蔽：一是"力破理字，首以穷理为厉禁，此最悖道害教"。二是"考之不实，谓程、朱空言穷理，启后学空疏之陋"。三是"忌程朱理学之名，及《宋史》《道学》之传"。四是"畏程朱检身，动绳以理法，不若汉儒不修小节，不矜细行，得以宽便其私，故曰宋儒以理杀人"。五是"奈何不下腹中数卷书，及其新慧小辨"。六是"见世科举俗士，空疏者众，贪于难能可贵之名，欲以加少为多，临深为高也"。[④] 在他看来，汉学家反对理学的目的是"得

① 江藩：《国朝汉学师承记》卷首，第6页。

② 龚自珍：《定庵文集外编》卷三，《与江子屏笺》。《龚自珍全集》第五辑，上海古籍出版社，1999年，第347页。

③ 方东树：《汉学商兑》卷中之上，第276页。

④ 方东树：《汉学商兑》卷下，第385—386页。

以宽便其私"，"其新慧小辨"，"贪于名"，就是说汉学不注重个人的心性修养，"心术不正"，对"道"与教都是有害的。在回顾汉学发展时，他把矛头尤其指向戴震，认为顾炎武、黄宗羲虽然首倡经学，但未标出汉学。惠栋标出汉学，但对理学体系的立脚点"理"并未禁止。戴震则全面系统地批判理学家所讲的"理"，代之以自己所理解的"理"，使理学的立论基础发生动摇，学风发生根本转变。

乾嘉时期的汉学与宋学之争，从历史眼光看，不过是儒家经学内部不同学派之间的论争。无论是汉学家还是宋学家都有片面性，没有跳出本学派的门户之见。就传统经学而言，考据与义理应是统一的，二者对治经来说发挥的功能不尽相同，但同样重要。考据是治经的工具或手段，义理则是治经的目的。只重考据而不重视义理，就不能领悟经中所蕴涵的道理，相反，一味追求义理而忽视考据，也会流于空谈。此时汉宋之争尽管大有水火不相容之势，但一些学者议论能跳出汉宋之争的窠臼，力主汉宋持平，考据和义理兼顾，是有远见的。另外，汉宋之争也使汉学走向衰微，随着内忧外患的进一步加剧，学术界愈来愈关注社会问题，以经世为特色的今文经学和晚清理学开始复兴，揭开了清代儒学发展的新一页。

第四节　汉学家的"以礼代理"说

近些年来，一些学者把对礼的研究或礼学视为清代汉学的中心或主轴，认为清代中期存在着一个礼学的复兴，礼学的复兴被概括为"以礼代理"。其主要依据是清代汉学家谈礼而不谈理，因为儒家经典很少言理，甚至不言理，谈理受到佛老方外的影响，另外也可以逆推至乾隆元年官方成立的三礼馆，以此馆的设置为标志，清代儒学界掀起了对三礼之学诠释的风气。这些主张不仅关系到礼学在当时的学术地位,同时也涉及对理的诠释问题,下面就此谈一点自己粗浅的看法。

一、关于三礼馆

关于乾隆元年(1736)诏开三礼馆,《清高宗实录》中有多条记载,兹引重要者如下:

乾隆元年六月十六日,清高宗颁谕,命开馆纂修《三礼义疏》,诏曰:“谕总理事务王大臣:昔我皇祖圣祖仁皇帝,阐明经学,嘉惠万世,以《大全》诸书,驳杂不纯,特命大臣等,纂集《易》、《书》、《诗》、《春秋》四经传说。亲加折衷,存其精粹,去其枝蔓,颁行学校,昭示来兹。而《礼记》一书,尚未修纂。又《仪礼》、《周礼》二经,学者以无关科举,多未寓目。朕思五经乃政教之原,而《礼经》更切于人伦日用,传所谓经纬万端,规矩无所不贯者也。昔朱子请修三《礼》,当时未见施行,数百年间,学者深以为憾。应取汉、唐、宋、元注疏诠解,精研详订,发其义蕴,编辑成书,俾与《易》、《书》、《诗》、《春秋》四经,并垂永久。其开馆纂修事宜,大学士会同该部,定议具奏。”①

七月九日,清廷任命三《礼》馆主事官员。“命大学士鄂尔泰、张廷玉、朱轼,兵部尚书甘汝来,为三《礼》馆总裁。礼部尚书杨名时,礼部左侍郎徐元梦,内阁学士方苞、王兰生,为副总裁。”②

十一月三十日,拟定《三礼义疏》的纂修条例。“三《礼》馆总裁大学士鄂尔泰《拟定纂修三礼条例》:一曰正义,乃直诂经义,确然无疑者。二曰辨正,乃后儒驳正旧说,至当不易者。三曰通论,或以本节本句,参证他篇,比类以测义;或引他经,与此经互相发明。四曰余论,虽非正解,而依附经义,于事物之理有所发明,如程子《易传》、胡氏《春秋

---

① 《清高宗实录》卷二一,乾隆元年六月己卯条,中华书局,1986年,第50页。

② 《清高宗实录》卷二二,乾隆元年七月辛丑条,第528页。后又补李绂为三礼馆副总裁。据《高宗实录》卷三三乾隆元年十二月甲申条记:“命詹事李绂,充三《礼》馆副总裁。”第648页。三礼馆副总裁方苞,就所开《三礼书目》征询詹事府詹事李绂意见,李绂复书方苞,建议辑抄《永乐大典》中有关三《礼》诸书。此间李绂还多次致书馆臣讨论纂修事宜。方李二人在修三《礼》过程中功不可没。

传》之类。五曰存疑，各持一说，义皆可通，不宜偏废。六曰存异，如《易》之取象，《诗》之比兴，后儒务为新奇，而可欺惑愚众者，存而驳之，使学者不迷于所从。然后别加案语，遵《折衷》、《汇纂》之例，庶几经之大义，开卷了然，而又可旁推交通，以曲尽其义类。得旨：此所定六类，斟酌允当，著照所奏行。”[①]

又据方苞言：“臣等审思详议，拟分为六类，各注本节本注之下。一曰正义：乃直诂经义，确然无疑者。二曰辨正：乃后儒驳正旧说，至当不易者。三曰通论：或以本节本句参证他篇，比类以测义；或引他经与此经互相发明。四曰余论：虽非正解，而依附经义，于事物之理有所发明，如程子《易传》、胡氏《春秋传》之类。五曰存疑：各持一说，义皆可通，不宜偏废。六曰存异：如《易》之取象，《诗》之比兴，后儒务为新奇而可欺惑愚众者，存而驳之，使学者不迷于所从。”[②]此文与上引鄂尔泰等所奏一致，由此可知《拟定纂修三礼条例》系方苞拟稿。

就这几条重要史料来看，清廷十分重视修三《礼》，任命高官负责纂修，同时也制定六条较为详尽的纂修体例，又别加案语加以发挥。至于为何修三《礼》，这从高宗开馆诏谕中看出端倪。归纳为以下几条：

第一，“《礼经》更切于人伦日用”，也就是说相对于其余经书，三《礼》更切近人事，因为三《礼》研究的对象即礼，与人们的日常生活休戚相关。清廷为了维护社会的稳定，规范人伦秩序，纂修三《礼》是十分必要的。

第二，朱熹当年请修三《礼》而未得到实行，有关历代三《礼》的注疏也有必要对其进行“精研详订，发其义蕴”，因此纂修三《礼》也有总结以往礼学研究成绩之义。

---

① 《清高宗实录》卷三一，乾隆元年十一月己未条，第627页。

② 方苞：《望溪先生集外文》卷二《拟定纂修三礼条例札子》，《方望溪先生全集》第五册，商务印书馆，1935年，第32页。

第三，诏曰："昔我皇祖圣祖仁皇帝，阐明经学，嘉惠万世，以《大全》诸书，驳杂不纯，特命大臣等，纂集《易》、《书》、《诗》、《春秋》四经传说。亲加折衷，存其精粹，去其枝蔓，颁行学校，昭示来兹。而《礼记》一书，尚未修纂。又《仪礼》、《周礼》二经，学者以无关科举，多未寓目。"这一段话最为重要，道出了修三《礼》的原因。首先，《易》、《书》、《诗》、《春秋》这四经已经修过。其次，《仪礼》和《周礼》无关科举，士子大多不看，当然尚未官修，同样《礼记》也未纂修。五经作为儒家的经典应是一个完整的系统，其余四经已修，三《礼》没有不修之理。三《礼》修完则可以"俾与《易》、《书》、《诗》、《春秋》四经，并垂永久"。

在诏开三礼馆不久，清廷开始纂修《大清通礼》。同年六月二十三日，高宗颁谕，命纂修《大清通礼》，谕曰："朕闻三代圣王，缘人情而制礼，依人性而作仪，所以总一海内，整齐万民，而防其淫侈，救其雕敝也。……前代儒者，虽有《书仪》、《家礼》等书，而仪节繁委，时异制殊，士大夫或可遵循，而难施于黎庶。本朝《会典》所载，卷帙繁重，民间亦未易购藏。应萃集历代礼书，并本朝《会典》，将冠、婚、丧、祭一切仪制，斟酌损益，汇一书，务期明白简易，俾士民易守。"[①]其纂修《大清通礼》的理由与纂修三《礼》差不太多，无非是"缘人情而制礼，依人性而作仪，所以总一海内，整齐万民，而防其淫侈，救其雕敝也"。也即期以整合人心，稳定社会，同时也有总结完善历代官修礼书之义。

修三《礼》是否具有特殊意义？就上述方苞所拟定诸条例而言，这六条例体现了纂修者们对名物、象数、制度等与考据训诂相关方面的重视，但此六条并非仅为修三《礼》而设，而是修五经的一般条例。上述条例中所讲的"遵《折衷》、《汇纂》之例"，指康熙朝编定的《周易折中》、《书经传说汇纂》、《诗经传说汇纂》、《春秋传说汇纂》等。清廷官修经书时都先拟定条例，关于这方面，在纂修三《礼》以前已经积累了很多经验，形成了较为完备的纂修条例，纂修三《礼》所拟定的诸条例

① 《清高宗实录》卷二一，乾隆元年六月丙戌条，第507页。

只不过是先前官修经书诸条例的延续而已。另外,据与方苞过从甚密的程廷祚为《大易择言》作序说:“乾隆壬戌,望溪方先生南归,慨然欲以六条编纂五经集解,嘉惠后学,而首以《易》属廷祚,曰:子之研精于《易》久矣。夫廷祚岂知《易》者,闻先生言,退而悚息者累月,乃敢承命而为之。阅十年而书成,命曰《大易择言》。”①壬戌为乾隆七年(1742)。这里所说的“六条”是指乾隆元年方苞所草拟的官修《三礼义疏》纂修条例之六条,同年十一月三十日,由鄂尔泰等以《拟定修三礼条例》之名上奏,此六条斟酌允当,得到清高宗的首肯。乾隆七年,方苞老病离京南归,程廷祚当面请益,才有方苞“欲以六条编纂五经集解”,并“首以《易》属廷祚”之事,程廷祚领命后便开始依据六条体例撰写《大易择言》。这里尤其强调的是“欲以六条编纂五经集解”,由此看出这六条亦并非仅为修三《礼》而设,或者说是修三《礼》的专利,而是纂修五经的通则。

进而言之,如果不局限于乾隆朝设立三礼馆修三《礼》这一件事,而是把顺治、康熙、雍正、乾隆四朝联系起来看,前三朝官修经书的情况是这样的:《易》有顺治十三年(1656)大学士傅以渐、曹本荣编纂的《易经通注》,康熙二十二年(1683)大学士牛钮等编纂的《日讲易经解义》,五十四年(1715)大学士李光地等编纂的《周易折中》。《书》有康熙十九年(1680)大学士库勒纳等编纂《日讲书经解义》,六十年(1721)大学士王顼龄等编纂的《书经传说汇纂》。《诗》有康熙六十年大学士王鸿绪等编纂的《诗经传说汇纂》,此书雍正时刊行。《春秋》有康熙三十八年(1699)的《春秋传说汇纂》,雍正年间的《日讲春秋解义》,另外,《四书》与《孝经》有康熙十九年纂修的《日讲四书解义》,以及雍正五年(1727)纂修的《孝经集注》等。由此来看除了三《礼》之外,其余经书已经在顺、康、雍三朝修过,至乾隆时只有三《礼》未修,元年诏开三礼馆修三《礼》是顺理成章的,也即完成本应完成的部分。因此乾隆元年开

---

① 程廷祚:《大易择言》卷首,《大易择言序》,《四库全书》第 52 册,第 454 页。

始纂修三《礼》,十三年(1748)纂修成《周官义疏》、《仪礼义疏》、《礼记义疏》并没有什么特殊意义。其实乾隆朝也官修了其余经书,如二十年(1755)大学士傅恒等纂修的《周易述义》、《诗义折中》,三十年(1765)纂修的《春秋直解》。总之,在诸经中,《易》被纂修四次,《书》被纂修二次,《诗》被纂修二次,《春秋》被纂修三次,四书和《孝经》各被纂修一次,三《礼》只被纂修一次。

应该说自清兵入关问鼎中原伊始,清廷就开始实行"崇儒重道"的文化政策,"道在经中"在统治者那里已经达成共识,编纂经书则是这一文化政策和共识的具体实施。清廷在纂修诸经过程中,把它们一律平等看待,大凡官修一部经书都组成了一套完整的编纂班子,皇帝或御制序文,或拟定凡例,或亲自监修,或亲命皇子及大臣监修,这均体现了清廷对此的重视。设立三礼馆修三《礼》,与为纂修其余经书而成立的编纂班子一样,没有什么特殊意义,都是为了修书组织上的协调方便而已。因此把三礼馆的诏开,以及官修三《礼》任意拔高,并视为清代汉学以礼学为中心或被誉为汉学主轴,显然有些夸大。

二、言礼不言理

乾嘉汉学家言礼不言理的主要代表人物为凌廷堪与焦循。

凌廷堪的基本主张是由理返礼。他反对宋明理学言理,说:"考《论语》及《大学》皆未尝有理字,徒因释氏以理事为法界,遂援之而成此新义。是以宋儒论学,往往理事并称。"[1]又说:"夫《论语》,圣人之遗书也。说圣人之遗书,必欲舍其所恒言之礼,而事事附会于其未言之理,是果圣人之意邪?后儒之学本出于释氏,故谓其言之弥近理而大乱真。不知圣学礼也,不云理也,其道正相反,何近而乱真之有哉!"[2]反对言理主要依据有二条:其一是儒学的主流不言理,儒家的经典即

---

① 凌廷堪:《校礼堂文集》卷十六,《好恶说》下,中华书局,1998年,第142页。

② 凌廷堪:《校礼堂文集》卷四,《复礼》下,第32页。

经书很少谈理,甚至不言理。[1] 其二是理学家大谈理,而他们所言的理受佛家的影响而非儒学正统。他们言理虽然是理事并举,但以理为本,空疏而不切实际。凌氏进而提出复礼,认为“夫舍礼而言道,则空无所附;舍礼而言性,则茫然无所从”[2]。孟子言仁必申之以义,而荀子言仁必推本于礼。在这里礼成为根本,被赋予本体意义,总之,“圣人之道也,则舍礼奚由哉!”[3]

凌廷堪反对理学家所讲的理是因为他们言理有空疏之嫌,这无可厚非,说理学家受佛家的影响也有道理,但受佛家影响并不等于不属儒学,儒学本身是一个开放的系统,在其发展过程中总是能够吸纳外来的思想或学说而不断丰富完善自己,这正是其生命力之所在。另外,理的内涵要比礼更加宽泛,已超出礼的范围,刘师培说:“若夫近儒凌氏(凌廷堪——引者)谓礼即理,盖含于礼中者为理义,见于礼仪者为文理。其说诚然,然理字所该甚广,非礼一端所能该,不得谓理即礼也。”[4]理与礼的内涵与外延既然不同,因此也就不能相互替代了。

至于凌氏所说的圣学、经典不言理则也欠说服力。兹引经典言理加以说明:《礼记》言理,如《中庸》“文理密察,足以有别”。《礼运》“义理,礼之文也”。《乐记》“义理,礼之文也”。“人,化物者也,灭天理以穷人欲者也”。《丧服四制》“理者义也”。《祭义》“理发乎外而众莫不承顺”。《礼器》“理万物者也”。《内则》“渍取牛肉,必新杀者,薄切之,必绝其理”。《仲尼燕居》“礼也者,理也”。《周易》言理,如《系辞传》“易简而天下之理得矣”、“俯以察于地理”、“穷理尽性”、“理财正辞”,《说卦传》“圣人之作《易》,将以顺性命之理”。《孟子》言理,《万章下》

---

① 戴震也有类似的观点,如说:“六经、孔、孟之言以及传记群籍,理字不多见。”《孟子字义疏证》卷上《理》,《戴震全书》第六册,黄山书社,1995 年,第 154 页。刘师培对此评道:“此则东理立说之偏耳。”《理学字义通释》,《清儒得失论》,中国人民大学出版社,2004 年,第 114 页。

② 《校礼堂文集》卷十,《荀卿颂》,第 76 页。

③ 凌廷堪:《校礼堂文集》卷四,《复礼》上,第 28 页。

④ 刘师培:《理学字义通释》,《清儒得失论》,第 114 页。

“始条理者，智之事也。终条理者，圣人之事也”。《告子上》“心之同然者何也？谓理也，义也”。《尽心下》“貉稽曰：稽大不理于口”。《诗经》言理，如《大雅·江汉》“于理于理，至于南海”。先秦诸子言理就更不必说了。综合经典所述，其言理的内涵十分丰富，训理为分、为顺，以理为礼文，理有申辩、治理、文理、条理、道理、法则之义。因此，说儒学经典不言理是站不住脚的。

对于理的顺的意义，刘师培引经据典做了推展与延伸，他说：“按《说文》顺字下云，理也。训顺为理，则古籍所言顺字，皆含有秩序之义。《孝经》言，以顺天下言治天下，当有秩序也。又言，孰能顺民如此其大者乎。言使民各守其秩序也。顺与逆相反，合理者谓之顺，非理者谓之逆。若夫《左氏传》言六顺，即言伦理中之秩序也。言顺少长，即顺少长之秩序也。《易》言顺天命，即顺天命之秩序也。言数往者顺，言往事皆有秩序可寻也。《礼》言必顺其时，即顺天时之秩序也。又言礼时为大，顺次之，言礼当有秩序也。又言顺而下之，言顺庙祧之秩序也。故《尔雅》训叙为顺，叙即秩序，秩序即条理也。许君训顺为理，其训最精。又如伦字、序字、则字，亦有理字之义。《诗》言有伦有脊，《易》言言有叙，《诗》言有物有则，皆与条理之义同。”[①]《说文》、《尔雅》为解字训诂权威，《孝经》、《左传》、三《礼》、《周易》、《诗经》为儒家经典，皆训顺为秩序，亦即条理，说明理的基本含义为秩序或条理。

退一步说，即使是经典少言理，甚至不言理，那也不能作为汉学家不言理的理由。因为经典是特定时代的产物，所回答的问题或使用的范畴都有一定的历史局限性，时代在不断发展，社会出现许多新问题，回答新问题就离不开范畴的不断更新，这种更新在很大程度上表现为过去很少提及的旧范畴被重新提及并被赋予新的内涵或新的用法，使其成为构筑新思想体系或学说的重要材料，因此说范畴的更新是推动学术发展与革新的动力。理的范畴何尝不是如此，它虽然属于旧有的

① 刘师培：《理学字义通释》，《清儒得失论》，第 114 页。

范畴，但必然随着时代的发展而被赋予新义（这里主要指宋明理学为了应付佛道的挑战而重新言理），这体现了人们认识与思维水平的提高，从这个意义上说，凌廷堪的说法过于僵化、教条了。

与凌廷堪一样，焦循也反理字，认为自从理（道）之说兴起，“人各挟其是非，以逞其血气。激浊扬清，本非谬戾，而言不本于性情，则听者厌倦。至于倾轧之不已，而忿毒之相寻，以同为党，即以比为争。甚而假宫闱、庙祀、储贰之名，动辄千百人哭于朝门，自鸣忠孝，以激其君之怒，害及其身，祸于其国。全戾乎所以事君父之道”。[①] 在他看来，由于理有歧义性，人各持其理以定是非，会导致个人乃至整个国家的动荡不安，甚至还会出现祸殃。

不仅如此，他又作《理说》系统阐释自己的主张。明儒吕坤在其《语录》把理与势当成是天地之间最尊的，其中理又是尊之尊。庙堂上言理，天子不得以势相夺。即使相夺，理亦常伸于天下万世。在这里，理具有不可动摇的地位。焦氏对此评论道：“此真邪说也。孔子自言事君尽礼。未闻持理以要君者。吕氏此言，乱臣贼子之萌也。”[②]在焦氏看来，后世儒者不言礼而言理，“惟先王恐刑罚之不中，务于罪辟之中求其轻重，析及豪芒，无有差谬，故谓之理。其官即谓之理官”。但治理天下则应该以礼而不以理。这是因为礼讲的是辞让，理则辨的是是非：“知有礼者，虽仇隙之地，不难以揖让处之，若曰虽伸于理，不可屈于礼也。知有理者，虽父兄之前，不难以口舌争之，若曰虽失于礼，而有以伸于理也。今之讼者，彼告之，此诉之，各持一理，譊譊不已。为之解者，若直论其是非，彼此必皆不服；说以名分，劝以孙顺，置酒相揖，往往和解。可知理足以启争，而礼足以止争也。”[③] 也就是说言理因其讲是非，必然引起争论，甚至会出现社会动荡，而言礼则不同，因

① 焦循：《雕菰集》卷十六，《群经补疏序·毛诗郑氏笺》，《丛书集成初编》本，商务印书馆，1936年，第272页。

②③ 焦循：《雕菰集》卷十，《理说》，第151页。

其讲揖让,可以化解社会矛盾,对社会的稳定有益。焦循的这种推论实在不够充分,试问是非判明了还有社会矛盾吗?社会矛盾的出现正是由于是非不明,以礼来调节只能达到暂时的缓和,而并非从根本上解决社会分争,一旦时机成熟必然会使矛盾进一步激化。因此,可以这么说,在化解社会矛盾方面,礼的作用是表层的,而理才是深层的,带有根本性的。

与凌廷堪、焦循有所不同,戴震言礼也言理,尽管其中一个重要的特征(正面论理则是另一个特征,后面有论述)是通过反对宋明理学的形式表现出来,但他毕竟是言了。他批评宋明理学的理,说:“《诗》曰:民之质矣,日用饮食。《记》曰:饮食男女,人之大欲存焉。圣人治天下,体民之情,遂民之欲,而王道备。人知老、庄、释氏异于圣人,闻其无欲之说,犹未之信也;于宋儒,则信以为同于圣人;理欲之分,人人能言之。古今之治人者,视古贤圣体民之情,遂民之欲,多出于鄙细隐曲,不措诸意,不足为怪;而及其责以理也,不难举旷世之高节,著于义而罪之,尊者以理责卑,长者以理责幼,贵者以理责贱,虽失,谓之顺;卑者、幼者、贱者以理争之,虽得,谓之逆。于是下之人不能以天下之同情、天下所同欲达之于上;上以理责其下,而在下之罪,人人不胜指数。人死于法,犹有怜之者;死于理,其谁怜之!呜呼,杂乎老、释之言以为言,甚祸甚于申、韩如是也。六经、孔、孟之书,岂尝以理为如有物焉?外乎人之性之发为情欲者,而强制之也哉!”[①]这是从理欲关系角度反对宋明理学家所言之理。经书言理大都与欲相关,基于人的生理需要而言,使欲望限制在满足人们基本需求的范围内,而不是像一些理学家离开欲而空谈理。此理灭绝人的基本欲望,变成所谓的高高在上的天理,而且此理的话语权又掌握在统治者、尊者、长者手中,他们把这个理当成赤裸裸的天条,作为衡量或指责别人行为的手段,以此来压制人们的情欲,扼杀人们的本性,这个理当真成为卑者、幼者、贱

① 戴震:《孟子字义疏证》卷上,理字第十条,《戴震全书》第六册,第161页。

者的精神桎梏。在戴震看来,以此论理显然是违背人性的,同时也与经书原义不相符合。

戴震还进一步写道:“后儒不知情之至于纤微无憾,是谓理。而其所谓理者,同于酷吏之所谓法。酷吏以法杀人,后儒以理杀人。浸浸乎舍法而论理。死矣!更无可救矣!……后儒冥心求理,其绳以理严于商、韩之法,故学成而民情不知,天下自此多迂儒,及其责民也,民莫能辨。彼方自以为理得,而天下受其害者众也!”[①]这里的后儒指宋明理学,由于他们脱离情欲言理,此理则如同酷吏所使用的刑法,因此说:“酷吏以法杀人,后儒以理杀人。”与以法杀人相比,以理杀人更加残酷,更有欺骗性,因为法是赤裸裸的,它只限制人们的行为,而披上虚伪外衣的理则蚕食了人们的心灵,以软刀杀人人却不知。戴震对宋明理学言理所带来的危害性、欺骗性给予无情的揭露,具有近代意义上人性解放的色彩。

总之,个别汉学家反对言理的根据及其论证理由,都是讲不通的。进一步讲,反对言理的只是个别学者而不是主流,汉学家言理的大有人在,以下援引原文并做一些分析。

三、汉学家对理的诠释

在先秦两汉文献中不乏谈理字,但真正对理字进行系统诠释的当属宋明理学。理学家对理的解读是把它形而上学化了,作为抽象的概念,理具有本体意义。这种本体意义表现为自然、所以然、与所当然之意。朱熹说:“事物之理,莫非自然。”[②]又说:“至于天下之物,则必各有所以然之故,与其所当然之则,所谓理也。”[③]朱熹虽然强调理无事则无所依附,但更多地是从形而上角度释理:“洒扫应对之事,其然也,形而

① 戴震:《戴东原先生文·与某书》,《戴震全书》第六册,第496页。
② 朱熹:《孟子集注》卷八,《离娄章句下》,《四书章句集注》,中华书局,1983年,第297页。
③ 朱熹:《四书或问·大学或问上》,上海古籍出版社、安徽教育出版社,2001年,第8页。

下者也;洒扫应对之理,所以然也,形而上者也。"[①]理学家言理的这一特征被清儒概括为"理在事上"。

就理的外延来说,理学家大体分为三个层面:第一,天即理。程颢说:"《诗》曰:天生烝民,有物有则,民之秉彝,好是懿德。故有物必有则,民之秉彝也,故好是懿德。万物皆有理,顺之则易,逆之则难,各循其理,何劳于己力哉?"[②]二程说:"理则天下只是一个理,故推至四海而准。"[③]万物皆只是一个理。朱熹说:"宇宙之间,一理而已。"[④]陆九渊说:"塞宇宙,一理耳。"[⑤]第二,性即理。程朱一派持这种看法。程颐说:"性即理也,所谓理,性是也。"[⑥]朱熹继承二程说法,指出:"性即是理。有性即有气,是他禀得许多气,故亦只有许多理。"又说:"性只是理。气质之性,亦只是这里出。若不从这里出,有甚归着。"[⑦]第三,心即理。陆王一派持这种观点。程颢早有此类主张,陆九渊、王守仁加以发挥。陆九渊说:"人皆有是心,心皆具是理。心即理也。"[⑧]又说:"人心至灵,此理至明。人皆有是心,心皆具是理。"[⑨]王守仁说:"心即理也。天下又有心外之事,心外之理乎?"[⑩]理学家对理的诠释注重其思想上的发挥,显然深化与丰富了这一概念的内涵和外延,使其成为理学的重要范畴和理论基石。刘师培在比较汉儒与宋儒言理时说:"若宋儒言理,以天理为浑全之物,复以天理为绝对之词。又创为天即理、性即理之说,精确实逊于汉儒",但"不得据浑全之训而概斥宋儒言

---

① 朱熹:《四书或问·论语或问》卷十九,《子张第十九》,第 402 页。

② 程颢:《河南程氏遗书》卷第十一,《明道先生语一》,《二程集》,中华书局,2004 年,第 123 页。

③ 程颐:《河南程氏遗书》卷第二上,《二先生语二上》,第 38 页。

④ 朱熹:《朱熹集》卷七十,《杂著·读大纪》,四川教育出版社,1997 年,第 3636 页。

⑤ 陆九渊:《象山先生全集》卷十二,《与赵咏道四》,中国书店,1992 年,第 103 页。

⑥ 程颐:《河南二程遗书》卷第二二上,《伊川先生语八上》,第 292 页。

⑦ 朱熹:《朱子语类》卷第四,《性理一》,中华书局,1994 年,第 61、67 页。

⑧ 陆九渊:《象山先生全集》卷十一,《与李宰二》,第 95 页。

⑨ 陆九渊:《象山先生全集》卷二二,《杂著·杂说》,第 173 页。

⑩ 王守仁:《传习录》上,《王阳明全集》上海古籍出版社,1992 年,第 2 页。

理之疏也"。[①] 这种意见可谓汉宋持平,既肯定了汉学家在训诂方面精确于理学家,同时也突出了理学家的特色,即他们对理的诠释非简单地训诂,而重在对义理的阐释。

与理学家有所不同,清代汉学家对理重新给予诠释。他们反对理学家所谓天即理、性即理、心即理及把理视为本体概念的做法,而是把理从形而上的抽象拉回到形而下的具体,其基本特征是以务实或实证的角度诠释理。

惠栋言理,认为理的本意为"分也,犹节也"[②]。他还把理与道、义、礼结合起来,以此深化对理的认识。他引《管子·心术》论《易》微言大义,提出"礼者,谓有理也"的命题:"德者道之舍,物得以生。德者得也,以无为之谓道,舍之之谓德。故道之与德无间,故言之者不别也。间之,理者,谓其所以舍也(道德之理可间者,则以有所舍、所以舍之异也);义者,谓各处其宜也。礼者,因人之情,缘义之理,而为之节者文也。故礼者,谓有理也。理也者,明分以喻义之意也。故礼出乎义,义出乎理,理因乎宜者也。"[③]这四者的关系是,道相对抽象,德即得,道寓于德之中,道与德无间指无差别,理则使它们区别开来并寓于其中,理是"其所以舍(寓)",义是"各处其宜",而礼是"节文",表现为外在,但非无所根据,而是"因人之情,缘义之理",因此说"礼者,谓有理也"。以理论礼,既可以避免理的空洞无物,同时也使礼有了根基。

关于道与理,他引《韩非子》发挥道:"理者,方圆、短长、粗靡、坚脆之分也。立天之道曰阴与阳,不言阴阳而言阴与阳,是阴阳之理。立地之道曰柔与刚,是柔刚之理也。立人之道曰仁与义,是仁义之理也。阴阳、柔刚、仁义原本于性命,所谓性命之理。下云兼三才而两之,是顺性命之理也。"[④]反对宋儒抽象的理与道,赞同韩非子具体事物之理

---

① 刘师培:《理学字义通释》,《清儒得失论》,第 113 页。

② 惠栋:《周易述》卷二十三,《易微言下》"理"条,中华书局,2007 年,第 505 页。

③ 惠栋:《周易述》卷二十三,《易微言下》"理"条,第 507 页。

④ 惠栋:《周易述》卷二十,《说卦传》,中华书局,2007 年,第 369—370 页。

为理,以及《周易》具体事物之道为道,理与道虽然不等同于事物,但却是事物中的理与道,与事物紧密相关。他又引《韩非子》加以发挥:“道者,万物之所然也,万理之所稽也。理者,成物之文也;道者,万物之所以成也。故曰:道,理之者也。物有理不可以相薄,故理之为物之制。万物各异理,万物各异理而道尽稽万物之理,故不得不化。不得不化,故无常操。是以生死气禀焉,万智斟酌焉,万事废兴焉。”[①]相对于物来说,理与道似有不同,道是“万物之所然”、“万理之所稽”、“万物之所以成”,理是“成物之文”,因此“理之为物之制”、“万物各异理”,而道则“尽稽万物之理”,事物是具体的,理是事物的文理,而道是万物生成的原因。相对于理而言,道更为根本。

与惠栋过往密切的钱大昕不反对性即理,但不赞同天即理,他引《诗》说:“敬天之怒,畏天之威。理岂有怒与威乎?又云:敬天之渝。理不可言渝也。谓理出于天则可,谓天即理则不可。”[②]认为宋儒讲的性即理可以成立,而天即理则讲不通,反对把天与理等同起来。这是因为人获罪于天,祷告于天是对天的尊重,祷告于理则于事无补,实际上是反对空谈理。

戴震对理的论述颇多,兹举几条:“物者,事也;语其事,不出乎日用饮食而已矣;舍是而言理,非古贤圣所谓理也。”[③]又说:“理者,察之而几微必区以别之名也,是故谓之分理;在物之质,曰肌理,曰腠理,曰文理;(亦曰文缕,理、缕,语之转耳。)得其分则有条而不紊,谓之条理。”[④]“理也者,情之不爽失也;未有情不得而理得者也。”[⑤]“心之所同然始谓之理”,“分之,各有其不易之则,名曰理。”[⑥]“天理云者,言乎自

① 惠栋:《周易述》卷二十三,《易微言下》“道”条,中华书局,2007年,第458—459页。
② 钱大昕:《十驾斋养新录》卷三,《天即理》,江苏古籍出版社,2000年,第49页。
③ 戴震:《孟子字义疏证》卷上,理字第三条,《戴震全书》第六册,第153页。
④ 戴震:《孟子字义疏证》卷上,理字第三条,理字第一条,第151页。
⑤ 戴震:《孟子字义疏证》卷上,理字第三条,理字第二条,第152页。
⑥ 戴震:《孟子字义疏证》卷上,理字第三条,理字第四条,第153页。

然之分理也；自然之分理，以我之情絜人之情，而无不得其平是也。”[①]“就事物言，非事物之外，别有义理也；有物必有则，以其则正其物，如是而已矣。就人心言，非别有理以予之而具于心也；心之神明，于事物咸足以知其不易之则，譬有光皆能照，而中理者，乃其光盛，其照不谬也。”[②]戴氏多方位诠释理，把主观与客观统一起来，如以事言理，以物言理，是从客观的具体事物角度言理，把理置于经验或实证的层面之上。而以情言理，以人心所同然言理，则是强调了理的主观性，理并不是纯粹与主观无关的客观实在，而是进入人知识领域中的概念，理与情、心相互关联，它是人们主观描述或认知客观（包括反思自身）的范畴。正是由于客观事物的差异性以及人们认知的多样性，才使理具有分的特点。刘师培说：“近世东原戴氏之解理字也，以人心所同然，情欲不爽失为理，故能去私戒偏。舍势论理，而解理为分，亦确宗汉诂，可谓精微之学矣。”[③]对戴氏言理给予了充分肯定。

戴震的弟子段玉裁肯定其师言理，援引戴震《孟子字义疏证》关于“理者，察之而几微必区以别之名也，是故谓之分理；在物之质，曰肌理，曰腠理，曰文理；得其分则有条而不紊，谓之条理。……古人之言天理何谓也？曰：理也者，情之不爽失也，未有情不得而理得者也。天理云者，言乎自然之分理也。自然之分理，以我之情，挈人之情，而无不得其平是也。”[④]与此同时也提出自己的观点，他说：“理，治玉也。《战国策》，郑人谓玉之未理者为璞，是理为剖析也。玉虽至坚，而治之得其腮理以成器不难，谓之理。”[⑤]段氏以注《说文解字》而名噪当时，作为小学家，他从理的字意源头把握其内涵，重申以事物言理的观点。

---

① 戴震：《孟子字义疏证》卷上，理字第三条，理字第一条，第151页。

② 戴震：《孟子字义疏证》卷上，理字第三条，理字第八条，第158页。

③ 刘师培：《理学字义通释》，《清儒得失论》，第113—114页。

④ 段玉裁：《说文解字注》卷一，玉部“理”字条，《清经解清经解续编》第四册，凤凰出版社，2005年，第5055页。

⑤ 段玉裁：《说文解字注》卷一，玉部“理”字条，第5055页。

至于后来理学所讲的天理，他并不反对，认为凡是天下一事一物必推其情至于无憾而后即安的天理对治理社会有益，可以视为理原意的引申。

戴震的同门程瑶田论理，他反对单纯言理，认为天下事物此亦一是非，彼亦一是非，各执其是非，各有其理，由此必然带来双方的争斗，为了避免这种情况的发生，要以情沟通，“故言理者必缘情以通之。情也者，出于理而妙于理者也。”[①]在情与理的关系上，理虽然更根本，但离不开情，这个理是有内容的。他论及礼与理的关系，指出：“窃以谓礼之本出于理，而理亦有所难通。据理而执一，不以礼权之，亦不可通也。”[②]与情一样，礼也可以起沟通作用，但相对于礼来说，理更为根本，因为“礼之本出于理”。他提出物之理，说：“格者，举其物而欲贯通乎其理。致知者，能贯通乎物之理矣。”“使吾造意之时，务不违乎物之理，而因之正心，使吾心常宅乎物之理，……顺物之情，尽物之性，使天下无物不得其所。”[③]理并非空洞抽象而寓于物中，即所谓“物之理”，此“物之理”是人们心知的对象，通过格物致知，人们便能认识事物内在的理。“物之理”也是《诗经》所说的“天生烝民，有物有则”，“则”就是理，此理有条理、法则之意。由此出发，理也可以约束人们的行为，如他所说：“理但可以绳己，自己见得理路一定如此，自达其心，岂故有违。”[④]

章学诚以事言理，以文言理，兹举几条：“古人未尝离事而言理。”[⑤]又“事有实据，而理无定形。故夫子之述六经，皆取先王典章，未尝离事而著理。”[⑥]又“其理著于事物，而不托于空言也。师儒释理以示后

① 程瑶田：《论学外篇》上，《让室卮言》载《通艺录》，《安徽丛书》第二期上，第11页。

② 程瑶田：《论学外篇》上，《让室卮言》载《通艺录》，第10页。

③ 程瑶田：《论学小记》上，《诚意义述》，载《通艺录》，《安徽丛书》第二期上，第25页。

④ 程瑶田：《论学外篇》上，《擘窠书四字说》，载《通艺录》，《安徽丛书》第二期上，第5页。

⑤ 章学诚著，叶英校注：《文史通义校注》卷一，《内篇一·易教上》，中华书局，1985年，第1页。

⑥ 章学诚著，叶英校注：《文史通义校注》卷一，《内篇一·经解中》，第102页。

学，惟著之于事物，则无门户之争矣。理，譬则水也。事物，譬则器也。器有大小浅深，水如量以注之，无盈缺也。今欲以水注器者，姑置其器，而论水之挹注盈虚，与夫量空测实之理，争辩穷年，未有已也，而器固已无用矣。”[①]“夫言所以明理，而文辞则所以载之之器也。虚车徒饰，而主者无闻，故溺于文辞者，不足与言文也。”“盖文固所以载理，文不备，则理不明也。且文亦自有其理，妍媸好丑，人见之者，不约而有同然之情，又不关于所载之理者，即文之理也。故文之至者，文辞非其所重尔，非无文辞也。”[②]以事言理是把理置于事物之中，反对脱离事物抽象谈论理，以文言理同样把理置于文之中，反对脱离文抽象谈论理。以事言理，以文言理，此理是有具体内容的，不同事物有不同的理，并通过事物、文辞显现出来，同时它也有自己的特色，如“无定形”，非具体的事物所限而具有一般性。章氏论理与惠栋、戴震等论理大体相同，他们大都强调了理对具体事物的依附性，不赞成一些理学家们离开具体事物而空谈理，也即反对存在着一个超越一切具体事物的形而上学的理世界。

阮元在他所主持的《经籍籑诂》中释理说：“理，治也。”“节文条理也。”“理者成物之文也。”[③]继承先秦儒家言理的特色。作为理学的集大成者，朱熹论理的创获为人所共知，但对他言礼则关注不够，朱熹中年以后，其学愈来愈精深务实，晚年尤其讲礼，表现出对礼的重视，阮元根据朱熹的这一特点阐释了自己对礼与理关系的主张，说：“诚有见乎理必出于礼也。古今所以治天下者礼也，五伦皆礼，故宜忠宜孝即理也。然三代文质损益甚多，且如殷尚白，周尚赤，礼也，使居周而有尚白者，若以非礼折之，则人不能争，以非理折之，则不能无争矣。故

---

① 章学诚著，叶英校注：《文史通义校注》卷三，《内篇三·朱陆》，第 262 页。

② 章学诚著，叶英校注：《文史通义校注》卷三，《内篇三·辨似》，第 340 页。

③ 阮元：《经籍籑诂》，中华书局，1982 年，第 967 页。

理必附乎礼以行,空言理,则可彼可此之邪说起矣。"[①]在理与礼的关系上,他提出"理必出于礼"、"理必附乎礼",是强调了礼对理的根源性、本体性,把礼的重要性置于理之上,其目的是反对空言理。但并没有抹杀理的存在,更谈不上以礼代理,而是把理置于适当的位置。在这一点,阮元与自己的好友焦循有所不同。

张惠言专攻虞翻易学,他论理主要是把理与象联系起来,说:"夫理者无迹,而象者有依。舍象而言理,虽姬孔靡所据以辩言正辞,而况多歧之说哉!设使汉之师儒,比事合象,推爻附卦,明示后之学者有所依逐,至于今,曲学之响,千喙一沸,或不至此。虽然,夫易广矣,大矣,象无所不具,而事著于一端,则吾未见汉儒之言之略也。"[②]理属于抽象的东西,象则是具体的,离象而言理无法正确解释卦爻辞含义。汉儒解经以取象为准则,王弼以来的义理之学舍象而空谈义理,结果众说纷纭,使经学陷于困境。张惠言认为易道(理)广大,但必须通过象来显现,强调了象的意义。

汉学家言理各有所侧重,如他们有的从礼与理、道与理的关系中把握理,有的从心、性、情角度谈理,有的从事、物、气角度言理,有的从文、象角度讲理,虽然言理各有不同,但不可否定的一个基本事实,那就是都是从具体的、经验的层面上言理,反对抽象空洞的说理,把理由形而上拉回到形而下,与具体的有形的东西联系在一起,这也体现了汉学家们重视实证的务实学风。

就思想渊源而言,乾嘉汉学家谈理特色与清初学者如王夫之、颜元、李塨等人是一脉相承的。王夫之说:"天地间只是理与气,气载理而理以秩序乎气。"[③]"盖言心言性,言天言理,俱必在气上说,若无气处

---

① 阮元:《揅经室续集》卷三,《书东莞陈氏学蔀通辨后》,《揅经室集》,中华书局,1993 年,第 1062 页。

② 张惠言:《虞氏易事》卷首,《虞氏易事序》,《丛书集成初编》本,商务印书馆,1936 年,第 1 页。

③ 王夫之:《读四书大全说》卷三,《中庸》第二十四章,《船山全书》第六册,岳麓书社,1991 年,第 549 页。

则俱无也。”[①]又说：“天下惟器而已矣。道者器之道，器者不可谓之道之器也。”[②]以气言理，以器言道，在这里气和器都是具体的，理与道具有一般的特色，但它们都寓于气或器之中，这说明理（道）不可能单独存在，总是与具体事物联系在一起。颜元说：“但须庄敬笃实，立其基本，逐事逐物理会道理，待此通透，意诚心正了，就切身处理会，旋旋去理会。礼、乐、射、御、书、数，也是合当理会的，皆是切用；但不先就切身处理会道理，便教考究得些礼文制度，又干自家身已甚事！”[③]这里的道理即是理，如何理会道理？要“逐事逐物理会”、“切身处理会”，也就是从具体事物处理会道理，这种理会的理才切于实用。其弟子李塨说：“《中庸》文理，与《孟子》条理，同言道秩然有条，犹玉有脉理，亦虚字也。《易》曰穷理尽性，以至于命。理见于事，性具于心，命出于天，亦条理之义也。”[④]又“夫事有条理曰理，即在事中。今曰理在事上，是理别为一物矣。理虚字也，可以为物乎？天事曰天理，人事曰人理，物事曰物理。《诗》曰有物有则。离事物何所为理乎？”[⑤]这里不仅对理作了界定，同时也进一步发展了颜元的主张。如果说颜元在事理关系上初步确定理不离事物，那么李塨明确提出“理见于事”、“理即在事中”。他反对理学家“理在事上”，是不赞同把“理别为一物”，也就是说理不能离开事物而作为抽象的本体单独存在。颜李后学的程廷祚“以气言理”，反对“贵理而贱气”，提出“气之外无理也”。[⑥] 这与王夫之上述观点相一致。而他关于理如“文理条理之谓”、“若《大传》之言理，皆主形见于事物者而言”[⑦]的主张，则直接继承与发展了颜李之学论理的基本

---

① 王夫之：《读四书大全说》卷十，《孟子·尽心上》，《船山全书》第六册，第1109页。

② 王夫之：《周易外传》卷五，《系辞上传》第十二章，《船山全书》第一册，第1027页。

③ 颜元：《存学编》卷四，《性理评》，《颜元集》上册，中华书局，1987年，第90页。

④ 李塨：《论语传注问·学而一》，《四库全书存目丛书》本，经部173册，齐鲁书社，1997年，第279页。

⑤ 李塨：《论语传注问·子张十九》，第293页。

⑥ 程廷祚：《青溪文集》卷七，《原气》，《青溪集》，黄山书社，2004年，第168—169页。

⑦ 程廷祚：《论语说》卷三，“颜回问仁”条，《续修四库全书》经部153册，上海古籍出版社，2002年，第485页。

观点。王夫之、颜李之学有关于理的阐释与后来的汉学家遥相呼应，说明他们在思想上存在着前后承继的关系。

以上所引证明汉学家是言理的，但有得有失，积极方面在于，第一，就汉学家言理的来源来说，他们善于征引先秦文献加以证明，尤其侧重从语言文字角度诠释理，这对了解理的本义是有益的，与他们那个时代尊尚古学的风气是一致的。第二，汉学家是以务实的态度诠释理，把理置于经验或实证层面，使空悬之理落到实处，与人伦日用结合在一起，发挥着具体的功效，而且此理又是人们可以认知的。尤其是理的具体化，并与情联系在一起，对反对以抽象的理来束缚人性的假道学，以及彰显人的个性有积极意义。消极方面在于，第一，汉学家言理缺乏创新，他们主要借助于先秦文献论理，只强调理的原始意义或语义学意义，而没有加以引申发挥，这是不够的。因为随着时代的发展，概念或范畴会被重新解释赋予新的内涵，而且正是在不断解释中使其具有永恒的魅力。第二，他们对理学家论理的成就存有偏见，不懂得理的形而上意义，使对理的认识止步不前。理学家论理确有脱离具体事物空疏之嫌，但不能因此而否定理学注重理的抽象、形而上的意义。正是理学家使理成为本体概念，深化了对理这一范畴的认识，标志着中国古代思维水平提高到了一个新的层次。从这个意义上说汉学家对理学论理似乎矫枉过正了。

最后需要指出的是对“以礼代理”提出一些不同看法，但并不否定汉学家对礼学的研究，以及对礼的重视程度，只是想说明汉学家不仅言礼而且也言理，礼与理说明的是不同的问题，它们之间可以相互对话，两者并行而不相害，把礼学或对礼的研究视为汉学的中心与主轴有失全面。一些学者之所以强调“以礼代理”，是因为这种提法最能说明当时的学风，即批判理学，使传统儒学由宋学向汉学的转变。即使这种提法可以成立，那么相对于“以礼代理”来说，一些汉学家对理的重新诠释(如前文所述)对宋明理学的批评更为尖锐，打击更大。因为

“以礼代理”属于外在的范畴转换，而对理的重新诠释则是内在价值取向的根本转变，这种带颠覆性的转变几乎拔掉了理学的根基，对宋学向汉学转变具有根本意义。把汉学当成清代中期学术主流不仅在于此时研究什么，如礼学或其他，更在于它用什么方法来研究，梁启超曾把这一时期的儒学称之为“研究法的运动，非主义的运动也”[①]。也就是说把汉学确定为清代中期的儒学主流，在于当时的学者大都推崇汉代经学，并以训诂、考据的方法来研究经史及其他，整个儒学都笼罩在通经博古的学风之下，只有这样为清代中期儒学定位才是全面公正的。

① 梁启超：《清代学术概论》，东方出版社，1996 年，第 39 页。

第七章

汉学家的义理学(上)

论及清代汉学,二十世纪早期的一些学者,以及后来的现代新儒家大体认为它们没有什么思想,只重训诂考据,而对义理无所贡献。从事实出发,这种观点显然有些片面。清代汉学家虽然以训诂考据而见长,但也有自己的义理学,只不过它们的义理学是以训诂考据为基础的,试图构建不同于宋明理学的义理学,正是这一点反映了他们承接孔门儒学的宗旨。对汉学家们的义理学,惠栋、戴震两位大师的筚路蓝缕之功不可磨灭,后起的洪亮吉、凌廷堪、焦循、阮元也功不可没,以下分上下两章阐释一下他们的义理学。

第一节 惠栋对汉易的发挥

作为乾嘉汉学的创始人,惠栋虽然承认真正的大儒应兼通汉宋,所谓“汉人经术,宋人理学,兼之者乃为大儒。荀卿称周公为大儒,大儒不易及也”①。又“章句训诂知也,洒扫应对行也,二者废其一,非学也。”②知行不可偏废,汉宋应兼顾。但就经学而言,他仍是重视汉学,指出:“宋儒谈心性直接孔孟,汉以后皆不能及。”“汉有经师,宋无经师,汉儒浅而有本,宋儒深而无本,有师与无师之异,浅者勿轻疑,深者勿轻信,此后学之责。”③又发挥韩非《外储说》指出:“郢人有遗燕相国书者,夜书,火不明,因谓持烛者曰举烛,云而过书举烛,举烛非书意也。燕相受书而说之曰举烛者,尚明也,尚明也者,举贤而任之。燕相白王,大悦,国大治。治则治矣,非书意也。今世学者多似此类。家君子曰:宋人不好古而好臆说,故其解经皆燕相之说书也。”④综述以上所引,可以看出惠栋对汉宋的态度,那就是宋儒谈心性,汉儒谈经学,把经学与心性当成两个东西,他虽然有限地承认心性的价值,但更重要的是推尊经学,以经学来衡量儒学,这必然得出宋人“解经皆燕相之说书”的结论。这也就可以理解为什么他要以复兴汉学为已任了。

惠栋还具体论述了复兴汉学的原因,那就是:“汉人通经有家法,故有五经师。训诂之学,皆师所口授,其后乃著竹帛,所以汉经师之说,立于学官,与经并行。五经出于屋壁,多古字古言,非经师不能辨。经之义存乎训,识字审音,乃知其义,是故古训不可改也,经师不可废也。”⑤他之所以复兴汉学,是因为汉学近于孔孟儒家的本来面貌,且有师法家法承传。相比较而言,宋明理学已杂糅佛道方外,非儒学本来面目。因此还原孔孟儒学就必须抑宋学扬汉学,这两者是其易学相辅相成的组成部分,可谓一把双刃剑。他复兴汉学又是以复兴汉易为先导的,也就是说复兴汉易是其复兴汉学的重要组成部分,这里结合他对《周易》的诠释论述一下其儒学思想。

---

① 惠栋:《九曜斋笔记》卷二,《汉宋》,《聚学轩丛书》第三集,第 17 页。

②③ 惠栋:《九曜斋笔记》卷二,《趋庭录》,《聚学轩丛书》第三集,第 39 页。

④ 惠栋:《九曜斋笔记》卷一,《郢书燕说》,《聚学轩丛书》第三集,第 20 页。

⑤ 惠栋:《松崖文钞》卷一,《九经古义述首》,《东吴三惠诗文集》,第 300 页。

一、礼者，谓有理也

惠栋认为道、理、义、礼这四者相互联系在一起，他引《管子·心术》论《易》微言大义，提出“礼者，谓有理也”命题：“德者道之舍，物得以生。德者得也，以无为之谓道，舍之之谓德。故道之与德无间，故言之者不别也。间之理者，谓其所以舍也(道德之理可间者，则以有所舍、所以舍之异也)；义者，谓各处其宜也；礼者，因人之情，缘义之理，而为之节文也。故礼者，谓有理也；理也者，明分以喻义之意也。故礼出乎义，义出乎理，理因乎宜者也。”[①]这四者的关系是，道相对抽象，德即得寓道，理是“其所以舍”，义“各处其宜”也即理，而礼是“节文”，表现为外在，但并非无所根据，而是“因人之情，缘义之理”，因此说“礼者，谓有理也”，以理论礼，既可避免谈理的空洞无物，同时也使礼有了根本。

关于道与理，他引《韩非子》发挥道：“理者，方圆、短长、粗靡、坚脆之分也。立天之道曰阴与阳，不言阴阳而言阴与阳，是阴阳之理。立地之道曰柔与刚，是柔刚之理也。立人之道曰仁与义，是仁义之理也。阴阳、柔刚、仁义原本于性命，所谓性命之理。下云兼三才而两之，是顺性命之理也。”[②]反对宋儒抽象的理与道，以韩非子所讲具体事物之理为理，以《周易》所说具体事物之道为道，理与道虽然不等同于事物，但却是事物中的理与道，与事物紧密相关，也就是说不能外于事物而讲道或讲理。他又引《韩非子》加以发挥：“道者，万物之所然也，万理之所稽也。理者，成物之文也。道者，万物之所以成也。故曰：道理之者也。物有理不可以相薄，故理之为物之制。万物各异理，万物各异理而道尽稽万物之理，故不得不化。不得不化，故无常操。是以生死气禀焉，万智斟酌焉，万事废兴焉。”[③]相对于物来说，理与道似有不同，

---

① 惠栋：《周易述》卷二十三，《易微言下》“理”条，第 507 页。

② 惠栋：《周易述》卷二十，《说卦传》，第 369—370 页。

③ 惠栋：《周易述》卷二十三，《易微言》“道”条，第 458—459 页。

道是“万物之所然”、“万理之所稽”、“万物之所以成”，理是“成物之文”，因此“理之为物之制”、“万物各异理”，而道则“尽稽万物之理”，道似乎指所以然或原因，理则偏于法则或规律，相对于理而言，道更为根本，但两者都离不开物。

由理谈及天理与人欲的关系，惠栋把阴阳、柔刚、仁义这三对范畴看成是统一的，以此来言理，主张性命之理，从性命或人的角度来理解天理，并非天即理，他援引《乐记》发挥道：“言天理，谓好与恶也。好近仁，恶近义，好恶得其正谓之天理。好恶失其正，谓之灭天理。《大学》谓之拂人性。天命之谓性，性有阴阳、柔刚、仁义，故曰天理。后人以天人、理欲为对待，且曰天即理也，尤谬。格物致知，穷理之事，正心诚意，尽性之事。性尽理穷，乃天下之至诚也，故至于命。上天之载，无声无臭，至矣此也。”“人生而静，天之性也。感于物而动，性之欲也物至知知，然后好恶形焉。好恶无节于内，知诱于外，不能反躬，天理灭矣。夫物之感人无穷，而人之好恶无节，则是物至而人化物也。人化物也者，灭天理而穷人欲者也。乐由天作，乐者通伦理者也，故谓之天理。理，分也，犹节也。汉律逆节绝理谓之不道。康成、子雍以天理为天性，非是。理属地不属天。一阖一辟，一静一动谓之天理。上云人生而静天之性。感于物而动性之容也。是之谓天理。”①

引《乐记》认为以人的好恶得其正为天理，反之则灭天理。又引《大学》也从性命角度解释天理。反对宋明理学天人、理欲二分，以及所谓天即理的说法，这种说法把天与理等同起来，进而把天理变成超然于人之上的外在他律并反过来制约人。也就是说惠氏承认天理，但不赞同天即理，因为天理有经典根据，而天即理则为宋儒所为，至于天理与天即理的差别，惠氏以为前者立脚点在人天互动，后者则在天。他承认人有好恶，但应当有所节制，若无节制以至于穷极人欲，便会灭及所谓的天理。理的意义在于节，理不属天而属地，人生而静即天之

① 惠栋:《周易述》卷二十三,《易微言下》“理”条，第505—506页。

性,感于物而动即性之容为天理,这是从人天合一角度释天理。

在礼乐关系上,乐是配合礼的。他说:“周公作《周礼》,其法于《易》乎?”[①]《易》成了作礼的依据。但圣人才有资格制礼作乐,如“《易》有天位天德。天位九五也,天德乾元也”。《中庸》讲虽然有其位,但无其德,则不敢作礼乐。虽然有其德,但无其位,也不敢作礼乐。在他看来,“言礼乐者必圣人在天之位。体元居正者,以乾元之德,而居九五之位,故云位乎天德也”[②]。乾卦九五有德有位,象征着制礼作乐的圣人。制礼应体现中道,如“圣人之道即中庸也。其道可以育万物,实本天地之中也。民受之以生,于是有动作礼义威仪之则”[③]。古代礼书所谓的礼仪三百威仪三千就是具体的“则”。在这里,礼体现了中和的原则。而礼乐的目的则是奏大乐于宗庙之中,人们皆肃然起敬,只听金声玉色,无有人言,“以时太平和合,无所争也”[④]。预示着天下和谐太平的到来。

他谈及礼的本质,也即礼是有等级性的,如说:“嘉属五礼,嘉会礼通,故以行其等礼。郑注《乐记》云:等,阶级也。爻有等,如礼之有阶级,故曰等礼。”[⑤]他注履大《象》“上天下泽,履;君子辩上下,定民志”,进一步论道:“君子谓乾,天高地下,万物散殊而礼制行,故以辨上下,定民志。”自疏道:“此《乐记》文,乾为天,兑为泽。礼以地制,泽又卑于地,故君子法之以制礼。天高地下,礼者,天地之别也,故以辩上下。万物散殊而未定,礼,节民心,故以定民志。《汉书·叙传》曰:上天下泽,春雷奋作,先王观象,爰制礼乐。是说君子法履以制礼之事。”[⑥]《说卦传》有“乾天坤地定位于上下”之说,“礼以制地”出自《礼记·乐记》,

---

① 惠栋:《周易述》卷三,《周易上经·随》,第 55 页。
② 惠栋:《周易述》卷十九,《文言传·乾》,第 355 页。
③ 惠栋:《易大义》,《续修四库全书》第 159 册,第 436 页。
④ 惠栋:《易大义》,《续修四库全书》第 159 册,第 438 页。
⑤ 惠栋:《周易述》卷十五,《系辞上传》,第 264 页。
⑥ 惠栋:《周易述》卷十一,《象上传·履》,第 197—198 页。

履卦下兑(泽)上乾(天),天高地下,高卑以陈,为制礼的本源,圣人以此来制礼旨在规范人们的行为,使人们知上下有等,社会由此而和谐有序。

他反对空谈礼而强调礼的实践性。引《荀子·大略篇》"礼者,人所履也"并加以解释:"失所履,则颠蹶陷溺。所失微而其为乱大者,礼,是以取义于虎尾也。"[①]又说:"郑《礼记序》曰:礼者,体也、履也。统之于心曰体,践而行之曰履。"[②]以履释礼旨在强调礼并非空洞的说教,而要见之于行动,使礼落到实处,行礼是最关键的。

二、对修养诸范畴的探讨

惠栋讨论儒家的善恶及修养。他阐述《周易》"扬善遏恶"的思想,认为乾为健、为扬善,坤为顺、为遏恶:"以乾灭坤体夬,扬于王庭,故遏恶扬善。"[③]以乾坤的特征来解释善恶。他告诫扬善遏恶贵在辨之早,所谓辨,据郑玄的意思释为别。《穀梁传》说"灭而不自知,由别之而不别",说明辨与别同义。惠氏说:"毫厘谓纤介也。不正在纤介之间,而违之在千里之外,故云缪之千里也。"因此为人君者,"谨本详始,敬小慎微"。[④] "乾阳物,为善,辨之早;坤阴物为不善,由辨之不早。辨也,有不善未尝不知,辨之早,故辨于物也。"[⑤]"涂之人百姓,积善而全尽谓之圣人。彼求之而后得,为之而后成,积之而后高,尽之后圣,故圣人也者,人之所积也。"[⑥]他又以卦为例说明早辨的重要性。坤卦初六履霜而知坚冰至,喻指提早防范,否则就会有祸殃。如《文言》所谓积善之家,必有余庆。积不善之家,必有作殃。子弑父,臣弑君,皆非一朝一夕之故,是不断累积所致,因此必须早辨。复卦初九不远就复归,指

① 惠栋:《周易述》卷二,《周易上经·履》,第 34 页。
② 惠栋:《周易述》卷四,《周易上经·离》,第 88 页。
③ 惠栋:《周易述》卷十一,《象上传·大有》,第 202 页。
④ 惠栋:《周易述》卷十五,《系辞上传》,第 266 页。
⑤ 惠栋:《周易述》卷十八,《系辞下传》,第 332 页。
⑥ 惠栋:《周易述》卷二十三,《易微言下》"圣学尚积"条,第 496 页。

知错及时改正则无所后悔，而且还获得吉祥。《系辞》以颜渊及时改过加以解释。对于积善应如升卦，其卦象为"地中生木"，《大象》以"君子以顺德，积小以高大"加以解释。凡此所引无非是说，应及时加以分辨善恶，知晓恶积小成大之理，及时加以防范才能做到防微杜渐。

在修养上，他提出诚、独，认为《大学》讲要正心必先诚意，荀子讲养心莫善于诚，《大学》释诚意归于慎独，荀子讲不诚则不独，不独则不形。[①] 什么是慎独，他说："初为隐、为微，隐微于人为独，故《中庸》曰：莫见乎隐，莫显乎微，故君子慎其独也。"[②]慎独有自我反省的意思。《大学》讲诚于中形于外。《中庸》讲诚则形。联系到《周易》乾卦："《文言》闲邪存其诚，又曰修辞立其诚。虞注云：乾为诚。《大学》曰：欲正其心者，先诚其意。又曰：所谓诚其意者，毋自欺也。如恶恶臭，如好好色，此之谓自谦，故君子必慎其独也，小人闲居为不善，无所不至，见君子而后厌然，掩其不善而著其善，人之视己，如见其肺肝然，则何益矣？此谓诚于中，形于外，故君子必慎其独也。"[③]"戒慎恐惧，诚之者也。隐微，始也，隐必见，微必显，故君子慎独，不诚则不能独也，隐必见，微必显，故云莫见乎隐，莫显乎微，犹言'诚于中，形于外'也。善恶皆然，故君子慎其独也。隐微乾初爻也，初乾为积善，慎独之义，不诚则不能独，故终以至诚。"[④]诚即真实而不自欺，也就是慎独。《周易》乾卦《文言》讲的"闲邪存诚"，"修辞立诚"，与《大学》、《荀子》说"诚于中，形于外"，也即《中庸》讲"诚则形"之义相互补充。孟子言"存心，养心莫善于寡欲"，荀子言"慎独，养心莫善于诚"，视角不同，本质是一致的。宋儒根据孟子驳荀子之非，也是驳《大学》，而七十子之徒所传的意思与宋儒旨趣不同。

他又论忠恕，把修身与齐家治国平天下联系起来，以为是一贯之

---

① 参见惠栋：《周易述》卷二十二，《易微言上》"养心"条。

② 惠栋：《周易述》卷十一，《象上传·履》，第198页。

③ 惠栋：《周易述》卷二十三，《易微言下》"诚"条，第469页。

④ 惠栋：《易大义》，《续修四库全书》第159册，第431页。

道,指出:“一即本也,故云:壹是皆以修身为本。物有本末,事有终始,由本达末,原始及终,一贯之义也。忠,一也以忠行恕,即一以贯之也;以忠行恕,即《中庸》、《大学》所陈是也。”①“以《大学》言之,诚意、正心、修身,规矩准绳也,所谓先自治也;齐家、治国、平天下,所谓治人也。先诚意、正心、修身,而后齐家、治国、平天下,所谓先自治而后治人也。由本达末,原始反终,一以贯之之道也。”②一为本,修身是本。一贯是本末终始一以贯之,具体内容是忠即是一,恕而行之即一以贯之。以忠恕之道终身行之,以絜矩之道平天下就是一以贯之。《大学》讲“平天下”而“明明德”,《中庸》讲“至诚”、尽性“可以赞化育,皆所谓一以贯之。”《尧典》讲“克明俊德”,《大学》讲“欲明明德”,即是一。克明俊德以及九族百姓、万邦黎民,明明德以修身齐家治国平天下,即一以贯之。他把儒家诸经典相互打通,在此基础上所诠释的一贯之道有以下特点:其一,忠恕一以贯之,由己达人,落脚在躬行实践上。其二,以诚意、正心、修身、齐家、治国、平天下次第一以贯之,这是由内圣之学开出外王之道,体现通经致用的精神。

惠栋发扬儒家尚中的传统。什么是中?他解释复卦《彖》“复其见天地之心乎”指出:“冬至复加坎,坎为及心。及,古文极,中也。然则天地之心,即天地之中也。”“大舜执其两端,用其中于民,周公设官分职,以为民极。极,中也。虞、周皆既济之世。”③他引董仲舒《春秋繁露》所谓阳之行始于北方之中而终止于南方之中,阴之行始于南方之中而终止于北方之中,认为阴阳之道虽然有所不同,但皆止于中,中是它们共同的归宿。自然本身的一种和谐或平衡状态就是中。不仅自然界存在着中,人类的生存也是离不开中,所谓“天地之心即天地之中”,是说民受天地之中以生,根据《周易》的解释,天地之中即是乾坤

① 惠栋:《周易述》卷二十二,《易微言上》“一贯”条,第448页。

② 惠栋:《周易述》卷二十二,《易微言上》“本”条,第433页。

③ 惠栋:《周易述》卷二十三,《易微言下》“中”条,第474页。

之元。万物资始为乾元,万物资生为坤元,即所谓民受天地之所以生,因此知天地之心即天地之中。不说中而说心是因为乾卦初爻阳尚潜藏,[1]但也表现出中的因素。政事也尚中,所谓大舜治国权衡两端而用中于民,周公设官分职皆体现了中,尧、舜、禹三代所以为既济之世就是皆得中,具体而言之,既济卦六爻阴阳皆当位而且又有应,这便是中。他们赞天地化育之功皆相同,表示天地人和,天下大治,是因为用中的结果。

中囊括了自然、人类生存及政治诸领域,惠栋还通过中正、时中、刚中诸范畴多视角揭示了中的丰富内涵。

关于中正,惠栋引《荀子·宥坐篇》说明中正:"孔子观于鲁桓公之庙,有欹器焉。孔子问于守庙者曰:此何为器?守庙者曰:此盖为宥坐之器。孔子曰:吾闻宥坐之器者,虚则欹,中则正,满则覆。孔子顾谓弟子曰:注水焉,弟子挹水而注之,中而正,满而覆,虚而欹。孔子喟然而叹曰:吁!恶有满而不覆者哉!"[2]"欹器"即"宥坐之器",指器注满则倒,空则侧,不多不少则正,饮酒时常置于坐右,提醒人不要过与不及。孔子以比喻说明中正的内涵及其意义。注水于容易倾覆的容器之中,水满则倾覆,空虚同样倾覆,只有注水适中,其容器才正。在这里,中与正相联,中必须正说明中不是一种折中与调和而是中正,中正就是一种适度,恰到好处,或者说平衡,以此反对过与不及。

《中庸》讲中正,《易》讲二五爻即是中正,惠栋以两经互释阐述中正之旨,说:"《文言》释九二云:闲邪存其诚。二阳不正,故曰闲邪。存诚谓慎独也。《荀子》曰:不诚则不能独,独则形隐,犹曲也。《中庸》曰:其次致曲,曲能有诚,诚则形,形则著。《孝经纬》:天道三微而成著。皆是义也。唯天下至诚,谓九五也。其次致曲,谓九二也。二升坤五,所谓及其成功一也。乾善九五,坤善六二,乾二中而不正,三正

① 参见惠栋:《周易述》卷九,《彖上传·复》,161—162页。

② 惠栋:《易例》上,"中正"条,第671页。

而不中,四不中不正;二养正,三求中,兼之四也。以《中庸》言之,二、三,学知利行者也;四,困知勉行者也;五,生知安行者也。及其知之,及其成功,则一也。"[①]以《易》来说,乾九四不中正(阳居阴不正,又居四爻不中)。乾九二居中但位不正,因为乾九二阳居阴位,九三居不中但位正,因为依爻位二、五得中。乾九二、三中与正彼此乖离。他特别注意乾九二,引乾《文言》解释九二为"闲邪存诚",其中尤其要"闲邪"即防止邪恶。只有乾九五与坤六二分别居上下卦之中,刚柔得位即中且正此为中正,由此看出他更注意正,也可以说以正释中。《中庸》所谓致曲(意为性有所偏,推致其全),然后才能诚,诚于内必发于外,至诚便是中正。

《易》尚时中之说,惠栋发挥写道:"易道深矣,一言以蔽之曰:时中。"[②]孔子作《彖传》,言时有二十卦,言中有三十三卦。《象传》言中有三十卦。言时有所谓时行、时成、时变、时用、时义,言中有所谓正中、中正、大中、中道、中行、行中、刚中、柔中。蒙卦《彖》言时中。时指举一卦所取之义,中指举一爻所适之位。时无定而位有定,因此《象》言中而不言时,六位又称六虚,唯爻适变,爻之中也无定。论爻位之中只有二与五两爻。丰卦《彖》"天地盈虚,与时消息",剥卦《彖》"君子尚消息盈虚",讲的是天行。乾卦《文言》"知进退存亡而不失其正者,其惟圣人乎!"讲的是人事,但皆讲的是时中之义。知时中之义便可大体了解《周易》的真谛。他说:"孔子晚而好《易》,读之韦编三绝,而为之《传》,盖深有味于六十四卦三百八十四爻时中之义,故于《彖》、《象》二传言之,重词之复。子思作《中庸》述孔子之意,而曰:君子而时中。《孟子》亦曰:孔子圣之时。夫执中之训肇于中天,时中之义明于孔子。乃尧、舜以来相传之心法也(据《论语·尧曰》章)。"[③]孔子作《易传》把时

① 惠栋:《周易述》卷二十二,《易微言上》"知微之显"条,第416页。
② 惠栋:《易汉学》卷七,《荀慈明易》,第624页。
③ 惠栋:《易汉学》卷七,《易尚时中说》,第626页。

(卦义)和中(爻位)结合起来提出时中思想,子思作《中庸》集中讨论时中,《孟子》一书把时中的思想进一步深化,汉儒发展成为中和,到了宋儒把中当成是尧、舜以来相传的心法,惠栋追述尚中之义,说明其对尚中学说的服膺,他虽然以汉学自居,但也不是一概否认宋儒对原始儒家思想的发展。

与时中相关他又论刚中,注蒙卦《彖》说:"险坎止艮,卦自艮来,三之二为刚中,变之正为柔中,故以亨行时中。《中庸》曰:君子而时中。"[①]自疏引《说卦》文坎为险,艮为止。"险坎,止艮"是先讲险而后言止。刚中指九居二,九二虽然刚但能接纳柔,因此也称柔中。根据汉易卦变诸说,二刚与五柔,二柔与五刚,两者相应,刚柔相接,因此《彖》说:"蒙,亨,以亨行时中也。"时为变动不居之义,他又引《中庸》也是执中有权变。从注疏看,蒙卦下坎上艮,六五阴爻居中为柔中,九二阳爻也居中为刚中,刚柔相应为时中,论时中与《中庸》执中之说相印证,这是将一卦之理与儒家中道精神联系起来。他又注履卦《彖》"刚中正,履帝位而不疚,光明也"说:"刚中正谓五。五帝位,离为光明,以乾履兑。五刚中正,故履帝位而不疚,光明也。"[②]自疏认为此一节解释履九五爻辞"利贞"之义。履卦九二、九五皆刚居中称"刚中正"。履卦的下互体即二三四爻相联而构成离卦,《说卦》中有离为目、为火、为日、为电之说,离称光明。履卦下兑上乾,以乾履兑,兑为虎,九五在乾体,履卦九五位刚中为帝位,其爻辞"履"为履帝位,以乾履兑(虎)虽然有危险,但刚中得正且内含离卦之光明,因此不会有所咎害。

三、中和之德

惠栋治《易》尤其关注中和概念,集中笔墨加以阐释。他认为孔子之字仲尼就是中和:"称仲尼者,安昌侯张禹说曰:仲者;中也。尼者,

---

① 惠栋:《周易述》卷九,《彖上传·蒙》,第 147 页。

② 惠栋:《周易述》卷九,《彖上传·履》,第 150 页。

和也。言孔子有中和之德，故曰仲尼。”[①]孔子论定六经是立中和之本而赞天地之化育，[②]惠氏从多角度论中和，其内容应包括天地万物及人心性、人伦政事方方面面的和谐，比较完整系统地阐述了古代的中和思想。

以爻位论中和，指是《周易》以二五居中为中和，《周易》尚中和，二五为中，相应为和，是《周易》讲中和的本义。具体而言，合起来看，二五二爻居上下卦之中，即中，也即中正；二者阴阳有应，即和，也即和谐。分开来说，五为中，二为和。[③] 由此看出，中和有二个基本内涵，即中正与和谐。这是释《易》体例方面的中和，同时也反映了《周易》的内容，《三统历》说阴阳虽交，不得中则不能生，体现形式与内容的统一。

天地人之间的中和，他发挥董仲舒的《春秋繁露》中和思想，说：“天有两和，以成二中，岁立其中，用之无穷。”[④]“两和”即中春(春分)、中秋(秋分)，“两中”即中夏(夏至)和中冬(冬至)。把握自然界的中和有利于人们的生活与生产。他认为，君子应当效法天健行的特点，庄敬日强，自强不息，“引《中庸》者，证自强之合于中和也”。“合于中和，即至诚之无息也。”[⑤]效法天之健行而自强不息，这也是中和。《周易》坎上离下为既济，此卦六爻皆中正得位，因此称天地位万物育，为中和之效。中和为“至诚之事，所谓赞化育，与天地参者也”。中和也是易简，《系辞上传》说：“易简而天下之理得矣。天下之理得而《易》成位乎其中。故言天地位。”[⑥]中庸即是中和。《周易》尚中和，“君子之德合于中和，故能行此四者以赞化育，与天地合德也”。[⑦] “天地位”指天地之间的和谐，“赞化育”指人与天地间的和谐，天地人合一，协调一致，才

---

① 惠栋：《易大义》，《续修四库全书》，第 159 册，第 150 页。
② 参见惠栋：《易例》上，“中和”条，第 431 页。
③ 参见惠栋：《周易述》卷二，《周易上经·泰》，第 38 页。
④ 惠栋：《易例》上，“中和”条，第 664 页。
⑤ 惠栋：《周易述》卷十一，《象上传·乾》，第 184—185 页。
⑥ 惠栋：《易例》上，“中和”条，第 660 页。
⑦ 惠栋：《周易述》卷十九，《文言传·乾》，第 349 页。

能共存发展,这是“易简”的道理,也是中和应有之义。

心性修养上的中和,主要指以未发已发解释中和。他说:“隐为始也,于道为极,故未发为中,发而皆中节。行之和也,故谓之和,未发为中,已发为和,合之则一和也。”这就是《中庸》篇的主旨。中和即天地之中,在人则为情性,因此乾卦《文言》说:“利贞者,性情也。”又朱熹认为喜怒哀乐是情,其未发则是性,“不诚则不能独,独者中也。故未发为中,已发为和”。他又引张湛《列子注》说:“禀性之质谓之性,得性之极谓之和。”[①]关于以未发已发论中和源于《中庸》,宋儒多有发挥创见,以此讨论心性问题别有洞天,惠氏论中和在引用汉儒之说的同时,也采纳朱熹以未发已发释中和,体现了他作为汉学家兼收并蓄的胸襟。与此同时,惠氏论及人格或人品上的中和,他认为,子路向孔子问强,孔子告诉说君子和而不流,中立而不倚,以中和解释强,也可以说强中有中和之义。[②]

伦理道德上的中和,主要指礼乐等尚中和。他认为,礼乐尚中和指礼是中乐是和,它们的关系是:“礼,中也。乐,和也。礼交动乎上,乐交应乎下,上下相应,故云和之至也。”[③]他还以天地相交阴阳合德引出礼乐上的中和,如说“天交乎地,故以天产作阴德,地交乎天,故以地产作阳德。礼天地之中,故以中礼防之;乐天地之中,故以和乐防之。”[④]在《周易》二五爻为中,彼此相应为和。天地也可以看作是二五,《周易》反映天地相交、彼此相合的特点,制礼作乐取之于自然,人伦道德的中和与天地间的中和是一致的。“天交乎地,天产作阴德也。五为中,故以中礼防之。地交乎天,以地产作阳德也。二为和,故以和乐防之。”[⑤]礼作为人们出处进退等行为的度要适中,恰如其分,才能起到

---

① 惠栋:《易例》上,“中和”条,第660页。

② 参见惠栋:《周易述》卷十一,《象上传·乾》,第184页。

③ 惠栋:《易例》上,“中和”条,第661页。

④ 惠栋:《易例》上,“礼乐尚中和”条,第662页。

⑤ 惠栋:《周易述》卷二,《周易上经·泰》,第38页。

维系人伦关系、维护社会秩序的作用。而乐配礼为其润色,达到和谐的目的,乐是为礼服务的。礼乐合一才是中和。诗离不开乐,诗也尚中和,他引《荀子·劝学篇》说:“诗者,中声之所止也。”①

政治上的中和包括两方面:其一是建国尚中和,他又引《周礼·大司徒》说:“以土圭之法测土深,正日景,以求地中。日南则景短多暑,日北则景长多寒,日东则景夕多风,日西则景朝多阴。日至之景尺有五寸,谓之地中,天地之所合也,四时之所交也,风雨之所会也,阴阳之所和也。然则百物阜安,乃建王国焉,制其畿方千里而封树之。”②以此说明建国要测量土地,以正日影来求地中,只有找到地中,才有天地自然的和谐,万物由此生生不已。以此建国则国泰民安,求天地的中和是建国的基础。其二是君道尚中和,他发挥《洪范五行传》说:“王之不极,是谓不建。郑注云:王,君也。不名体而言王者,五事象五行,则王极象天也。天变化为阴阳,覆成五行。极,中也。建立也。王象天,以情性覆成五事,为中和之政也。王政不中和,则是不能立其事也。”③“不极”即不中,“不建”即不能建立,“不极”便“不建”,也就不能行“五事”,即《尚书·洪范》所说的貌(容仪)、言(词章)、视(观正)、听(察是非)、思(心虑所行),此为古代帝王修身治国的五事。简而言之,不中和就不能有所为,便不能开出王道之治来。他还把君主执中和与追原终始相联,认为执中和便能追原始终,然后位安而万物定。不执中和、不追原终始则尊位倾覆,万物离散。历史上的文王、武王之所以建功立业,桀王、纣王之所以败亡,此便是例证。

惠栋多次提及“尚中和”,是指本应如此而实际上非若此,也就是说中和是一种潜在的必然而非给定的存在,把它变为现实更需要人为的努力。“致中和”就是这种努力,于此他写道:“利贞者,中和也。《中

---

①　惠栋:《易例》上,“诗尚中和”条,第661页。

②③　惠栋:《易例》上,“建国尚中和”条,第663页。

庸》曰:致中和,天地位焉,万物育焉。中和以育万物,即是利贞之义也”。[1]“天命之谓性,中也;率性之谓道,和也;修道之谓教,致中和也。”致中和者就是修道之人,达到中和,“天地位中也,万物育和也,既定也”[2]。“致”为到达,致中和即达到中和。以上讲的天地人的中和、心性修养上的中和、道德伦理上的中和,以及政治上的中和,都要通过“致”来达到,“致”不仅是对《中庸》的发挥,同时也是对人的主观能动性的认可、一种高扬。他解释复卦时提出中行,“极为中,故四云中行独复,皆指初也。圣人以复之初九喻颜子,颜子择乎中庸,得一善则拳拳服膺,一善即复初也。初不远复,择乎中庸之谓也,故谓中为初”。“四得位应初,故曰中行独复。《象》曰以从道也,谓从初。”[3]复卦六四居中下应初九,故爻辞说“中行独复”,初九“不远复”是回归于善,六四应初九以实际行动向善,因此《小象》说“以从道”,此道即中道。由“尚中和”到“致中和”,也可以说是中和说由理想转变成现实的过程,而“中行”更强调了实践的意义。

惠栋在广泛征引先秦及汉代文献的基础上,证明中和范畴具有丰富的内涵,可以看出他论中和已不局限于宋儒的未发已发之说,或把中和仅仅限制在心性领域,而是推展到自然、社会包括人伦、政事诸方面,这从一个侧面也反映了他要复兴古学的用心。

综上所述,惠栋在讨论儒学思想时,大多征引儒家经典及先秦两汉的文献,多以阐发汉易,他复兴汉易在当时的学界产生广泛影响。学者大都给予正面肯定。王昶把惠栋尊为“儒林典型”[4]。钱大昕说:“惠氏世守古学,而先生(惠栋——引者)所得尤深,拟诸汉儒,当在何邵公、服子慎之间,马融、赵岐辈不能及也。”[5]凌廷堪说:“惠君生千余

---

① 惠栋:《周易述》卷十九,《文言传·乾》,第349页。

② 惠栋:《易大义》,《续修四库全书》159册,第431页。

③ 惠栋:《周易述》卷四,《周易上经·复》,第73页。

④ 王鸣盛:《春融堂集》卷五十五,《惠定宇先生墓志铭》,塾南书舍藏版。

⑤ 钱大昕:《潜研堂文集》卷三十九,《惠先生栋传》,《四部丛刊》本,第382页。

年后,奋然论著,专取荀、虞,旁及郑氏、干氏九家等义,且据刘向之说以正班固之误。盖自东汉至今,未析之大疑,不传之绝学,一旦皆疏其源而导其流,不可谓非豪杰之士也。”[①]江藩称惠栋“年五十后,专心经术,尤邃于《易》,谓宣尼作《十翼》,其微言大义,七十子之徒相传,虽汉犹有存者。自王弼兴而汉学亡,幸传其略于李鼎祚《集解》中。精研三十年,引伸触类,始得通贯其旨,乃撰《周易述》一编,专宗虞仲翔,参以荀、郑诸家之义,约其旨为注,演其说为疏,汉学之绝者千有五百余年,至是而粲然复章矣。”[②]正是由于惠栋治《易》掀起汉学之风,经弟子及后学的播扬遂演成一时之潮流,其地位不可小视。但惠栋唯汉是好,对魏晋尤其是宋以来的儒学采取几乎不屑一顾的态度,也体现其学术的褊狭。他对儒家范畴概念的理解虽然采取较务实的态度,重在经验层面上的梳理,但缺乏思辨性,创新不够。

第二节　戴震的反理学

戴震早年师从江永,乾隆十六年(1751),戴震始补为休宁县学生。三十二岁因避仇而入京,广交纪昀、钱大昕、王鸣盛、王昶、朱筠等新科进士,以谙熟天文数学、声韵训诂和古代礼制而“声重京师”。尔后,他在科场上角逐不顺,屡次失意,遂南北作幕。乾隆三十八年(1773),清廷开《四库全书》馆,戴震以举人特召入馆。不久,再应会试依然落第。幸得清高宗恩准,特许他与当年贡士一道殿试,赐同进士出身,官翰林院庶吉士。两年以后,在书馆中病逝。

戴震的主要著作有《原善》、《绪言》、《孟子字义疏证》、《水经注

---

① 凌廷堪:《校礼堂文集》卷二十六,《周易述补序》,中华书局,1998年,第239页。

② 江藩:《国朝汉学师承记》卷二,《惠松崖》,第23—24页。

校》、《六书音均表序》、《考工记图注》、《勾股割圜记》等。他治学以乾隆二十二年(1757)与惠栋相交为界,可分为前后两期,前期对理学大体持肯定态度,后期则批评理学。对宋明理学他并没有抛弃其使用的诸范畴和概念,而是对它们进行重新解读,创造出有别于宋明理学的义理学。反映这方面思想的主要论作是成于晚年的《孟子字义疏证》,[①]以下以该书为主,兼及《原善》、《绪言》、《文集》等相关篇章,略论一下戴震的反理学。

一、义理学的方法

戴震义理学以经学为基础,着力于经中义理的新诠释与微言大义的引申。他治经尤其注重方法论的建构,提出了一整套诠释经学的方法论,对发挥经中的义理、微言大义起了指导作用。

传统儒学治经大体不外有两种方法:一种是偏重于义理,另一种是偏重于训诂考据,一般的意见是汉儒注重训诂考据,宋儒注重义理。戴震则对这两种片面性都有批评,自谓:"震自愧学无所就,于前儒大师,不能得所专主,是以莫之能窥测先生涯涘。然病夫六经微言,后人以歧趋而失之也。言者辄曰:有汉儒经学,有宋儒经学,一主于故训,一主于理义。此诚震之大不解也者。""彼歧训故、理义二之,是训故非以明理义,而训故胡为?理义不存乎典章制度,势必流入异学曲说而不自知,其亦远乎先生之教矣。"[②]对于后儒治经把训诂与义理二分不理解,反对二者割裂,以为离开训诂,义理易流于歪说,反之,离开义理,训诂也无所用,因为训诂是为义理服务的。他又说:"汉儒故训有师承,亦有时傅会,晋人傅会凿空益多;宋人则恃胸臆为断,故其袭取者多谬,而不谬者在其所弃。""宋以来,儒者以己之见硬坐为古圣贤立

---

① 戴震自称:"仆生平论述最大者,为《孟子字义疏证》一书,此正人心之要。"戴震:《与段茂堂等十一札·第十札》,《戴震全书》第六册,第543页。

② 戴震:《戴氏杂录·题惠定宇先生授经图》,《戴震全书》第六册,第505页。

言之意,而语言文字实未之知。其于天下之事也,以己所谓理,强断行之,而事情原委隐曲实未能得,是以大道失而行事乖。”又“圣贤之道德,即其行事。释、老乃别有其心所独得之道德。圣贤之理义,即事情之至是无憾。后儒乃别有一物焉,与生俱生而制夫事。”①汉儒训诂过于附会、僵化,宋儒义理过于武断,汉儒、宋儒各有流弊,这都是由割裂训诂和义理或没有处理好两者关系所致。宋儒治学离开古经,讲义理不懂语言文字,脱离训诂考据,只以主观意见为论断,显然有悖于圣人之道。

戴震在批判训诂和义理二分的基础上,提出训诂考据与义理相结合的方法,其具体表述则是多样的。

他重视小学,提出由字通词、词通道的模式,说:“经之至者道也,所以明道者其词也,所以成词者字也。由字以通其词,由词以通其道,必有渐。”②治经归根到底在于明确其中所包含的大道。阐明大道在于读懂经中的字和词,它们是解读经书,发挥其义理的前提条件。他又说:“经之至者,道也;所以明道者,其词也;所以成词者,字也,未有能外小学文字者也。由文字以通乎语言,由语言以通乎古圣贤之心志,譬之适堂坛之必循其阶,而不可以躐等。”③治经的顺序是由文字通语言,由语言再通古代圣贤的心志,也就是了解圣人的义理,循序渐进,不可跨越。他在致段玉裁信中也有类似的说法:“仆自十七岁时,有志闻道,谓非求之六经、孔、孟不得,非从事于字义、制度、名物,无由以通其语言。宋儒讥训诂之学,轻语言文字,是欲犹渡江河而弃舟楫,欲登高而无阶梯也。为之三十余年,灼然知古今治乱之源在是。”④从年轻时为学就在于闻道,即知晓孔孟儒学之大道。求道则必须求孔孟经书,而这一切要从字义、制度、名物等语言文字开始,并把它们比喻为

① 戴震:《戴东原先生文·与某书》,《戴震全书》第六册,第 495—496 页。

② 戴震:《戴震文集》卷九,《与是仲明论学书》,《戴震全书》第六册,第 370 页。

③ 戴震:《戴震文集》卷十,《古经解钩沉序》,《戴震全书》第六册,第 378 页。

④ 戴震:《与段茂堂等十一札·第九札》,《戴震全书》第六册,第 541 页。

渡河的舟楫和登高的阶梯,可以看出文字训诂对于通经致用如此的重要。

他说:“夫文无古今之异。闻道之君子,其见于言也,皆足以羽翼经传,此存乎识趣者也。”①就文本而言,中国古代没有古今的区别,语言文字所具有的共同性、稳定性为知晓其中的大道创造了极好的条件。他又说:“治经先考字义,次通文理。志存闻道,必空所依傍。”“我辈读书原非与后儒竞立说,宜平心体会经文。有一字非其的解,则于所言之意必差,而道从此失。”②治经的顺序是先考证字义,其次是通晓文理,离开字义来闻道则是空无依傍。治经先要体会经文,从文字上用力才能领会其中的道理,如果文字有误,道就会出现偏差。

他还提出治学三种途径,说:“古今学问之途,其大致有三:或事于理义,或事于制数,或事于文章。事于文章者,等而末者也。然自子长、孟坚、退之、子厚诸君子为之,曰是道也,非艺也。以云道,道固有存焉者矣,如诸君子之文,亦恶睹其非艺欤?夫以艺为末,以道为本。诸君子不愿据其末,毕力以求据其本,本既得矣,然后曰是道也,非艺也。”③在理义、制数、文章三者之中,文章如不载道则流于艺属于末流,最不重要,道则是根本,文以载道才能提高文章的档次。对司马迁、班固、韩愈、柳宗元等人的文章给予肯定,是因为他们皆遵循了文以载道的精神而不发空论。这里讲的道即义理,也说明他重视思想阐释。

他提出训诂与义理兼顾的主张,称“所谓理义,苟可以舍经而空凭胸臆,将人人凿空得之,奚有于经学之云乎哉?惟空凭胸臆之卒无当于贤人圣人之理义,然后求之古经。求之古经而道文垂绝,今古悬隔也,然后求之训故。训故明则古经明,古经明则贤人圣人之理义明,而我心之所同然者乃因之而明。贤人圣人之理义非它,存乎典章制度者

---

① 戴震:《戴东原先生文·与某书》,《戴震全书》第六册,第 494—495 页。

② 戴震:《戴东原先生文·与某书》,《戴震全书》第六册,第 495 页。

③ 戴震:《戴震文集》卷九,《与方希原书》,《戴震全书》第六册,第 375 页。

是也。松崖先生之为经也,欲学者事于汉经师之训故,以博稽三古典章制度,由是推求理义,确有据依。"[①]不赞同训诂与义理分开而主张训诂与义理统一,二者不可偏废。义理如果离开诸经,则流于主观臆断,所得出的只能是意见、曲学而非经中本义。进而明确提出了训诂明则古经明,古经明则义理明的方法。在这里明义理是归宿,而训诂则是手段。训诂与义理之间存在着典章制度,义理存在于典章制度之中,训诂考据直接的对象是典章制度,通过训诂考据弄清典章制度,义理就易明了。

他又说:"士生千载后,求道于典章制度而遗文垂绝。今古悬隔,时之相去殆无异地之相远,仅仅赖夫经师故训乃通,无异译言以为之传导也者。又况古人之小学亡,而后有故训,故训之法亡,流而为凿空。数百年以降,说经之弊,善凿空而已矣。虽然,经自汉经师所授受,已差违失次,其所训释,复各持异解。""后之论汉儒者,辄曰故训之学云尔,未与于理精而义明。则试诘以理义于古经之外乎?若犹存古经中也,则凿空者得乎?"[②]后人研究古代圣贤大道有赖于经书,道即义理寓于典章制度之中,也就是说义理是抽象的理论,而典章制度则是具体,通过典章制度把义理以成文或立法的方式固定下来,并成为人人遵守的定制,理解这些当然要靠训诂考据,汉儒经学在训诂考据领域虽然训释不同,也有讹误,但不能因此而否定训诂,甚至离开经书空谈义理,也就是说谈义理必须从经书入手。

他还提出"十分之见",说:"凡仆所以寻求于遗经,惧圣人之绪言暗汶于后世也。然寻求而获,有十分之见,有未至十分之见。所谓十分之见,必征之古而靡不条贯,合诸道而不留余议,巨细毕究,本末兼察。若夫依于传闻以拟其是,择于众说以裁其优,出于空言以定其论,据于孤证以信其通,虽溯流可以知源,不目睹渊泉所导,循根可以达

① 戴震:《戴氏杂录·题惠定宇先生授经图》,《戴震全书》第六册,第505页。

② 戴震:《东原文集》卷十,《古经解钩沉序》,《戴震全书》第六册,第377、378页。

杪，不手披技肆所歧，皆未至十分之见也。以此治经，失不知为不知之意，而徒增一惑，以滋识者之辨之也。"[①]这里讲的"十分之见"是全面的看问题，兼顾训诂与义理、考据与大道。尤其是对于训诂考据也必须全面完整地看，巨细本末兼收，不以传闻、众说、空言、孤证等作为判断立说的根据。戴氏治学尚广博，涉及天算、地理、名物、制度诸多领域，有了"十分之见"，其所言才"合诸道而不留余议"，也即充分阐释义理而无余义。

综上所述，戴震的义理学是从治经中总结出来的，其方法的核心是从语言文字出发解读典章制度，进而明确其中的道理。他虽然强调语言文字的重要性，但毕竟只把它当作通经明道的手段，而未尝停止于此。也就是说，他与宋明理学的区别不在于是否言义理，而在于如何言义理，宋明理学家谈义理有脱离经书主观臆断之嫌，而戴震则遵循经书，从中引申出义理。他的这一观点上接顾炎武，体现道在经中、经道合一的思想。他的大多数弟子却不理解或忽视了这一点，反而作为理学家的姚鼐却与他唱为同调之鸣。

二、反理学的内容

戴震反理学的内容主要是运用宋明理学家们所热衷的一些范畴概念对理学本身进行修正与批评，并根据儒家经典对这些范畴做出重新解释，构建出与理学不同的义理学。基本内容如下：

1. 气化人物，分而成性

戴震的反理学重视人与自然的关系，提出"气化人物，分而成性"的主张，把自然观与人性论紧密地结合在一起。他的自然观包括两个方面，即"理在气中"的本体论和"气化"的宇宙发生论。

对于理气关系，戴震提出"理在气中"、"理在物中"的命题，认为理不脱离气而独立存在，理是天地阴阳之理，"天地、人物、事为，不闻无

① 戴震：《东原文集》卷九，《与姚孝廉姬传书》，《戴震全书》第六册，第 372 页。

可言之理者也,《诗》曰‘有物有则’是也。物者,指其实体实事之名;则者,称其纯粹中正之名。实体实事,罔非自然,而归于必然,天地、人物、事为之理得矣。”[①]这不仅说明理是天地、人物、事物之理,而且也揭示作为事物必然性这一理的特征。他还提出“分理”的主张,说:“理者,察之而几微必区以别之名也,是故谓之分理;在物之质,曰肌理,曰腠理,曰文理(亦曰文缕。理、缕,语之转耳);得其分则有条而不紊,谓之条理。”[②]在肯定理的一般性同时,也注意到不同事物具有不同的理,也即理的特殊性,正是事物之间理的不同特点才把事物互相区别开来,说明事物是多样性的统一。他竭力反对程朱理学离开具体事物空谈理的主张,说:“举凡天地、人物、事为,求其必然不可易,理至明显也。从而尊大之,不徒曰天地、人物、事为之理,而转其语曰‘理无不在’,视之‘如有物焉’,将使学者皓首茫然,求其物不得。”[③]理本来是天地万物、人物之理,程朱却把理从天地万物中分离出来,认为理是外在的永恒存在,便陷入冥冥的抽象之中,这实质上是把理视为气的主宰,颠倒了理气关系。

与理气相关,在道器关系上他也提出自己独到的见解,在发挥《易传》“形而上者谓之道,形而下者谓之器”时说:“以道器区别其形而上形而下耳。形谓已成形质,形而上犹曰形以前,形而下犹曰形以后。阴阳之未成形质,是谓形而上者也,非形而下明矣。器言乎一成而不变,道言乎体物而不可遗。不徒阴阳非形而下,如五行水火木金土,有质可见,固形而下也,器也;其五行之气,人物咸禀受于此,则形而上者也。”[④]把道理解为形而上,是万物成形之前的浑沌状态,器是形而下,为“有质可见”的万物成形以后的阶段。程朱把形而上和形而下“截得分明”,使理(也即道)脱离具体的器,作为世界的本源。戴氏则否认道

---

① 戴震:《孟子字义疏证》卷上,《理》,《戴震全书》第六册,第164页。
② 戴震:《孟子字义疏证》卷上,《理》,《戴震全书》第六册,第151页。
③ 戴震:《孟子字义疏证》卷上,《理》,《戴震全书》第六册,第165页。
④ 戴震:《孟子字义疏证》卷中,《天道》,《戴震全书》第六册,第176页。

独立存在的可能性，指出道器不过是气分生天地万物前后两个不可分割的阶段，与程朱解释显然不同，相对程朱来说，戴震更重视形而下的世界。

戴震的宇宙发生论以“气化即道”为基础。他认为：“阴阳五行，道之实体也。”“道，犹行也。气化流行，生生不息，是故谓之道。《易》曰：‘一阴一阳之谓道。’《洪范》：‘五行：一曰水，二曰火，三曰木，四曰金，五曰土。’行亦道之通称。举阴阳则赅五行，阴阳各具五行也；举五行即赅阴阳，五行各有阴阳也。”[①]道就是行，行是五行即金木水火土，它们与阴阳构成自然界的实体，道则是气的流行，不离气，“一阴一阳之谓道”揭示了客观事物发生发展变化的规律。

本此，他阐述了气化的过程，说：“阴阳五行之运而不已，天地之气化也，人物之生生本乎是，由其分而有之不齐，是以成性各殊。”“气化生人生物以后，各以类滋生久矣；然类之区别，千古如是也，循其故而已矣。在气化曰阴阳，曰五行，而阴阳五行之成化也，杂糅万变，是以及其流形，不特品物不同，虽一类之中又复不同。凡分形气于父母，即为分于阴阳五行，人物以类滋生，皆气化之自然。”[②]在这里，他肯定天地万物包括人类都是气化的产物，具体地说是气内部阴阳两方面和自然界各种事物不断“杂糅”的过程。但是“由于其分而有之不齐，是以成性各殊”，形成了不同的物种。这些不同的物种各有其特殊性使其彼此相区别，从而构成了千姿百态的自然界，但究其本源，是阴阳气化的结果。可以说，气化生人生物，是从“一本”之气到自然“万殊”的过程。这是对张载以来气本论的发展。

戴震不仅把本体论与宇宙发生论结合在一起，而且还把这两者与人性论统一起来。他所提出的“气化人物，分而成性”则充分地反映了这一点。依据这一命题，宇宙间的人和物都是阴阳二气化生而成的，

---

① 戴震：《孟子字义疏证》卷中，《天道》，《戴震全书》第六册，第175页。

② 戴震：《孟子字义疏证》卷中，《性》，《戴震全书》第六册，第182、179—180页。

所以性是气化为人为物的本始。他说:“天道,五行、阴阳而已矣,分而有之以成性。由其所分,限于一曲,惟人得之也全。曲与全之数,判之于生初。人虽得乎全,其间则有明暗厚薄,亦往往限于一曲,而其曲可全。此人性之与物性异也。”①这表明,尽管“人性”、“物性”皆为五行阴阳所化成,这是二者的共性。但是由于人、物在“初生”之时,所得五行阴阳之气有“曲与全之数”不同,因此使人性与物性的表现所有区别。这种差异的表现在于:“五行、阴阳者,天地之事能也,是以人之事能与天地之德协。事与天地之德协,而其见于动也亦易。与天地之德违,则遂已之欲,伤于仁而为之;从已之欲,伤于礼义而为之。”②在他看来,人类最大的特点就是对于“天地之常”有能动作用,人既能使自己的欲望与自然规律相一致,遵循仁义礼,“与天地之德协”;又能放纵欲望,背离自然法则,伤害仁义礼,“与天地之德违”。注意到人的两面性,如此才有修身养性的必要,这方面的论述后面会讲到。

他又提出“血气心知,性之实体”的观点,把“阴阳五行”看作是“道之实体”,而把“血气心知”又视为“性之实体”,在论述“道”与“性”的关系时,说:“《大戴礼记》曰:‘分于道谓之命,形于一谓之性。’言分于阴阳五行以有人物,而人物各限于所分以成其性。阴阳五行,道之实体也;血气心知,性之实体也。”③阴阳五行气化流行就是宇宙的道,人和物分于道而各成其性。阴阳五行之气是道的实体,人从阴阳五行之气分得的血气心知就是性的实体。血气心知属于气禀气质,以血气心知为性也就是以气质为性,因此气禀气质是“人之为人”的标准。他主张以气质为性,是为了反对理学家把性分为本然和气质两截的做法。这是以气把本体论、宇宙发生论、人性论三者统一起来。

2. 血气心知之自然

戴震的认识论以血气和心知为特色,血气与心知也是人性的内

---

① 戴震:《原善》卷上,《戴震全书》第六册,第 12 页。

② 戴震:《原善》卷上,第 12 页。

③ 戴震:《孟子字义疏证》卷中,《天道》,《戴震全书》第六册,第 175 页。

容，在这里也体现了认识论与人性论的结合。

他的认识论是以承认认识对象客观性、可知性为前提的。认识对象的客观性说明它不依人的意识为转移，可知性则表明认识主体有能力去认识世界。他说："味也、声也、色也在物，而接于我之血气；理义在事，而接于我之心知。"在这里，味、声、色是接触客观事物而获得的诸感觉，此由血气决定。理义(义理)也是由接触事物获得的，不过所起作用的是心知，血气和心知可以说是人的认识能力，客观事物与认知器官相接触，血气心知便发挥其认识的功能，如"口能辨味，耳能辨声，目能辨色，心能辨夫理义。味与声色，在物不在我，接于我之血气，能辨之而悦之；其悦者，必其尤美者也；理义在事情之条分缕析，接于我之心知，能辨之而悦之；其悦者，必其至是也。"[①]所谓的"接于我"，就是主观见之于客观，主观与客观沟通由此来完成认知过程。

他不仅肯定人能认识客观对象，而且还区分了两种认识能力：血气和心知。血气往往以感性具体为认识对象，是感性认识，心知则以理性为认识对象，属理性认识。他说："心之精爽，有思辄通，魂之为也，所谓神也，阳主施者也。主施者断，主受者听，故孟子曰：'耳目之官不思，心之官则思。'是思者，心之能也。精爽有蔽隔而不能通之时，及其无蔽隔，无弗通，乃以神明称之。"[②]在这里讨论了感性和理性两种认识能力的关系，"精爽"属血气即感性，"神明"为心知即理性。耳能听、目能视、鼻能嗅、口知味均属感性，它们虽然说具有直接现实性的优点，但也有诸多的局限性，如"各成其能而分职司之"、"精爽有蔽隔而不能通"等不足，这就要通过"学以扩充之，进于神明"，上升为理性认识，只有这样才能把握事物的本质。

他在研究认识能力时也注意到其有限性和差异性，并以"火光之照"为喻说："凡血气之属皆有精爽。其心之精爽，巨细不同，如火光之

---

① 戴震：《孟子字义疏证》卷上，《理》，《戴震全书》第六册，第155—156页。

② 戴震：《孟子字义疏证》卷上，《理》，《戴震全书》第六册，第156页。

照物,光小者,其照也近,所照者不谬也,所不照斯疑谬承之,不谬之谓得理;其光大者,其照也远,得理多而失理少。且不特远近也,光之及又有明暗,故于物有察有不察;察者尽其实,不察斯疑谬承之,疑谬之谓失理。"①人的认识能力是有限的,如同火照物一样,由于远近不同,照到的清晰程度显然不同,最后所获得的结果也有差异,在这里他看到主体自身状态对认识具有一定影响。主体自身状态(肉体的主要是认识器官,精神的主要指认知结构)使认识成为可能,同时也在一定程度上限制了认识的发展,说明认识能力是具体的、有限的,非一劳永逸而是一个不断提高的过程。

在他看来,人的认识能力也是后天获得的,如指出:"以心知言,昔者狭小而今也广大,昔者暗昧而今也明察,是心知之得其养也,故曰'虽愚必明'。人之血气心知,其天定者往往不齐,得养不得养,遂至于大异。苟知问学犹饮食,则贵其化,不贵其不化。记问之学,入而不化者也。自得之,则居之;资之深,取之左右逢其源,我之心知,极而至乎圣人之神明矣。"②在这里,一方面承认人的天赋存在着差异,另一方面肯定后天学习对人的才能具有重要作用。人的天赋差异极其微小,而智与愚的分野关键在于后天"得养不得养",如果后天重视道德修养、学问提高就会由愚转变为智,达于圣人的境界,反之,"任其愚而不学不思",将一事无成。

在检验认识的是非问题上,他把孟子所谓"心之所同然"当成标准,说:"心之所同然始谓之理,谓之义;则未至于同然,存乎其人之意见,非理也,非义也。凡一人以为然,天下万世皆曰'是不可易也',此之谓同然。"③以大家是否认同当成判断是非的标准,这对反对个人专断、一言堂是有积极意义的。但是这种观点仍然把认识的标准限制在

---

① 戴震:《孟子字义疏证》卷上,《理》,《戴震全书》第六册,第 156 页。

② 戴震:《孟子字义疏证》卷上,《理》,《戴震全书》第六册,第 159 页。

③ 戴震:《孟子字义疏证》卷上,《理》,《戴震全书》第六册,第 153 页。

主观范围之内,不符合认知的本性。他还强调获得正确的认识应消除私、蔽:“天下古今之人,其大患,私与蔽之端而已。私生于欲之失,蔽生于知之失。”[①]这说明认识主体一味地追求物质利益而歪曲事实,以及认识上的片面性是私与蔽产生的根源。那么如何消除私、蔽呢?“去私莫如强恕,解蔽莫如学。”[②]“恕”依《论语》讲是己欲立而立人,己欲达而达人,换位思考,是一种道德上的修养,“学”属于获得知识的途径,只有从道德修养和学习知识出发,才能克服人们的私和蔽,这里把正确价值观的树立与认知能力的提高看成是一致的。

血气心知不仅是认识论的内容,也是人性论的组成部分,戴震认定血气心知是性之实体,并在此基础上认为人性中包含着欲、情、知三个方面。他说:“人生而后有欲、有情、有知,三者,血气心知之自然也。给于欲者,声色臭味也,而因有爱畏;发乎情者,喜怒哀乐也,而因有惨舒;辨于知者,美丑是非也,而因有好恶。”[③]这是说人生以后为了生存保养,就有了声色臭味的欲望;在人与人相接触的社会关系中,就形成了喜怒哀乐的情感;能够通晓天地万物之变化,就具备了辨别美丑是非的思维能力,这揭示了人性是具有自然、社会和思维等多种属性的统一。当然,他又进一步指出:“喜怒哀乐之情,声色臭味之欲,是非美恶之知,皆根于性而原于天。”[④]这三者是相互区别、相互联系、不可分离的。“惟有欲有情而又有知,然后欲得遂也,情得达也”[⑤],强调知与情、欲并非绝对对立,“知”是“欲得遂”、“情得达”的基础,也是人有别于禽兽的标志。

他还从人性的“心知”高于禽兽的角度出发论证人性的善。他对人和物的心理作了十分详细的观察和分析:“凡有生,即不隔于天地之气化。阴阳五行之运而不已,天地之气化也,人物之生生本乎是”,而

① 戴震:《孟子字义疏证》卷上,《理》,《戴震全书》第六册,第160页。

② 戴震:《原善》卷下,《戴震全书》第六册,第23页。

③⑤ 戴震:《孟子字义疏正》卷下,《才》,《戴震全书》第六册,第197页。

④ 戴震:《绪言》卷上,《戴震全书》第六册,第103页。

“气之自然潜运,飞潜动植皆同,此生生之机肖乎天地者也”,故“气运而形不动者,卉木是也;凡有血气者,皆形能动者也”。又“知觉云者,如寐而寤曰觉,心之所通曰知。百体皆能觉,而心之知觉为大”。[①] 人和草木虽然都是气化的产物,但由于所分有的阴阳五行之气各殊,其性也各不相同。花草树木是只有气的运行而不能移动其形体,禽兽与人都有知觉运动,但其知觉的程度皆有差别。因此,“专言乎血气之伦,不独气类各殊,而知觉亦殊。人以有礼义,异于禽兽,实人之知觉大远乎物则然,此孟子所谓性善”。[②] 人区别于物和禽兽的重要标志,是人的知觉即认识包括礼义道德远远高出于禽兽及物之上。他又说:“人之心知于人伦日用,随在而知恻隐,知羞恶,知恭敬辞让,知是非,端绪可举,此之谓性善。”[③] 人性中的“心知”具有知理知义、辨别善恶是非的能力,这就是人性善的所在。人的认识可以把握客观事物的法则、条理而禽兽不能,这也是人性善的根据。

戴震的人性学说,在气一元论的基础上,调和孟子与荀子的人性学说,否定程朱的天命之性说,主张人性根于血气,注重人性的道德属性,强调人类的理性超过一切物性,从多方面论述了人性的内容,比较完整地揭示了人性的内涵,在理论上是有所创新的。

3. **欲遂人之生,仁也**

戴震道德观的重点是在“人伦日用”上。他把人们现实的社会关系看作是各种道德准则赖以产生的条件和基础,认为道德并不是远离现实生活的说教,而是人道、人理和人伦日用的必然法则,道德准则来源于“人伦日用”的现实关系,这是说现实生活才是道德的本源和内容。他进一步把人伦日用与仁、义、礼的关系概括为“物”与“则”的关系,认为人伦日用是日常的物质生活,仁、义、礼是物质生活的规则,也即社会生活所遵循的道德规范,人们都不能超越于人伦日用之外。他

---

①③　戴震:《孟子字义疏证》卷中,《性》,《戴震全书》第六册,第 183 页。

②　戴震:《孟子字义疏证》卷中,《性》,《戴震全书》第六册,第 191 页。

认为,如果把饮食比作人伦日用,知味比作行为无失,那么脱离人伦日用来求道德准则,就好比在饮食之外求知味是很荒诞的。

他从“人伦日用”的道德观出发,深刻揭露和批判宋儒“得于天而具于心”的道德观,说:“古贤圣之所谓道,人伦日用而已矣,于是而求其无失,则仁义礼之名因之而生。非仁义礼加于道也,于人伦日用行之无失,如是之谓仁,如是之谓义,如是之谓礼而已矣。宋儒合仁义礼而统谓之理,视之如有物焉,得于天而具于心,因以此为形而上,为冲漠无朕;以人伦日用为形而下,为万象纷罗。盖由老、庄、释氏之舍人伦日用而别有所谓道,遂转之以言夫理。”[①]这明确反映了坚持“道不离事”、“理在事中”的立场。先于天地万物的“道”或“理”是不存在的,宋儒把仁义礼与人伦日用分割为“形而上”与“形而下”是错误的。他主张,“仁者,生生之德也;‘民之质矣,日用饮食’,无非人道所以生生者。一人遂其生,推之而与天下共遂其生,仁也”。[②] “人之生也,莫病于无以遂其生。欲遂其生,亦遂人之生,仁也;欲遂其生,至于戕人之生而不顾者,不仁也。”[③]以道德源于“人伦日用”为出发点,对“仁”做出新的解释,即“与天下共遂其生”,认为只有关心人们的“日用饮食”,才是“仁”的原则。如果“戕人之生而不顾”,那就是不仁,从而指出程朱所谓“存理灭欲”是违背人性不仁的。

戴震在阐述理欲关系之前先对“理”与“欲”作了新界定,说:“理者,察之而几微必区以别之名也,是故谓之分理;在物之质,曰肌理,曰腠理,曰文理;得其分则有条而不紊,谓之条理。”[④]这是说“理”是事物的“条理”,由于各种事物内在细微的条理不同,如皮肤的纹理、肌肉的纹理、文章的文理等,这些都称为“分理”,它能使事物得以区别开来。这里的“理”是指万物的秩序、条理,即各种事物存在、发展的具体规律

① 戴震:《孟子字义疏证》卷下,《道》,《戴震全书》第六册,第202页。
② 戴震:《孟子字义疏证》卷下,《仁义礼智》,《戴震全书》第六册,第205页。
③ 戴震:《孟子字义疏证》卷上,《理》,《戴震全书》第六册,第159页。
④ 戴震:《孟子字义疏证》卷上,《理》,《戴震全书》第六册,第151页。

和法则,而不是理学家所说的“得之于天而具于心”抽象的理。他说,“欲”是“血气心知”之自然,是“生养之道”,“生养之道,存乎欲者也;感通之道,存乎情者也;二者自然之符,天下之事举矣”。[①] “夫耳目百体之所欲,血气之资以养者,生道也。”[②]。也就是说“欲”是“血气心知”之人的自然欲求,它起到“以生以养”的作用,而不是理学家所说的百病之根。在对“理”、“欲”做出界定后,他从以下几个方面论述了两者的关系。

首先,把“欲”与“理”的关系看成是事物与规则的关系,认为欲是事物,理是规则,如说:“人伦日用,其物也;曰仁,曰义,曰礼,其则也。”[③]“循理者非别有一事,曰‘此之谓理’,与饮食男女之发乎情欲者分而为二也,即此饮食男女,其行之而是为循理,行之而非为悖理而已矣。”[④]“欲”与“理”一物两体,“欲”是饮食男女、人伦日用等,“理”是它们的规律、法则。如果合乎饮食男女、人伦日用等法则来做事情就是循理。仁义礼智这些道德规范存在于人伦日用、饮食男女等欲之中,即“理存乎欲”,故应从“欲中求理”。

其次,把“欲”与“理”的关系看成是自然与必然的关系,如说:“欲者,血气之自然,其好是懿德也,心知之自然”,“由血气之自然,而审察之以知其必然,是之谓理义;自然之与必然,非二事也。就其自然,明之尽而无几微之失焉,是其必然也。如是而后无憾,如是而后安,是乃自然之极则。”[⑤]这说明“欲”是人的生理需要或本能,是自然的;“理”则是这种欲求的必然性。“理”不能超越情欲之外,即使有这种理也是空洞的抽象。所以,理是情欲合法性的完成和实现,是存在于“人伦日用”之中的必然法则。肯定凡事都产生于欲,欲是人们生存活动的驱

① 戴震:《原善》卷上,《戴震全书》第六册,第10页。
② 戴震:《原善》卷上,《戴震全书》第六册,第103页。
③ 戴震:《孟子字义疏证》卷下,《道》,《戴震全书》第六册,第203页。
④ 戴震:《绪言》下,《戴震全书》第六册,第135页。
⑤ 戴震:《孟子字义疏证》卷上,《理》,《戴震全书》第六册,第171页。

动力。

再次,从欲的性质上来规定理欲关系,认为,人们欲望既不失其私,又能通天下之欲,这便是仁。所谓"以我之情絜人之情,而无不得其平是也"[①]。这是说人们只要不以一己之私为欲而以天下之通欲为欲,就能达到"仁"的境界。他说:"无欲,仁也;不蔽,智也;非绝情欲以为仁,去心知以为智也。是故圣贤之道,无私而非无欲;老、庄、释氏,无欲而非无私;彼以无欲成其自私者也;此以无私通天下之情,遂天下之欲者也。"[②]无私与无欲是不同的,"欲"属于人的自然本能,"私"属于人的道德规范,与"仁"对立的是"私"而不是"欲"。因此,作为道德表现的"仁",不但不应该违背人性的要求,"绝情"、"去欲",而且相反,应该做到"通天下之情,遂天下之欲"。

最后,从欲的量度上来规定理欲关系,认为,欲的"中节"、"无失"就是"理",主张凡有血气之类均有欲,所以人皆有欲,应"达情遂欲"。但是人不能穷欲、纵欲,欲要有一个度,这个度的范围就是"理"。他说:"在己与人,皆谓之情。无过情无不及情之谓理",而"天理者,节其欲而不穷人欲也。是故欲不可穷,非不可有;有而节之,使无过情,无不及情。可谓之非天理乎!"[③]这是说天理是要求人们对欲和情保持无过无不及的状态。怎样做到呢?须得"无失"。他又指出:"欲之失为私,私之贪邪随之矣;情之失为偏,偏则乖戾随之矣;知之失为蔽,蔽则差谬随之矣。不私,则其欲皆仁也,皆礼义也;不偏,则其情必和易平恕也;不蔽,则其知乃所谓聪明圣智也。"[④]在这里,把"私"、"偏"、"蔽"分别看作是"欲之失"、"情之失"、"知之失"的原因,只要无其失就能达其理。所以,他明确肯定只要"不私",人的欲望就符合仁义礼;只要"不偏",人的情感就平静和谐;只要"不蔽",人的智慧就能得到充分

---

① 戴震:《孟子字义疏证》卷上,《理》,《戴震全书》第六册,第152页。
② 戴震:《孟子字义疏证》卷下,《权》,《戴震全书》第六册,第211页。
③ 戴震:《孟子字义疏证》卷上,《理》,《戴震全书》第六册,第162页。
④ 戴震:《孟子字义疏证》卷下,《才》,《戴震全书》第六册,第197页。

显现。

值得强调的是，戴震在论述理欲关系的同时深刻揭露了程朱理欲观中“忍而残杀之具”的独断性质。他尖锐地指出，他们的所谓“得于天而具于心”的“天理”实际是“一已之意见”，是独断的教义而不是天下的公理。他们“凭在已之意见而执之曰理，以祸斯民。更淆以无欲之说，于得理益远，于执其意见益坚，而祸斯民益烈”[①]。在他看来，程朱的理欲之辨承释老之意而违背圣贤之道，离开人欲空谈义理，视人欲为万恶之源，视义理为至高无上。至于程朱“举凡民之饥寒愁怨、饮食男女、常情隐曲之感，咸视为人欲之甚轻者矣。”[②]不过是以非理之理治人，以善为恶来说教而已，给人民造成极大的危害，特别是他们越为此辩护，此祸害就越大。

他进一步说：“理欲之分，人人能言之”，“尊者以理责卑，长者以理责幼，贵者以理责贱，虽失，谓之顺，卑者、幼者、贱者以理争之，虽得，谓之逆。于是下之人不能以天下之同情、天下所同欲达之于上；上以理责其下，而在下之罪，人人不胜指数。人死于法，犹有怜之者；死于理，其谁怜之。”[③]这是说“理”作为束缚人们行为的礼教，像一把无形的软刀子，使“天下受其害者众也”。断言以非道德的所谓以理来杀人，要比专制国家的法律杀人更加残酷百倍。通过批判“存天理，灭人欲”的禁欲主义，揭露伦理与宗教的双重异化具有共通的本质，对理欲关系做出了崭新的解释。他的理欲观以“根于血气”的“欲”为出发点，以天下人人皆能“欲之得遂”的“公欲”实现为指归，这一特色与王夫之等人的理欲观一脉相承。

与理欲相关，戴震讨论了情与理的关系，提出“情之至于纤微无憾，是谓理”的观点。他认为，“情”与“欲”一样都根源于人的“血气心

① 戴震：《戴震文集》卷八，《答彭进士允初书》，《戴震全书》第六册，第362页。
② 戴震：《孟子字义疏证》卷下，《权》，《戴震全书》第六册，第217页。
③ 戴震：《孟子字义疏证》卷上，《理》，《戴震全书》第六册，第161页。

知”，是人性的具体表现，但是“情”为“欲”所派生，“知”又由“情”所派生。他把“情”与“欲”视为“天下之事”，“巧”与“智”视为“天下之能”，并通过对有欲有情而后有巧有智的分析，阐述人的聪明才智是在其情欲过程中实现的。由此，他批驳了程朱的“舍情而言理”的理论，说：“理也者，情之不爽失也，未有情不得而理得者也。”又“天理云者，言乎自然之分理也；自然之分理，以我之情絜人之情，而无不得其平是也。”[①]主张只有让每一个人的情都得到满足才是“天理”，如果“舍情求理”，不过是“一己之意见”；如果固执此“理”，则祸害百姓无穷。他尤其指出程朱的“以理抑情”、“灭情”是用来“杀人”的工具，说：“圣人之道，使天下无不达之情，求遂其欲而天下治。后儒不知情之至于纤微无憾，是谓理。而其所谓理者，同于酷吏之所谓法。酷吏以法杀人，后儒以理杀人，浸浸乎舍法而论理。死矣！更无可救矣！”[②]圣人之道本通人情而求天下之治，理学诸儒则不懂得“情之至于纤微无憾，是谓理”，而把理抽象化，变成悬在人们头上杀人不见血的一把刀子，这揭露了理学的情理割裂，可能导致以无形之理来杀人。

在社会政治领域，戴震发挥儒家的民本思想。他说：“古人之学在行事，在通民之欲，体民之情，故学成而民赖以生。后儒冥心求理，其绳以理严于商、韩之法，故学成而民情不知，天下自此多迂儒。”[③]古代政治的立脚点是为民，因此所学之行事在“通民之欲”、“体民之情”，而后儒却杜撰出抽象的理来限制民性民欲，有背于先儒本义。他又说：“欲出于性，一人之欲，天下人之所同欲也。”[④]人的欲望本于其天性，人人都有欲望，统治者就不应以满足自己的欲望为目的，而应该满足百姓的欲望，与天下人同欲。想要达到与百姓同欲就必须行“王道”，施“人政”，具体内容是“省刑罚，薄税敛”，使百姓“仰足以事父母，俯足以

---

① 戴震：《孟子字义疏证》卷上，《理》，《戴震全书》第六册，第152页。

②③ 戴震：《戴东原先生文·与某书》，《戴震全书》第六册，第496页。

④ 戴震：《孟子字义疏证》卷上，《理》，《戴震全书》第六册，第498页。

畜妻子”,“居者有积仓,行者有裹粮”,“内无怨女,外无旷夫”,也就是说,在政治、经济上采取比较宽松的政策,满足人民的物质生活需要,与民同苦乐,这便是他的理想政治,是对孟子相关思想的发挥。

三、反理学的评价与影响

戴震是乾嘉时期最负影响的大儒,其反理学的代表作《孟子字义疏证》刊行后,在学术界产生不同反响。

彭绍升看过后寄书与戴震,对其批评程朱“以理为如有物焉,得于天而具于心”的提法甚为不满,戴震回书称“然仆之私心期望于足下,犹不在此(指认清程朱与佛老一致)。程朱以理为如有物焉,得于天而具于心,启天下后世人人凭在己之意见而执之曰理,以祸斯民。更淆以无欲之说,于得理益远,于执其意见益坚,而祸斯民益烈。”[1]指出把理视为主观的危害性,统治者、尊者正是通过掌握理的话语权来任意宰割老百姓及卑者。《答彭进士允初书》的思想与《孟子字义疏证》一致,代表戴震思想的核心。后来孔广森把此文附于《疏证》之后。洪榜应戴震之子戴中立之请撰写戴震《行状》,其中全文刊载《答彭进士允初书》,而洪榜的老师朱筠见后则认为此书可不必载入《行状》,其理由是“性与天道不可得闻,何图更于程、朱之外复有论说乎?戴氏所可传者不在此。”[2]戴中立后来删去《答彭进士允初书》,朱筠代表了当时汉学家重考据训诂轻视义理的观点。戴震去世之前在致其弟子段玉裁的信中指出:“仆平生著述最大者为《孟子字义疏证》一书,此正人心之要。今人无论正邪,尽以意见误名之曰理,而祸斯民,故《疏证》不得不作。”[3]可见此书是戴震自己最得意之作,它肩负着反理学、构建新义理学的历史使命,而汉学中人不重视它、批评它,显然是当时学风所致。

---

① 戴震:《东原文集》卷八,《答彭进士允初书》,《戴震全书》第六册,第362页。

② 洪榜:《上笥河朱先生书》,《戴震全书》第七册,第139页。

③ 戴震:《与段茂堂等十一札·第十一札》,《戴震全书》第六册,第543页。

戴震的反理学也受到来自理学的批评。翁方纲(1733—1818)作《理说驳戴震作》,对戴震“不甘以考订为事,而欲谈性道以立异于程朱”[①]的做法持反对态度。方东树(1772—1851)则说:“程朱所严辨理、欲,指人主及学人心术邪正言之,乃最吃紧本务,与民情同然好恶之欲迥别。今移此混彼,妄援立说,谓当通遂其欲,不当绳之以理,言理则为以意见杀人,此亘古未有之异端邪说。”[②]反对戴震误解程朱关于理欲的原义,以为这是妄指程朱为异端邪说。

作为与戴震有过交往后来对立的历史家章学诚似乎看出戴震义理学的意义。章学诚指出:“凡戴君所学,深通训诂,究于名物制度,而得其所以然,将以明道也。时人方贵博雅考订,见其训诂名物,有合时好,以谓戴之绝诣在此。及戴著《论性》、《原善》诸篇,于天人理气,实有发前人所未发者,时人则谓空说义理,可以无作,是固不知戴震学者矣。”[③]章氏以为戴震“深通训诂,究于名物制度,而得其所以然,将以明道也”一句可谓知音,对于学问而言,训诂、名物制度是得其所以然即了解原因,但不是最终目的,最终的目的是明道,也就是说训诂考据是手段,探究其原因,他尤其肯定戴震论天人、气理“实有发前人所未发”,义理才是其归宿。遗憾的是大多数汉学家并不了解或不愿意承认这一点,因此误读了戴震。

焦循也肯定戴震《孟子字义疏证》,自谓:“循读东原戴氏之书,最心服其《孟子字义疏证》。说者分别汉学宋学,以义理归之宋。宋之义理诚详于汉,然训故明乃能识羲文周孔之义理。宋之义理,仍当以孔之义理衡之,未容以宋之义理即定为孔子之义理也。”[④]训诂只是手段,其目的是认识诸圣人之义理,宋明理学讲义理不错,但要以孔子义理为准。戴震并不反对宋人讲义理,所反对的是他们因忽略考据而误读

---

① 翁方纲:《复初斋文集》卷七,《理说驳戴震作》,道光丙申开雕光绪丁丑重校本。

② 方东树:《汉学商兑》卷中之上,第279—280页。

③ 章学诚:《文史通史》内篇二,《书朱陆篇后》,第275页。

④ 焦循:《雕菰集》卷十三,《寄朱休承学士书》,《丛书集成初编本》,第203页。

了儒家的义理,因此以己之义理攻宋明理学之义理,试图构建新义理学。

总之,尽管不乏有人知晓戴震义理学的重要性,但总体而言,当时继承戴震训诂考据方面的可谓人才济济,而知晓其义理并加以阐释的则后继乏人,之所以造成这种状况,是因为当时汉学占主导地位,训诂考据成为儒家们追逐的风尚。

清末民初,对戴震的反理学评价有所不同。章太炎首揭戴氏反理学的政治意义。梁启超则指出:"盖当时人心,为基督绝对禁欲主义的束缚,痛苦无艺,既反乎人理而又不敢违,乃相与作伪,而道德反扫地以尽。文艺复兴之运动,乃采久阏窒之'希腊的情感主义'以药之。一旦解放,文化转一新方向以进行,则蓬勃而莫能御。戴震盖确有见于此,其志愿确欲为中国文化转一新方向。其哲学之立脚点,真可称二千年一大翻案。其论尊卑顺逆一段,实以平等精神,作伦理学上一大革命。"[1]对戴震的思想给予积极肯定,把他对理学的批判看作是伦理学上的一场革命。胡适则明确把戴震称为反理学家。

实际上,程朱理学在讨论理欲关系时并不一概拒斥欲,合理的欲望他们给予积极的肯定,但后来的理学家对这个问题的理解有所偏颇,加以推演放大,加之清代中期以来政治黑暗,虚假道德盛行,人们便把"存天理,灭人欲"这句个别提法当作程朱理学的标签,因此成为汉学家们批评理学的口实。从这个意义上说,戴震对程朱理学的批判倒不如说是对那个时代虚假道德、禁欲主义的批判,袁枚、汪中、钱大昕等人都批评清中期虚伪道德及禁欲主义。只有这样理解才能认清批判的本质,从而知晓戴震义理学的用心。

---

① 梁启超:《清代学术概论》,第38—39页。

第三节　洪亮吉的天人观

洪亮吉(1746—1809),字君直,一字稚存,号北江,晚号更生,江苏阳湖人。自幼聪慧,家贫而无常师,能自力学。十三岁开始学作诗,十九岁开始学骈文。二十四岁入学为附生,不久入学使朱筠幕,与邵晋涵、王念孙、汪中等以古经义小学相互切磋,所学日进,"学益宏博"①。乾隆三十九年(1774)中副榜贡生,五十五年成进士。授编修,充国史馆纂修官。不久提督贵州学政,教士子敦厉实学,由此黔人皆知好古读书。嘉庆初年,川楚教民民变,清仁宗请求直言,他于是上书称,皇帝躬兢业于上,在勤政远佞,臣工惕厉于下,毋奔竞营私,由于出语过激耿直,引起仁宗的震怒,下令军机处刑部会讯,后恩准免死特赦,晚年以著述为生。

洪亮吉的主要著作有《意言》、《左传诂》、《公羊穀梁古义》、《六书转注录》、《汉魏音》、《比雅》、《传经表通经表》、《地理志》及《诗文集》等,合刊为《洪北江遗书》。他的天人观成就主要反映在《意言》中,所论涉及反对鬼神仙怪、关注现实人类的生活,提出物竞天择、立足于现实的人生以及控制人口等方面,在当时可谓独树一帜。

一、物竞天择

与传统儒学侧重于天人合一、天人相协调相和谐有所不同,洪亮吉强调天人相分,尤其突显人与动物之间的一种竞争关系,进而提出物竞天择的观点,他说:"人谓天生百物,专以养人。不知非也。水之气蒸而为鱼,林之气蒸而为鸟,原隰之气蒸而为虫蛇百兽。如谓天专

① 《常州府志人物传》,《洪亮吉集》附录,刘德权点校,中华书局,2001年,第2353页。

生以养人,则水之中蛟鳄食人,天生人果以为蛟鳄乎？林麓之中熊罴食人,天生人果以供熊罴乎？原隰之内虎豹食人,天生人果以给虎豹乎？蛟鳄能杀人,而人亦杀蛟鳄,熊罴虎豹能杀人,而人之杀熊罴虎豹者究多于人之为熊罴虎豹所杀,则一言断之曰:不过恃强弱之势、众寡之形耳。蛟鳄之力能胜人,则杀人;人之力胜蛟鳄,则杀蛟鳄;熊罴虎豹之势众于人,则杀人;人之势众于熊罴虎豹,则杀熊罴虎豹。”[①]天生动物并不是预先为人吃用的,如果说这些动物为人而生,那么水之中宜有鱼鳖,不宜有蛟鳄;林之中宜有貂貉,不宜有熊罴;原隰之中宜有麋鹿野兽,不宜有虎豹。他认为天地自然不仅生养人,同时也滋养万物,而且在自然界中人与万物之间既共生共存或者说相互依赖,与此同时也形成一种相互竞争的关系。这种竞争甚至表现为物与物、物与人之间的相互残杀,这种竞争关系是以强弱众寡分高低的,所谓“不过恃强弱之势,众寡之形”。优胜劣败,弱肉强食,这似乎是自然界万物生存发展的规律。

他认为,像家畜如牛羊豕犬鸡之类也并非天为人而生,而是驯养的结果。如他所说:“天果为人而生,则当使之驯伏不搅,甘心为人所食乃可。今牛与羊之角有触人至死者,猘犬有噬人至死者矣。岂天之为人而生反以是而杀人乎？又自唐宋以来,人之食犬者渐少,使天果为人而生则唐宋以来,应亦肖人之嗜欲而别生一物,不得复生犬矣。人之气蒸而为虮虱、马牛羊亦然。虮虱之生还而自啮其肤,岂人亦有意生虮虱以还而自啮者乎？推而言之,植物无知,默供人之食而已,必谓物之性乐为人之食,是亦不然也。”[②]这表明大自然只为人类提供生存的前提与条件,并没有为人类提供现成的东西,而生存所必需的一切要靠人类的劳动获得。人与包括后来成为家畜的动物开始也存在

---

① 洪亮吉:《卷施阁文甲集》卷第一,《百物篇第八》,《洪亮吉集》,中华书局,2001 年,第 16—17 页。

② 洪亮吉:《卷施阁文甲集》卷第一,《百物篇第八》,《洪亮吉集》,第 17 页。

着一种竞争的关系，它们之所以被人类降伏因是其无知，反过来也可以说人超拔于万物而为主宰也在于其知，正是由于有了知或意识、智慧，人才在自然界独领风骚。

洪亮吉的这种观点非常符合达尔文的物竞天择、适者生存的理论。依据这一理论，自然选择是生物进化的主要动因，自然选择主要包括变异和遗传、生存竞争和选择等。变异是选择的原材料，在生存竞争中，有利的变异将较多地保存下来，有害的变异则被淘汰。有利变异在种内经过长期积累，导致性状分歧，最后形成新种。这是生物界的历史发展观点，它宣告了神创论、目的论和物种不变论的破产。达尔文生于1809年，这一年正是洪亮吉的卒年，他提出物竞天择，适者生存的观点当然比达尔文要朴素得多，也显得很粗糙，但比严复翻译介绍过来的达尔文进化论早近百年，在当时可谓开时代之先，其思想价值不容低估。

主张竞争实际上是承认弱肉强食，在刚柔关系上，他必然得出重视刚强反对柔弱的结论，如说："世传老子见舌而知守柔，而以为柔之道远胜刚。非也。老子之言曰：齿坚刚，则先弊焉，舌柔，是以存。不知一人之身，骨干最刚，肉与舌，其柔者也。人而委化，则肉与舌先消释，而后及齿与骨。是则齿与骨在之时，而舌与肉已不存矣。老子存亡先后之说，非临没时之胶谬乎？不特此也，以天地之大言之，山刚而水柔，未闻山之刚先水而消灭也；以物之一体言之，则枝叶柔而本刚，未闻本之先枝叶摇落也。且天不刚无以制星辰日月，地不刚无以制五岳四渎，人不刚无以制骸四体。"[①]不同意老子所谓的守柔之道，老子以为牙齿坚硬先坏，舌头柔弱而后存，实际并非如此，牙齿属骨最为刚强，舌头属肉应为柔弱，舌亡而齿还存在。从自然界看，包括天地及万物在内，大都是刚强胜柔弱，不是柔弱胜刚强，这是自然界的基本法则。因此，他反对老子的贵柔之说。

---

① 洪亮吉：《卷施阁文甲集》卷第一，《刚柔篇第五》，《洪亮吉集》，第13—14页。

孔子所说的“吾未见刚者”,“刚毅木讷近仁”,孟子所讲的“其为气也至大至刚”,这些刚强思想洪亮吉都给予肯定,对于有人把刚柔与吉凶联系起来,他给予批评,说:“且日有刚有柔,未闻人以刚日出则凶,柔日出则吉也。人之性有刚有柔,未闻刚者常得凶,而柔者常得吉也。语有之:籧篨之人口柔,戚施之人面柔,夸毗之人体柔。使柔而得吉,则籧篨、戚施之人攸往咸宜矣,而不然也。老子号有道者,岂为此不然之论以诳世乎?此盖道家者流,托为老子之言以自售其脂韦腼忝之术耳。何以见之?”[①]在这里主刚强实际上是一种刚建有为、积极进取的精神状态。吉凶自有其原因,与刚柔无关,反对把吉凶与刚柔联系起来。他所主张刚强之论源于其所倡导的天演竞争之说。他又引《说苑》记载:韩平子问叔向:刚与软谁更坚固?叔向回答说:臣年已八十,牙齿已经多次脱落而舌头尚存。如以时代来考察,叔向应在老子之前,因此不会反引老子之说以申己意。传统观点以为道家者流,窃其说以欺世,又托于老子,皆不足为据。洪亮吉重刚强而非柔弱之论何等精刻,已经走在时代的前面。

二、反对命定论

既然重视刚强,倡导积极进取,因此洪亮吉又提出了自己的反对命定论之说,他写道:“何以言修短穷达无命?夫天地之内有人,亦犹人身之内有虮虱也。天地之内人无数,人身之内虮虱亦无数。夫人身内之虮虱,有未成而遭杀者矣,有成之久而遭杀者矣;有不遭杀而自生自灭于缘督缝衽之中者矣,又有汤沐具而死者矣,有澣濯多而死者矣。如谓人之命皆有主者司之,则虮虱之命又将谁司之乎?人不能一一司虮虱之命,则天亦不能一一司人之命可知矣。或谓人大而虮虱小,然由天地视之,则人亦虮虱也,虮虱亦人也。虮虱生富贵者之身,则居于纨绮白縠之内,虮虱生贫贱者之身,则集于鹑衣百结之中,不得谓居于

---

① 洪亮吉:《卷施阁文甲集》卷第一,《刚柔篇第五》,《洪亮吉集》,第14页。

纨绮白者虮虱之命当富贵也,居鹑衣百结之中者虮虱之命当贫贱也。吾乡有虮虱多而性卞急者,举衣而投之火。夫举衣而投之火,则无不死之数矣,是岂虮虱之命固如此乎?是亦犹秦卒之坑新安,赵卒之坑长平,历阳之县,泗州之城,一日而化为湖之类也。虮虱无命,人安得有命?"[①]天地虽然生人,但天不能决定人的命运,因此反对宿命论。他以虮虱作比喻,虮虱的命运不同并不是天所决定的,而是其所处的生存环境所致。人也如此,其运命是人自身的生存环境所决定的,但环境又是可以改变的。人天生不能选择所生存的环境,但人通过后天的有为改变它。他似乎体悟出这样一个道理:人不仅是环境的产物,也是环境的改造者。命定论只讲先天,反对人的后天有所作为。为了生存需要改变着环境,实际上强调了人的主观能动性,人应该掌握自己的命运,成为自己的主人。

既然不信有所谓的命定论,因此他主张人的祸福皆在人为,与天及鬼神无关,如说:"然畏鬼神者,谓畏其聪明正直乎?抑畏其能作祸福乎?必曰畏其能作祸福耳。然如果有鬼神,如果能作祸福,则必择其可祸者祸之,可福者福之而已。有人于此,孝于家,弟于室,而不奉鬼神,鬼神能祸之乎?则知有人于此,不孝于家,不弟于室,而日日奉鬼神,鬼神亦能福之乎?"[②]鬼神与人的福祸本无关联,命定论者以是否相信鬼神来判断人生的福祸,显然违背了客观法则。在他看来,人生的福祸在于人自身的行为是否得当合理,这是从人身的原因解释福祸,反对在人之外,甚至用超自然的力量来解释。依鬼神来解释福祸将陷入宿命论,他对福祸的理解也是对目的论的一种批判。

雷电等自然现象在未被科学说明的时代最为神秘,足以使人敬畏。他却不信这些,说:"世俗之言曰:雷诛不孝。故凡不孝不弟者,畏鬼神并甚畏雷。不知不然也。夫古来之不孝者,莫如商臣、冒顿,未闻

---

① 洪亮吉:《卷施阁文甲集》卷第一,《命理篇第九》,《洪亮吉集》,第 18 页。

② 洪亮吉:《卷施阁文甲集》卷第一,《祸福篇第四》,《洪亮吉集》,第 12 页。

雷能及之也。雷所击者,皆下愚无知之人。下愚无知之人即不孝,雷应恕之矣,雷能恕商臣、冒顿,而不能恕下愚无知之人,岂雷亦畏强而击弱乎?畏强而击弱,尚得为雷乎?世又言:雷诛隐恶。刑罚之所不到者,雷则取而诛之。夫人有隐恶,亦即有阴德。有隐恶而刑罚不及者,天必暴其罪以诛之,以明著为恶之报;则有隐德而奖赏所不及者,天亦当表其德以赏之,以明著为善之效。《记》云:爵人于朝,与众共之;刑人于市,与众弃之。天既设雷霆之神,于众见众闻之地杀人,以明恶无可逃,则又当设星辰日月之神,于众见众闻之地福人,以明善必有报。而后天下之人,始晓然于人世赏罚所不及者,天亦得而补之也。若云天杀人则使人知,天福人则不能使人知,则无以劝善矣。无以劝善,非天之心也。不赏善而专罚恶,亦非天之心也。今既无星辰日月之神福人,则所云雷霆杀人者,亦诬也。吾故曰:天不命雷击人,鬼神亦不能祸福人。《文子》之言曰:倚于不祥之木,为雷所扑。为雷霆所击者,皆偶触其气而殒,非雷之能击人也。雷不能击人,鬼神亦不能祸福人。"①

汉儒讲天人感应、天谴等说,把人的行为与自然现象联系起来,以为人的行为不善必然会遭到天地的报应,这有点像佛教说所讲的因果报应说。洪亮吉给予反驳,并以雷电实例加以说明,人的行为善没有得到自然的褒奖,相反人的行为恶也没有遭到自然的惩罚,至于出现因果报应的情况那不过是一种巧合,纯属偶然,这表明人的行为好坏与自然界的现象无关。他引《礼记·王制》"爵人于朝,与士共之;刑人于市,与众弃之"进一步说明:"爵人于朝"指商法,诸侯有爵者均可祭祖庙,"刑人于市,与众弃之"者也是商法,谓贵贱皆刑于市。这里意指天地自然对于人来说,一视同仁,贵贱相等,并没有偏颇与厚薄,人的命运好坏或福或祸,是人自己所做所为造成的,人应该承担起责任,自己为自己的行为负责,自己成为自己的主人,而不要依赖或归咎于他

① 洪亮吉:《卷施阁文甲集》卷第一,《祸福篇第四》,《洪亮吉集》,第13页。

力。这是对人的自我主体性的一种高扬。

不相信鬼神决定人生的祸福，进而言之也就从根本上不信鬼神的存在，洪亮吉认为，山川社稷风云雷雨皆有神吗？没有。高曾祖考皆有鬼吗？也没有。他说："山川社稷风云雷雨之神，林林总总，皆敬而畏之，是山川社稷风云雷雨之神即生于林林总总之心而已。高曾祖考之鬼，凡属子孙亦无不爱而慕之，是高曾祖考之鬼亦即生于子孙之心而已。曰：伊古以来，有亲见山川社稷风云雷雨之神者，又有亲见高曾祖考之鬼者，则奈何？曰：此或托其名以示神，假其号以求食，非真山川社稷之神、高曾祖考之鬼也。何以言之？山川之神，本无主名。"[①]自然界不存在所谓的神，人类社会也没有所谓的鬼，之所以称之为神不过是对自然界的敬畏，反映人类的一种原始崇拜心理，同样之所以称之为鬼不过是对祖先的一种敬仰，反映后辈的一种心态。鬼神都是人们的一种心态活动，并没有与之相对应的存在物，从客观实际看，人并没有见过自然界的神，以及人类社会的鬼。既然天地自然及社会并没有与神相对应之物，那么人们为什么信鬼神，在他看来，"此或托其名以示神，假其号以求食"而已，是为了自身的物质利益。以下他分论神与鬼。

他论神列举古代所谓的众神，指称不存在着与此相关的对应物，如他说："若社稷之神，则所谓句龙及后稷也。句龙为烈山氏之子，句龙倘有神，则应服烈山之衣冠；后稷者，帝喾之子也，稷倘有神，亦应服帝喾时之衣冠。今童巫所见社稷之神者，言服饰一如祠庙中所塑唐宋衣冠之象，则必非句龙、后稷明矣。且山川社稷风云雷雨有神，天地益宜有神。吾闻轻清者为天，重浊者为地，未闻轻清之中更结为台殿宫观及天神之形质也，重浊中更别为房廊舍宇及地祇之形质也。且天苟有神，则应肖天之圆以为形，地苟有神，则亦应规地之方以为状，今世

① 洪亮吉：《卷施阁文甲集》卷第一，《祸福篇第四》，《洪亮吉集》，《天地篇第十一》，《洪亮吉集》，第19页。

所传天神地祇之形,则皆与人等。是则天地能造物之形而转不能自造其形,不能自造其形,乃至降而学人之形,有是理乎？推而言之,华山之形削成而四方,泰山之形岑崿而轩举,使皆有神,则华山之神亦应肖削成四方之形,泰山之神应亦模岑崿轩举之状,皆不得学人之形以为形也。”①他似乎意识到信神是因为人们生存需要的一种心理活动,如对自然界神的信奉可以给人类带来诸多回报,为人们的生活与生产提供方便。人们甚至可以按照自己的需要创造不同的神,中国古代的多神论正是他们不同需要的产物,任何神或多或少都打上创造它的人的自己时代的烙印。对神的崇拜表征着人类对事物的追求,以及对美好未来的一种企盼。

论鬼认为是无,没有与之相对应的有形之物,他以归来解释鬼,说“又一言以蔽之,曰:人而为鬼,则已归精气于天,归形质于地矣。归于天者,复能使之丽于我乎？归于地者,复能使之块然独立,一肖其生时乎？《记》有之:僾乎如有见,慨乎如有闻。又曰:临之在上,质之在旁。为人子孙者,不忍自死其高曾祖考,则一念以为有,即有矣。实则不然也。黎邱之鬼,惯效人子侄之状,颍川之鬼,又惯仿人父祖之形,其实岂真子侄、岂真父祖乎？则世之所言见高曾祖考之鬼,亦犹此矣。”②以归来解释鬼,鬼是归即人有所归,精气归于天,形质归于地。鬼并没有与之相应的实体,是不存在的,谈鬼是后辈不希望先辈死去,以鬼来供祭祀祖先之用实际上是对祖先的一种缅怀并保佑自己平安。

三、人生学说

论鬼神涉及死生,在生死问题上洪亮吉更关注的是生,他系统地阐述了自己的人生学说。

他探讨人生发展认为,“生年至百者少。吾欲验百年之境,于一日

① 洪亮吉:《卷施阁文甲集》卷第一,《天地篇第十一》,《洪亮吉集》,第19—20页。

② 洪亮吉:《卷施阁文甲集》卷第一,《天地篇第十一》,《洪亮吉集》,第20页。

内验之而已”。[①] 人生虽然很漫长,但可以用一天来说明,并根据一天把人生分为以下几个阶段:

第一阶段:“鸡初鸣,人初醒时,孩提之时也。发念皆善,生机满前,觉吾所欲为之善,若不及待,披衣而起者。”[②] 鸡鸣指日出之前,此为人孩提时代,天赋予善念朦胧待发。

第二阶段:“日既出,人既起之时,犹弱冠之时也。沈忧者至此时而稍释,结念不解者至此时而稍纾,耕田者入田,读书者入塾,商贾相与整饬百物估量诸价,凡诸作为,百事踊跃,即久病者,较量夜间,亦觉稍减。”[③] 日刚初升至中午前一段,此为人少年时代,青春时代由此开始,处于情绪波动期。这时人开始从事耕田、读书、经商等百事。

第三阶段:“日之方中,饥者毕食,出门入门,事皆振作,盖壮盛之时也。夫精神者,人之先天也;饮食者,人之后天也。日将午正,阴阳交嬗之时,则先天之精神,有不能不藉后天之饮食以接济者矣。然先天为阳,阳则善念多,故有人郁大忿于胸,匿甚怨于内,至越宿而起,而忿觉少平,怨觉少释,甚或有因是而永远解释者,非忿之果能平,怨之果能释,则平旦以后之善念有以胜之也,是阳胜阴也。至后天为阴,阴则恶念生,好勇斗狠之风,往往起于酒食醉饱之后,亦犹圣人所云壮之时,血气方刚,戒之在斗。正此时也。是阴胜阳也。又一生之事业,定于壮盛之时,一日之作为,定于日午之候。过此,虽有人起于衰莫,事成于日昃者,然不过百中之一,不可以为例也。”[④]日中到下午这一段为人的壮年,是人生的关键时期。在这里他论及精神(应指与生俱来的性善等因子)与饮食的关系,认为,精神属天生即天赋予人的称为阳,而饮食则是生命体才有的特色,因此称为后天属阴。正午正是阴阳交错之时,精神与饮食应相互交养,先天属阳,阳胜阴指天生的本善在此

---

①②③ 洪亮吉:《卷施阁文甲集》卷第一,《天地篇第十一》,《洪亮吉集》,《百年篇第三》,《洪亮吉集》,第 11 页。

④ 洪亮吉:《卷施阁文甲集》卷第一,《百年篇第八》,第 11 页。

释放,控制自己的情绪,后天属阴,阴胜阳则属于后天的欲物等习染,甚至出现恶,容易使人的情绪失控。此时也是人生由盛到衰的转折期,应引起重视,积极把握。

第四阶段:“至未申以后,则一日之绪余,犹人五十六十以后,则一生之绪余。力强者至此而衰,心勤者至此而懈,房帷之中,晏晏寝息,是衰莫之时也。于是勇往直前者至此而计成败,径直不顾者至此而虑前后,沈忧者至此而益结,病危者至此而较增。视日出之时,判然如出两人矣。非一人之能判然为两,则一日之阴阳昏旦,有以使之然也。此一日之境也,即百年之境也。苟能静体一日之境,则百年之境,亦不过如是矣。”[①]下午以后尤其是傍晚这一段已进入人生的暮年,已经完成了由盛转衰,与年轻时期判若两人,年老体衰,等待着的只有病痛与死亡。洪亮吉不是医学家,其论人生诸阶段并以一日为喻,是想预设一条人生之路,从一日的变化推论人生不同时期的特点及如何把握的方法,为人指出一条把握时机、积极进取之路。与其说一日一日去实际体会,不如以一天变化为喻,以小见大,由近及远。从幼年做起,体悟未来,使人生过得更加精彩。

有人问洪亮吉这个世界上如果有神仙他肯做吗?他回答说不愿意做。实际上人死后并没有成仙,说:“夫生者,行也。死者,归也。人不可久行而不归,则人亦不可久生而不死,明矣。”[②]如同人行路必有所归一样,人生就是行,死就是行有所归,最后的归宿。因此反对长生不死之说并从多角度加以证明:

首先,以人生由幼至老的经验证明:他引《礼记·曲礼上》“八十九十曰耄”。依据注释“耄”指“惛忘”,“百年曰期”指要颐养。接着说:“老昏不复知服味善恶。孝子期于尽养道而已。是人至八十、九十、百年,即不死,而精神智慧已离,不过徒存形质而已。使过此以往,则其

① 洪亮吉:《卷施阁文甲集》卷第一,《百年篇第八》,第11—12页。

② 洪亮吉:《卷施阁文甲集》卷第一,《仙人篇第十三》,《洪亮吉集》,第21页。

冥然罔觉者更不知何如？纵云长生不死，是徒有生之名而已，无生之乐也。”[①]眼前所见年老之人精神智慧几乎丧尽，只不过形体尚存，没有生活能力，因此需要后辈尽孝道赡养，此时已经到达生命的尽头，哪有不死的。

其次，又以人的夜间表现来证明：他认为人的精神再强也没有夜间不思偃息者。到了该休息的时候，其精神再强也强不过白天有所作为之时。即使强做有所作为，其内心的疲惫之感有不可胜言。由此可知“人即精神至强，至八十焉，九十焉，百年焉，未有不思怛化者矣。至怛化之候，而强其如少壮时之举动焉，不能也。即或强其举动，而其疲惫亦有不可胜言者矣。是知朝而作，夜而息，少而壮，壮而老，老而死，皆理之常也”[②]。日出而作日落而息既是自然规律，也是人的生物钟，人的起居不能违背自然规律，由少到壮再由壮至老，最后死亡是“理之常”，即是不可抗拒的生命运动法则。

接着他又进一步追论，人欲成仙有知还是无知？“谓其无知则不如死，则必曰谓其有知也。谓其有知，而饮食衣服已不知美恶，何况宫室苑囿乎？何况妻子仕宦一切所系恋者乎？又《释名》云：老而不死曰仙。仙，迁也，迁入山也。故其字人旁作山。是又因年命之长，复遭迁徙之苦，即入山不死，亦不过如《述异记》之张光始、《洞微志》之鸡窠老人，惛无所知，与木石鹿豕同居而已，又岂有生之乐乎？吾故曰：世本无仙，即有仙而不可为者，以此也。”[③]引《释名》从文字说明仙即迁，迁入山虽然不死，已无生命之义。又引《述异记》、《洞微志》皆为志怪小说，所记皆奇谈怪论，引此旨在说明成仙不可信。仙与鬼虽然称谓不同，但都是人盼望长生不死杜撰出来的，现实世界中并不存在。

鬼、神、仙的出现反映了人们的一种怕死心态，为舒缓由此而带来的紧张和焦虑，但他把死也看成是一种快乐，说：“生者以生为乐，安知死者不又以死为乐？然未届其时，不知也。生之时而言死，则若有重

---

①②③ 洪亮吉：《卷施阁文甲集》卷第一，《仙人篇第十三》，《洪亮吉集》，第22页。

忧矣,则安知死之时而言生,不又若有重忧乎？生之时而贪生,知死之后当悔也;死之时而贪死,知生之后又当悔也。"[①]幻想如果死后有知,则可以通过死而见到逝去的亲戚、良友,还可以见到百年以内所未曾见到过的人,听到百年以内所未曾听说的事,死的快乐甚至大于生。人生时其形质有疾病欣戚,死后无形质,因此寒暑不能侵袭,也没有哀乐。实际上他是反对死而有知,并以形象比喻死而无知。自谓曾经饮酒过量而醉倒,醉时的快乐百倍于醒,因为此时无知。曾经疲惫之极而卧倒,卧倒的快乐百倍于起来,因为此时无知。

他发挥列子生死往返、相互倚伏的主张,说:"死于此者,安知不生于彼？是始生之日,即伏一死之机,虽自孩提焉,少壮焉,耄耋焉,皆与死之途日近,不至于死不止也;因是知死之日,亦即伏一生之机,虽或暂焉,或久焉,或迟之又久焉,皆与生之途日近,不至于生不止也。"[②]依此认为对于人生之始当凭吊,因为日复一日终将离死之时不远。对于人之死也应祝贺,因为或久或暂离生之日不远。这一主张似乎在混淆生死,其实不然,他是想通过生死倚伏使人们跳过生死绝对化的怪圈,从发展的眼光看问题,大千世界生包含死的因子,死也包含生的因子,生死交替表现为一个生生不息的过程。

他以精气论生死,说明生死与天地自然相比十分藐小。我偶然来到这个世界,是天地间多一个我,多一个我天地间的精气并没有减少,突然我死了是天地间少一个我,少一个我天地间的精气也不曾增加,"即积而为千我焉,积而为万我焉,其生与死之数,于天地亦不能少有所增减也"。如果"人虽亡而精气不亡,精气不亡是人亦不亡矣。人不亡则直与天地同弊耳"。[③] 生死是大自然应有的现象,并不影响自然界的存在与发展。如果人不死,不断的生育愈来愈多,自然资源进一步

① 洪亮吉:《卷施阁文甲集》卷第一,《生死篇第二》,《洪亮吉集》,第10页。
② 洪亮吉:《卷施阁文甲集》卷第一,《生死篇第二》,《洪亮吉集》,第10—11页。
③ 洪亮吉:《卷施阁文甲集》卷第一,《父母篇第一》,《洪亮吉集》,第10页。

匮乏,只会增加天地自然的负担,因此他主张限制人口。

对人而言,一般都喜欢人的率真而厌恶人的虚伪,伪是不可为的。洪亮吉则从另一个视角看真伪,认为襁褓之时知有母而不知有父,然而不可说襁褓时没有真性。孩提之时知饮食而不知礼让,也不可说孩提时之没有真性。至有知识而后知晓家人有严君之义,其奉父有当重于母。那么孩提襁褓之时为真?还是有知识之时为真?他回答说:"必将曰孩提襁褓之时虽真,然苦其无知识矣。是则无知识之时真,有知识之时伪也。吾以为圣人设礼,虽不导人之伪,实亦禁人之率真。何则?上古之时,卧倨倨,兴眄眄,一自以为马,一自以为牛,其行蹎蹎,其视瞑瞑,可谓真矣。而圣人必制为尊卑上下,寝兴坐作,委曲烦重之礼以苦之,则是真亦不可行,必参之以伪而后可也。"[①]从真伪引出蒙昧与文明的关系,人类早期处于蒙昧之中,礼仪等出现标志着文明的开始,蒙昧时期的人虽然质朴率真,但无智慧,文明时期的人有知识,但少了些质朴率真,应该真伪兼顾,既质朴直率又有智慧,把文明与蒙昧时的质朴率真结合起来。

四、控制人口

洪亮吉天人观的另一个亮点是提出独特的人口理论。其基本观点是人口的增长与耕地增长不平衡,具体而言,人口的增长幅度大大超过耕地增长,为了避免这种情况的发生,就要限制人口。

他以当时的具体情况作分析,说:"人未有不乐为治平之民者也,人未有不乐为治平既久之民者也。治平至百余年,可谓久矣。然言其户口,则视三十年以前增五倍焉,视六十年以前增十倍焉,视百年百数十年以前不啻增二十倍焉。"[②]人口成倍的增长必然给社会的长治久安带来问题。以一家做计算:高曾祖时,有房屋十间田地一顷,只身一

---

① 洪亮吉:《卷施阁文甲集》卷第一,《真伪篇第十九》,《洪亮吉集》,第 28 页。

② 洪亮吉:《卷施阁文甲集》卷第一,第 14 页。

人,娶妻后不过二人,二人居十间房屋,食田一顷,十分宽裕。以一人生三子来计算,到了儿子这一代,父子四个人,加上各自娶媳妇则变成个八人,再加上佣人至少十个人。十人居十间房屋,食田一顷,居食仅仅满足而已。子又生孙孙又娶媳妇,其间虽有衰老代谢,然而人口已经不下二十余人。这二十余人还住在原有的十间房屋,靠食田一顷过活,不过是量腹而食度足而居,居住和饮食情况已很难再敷衍下去了。由此而至曾孙、玄孙,比高曾祖时人口多了五六十倍,高曾祖时不过一户,此时分十户不止。其间虽有户口消落之家,但与丁男繁衍之族不可相敌。

有人说高曾祖之时有许多荒地没有完全开辟,一些闲置的房宅地也并没有完全利用。即便开垦利用也不过增加耕地和居住面积一倍至多几倍而已,而户口则增加十倍、二十倍。经过实地考察分析后,他得出以下结论:"田与屋之数常处其不足,而户与口之数常处其有余也。"[1]断定田屋与户口增长的比例不同,田屋的增长大大低于户口的增长,这种人口的相对过剩是造成贫穷的主要原因,他也注意到兼并的存在,如兼并之家一人占据百人的房屋,一户占据百户的良田,使广大农民的生活日加贫困。

那么如何解决因人口过度增加而带来的社会问题呢?他提出以下两种方法。其一是"天地调剂之法",指"水旱疫疾,即天地调剂之法也。然民之遭水旱疾疫而不幸者,不过十之一二矣"。其二是"君相调剂之法",指"使野无闲田,民无剩力,疆土之新辟者,移种民以居之,赋税之繁重者,酌今昔而减之。禁其浮靡,抑其兼并。遇有水旱疾疫,则开仓廪悉府库以赈之。如是而已,是亦君相调剂之法也"。[2] "天地调剂之法"是通自然灾害疾病减少人口的数量,这种方法与英国人口学家马尔萨斯的理论十分相似。洪氏承认这种方法对限制人口来说微

---

① 洪亮吉:《卷施阁文甲集》卷第一,《治平篇第六》,《洪亮吉集》,第 14 页。
② 洪亮吉:《卷施阁文甲集》卷第一,《治平篇第六》,《洪亮吉集》,第 15 页。

乎其微。“君相调剂之法”是最大限度地扩大耕地面积，奖励耕作，包括垦荒、轻徭役、减赋税、抑制土地兼并、赈灾等诸多措施，试图以此缓解人口压力。他说：“治平之久，天地不能不生人，而天地之所以养人者，原不过此数也；治平之久，君相亦不能使人不生，而所以为民计者，亦不过前此数法也。然一家之中，有子弟十人，其不率教者，常有一二，又况天下之广，其游惰不事者何能一一遵上之约束乎？一人之居以供十人已不足，何况供百人乎？一人之食以供十人已不足，何况供百人乎？此吾所以为治平之民虑也。”[①]他也承认“君相调剂之法”的作用有限，人口增长是必然，况且中国幅员广大鞭长莫及，诸方法的实施肯定会遇到诸多困难，为此他十分忧虑。

洪亮吉出生于所谓的康乾盛世之乾隆中后期，当时社会承平既久，百姓得到休养生息，人口由此而剧增，人口与耕地之间的矛盾愈来愈突出，许多学者研究证明，乾隆晚期的衰落，人口增长过快也是其中的一个重要原因。

他认为，一般来说一亩地以凶荒之年来计算，一年不过产粮一石。百姓以老弱来计算，不过一顿吃一升。一年一个人的口粮约四亩地，十口之家则需要四十亩地，现在的四十亩地与古代的百亩地相当。士农工商四民各有自己的生计来源，农工自食其力，商贾则各以其赢利来交换食品，士子靠佣书授徒交换食品自给。除农民本计不议之外，他为士工商这三民算了一个经济账，士工商这三者收入至少每天可余百钱，一年的收入应该不少于四十千。他把五十年前与当今的情况作对比，认为五十年以前祖父辈之时，米以升来计算，不过需要六七钱，布以丈来计算，不过需要三四十钱，一人之身可得布五丈为二百钱，是一人的能力可以养活十个人。即使不耕不织之家，有人营力于外，衣食也很宽裕。现在则有所不同，务农者比以前多十倍，田亩却不见增加，经商者比以前多十倍，货却不见增涨，士者比以前多十倍，佣书授

① 洪亮吉：《卷施阁文甲集》卷第一，《治平篇第六》，《洪亮吉集》，第15页。

徒的场所也不见扩大。况且以前以升来计算,钱已涨至三四十,以丈来计算,钱已涨到一二百,出现了所入愈来愈少,所出愈来愈多的情况。由此造成"士农工商若减其值以求售,布帛粟米又各昂其价以出市,此即终岁勤动,毕生皇皇,而自好者居然有沟壑之忧,不肖者遂至生攘夺之患矣。然吾尚计其勤力有业者耳,何况户口既十倍于前,则游手好闲者更数十倍于前,此数十倍之游手好闲者遇有水旱疾疫,其不能束手以待毙也明矣。是又甚可虑者也。"[①]人口的增加不仅是农民日趋贫困,也使士工商入不敷出,农产品的匮乏出现供不应求的矛盾,这必然导致物价上涨,通货膨胀,实际上出现了经济危机。

英国人口学家马尔萨斯认为人口的增长快于生活生产资料的增长,主张通过战争、疾病等限制人口,与洪亮吉相似(洪不主张战争),洪氏提出人口思想与马氏相比略显粗糙,但比他要早,但在很长的一段时间并没有产生影响。直到上个世纪二十年代,张荫麟撰文表彰,[②]后来才慢慢给予重视,并被喻为"中国的马尔萨斯"。

洪亮吉意识到嗜欲与形质、智巧与性情之间发展所产生的张力,甚至会导致的矛盾。他说:"今之人嗜欲益开,形质益脆,知巧益出,性情益漓。"[③]为什么出现这种情况,他以古今做比对:

"嗜欲益开"指:古代"膳用六牲,珍用八物",已经算不错了。现在"则析燕之窠以为餐;刳鱼之翅以作食,蝉黄之酱,来自南中,熊白之羹,调于北地",非六牲八物可比。古代"冬则饮汤,夏则饮水"也就满足了。现在"茶荈则新安、武林,高下百团,备凉燠之用;草则香山、浦城,闽粤二种,斗水火之奇",非饮汤饮水可比。古代"中人之家,冬则羊裘,夏则麻葛",知足了。现在"则吉贝之暖,十倍于麻也;纱縠之轻,十倍于葛也。至于裘则异种百出,种文羊于田,搜海马于水",为古人

① 洪亮吉:《卷施阁文甲集》卷第一,《生计篇第七》,《洪亮吉集》,第16页。

② 张荫麟称"马洪二氏,其学说不谋而同,其时复略相当"。《洪亮吉及其人口论》,《东方杂志》卷二。

③ 洪亮吉:《卷施阁文甲集》卷第一,《形质篇第二十》,《洪亮吉集》,第28页。

所未见未闻。“形质日脆”指:古代“有疾医所掌,春时有痟首疾,夏时有痒疥疾,秋时有疟寒疾,冬时有嗽上气疾”,不过四时皆有疠疾罢了。现在“则小儿增痧豆之科,中年添肝肺之疾,衰老加沈痼之疴”,即便是吴普、仲景不能定其方,岐伯、榆拊不能知其症。[①] “智知巧益出”指:现在“天文地理之学以迄百工技艺之巧,皆远胜昔时。吴越之绫锦出手而已若化工;西洋之钟表自鸣而不差累黍,手谈则枯棋三百,捷过于秋储;心计则白撰千万,算微于仅。运斤者咸有倕之一指,角技者罔非迟之八投是也。”“性情益漓”指:古代“饮羊饰脯,以为伪矣”,现在“则粉石屑为咸,削木柿作米;鸭由絮假,调五味而出售;靴以纸充,杂六街而出市,有人意计所必不及者矣”。[②]

在对比后他提出以下疑问:“然则其形质益脆者,非嗜欲益开之故乎?其性情益漓者,非知巧益出所致乎?”[③] 似乎把“形质益脆”、“性情益漓”的原因归咎于“嗜欲益开”、“知巧益出”,他看到了随着社会发展人类物质财富不断增,随之而来的是人的欲望也在逐渐增大,以及由社会发展而带来诸多疾病,这是历史发展的必然趋势。意识到社会发展与进步所带来的一些负面因素或消极成分,这是很富有远见,应该说是文明发展所应付出的代价。

总之,洪亮吉《意言》所提出的物竞天择、反对命定论、立足于现实的人生观、控制人口等观点与学说,可谓标新立异,他的以天人观为本的义理学关注社会现实、关注人生,比埋首于故纸堆里的一些汉学家高明得多,但在考据学占主导地位的时代并没有引起反响,直到民国时期才有人加以表彰,这不能不说是一件憾事。

---

① 洪亮吉:《卷施阁文甲集》卷第一,《形质篇第二十》,《洪亮吉集》,第28—29页。

②③ 洪亮吉:《卷施阁文甲集》卷第一,《形质篇第二十》,《洪亮吉集》,第29页。

第八章

汉学家的义理学(下)

此章接续上章，进一步探讨汉学家的义理学，主要以凌廷堪、焦循、阮元为主。凌廷堪以礼学为见长，焦循则以《周易》、《孟子》阐述自己的义理学，阮元对仁及性命等范畴的解释体现其为学务实的态度，他们可以说是汉学家阐释义理学的杰出代表。

第一节　凌廷堪的礼学

凌廷堪(1755—1809)，字次仲，安徽歙县人。七岁就塾，十岁因家贫弃学从商，此后十年间辗转于工贾佣书之间，直至二十六岁时因受知于著名学者翁方纲，才得以入四库馆任校书之职，由此开始学习举子业。三十岁中进士，三十七岁殿试入三甲，依例至少可以谋得一个知县,但却自己请求为教谕。他任安徽宁国府教授长达十三年,其后又主讲敬亭、紫阳等书院,迄于终老。

凌廷堪的主要著作有《礼经释例》、《校礼堂文集》等,他为学推尊江永、戴震,重考据,一生精力倾注在研究礼经之中。他不仅究心于考据训诂,更重要的是发挥了礼学思想,形成了自己独特风格的礼学体系,同时也把礼学运用实践,希望以此整饬社会风气。他是汉学家中礼学研究的佼佼者。[①]

一、理学即禅学

凌廷堪对当时的汉学与宋学有自己的看法,认为举世皆称清初顾炎武、毛奇龄博览群书,然而他们也有所弊。如顾炎武批评王守仁不过是食罗钦顺的剩言,毛奇龄批评朱熹也不过是承贺凌台的绪论,他们皆入主出奴,并没有洞见学术的隐微。至于戴震作《孟子字义疏证》专门驳斥程朱之学,开卷首先辩驳理字,又借体用二字论小学则是若明若暗,陷于阱擭而不能出。其余学人只是囿于汉学宋学之分,以为"名物则汉学胜,理义则宋学胜",这显然是不知宋明理学的本质,依凌氏所见,"宋学之理义乃禅学乎?"[②]对清儒辨汉宋,或者说以汉学为标准单纯的批评宋学表示不满,以为这种批评并没有揭示出宋学的本质,而他则直截了当地指出宋学的佛学本质。

凌廷堪对宋明理学佛教本质的揭露主要集中表现在心性、理事、体用等问题上。

关于心性,他说:"后儒熟闻夫释氏之言心言性极其幽深微眇也,往往怖之,愧圣人之道以为弗如,于是窃取其理事之说而小变之,以凿圣人之遗言。曰吾圣人固已有此幽深微眇之一境也。复从而辟之,曰:彼以

---

① 张寿安:《以礼代理——凌廷堪与清中叶儒学思想之转变》,河北教育出版社,2001年,对凌廷堪礼学有系统研究。

② 凌廷堪:《校礼堂文集》卷十六,《好恶说》下,中华书局,1998年,第144页。

心为性,不如我以理为性也。呜呼!以是为尊圣人之道而不知适所以小圣人也。以是为异端而不知阴入于异端也,诚如是也。”[①]后儒主要指理学,理学以为佛教谈心性深奥,儒学很难相敌,便以为儒学本身也有此意,以此谈心性,援儒入佛或援佛入儒,儒释互释,这实际上是矮化了儒学。其实理学诸家并不知道儒学与佛学的区别,他们之间的区别与其说言心性角度不同,不如说儒学不言心性而言人伦日用谈礼。

在他看来,儒学也不谈理事与体用,如说:“理事体用阑入圣言,俱洛闽所倡,岂亦金谿、阳明为之邪?不塞其源,徒遏其流,是亦后学者之过也。开门揖盗,反藉揖者而驱除之,深可慨也夫。”[②]以理事、体用为圣人之言的始作俑者是程朱理学,陆九渊和王守仁步其后尘,应追本溯源,加以杜绝。他考察《论语》及《大学》以为,“皆未尝有理字,徒因释氏以理事为法界,遂援之而成此新义是以宋儒论学,往往理事并称。”[③]《论语》是圣人的遗书,“说圣人之遗书,必欲舍其所恒言之礼,而事事附会于其未言之理,是果圣人之意邪?后儒之学本出释氏,故谓其言之弥近理而大乱真。不知圣学礼也,不云理也,其道正相反,何近而乱真之有哉!”[④]儒家经典本来不谈理而重事,理学诸家则理与事并称显然渊源于佛家。与理相比,儒家更重视礼。

他对理学解《大学》、《中庸》诸范畴给予全面的批判,如于《大学》“说明德曰以具众理而应万事,说至善曰事理当然之极,说格物曰:穷至事物之理”。于《中庸》“说道也者曰道者,日用事物当然之理。其宗旨所在,自不能掩”。又于《论语》:“说知者曰达于事理,说仁者曰安于义理,说吾斯之未能信曰斯指此理。说不知而作曰不知其理;说知及之曰知足以知此理。至于无违下文明有三礼字,亦云谓不背于理。无端于经文所未有者,尽援释氏以立帜。其他如性即理也,天即理也,尤

① 凌廷堪:《校礼堂文集》卷四,《复礼》下,第31页。
② 凌廷堪:《校礼堂文集》卷十六,《好恶说》下,第144页。
③ 凌廷堪:《校礼堂文集》卷十六,《好恶说》下,第142页。
④ 凌廷堪:《校礼堂文集》卷四,《复礼》下,第32页。

指不胜屈。故鄙儒遂误以理学为圣学矣。"[①]理学家释《大学》"明德"、"至善"、"格物",释《中庸》"道也者",释《论语》"智者"、"仁者"、"吾斯之未能信"、"不知而作"、"智及之"等皆以理,或者说以理诠释儒家经典的范畴有悖于经文,至于"性即理"、"天即理"更是强加于儒家经典,在他看来,理学以理来解释儒学违背了儒学的真谛,是所谓的"援释氏以立帜"。

凌廷堪反对理学争门户,说:"鄙儒执洛闽以与金溪争,或与阳明争,各立门户,交诟不已,其于圣学何啻风马牛乎?明以来,讲学之途径虽多,总之不出新安、姚江二派,盖圣学为禅学所乱将千年矣。"[②]理学内部程朱与陆王之间的论争对于儒学无补,而且所争的一些问题也非儒学,元明两代先后占主导地位的朱子学与阳阴学都受到禅学的影响,逐渐失去了儒学的本来面目。他对汉学也有微词,说:"世之学者徒惜夫宋学行而两汉之绪遂微,不知郑学行而六艺之途始隘也。"[③]以为郑玄之学也有局限性,进而也反对汉宋门户之争。

尽管他对汉学宋学都有批评,但其学术天平仍倒向汉学,这在他为戴震作行状时表现出来,如说:"自宋以来,儒者多剽袭释氏之言之精者,以说吾圣人之遗经。其所谓学,不求之于经,而但求之于理;不求之于故训典章制度,而但求之于心。好古之士虽欲矫其非,然仅取汉人传注之一名一物而辗转考证之,则又烦细而不能至于道。于是乎有汉儒经学、宋儒经学之分,一主于故训,一主于理义也。先生则谓理义不可舍经而空凭胸臆,必求之于古经。求之古经而遗文垂绝,今古悬隔,然后求之于故训。故训明则古经明,古经明则贤人之理义明,而我心之所同然者乃因之而明。理义非他,存乎典章制度者也。彼岐故训、理义而二之,是故训非以明理义,而故训何为?理义不存乎典章制

① 凌廷堪:《校礼堂文集》卷十六,《好恶说》下,第142页。
② 凌廷堪:《校礼堂文集》卷十六,《好恶说》下,第143页。
③ 凌廷堪:《校礼堂文集》卷十,《汉十四经师颂》,第79页。

度,势必流入于异学曲说而不自知。故其为学,先求之于古六书九数,继乃求之于典章制度。""然后古圣贤之心不为异学曲说所汩乱。盖孟荀以还所未有也。"[①]表彰戴震训诂考据与义理兼顾,自己为学也受戴震的影响。反对宋儒空谈心理,注重故训典章制度,因为义理存在于其中,离开故训典章制度则是空谈义理。对于汉儒主训诂,宋儒主义理,凌氏借戴震的话调和二者,他虽然强调"故训非以明理义,而故训何为?"但重心仍在训诂,因为"故训明则古经明,古经明则贤人之理义明"。

因为他反对虚理,所以倡导实事求是之说,如指出:"夫实事在前,吾所谓是者,人不能强辞而非之。吾以为非者,人不能强辞而是之也,如六书九数及典章制度之学是也。虚理在前,吾所谓是者,人既可别持一说以为非,吾所谓非者,人亦可别持一说以为是也,如理义之学是也。"[②]应以实事为标准来判定是非,而典章制之学重实事,运用训诂考据可以辨明是非,这就是实事求是之学。理学以虚理为对象,无法以训诂考据判断是非,所谓此亦是非彼亦是非,不过是意见之学,不足为信。客观地说,义理虽然建立在训诂基础上,但并非简单地理解训诂明义理就自然而然明,训诂与义理之间并不是绝对的因果关系,它们之间存在着主观的认知与诠释,而这些光靠训诂是不够的。汉学家们大都以单项思维理解训诂与义理的关系,而没有看到它们之间的互动性及复杂性,这正是汉学家的致命弱点。

凌廷堪主张实事求是之学,重视人伦实际,礼的研究就是这方面的突出表现,以下分目阐述其礼学方面的贡献。

二、复其性于礼

先秦儒家系统论性的只有孟子和荀子,其中孟子讲仁主张性善,

---

① 凌廷堪:《校礼堂文集》卷三十五,《戴东原先生事略状》,第312—313页。

② 凌廷堪:《校礼堂文集》卷三十五,《戴东原先生事略状》,第317页。

荀子讲礼主张性恶,后来的理学大体继承了孟子,并进而发展为离礼而空谈心性。凌廷堪表示反对,认为孟子和荀子论性各有偏重,但未曾离礼论性,如说:"孟子以为人性善,犹水之无不下;荀子以为人性恶,必待礼而后善。然孟子言仁言义,必继之曰礼则节文斯二者,虽孟子亦不能舍礼而论性也。"[①]孟子论性善重先天(自然本然如此),但谈性不离礼,荀子论性则重后天,主张先礼而后言善,凌氏说:"孟氏言仁,必申之以义;荀氏言仁,必推本于礼。"[②]二者侧重点有所不同,并不矛盾。

针对理学家论性推崇孟子贬低荀子的这一学术倾向,凌廷堪作《荀卿颂》肯定荀子的历史地位,他说:"降而七雄并争,六籍皆阙,而礼为尤甚。纵横捭阖之说,坚白异同之辨,淆然而不可纪,杂出而不可穷。守圣人之道者,孟、荀二子而已。孟子长于《诗》《书》,七篇之中,称引甚广。至于《礼经》,第曰尝闻其略。考其父命厥子,已与《士冠》相违,往送之门,又与《士婚》不合。盖仅得礼之大端焉耳。若夫荀卿氏之书也,所述者皆礼之逸文,所推者皆礼之精意。"[③]在先秦诸子百家的时代,儒学遭到来自各方面的批评,当时捍卫儒学的只有孟、荀二子。相对来说,孟子重于《诗》、《书》,对《礼》论述并不多且有违背之处,荀子则尤其有功于礼,流传下来的《荀子》有《礼论》诸篇论礼精详,可谓楷模。他推崇荀子旨在矫挽理学因尊孟子而出现的偏颇。

他还以四言句成篇赞颂荀子对儒学的贡献,说:"七姓虎争,礼去其籍。异学竞鸣,榛芜畴辟。卓哉荀卿,取法后王。著书兰陵,儒术以昌。本礼言仁,厥性乃复。如范范金,如绳绳木。金或离范,木或失绳。徒手成器,良工不能。韩氏有言,大醇小疵。不学群起,厉声诟之。孟曰性善,荀曰性恶。折衷至圣,其理非凿。善固上智,恶亦下

① 凌廷堪:《校礼堂文集》卷二十四,《复钱晓徵先生书》,第221页。

② 凌廷堪:《校礼堂文集》卷十,《荀卿颂》,第77页。

③ 凌廷堪:《校礼堂文集》卷十,《荀卿颂》,第76—77页。

愚。各成一是,均属大儒。小夫咋舌,妄分轩轾。中风狂走,是谓自弃。史迁合传,垂之千年。敬告后人,毋歧视焉。"[①]战国时期,诸子百家并起,荀子俨然儒学大师,倡导法后王,构建礼学,对于繁荣儒学、稳定社会有益。荀子与孟子在人性问题上虽然有善恶不同之说,他们立脚点不同,反映了人上智下愚的不同,但可以相互补充而并非彼此对立。依照理学设定的儒家道统,孟子以后就中断了,荀子未列其中,这是对荀子贡献的抹杀,不符合史实。凌氏反对后世儒家贬低荀子实际上是对理学的批评,同时也反映其尊汉学的学术宗旨。

对于孟子和荀子,凌廷堪虽然加以调和,以为性与礼并举,但强调"复其性于礼",这似乎偏向荀子,以下分析凌氏的以礼论性的思想。

在性与礼的关系上,他主张以礼节制,"夫性见于生初,而情则缘性而有性者也。性本至中,而情则不能无过不及之偏。非礼以节之,则何以复其性焉"[②]。性更根本,情缘于性,性中正情也中正,而这必然要以礼节制,通过节则回归天赋予人的本性,即"复性"。他说:"天下无一人不囿于礼,无一事不依于礼,循循焉日以复其性于礼而不自知也。"[③]"复其性于礼"就是以礼节欲复归于人之本性。他还以如下比喻来说明礼与性的关系:"良金之在卯也,非筑氏之镕铸不能为削焉,非𢊁氏之模范不能为量焉。良材之在山也,非轮之规矩不能为毂焉,非辀人之绳墨不能为辕焉。礼之于性也,亦犹是而已矣。如曰舍礼而可以复性也,是金之为削、为量不必待镕铸模范也。"[④]卯即铸钱单位,好的金子离不开熔铸与模范,好的木材也离不开规矩与绳墨,以此喻指性必须以礼来规范,如果离开礼来谈复性就如同不需要熔铸、模范就能使金子变成流通货币。脱离礼来谈论复性,必然陷入释氏所说的幽深微渺之中。因此圣人之道舍礼何求?

---

① 凌廷堪:《校礼堂文集》卷十,《荀卿颂》,第 77 页。

② 凌廷堪:《校礼堂文集》卷四,《复礼》上,第 27 页。

③④ 凌廷堪:《校礼堂文集》卷四,《复礼》上,第 28 页。

《论语》记载孔子之言可谓完备，但他认为“恒言礼，未尝一言及理也”。“其所以节心者，礼焉尔，不远寻夫天地之先也。其所以节性者，亦礼焉尔，不侈谈夫理气之辨也。”圣人之道，“本乎礼而言者也，实有所见也。”异端之道，“外乎礼而言者也，空无所依也”。颜渊问仁，“孔子告之为仁者，惟礼焉尔”。“夫仁根于性，而视听言动则生于情者也。圣人不求诸理而求诸礼，盖求诸理必至于师心，求诸礼始可以复性也。”[①]以《论语》为依据证明圣人只讲礼不讲理，不谈所谓“天地之先”与“理气之辨”(此为理学家津津乐道)，只谈以礼，以礼节心节性，有礼则着实可见，无礼则空洞无凭，反对抽象地讨论心性与天道。孔子讲仁但要通过礼来表现，究理只能是师心妄用，求礼则以可以复性。

凌廷堪作《好恶说》详细分析了好恶与礼的关系，性中有好恶，好恶也不离礼，他说：“然则人性初不外乎好恶也。爱亦好也。故正心之忿懥、恐惧、好乐、忧患，齐家之亲爱、贱恶、敬畏、哀矜、敖惰，皆不离乎人情也。《大学》性字只此一见，即好恶也。”[②]好恶为情之所发，情根源于性，性表现为好恶，好恶不离礼，性最终也不离礼。他言性指人生理本性，包括欲望等，凡此都要受礼的制约，如说：“夫礼，天之经也，地之义也，民之行也。此言礼本于天地人三才而制也。又云：天地之经，而民实则之。则天之明，因地之性，生其六气，用其五行。气为五味，发为五色，章为五声。淫则昏乱，民失其性。此言性即食味、别声、被色者也。《大学》言心不在焉，视而不见，听而不闻，食而不知其味，即此义也。又云：是故为礼以奉之，为六畜、五牲、三牺，以奉五味；为九文、六采、五章，以奉五色；为九歌、八风、七音、六律，以奉五声。此言圣人制礼，皆因人之耳有声、目有色、口有味而奉之，恐其昏乱而失其性也。《大学》以好恶相反为拂之性，即此义也。”[③]礼并非空谈说教，而是本天地人而制定的，因此是天经地义的，这是制礼的客观根据。“食味、

① 凌廷堪：《校礼堂文集》卷四，《复礼》下，第32页。

②③ 凌廷堪：《校礼堂文集》卷十六，《好恶说》上，第141页。

别声、被色”等皆为人生的本性，也是天经地义的，但过分地放纵必然泛滥成灾，因此必须以礼加以节制，把它们纳入合理的轨道上来，这一过程不是主观遏制，而是顺其自然。《大学》讲的“心不在焉、视而不见，听而不闻，食而知其味”是说不要被物欲所诱惑。“好恶相反为拂之性”指“好人之所恶”与“恶人之所好”，好恶皆与君子相反，是违背人之善性。

他又说：“好恶者，先王制礼之大原也。人之性受于天，目能视则为色，耳能听则为声，口能食则为味，而好恶实基于此，节其太过不及，则复于性矣。《大学》言好恶，《中庸》申之以喜怒哀乐。盖好极则生喜，又极则为乐；恶极则生怒，又极则为哀。过则佚于情，反则失其性矣。先王制礼以节之，惧民之失其性也。然则性者，好恶二端而已。”[①]礼的产生与好恶有关，好恶直接源于人们的诸感官，如果不有所节制必然泛滥成灾，但又不能遏制，而要使它们适度，这就要制定一个标准即礼，以礼节制好恶使其限制在合理的范围之内，这才符合人的本性，他把这称之为复性，这是从礼视角谈复性，而非如宋儒那样以内省的方式空论复性。

他认为诚意、正心在于好恶，《大学》“所谓诚其意者，勿自欺也。如恶恶臭，如好好色”。此言诚意在好恶也。又云，所谓修身在正其心者，身有所忿懥则不得其正，有所恐惧则不得其正，有所好乐则不得其正，有所忧患则不得其正。心不在焉，视而不见，听而不闻，食而不知其味。忿懥，恶也。好乐，好也。此言正心在于好恶不离乎视听与食也”[②]。《大学》讲的“诚意”、“正心”本质上都是好恶，好恶直接与人们的感觉联系在一起，正心即端正内心，诚意即真实而不自欺，这些都要有一个衡量标准，这个标准就是礼，这是从符合礼的视角来理解“诚意”、“正心”，进一步说明好恶。

修齐治平也在于好恶，他认为《大学》“所谓齐其家在修其身者，人

---

①② 凌廷堪：《校礼堂文集》卷十六，《好恶说》上，第140页。

之其所亲爱而辟焉,之其所贱恶而辟焉,之其所畏敬而辟焉,之其所哀矜而辟焉,之其所敖惰而辟焉,故好而知其恶、恶而知其美者,天下鲜矣。此言修身齐家在好恶也。又所谓治国必先齐其家者下云其所令反其所好而民不从,此专言好也。又所谓平天下在治其国者下云所恶于上毋以使下,所恶于下毋以事上,所恶于前毋以先后,所恶于后毋以从前,所恶于右毋以交于左,所恶于左毋以交于右,此专言恶也。下又云:《诗》云:乐只君子,民之父母。民之所好好之,民之所恶恶之,此之谓民之父母"。"唯仁人为能爱人,能恶人。又曰:好人之所恶,恶人之所好,是谓拂人之性,灾必逮夫身。此言治国平天下,亦在于好恶也。"[①]《大学》所讲的"修身"、"齐家"、"治国"、"平天下"皆从好恶中来,从知修身之好恶逐步推出齐家、治国、平天下之好恶,好恶为礼之所以出,加之上面讲的慎独、格物、正心、诚意,《中庸》、《大学》所讲的核心就是一个礼字,以礼诠释儒家经典的诸范畴,与理学以理来理解这些形成鲜明对照,从中可以看出其试图以礼取代理的用心。

凌廷堪强调复性于礼,其间不能缺少慎独、格物、致知、诚意、好恶诸工夫,在他看来,它们也是为礼服务的。对于慎独,他说:"今考古人所谓慎独者,盖言礼之内心精微,皆若有威仪临乎其侧,虽不见礼,如或见之,非人所不知、己所独知也。"[②]反对理学从心性角度论慎独,而是从礼角度理解慎独,如此慎独只是对礼敬慎的一种心理活动,它虽然未发于外,属于自己独知,但一旦发出必然符合礼仪。论格物:"又考古人所谓格物者,盖言礼之器数仪节,皆各有精义存乎其间,既习于礼,则当知之。非天下之物莫不有理也。"[③]同理,不是从格心或格外物而是从礼的角度解释格物,把格物看成是习礼的过程。论致知、诚意:"即一器数之微,一仪节之细,莫不各有精义弥纶于其间。""盖必先习器气数仪节,然后知礼之原于性,所谓致知也。知其原于性,然后行

---

① 凌廷堪:《校礼堂文集》卷十六,《好恶说》上,第 140—141 页。

②③ 凌廷堪:《校礼堂文集》卷十六,《慎独格物说》,第 145 页。

之出于诚,所谓诚意也。"[①]知晓礼不违背人性就是致知,礼源于性,其行出于诚就是诚意。凡此《大学》讲的诸工夫都离不开礼,礼成了诸工夫的轴心。

三、礼与人伦关系

理学家喜欢把性与道相联,往往离礼空论性道,凌廷堪反其道而行之,不仅言性主礼,而且言道也主礼,他说:"夫人有性必有情,有情必有欲。故曰饮食男女,人之大欲存焉。圣人知其然也,制礼以节之,自少壮以至耆耄,无一日不囿于礼,而莫之敢越也;制礼以防之,自冠婚以逮饮射,无一事不依乎礼,而莫之敢溃也。然后优柔厌饫,徐以复性,而至乎道。周公作之,孔子述之,别无所谓性道也。"[②]不仅要以礼节制欲,人们的一些生活都要符合礼,礼渗透到人们日常生活的方方面面。以礼制欲,以欲限情,以情规性,一句话,以礼为回归本性之道,而"另无所谓性道",反对空谈心性与道,把心性与道纳入到礼的范围中。他说:"夫舍礼而言道,则空无所附;舍礼而言性,则茫无所从。"[③]言性不离礼,论道也不离礼。

他认为圣人所说的话,简单地理解其义十分明了,不过是无过不及为万世不易的根本法则。深入来讲容易流入于幽深微渺,那不过是贤智之人争胜于异端而已。如此之说是因为"圣人之道本乎礼而言者也,实有所见也;异端之道外乎礼而言者也,空无所依也"[④]。"圣人之道,一礼而已矣。"[⑤]把礼看成是儒学的核心。这里所说的儒家简明的解释就是礼,因其内含人伦日用,具体而实用。空洞无物,不切实际则是异端禅学,这是以务实的态度理解儒学。

论道涉及德,他分析道德与礼的关系,认为儒家经典所讲的君臣、

---

① 凌廷堪:《校礼堂文集》卷四,《复礼》中,第30页。

②③ 凌廷堪:《校礼堂文集》卷十,《荀卿颂》,第76页。

④ 凌廷堪:《校礼堂文集》卷四,《复礼》下,第32页。

⑤ 凌廷堪:《校礼堂文集》卷四,《复礼》上,第27页。

父子、夫妇、昆弟、朋友之间相交往所遵循的基本规范是天下之达道。智仁勇则是天下之达德。这就是“道与德不易之解也。不必舍此而别求新说也”[①]。道德与礼的关系是，“道无迹也，必缘礼而著见，而制礼者以之，德无象也，必藉礼为依归，而行礼者以之”[②]。讲道德不如讲礼，道德“无迹”、“无象”即太抽象，礼则比较具体，用现在的话来讲道德属于人们的观念形态，通过行为表现就是礼。所学只是一礼，“自天子以至于庶人，少而习焉，长而安焉。礼之外，别无所谓学也”[③]。礼外别无他学。一言以蔽之，礼包括一切，“三代盛王之时，上以礼为教也，下以礼为学也”[④]。对理学从形而上学角度谈论道持否定态度。

凌廷堪论道德主要指人伦道德，认为人伦本礼。他强调礼为人伦服务属于天经地义民行，说：“为君臣上下，以则地义；为夫妇外内，以经二物；为父子、兄弟、姑姊、甥舅、婚媾、姻娅，以象天明；为政事、庸力、行务，以从四时；为刑罚威狱，使生畏忌，以类其震曜杀戮；为温慈惠和，以效天之生殖长育。此因礼本于天经、地义、民行而明之。”[⑤]礼为天经地义是说礼并非凭空产生，它的制定有其客观依据，那就是符合天地的基本法则，以此来维系人类的社会秩序，包括君臣、夫妇、父子、兄弟、姻亲等，如同为政用刑效法四时之义，礼也效法天地，因此说它“天经地义”，符合“民行”，也可以说礼体现了天人合一。

他又说：“夫人之所受于天者，性也。性之所固有者，善也。所以复其善者，学也。所以贯其学者，礼也。是故圣人之道，一礼而已矣。孟子曰：契为司徒，教以人伦，父子有亲，君臣有义，夫妇有别，长幼有序，朋友有信。此五者皆吾性之所固有者也。圣人知其然也，因父子之道而制为士冠之礼，因君臣之道而制为聘觐之礼，因夫妇之道而制

---

① 凌廷堪：《校礼堂文集》卷四，《复礼》中，第 29 页。

② 凌廷堪：《校礼堂文集》卷四，第 30 页。

③ 凌廷堪：《校礼堂文集》卷四，《复礼》上，第 27 页。

④ 凌廷堪：《校礼堂文集》卷四，《复礼》中，第 28 页。

⑤ 凌廷堪：《校礼堂文集》卷十六，《好恶说》上，第 141 页。

为士婚之礼,因长幼之道而制为乡饮酒之礼,因朋友之道而制为士相见之礼。自天子以至于庶人,少而习焉,长而安焉。礼之外,别无所谓学也。"[①]性为天赋人受,性虽本善但也只是萌芽,而且容易受到后天的习染影响,人若回归善性则离不开学,贯穿其学者便是礼,学即学礼。孟子所讲的五伦虽然为人性中所固有,但也要制定为礼以便遵行,"因"道而制为礼,强调了礼根源于人伦之道,说明礼是为建立稳固的人伦关系服务的。儒家所讲的学应为礼学。

人伦关系必须以礼来规范,他说:"父子当亲也,君臣当义也,夫妇当别也,长幼当序也,朋友当信也,五者根于性者也,所谓人伦也。而其所以亲之、义之、别之、序之、信之,则必由乎情以达焉者也。非礼以节之,则过者或溢于情,而不及者则漠焉遇之。"[②]"父子有亲,君臣有义,夫妇有别,长幼有序,朋友有信",这五伦根植于人之本性也是人伦,人性是确立人伦的根据,亲、义、别、序、信则由情而实现,这里需要有一个度,礼就是度,以礼节制,即使情适度,人伦关系才和谐有序。

人伦之礼为基本的礼仪,其他诸礼仪皆由此引出,他写道:"知父子之当亲也,则为醴醮祝字之文以达焉,其礼非士冠可赅也,而于士冠焉始之。知君臣之当义也,则为堂廉拜稽之文以达焉,其礼非聘觐可赅也,而于聘觐焉始之。知夫妇之当别也,则为笄次帨鞶之文以达焉,其礼非士婚可赅也,而于士婚焉始之。知长幼之当序也,则为盥洗酬酢之文以达焉,其礼非乡饮酒可赅也,而于乡饮酒焉始之。知朋友之当信也,则为雉腒奠授之文以达焉,其礼非士相见可赅也,而于士相见焉始之。《记》曰:礼仪三百,威仪三千。其事盖不仅父子、君臣、夫妇、长幼、朋友也。即其大者而推之,而百行举不外乎是矣。"[③]父子、君臣、夫妇、长幼、朋友之间的交往都有相应的基本礼仪,如"士冠"、"聘觐"、"士婚"、"乡饮酒"、"士相见"等,但又不局限于此,《礼记·中庸》讲"礼

---

①② 凌廷堪:《校礼堂文集》卷四,《复礼》上,第27页。

③ 凌廷堪:《校礼堂文集》卷四,《复礼》上,第28页。

仪三百,威仪三千",反映古代礼仪繁多,但皆从五伦中基本的礼节入手,因此强调因人伦而制定的诸礼是礼的核心与出发点。

在他看来,礼因人伦而制定,人伦又因礼而愈加牢固,如说:"三代盛王之时,上以礼为教也,下以礼为学也。君子学士冠之礼,自三加以至于受醴,而父子之亲油然矣。学聘觐之礼,自受玉以至于亲劳,而君臣之义秩然矣。学士昏之礼,自亲迎以至于彻馔成礼,而夫妇之别判然矣。学乡饮酒之礼,自始献以至于无算爵,而长幼之序井然矣。学士相见之礼,自初见执贽以至于既见还贽,而朋友之信昭然矣。盖天下无一人不囿于礼,无一事不依于礼。"[①]礼的制作并非凭空产生,它来源于现实的人伦关系,人伦关系是制礼的立脚点,礼制定以后反过来又进一步维系了人伦关系,礼以具体的名文和庄重的仪式使人伦关系有章可寻,表达了它们的神圣性、不可侵犯性。礼与人伦关系的互动,彼此愈来愈牢固稳定,人与人关系和谐,社会长安不衰。

他还讨论了礼与义的关系,指出:礼之所尊,尊其义。失其义而陈其数,则为祝史之事,"《礼运》曰:礼也者,义之实也。协诸义而协,则礼虽先王未之有,可以义起也"。"《记》曰:仁者人也,亲亲为大。义者,宜也,尊贤为大。亲亲之杀,尊贤之等,礼所生也。""父子亲然后义生,义生然后礼作。""故至亲可以掩义,而大义亦可以灭亲。"[②]对于礼来说,所看重的是其意义即它的价值层面,而不是外在的仪式,因为礼根植人性反映仁心。义之实为礼,礼与义相配合,义即宜,反映人伦关系的尊卑与有序,而确立特定的行为规范加以区别这就是礼。礼由义生,义也由礼显,礼与义为表里关系。

凌廷堪把礼与宗法制度联系起来。史载周公的贡献就是制礼作乐,建立封建,他给予肯定,说:"先王制礼,合封建而言之。故亲亲与尊尊并重。封建既废,尊尊之义,六朝诸儒或有能言者。宋以后儒者,

---

① 凌廷堪:《校礼堂文集》卷四,《复礼》上,第28页。

② 凌廷堪:《校礼堂文集》卷四,《复礼》中,第29页。

因陋生妄,于其所不知,辄以己意衡量圣人,由是说丧服者日益多,而礼意日益晦。"[①]制礼作乐与封建合为一体,体现了亲亲与尊尊并重,前者偏于伦理,后者则属于政治,反映了古代政治与伦理合为一体的特点。然而自从秦废除封建以后,尊尊之义及君之义皆被曲解。由于对尊尊、君之义的曲解,所举行丧服(指居丧所穿的衣服,如斩衰、齐衰、大功、小功、缌麻,此为重要的礼仪)的仪式虽多,其礼之本质晦暗而不明。

那么如何被曲解,或者说"尊尊"、"君"的原意是什么?他进一步论道:这里的"尊尊"指"受重者,所受宗庙、土地、爵位、人民之重",并非单指尊君。他说:"父为长子斩衰三年,母为长子齐衰三年,封建之制,以嫡长为重,因其将为后也,故异其服,皆尊尊之义也。""持重者,即所受于大宗之宗庙、土地、爵位人民之重也。于前则曰受,于后则曰持。皆受于天子诸侯者,非无形之物也,有重可持。"[②]封建制度的根本在于"尊尊","尊尊"即强调的是嫡长承祧的重要性,这里渗透着一种血缘关系,因此与"亲亲"相联系。宗法制度是建立在血缘关系基础上的,因此牢不可破,他反对后世把尊尊仅仅理解为君臣、尊卑。"君"指"至尊者也,天子诸侯及卿大夫有地者皆曰君"。[③] 君虽至尊,但也非仅指天子,包括诸侯卿大夫有土地者皆可称为君。他接着说:"《论语》雍也可使南面,此南面指人君,亦兼卿大夫士言之,非春秋之诸侯及后世之帝王也。""是有地有爵者,皆得南面称君而治人也。"[④]"使南面"并非仅限于春秋时的诸侯及后世所称的帝王,而是指人君,包括卿大夫等,称为君的用现在的话来讲是地主与贵族的融合体,后儒把南面称为帝王是十分荒谬的。凡此种种可以说是对传统纲常的挑战。

---

① 凌廷堪:《礼经释例》卷八附,《封建尊尊服制考》,台湾文史哲研究所,2002年,第424页。
② 凌廷堪:《礼经释例》卷八附,《封建尊尊服制考》,第438、442页。
③ 凌廷堪:《礼经释例》卷八附,《封建尊尊服制考》,第428页。
④ 凌廷堪:《礼经释例》卷八附,《封建尊尊服制考》,第430页。

凌廷堪还注重把自己的礼学运用于实践,曾对弟子张其锦说:“向尝谓吾圣人之道,不能外礼而求。由今静思之,真觉确不可易矣。十余年功力,一旦卓然自信,乐不可言。”希望他“于诵读之际,凡说之有以礼为主者,节录大略,使相印证”。[①] 嘉庆十二年(1807),他主讲歙县紫阳书院,时人多抄录《复礼》等著作,夏炯记述有云:“予幼随先训导公于新安学舍读书,时凌次仲教授以忧归里,主紫阳讲席。教授向与先人为学问友,至是复朝夕相聚。予旁聆其议论,辄欣喜,以为闻所未闻。其讥刺宋儒,不知其非也。教授又以所作《复礼》上中下三篇广示同人,一时传抄几遍。”[②]后来包括夏炯在内的许多学者都参与礼学的研究及论辩,由此可见其影响非同小可。[③]

凌廷堪对礼学的研究得到当时学者的不同评价,汉学家如阮元说:“次仲于学无所不窥,九经三史过目过诵,尤精三礼,辨析古今得失,识解超妙。”[④]江藩也称他:“读书破万卷肄经,邃于《士礼》,披文摘句,寻例析辞,闻者冰释。”[⑤]理学家方东树则给予批评,称:“今汉学家历禁言理,第以礼为教。又所以称礼者,惟在后儒注疏名物、制度之际,盖失其本矣。”[⑥]对凌廷堪的评价有所不同,这是当时汉宋两种不同学风所致。尽管礼的研究很重要,对过分偏于理有补偏救弊的作用,但不能以礼代理,因为礼与理是两个不同层面上的概念,所阐释的是不同的问题。

---

① 张其锦:《凌次仲先生年谱》,嘉庆七年条,《北京图书馆藏珍本年谱丛刊》第 120 册,第 397—398 页。

② 夏炯:《夏仲子集》卷三,《书礼经释例后》,1925 年据道光六年刊本排印。

③ 参见张寿安:《以礼代理——凌廷堪与清中叶儒学思想之转变》,河北教育出版社,2001 年。

④ 阮元:《定香亭笔谈》卷四,《丛书集成初编》,阮元诗前小序。

⑤ 江藩:《学师承记》卷七,《凌廷堪》,第 121 页。

⑥ 方东树:《汉学商兑》卷中之上,第 294 页。

第二节　焦循的变通之学

焦循(1763—1820),字理堂,一字里堂,晚号里堂老人,江苏扬州人。早年为诸生,攻举子业,习诗古文。后科场屡次受挫,托疾不出,蛰居所购雕菰楼中,以著述授徒为事,终老于乡里。阮元称他“性诚笃直朴,孝友最著。恬淡寡欲,不干仕禄。居恒布衣蔬食,不入城市,唯以著书为事,湖山为娱。壮即名重海内。先辈中如钱辛楣、王西庄、程易田诸先生皆推敬之。”①焦循除与阮元有姻亲(焦循为阮元的姐夫)关系交往甚密之外,还得到一些前辈学者钱大昕、王鸣盛、程瑶田的赞许。焦循一生为学也十分广博,除治经学之外,精通天文、算学,又兼顾音韵、训诂、诗词、戏曲、医学,被时人喻为“通儒”。主要著作有《易通释》、《易图略》、《易章句》、《论语通释》、《孟子正义》、《雕菰集》等。

焦循儒学思想的核心是变通,他的这一思想以《易》为基础。他说:“余学《易》所悟得者有三:一曰旁通,二曰相错,三曰时行。”②所谓“旁通”是指事物可以相互沟通,“相错”是指相辅相成的两种事物构成对立统一的关系,“时行”也即变化。这表明事物之间不仅相互联系,而且在对立统一中不断发展。他据此还提出交易循环的观点。所谓“交”是指“交相爱”、“交由于信孚”,有交易上要守信之义。“易”指既交之后易而变通。交易后上下应之,一阴一阳两两相孚,交易表现为数量对比的意思。他认为交与易的关系是交而不易,则盈不可久,易而不交,则消不可久。交易中的守信和数量等价是交换所必需的,这是他的变通观点在经济领域中的运用。他所讲的变通内涵十分丰富,

① 阮元:《通儒扬州焦君传》,《揅经室二集》卷四,《揅经室集》,第481页。

② 焦循:《雕菰集》卷十六,《易图略自序》,商务印书馆,1936年,第262页。

既包括治经方法上的贯通，反对门户之见，也包括事物对立面的协调与一致，以及论人性、人道等方面的灵活性。以下就以变通为纲，梳理一下他的儒学思想。

一、通经方法

焦循治学主张通，表现在治经方法上则是汉宋兼采，考据与义理并重。

他服膺戴震考据与义理统一的观点，指出："循读东原戴氏之书，最心服其《孟子字义疏证》。说者分别汉学宋学，以义理归之宋。宋之义理诚详于汉，然训诂明乃能识羲文周孔之义理。宋之义理，仍当以孔之义理衡之，未容以宋之义理即定为孔子之义理也。"[①]戴氏既治考据又阐释义理，说明汉学家也讲义理，因此不同意汉学考据与宋学义理之分，考据与义理彼此相联，宋学义理也是孔子义理。但焦氏对科举考试体制下的义理甚为不满，如说："今学究之谈义理也，起于为八股时文，而中于科第爵禄之见。其童而习之者，唯知有讲章。讲章之所引据，则采摘于宋儒语录。故为是学者，舍宋人一二剩语，遂更无所主，不自知其量，犹沾沾焉假义理之说，以自饰其浅陋。及引而置之义理之中，其茫然者如故也。"[②]建立在八股时文之上的义理是讲章中的义理，它是为科举考试服务的，这种义理采摘宋儒语录，甚至断章取义，并没有懂得儒家的真义理。

乾嘉时期汉学大盛，汉学家们为自己复兴汉学而沾沾自喜，他却比较冷静地指出汉学的片面性，说："学者述孔子而持汉人之言，惟汉是求，而不求其是，于是拘于传注，往往捍格于经文，是所述者汉儒也，非孔子也。""唐宋以后之人，亦述孔子者也，持汉学者或屏之"，"或知其言之足征，而取之又必深讳其姓名，以其为唐宋以后之人，一若称其

---

① 焦循：《雕菰集》卷十三，《寄朱休承学士书》，第 203 页。

② 焦循：《雕菰集》卷十五，《王处士纂周易解序》，第 243 页。

名,遂有碍乎其为汉学者也。”[①]汉学中人如惠栋、王鸣盛等尊汉有些极端化,他们把求古理解为求汉,对经的研究甚至以汉人的注疏代替经本文,后人把他们称之为纯汉学派。而戴震已有所不同,他治经重在求其是,焦循赞同这一点。他对于当时的一些汉学家治经以唐宋为限断、对宋以来不屑一顾的态度提出批评,认为唐宋以后治经也有可取之处,应积极采纳,不应淹没其姓名及贡献。

汉学以重视考据而闻名,但也不乏一些汉学家把考据当成学问而不是治经的方法,焦循表示反对,认为考据只是通经的方法,“自周秦以至于汉,均谓之学”,“无所谓考据也”。[②] 他说:“古学未兴,道在存其学。古学未兴,道在求其通。前之弊,患乎不学;后之弊,患乎不思。证之以实,而运之于虚,庶几学经之道也。乃近来为学之士,忽设一考据之名目”,循“反复辨此名目之非”。[③] 道在学中意指道在经中,经道不分离,如同学与思的关系一样。考据本来是明经的方法,汉学中人却以此来名学,甚至以考据学来替代经学的研究,作为汉学中人的焦循也不赞同这种说法,而且反复阐释自己的主张。

他既不同意以考据为学,也不赞同把考据等同于汉学,说:“近之学者,以考据名家,断以汉学”,“其同一汉儒也,则以许叔重、郑康成为断,据其一说,以废众说。荀子所谓持之有故,持即据之谓也。”“宁道孔颜误,讳言服郑非,然则服郑之外皆屏之矣。服郑之外皆屏之,则仍两汉譊譊之习,盖必据郑以屏其余,与必别有所据以屏郑,皆据也,皆非圣人一贯忠恕之指也。班固论诸子曰:九家之说,蜂出并作,各引一端,崇其所善”,“其言虽殊,辟犹水火,相灭亦相生。若能修六艺之术,而观此九家之言,舍短取长,可以通万方之略。然则九流诸子,各有所长,屏而外之,何如择而取之,况其同为说经之言乎?”[④]不仅反对以考

① 焦循:《雕菰集》卷七《述难》四,第105页。

② 焦循:《雕菰集》卷十三,《与孙渊如观察论考据著作书》,第213页。

③ 焦循:《雕菰集》卷十三,《与刘端临教谕书》,第215页。

④ 焦循:《论语通释》,《续修四库全书》第155册,第49—50页。

据名家,也对汉学提出异议。汉学家们只举许慎与郑玄不论其他,也是片面的。“宁道孔颜误,讳言服郑非”,服即服虔,意思是说经注本来是解说经的,而汉学家尊经注却超过圣人之经,显然是本末倒置。其实两汉儒学并非只有许慎、郑玄、服虔几家,再往前推,先秦有六艺之术、诸子百家,已经超过儒家经学的范围,他们各有所长,治学应取长补短,择善从好。凡此说明焦循治经重视贯通,为学有一种汇纳众流、吞吐百家的气象。

焦循治学反对片面性,提出贯通的治经方法,他说:“盖异端者,各为一端,彼此互异,惟执持不能通则悖,悖则害矣。有以攻治之,即所谓序异端也,斯害也已,所谓使不相悖也。”“有两端则异,执其两端,用其中于民,则有以摩之而不异。刚柔,两端之异者也,刚柔相摩则相观而善。”[①]异端就是片面化,把本来属于同一事物的两方面绝对化,把两方面仅仅看成是对立而忽视了彼此之间存在的联系。他主张要学圣人,“执其两端”,即所谓同时考虑到两方面,兼顾二者就是持中,“执其一端为异端,执其两端为圣人”。[②] 他讨论了知识方面的异端:“闻见之外有不知,闻见之内亦有知之、有不知。”“盖异端者生于执一,执一者生于止知此而不知彼,止知彼而不知此。知之为知之,不知为不知,则不执矣。”“执一者,知其一端,不复求知于所不知;不求知于所不知”,“以为此不知者,不必知者也,不必求知而已知其非也。”[③]知有已知未知,也有彼此。认知领域中的异端是未知与已知、彼与此之间的割裂,执两端就是打通未知与已知,彼与此之间本来存在的联系。要懂得任何认知都是从未知到已知,从彼知到此知的过程,这一过程就是贯通。

他论作与述的关系表达了为学贯通、不争门户的主张,说:“作者之谓圣,述者之谓明。作、述无等差,各当其时而已。人未知而已先

---

① 焦循:《论语补疏》卷上《焦氏遗书》,上海受古书店藏本。

② 焦循:《论语通释》,《释异端》,《续修四库全书》第155册,第38页。

③ 焦循:《论语通释》,《释知》,《续修四库全书》第155册,第43页。

知,人未觉而已先觉,因以所先知先觉者教人,俾人皆知之觉之,而天下之知觉自我始,是为作。已有知之觉之者,自我而损益之","而作者之意复明,是之谓述。"孔子"非不作也,时不必作也"。宋元以来,"皆自以为述孔子,而甲诋乙为异端,乙斥甲为杨墨","果能述孔子之所述乎?"[①]作与述没有高低等级,它们既有联系又有不同,先知先觉者为之作也称圣,阐明作者之意即是述,孔子述而不作。宋明以来儒学皆认为在阐述孔子,但又相互指摘各是异端,这实际上是对宋明理学中的程朱与陆王间的门户之争表示不满。

治经的片面性及争门户实际上是以先入之见为主,主观臆断在起作用,因此,他主张应从客观实际出发,无主观之见,说:不善医者,"先具一病,以拟其人","或具一不切之药,以泛应千百人之病",善医者,"能各审其人之病,而无我之心,则必于阴阳表里虚实之故,骨空经脉营卫度数之理,金石水火飞潜草木之性,无一物不深索而穷究,不名一物,而无物不明。"学者述人,"必先究悉乎万物之性,通乎天下之志,一事一事,其条理缕析分别,不窒不泥,然后各如其所得,乃能道其所长"[②]。如同治病不应有先入之见,不从主观臆断而应从客观实际出发一样,治经也应如此,要从经文出发,从考据训诂名物入手,逐一辨析。这类似于朱熹的格物,一物一物地探求,格天下之物穷天下之理。

他提出一套综合的治学方法:一、通核:"通核者,主以全经,贯以百氏,协其文辞,揆以道理。人之所蔽,独得其间。可以别是非,化拘滞,相授以意,各慊其衷。其弊也,自师成见,亡其所宗。"二、考据:"据守者,信古最深,谓传注之言,坚确不易,不求于心,固守其说,一字句不敢议,绝浮游之空论,卫古学之遗传。其弊也,跼蹐狭隘,曲为之原,守古之言,而失古人之心。"三、校雠:"校雠者,六经传注,各有师授,传写有讹,义蕴乃晦,鸠集众本,互相纠核。其弊也,不求其端,任

① 焦循:《雕菰集》卷七,《述难》二,第 103—104 页。

② 焦循:《雕菰集》卷七,《述难》五,第 105—106 页。

意删易,往往改者之误,失其本真。”四、摭拾:“摭拾者,其书已亡,间存他籍,采而聚之,如断圭碎璧,补苴成卷,虽不获全,可以窥半。是学也,功力至繁,取资甚便,不知鉴别,以赝为真,亦其弊矣。”五、丛缀:“丛缀者,博览广稽,随有心获,或考订一字,或辨证一言,略所共知,得未曾有,溥博渊深,不名一物。其弊也,不顾全文,信此屈彼,故集义所生,非由义袭,道听途说,所宜戒也。”[①]通核即贯通,不仅通经而且通百家,只有贯通才能相互比较,辨别是非,但贯通不能失其宗旨。考据从文字训诂出发,这样才能不发空论,但不要泥古,只重文字而失去古人之心。校雠重在对经注不同版本互相纠核,但不可任意删改。摭拾即古书已亡,从其他书中所载辑佚,但要加以鉴别,否则以假乱真。丛缀即考订一字一言要博览广稽,但要考虑到全文。这五种方法如片面使用就会出现流弊,要扬长避短,综合运用,这是他对治经方法的总结。

清代中叶,袁枚力倡性灵说,他曾与惠栋论学,以为除考据之外也要有性灵,此处性灵喻指聪明、智慧。焦循受其启发也谈到性灵与经学的关系,写道:“经学者,以经文为主,以百家子史、天文术算、阴阳五行、六书七音等为之辅,汇而通之,析而辨之,求其训故,核其制度,明其道义”,“以已之性灵,合诸古圣之性灵,并贯通于千百家著书立言者之性灵”,“无性灵不可以言经学”。[②] 经学虽然以经文为主,但真正理解它还需要其他古代文献资料,运用这些资料参以经书,就离不开训诂考据、名物制度,所要达到的是明义理,明义理即阐释思想,也需要有性灵。他治经的最终目的是获得圣人之道,阐发圣人之道必须要有智慧,他说:“圣人之道日新而不已,譬诸天度,愈久而愈密,各竭其聪明才智,以造于微,以所知者著焉。”[③]治学除了有扎实的功夫,也要竭尽自己的聪明才智。他的治学灵活变通态度与僵硬的训诂考据学风

① 焦循:《雕菰集》卷八,《辨学》,第109页。

② 焦循:《雕菰集》卷十三,《与孙渊如观察论考据著作书》,第213页。

③ 焦循:《雕菰集》卷七,《述难》一,第103页。

迥然不同。

二、不变与变

焦循的思想以变通为主,他讲的变通除了变化是其中应有之义以外,还有不变在里面,也就是说变通蕴含着变与不变的两种因子,它们之间的对立及互动才有变通。下面分析他思想中的不变与变,进而知晓变通之理。

理是理学家的核心范畴,什么都用理来衡量,焦循对此持反对态度,认为:"明人吕坤有《语录》一书,论理云:天地间惟理与势最尊。理又尊之尊也。庙堂上言理,则天子不得以势相夺。即相夺,而理常伸于天下万世。此真邪说也。孔子自言事君尽礼。未闻持理以要君者。吕氏此言,乱臣贼子之萌也。"[①]反对明儒吕坤言理,认为言理或尊理不符合孔子儒学本义,因为孔子只讲礼。他分析言理的危害性:"自理道之说起,人各挟其是非,以逞其血气。激浊扬清,本非谬戾,而言不本于性情,则听者厌倦。至于倾轧之不已,而忿毒之相寻,以同为党,即以比为争。甚而假宫闱、庙祀、储贰之名,动辄千百人哭于朝门,自鸣忠孝,以激其君之怒,害及其身,祸于其国。全戾乎所以事君之道。"[②]理的目的是问是非,是非是截然对立不可调和的,而且是非有时也很难说清楚,因此尊理或以理为说只能给人们带来是非之争,以至于人伦关系受到破坏,甚至殃及国家。反之,言性情就不同,性情本于人心,讲求的是彼此感通,可以化干戈为玉帛,出于对人心社会的稳定考虑不主张言理。理讲是非容易造成对立,性情的背后是礼,礼讲相互礼让(含有变通),一些是非可以通过变通缓解。

他对比礼与理两个范畴写道:"后世不言礼而言理。""惟先王恐刑罚之不中,务于罪辟之中求其轻重,析及毫芒,无有差谬,故谓之理。

---

① 焦循:《雕菰集》卷十,《理说》,第 151 页。

② 焦循:《雕菰集》卷十六,《群经补疏自序·毛诗郑氏笺》,第 272 页。

其官即谓之理官。而所以治天下则以礼,不以理也,礼论辞让,理辨是非。知有礼者,虽仇隙之地,不难以揖让处之。若曰:虽伸于理,不可屈于礼也。知有理者,虽父兄之前,不难以口舌争之。若曰:虽失于礼,而有以伸于理也。今之讼者,彼告之,此诉之,各持一理,哓哓不已。为之解者,若直论其是非,彼此必皆不服,说以名分,劝以逊顺,置酒相揖,往往和解。可见理足以启争,而礼足以止争也。"[①]反对后儒言理不言礼,理只与刑罚有关,治理天下则还应以礼。其原因礼讲的是辞让,理则是辨是非,两者功能不同,所引起的结果也有差异。讲理辨是非容易引起争论,导致人际关系疏离。礼则有所不同,因其本乎人情,讲辞让,彼此谦虚,相互尊重,不会引起争端,有利于人们的和谐相处,以及社会的稳定。他与凌廷堪一样反对言理,试图以礼取而代之,但这并不是所有的汉学都认同这一点(参见第五章汉学家的以礼代理)。另外,礼与理属于不同的范畴,说明不同的问题,礼不可能取代理。

他认为《礼记》作为万世之书,其重要性在于讲"时":"《记》之言曰:礼以时为大。此一言也,以蔽千万世制礼之大法可矣。《周官》、《仪礼》固作于圣人,乃亦惟周之时用之。设令周公生宇文周,必不为苏绰、卢辩之建官;设令周公生赵宋,必不为王安石之理财。何也?时为大也。且夫所谓时者,岂一代为一时哉!开国之君,审其时之所宜,而损之益之,以成一代之典章度数,而所以维持此典章度数者,犹必时时变化之,以捄民之偏而息民之诈。夫上古之世,苦于不知,其害在愚;中古以来,民不患不知,而其害转在智。伏羲神农之时,道在哲民之愚","生羲农之后者,知识既启","唯聪明睿智,有以鼓舞而消息之。""礼之经也,明明德矣,又必新民知止,而归其要于絜矩;因天命之性以为教矣,又必不动而敬,不言而信,而归其要于无声无息,笃恭而天下平。于大有为而见其恭已无为,于必得其名而见其民无能名。吾

---

① 焦循:《雕菰集》卷十,《理说》,第151页。

于《礼运》、《礼器》、《中庸》、《大学》等篇,得其微焉。"[①]礼的重要性在于"时",没有永恒不变的礼,礼的产生都是特定时代的产物,不同时代有不同时代的礼,时代发生变化,礼也要跟着发生变化以适应时代的发展。《礼记》讲的礼就仪式而言涉及名物典章制度等,其损益变化更为明显,而礼的内涵实质则所谓"明明德"、"新民"、"止于至善"等则是不变的,具有永恒的价值。讲变侧重在具体的礼仪,其核心部分是超时空性的。这是讲礼把不变与变统一起来。

他论井田封建也重时,说:"井田封建,圣人所制也,而后世遂不可行,则圣人之言且不定也。故有定于一时,而不能定于万世者;有定于此地,而不能定于彼地者;有定于一人,而不能定于人人者。此圣人所以重变之学也。然而有定于一时即定于万世者,有定于此地即定于彼地者,有定于一人即定于人人者,何也?人伦也,孝弟也,仁义也,忠恕也。圣人定之,不容更有言也。"[②]井田封建等制度的制定是特定历史条件下的产物,时代变化了,一些制度也要发生改变,一些制度不仅具有时代性,同时也有地域性,适应一定的地域,因此法度也要因地制宜。强调制度的时代性与地域性体现其所倡导的变通思想。但也有不变的东西,那就是人伦基本道德,如仁义、忠恕、孝弟等,人人遵循世世不变,它们是超时空的,具有普世性的价值。他对于先秦时期杨墨以及后来佛教试图变更儒家人伦道德的做法持批评态度。

焦循作《一以贯之解》引经据典发挥变通思想。他引《论语》忠恕、一贯,反对门户,阐释通贯之理,说:"孔子言:吾道一以贯之,曾子曰:忠恕而已矣。然则一贯者,忠恕也。忠恕者何?成己以及物也。孔子曰:舜其大智也","执其两端,用其中于民。孟子曰:大舜有大焉,善与人同,舍己从人,乐取于人以为善。舜于天下之善,无不从之,是真一以贯之,以一心而容万善,此所以大也。""凡后世九流二氏之说,汉魏

① 焦循:《雕菰集》卷十六,《群经补疏自序·礼记郑氏注》,第274—275页。

② 焦循:《雕菰集》卷十,《说定》下,第150页。

南北经师门户之争，宋元时朱陆阳明之学，其始缘于不恕，不能舍己克己，善与人同，终遂自小其道，近于异端，使明于圣人一贯之指，何以至此。”[①]孔子讲一贯之道也就是忠恕，成己及物，既顾及自己又考虑到别人，这是人我兼顾，所谓执两端也就是贯通。大舜善与人同，而且舍己从人，从善如流，听从天下人，贯通天下人心。相反佛老二氏，以及后来的儒家经学和宋明理学则争门户，在于不能人我兼顾，不懂得忠恕、一贯之理，流于异端。

他发挥《周易》写道：“贯者，通也。所为通神明之德，类万物之情也。惟事事欲出于己则嫉忌之心生，嫉忌之心生，则不与人同而与人异。不与人同而与人异，执一也，非一以贯之也。《易传》曰：天下何思何虑，天下同归而殊途，一致而百虑。……以途既殊，则虑不可不百，虑百则不执一也。”“苟识其要，不在博求，一以贯之，不虑而尽矣。”“执一则其道穷矣，一以贯之，则能通天下之志矣。”“多闻多见，则不至守一先生之言，执一而不博。”[②]“通神明之德，类万物之性”指贯通天地万物，心领神会，比拟万物，以此胸襟贯通物我、人我。但这并不是取消彼此之间的差异，而是相互尊重彼此的差异，只是不使其走向极端化，造成对立。引《系辞》“同归而殊途，一致而百虑”说明和而不同之理。一贯、执两端实际上是反对片面性，尤其是反对争门户，而强调彼此联系，兼顾双方，乃至于取长补短。

他又发挥孟子说：“孟子曰：物之不齐，物之情也。虽其不齐，则不得以己之性情，例诸天下之性情。”“故有圣人所不知而人知之，圣人所不能而人能之。知己有所欲，人亦有所欲；己有所能，人亦各有所能。圣人尽其性以尽人物之性。因材而教育之，因能而器使之，而天下之人，共包函于化育之中。”“是故人之有技，若己有之，保邦之本也。己所不知，人岂舍诸，举贤之要也；知之为知之，不知为不知，力学之基

---

① 焦循：《雕菰集》卷九，《一以贯之解》，第132—133页。

② 焦循：《雕菰集》卷九，《一以贯之解》，第133—134页。

也。克己则无我,无我则有容天下之量。”[1]天地间万物存在着差别,这是物质本身的特点所决定的,反映事物的真性情。因此不能以一己之性情求同于天下之性情,所谓己所不欲,勿施于人,对待天地万物都应该如此。如何能做到这一点,他强调一个“克”字,这是儒家反复强调的修身工夫,“克己则无我”,也就是没有主观偏见,有容纳天地万物的量度,人我、物我打并归一,这就是一贯、忠恕,也是尽己之性以尽人物之性,达到天人贯通合一。

焦循的变通主张尤其体现在经与权的关系上。经与权是儒学的重要范畴。《公羊传》桓公十一年说:“权者何? 权者反于经,然后有善者也。”《孟子·离娄上》说:“嫂溺援之以手者,权也。”焦循继承了这一思想,尤其重视权,提出“反经为权”的观点。

他引《春秋公羊传》:“权者何? 反于经然后有善者也。”又引《唐棣之华》发挥道:“偏其反而注云:赋此诗者,以言权道反而至于大顺。说者疑于经不可反。夫经者,法也,法久不变则弊生,故反其法以通之,不变则不善,故反而后有善。不变则道不顺,故反而后至于大顺。如反寒为暑,反暑为寒,日月之行,一寒一暑,四时乃为顺行。恒寒恒燠,则为咎征。礼减而不进则消,乐盈而不反则放。礼有极而乐有反,此反经所以为权也。”[2]经是长久之法,不易之则,如伦理纲常等。权是指具体的制度措置,它们可以依据形势的需要改变。经为法,有相对的稳定性,相对权来说经为不变,权指变通,由不变到变是因为经或法运行即久易生流弊,就其发展趋势而言必须变,变则顺利通畅,如此才能长久。自然界的节气转变,社会中的礼仪损益都说明这一点。

他把经权运用到说明人品,指出:“一乡皆称愿人,众皆悦之,自以为是,是共相习为同流合污,于忠信廉洁,似是而非矣。孔子反之,以为德之贼。众悦以为善而不知变,孔子以为贼而思狂士。狂士与乡

---

① 焦循:《雕菰集》卷九,《一以贯之解》,第133页。

② 焦循:《雕菰集》卷十,《说权》三,第144页。

愿,相反者也。故为反经,反经而乃正。经正而众乃知似是而非者之非尧舜之道也。众以同流合污为经,则经不正,反之而以尧舜之道为经,则经正矣。""学者重视经,骇于反经之言,是不知权之为权,亦不知经之为经。"[①]孔子反对乡愿与狂,孟子称狂士,乡愿随大流,同流合污,狂士激进、特立独行,乡愿与狂士二者相反皆走极端,不知经也不知权,应善于变化即反经,也就是权即变通,扭转片面性,中规中矩适中,这便是尧舜之道。

从判断事物论权,他说:"圣人以权运世,君子以权治身。权然后知轻重。非权则不知所立之是非,鲜不误于所行,而害于其所执。《周易》以易名书,屯之既济曰:即鹿无虞,惟入于林中,君子几,不如舍。虞者,度也,度然后知长短。权与度,一也。惟度乃知几。几者吉之先见者也。"[②]权即变通,圣人君子都重视变通,《周易》"屯之既济"指屯卦六三由阴变阳成既济卦,屯六三卦辞为"即鹿无虞,惟入林中,君子几,不如舍。"意为入林中捕猎,无虞(原指猎人)辅助则一无所获,还不如休舍。这里的"虞"指揆度,几即先见。引此说明虞与权类似,皆有揆度、权衡之意,由此出发则有预见性、先见之明。

以法来论权,他提出:"法不能无弊,有权则法无弊。权也者,变而通之之谓也。法无良,当其时则良。当极寒而济之以春,当极暑则和之以秋,此天道之权也。故为政者,以宽济猛,以猛济宽。"又"《易》之道在于趋时,趋时则可与权矣!若立法者必豫求一无弊者而执之,以为不偏不过,而不知其为子莫之执中。""中即在两端。执而用之于民,舜之权也。"[③]权在天道称之为流行,在治道则谓趋时,法在这里指具体的政治制度、法规等。统治者要趋时,"不偏不过"执中,改革不合时宜的旧体制才能顺应时代的发展。焦循的思想贯穿着变,他似乎也预感

---

① 焦循:《雕菰集》卷十,《说权》三,第144—145页。

② 焦循:《雕菰集》卷十,《说权》六,第146页。

③ 焦循:《雕菰集》卷十,《说权》一,第143页。

到社会危机的来临，想通过变通来达到社会的改良。

《周易》中的泰卦与否卦互为相反，都有物极必反之意，他以此论权说："明曰变通，配四时，是寒暑皆时也，其往来皆通也。通即泰也。寒极承以春夏，固是泰；暑极承以秋冬，亦是泰。否极而泰，由君子能通之；泰极而否，由君子不能通之。""泰否之义不明，而大小往来之义遂晦，于是各持一君子道长之见，而攻击倾轧。即使得正，而已不利于君，不利于民。所谓不利君子贞也。是真否也。"[①]泰极而否，否极泰来，物极必反，说明事物的对立面可以相互转化，之所以能转化在于它们之间的联系，通就是这种联系，提供了由此达彼的桥梁。自然界的寒暑更迭、君子与小人的互换莫不如此。

他虽然主张"反经为权"，但以不枉道为界限，如说："反乎经而不枉乎道。经可反也，道不可枉也。"[②]这里的道应是儒家的基本价值，是不能改变的，大家都要认同并遵守。

焦循的变通思想讲不变侧重在事物的相对稳定性，讲变则重视对立面的消长、相互转化及其过程。变中有不变，不变中有变，体现了一种变通的思维，这在汉学家中是不多见的。

三、人性、理欲、情理、利义

人性、理欲、利义是传统儒学极为关注的问题，宋明理学在承认它们之间不可分割的同时，大体偏向性善(先验)、理、义，焦循则从自然人性论角度立论更偏向于欲、利，提出了"能知故善"、"絜矩之道"、"天下皆情"、"以利天下为义"为特色的人性、理欲、情理、利义新观点，这对矫挽理学家在此问题上出现的偏颇十分有益。

焦循的人性论是自然人性论，其基本观点是把性与善分开，称食色等生理为性，人类有知才有善，也可以说在人类蒙昧状态下无所谓

---

① 焦循：《雕菰集》卷十三，《寄朱休承学士书》，第 203 页。

② 焦循：《雕菰集》卷十，《说权》六，第 147 页。

善恶,善是人类文明时代的产物。论人性集中在《文集》中的《性善解》诸篇和《孟子正义》有关论性的篇章。以下就这两部分讨论其人性问题。

他在《性善解》中提出"能知故善"的命题,指出:"性何以善? 能知故善。"因此,"孔子论性,以不移者属之上智下愚。愚则仍有知,鸟兽则无知,非徒愚而已矣。世有伏羲,不能使鸟兽知有夫妇之别;虽有神农燧人,不能使鸟兽知耕稼火化之利"。"故论性善,徒持高妙之说,则不可定,第于男女饮食验之,性善乃无疑耳。"[①]提出"知"字并以此区别动物与人类,人类有知才有性善。后儒受孟子影响,论性善过多地强调其先天性(尽管是潜在的)而忽略后天,过多地考虑人伦道德层面而较少注意其生理特点。论性善要考虑人生理本性,他论性强调后天,同时也不忘其生理,说:"性善之说,儒者每以精深言之,非也。性无他,食色而已。饮食男女,人与物同之。""有圣人出,示之以嫁娶之礼,而民知有人伦矣;示之以耕耨之法,而民知自食其力矣。以此示禽兽,禽兽不知也,禽兽不知,则禽兽之性不能善;人知之,则人之性善矣。""唯人能移,则可以为善矣。"[②]从人生理角度论性,以食色为性,在这一点上人与物没有什么区别,不知善也就无所谓善恶。人以礼仪定人伦,以耕耘自食其力,人类后来有知也即进入文明以后才有道德意义上的善,这一点与孟子不同,类似于荀子。他又说:"口之于味,有同嗜也","惟人心最灵,乃知嗜味好色;知嗜味好色,即能知孝悌忠信、礼义廉耻。故礼义之悦心,犹刍豢之悦口。悦心悦口,皆性之善。"[③]食色是性,知晓人有这方面的需要,同时也知人伦道德,或者说以道德规范人生理本性,使其顺畅流露就是性善。

他在《孟子正义》中也申论了以上看法,如说:"饮食男女,人之大

① 焦循:《雕菰集》卷九,《性善解》三,第128页。
② 焦循:《雕菰集》卷九,《性善解》一,第127页。
③ 焦循:《雕菰集》卷九,《性善解》五,第128—129页。

欲存焉。欲在是,性即在是。人之性如是,物之性亦如是。惟物但知饮食男女,而不能得其宜。""人知饮食男女,圣人教之,则知有耕凿之宜,嫁娶之宜。此人之性无不善也。"[1]以生理论性,性与欲望相同,人与动物都离不开食与两性,不同之处在于人有礼义及耕作之法,懂得如何处理男女关系及获取食物,凡此说明,人性的善是人类文明产生以后讨论的问题。道德并非先验主观,而是人类发展客观需要的产物,他又说:"上古之民,始不知有父惟知有母,与禽兽同,伏羲教嫁娶,定人道,无论贤智愚不肖,皆变化而知有夫妇父子。始食鸟兽蠃之肉,饥则食,饱弃余,神农教之稼穑,无论贤智愚不肖,皆变化而知有火化粒食。"[2]远古时人与动物没有什么区别,人伦道德并非先天存于人性之中,而是人类进入文明以后的产物。

他依据变通思想探讨了善的起源,指出:"以己之心,通乎人之心,则仁也。知其不宜,变而之乎宜,则义也。仁义由于能变通。人能变通,故性善;物不能变通,故性不善。"[3]变通是根据客观环境自觉地调整行为模式,以求得适合自身的利益。仁、义等道德原则是人们从自身的需要和利益出发而做出的选择,它既不是上天赐予,也非圣人发明。他举例说明性善:"性善之可验者有三:乍见孺子入井,必有怵惕恻隐之心,一也;临之以鬼神,振之以雷霆,未有不悔而祷者,二也;利害之际,争讼喧嚣,无不自引于礼义,无不自饰以忠孝友悌,三也。善之言灵也,性善犹言性灵。惟灵则能通,通则变,故习相远。"[4]怵惕恻隐之心,遇到非人力所改变的现象而产生恐惧,并通过祈祷来反省自己,以道德平息利害争讼,这三者证明性善,由此看出他所理解的性善包括心理层面和道德层面。把善比作灵,强调性善的变通一面。如男女授受不亲是礼,但嫂子溺水而施以援助之手并不违礼而且也是性

---

① 焦循:《孟子正义》卷二十二,《孟子·告子》,第 743 页。

② 焦循:《孟子正义》卷十七,《孟子·离娄》,第 585—586 页。

③ 焦循:《孟子正义》卷二十二,《孟子·告子》,第 734 页。

④ 焦循:《雕菰集》卷九,《性善解》四,第 128 页。

善,这就是一种变通的理解。

焦循以自然人性论为基础探讨理欲问题,提出“絜矩之道”的思想,他说:“格物者何?絜矩也。格之言来也;物者对乎己之称也。《易传》曰:遂知来物。物何以来?以知来也;来何以知?神也。何为神?寂然不动,感而遂通也。何为通?反乎己以求之也。己所不欲,勿施于人,则足以格人之好恶;己欲立而立人,己欲达而达人,则足以格人之所好。为民父母,不过民之所好好之,民之所恶恶之。用之于家则家齐,用之于国则国治,用之于天下则天下平。”“故格物者,絜矩也,絜矩者也,恕也。所藏乎身不恕而能喻诸人者,未之有也。”[①]把《大学》中“格物”的内容界定为“絜矩”、“恕”,提倡要以己度人,通达人情,知民生之隐曲,以民之所好好之、民之所恶恶之,使人人各得其欲,以此来论述理欲关系。人的诸生理需要是人性中所固有的,并把它看成是衡量人性进化的尺度和依据,如果否定了生理需要,也就否定了人存在的可能性。因此,他反对程朱“存天理,灭人欲”的理欲观,主张统治者应以推己及人的“絜矩之道”或“恕道”来对待人民合理的物质生活追求,使天下人的合理欲望都得到满足。

他认为,如果肯定天下人人各遂其所欲,就不会导致你争我夺的“大乱之道”,所以主张“本乎欲而后可以窒欲”,就是要求每个人必须以不侵害他人利益为前提来满足自己的合理物质追求,并以此来遏制私欲。他说:“感于物而动,性之欲也。”“惟本乎欲以为感通之具,而欲乃可窒。人有玉而吾爱之,欲也;若推乎人之爱玉亦如己之爱玉,则攘夺之心息矣。能推则欲由欲寡;不能推斯欲由欲多。不知格物之学,不能相推,而徒曰过其欲,且以教人曰遏其欲,天下之欲可遏乎哉!孔子七十而从心所欲不逾矩。矩,即絜矩之矩,以心所欲为矩法,而从之不逾者。”“向也求于子臣弟友而反求未能者,未能从心所欲不逾矩也。

① 焦循:《雕菰集》卷九,《格物解》一,第131页。

从心所欲不逾矩者,格物之学也。”[①]他清醒地意识到人们的欲望是不可遏制的,肯定人欲存在的合理性,就会建立起人与人之间相互尊重、相互平等、互不剥夺、互不侵犯的伦理机制。这样,焦循从理欲观中似乎引申出人人平等的政治思想。

焦循的情理观继承了戴震“以情絜情”的思想,提出“天下皆情”的命题。他说:“大抵圣人之教,质实平易,不过欲天下之人,各正性命,保合太和而已。”“《易》道但教人旁通,彼此相与以情,己所不欲,则勿施于人;己欲立达,则立人达人。此以情求,彼亦以情与。”“孔子谓之仁谓之恕,《大学》以为絜矩。此实伏羲以来圣圣相传之大经大法。”[②]试图用人人都以真情相与来建立一个理想社会。在论证情理关系时,他以“旁通情”来解释“格物”说:“格物者,旁通情也。情与情相通,则自不争。所以使无讼者,在此而已。听讼者以法,法愈密而争愈起,理愈明而讼愈烦。吾犹人也,谓理不足持也,法不足持也。旁通以情,此格物之要也。”“忿懥恐惧,好乐忧患,情也,不得其正者,不能格物也,不能通情也。能格物,则能近取譬矣。”“所藏乎身,既恕则身修,因而喻诸人,则絜矩之道行于天下。天下之人皆能絜矩,皆能恕,尚何讼之有!”[③]认为旁通以情是格物的宗旨,如果不能摆正情的位置就不能认识事物,不能通情达理。社会的和谐稳定是靠“情”而不是靠“理”和“法”来达到。

他又说:“保合太和则无讼,而归其本于性情。夫人皆相见以情,而己独无情,志乃畏矣。民自畏其无情,则天下皆情矣,天下皆情,自不得独以无情之辞尽。不得也,非不敢也”,“王符《潜夫论》云:上圣不务治民事,而务治民心。引必使无讼之文,而解之曰,导之以德,齐之以礼,务厚其情,而明则务义,民亲爱则无相害伤之心,动思义则无奸

① 焦循:《雕菰集》九,《格物解》三,第132页。
② 焦循:《雕菰集》卷十三,《寄朱休承学士书》,第203页。
③ 焦循:《雕菰集》卷九,《使无讼解》,第138页。

邪之心。原其情则明恕也;恕则克己,克己则复礼。克己复礼,则天下归仁。民志畏则有耻,有耻且格。格即格物也。上格物以化其下,天下之人,亦皆格焉。格则各以情通而无讼,而天下平。”[①]这是要求统治者讲人道、人情,使“天下皆情”,使民众各遂其情并互相间以情相与,同时又要严于自律而生敬畏,不得荒淫无度,这样天下才会太平。他的这一构想在社会中很难实现,因为人情中或多或少都存在着私,私的存在势必影响到情的沟通,他也承认这一点,但真正克服私光靠情之沟通是不够的,法的建设也是十分必要的。

焦循的义利观以其人性论为基础,认为义利都是根源于人性的,人从茹毛饮血到火化粒食,从不知有父唯知有母到有夫妇父子是为利,“人之所以异于禽兽者,在此利不利之间,利不利即义不义,义不义即宜不宜。能知宜不宜,则智也”[②]。这里的“为利”是指人类活动的内在本性和动力,“智”是指人类认识自身利益的能力和智慧。人区别于禽兽就在于人能为自身利益而进取,以利为义。因此,利、义是人类社会活动的动力,同时也是人性从潜在之善向现实之善转化的源泉。

他还进一步论述了物质利益与道德准则的关系,说:“无恒产而有恒心者,惟士为能,君子喻于义也。若民则无恒产,固无恒心,小人喻于利也。惟小人喻于利,则治小人者,必因民之所利而利之”、“此教必本于富,驱而之善。必先使仰足事父母,俯足畜妻子,儒者知义利之辨而舍利不言,可以守己,而不可以治天下。天下不能皆为君子,则舍利不可以治天下之小人。小人利而后可义。君子以利天下为义。是故利在己虽义亦利也;利在天下,即利即义也。孔子言此,正欲君子之治小人者,知小人喻于利。”[③]道德准则依赖于物质利益,“教必本于富”、“无恒产,固无恒心”都说明物质利益的重要性,这是对离开物质利益

① 焦循:《雕菰集》卷九,《使无讼解》,第138—139页。
② 焦循:《孟子正义》卷十七,《孟子·离娄》,第586页。
③ 焦循:《雕菰集》卷九,《君子喻于义小人喻于利解》,第137页。

空谈道德的一种否定。另外,对君子和小人的区分联系到利与义,他认为君子守已以义而治民以利,小人则只知有利,有利可言义,利义兼顾,尤其是"以利天下为义",从某种意义上说是以利解释义,此利已经不是私利而是天下的公利,利义在此达到高层次的统一。

在清代中期皇权进一步加强、专制极端化的时代,焦循对人性、理欲、情理、利义问题的研究提出己见,实际上是对个性的一种张扬,一次思想解放,也是对官方儒学的挑战,因此具有历史意义。

第三节　阮元的务实之说

阮元(1764—1849),字伯元,号云台,一号芸台,又号雷塘庵主,晚号颐性老人,卒谥文达,江苏仪征人。乾隆五十四年(1789)进士。乾隆、嘉庆、道光三朝为官,以体仁阁大学士致仕。阮元为官时主持编有《十三经注疏》(附十三经注疏校勘记)、《经籍纂诂》、《皇清经解》。李元度说他为浙江巡抚时,"立诂经精舍,祀许叔重、郑康成两先生。延王述庵、孙渊如主讲席,选高材生读书其中。课以经史疑义及小学、天文、地理、算法,许各搜讨书传、条对,不用扃试糊名法"。"不十年,上舍士致身通显及撰述成一家言者,不可殚数,东南人才称极盛焉。"[①]龚自珍称他"汇汉、宋之全,拓天人之韬,泯华实之辨,总才学之归"[②]。对他的学行给予高度评价。阮元一生交游甚广,除了与焦循有姻亲交往甚密之外,还与前辈王昶、钱大昕、王念孙、任大椿、邵晋涵,以及同辈凌廷堪、孙星衍、王引之、江藩等问学论道。他在对乾嘉以来汉学总结的同时通过编书与办学,其麾下也集中了众多的汉学人才,培养了大

① 李元度:《清朝先正事略》卷二十一,《清代传记丛刊》第792册,明文书局,1986年,第756页。

② 龚自珍:《阮尚书年谱第一序》《龚自珍全集》第三辑,上海古籍出版社,1999年,第227页。

批的后进,称他为清代汉学的集大成者一点也不为过。

阮元的主要著作有《论语论仁论》、《孟子论仁论》、《性命古训》、《十三经注疏校勘记》、《畴人传》等,除专著外,其著述大都收入《揅经室集》中。阮元虽以汉学名家,但也不乏思想,其主要表现为务实求是,以下以此为视角探讨他治经的方法以及思想,突出其仁、性等方面的贡献。

一、对汉宋之学的评论

阮元对汉学宋学的评论务实求是,他身为汉学家也不一概拒斥宋学,对汉宋学术利弊皆有评论,如指出:“两汉名教得儒经之功,宋、明讲学得师道之益,皆于周、孔之道得其分合,未可偏讥而互诮也。我朝列圣,道德纯备,包涵前古,崇宋学之性道,而以汉儒经义实之,圣学所指,海内向风。御纂诸经,兼收历代之说,《四库》馆开,风气益精博矣。”“可谓兼古昔所不能兼者。”[①]汉儒功在经学,宋儒功在师道,这二者合二而一皆儒家本有,不可相互贬低。他认为自清代倡导经学,尤其是编纂《四库全书》兼收历代经说,汉宋兼采可谓精博,是对儒学的一大贡献。

他虽然主张汉宋兼采,但还是偏向于汉学,自谓:“元尝博综遗经,仰述往哲。行藏契乎孔、颜,微言绍乎游、夏,则汉大司农高密郑公其人矣。”“两京学术,用集大成,天下师法,久而弥笃固,不以齐、鲁域焉。”[②]又“赵岐之学,以较马、郑、许、服诸儒稍为固陋,然属书离辞,指事类情,于诂训无所戾。七篇之微言大义,藉是可推。”[③]治经应以汉儒为准,服膺郑玄集两汉学术之大成,绍传孔子及门下诸学,开后世经学规模。他在浙江为官时创建“诂经精舍”,奉许慎、郑玄牌位于其中以

① 阮元:《揅经室一集》卷二,《拟国史儒林传序》,《揅经室集》,中华书局,1993年,第37页。
② 阮元:《揅经室四集》卷二,《重修高密郑公祠碑》,《揅经室集》,第732页。
③ 阮元:《揅经室一集》卷十一,《十三经注疏校勘记序》,《揅经室集》,第263页。

示尊重,并聚徒讲学,煽扬汉学。同时也肯定赵岐的孟子学,虽然在治经上比不得郑玄、许慎、服虔诸儒,但所注《孟子》使其七篇微言大义由此而明。他也推尊司马相如、扬雄等汉儒。

他还提出尊汉学的原因,指出:“两汉经学所以当尊行者,为其去圣贤最近,而二氏之说尚未起也。老庄之说,盛于两晋,然《道德》《庄》《列》本书具在,其义止于此而已,后人不能以己之文字,饰而改之。是以晋以后鲜乐言之者。浮屠之书,语言文字非译不明,北朝渊博高明之学士,宋、齐聪颖特达之文人,以己之说傅会其意,以致后之学者绎之弥悦,改而必从。”“吾固曰,两汉之学纯粹以精者,在二氏未起之前也。我朝儒学笃实,务为其难,务求其是,是以通儒硕学,束发研经,白首而不能究,岂如朝立一旨,暮即成宗者哉!”[①]之所以推尊汉学是因其离孔子原始儒家在时间上最接近,此时未受佛老二氏的影响,属于原汁原味的儒学。两晋以后佛老盛行并渗透于儒学之中,使原有的儒家变质,因此已不精纯。有清以来,儒学内部产生了一股回归儒家经典的思潮,他给予积极的肯定。江藩作《汉学师承记》为本朝汉学诸家树碑立传,阮元为其撰序表彰汉学,体现了尊汉的立场。

汉学除了离孔子原始儒学接近之外,还有两个特色,那就重训诂,重务实,他指出:“圣贤之道存于经,经非诂不明。汉人之诂,去圣贤为尤近”,“远者见闻终不若近者之实也。元少为学,自宋人始,由宋而求唐、求晋、魏、求汉,乃愈得其实。”“谓有志于圣贤之经,惟汉人之诂多得其实者,去古近也,许、郑集汉诂之成者也。”“然则舍经而文,其文无质,舍诂求经,其经不实。为文者尚不可以昧经诂,况圣贤之道乎!”[②]推崇古学即汉学,汉学在时间上比魏、晋、唐、宋更接近原始儒家,也可以说接近当时的史实。诂指训诂等小学诸工夫,实也可视为务实,实事求是,汉学治经注重训诂考据,其学风务实,从实际出发解读经文,

① 阮元:《揅经室一集》卷十一,《汉学师承记序》,《揅经室集》,第 248 页。

② 阮元:《揅经室二集》卷七,《西湖诂经精舍记》,《揅经室集》,第 547—548 页。

所获接近圣人之道。但就思想层面而言,对一个思想家的理解,同时代的人并非都比后代思想家高明,因此,阮元这种观点是建立在经验层面上的。

一般而言,汉学偏于训诂,宋学偏于义理,讲汉宋之学必然涉及训诂与义理的关系,阮元探讨二者之间的关系,说:“圣贤之言,不但深远者非训诂不明,即浅近者亦非训诂不明也。就圣贤之言而训之,或有误焉,圣贤之道亦误矣。”[①]这继承了戴震训诂明而义理明的主张。阮元又比喻道:“圣人之道,譬若宫墙,文字训诂,其门径也。门径苟误,跬步皆歧,安能升堂入室乎。学人求道太高,卑视章句,譬犹天际之翔,出于丰屋之上,高则高矣,户奥之间未实窥也。或者但求名物,不论圣道,又若终年寝馈于门庑之间,无复知有堂室矣。是故正衣尊视,恶难从易,但立宗旨,即居大名,此一蔽也;精校博考,经义确然,虽不逾闲,德便出入,此又一蔽也。”[②]文字训诂考据是治经的门径,由此便可以升堂入室,即知晓儒家的义理、微言大义。如果治经不从文字训诂考据开始,不懂文意便不能领会经中大道,也就是说文字训诂考据诸工夫是通经的手段,而体悟儒家大道才是归宿。在这里考据与义理是不可分割的统一体,片面的追求义理或考据皆不可取,他视此为“蔽”,即是片面的。

训诂考据的根本在于文字,因此他对文字十分重视,说:“稽古之学,必确得古人之义例,执其正,穷其变,而后其说之也不诬。政事之学,必审知利弊之所从生,与后日所终极,而立之法,使其弊不胜利,可持久不变。盖未有不精于稽古而能精于政事者也。”“金坛段若膺先生”,“于语言文字剖析如是,则于经传之大义,必能互勘而得其不易之理可知。”[③]稽古离不开文字,文字是破译古人文化生活、政治生活的工

---

① 阮元:《揅经室一集》卷二,《论语一贯说》,《揅经室集》,第 53 页。

② 阮元:《揅经室一集》卷二,《拟国史儒林传序》,《揅经室集》,第 37—38 页。

③ 阮元:《揅经室一集》卷十一,《汉读考周礼六卷序》,《揅经室集》,第 241—242 页。

具。当时段玉裁以治《说文》而见长,所作《说文解字注》书出,阮元大加表彰,指出其以文字通经传大义的贡献。他虽然强调文字,以为不通语言文字便不能了解义理,但又认为仅靠文字是不够的,“不可泥于字,而必使作者之志昭著显白于后世”①,认识古人作述的志向还必须要明义理。

阮元倡导汉学是因其重视训诂考据,讲求务实,由此治经在求其是,自谓“余之说经,推明古训,实事求是而已,非敢立异也”②。他又说:“以为儒者之于经,但求其是而已矣,是之所在,从注可,违注亦可,不必定如孔、贾义疏之例也。歙程易田孝廉,近之善说经者也,其说《考工》、戈、戟、钟、磬等篇,率皆与《郑注》相违,而证之于古器之仅存者,无有不合。通儒硕学咸以为不刊之论,未闻以违注见讥。盖株守传注,曲为傅会,其弊与不从传注凭臆空谈者等。夫不从传注凭臆空谈之弊,近人类能言之,而株守传注曲为傅会之弊,非心知其意者未必能言之也。”③乾嘉汉学有尊汉儒经注超过经文本身的一种趋向,更有甚者鼓吹唯汉是尊,唯汉是好,大都不论是非,这是极端化的汉学。阮元虽然提倡汉学,但与此不同,而是以是否符合实事、求其是为标准,只要是正确的违背经注也可,以事实说话求其是,这一点与钱大昕十分相似。本此出发就不会有先入之见,主观臆断,不会盲从,由此可见他尊汉学是从这个意义上讲的,这也是他对汉学是非评论的精彩之处,十分可取。

二、对理学诸范畴的重新认识

阮元求是思想表现在对理学诸范畴的务实解读,从字意出发引申出义理,由虚返实是其特色。

---

① 阮元:《揅经室一集》卷十一,《十三经注疏校勘记序》,《揅经室集》,第 256 页。

② 阮元:《揅经室集》卷首,《揅经室集自序》,第 1 页。

③ 阮元:《揅经室一集》卷十一,《焦里堂群经宫室图序》,《揅经室集》,第 250 页。

他解释太极时说:“天地所共之极,舍北极别无所谓极也。《尔雅》曰:北极谓之北辰。《易·系辞》曰《易》有太极。虞翻注曰:太极,太一也。”“然太极即太一,太一即北辰,北辰即北极,则固古说也。”北辰即北极,“天地本于太极,孔子之言,节节明显。而后儒舍其实以求其虚,何也?实者何?天地之实象也。”“天地共以北极为枢,天之所转,即地之所系,其为极心之中同也。非太极不生两仪,两仪谓天地。地圆居中而不坠,天旋包之而有常。”“然则乾坤为天地,宜居正南北矣,曷由乾居西北坤居西南也?曰;此正太极即北极之实象也。地体正圆,中国界赤道而居,北极斜倚乎其北,南极入地不能见,以浑圆之体论之,则但于赤道纬线之内外,北极高低有分别耳。至于两极经线,如瓜之直痕,则处处皆可谓当极之中,本无偏也。”[①]《尔雅》为训诂文字之书,训太极为北辰,又引汉儒虞翻注释太极。阮元与周敦颐、朱熹舍太一、北辰之“实”而求其为天地根基之“虚”不同,而是务求太极之“实象”,认为北辰就是太极,离开天地的实象则无所谓太极。他的意思是说圣人画八卦言太极,不是凭空想象,而是根据地理的实象,这是把理学的虚理实象化。

对道器范畴解释也说明这一点。《周易》有形而上者谓之道,形而下者谓之器之说,他认为:“商、周二代之道存于今者,有《九经》焉,若器则罕有存者,所存者,铜器钟鼎之属耳。古铜器有铭,铭之文为古人篆迹(铭文为西周古文,与后来之篆字大有区分,汉人所谓古文,乃指六国古文,非殷周古文),非经文隶楷缣楮传写之比,且其词为古王侯大夫贤者所为,其重与九经同之。”“先王之制器也,齐其度量,同其文字,别其尊。用之于朝觐燕飨,则见天子之尊,锡命之宠”,“故吾谓欲观三代以上之道与器,《九经》之外,舍钟鼎之属,曷由观之。”[②]道在经中,求道必须解读经本文,器则是具体的钟鼎等实物,制器是为度量、

① 阮元:《揅经室一集》卷二,《太极乾坤说》,第38—39页。

② 阮元:《揅经室三集》卷三,《商周铜器说》上,第632—633页。

文字、尊卑等具体的社会实际需要，道与器是二个不同的东西，其作用功能不一样。传统的看法把道器作为哲学的范畴来加以考察，强调它们之间抽象与具体的关系。阮元则从经验科学角度把它们具体化，尤其是把器实体化反映他治学注重经验的特点。

对一贯的理解，《论语》中“一贯”二字出现过三次：曾子之“一贯”，子贡之“一贯”，闵子之言“仍旧一贯”，他认为这三个“贯”字就训诂而言不应有所差异，说：“贯、行也，事也（《尔雅》：贯，事也。《广雅》：贯，行也。《诗·硕鼠》：三岁贯女。《周礼·职方》：使同贯利。《论语·先进》‘仍旧贯’，传、注皆训为事。《汉书·谷永传》云：以次贯行。《后汉书·光武十五王传》云：奉承贯行。皆行事之义），三者皆当训为行事也。孔子呼曾子告之曰：吾道一以贯之。此言孔子之道皆于行事见之，非徒以文学为教也。一与壹通（一与壹通，经史中并训为专，又并训为皆。《后汉·冯绲传》、《淮南·说山训》、《管子·心术》，皆训一为专。《大戴·卫将军》、《荀子》《劝学》《臣道》，《后汉书·顺帝纪》，皆训一为皆。《荀子·大略》，《左·昭二十六年》、《穀梁·僖九年》、《礼记》《表记》《大学》，皆训壹为专。至于一、壹二字通用之处，经史中不可胜举矣），壹以贯之，犹言壹是皆以行事为教也。弟子不知所行为何道，故曾子曰：夫子之道，忠恕而已矣。此即《中庸》所谓忠恕违道不远，施诸己而不愿，亦勿施于人。”[①]援引经书如《诗》、《周礼》、《论语》、《礼记》，史书《汉书》、《后汉书》，子书《淮南子》、《荀子》、《管子》，以及《尔雅》等训“贯”为行事，孔子之道“一以贯之”说在行事，并非徒以空谈阔论，“一”训为专、皆，“贯”训行事，二者联系起来说明儒家讲道理、微言大义皆在实践中见，如果以忠恕解释一贯，所谓己所不欲、勿施于人应运用于处理人际关系。后来朱熹训一贯为一旦豁然贯通，在阮元看来，这类似于禅家的顿悟之说，已非圣贤之道。孔子讲一贯旨在重视圣人行事，以补多学而识之偏，后儒不知训诂而曲解一贯之义。

---

① 阮元：《揅经室一集》卷二，《论语一贯说》，《揅经室集》，第53页。

他又以习来解释一贯,引《尔雅》发挥说:"贯,习也。转注之习,亦贯也。时习之习,即一贯之贯。贯主行事,习亦行事,故时习者,时诵之,时行之也。""贯,事也。圣人之道,未有不于行事见而但于言语见者也。故孔子告曾子曰:吾道一以贯之。一贯者,壹是皆行之也。又告子贡曰:汝以予为多学而识之者与?予一以贯之。此义与告曾子同,言圣道壹是贯行,非徒学而识之。"[①]训贯为习,贯为行事,习也为行事,贯与习相通。《论语》首章言"学而时习之",讲求学习不仅在于诵读书本也在于行事,既要"多学而识",也要学以致用,在行事中践履所学。孔子反复强调一贯,说明儒学是习行之学而非空头讲章。阮元引《尔雅》解释儒学概念是其所倡导的训诂明义理明方法的具体运用。

关于格物,理学往往解释为"穷理",阮元与此不同,把格物理解为"事",他认为,《大学集注》"格亦训至,物亦训事。惟云穷至事物之理,至外增穷字,事外增理字,加一转折,变为穷理二字,遂与实践迥别"[②]。"格亦训至,物亦训事",只说"穷至事物之理",宋儒于"至"外增"穷"字,"事"外增"理"字,一转折变成"穷理",这显然与实际不同。

在他看来,凡经传所讲的"格于上下、不格奸、格于艺祖、神之格思、孝友时格、暴风来格及古钟鼎文格于太庙、格于太室之类,皆训为至。盖假为本字,格字同音相借也。"并引《小尔雅·广诂》"格,止也。知止即知物所当格也。至善之至,知止之止,皆与格义一也。"又引《仪礼·乡射礼》"曰:物长如笴,郑《注》云:物谓射时所立处也。"物字本从勿,引《说文》勿者,"州里所建旗,趣民事,故称勿勿"。"射者所立之位,亦名物者,古人即通会此意以命名也。"[③]网罗经传所讲的格字都训为至或止,物的本字为勿,勿指事,物与事相同,训为事。并引文字书《小尔雅》、《说文》,以及以名物见长的《仪礼》的解释来证明。这是从

① 阮元:《揅经室一集》卷二,《论语解》,《揅经室集》,第49页。
② 阮元:《揅经室一集》卷二,《大学格物说》,《揅经室集》,第56页。
③ 阮元:《揅经室一集》卷二,第54—55页。

古代文献出发证明格物本意。

至于《礼记·大学》所说的“致知在格物,物格而后知至”,他认为:“此二句虽从身心意知而来,实为天下国家之事。天下国家以立政行事为主。”“物者,事也;格者,至也。事者,家国天下之事,即止于五伦之至善。明德、新民皆事也。格有至义,即有至意。履而至,止于其地,圣贤实践之道也。”“故曰:格物者,至止于事物之谓也。凡家国天下五伦之事,无不当以身亲至其处而履之,以止于至善也。”“圣贤之道,无非实践。”“先儒论格物者多矣,乃多以虚义参之,似非圣人立言之本意。元之论格物,非敢异也,亦实事求是而已。”“若以格物为心灵穷理,则犹是致知际内之言,非修身际内之事也。”①格物在《大学》中虽然从修身处中来,但就其主旨而言,以治国平天下大事为主。物是事,格是至或止,达到止于所为之事,此事包括人伦关系、国家乃至于天下之事,格是动词,属于行为范畴,格物强调的是亲身实践,阮元的解释更符合《大学》原意,因此实事求是。宋理学诸家讲格物在穷理,并演化为修身的内省工夫,显然受佛教的影响,具有自己时代的特色。

三、节性非复性

阮元论性以儒家经典为立论根据,服膺汉以前儒家性命之说,对唐以后的理学及佛老二氏论性诸说持否定的态度。

他论性命以《尚书》和《孟子》为依据,并认为这也是汉以前儒家性命说所持的立场。他写道:“古性命之训虽多,而大指相同,试先举《尚书·召诰》、《孟子·尽心》二说以建首,可以明其余矣。”“《召诰》所谓命,即天命也。若子初生,即禄命福极也。哲与愚,吉与凶,历年长短,皆命也。哲愚授于天为命,受于人为性,君子祈命而节性,尽性而知命。故《孟子·尽心》亦谓口目耳鼻四肢为性也。性中有味、色、声、臭、安佚之欲,是以必当节之。古人但言节性,不言复性。”孟子所谓“口之于味

---

① 阮元:《揅经室一集》卷二,《大学格物说》,《揅经室集》,第54—55页。

也。目之于色也，耳之于声也，鼻之于臭也，四肢之于安佚也，性也。有命焉，君子不谓性也。仁之于父子也，义之于君臣也，礼之于宾主也，知之于贤者也，圣人之于天道也，命也。有性焉，君子不谓命也。"《孟子》此章，"性与命相互而为文，性命之训，最为明显"。"惟其味、色、声、臭、安佚为性，所以性必须节，不节则性中之情欲纵矣。惟其仁、义、礼、知、圣为命，所以命必须敬德，德即仁、义、礼、知、圣也。且知与圣即哲也，天道即吉凶、历年也。今以此二经之说建首，而次以诸经，再随诸经古训比而说之，可以见汉以前性命之说，未尝少晦。"[①]以上所引皆在说明性命相联，《尚书·召诰》讲命为天命，包括哲愚、吉凶等，哲愚授于天为命，受于人为性。性命不同之处在于，命从天道讲，性从人而立论，人对于天似乎无能为力，因此要祈祷天命，对于性因其属于人，因此要节制人性。《孟子·尽心》讲诸感官为性，性中包含情欲，因此要节制，即所谓的节性、他把性与欲等联系起来是旨在矫挽理学诸家离欲论性的偏颇。

阮元论性从生理角度而不是从心角度，因此主张节制生理上的欲望即节性，而不是性本善而受后天习染要复性，他说："古人但言节性，不言复性也。"[②]简而言之，主张节性、反对复性是其论性的主轴。

他主张节性是以把性视为人们的生理需求为前提的，因此论性从血气心知出发，说："性字从心，即血气心知也。有血气，无心知，非性也。有心知，无血气，非性也。血气心知皆天所命，人所受也。"[③]血气心知是天赋予人的，包括诸感官生理需要，这就是人性，离开血气心知诸生理需要论性是空淡无实际意义的。与此相关，他也以情论性，指出："情发于性，故《说文》曰：性，人之阳气性，善者也。情，人之阴气有欲者也。许氏之说，古训也。味色声臭，喜怒哀乐，皆本于性，发于情

① 阮元：《揅经室一集》卷十，《性命古训》，《揅经室集》，第211—212页。
② 阮元：《揅经室一集》卷十，《性命古训》，《揅经室集》，第211页。
③ 阮元：《揅经室一集》卷十，《性命古训》，《揅经室集》，第217页。

者也。情括于性,非别有一事与性相分而为对。”[①]引《说文》阴阳说情与性内在于人身,两者互为作用相互表现。人们诸感官本于性并通过情来表现,其本身包含着性,因此也不能离情言性。他又说“欲生于情,在性之内,不能言性内无欲。欲不是善恶之恶。天既生人以血气心知,则不能无欲,惟佛教始言绝欲。若天下人皆如佛绝欲,则举世无生人,禽兽繁矣。此孟子所以说味、色、声、臭、安佚为性也。”[②]孟子早已把人的基本生理需要当成性。性内有情,情中产生出欲,性、情、欲三者统一。欲并不是恶,它只是人生理的基础需求,尤其是合理的欲望必须得到满足,否则人就不能生存下去。佛教讲绝欲,不现实。

他承认性中有欲望,也看到欲望有可能膨胀,因此主张节性:“欲在有节,不可纵,不可穷。”[③]节性就是反对纵欲,穷奢极欲。如何节性?他提出以礼来节,说:“七情乃尽人所有,但须治以礼而已,即《召诰》的谓节性也。”[④]惟“人既有血气心知之性,即有九德、五典、五礼、七情、十义,故圣人作礼乐以节之,修道以教之,因其动作以礼义为威仪。”[⑤]“修道之教,即《礼运》之礼,礼治七情十义者也。七情乃尽人所有,但须治以礼而已,即《召诰》所谓节性也。”“发而中节,即节性之说也,有礼有乐,所以既节且和也。”[⑥]《尚书·召诰》有“节性,惟日其迈”一句,意指以礼仪节其嗜好而归于中道。修道之教即礼,礼本于人情,与人性不矛盾,礼的制定是把人们的欲望限制在合理的范围之内,以保正满足正常的欲望,发而中节指欲望恰如其分,这就是节性。除了礼之外还要配以乐,乐起着润色的作用,非强制而是温和,采用富有人情味的礼仪使欲望得以顺畅和谐发出,从这个意义上说节性也是中和。他倡导以礼节性,因此不多谈理,如理学以天理来限制人欲,而认为理本于礼,空谈理则会使导致邪说的产生。

---

① 阮元:《揅经室一集》卷十,《性命古训》,《揅经室集》,第220—221页。
②③ 阮元:《揅经室一集》卷十,《性命古训》,《揅经室集》,第228页。
④⑥ 阮元:《揅经室一集》卷十,《性命古训》,《揅经室集》,第226页。
⑤ 阮元:《揅经室一集》卷十,《性命古训》,《揅经室集》,第217页。

唐儒李翱提出复性之说，其影响扩及宋明理学，阮元批评复性主要是针对李翱，他说："李习之之言性以静而通照，物来皆应。试问：忠孝不能说在性之外，若然则是臣子但静坐无端倪，君来则我以忠照之，父母来我以孝照之，而我于忠孝过而曾无留滞，试思九经中有此说否？"[①]"如果李习之所说复性为是，何以孔子《孝经》、《论语》中无此说也？孔子教颜子惟闻复礼，未闻复性也。"[②]李翱言复性"以静而通照，物来皆应"，性善为本有无需外求，主观体悟即可获得，对照儒家经典并没有此种说法。孔子《论语》只讲复礼，不讲复性。就实际而言，静坐通照并不能完成善性回归。复性是建立在所谓性本善（道德层面立论）基础上的，重在先天，阮元以血气心知论性，重在后天，从这个意义说复性不成立。

他又说："能者勤于礼乐威仪，以就弥性之福禄。不能者惰于礼乐威仪，以取弃命之祸乱。是以周以前圣经古训，皆言勤威仪以保定性命，未闻如李习之之说，以寂明通照复性也。"[③]依据周朝以前的圣经古训，以是否勤勉于礼仪威仪来定性命，性命的认取主要是靠外在的礼仪诸活动事项，而非如李翱抛开这一些等待着所谓的"寂明通照"。

阮元还把批复性与佛老联系起来，指出："唐李习之复性之说，杂于二氏，不可不辨也。"[④]李翱复性之说虽然演义儒家经典，但佛老的影响不能低估。

他批佛教说："晋、唐人嫌味、色、臭、安佚为欲，必欲别之于性之外，此释氏所谓佛性，非圣经所言天性。梁以后言禅宗者，以为不立文字，直指人心，乃见性成佛，明顿了无生。试思以此言性，岂有味色？"[⑤]"释氏所说直指人心，见性成佛之性字，似具虚寂明照净觉之妙。此在

① 阮元：《揅经室一集》卷十，《性命古训》，《揅经室集》，第229页。
② 阮元：《揅经室一集》卷十，《性命古训》，《揅经室集》，第223页。
③ 阮元：《揅经室一集》卷十，《性命古训》，《揅经室集》，第217页。
④ 阮元：《揅经室一集》卷十，《性命古训》，《揅经室集》，第212页。
⑤ 阮元：《揅经室一集》卷十，《性命古训》，《揅经室集》，第233—234页。

梵书之中本不知是何称名,是何字样,自晋、魏翻译之人求之儒书文字之内,无一字相合足以当之者,遂拈出性字,迁就假借以当之。彼时已在老、庄清言之后,盖世之视性字者,已近于释、老,而离于儒矣。六朝人不讳言释,不阴释而阳儒,阴释而阳儒,唐李翱为始。"[①]把人们诸种欲望排斥在性之外,此性是佛家的佛性,已经不是儒家讲的天性。尤其是禅宗讲的"直指人心,见性成佛",把人性推向极致,附会佛性实际上泯灭了人的天性。从翻译角度看,佛教东来,译人在翻译佛语时只能借鉴已有的儒家书籍,找出相对应或相似的用语,但是在翻译转换中是否符合原义已无从知晓,特别在早期翻译中误读的现象是普遍存在的,对性的翻译及使用恐怕也存在着这样的问题。在阮元看来,李翱是儒家当中较早使用性字并借鉴佛教加以诠释的代表人物。他又指出李翱作《复性书》,"其下笔之字明是《召诰》、《卷阿》、《论语》、《孟子》内从心从生之性字,其悟于心而著于书者,仍是浮屠家无得而称之物"[②]。性字虽然取自儒家经典,但对性的诠释则受到佛教的影响。

他对老庄也提出批评,自谓:"元读《庄子》,未尝不叹其说为尧、舜、孔、颜之变局也。彼所谓性,即《马蹄》'天放'也,即所谓初也。以天放为初而复之,此老、庄之学也。唐李翱《复性》之书即本之于此,而反饰为孔、颜之学,外孔、颜而内老、庄也。内庄已不可矣,况又由庄入禅乎?"[③]"天放"为《庄子·马蹄》"彼民有常性,纤而衣,耕而食,是谓同德。一而不党,命曰天放"。意思为放任自然。他把李翱复性之说溯源于庄子的天放似有不妥,因为庄子的天放是回归自然,崇尚质朴,此孔孟儒家主张的仁礼不同,说李翱受佛教影响或许还过的去,但应明确的是李翱毕竟还是儒家,阮元站在汉学家的立场去评价他,其局限性是显而易见的。

---

① 阮元:《揅经室一集》卷十,《性命古训》,《揅经室集》,第236页。

② 阮元:《揅经室续三集》卷三,《塔性说》,《揅经室集》,第1060页。

③ 阮元:《揅经室续三集》卷三,《塔性说》,《揅经室集》,第1061页。

总之,他得出结论说:"商、周人言性命多在事,在事故实,而易于率循。晋、唐人言性命多在心,在心故虚,而易于傅会,习之此书是也。"[①]论性复古务实是其重要的特点。

对于阮元论性,王国维和傅斯年都有评论。王国维说:"阮氏之说,全祖戴氏,其所增益者,不过引《书·召诰》、《诗·卷阿》之说,为戴氏之未及,又分析性之字义而已。二氏之意,在申三代、秦、汉之古义,以攻击唐、宋以后杂于老、佛之新学。"[②]傅斯年"性命古训一书","实为戴震《原善》、《孟子字义疏证》两书之后劲,足以表显清代所谓汉学家反宋明理学之立场者也"。[③] 二人都注意到了戴震与阮元在此问题上先后继承的关系,揭示出戴震对阮元的影响,以及阮元批判宋明理学以正统儒学自居的用心。

另外,傅斯年还指出阮元以语言文字方法治思想史的特色,并给予积极的肯定,他说:"阮氏聚积《诗》、《书》、《论语》、《孟子》中之论性、命字,以训诂学的方法定其字义,而后就其字义疏为理论,以张汉学家哲学之立场,以摇程、朱之权威。夫阮氏之结论固多不能成立,然其方法则足为后人治思想史者所仪型。其方法惟何?即以语言学的观点解决思想史中之问题是也。"[④]从方法论来说,以语言通义理正是汉学家们所追求的,阮元是这方面杰出的代表。傅氏对阮元论性所得出的结论不太认同,但对于依靠语言学等方法来研究儒家思想则给予积极的肯定。

四、相人偶为仁

阮元论仁与论性一样重视文字考证,从文字考证出发引出对仁的

---

① 阮元:《揅经室一集》卷十,《性命古训》,《揅经室集》,第 235 页。

② 王国维:《国朝汉学派戴阮二家之哲学说》,《静庵文集》,第 100 页,辽宁教育出版社,1997 年。

③ 傅斯年:《性命古训辨证》,《傅斯年全集》第二卷,第 505 页,湖南教育出版社,2003 年。

④ 傅斯年:《性命古训辨证》,《傅斯年全集》第二卷,第 505 页。

理解,体现他作为汉学家治学的特色。

他认为仁字在夏商以前没有出现,也不见《尚书》、《周易》、《诗经》等经典,三《礼》、《论语》、《孟子》则开始广泛地使用,他把仁解释为相人耦,说:"许叔重《说文解字》:仁,亲也。从人二。段若膺大令《注》曰:见部曰:亲者,密至也。会意。《中庸》曰:仁者,人也。《注》:人也,读如相人偶之人,以人意相存问之言。《大射仪》:揖以耦。《注》言以者,耦之事成于此意相人耦也。《聘礼》:每曲揖。《注》:以人相人耦为敬也。《公食大夫礼》:宾入三揖。《注》:相人耦。《诗·匪风·》笺云:人偶能烹鱼者。人偶能辅周道治民者。元谓:贾谊《新书·匈奴篇》曰:胡婴儿得近侍侧,胡贵人更进得佐酒前,上时人偶之。以上诸义,是古所谓人耦,犹言尔我亲爱之辞。独则无耦,耦则相亲,故其字从人二。"①依据《说文解字》仁从人二,为亲之意。段玉裁注《说文》亲为密至。阮氏又引经典及注释,明确指出仁的本质即为相人偶之意,这里主要借鉴了郑玄的说法,郑玄把《中庸》篇仁者人也注释为相人偶。在这里,仁并非独立而体现了人与人之间的交往关系,尤其表现在具体的礼仪中,彼此相互沟通,建立一种亲密无间的相互敬重关系。这是从仁的文字起源角度说明仁的本质及内涵,从中体现出由考据明义理的汉学精神。

他以《论语》中的立人达人说明相人偶,指出:"所谓仁者,已之身欲立则亦立人,已之身欲达则亦达人。所以必两人相人偶而仁始见。"②处理人已关系不应片面地强求别人,而是求诸自己,以自己真心来体会或感通别人。他引俚语:我先自己好,自然要人好。我要人好,人自与我同作好人,以此说明人己关系。在他看来,只能无损于人,不能有益于人,"未能立人达人,所以孔子不许为仁"③。他又说:"颜子克

---

① 阮元:《揅经室一集》卷八,《论语论仁论》,《揅经室集》,第178—179页。

② 阮元:《揅经室一集》卷八,《论语论仁论》,《揅经室集》,第178页。

③ 阮元:《揅经室一集》卷八,《论语论仁论》,《揅经室集》,第187页。

己，己字即自己之己，与下为仁由己相同，言能克己复礼，即可并人为仁。一日克己复礼而天下归仁，此即己欲立而立人，己欲达而达人之道。”“若以克己字解为私欲，则下文为仁由己之己，断不能再解为私，而由己不由人反诘辞气与上文不相属矣。颜子请问其目，孔子答以四勿，勿即克之谓也。视、听、言、动，专就己身而言。若克己而能非礼勿视、勿听、勿言、勿动，断无不爱人，断无与人不相偶者，人必与己并为仁矣。”[①]克己复礼的己与为仁己的己相同，二个己字是人己的己字，说明人己关系，所谓己欲立而立人，己欲达而达人，或者说相人偶都是此意。在他看来，理学家把己字理解为私欲是对己字的误读。他又引孔子讲的克己之目应为四勿，视听言动不违礼，做到这一点无不爱人即无不相人偶，这就是仁了。

他认为，相人偶的包括范围很广泛，如说：“春秋时，孔门所谓仁也者，以此一人与彼一人相人偶，而尽其敬礼忠恕等事之谓也。相人偶者，谓人之偶之也。”“盖士庶人之仁，见于宗族乡党，天子诸侯卿大夫之仁，见于国家臣民，同一相仁偶之道，是必人与人相，而仁乃见也。”[②]从庶民处世到士大夫乃至于诸侯、天子等，皆必须处理好人与人彼此之间的关系，相人偶，相互敬重，仁由此体现。一方平安以及治理天下都离不开相人偶之道即仁道。仁的范畴虽然广泛，但应从孝弟开始，他又说：“可见亲亲而仁民，仁民而爱物之序。孝弟为人之本，即《孟子》所谓未有仁而遗其亲者也。所以《尧典》必由亲九族而推至民雍也。博爱平等之说，不必辩而知其误矣。”[③]由亲亲到仁民乃至于爱物皆以孝弟为本，亲亲讲血缘上的关系，孝弟则是维系血缘关系的道德规范，是仁的最基本体现，由此推恩才有社会关系的和谐。

对于后儒论仁流于空疏，他提出批评，说：“凡仁，必于身所行者验

---

① 阮元：《揅经室一集》卷八，《论语论仁论》，《揅经室集》，第 181 页。
② 阮元：《揅经室一集》卷八，《论语论仁论》，《揅经室集》，第 176 页。
③ 阮元：《揅经室一集》卷八，《论语论仁论》，《揅经室集》，第 188 页。

之而始见，亦必有二人而仁乃见，若一人闭户齐居，瞑目静坐，虽有德理在心，终不得指为圣门所谓之仁矣。”[①]既然仁为相人偶，即二人之间的真心互动，那么就不能离群索居，闭目静坐空谈仁。他论仁反对空虚玄妙之说：“子夏恐学者视仁过高，将流为虚悟远求也，故曰：勿谓仁不易知，但博学笃志，切问近思，仁道即可近譬而知。此数语将晋、宋以后一切异端空虚玄妙之学、儒家学案标新竞胜之派皆预为括定。曾子、子游虑子张于人无所不容，过于高大，不能就切近之事与人为仁，亦同此说也。其曰为仁，可见仁必须为，非端坐静观即可曰仁也。”[②]反对把仁视为高不可攀、可望不可及的，仁就在身边，通过“博学笃志，切问近思”来认识。《论语》中还记载了许多实例说明仁，仁不离事并由事来彰显，非如后儒尤其理学诸家所说的那样靠静坐、反观等心性修养工夫体悟。他尤其反对把人与心相等，认为“仁与人心究不能浑而为一，若直号仁为本心之德，则是浑成之物，无庸用力为之矣”[③]。仁内化为心，以心论仁必然消解了其中的实践性，如此也不能真正实现仁。一部《论语》，“孔子绝未尝于不视、不听、不言、不动处言仁也。颜子三月不违仁，而孔子向内指之曰：其心不违。可见心与仁究不能使之浑而为一曰：即仁即心也。此儒与释之分也。”[④]《论语》告诉我们论仁离不开人伦日用，并通过具体的活动行为体现，把仁当成心这是佛家论仁而非儒家所讲的仁。

他反对从心论仁，进而倡导从实践论仁，说：“一介之士，仁具于心；然具心者，仁之端也，必扩而充之，著于行事，始可称仁。孟子虽以恻隐为仁，然所谓恻隐之心，乃仁之端，非谓仁之实事也。孟子又曰：仁之实，事亲是也。是充此心，始足以事亲，保四海也。”“孟子论良能、良知，良知即心端也，良能实事也。舍事实而专言心，非孟子本指也。

① 阮元：《揅经室一集》卷八，《论语论仁论》，《揅经室集》，第 176 页。
② 阮元：《揅经室一集》卷八，《论语论仁论》，《揅经室集》，第 180 页。
③ 阮元：《揅经室一集》卷八，《论语论仁论》，《揅经室集》，第 193 页。
④ 阮元：《揅经室一集》卷八，《论语论仁论》，《揅经室集》，第 182 页。

孟子论仁,至显明,至诚实,亦未尝举心性而空之迷惑后人也。"[①]以心论仁只是仁的端倪,还不是真正的仁,仁得到真正实行,有实际意义才是真实的。孟子讲的事亲就是仁的实行,从身边做起,扩充发扬放之于四海。理学诸家讲仁偏于心,强调内在超越,在阮元看来是曲解了孟子。

阮元对历史上出现不仁的情况给予痛斥,说:"不知古天子诸侯之不仁者,始于不敬大臣,不体群臣,使民不以时,渐至离心离德。甚至视臣如草芥,糜烂其民而战之,若秦、隋之杀害群臣,酷虐百姓,行不顺,施不惠,家邦皆怨,是不仁之至也。究其始,不过由不敬不恕,充之以至于此。浅而言之,不爱人,不人偶人而已。若有见大宾、承大祭之心,行恕而帅天下以仁者,岂肯少为轻忽哉! 此所以为孔门之仁也。"[②]古代不仁的帝王诸侯对臣民无爱慕之心,臣民与君主离心离德,杀戮就会出现,生灵涂炭,凡此皆不仁所为,也就是人不相偶,彼此不敬重,因此有必要高扬仁的人相偶之义,把仁视为人相偶,说明处理好人际关系对社会稳定如此重要。

阮元从训诂考据出发论仁在当时引起反响,有赞同的也有批评的,以下引几家代表性的意见。

凌廷堪对阮元讨论《论语》"克己复礼"中的"己"字以为不作私欲解而解为"人己对称",表示肯定并加以发挥,说:"人己对称,正是郑氏相人偶之说。若如,《集注》所云,岂可曰为仁由私欲乎? 再以《论语》全书而论,如不患人之不己知。夫仁者,己欲立而立人,己欲达而达人,己所不欲,勿施于人,古之学者为己,今之学者为人,修己以安人,君子求诸己,小人求诸人,皆人己对称。"[③]朱熹的《四书集注》解《论语》"克己复礼"中的"己"为私欲,凌廷堪以为纵观《论语》讲"己"字皆指

---

① 阮元:《揅经室一集》卷九,《孟子论仁论》,《揅经室集》,第195—196页。
② 阮元:《揅经室一集》卷八,《论语论仁论》,《揅经室集》,第184—185页。
③ 凌廷堪:《校礼堂文集》卷二十五,《与阮中丞论克己书》,第234页。

“人己对称”,即与别人相对而言的“自己”,如果解为“私欲”则文理不通。作为汉学家凌廷堪赞同阮元的说法,因为这是从考据引出义理。

理学家方东树的观点则与阮元不同,他说:“以人偶论仁之用,则可;以人偶论仁之礼,则不可。《春秋元命苞》仁者,情志好生爱人。韩子言博爱谓仁。周子言爱曰仁。程子言爱非仁。韩子、周子言其用;程子言其全体。要之,圣门论仁,此两义必兼备,倚于一偏则不尽。”[①]指出阮元以相人偶解释仁是重在应用而忽视全体,论仁应该兼顾体用,阮元的仁说是片面的。方东树倾向于宋儒论仁。

夏炘说:“果如此书(按即《论语论仁论》)之说:必有二人,而仁乃见。则颜子三月不违仁,是颜子之心三月不违于相人偶矣。”“求仁而得仁,是求相人偶而即得之,杀身以成仁,是杀身以成人偶也。其可通乎?其不可通乎。”[②]夏氏的观点大体与方东树一样,指出以相人偶解释的片面性,儒家的仁字含义颇丰,仅以相人偶诠释不能穷尽其内涵,如夏氏所取《论语》中的几个实例已经说明了这一点。

以上通过对几位主要汉学家思想的阐述可见,清代儒学由理学转化为汉学,其特色是由形而上慢慢地落实到形而下,由抽象思维向日用伦常转进。在这一过程中,思想中思辨的成分愈来愈淡,务实的色彩愈来愈浓,这一点与汉学家们所采用的方法不无关系,也就是说他们谈思想是建立在经验层面上的。

---

① 方东树:《汉学商兑》卷中之上,江藩:《汉学师承记(外二种)》,第303页,三联书店,1998年。

② 夏炘:《与友人论论语论仁论书》,《景紫堂文集》卷十一,第20—21页,乙卯年版。

第九章

汉学的别出及对汉学的批评

乾嘉汉学的主攻方向是经学,汉学的别出指一些汉学中人不局限于经学,其重心由经学返向史学,以史解经,提出经史平等、六经皆史等主张,开儒学发展的新气象。汉学虽然有自己的贡献,但也存在着流弊,对汉学的真正批评来自外部,主要指站在理学角度反对汉学,这预示着汉学渐趋衰落。这里主要探讨一下钱大昕、章学诚的经史之学,以及方东树对汉学的批评。

第一节　钱大昕的经史之学

钱大昕(1728—1804),字晓征,一字辛楣,号竹汀,晚号潜研老人。江苏嘉定人。乾隆十九年(1754)进士,官至少詹事、提督广东学政。四十八岁以后归里不出，以教学著述终老。钱大昕一生为学十分广博，涉及文字、音韵、训诂、天文历算、地理、氏族、金石等方面，其长处则是经史之学。主要著作有《廿二史考异》、《潜研堂文集》、《十驾斋养新录》等。

钱大昕早年为学受惠栋影响，在回顾自己与惠栋交往时，说："予弱冠时，谒先生于泮环巷宅，与论《易》义，更仆不倦，盖谬以予为可与道古者。忽忽四十余载，楹书犹在，而典型日远，缀名简末，感慨系之。""今士大夫多尊崇汉学，实出先生绪论。"[①]惠氏死后，他又为其作传，称"独惠氏世守古学，而先生所得尤深，拟诸汉儒，当在何邵公、服子慎之间，马融、赵岐辈不能及也。"[②]他对戴震也极为推崇，相互交往，钦佩其学问。但他对由惠栋、戴震等掀起汉学之风而导致的尊经轻史现象甚为不满，曾说："自惠、戴之学盛行于世，天下学者但治古经，略涉三史，三史以下茫然不知，得谓之通儒乎！"[③]于是自立为学宗旨，提出经史同等重要的思想。他可以说是乾嘉时期经史兼顾的通儒。

一、经史同等重要

与正统的汉学家治经不同，钱大昕不仅尊经而且也治史，他提出经史不分、经史同等重要的主张，说："经与史岂有二学哉！昔宣尼赞修六经，而《尚书》、《春秋》实为史家之权舆。汉世刘向父子校理秘文为六略，而《世本》、《楚汉春秋》、《太史公书》、《汉著记》列于春秋家，《高祖传》、《孝文传》列于儒家，初无经史之别。厥后兰台、东观，作者益繁。李充、荀勖等创立四部，而经史始分，然不闻陋史而荣经也。自王安石以猖狂诡诞之学要君窃位，自造《三经新义》，而驱海内而诵习之，甚至诋《春秋》为断烂朝报。章、蔡用事，祖述荆舒，屏弃《通鉴》为元祐学术，而十七史皆束之高阁矣。嗣是道学诸儒，讲求心性，惧门弟

① 钱大昕：《潜研堂文集》卷二十四，《古文尚书考序》，《四部丛刊初编缩本》，第 215 页。

② 钱大昕：《潜研堂文集》卷三十九，《惠先生传》，第 382 页。

③ 江藩：《汉学师承记》卷三，《钱大昕》，第 49 页。

子之泛滥无所归也，则有诃读史为玩物丧志者，又有谓读史令人心粗者。此特有为言之，而空疏浅薄者托以藉口，由是说经者日多，治史者日少。彼之言曰，经精而史粗也，经正而史杂也。予谓经以明伦，虚灵玄妙之论，似精实非精也。经以致用，迂阔刻深之谈，似正实非正也。”“若元明言经者，非剿袭稗贩，则师心妄作，即幸而厕名甲部，亦徒供后人覆瓿而已，奚足尚哉！”[①]古代儒学经史一家，其中《尚书》、《春秋》也是史。西汉初期刘向、刘歆父子为《六略》经史不分，东汉以后，始有经史之分。但未闻“陋史荣经”，也就是说经与史的地位是相等的，并没有尊经抑史的现象存在。到了北宋王安石推崇《周礼》、《尚书》、《诗》这三经，作《三经新义》之后，《春秋》在诸经中的地位开始降低，甚至被贬为“断烂朝报”。至于理学诸家则用力于心性而对史不感兴趣，以为玩物丧志。史学的地位愈来愈低下，经离开了史空发议论，流于空疏，不切实际，钱氏对此忧心忡忡。他反对那种经精史粗、经正史杂的说法，以为经史同等重要，作为儒学的组成部分，孔子删述六经是经史合一的，《尚书》、《春秋》亦经亦史。乾嘉时期汉学大盛，学者大都趋于经学一途，一些学者则经史兼顾，甚至出现了由经返史的趋向，钱大昕则是有代表性的人物之一。

在经史统一、同等重要的基础上，钱大昕还提出一套治经史的方法，他说：“大约经学要在以经证经，以先秦两汉之书证经，其训诂则参之《说文》、《方言》、《释名》，而元以后无稽之言，置之不道。”[②]以经证经，以史证经，以语言文字证经，经与经互证、经与史互证，加之训诂，经中所包含的内容甚为广博，综合治经才能通经。

训诂是治经史的必要门径，它与义理是怎样的关系？他写道：“有文字而后有诂训，有诂训而后有义理。训诂者，义理之所由出，非别有

---

① 钱大昕：《廿二史札记序》，陈鸿森《钱大昕潜研堂遗文辑存》卷上，林庆彰主编《经学研究论丛》第六辑。

② 钱大昕：《与王德甫书二》，陈鸿森《钱大昕潜研堂遗文辑存》卷下。

义理出乎训诂之外者也。”[①]讲义理，但必须由训诂引出，训诂又从解读文字开始。义理建立在文字训诂基础之上，说明最终的目的还是义理，所谓：“六经者，圣人之言，因其言以求其义，则必自诂训始。”[②]他又说：“夫穷经者必通训诂，训诂明而后知义理之趣。后儒不知训诂，欲以乡壁虚造之说求义理所在，夫是以支离而失其宗。”[③]治经应从训诂开始，离开训诂考据而谈义理则是凭空杜撰的义理，以上诸条充分发挥了戴震所谓的训诂明然后义理明的主张。

他推崇汉儒是因为汉儒尊经，其治经有师承、有家法，如说：“汉儒传经，各有师承”，但汉儒“文字训诂多有互异者”，“伏、郑所传，有古今文之别，要未必郑是而伏非也”。[④] 汉儒训诂虽然不同，但不以人物论是非而要注意兼收并蓄。他又说：“近代言经术者，守一先生之言，无所可否，其失也俗；穿凿傅会，自出新意，而不衷于古，其夫也妄。”[⑤]治经反对墨守一家之言，主张兼采众家之长，也不要泥于古义而要创发新义。

治经求其是也是他治经史乃至为学的重要方法，如说：“愚以为学问乃千秋事，订讹规过，非以訾毁前人，实以嘉惠后学。但议论须平允，词气须谦和。一事之失，无妨全体之善，不可效宋儒所云一有差失，则余无足观耳。”“去其一非，成其百是，古人可作，当乐有诤友，不乐有佞臣也。且其言而诚误耶，吾虽不言，后必有言之者，虽欲掩之，恶得而掩之！所虑者，古人本不误，而吾从而误驳之，此则无损于古人，而适以成吾之妄。”[⑥]把做学问当成是有关千秋的大事，因此不可小视，其议论一定要认真，既公允又全面，对于宋儒也如此，不因其讹误

① 钱大昕：《潜研堂文集》卷二十四，《经籍籑诂序》，第 219—220 页。
② 钱大昕：《潜研堂文集》卷二十四，《臧玉林经义杂识序》，第 219 页。
③ 钱大昕：《潜研堂文集》卷二十四，《左氏传古注辑存序》，第 216 页。
④ 钱大昕：《潜研堂文集》卷五，《答问二》，第 50 页。
⑤ 钱大昕：《潜研堂文集》卷二十三，《赠邵冶南序》，第 210 页。
⑥ 钱大昕：《潜研堂文集》卷三十五，《答王西庄书》，第 342—343 页。

而全盘否定。在这里他超越汉宋畛域,以事实为评判是非的标准。也就是说不像一些汉学家那样单纯的以古为是,惟汉是好,而是以事实为是,坚持实事求是的治学原则,只有这样对待古代文献,才能无愧于古人,也不至于贻误后学。

儒家治经史在于经世,钱大昕继承这一传统,说:"儒林经济非两事","经史自可致治平"。[①] 经史不可分,经世是儒学应有之义。他提出为文的四项宗旨:"曰明道,曰经世,曰阐幽,曰正俗。"[②]这四者就是以学术正人心,达到明道经世的目的。他论体用关系指出:"夫儒者之学,在乎明体以致用,《诗》、《书》、执《礼》,皆经世之言也。《论语》二十篇,《孟子》七篇,论政者居其半。当时师弟子所讲求者,无非持身处世、辞受取与之节,而性与天道,虽大贤犹不得而闻,儒者之务实用而不尚空谈如此。"[③]治经由训诂考据而明义理,然后是通经以明其体,运用于实际是致用。诸经皆为经世之言,《论语》、《孟子》尤其重视政治,心性与天道并不是主题。其他经书也皆为经世之言,他又说:"《易》、《书》、《诗》、《礼》、《春秋》,圣人所以经纬天地者也,上之可以淑世,次之可以治身,于道无所不通,于义无所不该。而残守专己者,辄奉一先生之言以为依归,虽心知其不然,而必强为之辞。又有甚者,吐弃一切,自夸心得,笑训诂为俗儒,诃博闻为玩物,于是有不读书而号为治经者,并有不读经而号为讲学者。"[④]儒家五经皆为经纬天地之书,其中包括修身、齐家、治国、平天下的大道理,因此切不可小视,而要认真阅读。他尤其告诫不要拘泥于经生的注疏之说,如当时的一些汉学家把汉人经说置于诸经之上,但也不要因此而反对训诂与博闻。在这里,他强调的是以训诂考据通经,通经则在于致用。

他又以语言文字与政事的关系论述通经与致用不可分离,如说:

① 钱大昕:《潜研堂诗续集》卷六,《题冯巽泉太守秋缸补读图》,《潜研堂文集》,第 645 页。
② 钱大昕:《潜研堂文集》卷三十三,《与友人书》,第 327 页。
③ 钱大昕:《潜研堂文集》卷二十五,《世纬序》,第 235 页。
④ 钱大昕:《潜研堂文集》卷二十一,《抱经楼记》,第 195 页。

“夫书契之作，其用至于百官治、万民察。圣人论为政，必先正名，其效归于礼乐兴、刑罚中。张敞、杜林以识字而为汉名臣，贾文元、司马温公以辨音而为宋良相。”“公（谢启昆——引者）之于斯学，固有独见其大者。因文以载道，审音以知政，孰谓文学与经济为两事哉。”[①]儒家论政事首先要正名，这就涉及语言文字，因此必须先从文字角度弄清诸范畴本意。他还列举历史上的一些政治家都通晓语言文字，证明“文以载道，审音以知政”，文字与经世不可分的道理。

二、经世济民诸观点

钱大昕治学主张经世致用，关心君臣关系、民生、刑罚等问题，敢于对一些传统习俗发起挑战，体现其学以致用的特点。

他论君臣关系说：“古之为大臣者，公耳忘私，国耳忘家，君推诚以任下，臣尽力以报上，循乎理之所当然，而未尝求余地以为藏身之固，以故功成名遂而自益安。”[②]为臣子应大公无私，君主也要真心信任臣子，臣子才能竭诚相报，君臣坦然相处，真心相交。他又说：“古之人君于其臣也，尊之信之，礼貌以待之，故臣不挟术以干君，君亦不忍徇利而弃臣。”[③]君主尊重信任臣子并以礼相待，君臣不相挟弃。历史上不乏弑君的现象，在他看来，君如果是有道之君就不会被弑，因此“遇弑者，皆无道之君也”。孔子修《春秋》，“述王道以戒后世，俾其君为有道之君，正心修身，齐家治国，各得其所，又何乱臣贼子之有！”[④]他不是简单的反对弑君，所反对的被弑之君即是无道之君。有道之君即以正心修身齐家治国为己任，在这种条件下，不会出现弑君的乱臣贼子。

在古代君臣论政中，纳谏是一项重要的内容，他给予高度的重视，说：“治国之道如养生，然养生不能保身之无病，而务求医以药之；治国

① 钱大昕：《潜研堂文集》卷二十四，《小学考序》，第221页。
② 钱大昕：《潜研堂文集》卷二，《冯煖论》，第28页。
③ 钱大昕：《潜研堂文集》卷二，《晁错论》，第29页。
④ 钱大昕：《潜研堂文集》卷七，《答问四》，第60页。

者不能必政之无失，而务纳谏以救之。是故血气之强壮非不可恃也，而讳疾而不慎者，身虽强必夭；人民之富庶非不可恃也，而拒谏而自矜者，国虽安必亡。""有天下而保之者，必自纲谏始。"[①]以治病比喻纳谏，养生不能确保无病，有病必须积极用药治疗，为政也如此，采取积极进取的精神。这里主要指当权者要纳谏，不可讳疾忌医、拒绝纳谏，治国安天下从纳谏开始。

《大学》提出齐家治国平天下要从修身开始，他十分赞同这一主张，并指出："古之治天下国家者，未有不先治其身者也。身之不治而求治于民，所谓其所令反其所好，而民不从者也。""以一人治天下，不若使天下各自治其身，故曰与国人交，天子之视庶人，犹友朋也，忠恕之至也。天子修其身于上，庶人修其身于下，不敢尊己而卑人，不敢责人而宽己，不以己之所难者强诸人，不以己之所恶者加诸人。夫然，故施之于家，而亲爱、贱恶、畏敬、哀矜、敖惰无辟也；施之于国与天下，而上下、前后、左右无拂也。"[②]治理天下国家从自身做起，这个自身不仅包括统治者的率先垂范，也包括一般百姓的修为，如《大学》所倡导的修身、齐家、治国、平天下，这是循序渐进、由近及远的路子。修身就是反身修己，从自我做起，然后推及家人及其他人，己所不欲，勿施于人，人人如此，社会就会形成相互尊重的链条，国家由此而太平。

治国要以民为本，他说："《大学》论平天下，至于民之所好好之，民之所恶恶之，帝王之能事毕矣。然而所好之不可不慎也。民之所好者利，而上亦好之，则必至夺民之利；利聚于上而悖出之，患随之矣。"[③]原则上说统治者应以民的好恶为自己的好恶，不能夺人所好，而是关心促成其所好，这是从民出发，能站在民众的立场上考虑问题，国家就无隐患。

---

① 钱大昕：《潜研堂文集》卷二，《梁武帝论》，第 30—31 页。

② 钱大昕：《潜研堂文集》卷二，《大学论上》，第 26 页。

③ 钱大昕：《潜研堂文集》卷二，《大学论下》，第 27 页。

以民为本，关心民生，因此重视生财之道，《大学》主张生财之道，反对理财之术，他加以发挥道："言理财者，皆聚敛之小人也。小人得志，未有不媢嫉君子者；君子退而小人进，则人君之所好者在小人，所恶者必在君子；好恶拂乎人之性，而失众失国之形成矣。三代之制，取民不过什一，而国用未尝不足，用之有节故也。有小丈夫焉，惧上用之不足，而巧为聚敛之术，夺士农工贾之利而致之于君，人君乐闻其言，谓真可不加赋而足用也。由是弃仁义，违忠信，任好恶，长骄泰，而壹其心力于财用之间；民力日以竭，人心日以坏，国脉日以促，而灾害日至，以即于亡。"[①]这里把理财理解为聚敛，聚敛天下财富使天下的财产不平等，出现两极分化，造成社会阶层的对立，最终酿成社会动乱。天地之财是有限的，满足不了人们的需要，当务之急是生财。除了反对聚敛财富之外，还要开源节流，免除赋税，增加财富，而不是在财富未增加的情况下实施不合理的掠夺与分配。

《周易》讲易简之道，他以此论生财说："财者，天之所生，上与下共之者也。上不多取于下，则下不觊觎于上，上下各安其欲，而无自利之心，吏不贪残，国无奸盗，此久安长治，至易至简之道也。"[②]从理论上说财为天所生，天下人理应共同享有，彼此尊重各自的财产则相安无事，此为《周易》所说的易简之道。易简之道原指自然界的规律、法则，如"四时行，百物生，天地之易简也。无欲速，无见小利，帝王之易简也"[③]。治理社会也应遵循易简原则，如果花天酒地，聚敛天下之财为己有，那就违背自然界生养规律及社会发展公平法则。

治理国家刑罚不可或缺，钱大昕十分重视，主张："任刑之君，常至于乱国；任法之臣，常至于杀身，鞅、斯惨礉而秦速亡，萧、曹清静而汉后灭。"[④]不赞同专任刑法，刑法过于严厉会招致灭亡。他指出："准乎

① 钱大昕：《潜研堂文集》卷十七，《读大学二》，第 162—163 页。

② 钱大昕：《潜研堂文集》卷二，《大学论下》，第 27 页。

③ 钱大昕：《十驾斋养新录》卷一，《易简》，江苏古籍出版社，2000 年，第 6 页。

④ 钱大昕：《潜研堂文集》卷二，《晁错论》，第 30 页。

情,酌乎理,而断之以法,审之于用法之先,而持之于定法之后杀之,法当杀也,非有司所得而杀也;宥之,法当宥也,非天子所得而宥也。天子以三尺法付之士师,而士师即奉斯法以从事,一出一入,民之生杀系焉。法当杀而故出之,是之谓纵;法当宥而故入之,是之谓滥。天子之不可以纵奸,而士师之不可以滥杀也。”[①]不反对用法,但要“准乎情,酌乎理”,慎重施法。杀罚与宽免都要以法行事,不依法行事就会出现纵奸或滥杀的现象,这是倡导法治而非人治。传统政治主要是人治,人治则没有客观的标准,有很大的随意性,主观臆断等起作用。法治则不同,法虽然是由人制定,但一经制定就有一个公认的标准而不依主观意志为转移,对避免徇私枉法有积极意义。

在论刑罚中,他提及恩,指出:“夫恩出自上,非大公之治也。帝王之治天下,如天地然:春温秋肃,造物不居其功;赏庆刑威,朝廷不矜其断;惟无私而已矣。人有罪而杀之,可矜而宥之,皋陶之仁,即尧之仁也。士师得其职,而天下无冤民,天子之仁,孰大于是!顾沾沾焉侵有司之权,活数人之命,以市恩于天下,曾谓尧之圣而为之哉?欲恩之出于己,而委怨于有司,是上贼下也。计恩之必出于上,而锻炼周内以入人之罪,四海之大,其丽于法者多矣,天子虽甚圣神,安得人人而平反之?是下贼上也。上下之间,以术相欺,刑罚之不中,必自此始矣。”[②]统治者治天下,顺其自然,功成而不自居。有罪则杀之,可矜则宽免,这就是仁。人尽其财,天下无冤民,这是天子之仁。反对无原则的施恩于天人,这里的恩有人情之味,无原则的恩会产生相互欺骗,影响上下关系,可能会导致枉法,刑罚不适中。而且恩也是有限的,不能推及所有人,尤其是不能代替法。他反对施恩实质上是强调法制的重要性。

他分析尊亲与是非的关系说:“尊亲者,一人之私也;是非者,天下

① 钱大昕:《潜研堂文集》卷二,《皋陶论》,第27页。

② 钱大昕:《潜研堂文集》卷二,第28页。

之公也。祖父有恶,子孙不忍言之,而不能是之。宋人云天下无不是之父母,斯言也,施于家则可,施于国与天下则不可。”[①]尊亲属于血缘,因此是一人之私,而是非属于对所有人,因此所追求的是天下的公正。尊亲与是非不能相互混淆,治国平天下应超越尊亲之私,以是非来做判断,这才是天下之公。

传统的陋习是妇人从一而终,这一观念在清代中期有愈演愈烈的趋势,袁枚、汪中等人都给予批判,倡导妇女从这一习俗中解放出来,钱大昕也唱为同调之鸣,鞭挞这一旧习俗,敢于对传统陋习发起挑战。他说:“女子之义,从一而终,女而未嫁,圣人固不以从一之义责之也。”[②]言外之意圣人并不反对改嫁。沈圭说:“妇人以不嫁为节,不若嫁之以全其节。”钱氏则评曰:“虽为下等人说,然却是救时名论。”[③]把妇人改嫁是全其名节称之为“救时名论”,已完全表明自己的观点。

他还从理论角度说明改嫁的合理性,如写道:“然则圣人于女子抑之不已甚乎!”“父子、兄弟以天合者也。夫妇,以人合者也。以天合之,无所逃于天地之间,而以人合者,可制以去就之义。”“妻之于夫,其初固路人也,以室家之恩联之,以情易亲。”“夫妇之义,非徒以全丈夫,亦所以保匹妇。后世闾里之妇,失爱于舅姑,谗间于叔妹,抑郁而死者有之;或其夫淫酗凶悍,宠溺嬖媵,凌迫而死者有之。准之古礼,固有可去之义,亦何必束缚之,禁锢之,置之必死之地以为快乎!先儒戒寡妇之再嫁,以为饿死事小,失节事大。予谓全一女子之名其事小,得罪于父母兄弟其事大。故父母兄弟不可乖,而妻则可去。去而更嫁,不谓之失节。使其过不在妇欤”,“出而嫁于乡里,犹不失为善妇,不必强而留之,使夫妇之道苦也。”[④]夫死妻可去,其根据是父子兄弟是亲骨肉,有血缘关系,夫妇之间没有血缘关系,夫妇是因婚姻而结成的,否

① 钱大昕:《潜研堂文集》卷十七,《原孝下》,第160页。
② 钱大昕:《潜研堂文集》卷四十,《夏烈女传》,第395页。
③ 钱大昕:《十驾斋养新录》卷十八,《沈圭说》,第389页。
④ 钱大昕:《潜研堂文集》卷八,《答问五》,第72页。

则只是男人和女人,形同路人。另外,夫妇之间也应相互平等,他对于妇在夫家地位深表同情。妇在婆家受尽公婆姑叔等欺压,也受到夫及妾的压迫,致死者不在少数,如果夫死妇再嫁则谓失节,这一些都是由于拘束于古礼所致。他主张妻可去可再嫁,这是对传统婚姻习俗的挑战。

古礼有"七出"之说,他对此有以下评论:"自七出之法不行,而牝鸡之晨日炽。夫之制于妇者,隐忍而不能去,甚至于破家绝嗣。而有司之断斯狱者,犹欲合之。知女之不可事二夫,而不知失妇道者,虽事一夫,未可以言烈也;知臣之不可事二君,而不知失臣节者,虽事一君,未可以言忠也。此未喻先王制之意也。"[①]"七出"即古代社会丈夫遗弃妻子的七种借口:一无子,二淫佚,三不事舅姑,四口舌,五盗窃,六妒忌,七恶疾。七出之法不行后,母鸡报晓喻指女性掌权,夫也倍受痛苦,甚至破家绝嗣,如果使其勉强相合对夫妻双方都有伤害。他的意思是说如果夫妻关系不好,从一而终不仅对妇而且对夫也是不公平的,妇道失和对夫妇双方都是痛苦的。因此在夫妻关系破裂的情况之下应再嫁。

三、批评佛教

钱大昕不仅淹通经史子集四部之学,而且也通晓佛老,其子称他"于四部书无不浏览,性强记。经史半能背诵,与人言某书某卷,俱了如指掌。及检查,十无爽一者。旁及卜筮禄命之术,亦能研究入微。惟不喜二氏学,不持斋,不诵经谶"。[②] 他虽然懂得佛老之学,但不喜欢佛老,不做任何佛道活动,批佛老是因为"二氏之教,其宗旨与吾儒异"。[③] 他说:"谓训诂之外别有义理,如桑门以不立文字为最上乘者,

---

① 钱大昕:《潜研堂文集》卷八,《答问五》,第 72 页。

② 钱东壁、钱东塾:《钱竹汀先生行述》,《嘉定钱大昕全集》第一卷,第 16—17 页,江苏古籍出版社,1997 年。

③ 钱大昕:《潜研堂文集》卷二十,《重建集仙宫玉皇殿记》,第 184 页。

非吾儒之学也。”[①]桑门即沙门，指佛家，尤其是中国人所创的禅宗“不立文字”，钱氏以此比喻为脱离训诂之外的义理，这种义理类似于佛教禅宗的心灵体悟，已经不是儒家。他反对奉佛为天人师及护法的主张，以为其荒诞无稽：“释氏奉佛为天人师，而诸天乃在护法之列，其言诞而难信。”[②]

佛家认为世界众生莫不辗转生死于六道之中，如车轮旋转一样，只有成佛之人始能免受轮回之苦。他反对轮回指出：“释氏后入中国，乃谬悠其词，以为形有去来，神无生灭，不受吾法，即堕轮回之苦。”“夫生死者，人之常，犹草木之春荣秋落也。形神合而有身，若色香合而为花，未闻花落而香留，安得身亡而神存在？”[③]佛教鼓吹人的形体毁灭，其精神不灭，而且还有轮回。其实不然，生死是人之常情，属于自然过程。人的形神是统一的，不可能身亡神存，在形神关系上坚持王充、范缜的神灭论。对于鬼，他认为：“夫鬼之为言归也，骨肉归复于土，如人之归室。”[④]以归解释鬼，人死归于土，并没有超自然的鬼，轮回也就不存在。

轮回之说违背人伦，他写道：“夫天地之生人与生物同，而人独灵于万物者，以其有人伦也。五伦以孝为先，人无愚不肖，未有不爱其父母者，以其身为父母之身也，故终其身而不敢忘父母。自有轮回之说，而有今生之身，有前生之身，又有前乎前生之身，推之至于无可穷，皆即我之身，即各有父母。身死之后，又有来生之身，又有后乎来生之身，亦推之至于无可穷，亦即我之身，而又各有父母。于是乎视父母如路人，不以为恩而转以为累。必出家学佛，而后可免于轮回之苦，此其惑人，计甚狡而言甚巧矣。而人之习其教者，昧其可孝、可弟之心，甘

---

① 钱大昕：《潜研堂文集》卷二十四，《臧玉林经义杂识序》，第219页。
② 钱大昕：《潜研堂文集》卷二十，《重建集仙宫玉皇殿记》，第184页。
③ 钱大昕：《潜研堂文集》卷二，《轮回论》，第34页。
④ 钱大昕：《潜研堂文集》卷二十五，《毛稼轩地理书序》，第237页。

为不孝、不弟之事，靡然从之，千有余年而不悟，可不为哀乎！”[1]人与万物有相同的一面，即皆为天地所生，但也有不同，那就是人有人伦道德使其超拔于万物之上，人类诸德又以孝为先，孝指孝顺父母，自己的身体源于父母。轮回说则大谈有今生、前生、再前生等之身，一个我有多条身，以此类推有多个父母，而且对其孝敬的程度也在递减，为了避免轮回中减损孝敬最后出家学佛，违背了正常的人伦道德。

人生活在现实中，因此他倡导现实的人生，说：“人生天地间，只有见在之身，夭寿不贰，修身以俟之。身存则道存，身没则名存，名存道亦存也。前生后生，于吾何与，安有轮回之患哉！本无轮回而辄自恐怖，是为妄想。以轮回恐怖人，是为妄言。蔑伦之人，天所不祐，忘亲而求免堕落，乃真堕落也，虽日谈心性奚益！”[2]重视今生今世，修身存道，佛教讲的所谓前生后生与人现实今生无关，轮回之说是自陷于恐惧之中，实为主观妄想。灭裂人伦道德之人天不会保佑，如此谈心论性无益，这是对佛教脱离社会现实追求虚幻人生的批判。

《周易》有“积善之家，必有馀庆；积不善之家，必有馀殃”一段，他认为这说的是“祸福皆人所召而作，不善者祸及其身，甚则及其子孙。感应之理，昭然可信也”。而现在却说：“前生作恶，今生受苦，是张甲之恶，移祸于李乙之家，颠至孰甚焉！此非导人为善，乃劝人为恶耳。”[3]他相信《周易·坤卦·文言传》所说的积善积不善所产生相应后果之说，以为这是感应之理，因为它们之间存在着因果联系，或者说是儒家的果报之说。但反对把所谓的前生与今生联系起来，因为它们之间没有感应之理，不存在因果关系，进一步讲，根本就不存在着前生与今生之分。

钱大昕考察佛教传入中国及其演变的过程，指出：“后汉明帝时佛法始入中国，然中国人无习之者。晋南渡后，释氏始盛。宋文、梁武之

---

① 钱大昕：《潜研堂文集》卷二，《轮回论》，第34页。

②③ 钱大昕：《潜研堂文集》卷二，《轮回论》，第35页。

世，缁流有蒙宠幸者，然沈约、姚思廉之史不为此辈立传。至《晋书·艺术传》乃有佛图澄、僧涉、鸠摩罗什、昙霍四人，皆在僭伪之朝，与晋无涉，而采其诞妄之迹阑入正史，唐初史臣可谓无识之甚矣。”[①]佛教在汉明帝时虽然传入中国，但在当时并未产生多大影响，直到晋南北朝以后才渐渐地传播开来，此时正值五胡乱华，非汉族一统，官方正史辟传，始有关于佛的记载。言外之意是说佛教并同乱世传衍发展，社会稳定、天下太平之际是不会产生佛教的。

他发挥宋儒黄榦、明儒冯琦的观点，说：“近世求道而过者，病传注诵习之烦。以为不立文字，可以识心见性；不假修为，可以造道入德。守虚灵之识，而昧天理之真；借儒者之言，以文佛、老之说。学者利其简便，诋訾圣贤，捐弃经典，猖狂叫呼，侧僻固陋，自以为悟。道术之分久矣。自西晋以来，于吾道之外，别有二氏。自南宋以来，于吾道之中，自分两岐。又其后则取释氏之精蕴，而阴附于吾道之内。又其后则尊释氏之名法，而显出于吾道之外。”[②]儒家本来重视经文诵读，因为道在经中，重视道德修身诸工夫。后世儒家由于受禅宗影响，不读书穷理甚至不立文字，也不通过工夫修身养性，而妄想通过体悟直指所谓的道德本体。他断言佛教在西晋以后开始侵袭儒家，南宋以后，理学进一步分化，心学大盛，杂糅佛教，不仅阳儒阴释，甚至直接倡言佛教，道术分裂愈演愈烈，这是佛教发展的重要原因。

理学家谈性与天道受佛教影响，儒家经典也谈天道，但所言天道皆从吉凶祸福角度立论，钱大昕举经书加以证明：“《易》天道亏盈而益谦；《春秋传》天道多在西北，天道远，人道迩，吾非瞽史，焉知天道，灶焉知天道；《古文尚书》满招损，谦受益，时乃天道，天道福善祸淫；《史记》天道无亲，常与善人；皆此道也。郑康成注《论语》云：天道七政，变通之占，与《易》、《春秋》义正同。《孟子》云圣人之于天道也，亦谓吉凶

① 钱大昕：《十驾斋养新录》卷六，《沙门人艺术传始于晋书》，第132—133页。

② 钱大昕：《十驾斋养新录》卷十八，《引儒人释》，第387页。

阴阳之道，圣人有所不知，故曰命也。否则，性与天道，又何别焉？一说性与天道，犹言性与天合也，《后汉书·冯异传》：臣伏自思惟，以诏敕战攻，每辄如意；时以私心断决，未尝不有悔。国家独见之明，久而益远，乃知性与天道，不可得而闻也。《管辂别传》：苟非性与天道，何由背爻象而任胸心。《晋书·纪瞻传》：陛下性与天道，犹复役机神于史籍。（《唐书》孙伏伽、长孙无忌传俱有性与天道之语）此亦汉儒相承之说，而何平叔俱不取。"[①]经书言天道并非如后来理学所讲的形而上或称之为本体的东西，而天地自然变化的样式，或者说某种必然性，也没有与心性联系起来，以及所谓的性与天道合一。也就是说原始儒家更重视天人相分，它们各有自己的运行法则，把天人联系在一起，准确地说性与天道并提，属于汉以来后儒家所为，但没有像理学那样认为二者相互贯通，有着密切的联系。他举以上诸经史传实例证明这一点，即使是谈性与天道也没有得到所有汉儒的认同。理学诸家谈性与天道合一的理论根据（妄指经书）显然不足。

钱大昕经史之学得到当时众多儒家的好评，试举几例：戴震称："当代学者，吾以晓征为第二人。"[②]戴震虽然以第一人自许，但对钱大昕给予充分的肯定。凌廷堪说："学术自亭林、潜邱以来，士渐以通经复古为事，著书传业者不下十余家。求其体大思精，识高学粹，集通儒之成，祛俗儒之弊，直绍两汉者，惟阁下一人而已。"[③]阮元的评价最全面，他在为钱大昕《十驾斋养新录》作序时写道："国初以来，诸儒或言道德，或言经术，或言史学，或言天学，或言地理，或言文字音韵，或言金石诗文，专精者固多，兼擅者尚少，惟嘉定钱辛楣先生能兼其成。由今言之，盖有九难。先生讲学上书房，归里甚早，人伦师表，履蹈粹然，此人所难能一也。先生深于道德性情之理，持论必执其中，实事必求

① 钱大昕：《潜研堂文集》卷九，《答问六》，第78页。

② 江藩：《汉学师承记》卷三，《钱大昕》，第50页。

③ 凌廷堪：《校礼堂文集》卷二十四，《复钱晓征先生书》，第220页。

其是，此人所难能二也。先生潜研经学，传注疏义，无不洞彻原委，此人所难能三也。先生于正史杂史，无不讨寻，订千年未正之讹，此人所难能四也。先生精通天算，三统上下，无不推而明之，此人所难能五也。先生校正地志，于天下古今沿革分合，无不考而明之，此人所难能六也。先生于六书音韵，观其会通，得古人声音文字之本，此人所难能七也。先生于金石，无不编录，于官制史事，考核尤精，此人所难能八也。先生诗古文词，及其早岁，久已主盟坛坫，冠冕馆阁，此人所难能九也。合此九难，求之百载，归于嘉定，孰不云然！"[①]以上从九个方面指明钱大昕博通，列出其做人以及为学诸方面的贡献，寻此可知钱大昕为一代通儒。

钱大昕一生主讲多所书院，交往甚广，弟子众多，限于篇幅，恕不赘述。

第二节　章学诚的"六经皆史"说

章学诚(1738—1801)，字实斋，号少岩，浙江会稽(今绍兴)人。自幼喜史部之学，"纵览群书，于经训未见领会，而史部之书，乍接于目，便似夙所攻习者"[②]。早年师从朱筠，多次应试，不售，"自以迂疏，不敢入仕"[③]。作幕朱筠等士宦之家时，与戴震、钱大昕、邵晋涵、洪亮吉等交往，其中与邵晋涵过甚，而与戴震论学多有不合。章氏为学先主以文辞，后擅长文史，以史学名家，晚年以著述为主。他的主要著作有《文史通义》、《校雠通义》等，所著收入《章氏遗书》中。

章学诚的儒学特色是打通经史，注重治学方法论的探讨，展开学

① 阮元：《十驾斋养新录序》，《十驾斋养新录》卷首，江苏古籍出版社，2000 年，第 1 页。

② 章学诚：《文史通义新编》卷外篇三，《家书六》，上海古籍出版社，1993 年，第 694 页。

③ 章学诚：《章氏遗书》卷十七，《文集·柯先生传》，嘉业堂刊本，第 37 页。

术批评,尤其是提出六经皆史、由经返史、经世致用等主张,在这一点上比钱大昕有过之而无不及,体现其治学别出的特点。他的儒学思想善于从史学角度立论,尤其在历史观领域颇有建树,他的历史编纂学和方志学的研究也为后人所称道并继承。

一、治学方法

与清代中期其他儒家相比,章学诚更重视治学方法,在所著篇章中不乏卓见,对反思与改变当时的学风不无裨益。

古代教育以记诵开始,他论记诵说:"学问之始,未能记诵,博涉既深,将超记诵。故记诵者,学问之舟车也。人有所适也,必资乎舟车;至其地,则舍舟车矣。一步不行者,则亦不用舟车矣。不用舟车之人,乃托舍舟车者为同调焉。故君子恶夫似之而非者也。"[①]学问始于记诵,记诵是治学的前提条件,如同人们外出必须依赖于舟车一样,记诵对为学不可或缺,古代教育本身就说明了这一点。诵读也即记诵,他引孔子及弟子的对话讨论诵读与学的关系,说:"故以诵读为学者,推教者之所及而言之,非谓此外无学也。子路曰:有民人焉,有社稷焉,何必读书,然后为学?夫子斥以为佞者,盖以子羔为宰,不若是说,非谓学必专于诵读也;专于诵读而言学,世儒之陋也。"[②]诵读是学问的基础,但学问不仅限于诵读,言外之意是说博学的来源也包括实践,如果仅仅以诵读为学,那只不过是陋儒。

学问离不开功力,他讨论两者关系,说:"功力之与学问,实相似而不同。记诵名数,搜剔遗逸,排纂门类,考订异同,途辙多端,实皆学者求知所用之功力尔!即于数者之中,能得其所以然,因而上阐古人精微,下启后人津逮,其中隐微可独喻,而难为他人言,乃学问也。""学问中之功力,万变不同,《尔雅》注虫鱼,固可求学问,读书观大意,亦未始

① 章学诚:《文史通义校注》卷三内篇三,《辨似》,中华书局,1985年,第339页。
② 章学诚:《文史通义校注》卷二内篇二,《原学》上,第147—148页。

不可求学问，但要中有自得之实耳。中有自得之实，则从入之途，或疏或密，皆可入门。圣门如颜、曾、赐、商，未能一辙。而今之误执功力为学问者，但趋风气，本无心得，直谓舍彼区区掇拾，即无所谓学，亦夏虫之见矣。”[①]功力指为学的诸工夫或所使用的方法，学问则应由诸种工夫或方法入手，然后知晓“其所以然”即认识原因、微言大义，由此而上知古人之用心，下启后学之津梁。在这里，功力属于手段，而学问才是目的。一些汉学家治学只重功力，不把功力当成手段或工具，而往往把功力当成目的，混淆功力与学问之间的差别。章学诚对此种学风深表不满并给予批评，试图矫挽。

他又讨论考据与义理的关系，指出名物度数十分重要，如说：“考索之家，亦不易易，大而《礼》辨郊社，细若《雅》注虫鱼，是亦专门之业，不可忽也。阮氏《车考》，足下以谓仅究一车之用，是又不然。治经而不究于名物度数，则义理腾空而经术因以卤莽，所系非浅鲜也。”[②]考据作为专门之学对于做学问来说至关重要，不能忽视。与考据相关的名物度数也是通经的重要手段，离开名物度数，义理则会流于空疏，如此治经则是武断、鲁莽。他以道器范畴说明训诂考据与义理之间的关系，认为，宋儒“以谓是(训诂名物)皆溺于器而不知道也。夫溺于器而不知道者，亦即器而示之以道，斯可矣。而其弊也，则欲使人舍器而言道。夫子教人博学于文，而宋儒则曰：玩物而丧志”[③]。训诂名物是器，义理是道，宋儒反对拘泥于训诂而不求义理，是溺于器而不知道。舍器而言道即离开训诂名物言义理只能是空谈，与孔子教人博学于文之义相佐，专于训诂名物则是玩物丧志。

他以有据无形再论实物和义理的关系，说：“声色臭味，天下之耳目口鼻皆相似也。心之所同然者，理也，义也。然天下歧趋，皆由争理

---

① 章学诚：《文史通义新编》外篇三，《又与正甫论文》，第 678—679 页。
② 章学诚：《文史通义新编》外篇三，《答沈枫墀论学》，第 584 页。
③ 章学诚：《文史通义校注》卷二内篇二《原道》下，第 140 页。

义,而是非之心,亦从而易焉。岂心之同然,不如耳目口鼻哉?声音臭味有据而理义无形。有据则庸愚皆知率循,无形则贤智不免于自用也。""治自用之弊,莫如以有据之学,实其无形之理义,而后趋不入于歧途也。"①人都有感觉器官,感觉皆相似,心之所同然者称之为理义或义理。但义理因为与是非之心有关,所以容易引起争论,不如从有据的对象即有形之事物及其现象出发,靠证据说话。义理是无形的,属于人们观念的东西,有据之学是建立在实物基础之上的,因此治学必须两者兼顾,"以有据之学,实其无形之理义",也即由考据引出义理此乃为学的正道。他谈及文辞与理说:"夫言所以明理,而文辞则所以载之之器也。虚车徒饰,而主者无间,故溺于文辞者,不足与言文也。""盖文固所以载理,文不备,则理不明也。且文亦自有其理,妍媸好丑,人见之者,不约而有同然之情,又不关于所载之理者,即文之理也。故文之至者,文辞非其所重尔,非无文辞也。"②语言在于明理,但离不开文辞,文辞是明理的手段,脱离明理文辞只是虚文辞,无实际意义。同样理也不离文辞,因为文章载理,文辞不完备理也不会昭明,文辞与理密不可分。

既然考据、文辞、义理三者并重,那么论学主张博通,于此他写道:"学问之途,有流有别,尚考证者薄词章,索义理者略征实,随其性之所近,而各标独得,则服、郑训诂,韩、欧文章,程、朱语录,固已角鼎峙,而不能相下。必欲各分门户,交相讥议,则义理入于虚无,考证徒为糟粕,文章只为玩物,汉、唐以来,楚失齐得,至今嚣嚣,有未易临决者。惟自通人论之则不然,考证即以实此义理,而文章乃所以达之之具。事非有异,何为纷然。"③承认治学有多种角度,如有尚考证的,有尚词章的,有尚义理的,但不能彼此相互轻视甚至贬低,导致学术间的门户

---

① 章学诚:《文史通义校注》卷四内篇四,《砭异》,第449页。

② 章学诚:《文史通义校注》卷三内篇三,《辨以》,第340页。

③ 章学诚:《文史通义新编》外篇三,《与族孙汝楠论学书》,第672页。

之争，而应把考证、词章、义理三者统一起来，强调要做通人，通人能兼顾三者，他自已为学践履以上所言。他论通古今之变说："所以通古今之变，而成一家之言者，必有详人之所略，异人之所同，重人之所轻，而忽人之所谨，绳墨之所不可得而拘，类例之所不可得而泥。"[①]通人必须通古今之变，做到这一点要懂得为学的详略异同轻重谨忽，既不墨守也不拘泥，也就是说要创发新义。

在章学诚看来，论学的归宿是明道，考据、词辞、义理三者统一皆以追求道为目的。戴震曾把训诂、音韵、天象、地理比做抬轿者，把明道比喻为乘轿的大人，有把训诂明义理明绝对化之嫌，训诂似乎成了唯一认知义理的出路。章学诚借此论道："言虽不为无因，毕竟有伤雅道，然犹激于世无真知己者，固不免于已甚耳，尚未害于义也。其自尊所业，以谓学者不究于此，无由闻道。不知训诂名物，亦一端耳。古人学于文辞，求于义理，不由其说，如韩、欧、程、张诸儒，竟不许以闻道，则亦过矣。"[②]训诂名物等只是为学一端，其文辞同样可以求义理，它们都是为闻道服务的。

他还分别从理事与道、学与道、文史与道角度探讨考据、辞章、义理与明道的关系，突显明道作为治学的最高目的。论理事与道的关系说："《易》曰：神以知来，智以藏往。知来，阳也。藏往，阴也。一阴一阳，道也。文章之用，或以述事，或以明理。事溯已往，阴也。理阐方来，阳也。其至焉者，则述事而理以昭焉，言理而事以范焉，则主适不偏，而文乃衷于道矣"。[③] 文章在于述事明理，理事的关系是"述事而理以昭"，"言理而事以范"，述事理得以昭明，言理事得以规范，理事互动，文章就符合于道。论学与道的关系说："义理必须探索，名数必须考订，文辞必须娴习，皆学也，皆求道之资，而非可执一端谓尽道也。

① 章学诚：《文史通义校注》卷五内篇五，《答客问上》，第 470 页。
② 章学诚：《文史通义校注》卷三内篇三，《书朱陆篇后》，第 275 页。
③ 章学诚：《文史通义校注》卷二内篇二，《原道》下，第 139 页。

君子学以致其道,亦从事于三者,皆无所忽而已矣。”[①]名物、度数、文辞、义理各有特点,但不可偏废,作为治学的方法,它们都是探索大道的手段,学以求道为目的,道是为学的宗旨。论道与文史的关系说:“余仅能议文史耳,非知道者也。然议文史,而自拒文史于道外,则文史亦不成其为文史矣。因推原道术,为书得十三篇,以为文史缘起,亦见儒之流于文史,儒者自误以谓有道在文史外耳。”[②]文史不能离开道,道存在于文史之中,但文史不等于道,道要高于文史,因此自谦说“余仅能议文史”而“非知道”。作《文史通义》皆在推原道术,以通晓大道为最终目的。

他又说:“世儒之患,起于学而不思”,“学博者长于考索,岂非道中之实积,而骛于博者,终身敝精劳神以徇之,不思博之何所取也?才雄者健于属文,岂非道体之发挥?而擅于文者,终身苦心焦思以之,不思文之何所用也?言义理者似能思矣,而不知义理虚悬而无薄,则义理亦无当于道矣”。[③] 指出儒家所患在于学而不思,如博学的人长于考据,才华横溢的人重于文辞,负有思想的人易于悬虚,考据、文辞、义理各有所偏,这三者应结合起来,运用思维善于思考,以求道为指归。当时主张考据、文辞、义理统一的不乏其人,如戴震、翁方纲、姚鼐等,但他们都没有论及道在这三者中的地位,章学诚标出道,以识道为治学归宿,这是他与众不同的地方。

与一些汉学家尊汉、以汉儒是非为是非不同,章学诚论学倡导求其是,他说:“古人于学求其是。未尝求异于人也。”“夫子曰:俭,吾从众。泰也,虽违众,吾从下。圣人方且求同于人也。有时而异于众,圣人之不得已也。天下有公是,成于众人之不知其然而然也,圣人莫能异也。贤智之士,深求其故,而信其能。庸愚未尝有知,而亦安于然。

---

① 章学诚:《文史通义新编》外篇三,《与朱少白论文》,第 640 页。

② 章学诚:《章氏遗书》卷二十九,《外集》二,《姑孰夏课甲编小引》,第 27 页。

③ 章学诚:《文史通义校注》卷二内篇二,《原学》下,第 154 页。

而负其才者,耻与庸愚同其然也,则故矫其说以谓不然。"[①]为学不在标新立异而在于求其是,这里所讲的是不是个别人的是,而是天下的公是,也就是说天下人一般的是非标准,为了求是也可能相异于多数人,但也是值得的。他讲的是类似于真,可以引申为追求真理。

他告诫学者治学要有识,说:"学问文章,聪明才辩,不足以持世,所以持世者,存乎识也。所贵乎识者,非特能持风尚之偏而已也,知其所偏之中,亦有不得而废者焉。"[②]这里的识指见识,学问文章等属于知,偏于知识的积累,识与思相联,通过思考、研究,体语达于道就是识,有了识则可持世。他继承发扬传统治学方法说:"郑樵有史识而未有史学;曾巩具史学而不具史法;刘知几得史法而不得史意,此予《文史通义》所为作也。"[③]史识和史意不完全属于知识,需要研究者的智慧、运思等来完成,所作《文史通义》体现了史识、史学、史法、史意诸方法的统一。

二、对汉学宋学的评论

章学诚所处的时代汉学中天,宋学式微,汉学家们以批判宋学为己任,其矛盾所向直指朱熹,也涉及朱陆异同问题。他作为史家对此做出评论。

他也意识到宋儒的缺陷,说:"宋儒之学,自是三代以后讲求诚正治平正路,第其流弊,则于学问、文章、经济、事功之外,别见有所谓道耳。以道名学而外轻经济事功,内轻学问文章,则守陋自是,枵腹空谈性天,无怪通儒耻言宋学矣。"[④]宋学功在讲求正心诚意治国平天下,其不足在于后起的理学在学问文章和经济事功之外独标道学,以道名学脱离经世致用,流于空谈性与天道的虚学。他又说:"君子学以持世,

---

① 章学诚:《文史通义校注》卷四内篇四,《砭异》,第449页。
② 章学诚:《文史通义校注》卷四内篇四,《说林》,第355页。
③ 章学诚:《文史通义新编》外编四,《和州志·志隅自叙》,第750页。
④ 章学诚:《文史通义新编》外篇三,《家书五》,第693页。

不宜以风气为重轻;宋学流弊,诚如前人所讥,今日之患,又坐宋学太不讲也。"①宋学短处在于忽视经济事功而流于空谈,基于宋学的这一弊端,乾嘉时期的儒家则不讲宋学而趋于考证一途,章氏对此不满,他在批评宋学的同时也批评当时的汉学。

对于后世朱陆之间的门户之争,他表示反对,说:"宋儒有朱、陆,千古不可合之同异,亦千古不可无之同异也。末流无识,争相诟詈","故为陆氏之学者,攻朱氏之近于支离;谓陆氏之偏于尊德性,故为朱氏之学者,攻陆氏之流于虚无;各以所畸重者,争其门户。是亦人情之常也。但既自承朱氏之授受,而攻陆、王,必且博学多闻,通经服古","今攻陆王之学者,不出博洽之儒,而出荒俚无稽之学究,则其所攻,与其所业相反也"。② 学术之间存在着异同是正常的,这正体现《周易》所讲的殊途同归,对学术的发展有益。朱陆异同也如此,而朱陆的弟子及后学相互攻击,指责对方学术的片面性,演成门户之争,甚至贯穿于理学发展的始终,这对儒学的发展极为不利。他又说:"朱陆异同,干戈门户,千古桎梏之府,亦千古荆棘之林也。究其所以纷纶,则惟腾空言而不切于人事耳。知史学之本于《春秋》,知《春秋》之将以经世,则知性命无可空言,而讲学者必有事事,不特无门户可持,亦且无以持门户矣。"③朱陆后学陷于门户之争是囿于纯学术圈子而不能自拔,儒学本包含史学,史学更重要的是经世,如《春秋》主张经世,关心人事,应跳出学术圈子放眼社会现实,争取解决一些社会问题,就不会有门户之见。

如果在朱熹与陆九渊学术之间做选择,他更赞同朱熹,认为今人反对朱子,并不了解朱子之学,朱子"求一贯于多学而识,寓约礼于博文,其事繁而密,其功实而难"。其后学"皆服古通经,学求其是,而非

---

① 章学诚:《文史通义新编》外篇三,《家书五》,第 693 页。
② 章学诚:《文史通义校注》卷三内篇三,《朱陆》,第 262 页。
③ 章学诚:《文史通义校注》卷五内篇五,《浙东学术》,第 524 页。

专己守残,空言性命之流也”。而当时汉学诸家“因闻宁人、百诗之风,上溯古今作述,有以心知其意,此则通经服古之绪,又嗣其音矣。无如其人慧过于识而所荡乎志,反为朱子诟病焉,则亦忘其所自矣。”[①]乾嘉汉学诸家推尊顾炎武、阎若璩等实证之风,不知此务实学风绍发于朱熹,也就是说从学理而言,汉学诸家之学实际上源于朱熹却又反对朱熹,在章氏看来,汉学家的做法真可谓数典忘祖,饮水不思其源。

浙东学术是章学诚考察的重点,曾辟专篇来讨论。

关于浙东学术的渊源流变,他写道:“浙东之学,虽出婺源,然自三袁(袁燮、袁肃、袁甫——引者)之流,多宗江西陆氏,而通经服古,绝不空言德性,故不悖于朱子之教。至阳明王子,揭孟子之良知,复与朱子抵牾。蕺山刘氏,本良知而发明慎独,与朱子不合,亦不相诋也。黎洲黄氏,出蕺山刘氏之门,而开万氏弟兄经史之学,以至全氏祖望辈,尚存其意,宗陆而不悖于朱者也。”[②]浙东学派虽然源自朱熹,但更多的是推尊陆九渊,尤其是袁燮、袁肃、袁甫受陆学的影响。明代王守仁发展陆九渊之学,与朱熹相矛盾,晚明刘宗周发明王守仁,与朱熹不合,但并不反对朱子而是调和朱陆。入清以后,黄宗羲上承刘宗周,下开万斯大、万斯同兄弟之学,演至于全祖望等,虽然尊陆九渊、王守仁,但不悖朱子。只有毛奇龄攻击朱熹不遗余力,显然有些过分。在这里,他尤其是强调黄宗羲的历史地位:“世推顾亭林氏为开国儒宗,然自是浙西之学。不知同时有黄梨洲氏,出于浙东,虽与顾氏并峙,而上宗王、刘,下开二万,较之顾氏,源远而流长矣。”[③]对于汉学家仅推尊顾炎武为清代儒学开山之祖提出疑义,以为与顾炎武同时的黄宗羲上宗王守仁、刘宗周,下开万氏兄弟,同样是清代儒学的鼻祖。

他还指出浙东学术的如下特色:第一,学术有宗旨,但不可争门户:“顾氏宗朱,而黄氏宗陆。盖非讲学专家,各持门户之见者,故互相

---

①　章学诚:《文史通义校注》卷三内篇三,《朱陆》,第 264 页。

②③　章学诚:《文史通义校注》卷五内篇五,《浙东学术》,第 523 页。

推服,而不相非诋。学者不可无宗主,而必不可有门户;故浙东、浙西,道并行而不悖也。浙东贵专家,浙西尚博雅,各因其习而习也。”[①]与浙西之学宗朱熹,尚博雅有所不同,浙东学术的宗旨是尊陆王,尚专门之学。他又说:“浙东之学,虽源流不异,而所遇不同。”“授受虽出于一,而面目迥殊,以其各有事事故也。彼不事所事,而但空言德性,空言问学”,“不得不殊门户,以为自见地。故惟陋儒则争门户也”。[②] 如以上所说浙东学术源流不同,授受也不一,但不争门户的这一特点为章学诚所喜,因此极为推崇。在他看来,争门户属于陋儒,真正的儒家是不争门户的,但又是有宗旨的,正是由于这一点才反映儒学流派的多样性,这里强调了儒学的兼融性。

第二,论性命必究心于史学:“天人性命之学,不可以空言讲也。”“儒者欲尊德性,而空言义理以为功,此宋学之所以见讥于大雅也。”“故善言天人性命,未有不切于人事者。三代学术,知有史而不知有经,切人事也。后人贵经术,以其即三代之史耳。近儒谈经,似于人事之外,别有所谓义理矣。浙东之学言性命者必究于史,此其所以卓也。”[③]讲经学、谈心性、尊德性是必要的,但必须与史学、人事、道问学联系起来。与顾炎武所谓的经学即理学、绾理学于经学之中最大的不同,浙东学术是把经学与史学打并归一,谈性命之学必须究心于史学,以史学贯通理学尤其是心学这正是黄宗羲所竭力主张倡导的。

评论戴震儒学是章学诚学术批评的另一个重点,其原因是戴震在当时儒林影响巨大,且与他曾有过交往,但论学往往不合,他通过评论戴震反映其对汉学的态度。

他认为,戴震的错误在于“诋宋儒之躬行实践,而置己身于功过之外,至于校正宋儒之讹误可也,并一切抹杀,横肆诋诃,至今休、歙之

---

① 章学诚:《文史通义校注》卷五内篇五,《浙东学术》,第523页。

② 章学诚:《文史通义校注》卷五内篇五,第524页。

③ 章学诚:《文史通义校注》卷五内篇五,第523—524页。

间，少年英俊，不骂程、朱，不得谓之通人，则真罪过。戴氏实为作俑。其实初听其说，似乎高明，而细核之，则直为忘本耳。夫空谈性理，孤陋寡闻，一无所知，乃是宋学末流之大弊。然通经服古，由博返约，即是朱子之教。”[①]以考证等方法校正宋儒治经史出现的讹误无可厚非，但一概抹杀宋儒尤其是朱熹的贡献是错误的，朱熹所倡导的通经服古、由博返约等主张，对清初顾炎武、黄宗羲、阎若璩诸儒产生影响，他们都接绪朱熹而来，甚至比汉代经师对他们的影响还要大。其实戴震之学也从以上诸公转来，但却痛斥朱学，可谓同室操戈。

他也承认戴震的学问深见于古人大体，不愧为一代巨儒，但心术未醇，尤其是批评朱熹对当今学术不利，因此作《朱陆篇》力图加以矫正，说：“戴君学术，实自朱子道问学而得之，故戒人以凿空言理，其说深探本原，不可易矣。顾以训诂名义，偶有出于朱子所不及者，因而丑贬朱子，至斥以悖谬，诋以妄作。”[②]在考据训诂上朱熹虽然有不及戴震之处，但戴震训诂考订等博雅之学实从朱熹道问学中转来，既然如此还反朱熹，在章氏看来很不理解。

对于当时一些学者如朱筠、钱大昕推重戴震为一时巨擘，章学诚也有看法，认为他们“亦但云训诂名物，六书九数，用功深细而已”[③]。这些人对戴震的思想并不重视，如《原善》等，“群惜其有用精神耗于无用之地”。[④]相反，章学诚对戴震的思想则给予正面肯定，说：“戴氏笔之与书，惟辟宋儒践履之言谬尔，其他说理之文，则多精深谨严，发前人所未发，何可诬也。”[⑤]反对戴震批宋儒，对其义理则给予肯定，认为具有创新意义，这是章学诚不同于汉学诸家的地方。

戴震反宋学是因为其无异于释老，章学诚认为，“当问其果类圣人君子否耳。”“必斤斤而摘其如何近释，如何以老，不知释老亦人，其间

---

① 章学诚：《文史通义新编》外篇三，《又与朱少白书》，第654页。

② 章学诚：《文史通义校注》卷三内篇三，《书朱陆篇后》，第276页。

③④ 章学诚：《文史通义新篇》外篇三，《答邵二云书》，第553页。

⑤ 章学诚：《文史通义新篇》外篇三，第554页。

亦有不能与圣人尽异者。宋儒于同志中所见有歧，辄以释老相为诋毁，此正宋之病。"[①]释老方外也有与儒家相近之处，言外之意不能一概而论，宋儒的病处在于看见与自己相佐之见便以释老视之，予以诋毁，也就是说不论是非，只争门户，把内部不同意见视为异端，并冠以释老之名加以批判。这里不仅在批戴震，与此同时也指出宋儒的症结。引而申之，乾嘉的汉学家犯了跟宋学同样的毛病。

戴震说经不完全宗主郑玄之说，但在《与任幼植书》中又主张不应轻意背离郑玄，章学诚表示赞成，并进一步认为，"大约学者于古，未能究其所以然，必当墨守师说。及其学之既成，会通于群经与诸儒治经之言，而有以灼见前人之说之不可以据，于是始得古人大体而进窥天地之纯。故学于郑而不尽由于郑，乃谨严之至，好古之至，非蔑古也"。[②] 学古需要一个过程，在学成之前必须先墨守师说，以其为参照，学成后再会通群经及诸说，通过比较研究发现前人的不足，然后才能超越并体悟古学。从这个角度来理解郑玄之学，学习它是为了超过它。这实质上也是在批评汉学，汉学家以汉儒为宗旨，拘泥于汉儒经注，不把它当成通经的手段而当成目的，惟汉是好，不论是非，因此缺乏创新。

三、六经皆史

章学诚以史通经的思想集中表现在他提出的"六经皆史"命题。

他指出："六经皆史也，古人不著书，古人未尝离事而言理，六经皆先王之政典也。"[③]又说："嗟呼！道之不明久矣！六经皆史也"，"孔子之作《春秋》也，盖曰：我欲托之空言，不如见诸行事之深切著明，然则典章事实，作者之所不敢忽，盖将即器而明道耳。""道不明而争于器，

---

① 章学诚：《文史通义新篇》外篇三，《与史馀村》，第 557 页。
② 章学诚：《文史通义外篇》外篇二，《郑学斋记书后》，第 452 页。
③ 章学诚：《文史通义校注》卷一内篇一，《易教上》，第 1 页。

实不足而竞于文”，而“世之溺者不察也。太史公曰：好学深思，心知其意。当今之世，安得知意之人，而与论作述之旨哉？”[①]明代王守仁、郝敬等主张以史学打通经学，清初黄宗羲提出以史学通心学皆强调史学的重要性，章学诚进一步发展完善这一主张。六经皆史也是经史平等的一种表述，这一点与钱大昕反对荣经陋史的主张大体相当。六经皆史最典型的例子是《春秋》，《春秋》亦经亦史。把六经定位为先王的政典，先王所遗留下来的典籍当然也是史。相对于经来说，史更加具体。他又以理事、道器比喻经与史的关系。正如理不离事、道不离器一样，经不离史，经即史。史学的特点是经世，如他所说：“史学所以经世，固非空言著述也。”关于六经，“先儒以为其功莫大于《春秋》，正以切合当时人事耳。后之言著述者，舍今而求古，舍人事而言性天，则吾不得而知之矣。”[②]对后人讲的六经尤其推尊《春秋》，因为《春秋》本身就是史，非空论性与天道而以人事为主，离开人事而谈所谓的整辑排比只不过是史纂，参互搜讨也不过是史考，皆非史学。

对于经的称谓及地位，他自有一套说法，认为古代六经并不称为经，传是相对经而得名，不称经也就无所谓传，“古之所谓经，乃三代盛时，典章法度，见于政教行事之实”[③]。古代讲的经就是三代的典章法度，以政教行事为主，经与传的称谓是后来的产物。他似乎把六艺与六经分开，对异学“称经以抗六艺”，儒者“僭经以拟六艺”皆不赞同，斥责为非愚既妄，以为“六经初不为尊称，义取经纶为世法耳”。[④] 古代的典籍称经并不是尊称，而是标明其经世的特色。

关于孔子与六艺的关系，他站在古文经学的立场发表议论，说：“后世文字，必溯源于六艺。六艺非孔氏之书，乃周官之旧典也。《易》掌太卜，《书》藏外史，《礼》在宗伯，《乐》隶司乐，《诗》领于太师，《春秋》

① 章学诚：《文史通义校注》卷五内篇五，《答客问上》，第 471—472 页。

② 章学诚：《文史通义校注》卷五内篇五，《浙东学术》，第 524 页。

③ 章学诚：《文史通义校注》卷一内篇一，《经解上》，第 94 页。

④ 章学诚：《文史通义校注》卷一内篇一，《经解下》，第 110 页。

存乎国史。夫子自谓述而不作,明乎官司失守,而师弟子之传业,于是判焉。秦人禁偶语《诗》《书》,而云欲学法令者,以吏为师。其弃《诗》《书》,非也,其曰以吏为师,则犹官守学业合一之谓也。由秦人以吏为师之言,想见三代盛时,《礼》以宗伯为师,《乐》以司乐为师,《诗》以太师为师,《书》以外史为师;三《易》、《春秋》,亦若是则已矣。又安有私门之著述哉?"[①]断定六艺非孔子所作,孔子自己讲"述而不作"已经说明这一点。另外,后来被称为六经的典籍是周朝留下的官书,那时只有官方有著书的权利,所著称为官书,私家没有著书的权利,后来"官事失守",学术私授散布民间,才有私自著书的可能。

他对经书还采取了一种广义的理解,认为战国时代伏羲、神农、黄帝之书一时杂出,"其书皆称古圣,如天文之甘、石《星经》,方技之《灵》、《素》、《难经》,其类实繁,则犹匠祭鲁般,兵祭蚩尤,不必著书者之果为圣人,而习是术者,奉为依归,则亦不得不尊以为经言者也"[②]。古代称经相当广泛,称经是对古代圣人著述的一种尊重,不局限于后世所称的儒家六经,儒家所讲的六经显然是汉代尊经的产物。

他注意到诸子书也分经传,指出:"当时诸子著书,往往自分经传","盖亦因时立义,自以其说相经纬尔,非有所拟而僭其名也。经固尊称,其义亦取综要,非如后世之严也。圣如夫子,而不必为经。诸子有经,以贯其传,其义各有攸当也"。"而儒者著书,始严经名,不敢触犯,则尊圣教而慎避嫌名,盖犹三代以后,非人主不得称我为朕也。"[③]诸子书也有经传,如撰辑《管子》的人分别经言,墨子也有《经篇》,韩非则有《储说》经传,不过是"因时立义",没有什么特别意义,更不像后世儒家对经如此推崇。后来的儒家著书立说对其经书如此尊重,如同后来不是君主不得自称为朕一样,属于一种自我标榜。这里显然有淡化

① 章学诚:《校雠通义》卷一,《原道》,《文史通义校注》附录,第951页。

② 章学诚:《文史通义校注》卷一内篇一,《经解中》,第103页。

③ 章学诚:《文史通义校注》卷一内篇一,《经解上》,第94页。

儒家经典之意，这不仅是对汉学尊经说的批评，同时也是对经典采取一种客观的态度，还原于历史的原貌。

古人喜谈道术，章学诚加以继承，提出道同术异、术同趣异的主张，说："道同而术异者，韩非有《解老》、《喻老》之书，《列子》有《杨朱》之篇，墨者述晏婴之事，作用不同，而理有相通者也。术同而趣异者，子张难子夏之交，荀卿非孟子之说，张仪破苏秦之纵，宗旨不殊，而所主互异者也。"[①]道同术异指的是诸子所论道理相通，但着眼点或重心以及所发挥的作用有所不同。术同趣异指的是同一诸子其中学术宗旨相同，但具体看法各异，如同孔门弟子、儒家内部、纵横家内部的批评属于此类。

关于道术的讨论，他不仅限于诸子的内部异同，而是从道与术角度分析诸经与诸子的关系，写道："诸子之为书，其持之有故而言之成理者，必有得于道体之一端，而后乃能恣肆其说，以成一家之言也。所谓一端者，无非六艺之所该，故推之而皆得其所本；非谓诸子果能服六艺之教，而出辞必衷于是也。《老子》说本阴阳，《庄》《列》寓言假象，《易》教也。邹衍侈言天地，关尹推衍五行，《书》教也。管、商法制，义存政典，《礼》教也。申、韩刑名，旨归赏罚，《春秋》教也。其他杨、墨、尹文之言，苏、张、孙、吴之术，辨其源委，挹其旨趣，九流之所分部，《七录》之所叙论，皆于物曲人官，得其一致，而不自知为六典之遗也。"[②]在这里，诸经为道，诸子是术，诸子书只是道体的一端，或者说诸子之书皆源于诸经，他把诸子书与诸经的关系对号入座，发现诸子书各有其经书的源流，司马炎作《论六家要指》所讲的阴阳、儒、墨、名、法、道德六家，以及刘歆的《七略》，所谓"儒家者流，盖出于司徒之官"，"道家者流，盖出于史官"，"阴阳家者流，盖出于羲和之官"，"法家者流，盖出于理官"，"名家者流，盖出于礼官"，"墨家者流，盖出于清庙之守"，"纵横

① 章学诚：《文史通义校注》卷四内篇四，《说林》，第347页。
② 章学诚：《文史通义校注》卷一内篇一，《诗教上》，第60页。

家者流,盖出于行人之官","杂家者流,盖出于议官","农家者流,盖出于家稷之官","小说家者流,盖出于稗官"等等,皆源自六经,不过是"六典之遗也",即主张诸子出于六经说。

至于"六经皆史"中的"史"字主要讲的是典章制度,也包括日用伦常等,章学诚致力于这方面的探索,他说:"学者但诵先圣遗言,而不达时王之制度,是以文为鞶帨絺绣之玩,而学为斗奇射覆之资,不复计其实用也。""书吏所存之掌故,实国家之制度所存,亦即尧、舜以来,因革损益之实迹也。故无志于学则已,君子苟有志于学,则必求当代典章,以切于人伦日用;必求官司掌故,而通于经术精微,则学为实事,而文非空言,所谓有体必有用也。不知当代而言好古,不通掌故而言经术,则鞶帨之文,射覆之学,虽极精能,其无当于实用也审矣。"[①]言经术通古是必需的,但重在典章制度,尤其是当今的制度,力求达于实用。也就是说他倡导治经以实事为主,反对空谈经书遗文。通经史不仅要打通古今,古为今用,同时也要经世致用。"鞶帨"原为大带与佩巾,"射覆"原为猜覆盖之物,这里指言经术不通掌故即历史,只能是空头讲章、玩物丧志,毫无实际意义。

《周易·系辞上》讲:"形而上者谓之道,形而下者谓之器。"由此有道器之辨,与宋代理学家大都以道为根本有所不同,章学诚更重视器,提出"道不离器"的观点,如说:"道不离器,犹影不离形。"[②]并运用道器关系说明"六经皆史"的内涵,指出:"后世服夫子之教者自六经,以谓六经载道之书也,而不知六经皆器也。""夫子述六经以训后世,亦谓先圣先王之道不可见,六经即其器之可见者也。后人不见先王,当据可守之器而思不可见之道,故表章先王政教,与夫官司典守以示人,而不自著为说,以致离器言道也。夫子自述《春秋》之所以作,则云:我欲托之空言,不如见诸行事之深切著明。则政教典章,人伦日用之外,更无

---

① 章学诚:《文史通义校注》卷三内篇三,《史释》,第 231 页。

② 章学诚:《文史通义校注》卷二内篇二,《原道中》,第 132 页。

别出著述之道，亦已明矣。”“儒家者流，守其六籍，以谓是特载道之书耳。夫天下岂有离器言道，离形存影者哉？彼舍天下事物人伦日用，而守六籍以言道，则固不可与言夫道矣。”[①]反对“六经为载道之书”，明确提出“六经皆器”。先王之道不可见，可见者为六经即所谓的器，这里所讲的器指政教典章并运用于人伦日用，古人学习六艺，“盖学者所习，不出官司典守、国家政教；而其为用，亦不出于人伦日用之常，是以但见其为不得不然之事耳，未尝别见所载之道也”[②]。“六经”包括“官习典守、国家政教”等政治，以及“人伦日用”等道德，都是一些不得不然的事，离开天下具体的事物而谈“六经”，是不会把握其中所蕴含的大道。这实际上是重视经书中的典章制度，以此求圣人之道，反对空谈性命与天道。

“六经皆史”的另一个内涵是理不离事，为此他分析理事关系，说：“古人未尝离事而言理。六经皆先王之政典也。”[③]又“事有实据，而理无定形。故夫子之述六经，皆取先王典章，未尝离事而著理”[④]。六经既然是先王的政教典章，如同理不离事一样，研究六经不能脱离政教典章制度。他还用比喻说明理事关系：“其理著于事物而不托于空言也。师儒释理以示后学，惟著之于事物，则无门户之争矣。理，譬则水也。事物，譬则器也。器有大小浅深，水如量以注之，无盈缺也。今欲以水注器者，姑置其器，而论水之挹注盈虚，与夫量空测实之理，争辨穷年，未有已也，而器固已无用矣。”[⑤]不空谈理就必须附着于事物，以事物论理。理事的关系如同水与容器的关系，理如水，事如容器，容器盛水，理附于事，正如离开容器论盛水毫无意义一样，离事谈理纯属无稽之谈。

与此相关，他分析理与势的关系，首先肯定历史是人的历史，说：

---

①② 章学诚：《文史通义校注》卷二内篇二，《原道中》，第 132 页。

③ 章学诚：《文史通义校注》卷一内篇一，《易教》上，第 1 页。

④ 章学诚：《文史通义校注》卷二内篇二，《经解中》，第 102 页。

⑤ 章学诚：《文史通义校注》卷三内篇三，《朱陆》，第 262 页。

“天地之前,则吾不得而知也。天地生人,斯有道矣,而未形也。三人居室,而道形矣,犹未著也。人有什伍而至百千,一室所不能容,部别班分,而道著矣。仁义忠孝之名,刑政礼乐之制,皆其不得已而后起者也。”①反对“离事而言理”,所以认为历史也应是具体的历史。天地之前,谈不上人类历史,也无从论道,有了人以后,才有人类的历史。另外,在他看来,人类历史产生后表现为一个渐进的过程,其顺序是从天地生人而有道,中经三人居室而道形,部别班分而道著,最后是仁义忠孝之名和刑政礼乐之制的产生。

人类历史由低级到高级的演进过程不是主观人为的,而是客观的某种“势”的必然结果。他说:“人生有道,人自不知;三人居室,则必朝暮启闭其门户,饔飧取给于樵汲,既非一身,则必有分任者矣。或各司其事,或番易其班,所谓不得不然之势也,而均平秩序之义出矣。又恐交委而互争焉,则必推年之长者持其平,亦不得不然之势也,而长幼尊卑之别形矣。至于什伍千百,部别班分,亦必各长其什伍,而积至于千百,则人众而赖于干济,必推才之杰者理其繁,势纷而须于率俾,必推德之懋者司其化,是亦不得不然之势也;而作君作师,画野分州,井田、封建、学校之意著矣。”②人生而群居,群居必然有分,为了分配上的平等,就要制定平均分配的原则,如果出现互相争斗,就必须推选年长者来判明是非,由此逐渐形成了长幼尊卑之别。由于分群众多,必然要选择杰出的人来管理其事务,推选道德高尚的人为表率,于是作君作师出现,井田、封建、学校等制度也随之完备。这一切发展与变迁不是主观的人为,都是“不得不然之势”的结果。在这里,他看到历史发展的必然性,而这种必然性是人类活动的结果,又是任何人都不能违反的,即便是圣人也如此。

①② 章学诚:《文史通义校注》卷二内篇二,《原道上》,第119页。

四、对理学范畴的务实解读

章学诚推尊朱熹，对理学喜谈的一些范畴如道器、形上形下、理气、名实、天道、性命等做出务实的解读。

他肯定"道之大原出于天"的观点，说："故道者，非圣人智力所能为，皆其事势自然，渐形渐著，不得已而出之，故曰天也。《易》曰：一阴一阳之谓道。是未有人而道已具也。""道无所为而自然，圣人有所见而不得不然也。圣人有所见，故不得不然；众人无所见，则不知其然而然。孰为近道？曰：不知其然而然，即道也。非无所见也，不可见也。不得不然者，圣人所以合乎道，非可即以为道也。圣人求道，道无可见，即众人之不知其然而然，圣人所藉以见道者也。故不知其然而然，一阴一阳之迹也。学于圣人，斯为贤人。学于贤人，斯为君子。学于众人，斯为圣人。非众可学也，求道必于一阴一阳之迹也。"[①]意思是说，道本原于天，因其出自天也可称之为"天"。把道称之为天非指自然界而是指自然而然，也可以说是一种必然性。道先于人而存在，道属于客观，不依人的意识为转移，其表现为阴阳之间的变化，这是道的第一个特点。第二个特点是道也为人所知，所以才有求之意，严格地说只有圣人才知道，"合乎道"，圣人知道是以顺道为前提的，并不是刻意所为，而是遵循自然的结果。阴阳是道的表现形式，求道即求阴阳之迹。

他认为，道与器的关系是："学也者，效法之谓也。道也者，成象之谓也。夫子曰：下学而上达。盖言学于形下之器，而自达于形上之道也。""平日体其象，事至物交，一如其准以赴之，所谓效法也。此圣人之希天也，此圣人之下学上达也。"[②]道为形而上，器为形而下，孔子说"下学而上达"，学习效法应通过学器而上达于道，也即从具体事物学

① 章学诚：《文史通义校注》卷二内篇二，《原道》上，第 119、120 页。

② 章学诚：《文史通义校注》卷二内篇二，《原学》上，第 147 页。

起才能上达于大道,认知是由具体上升为抽象的过程。

他由道进到理,论述理气关系,提出“理附于气”的主张。他说:“继之者善,成之者性,是天著于人,而理附于气。故可形其形而名其名者,皆道之故,而非道也。道者,万事万物之所以然,而非万事万物之当然也。人可得而见者,则其当然而已矣。”[①]理在事上还是理在事中,明清以来的学者有过争论,他主张“理附于气”,表明赞同理在事中,无论是道还是理也即事物的法则、规律,总是离不开具体事物的。与道器、理气相关,他讨论名实说:“钦明之为敬也,允塞之为诚也,历象之为历也,皆先具其实而后著之名也。”[②]又说:“名者,实之宾也,类者,例所起也。”[③]“且名者实之宾也,徇名而忘实,并其所求之名而失之矣。”[④]先实而后有名,名附著于实。“且名者实之宾也”,意思是说实为主名是宾,实不仅先于名,而且还决定名,求事物在于求实。道器、理气、名实之间都与抽象和具体相关联,对于它们之间的关系,他强调器、气、实是突出具体、务实,也贯彻其“六经皆史”的思想。

他论理与事、学习与事关系重视事,说:“故效法者,必见于行事。《诗》、《书》诵读,所以求效法之资,而非可即为效法也。”[⑤]诵读在于效法,效法在于行事,行事才是落脚点。他又说:“极思而未习于事,虽持之有故,言之成理,而不能知其行之有病也。”“必习于事,而后可以言学,此则夫子诲人知行合一之道也。”[⑥]“持之有故,言之成理”,但必须习于事,通过事完成行。他认为由《周易·系辞》传所称述,“则知圣人即身示法,因事立教,而未尝于敷政出治之外,别有所谓教法也。”[⑦]儒家经典所倡导的教法是“因事立教”,执行此教才不至于空洞无物,注

① 章学诚:《文史通义校注》卷二内篇二,《原道》上,第 119—120 页。
② 章学诚:《文史通义校注》卷一内篇一,《易教》中,第 11 页。
③ 章学诚:《文史通义校注》卷三内篇三,《文集》,第 297 页。
④ 章学诚:《文史通义校注》卷四内篇四,《黠陋》,第 426 页。
⑤ 章学诚:《文史通义校注》卷二内篇二,《原学》上,第 147 页。
⑥ 章学诚:《文史通义校注》卷二内篇二,《原学》中,第 150 页。
⑦ 章学诚:《文史通义校注》卷二内篇二,《原道》中,第 131 页。

重事同样体现其追求实用的务实学风。

性命与天道也是理学诸家探讨的热门话题，章学诚则以务实的态度加以诠释。他说："性命非可空言，当征之于实用也。"[①]"天人性命之理，经传备矣。经传非一人之言，而宗旨未尝不一者，其理著于事物，而不托于空言也。""性命之说，易入虚无。朱子求一贯于多学而识，寓约礼于博文。其事繁而密，其功实而难。"[②]对于性命之说切忌空谈，必须"征之于实用"，即从实用角度来理解，理不离事，讲天人性命之理也要依附于事物。一些心学家受佛教的影响离开具体事物而空谈性命与天道，与世无补，这种做法也与朱熹所讲的"求一贯于多学而识，寓约礼于博文"的宗旨相悖，看来他还是肯定朱熹，与当时的汉学家贬低朱子完全不同。

《论语》中有关性与天道的论述，他给予评论说："夫子所言，无非性与天道，而未尝表而著之曰，此性此天道也。故不曰性与天道，不可得闻；而曰言性与天道，不可得闻也。所言无非性与天道，而不明著此性与天道者，恐人舍器而求道也。夏礼能言，殷礼能言，皆曰无征不信。则夫子所言，必取征于事物，而非徒托空言，以为明道也。曾子真积力久，则曰：一以贯之。子贡多学而识，则曰：一以贯之。非真积力久，与多学而识，则固无所据为一之贯也。"[③]孔子对于性与天道只可意会不可言传，因此说"不曰性与天道，不可得闻，而曰言性与天道，不可得闻"，孔子未尝不知性与天道，只是不说这几个字，所论皆有关于性与天道，或者说告知如何言性与天道及方法，对性与天道不发空论，而是把它建立在可以征信或实用的基础上，如言礼，言多学而识等。在章氏看来，儒家更注重经验层面的操作，而非抽象的议论。

论性涉及善恶，章学诚从自然人性角度主张性恶，说："果形有一

---

① 章学诚：《文史通义新编》外篇三，《书孙渊如观察原性篇后》，第441页。

② 章学诚：《文史通义校注》卷三内篇三，《朱陆》，第263、264页。

③ 章学诚：《文史通义校注》卷二内篇二，《原道》下，第139—140页。

定之恶，则天下岂有无形之性！是性亦有恶矣。”[①]谈性离不开形，形有恶性也有恶。他肯定荀子的性恶说，认为：“荀子著《性恶》，以谓圣人为之化性而起伪。伪于六书，人为之正名也。荀卿之意，盖言天质不可恃，而学问必藉于人为，非谓虚诳欺罔之伪也。而世之罪荀卿者，以谓诬圣为欺诳，是不察古人之所谓，而遽断其是非也。”[②]荀子讲性恶显然从自然角度立论，“天质不可恃”，人作为有血有肉的形体生活在现实中，受物欲等习染出现恶是必然的，重要的是后来的“化性起伪”，人力改造的作用，“伪于六书”，通过读书，所谓知书达礼，弃恶从善。他维护荀子，对后儒诬蔑荀子性恶说给予批判。

王守仁讲致良知，章氏更看重“致”字，说：“王氏致良知之说，即孟子之遗言也。良知曰致，则固不遗功力矣。朱子欲人因所发而遂明，孟子所谓察识其端而扩充之，胥是道也。”[③]肯定王守仁的致良知接续孟子，以致来诠释良知，并以孟子所谓的扩充善端加以佐证，旨在说明主观后天的努力对于良知之善的实现起着决定性的作用，而非仅靠所谓先天的善端自然而然地后天萌发和光大。章学诚对性道的理解强调后天实践，他形象地比喻为：“秦王遗玉连环，赵太后金椎一击而解！今日性理连环，全藉践履实用以为金椎之解。”[④]如同解开连环的钥匙是金椎一样，对性理问题的真正解决在于实践。

在天人关系上，他提出天人相交互胜，说：“天定胜人，人定亦能胜天。二十八宿，十二次舍，以环天度数，尽春秋中国都邑。夫中国在大地中，东南之一隅耳。而周天之星度，属之占验，未尝不应，此殆不可以理推测，盖人定之胜于天也。且如子平之推人生年月日时，皆以六十甲子，分配五行生克。夫年月与时，并不以甲子为纪，古人未尝有是言也。而后人既定其法，则亦推衍休咎而无不应，岂非人定之胜天乎？

① 章学诚：《文史通义新编》外篇二，《书孙渊如观察原性篇后》，第 441—442 页。
② 章学诚：《文史通义校注》卷四内篇四，《说林》，第 354 页。
③ 章学诚：《文史通义校注》卷二内篇二，《博约》下，第 165 页。
④ 章学诚：《文史通义新编》外篇二，《书孙渊如观察原性篇后》，第 442 页。

《易》曰先天而天弗违，盖以此也。"[①]天定胜人指人生活在既定的天地之中，不过是天地间的一隅，如中国既定的天地环境是人左右不了的，天定胜人说的是天的客观性。人定胜天指人对自然的利用与改造，包括对天地的观察推测，为了认识而制定的法度等等，甚至有预知之意，人定胜天是对人主观能动性的肯定，人主体性的高扬。

章学诚的以史学通经学，尤其提出"六经皆史"的主张，在汉学中天之时并不占统治地位，也没有引起较大的反响，但却从一个侧面反映出由汉学转向史学的趋势。他对汉学家一些偏激做法的批评，以及主张汉宋兼采、考据与义理兼顾、对朱熹的认同等等，均表现出特立独行的学术特色，可以说他也是二十世纪早期还经学于史学运动的先驱。

第三节　方东树对汉学的批评

方东树(1772—1851)，字植之，晚年仰慕卫武公耄而好学之意，以"仪卫"名轩，自号仪卫主人，安徽桐城人。早年师从姚鼐习古文辞，泛滥百家，中年以后尊宋学，尤其是以朱熹为主，为学广博，史称"于经史百家、浮屠、老子之说，罔不穷究，而最契朱子之言"[②]。方东树多次失意于科场之后，以教书著述为生，先后讲学于江宁、阜阳、六安、池阳、粤东、亳州、宿松、祁门等地书院。曾应阮元之邀参与纂修《广东通志》。主要著作有《仪卫轩诗文集》、《汉学商兑》、《昭昧詹言》、《书林扬觯》、《大意尊闻》、《待定录》、《未能录》等。

方东树应阮元之邀修《广东通志》时，江藩《汉学师承记》刊行，阮

---

① 章学诚：《文史通义校注》卷三内篇三，《天喻》，第311页。

② 《清史列传》卷六十七，《方东树》，第5415页。

元为江藩书作序加以表彰。方东树欲撰《汉学商兑》,曾致书阮元谈及作《汉学商兑》的缘起并希望得到支持,说:"国家景运昌明,通儒辈出,自群经诸史外,天文、历算、舆地、小学,靡不该综,载籍钩索微沈,既博且精,超越前古,至矣,盛矣,蔑以加矣。然窃以为,物太过则其失亦犹之不及焉。传曰:火中则寒暑退。今日之汉学亦稍过中矣,私心以为于今日之时,必一以非常之大儒以正其极,扶其倾,庶乎有以挽太过之运于未敝之先,使不致倾而过其极,俾来者有以考其功焉。以此求之当今之世,能正八柱而扫秕糠者,舍阁下其谁与归?"[①]之所以作《汉学商兑》是因为清代中期以来汉学中天,训诂考据名物之学大盛,儒学诸领域皆笼罩在考据学之下,惟汉是好,惟汉独尊已经制约着儒学的发展,方东树作《汉学商兑》旨在矫挽汉学诸流弊,由于阮元身为汉学重镇,又兼封疆大吏,希望利用其影响扭转当时学风。方东树曾请阮元为《汉学商兑》写序,阮元婉拒,方氏颇为不满。道光六年(1826)《汉学商兑》撰成,并于道光十一年刊行,全书共三卷,方东树仿照朱熹《杂学辨》体例,选择汉学家(包括阮元)主要学术主张,逐一驳斥,下面以此书为主,阐述一下他对汉学的批评。

一、对汉学家方法论的批评

汉学家讲治学方法大都主张由训诂考据到义理,把训诂考据放在首位。方东树不赞同,他往往先引汉学家的观点,然后再加以驳斥。

如引钱大昕之说:"研精汉儒传注,及《说文》诸书,由声音、文字以求训诂,由训诂以求义理,实事求是,不主一家。"[②]引戴震之说:"后世儒者,废训诂而谈义理,则试诘以求义理于古经外乎?若犹在古经中也,则凿空者得乎?经之至者,道也;所以明道者,词也;所以成词者,

① 方东树:《考槃集文录》卷六,《上阮芸台宫保书》,《续修四库全书》第1497册,第353页。

② 方东树:《汉学商兑》卷中之下,《汉学师承记外二种》,第311页。

未有能出于小学文字者也。”[1]又说：“今人读书，尚未识字，辄薄训诂之学。夫文字之未能通，妄谓通其语言，语言之未能通，妄谓通其心志，此惑之大者也。”[2]治学虽然兼顾训诂考据与义理，但以训诂考据为最重要，由训诂考据出发自然得出义理，这是汉学家的基本方法论。

方东树驳戴震说：“夫谓义理即存乎训诂，是也。然训诂多有不得真者，非义理何以审之？窃谓古今相传，里巷话言，官牍文书，亦孰不由训诂，而能通其义者？岂况说经不可废也，此不特张皇。若夫古今先师相传，音有楚、夏，文有脱误，出有先后，传本各有专祖。不明乎此，而强执异本、异文，以训诂齐之，其可乎？又古人一字异训，言各有当，汉学家说经，不顾当处上下文义，第执一以通之，乖违悖戾，而曰义理本于训诂，其可信乎？”[3]承认义理存在于训诂之中，但训诂也有不真实正确之处，如果不经过义理审察，便以为是古今相传，这样会导致以讹传讹。另外，声音文字因地域和时代不同而各异，其承传各有所本，训诂考据也会出现不同的看法或歧义，一概而论训诂考据明义理不符合实际，意思是说从歧异的训诂考据中得不出唯一的义理，只能给义理带来歧义，这样的义理很难说是正确的。

引戴震：“论者又谓有汉儒之经学，有宋儒之经学；一主训诂，一主义理。夫使义理可以舍经而求，将人人凿空得之，奚取于经乎？惟空任胸臆之无当于义理，然后求之古经，而古今悬隔，遗文垂绝，然后求之训诂。训诂明，则古经明；古经明，而我心同然之义理，乃因之以明。古圣贤之义理，非他，存乎典章制度者是也。昧者乃歧训诂、义理而二之，是训诂非以明义理，而训诂何为？义理不存乎典章制度，势必流入于异端曲说，而不自知矣。”[4]反对把训诂与义理对立起来，主张两者统一，两者在统一体的顺序中是，“训诂明则古经明”，这是对汉学家治学

---

① 方东树：《汉学商兑》卷中之下，第 311 页。
② 方东树：《汉学商兑》卷中之下，第 319 页。
③ 方东树：《汉学商兑》卷中之下，第 311—312 页。
④ 方东树：《汉学商兑》卷中之下，第 319—320 页。

方法的标准阐释。似乎在说明只要训诂明确,义理自然而然地就会彰明。

方东树反驳说:"若谓义理即在古经,训诂不当歧而为二:本训诂以求古经,古经明,而我心同然之义理以明。此确论也。然训诂不得义理之真,致误解古经,实多有之。若不以义理为之主,则彼所谓训诂者,安可恃以无差谬也!"[①]他也承认从理论上说本着训诂以治经则经明,经明则义理明。但实际当中训诂如果出现讹误,义理便不会明,反而出现错误。汉学诸家所关心的是由训诂引出义理,训诂在他们那里是给定的前提,似乎也是正确的。方东树则关注的是训诂本身的真伪问题,而且在训诂当中出现错误是习以为常的事,为了避免这种错误,建议应以义理为主,以义理指导训诂。他又说:"故宋儒义理,原未歧训诂为二而废之,有时废之者,乃政是求义理之真而去其谬妄穿凿迂曲不可信者耳。"[②]宋儒并没有割裂训诂与义理,有时不用训诂是因其不可信而影响求义理之真,"故义理原不出训诂之外,而必非汉学家所守之训诂,能尽得义理之真也"[③]。言外之义是说汉学家墨守训诂是得不出义理之真的。凡此皆强调义理不同于考据的特点,反对把训诂明义理明作片面化、僵化的理解。

引阮元言说:"圣人之道,譬若宫墙;文字训诂,其门径也。门径苟误,跬步亦歧,安能升堂入室乎!学人求道太高,卑视章句,譬犹天际之翔,出于丰屋之上,高则高矣,户奥之间,未实窥也。"[④]以比喻说明文字训诂是治经的门径。又引钱大昕言说:"训诂者,义理之所从出。非别有义理,出乎训诂之外也。"又"训诂之外,别有义理,非吾儒之学也。"[⑤]强调不存离开训诂之外的义理。

方东树反驳说:"夫文字训诂,只是小学事,入圣之阶,端由知行,

---

① 方东树:《汉学商兑》卷中之下,《汉学师承记(外二种)》,第320—321页。

②③ 方东树:《汉学商兑》卷中之下,《汉学师承记(外二种)》,第321页。

④ 方东树:《汉学商兑》卷中之下,《汉学师承记(外二种)》,第323页。

⑤ 方东树:《汉学商兑》卷中,《汉学师承记(外二种)》,第311页。

古今学术歧异,如杨墨、佛老,皆非由文字训诂而致误也。而如汉儒许、郑诸君,及近人之讲文字训诂者,可谓门径不误矣,而升堂入室者,谁乎?至卑视章句,其失不过空疏,与求名物而不论道粗浅者,亦不同伦。凡此皆所谓似是而非,最易惑乱粗学而识未真者,不可以不辨。"[①]文字训诂只是小学之事,不过是通经的阶梯。古今学术歧异的根源在于文字训诂上的讹误,如杨墨、佛老皆如此。许慎、郑玄等汉儒在文字训诂上大体不误,但仅限于治经方法,而未能"升堂入室"即求得孔门儒学大道。他又说:"戴氏言,自汉以来,不明故训、音声之原,以致古籍传写递讹,混淆莫辨。汉学诸人,皆祖是说。于是舍义理,而专求之故训、声音,穿凿附会,执一不通,若此类也。六经之言,一字数训,在《尔雅》、《说文》中,不可枚举,故曰诗无达诂。"[②]汉学诸家舍弃义理,以声音训诂为治经的根本,其结果必然是"穿凿附会,执一不通",其实六经中一字往往有多义,也就是说在不同的语境或话语中,其字的意义是不同的,没有统一或惟一的训诂标准。所谓"诗无达诂",意为不存在通行不变的训诂。

方东树指出墨守训诂考据的社会危害,说:"夫义理、考证、文章,本是一事,合之则一贯,离之则偏蔽。二者区分,由于后世小贤、小德,不能兼备,事出无可如何。若究而论之,毕竟以义理为长。考证、文章,皆为欲明义理也。汉学诸人,其蔽在立意蔑义理,所以千条万端,卒归于谬妄不通,贻害人心学术也。"[③]在考据与义理的关系上,以义理为重,这是因为"考证、文章,皆为欲明义理",它们都是为明义理服务的。汉学诸家限于训诂考据,贬低义理,有害于人心学术。

汉学家以为义理存在于典章制度之中,方东树也加以批驳,说:"至谓古圣贤义理,即存乎典章制度。则试诘以经典所载,曰钦、曰明、

---

① 方东树:《汉学商兑》卷中之下,《汉学师承记(外二种)》,第 323 页。
② 方东树:《汉学商兑》卷中之下,《汉学师承记(外二种)》,第 300 页。
③ 方东树:《汉学商兑》卷中之下,《汉学师承记(外二种)》,第 360 页。

曰安、曰恭、曰让、曰慎、曰诚、曰忠、曰恕、曰仁、曰孝、曰义、曰信、曰慈、曰俭、曰惩忿窒欲、曰迁善改过、曰贱利重义、曰杀身成仁；反而言之，曰骄泰、曰奢肆、曰苟妄、曰自欺、曰谗谄、曰贪鄙；凡诸义理，皆关修、齐、治、平之大实，不必存乎典章制度，岂皆为异端邪说欤？"[①]儒家经典所载诸种哲理性的范畴，如上所举包括着丰富的义理内涵，微言大义，它们并不存在于典章制度之中，典章制度是有形的，可以通过训诂考证获得，而这些带有思想性的范畴是不能以考典章制度的方法来认识，只能从思想史角度加以阐释，也就是说义理并不存在（至少不完全存在）于典章制度中。

他又说："夫今学问，大抵二端，一小学，一大学。训诂、名物、制度，只是小学内事。《大学》直从明、新说起，《中庸》从性、道说起。此程子之教所主，为其已成就向上，非初学之比。""汉学家昧于小学、大学之分，混小学于大学，以为不当歧而二之，非也。故白首著书，毕生尽力，止以名物、训诂、典章、制度小学之事，成名立身，用以当大人之学之究竟，绝不复求明、新、至善之止，痛斥义理、性、道之教，不知本末也！"[②]儒家的学问分大学和小学，训诂、名物、制度皆属小学之事，《大学》、《中庸》等儒家经典不讲这些，而从义理讲起。汉学家混同小学于大学，以名物、训诂、典章、制度为能事，斥责义理是舍本逐末，没有了解儒家的真谛。

汉学家讲训诂明而义理明，其本意是不否定义理，而认为义理应从训诂、考据中引出，才不至于蹈空沦虚而是真实的，也就是说把训诂当成手段，从训诂中引出义理。但其流弊发展为不谈义理，终其一生在故纸堆里从事考据，把训诂当成终极目的。宋学讲义理也讲训诂考据，只是他们认为从训诂考据不能自然而然地引出义理，其中间要有个思考的过程。但由于过分强调义理，给人以空疏之嫌。其实考据与

---

① 方东树：《汉学商兑》卷中之下，第322—323页。

② 方东树：《汉学商兑》卷中之下，《汉学师承记（外二种）》，第320页。

义理本来就是相互统一的，两者之争不过是各有偏重而已，因此才有后来的汉宋兼采之说。

二、对汉学家争门户的批评

汉学家的另一个弊端是独尊汉儒，唯汉是好，反对宋学，攻击理学不遗余力，在方东树看来，这是狭隘的门户之争并给予批评。

他认为清儒的汉学门户是逐步形成的，如说："顾、黄诸君，虽崇尚实学，尚未专标汉帜。专标汉帜，则自惠氏始。惠氏虽标汉帜，尚未厉禁言理；厉禁言理则自戴氏始。自是宗旨祖述，邪诐大肆，遂举唐宋诸儒已定不易之案，至精不易之论，必欲一一尽翻之，以张其门户。江氏作《汉学师承记》，阮氏集《经解》，于诸家著述，凡不关小学，不纯用汉儒古训者，概不著录。""夫说经不衷诸义理，辨伪得真，以求圣人之意，徒以门户之私，与宋儒为难，非徒不为公论，抑岂能求真得是？"[①]清代早期诸儒并不专主汉学，尚能汉宋持平。自惠栋起专门推崇汉学，但也未尝反对理学所言理字。从戴震开始谈理以理学之矛攻理学之盾，大张汉学门户，后来江藩作《汉学师承记》为清代汉学诸家树碑立传，阮元所编《清经解》只收汉学小学著述，汉学门户愈来愈深。治经应以明义理之真为先，由于汉学诸家的门户所限，大都不从客观实际，而是以主观先入之见评判宋儒是非。

儒家本包含着考证与义理两种治学趋向，汉学则仅以考证为学排斥其他，方东树说："近世有为汉学考证者，著书以辟宋儒、攻朱子为本，首以言心、言性、言理为厉禁。海内名卿巨公，高才硕学，数十家递相祖述，膏唇拭舌，造作飞条，兢欲咀嚼。"[②]汉学诸家以考证为学，著书的目的只有一个，那就是批评宋儒，攻击朱熹，对于理学所言的性理等一概不谈，经学发展走向片面极端。儒家治学在于通经致用，尤其要

---

① 方东树：《汉学商兑》上，《汉学师承记（外二种）》，第 260 页。

② 方东树：《汉学商兑·序例》，《汉学师承记（外二种）》，第 235 页。

落在行动上，他又说："夫汉学，既深忌痛疾义理之学堕禅，申严厉禁。以行事易之，是自为一大宗旨门户矣。而夷考其人，居身制行，类皆未见德言之相顾也。是其视讲经本与躬行判而为二，固不必与其言相应。原无意于求真得，是但务立说，与宋儒争胜耳。"①汉学家治学反对理学离开考证而谈义理，以为此义理已流于空疏，杂糅释老，有悖于儒家正统。但他们一味地穷经却忽视通经与致用的关系，也不检身言行不一，只与宋儒争胜，并不关心求真得，这都是门户所造成的。

传统儒学有重道一脉，汉儒并非没有这个传统，方东树说："盖自汉儒分道为一家，而道之正名实体大用皆不见，惟独董子、韩子及宋程、朱，始本六经孔、孟之言而发明之，而圣学乃著。"②汉学家弃道而不言，所推崇的是东汉古文经，西汉儒学并非如此，如董仲舒等今文家崇尚义理、大道，以下为韩愈、程朱之学所继承发明孔门儒学，这才是儒家的真学脉。汉学家批判宋易中的图书先天太极之学，方东树说："若周、程、张、朱所述，非圣学而何？河洛、先天、太极诸图，即以为希夷所传，非圣学；而周、程、张、朱所发明六经大义，古圣微言，不止在此。其书著为功令，风历学官，用以取士，非私授阴行之比，何得一概诋之，而断其非圣学也。"③图书先天太极之学不是理学的全部，理学诸家，如周敦颐、程颢、程颐、张载、朱熹等重心所在是阐释儒家的义理之学、微言大义。他们不仅发明诸经微言大义，同时也注重学术传授，所编经注尤其是朱熹所注的四书被定为科举考试专用之书，比汉学私授的影响要大得多，岂能一概否定。

他也承认汉学在诸领域中所做的贡献，说："考汉学诸人，于天文、术算、训诂、小学、考证、舆地、名物、制度，诚有足补前贤，裨后学者。"④但宋儒也未尝不重视这些，如他说："窃以训诂、名物、制度，实为学者

---

① 方东树：《汉学商兑》卷中之上，《汉学师承记（外二种）》，第300—301页。

② 方东树：《汉学商兑》卷上，《汉学师承记（外二种）》，第244页。

③ 方东树：《汉学商兑》卷上，《汉学师承记（外二种）》，第246—247页。

④ 方东树：《汉学商兑》卷下，《汉学师承记（外二种）》，第403页。

所不可阙之学，然宋儒实未尝废之。但义理、考证，必两边用功始得。若为宋学者，不读汉、魏诸儒传注，则无以考其得失，即无以知宋儒所以或用其说或易其说之是。而汉学诸人，又全护汉儒之失，以为皆得，则亦用罔而悍然不顾而已。"[①]训诂、名物、制度等为治经学不可或缺，这是事实，宋儒也未尝废弃，但考据与义理必须兼顾。宋儒也读汉魏经传注疏，否则便不能对其得失有所裁定有所判断。相反，汉学诸儒对宋儒经注不屑一顾，仅以汉儒为矩矱，可见其目光短浅。

排斥宋儒经注以汉儒经注为主，也是汉学家争门户的重要手段，如江藩作《汉学师承记》附录《国朝经师经义目录》，所开列的经书皆以汉儒或本朝汉学诸家为主。以《易》为例，江藩多列本朝汉学家易著，[②]旨在强调汉易的正统地位，方东树说："如惠氏、江氏之言，则门户习气之私太甚。姑勿与深论是非之精微，只尽祛魏晋以来儒说，而独宗汉易，此非天下之至蔽者，断不若是之诐。学《易》而专主张游魂、飞伏、爻辰、交互、升降、消息、纳甲等说，此非天下之至邪者，断不若是之离。谓汉人所说，皆伏羲、文王、孔子三圣人之本义，此非天下之至愚者，断不若是之诬。夫以京、孟之邪说，驾之商瞿，因复驾之孔子，诞诬甚矣！孔子《十翼》具在，有一语及于纳甲、飞伏、爻辰等说哉？汉儒之《易》，谓兼存一说，则可；谓三圣之本义在此，则不可。"[③]江藩为惠栋再传弟子，他仅以汉易为宗，对魏晋以来尤其是宋易采取不屑一顾的态度，是斩断道脉，可见其门户极深。汉学家所宗主的汉易，如游魂、飞伏、爻辰、交互、升降、消息、纳甲等说到是《周易》本身无有，是自己的发明，以此强加于诸圣之《易》，显然是对圣人们的诬蔑。

方东树在对江氏书逐项批驳后指出："其实诸家所著，每经不下数十种，有刊行而不为江氏所采者，有刊行而江氏未见者，有刊行在江氏

---

① 方东树：《汉学商兑》卷下，《汉学师承记(外二种)》，第 405 页。

② 如胡渭的《易图明辨》、惠士奇的《易说》、惠栋的《周易述》、《易例》、《周易本义辨证》、洪榜的《易述赞》、张惠言的《周易虞氏义》、《虞氏消息》、焦循的《易通释》、《易章句》、《易图略》等。

③ 方东树：《汉学商兑》，第 375—376 页。

著录之后者,有仅传其目而竟未成书者。新名林立,卷帙盈千,充牣艺林。要其中实有超绝冠代,江河万古,自不可废。究之主张宗旨既偏,则邪说谬言,实亦不少。苟或择之不精,则疑误来学,眼目眶细,固不敢轻以相假,而弗慎取而明辨之也。"[①]除了客观原因之外,在方氏看来,江氏所收之书不周全,或者说有片面性,究其根源皆在于其门户之见,站在汉学家的立场看问题,这样便不能做出客观持平的判断。

他还列数了汉学的六大弊端:其一"力破理字,首以穷理为厉禁。此最悖道害教"。其二"考之不实,谓程、朱空言穷理,启后学空疏之陋"。其三"由于忌程朱理学之名,及《宋史》《道学》之传"。其四"则畏程朱检身,动绳以理法,不若汉儒不修小节,不矜细行,得以宽便其私"。其五"则奈何不下腹中数卷书,及其新慧小辨,不知是为驳杂细碎,迂晦不安,乃大儒所弃余,而不屑有之者也"。其六"则见世科举俗士,空疏者众,贪于难能可贵之名,欲以加少为多,临深为高也"。[②] 汉学攻理学言理字并严禁穷理,这对儒学最有害;说程朱空谈义理使后学流于空疏,这不符合实际;忌妒理学,连带反《道学传》;这三条从学理上指出汉学家批理学的不合法,不符合实际。至于后三条,汉学诸家"得以宽便其私",烦琐迂阔,贪名等,则从实践上指出汉学家批理学是为自己争夺名利、心术不正、放荡形骸开绿灯。

总之,方东树"以上略举诸说,以见汉学家宗旨议论,千端万变,务破义理之学,祧宋儒之统而已"[③]。一言以蔽之,汉学家批评宋儒旨在争门户,争儒家的正统地位。

汉学、宋学都把自己当成是儒家正统,而视对方为非正统或异端。应该说两者既有合理之处同时也存在着偏颇。汉学讲究务实求真,关心日用伦常等形而下方面,宋学具有思辨性、哲理性,尤其建构道德形

---

① 方东树:《汉学商兑》,第 384—385 页。

② 方东树:《汉学商兑》卷下,第 385—386 页。

③ 方东树:《汉学商兑》卷中之下,《汉学师承记(外二种)》,第 373 页。

而上学，在中国古代思想史上独树一帜，功不可没。但汉学不懂得宋明儒学当时所遇到佛老的挑战，吸取佛老，并与之相抗衡，是儒学发展的必由之路。其实宋明儒所讲的道德形而上学在儒家经典中也有其内在的依据，只不过把它们加以深化形成了比较完备的体系。宋学重视性与天道，流于空疏，忽视对日用伦常的关注，也为汉学所不喜。由于汉学宋学为褊狭的心态所束缚，不可能把古代思想的发展看作是一个历史的过程，也没有注意到思想发展过程在其不同时期的时代特色，以及所遇到的不同问题，从而衍生出的不同学说或形态，因此形成门户之见，严重地阻碍了学术的发展。这种门户之见也影响着后来的研究者，他们往往根据自己的知识结构和兴趣研究汉学或宋学，由先入为主而逐渐变成爱屋及乌，进而简单地肯定一个否定另一个，门户之见愈来愈深，导致清代儒学的学术史与思想史的研究分裂。有些学者治清代只谈学术而不谈思想，或者相反，就是一个很好的例证。

三、对汉学家背离儒家的批评

方东树批评汉学诸家还在于他们治学背离了儒家的真精神，儒学的真谛。他认为，汉学家“毕世治经，无一言几于道，无一念及于用。以为经之事尽于此耳矣，经之意尽于此耳矣。其生也勤，其死也虚，其求在外，使人狂，使人昏，荡天下之心，而不得其所本”①。儒家本来经道合一，汉学家穷经不言道也不及用，钻进故纸堆里一味地训诂考证，与古人争胜，对于身边及社会发生的事一概不关心，背离了儒家治经在明道，经世致用的宗旨，这是舍本逐末。

儒家的真精神、真谛就是大道，他进一步论道：“历观诸家之书，所以标宗旨、峻门户，上援通贤，下詟流俗，众口一舌，不出于训诂、小学、名物、制度。弃本贵末，违戾诋诬，于圣躬行求仁，修齐治平之教，一切抹杀。名为治经，实足乱经；名为卫道，实则畔道。”“窃以孔子没后，千

① 方东树：《汉学商兑重序》，《汉学商兑》卷首，《汉学师承记（外二种）》，第 411 页。

五百余岁，经义学脉，至宋儒讲辨，始得圣人之真。平心而论，程、朱数子廓清之功，实为晚周以来一大治。今诸人边见傎倒，利本之颠，必欲寻汉人纷歧异说，复汩乱而晦蚀之，致使人失其是非之心，其有害于世教学术，百倍于禅与心学。”①汉学家只究心于训诂、小学、名物、制度，于儒家圣贤“躬行求仁，修齐治平”的大道理而不顾，名义上是治经卫道，实际上是乱经叛道。他肯定宋儒对于儒家是有功的，孔子死后一千余年受佛老二氏的影响，儒学几乎发展为歧途，宋儒兴起拨乱反正，重新恢复儒家的历史地位，被视为“晚周以来一大治”。汉学家以汉儒异说为本，扰乱儒家经典，对世道人心的危害超过禅宗和心学。

他又说：“以六经为宗，以章句为本，以训诂为主，以博辨为门，以同异为攻，不概于道，不协于理，不顾其所安。骛名干泽，若飘风之还而不傥；亦辟乎佛，亦攻乎陆王，而尤异端寇仇乎程朱。今时之敝，盖有在于是者，名曰考证汉学。其为说，以文害辞，以辞害意。弃心而任目，刓敝精神而无益于世用，其言盈天下，其离经叛道，过于杨墨佛老。”②汉学治经的特色是以训诂为主，好博通考辨，喜争门户等等，就是不重视明理，不谈大道，“以文害辞，以辞害意”，正指出汉学痛处，他们把精力全放在琐碎的训诂考证之中，不关心世俗，其离经叛道比杨墨佛老有过之而无不及，对儒家的损害便大。

汉学家讲实事求是，方东树也加批驳说：“汉学家皆以高谈性命，为便于空疏，无补经术，争为实事求是之学，衍为笃论，万口一舌，牢不可破。以愚论之，实事求是，莫如程朱。以其理信，而足可推行，不误于民之兴行。然则虽虚理，而乃实事矣。汉学诸人，言言有据，字字有考，只向纸上与古人争训诂形声，传注驳杂，援据群籍证佐，数百千条。反之身己心行，推之民人家国，了无益处，徒使人狂惑失守，不得所用。

① 方东树：《汉学商兑·序例》，《汉学师承记(外二种)》，第235、236页。

② 方东树：《考槃集文录》卷一，《续修四库全书》第1497册，第225页。

然则虽实事求是，而乃虚之至者也！”[①]汉学家重训诂考据所追求的是实事求是之学，理学诸家探索义理并推及用也是实事求是之学，汉学家钻研文献，在训诂考据上与古人争高低，即使是实事求是，与事无补，也就是说他们既不反身修己也不理民安邦。理学家重视道德操守及经世致用才是真正的实事求是，这说明讲实事求是之学重在实用，而不在于书本上的功夫。

汉学家如凌廷堪、焦循、阮元等大都推崇礼贬斥理，主张以礼代理。方东树讨论理与礼的关系，对他们给予批驳，说：“程、朱以己之意见不出于私，乃为合乎天理，其义至精、至正、至明！何谓以意见杀人？如戴氏所申，当体民之情，遂民之欲，则彼民之情，彼民之欲，非彼民之意见乎？夫以在我之意见，不出于私，合乎天理者，不可信；而信彼民之情、之欲，当一切体之、遂之，是为得理，罔气乱道，但取与程、朱为难，而不顾此为大乱之道也。”[②]程朱理学以意见出于公则为天理，汉学家则攻击天理为杀人，他们主张理只能带来意见，应以情欲替代理。在方氏看来，情欲岂不是意见？以这种意见代替理必然引起争议，甚至放纵，导致离经叛道，世风日下与提倡情欲有着密切的关系。

他又说：“自古在昔，固未有谓当废理，而专于礼者也。且子夏曰礼后，则是礼者为迹，在外居后。理是礼之所以然，在内居先，而凡事凡物之所以然处，皆有理，不尽属礼也。今汉学家，厉禁穷理，第以礼为教。又所以称礼者，惟在后儒注疏名物、制度之际，益失其本矣。使自古圣贤之言，经典之教，尽失其实，而顿易其局，岂非亘古未有之异端邪说乎！夫谓理附于礼而行，是也；谓仁当读礼，不当穷理，非也。理斡是非，礼是节文，若不穷理，何以能隆礼，由礼而识礼之意也？夫言礼而理在，是就礼言理。言理不尽于礼，礼外尚有众理也。”[③]汉学家

---

① 方东树：《汉学商兑》卷中之上，《汉学师承记（外二种）》，第 276 页。

② 方东树：《汉学商兑》卷中之上，《汉学师承记（外二种）》，第 278 页。

③ 方东树：《汉学商兑》卷中之上，《汉学师承记（外二种）》，第 294 页。

标出礼,以为儒家言礼不言理,因为言礼较务实,涉及名物制度等可以通过训诂考证求得,言理只能带来是非,言礼则有礼让节文。在方氏看来,其实不然,礼离不开理,因为"理是礼之所以然",是礼的内在根据,礼为迹即属于外在的礼仪等形式。理虽然附着于礼而行,但礼之所以行在于其理,对礼的认识要知其所以然即要穷理。另外,理的内涵比礼要丰富得多,有事必有理,礼外必有众理。他对凌廷堪、焦循等人所谓儒家言礼不言理之说给予批评,方氏强调言理反映他对儒家义理、大道的追求。

方东树对汉学家误读儒家经典也给予了批评。汪中以为《大学》为孔门弟子后学所为,旨在否定《大学》在儒家中的地位,方东树说:"以此辟《大学》,是拔本塞源,直倾巢穴之师也。较诸儒之争古本,补传者,更为猛矣。然亦祖述杨简、毛奇龄、张文黼、戴震等之邪说,而益加谬妄耳。"[①]前人对《大学》的怀疑仅限于朱熹的"格物补传",而汪中则全面否定《大学》与孔门的关系,方氏以为这是受了杨简、毛奇龄、张文黼、戴震等人的影响。

阮元以为孔子"吾道一以贯之"的贯字应训为行、事,并非宋儒讲的贯通(此易流于禅),方东树批驳道:"此讥一贯似禅学顿宗,一旦豁然大悟,似也。不知此一旦之前,有多少功夫,非容易一蹴可几。故曰:真积力久也!若不用功,固断无有此一旦。若果用功,真积力久,有此一旦之悟,虽禅亦不易几矣。"[②]理学喜谈"吾道一以贯之",一旦豁然大悟,据方氏的理解,这里在一旦之前已经下了诸多的功夫,也就是说贯通非一蹴而就,而是循序渐进的过程,这与禅宗讲的顿悟不可同日而语,阮元反对理学对一贯的解释,而以行、事加以说明,这是误读孔子的原意。

阮元以为"克己"的"己"字是自己的己,并非宋儒所解的私欲。方

---

① 方东树:《汉学商兑》卷中之上,《汉学师承记(外二种)》,第288页。
② 方东树:《汉学商兑》卷中之上,《汉学师承记(外二种)》,第301页。

东树说:“若此处己字,不指私欲,则下文四目,何为皆举非礼言之?己不是私,不应从己下添之私字,则己亦不是欲。《虞书》曷为从己下添之欲字?不知己虽对人为文,而古人言舍己、虚己。苟非指己私意见言之,而将谓能舍、能虚其形骸乎?”[①]《论语·颜渊》有“克己复礼为仁”一句,方氏赞同朱熹的解释,把“己”理解为“私欲”,由此才有下文的“非礼勿视,非礼勿听,非礼勿言,非礼勿动”这四目。又引《虞书》己字之下一添欲字证明。己是相对别人而言的,有私之意。阮元把己理解为自己的己,不符合孔子原意。

《汉学商兑》一书出版后得到陆继辂、沈钦韩、姚莹、朱雅、李兆洛、毛岳生、陶云汀等人的推重,他们纷纷为本书献辞,给予充分的肯定。[②]当然这里不免有夸大之词,但客观地说,方东树能在汉学中天之际,全面系统地批评汉学,指出其种种流弊,对于扭转学风有积极意义。但也不能不承认他作为清代中叶的理学家,其尊宋学的立场是毋庸置疑的,对汉学家的指责也不脱门户之嫌,批评汉学诸家也存在着不实之处。汉宋之争在一些具体问题上的分歧,孰是孰非是一个非常复杂的问题,其立场等不同,很难一时厘清,有待于进一步的深入研究。

另外,也应注意到汉学中人也感到自身内部的诸多流弊并起而力图矫挽,这里仅以从事考据并做出突出贡献的段玉裁为例略加以说明。如他自谓平生:“喜言训诂考核,寻其枝叶,略其本根,老大无成,追悔已晚。”[③]他在与王念孙等人的信中反思自身学派的错误及危机,肯定宋明理学的贡献。当时儒学发展的客观逻辑从偏向于训诂考据转向训诂与义理兼顾,嘉道之际的社会危机,更加促使儒学关注于现实,以复兴古学为志向的汉学渐渐淡出儒学发展的主流,关心社会现实的今文经学作为儒学的一种新学术形态开始兴起并占据了主导的地位。

---

① 方东树:《汉学商兑》卷中之上,《汉学师承记(外二种)》,第306页。

② 参见方东树《汉学商兑》,《汉学师承记(外二种)》,第413—414页。

③ 段玉裁:《经韵楼集》卷八,《博陵尹师所赐朱子小学恭跋》,上海古籍出版社,2008年,第193页。

第十章 今文经学与经世思想

乾隆后期至嘉庆时期是清朝由强盛到衰弱的转折点。朝廷腐败、世风日下、西力东渐等，使一代学人开始发出对儒学新形态及学说需求的呼唤，于是具有经世特点的今文经学异军突起。尤其是其中的公羊学复兴，由庄存与首倡，中经刘逢禄、宋翔凤的播扬，后经魏源、龚自珍等人发展成一股经世思潮，遂成为嘉道时期的儒学主流。

第一节 今文经学的复兴

这里主要讨论今文经学复兴的原因及其发展过程。

一、今文经学复兴的原因

乾嘉时期，汉学“如日中天”。随后今文经学异军突起，“翻腾一度”，遂领袖儒学坛站，这不是今文家们的一时心血来潮，而是历史客观的必然产物。分析起来主要有以下的原因。

学术层面的原因。今文经学作为清代儒学的重要组成部分，就其学理而言，它的兴起是由崇古善疑、汉学缺点、汉宋不能兼融等多种原因造成的。

第一，崇古善疑的必然产物。清代儒学一个重要的特点就是崇古善疑，学问似乎越古越好，对后来的学问颇感怀疑。既然尊古，那么就有更古的存在，既然善疑，曷不可疑其所信而别求新义？这符合学术发展的内在逻辑。以此推论来看清代儒学，清初诸儒对明季理学空疏不稽之风的针砭，使治学之风向敦厚朴实的方向转变，开始专心于古代经传注疏的发掘。顾炎武首倡“经学即理学”，力攻音韵训诂之学，阎若璩辨晚出《古文尚书》之伪，胡渭疑宋《易》图书之说等等，动摇了汉以下经学的地位，于是把后继学者引向汉学，推尊东汉许慎、郑玄之学。乾嘉时期的汉学正是在清初反思批判理学的思潮中发展起来的。[①] 乾嘉汉学肇兴之后，“家家许郑，人人贾马”[②]，崇汉、以古为是被儒学界所认同。惠栋恪守“凡古必真，凡汉皆好”的信条，自戴震出，东汉训诂考据之学如日中天。在这一以古为是的学风之下，一些儒家从对魏晋以下经学产生怀疑推及到东汉古文经学。既然崇古，东汉古文经学晚于西汉今文经学，今文比古文更古，何不如尊信更古的西汉今文经学。如清末文廷式所说：“汉学重考证，考证之学则愈古而愈奥，故人惟搜旧，西汉之学盛而东汉之学顿衰。”[③]由考证趋于古学，这样他们便借崇古由东汉而上推西汉，进而提倡今文经学。这表明今文经学的复兴是崇古善疑学风的必然产物。

第二，汉学自身的缺点。惠栋、戴震等复兴汉学功不可没，但其末

① 参见汪学群、武才娃：《清代思想史论》第一章，中国社会科学出版社 2007 年版。

② 梁启超：《清代学术概论》，第 66 页。

③ 文廷式：《罗宵山人醉语》，《文廷式集》下册，中华书局 1993 年，第 813 页。

流，英华既竭，枝叶是穷，义鲜宗极，语乏归宿，[①]如焦循所讥讽的那样，为"拾骨学"、"本子学"[②]。汉学诸家对于训诂虽然多有发明，但对名物所涉及的古代制度等仍然争论不休，而且始终没有得到解决。汉学代替宋明理学兴起的重要原因是以为理学空疏，而自我标榜务实，现在却纷纭于名物制度而不可究诘，其实也是一种空疏，与理学家空谈心性区别不大。汉学家治《周易》摈弃"河图洛书"，却代之以"卦气爻辰"，这也非《周易》本身所固有，不过是五十步笑百步，诸如此者尚多，不足以服人。况且汉学诸家对于史学家如章学诚、理学家如方东树等人的批评，未能虚怀接纳，反躬自省，反而百般辩解，又以盛气凌人而自居，竭力争得儒家正统，于是在学术界形成了一种"汉学专制"的局面。既然汉学自身有这样诸多的缺点，又不知悔改，那么就大大地制约了进一步发展的可能性，最终沦为革命的对象，被异军突起的今文经学所取代。

第三，汉宋调和的困境。[③] 汉学家自身也意识到汉学所出现的危机，他们力图通过调和汉宋之学来加以解决，但这非易事。钱大昕说："《春秋》，褒善贬恶之书也。其褒贬奈何直书其事？使人之善恶无所隐而已矣！"[④]充分意识到《春秋》中的褒善贬恶之义，但仍强调《春秋》重在直书其事，对《春秋》中的微言大义极少发明。阮元虽然也有不少汉宋兼采之论，但对其子说："余之学多在训诂，甘守卑近，不敢矜高以贤儒自命，故《论仁》、《论性命古训》皆不过训诂而已。"[⑤]论义理也以训诂为标准，不离训诂半步。他所编纂的《清经解》收入的皆为汉学家著作，对于宋学家的著作则采取排斥的态度。

与汉学家一样，一些宋学中人也调和汉宋之争，试图解决汉宋之

① 参见萧一山：《清代通史》第四册第二十九章，华东师范大学出版社，2005 年。

② 参见焦循《家训》，以摭拾之学为拾骨学，以校勘之学为本子学，排斥甚力。

③ 参见罗检秋：《嘉庆以来汉学传统的衍变与传承》第一章，中国人民大学出版社，2006 年。

④ 钱大昕：《潜研堂文集》卷二，《春秋论》，《四部丛刊初编缩本》，第 24 页。

⑤ 张鉴等撰：《阮元年谱》，中华书局，1995 年，第 155 页。

间的对立，但不能摆脱宋学立场，翁方纲批评汉学“偏徇而不论理之是非，琐碎而不识事之大小，哓哓聒聒，道听途说”。他告诫弟子“勿循一时人之好尚”，像汉学那样“玩物丧志。”认为“义理至南宋而益加密用心，至南宋而益加深切”，“故考订之学必推南宋，虽朱子不专以考订名，而精义入微，所必衷之于此者也。”①矫挽汉学只重考据不论义理之是非诸流弊，强调义理离不开考订，但要以南宋尤其是朱熹的考订来折中，服膺理学。他又说：“所最要之药，则在于扶树宋儒程、朱传说，以衷汉、唐诸家精义，是所关于士习人心者甚巨。”②把以遵循程朱经传诸说来折中汉唐诸家精义当成治经的灵丹妙药，解决当时汉宋儒学之间的分歧，可见用心良苦。夏炘以汉学方法的阐释宋学，说：“程、朱之释经，虽不敢谓其字字句句尽得圣人之意，然其大者固得之矣！大莫大于性道诸说，于性道诸说而不得，何以为程、朱？金溪、姚江之焰今时已息，而《孟子字义疏证》又复肆其诋毁。”③指出程朱解经在训诂考据方面的不足，但对他们阐释其中的性道则给予正面的肯定，不赞成戴震作《孟子字义疏证》对程朱的诋毁。

翁方纲意识到由于立场不同而调和汉宋所遇到的困难，他说：“专守宋学者固非矣，专骛汉学者亦未为得也，至于通汉、宋之邮者又须细商之。盖汉、宋之学有可通者，有不可通者。以名物器数为案，而以义理断之，此汉、宋之可通者也。彼此各一是非，吾从而执其两，用其一，则慎之又慎矣。”④专守汉学或宋学皆有片面性，应该打通汉宋畛域，但实际做到这一点十分困难，因为双方都有不可融通之处。从考据与义理相互关联角度看可以沟通，但彼此各有是非，考据或义理所得的结果不完全一致，应择善而从之。章学诚认为，宋学言道不言器，汉学寻章训诂，二者本来就不相合，“顾经师互诋，文人相轻，而性理诸儒，又

① 翁方纲：《复初斋文集》卷十一，《与陈石士论考订书》，光绪丁丑重校本，第 14 页。
② 翁方纲：《复初斋文集》卷十二，《送吴石亭视学安徽序》，第 14 页。
③ 夏炘：《景紫堂文集》卷十，《与定海王薇香式三明经书》，咸丰乙卯本，第 13 页。
④ 翁方纲：《复初斋文集》卷十五，《书别次语留示西江诸生》，第 17—18 页。

有朱、陆之同异,从朱从陆者之交攻,而言学问与文章者,又逐风气而不悟,庄生所谓百家往而不反,必不合矣,悲夫!”[①]不仅汉宋不同,就是宋学内部也有朱熹与陆九渊的不同,《庄子·天下篇》承认诸子百家的存在并以宽容的态度对待它们,章学诚引此旨在说明汉宋之间的不同,强调它们并存对儒学的发展与繁荣有积极意义。

晚清朱一新在评论汉学与宋学时也注意到二者融通的艰难,说:“汉、宋诸儒大旨,固无不合,其节目不同处亦多,学者知其所以合,又当知其所以分。使事事求合,窒碍必多,穿凿附会之说起矣”,“宋学以阐发义理为主,不在引证之繁。义理者,从考证中透进一层,而考证之粗迹,悉融其精义以入之(非精于考证,则义理恐或不确)。”[②]汉学与宋学既有相合之处,也有不相合之处,这是事实,应给予承认,如果以事事求合,那么将会抹杀他们之间的不同,穿凿附会之说就会兴起。具体讲,汉学与宋学有相合在于考据与义理不可分,二者兼顾,但二者毕竟不同,宋学长于义理,汉学长于考据,这是不可抹杀的事实。

第四,今文经学的优势也是其得以复兴的原因。既然宋汉融通存在着困境,那么就应该超越汉宋畛域,以孔子儒学为宗旨,焦循说:“宋之义理,仍当以孔之义理衡之。未容以宋之义理,即定为孔子之义理也。”[③]这是以孔子义理为衡量标准,宋学义理应当附合于孔子儒学。汪中之子汪喜孙说:“吾儒所读之书,皆周、孔之书;所传之学,皆周、孔之学,降为汉学、宋学,可乎?”[④]以孔子儒学为根本,汉学宋学都以阐扬孔子儒学为己任,不应局限于汉学与宋学尤其是争门户。

以孔子儒学为宗旨求诸经真谛,当归于西汉今文经学。晚清朱一新说:“汉学家琐碎鲜心得。高明者亦悟其非,而又炫于时尚,宋儒义

---

① 章学诚:《文史通义校注》卷二内篇二,《原道下》,第140页。

② 朱一新:《无邪堂答问》卷三,《评刘润纲的读李翱复性书》,中华书局,2000年,第116页。

③ 焦循:《雕菰集》卷十三,《寄朱休承学士书》,第203页。

④ 汪喜孙:《从政录》卷一,《与朱兰坡先生书》,《汪喜孙著作集》,台湾文史哲研究所,2003年,第408页。

理之学深所讳言。于是求之汉儒，惟董生之言最精；求之《六经》，惟《春秋》改制之说最易附会。且西汉今文之学久绝，近儒虽多缀辑，而零篇坠简无以自张其军。独《公羊》全书幸存，《繁露》、《白虎通》诸书又多与何注相出入。其学派甚古，其陈义甚高，足压倒东汉以下儒者，遂幡然变计而为此。"[①]汉学家趋于繁琐考据，排斥宋明理学，当时一些儒家认为求汉儒应以董仲舒为最精深，求诸经也应以《春秋》改制之说为最容易附会。由于学理的需要，久已失传的西汉今文经学开始重新走上儒学前沿，在今文经中阐释《春秋》的《公羊》最为系统，并经过董仲舒与何休的阐释，加上《春秋繁露》、《白虎通》等著作，应该说今文经最为完备，今文经的诸多优势，如学既古又新，从时间和义理上都能压倒以东汉古文经为特色的汉学，那么取而代之就再自然不过了。朱一新这一段话虽然是在评论晚清公羊学的大盛，但同样也适用于肇始乾嘉时期的今文经学。

社会层面的原因。今文经学的兴起除了学理上的原因之外，还有其深刻的社会背景，包括内部与外部环境的互动等，都对今文经学的产生起了推进作用。

第一，内部环境。乾隆中叶以后，正当清高宗宣扬文治、侈谈武功之时，吏治败坏，官逼民反，民变大兴，清王朝业已盛极而衰。

嘉庆四年(1799)，高宗作为太上皇病逝，清仁宗亲政。太上皇临终所交给仁宗的天下，已非昔日从其父祖手上承继的盛业，而是千疮百孔，衰象毕露，有如晚明动荡的乱局。仁宗亲政后数日即将和珅肃整制裁。他把握时机处理果断，本来可以成为挽救和改变衰颓政局的良好起点，然而其结果只是一场高层统治集团内部争夺特权和利益的火并。面对政治腐败、社会矛盾激化、危机丛生的现实，并非庸碌的仁宗却是束手无策。囿于"朕缵承统绪，夙夜勿遑，以皇考之心为心，以

---

① 朱一新：《无邪堂答问》卷一，《答胡仕榜问董胶西欧阳永叔论春秋》，第 21 页。

皇考之政为政”[①]。嘉庆二十五年(1820),仁宗去世,清宣宗继位,改元道光。即位后,有振兴国运的壮志与决心。宣宗正式发出“不得习尚浮华,以副朕敦本务实之意”,从此多次上谕都有“返本还淳”、“黜华崇俭”、“崇俭去奢”、“黜华崇实”、“敦本崇实”等反复出现。然而清朝的统治积弊已深,大势已去,已非个人主观意志和能力所能改变。

自乾隆三十九年(1774)山东王伦起事始,迄于六十年(1795)高宗内禅,仁宗嗣位,改元嘉庆,民变迭起,南北不绝。嘉庆一朝,其衰颓不振集中表现为此伏彼起的南北民变。其中尤以湘黔苗民、川楚陕白莲教、东南沿海武装反清和畿辅天理教等民变予清廷的打击最为沉重。各路民变对清廷打击空前。仁宗下诏罪己,被迫承认“变起一时,祸积有日。当今大弊,在因循怠玩,实中外之所同。朕虽再三告诫,舌敝唇焦,奈诸臣未能领会,悠忽为政,以致酿成汉、唐、宋、明未有之事。较之明季梃击一案,何啻倍蓰”[②]。民变增多主要由于白莲教系统的民间宗教和天地会一类的秘密结社风起云涌,遍布黄河内外、大江南北,成为一种动员和组织广大农民群众参加反清民变的重要组织形式。其中白莲教系统领导的民变除五省白莲教民变之外,较著名的有清水教、悄悄会、糍粑教、天理教和先天教等民变;天地会有林爽文、庄大田领导的台湾天地会民变,广东博罗、归善、永安天地会民变,江西广昌、宁都、石城天地会民变。还有一些少数民族的民变,如甘肃撒拉族、回族农民、黔东湘西苗民、贵州布依族等民变。这些民变虽然以失败告终,却成为清朝由盛而衰的转折点。

第二,外部环境。十九世纪初西力开始东渐,当时主要以鸦片贸易为主。道光元年清廷以“鸦片流传内地,最为人心风俗之害”,采纳阮元建议重申禁烟严令。鉴于鸦片输入,白银外流,清政府责成广东督抚及海关监督加强巡查,并重申禁烟前令。然而由于吏治败坏,官

① 《清仁宗实录》卷九十,《清实录》第29册,第191页。

② 《清仁宗实录》卷二百七十四,《清实录》第31册,第723页。

商勾结，鸦片屡禁不止，清廷禁令形同空文。道光九年(1829)，作为一个问题的两个方面，鸦片输入，白银外流，已经日渐严重。当此危局，何去何从，清政府出现分歧。一部分人竟不顾国家民族利益，提出弛禁鸦片的荒谬主张。另一部分主张严禁，林则徐多次上折奏请禁烟章程，其中发出“法当从严，若犹泄泄视之，是使数十年后，中原几无可以御敌之兵，且无可以充饷之银”[①]的哀叹。随后清廷任命他为钦差大臣，由此开始禁烟。然而由于清廷的腐朽，对外卑躬屈膝，使禁烟运动归于失败。

冯友兰在《中国哲学史》下卷有一段话道出今文经学产生的外部原因。他说：“此派经学之复兴与当时又一方面之潮流，亦正相适应。此派经学家所以能有新问题者，亦受此新潮流之影响。盖自清之中叶以降，中国渐感觉西洋人之压迫。西洋人势力之前驱，以耶教传教士为代表，其后继之军事政治经济各方面之压力。此各面之压力，在当时中国人之心中，引起各种问题。其中较根本者，即(一)西洋人有教，何以中国无之？岂中国为无教之国乎？(二)中国广土众民，而在各方面皆受西洋之压迫，岂非因中国本身，有须改善之处与？当时有思想之人，为答此问题，即在思想方面，有新运动。此运动之主要目的，即为自立宗教，自改善政治，以图‘自强’。简言之，即立教与改制。然其时经学之旧瓶，仍未打破。人之一切意见，仍须于经学中表出之。而西汉盛行之今文经学家之经学，最合此需要。盖在今文经学家之经学中，孔子之地位，由师而进为王，由王而进为神。在纬书中，孔子之地位，固已为宗教之教主矣。故讲今文经学，则孔子自成为教主；而孔子之教，自成为宗教。今文经学家，又有孔子改制、立之世之政治制度，为万世制法之义。讲今文经学，则可将其时人理想中之政治，托孔子

---

① 林则徐：《湖广奏稿·钱票无甚关碍宜重禁吃烟以杜弊源片》，《林则徐集·奏稿》，中华书局，1965年。

之说，以为改革其时现行政治上社会上各种制度之标准。”①

冯氏指出清代中叶以后中国就开始受着西方的侵略与压迫，先是传教士，继之以军事政治经济等方面的压力，所带来的主要问题，即自立宗教与改善政治急待需要解决。在经学时代之下，人们只能从诸经中寻找，而今文经学所理解的孔子思想最符合当时倡导的立教与改制，于是便应运再生，成了维新运动的思想武器。冯氏对今文经学产生原因的分析可以说遵循了社会意识归根到底是社会存在的产物这一基本原则，因此是可信的。他这里虽然更多的是揭示晚清今文经学大盛的外部原因，但同时也适用于早期兴起的今文经学。因为嘉道时期的今文经学同样担当起改革政治创立宗教的任务，以解决当时出现的政治危机与信仰危机。

总之，从学术与社会的关系看，今文经学代替推崇古文经的汉学是因为它能通经致用，今文经学具有经世的这一特点是其复兴的原因。乾嘉之世，汉学大盛，其学风以训诂名物考证、章句注疏、佚文钩辑、言言有据、字字有考为特征，这种经院式的研究使儒学陷于烦琐破碎，泥古墨守的窠臼，而忽视了会通和对微言大义的探求。在社会出现危机时，汉学家们不可能担当起补偏救弊、挽救社会的作用。而乾嘉之际正是清代由盛到衰转变的开始，一些有识之士看出了繁荣下面所潜伏的危机，思图补救，便率先起来致力于扭转学术界风气，以期达到改革社会的目的。他们所面对的汉学由于只重文字训诂，无法济世，而理学虽讲义理，但长期处于受批判的地位，一蹶不振，也完成不了这一使命。于是便转向具有经世色彩的西汉今文经学，以此取代汉学，这既符合当时尊古善疑之风，同时也适应时代的需要，反映了清代儒学由东汉古文经向西汉今文经转变的学术趋向。这一趋向既是学术自身逻辑发展的结果，也是由当时的社会条件决定的。

---

① 冯友兰：《中国哲学史》下册，第 1010—1011 页。

二、今文经学的发展

今文经学肇始于乾隆中期，庄存与为其开山，今文经学的发展应在嘉庆、道光时期。主要代表人物有张惠言、方申、陈寿祺、凌曙、恽敬、李兆洛等(常州公羊学有专门介绍)。

治今文《易》的有张惠言和方申。张惠言(1761—1802)，字皋文，号茗柯，江苏武进人。他为学始从诗文词赋入手，中年以后开始治经学，主今文，尤擅长虞翻《易》，是当时有名的今文易学家。他认为，汉代治《易》诸家以郑玄、荀爽、虞翻为最有名，但他们又各自不同，只有虞氏《易》得孟喜正传，继七十子之微言，因此专以虞氏为主，发明虞氏义。他指出："翻之言《易》，以阴阳消息六爻，发挥旁通，升降上下，归于乾元用九，而天下治。依物取类，贯穿比附；始若琐碎，其及沈深解剥，离根散叶，鬯茂条理，遂于大道，后儒罕能通之。"[①]自清代中期惠栋作《周易述》虽然以虞翻为宗，遵循虞氏《易》来补充郑玄、荀爽之《易》，但张惠言认为其所述未能尽通。在他看来，"治《易》者，如传《春秋》，一条之义，各从其例。"这表明他以传《春秋》之法来治《易》，"求其条贯，明其统例，释其疑滞，信其亡阙"，意在"探赜索隐，以存一家之学。"[②]虽表彰今文《易》，但其见识高于惠氏。他所作的易学著作，如《周易虞氏义》、《周易虞氏消息》、《虞氏易礼》、《虞氏易事》、《虞氏易候》、《周易郑荀义》、《易纬略义》等，建立了虞氏易体系。

张惠言虽然短寿，但对常州今文经学派发皇是有贡献的。如刘逢禄所说："皇清汉学昌明，通儒辈出，于是武进张氏治虞氏《易》，曲阜孔氏治公羊《春秋》，今文之学萌芽渐复。"[③]他死后，外甥董士锡整理遗稿，编辑成《茗柯文》共四编，张惠言的主要著述均收入《张皋文笺易诠

---

① 张惠言：《茗柯文》二编卷上，《周易虞氏义序》，上海古籍出版社，1984年，第38页。

② 张惠言：《茗柯文》二编卷上，《周易虞氏义序》，第38—39页。

③ 刘逢禄：《刘礼部集》卷九，《诗古微序》，《续修四库全书》第1501册，第170页。

全集》和《受经堂汇稿》中。

方申(1787—1840),字端斋,江苏仪征人。少孤,不治举子业,曾受学于以治《左传》而闻名的刘文淇。方申年逾四十始应童子试,道光中以经解补县学生。二十年(1840),赴秋试归,以劳疾卒。生前尝自悔晚学,因此肆力颇勤。方氏精于《周易》,朝夕钻研从未离手。他遍阅易学诸家书籍,涉及易象者均选择抄录,成《诸家易象别录》一卷。以为易家言象以虞翻为最精密,便模仿虞注所引逸象缕析条分,成《虞氏易象汇编》一卷。以为后儒解《易》很少引《说卦传》,于是博考古注,参阅诸纬书与《春秋》内外传注涉及《说卦》文,排比其次第,成《周易卦象集证》一卷。因为《春秋》中讲卜筮一定要根据互卦与正卦相互参证,因此寻绎汉儒所言,反复求其条理,然后知互卦之法,成《周易互卦详述》一卷。卦变之说众说纷纭,无所统贯,于是参互考订,深求其义例之所在,成《周易卦变举要》一卷,是为《易学五书》,[①]发展了张惠言今文易学,为当时今文易学集大成者。

治今文《尚书》及三家今文《诗》的有陈寿祺。陈寿祺(1771—1834),字恭甫,一字苇仁,号左海,晚号隐屏,福建侯官人。他治经以西汉今文经学大师伏生《尚书大传》为宗,也是嘉道时期的今文经学家。乾隆五十四年(1789)中举人,嘉庆四年(1799)成进士,改翰林院庶吉士,在京师治经学,与张惠言、王引之同年齐名。名儒钱大昕、王念孙、段玉裁、程瑶田皆与之交游,切磋经义,他的学问也日渐精博。三年散馆,朱珪欲留他任编修,他则请假归里。

陈寿祺治经尤为推崇西汉今文经学大师伏生,认为伏生是两汉最早的经师,所著《尚书大传》冠汉代经注之首。《尚书大传》基本亡佚,他搜集汉代典籍所引《尚书大传》文字,加以详细审校,撰成《尚书大传辑校》。他说:“伏生《大传》条撰大义,因经属指,其文辞尔雅深厚,最

① 参见《续修四库全书总目提要》上册,中华书局,1993年版,第104—105页。

近《大小戴记》七十子之徒所说，非汉诸儒传训之所能及也。"[①]他也推崇郑玄，称："康成百世儒宗，独注《大传》，其释三《礼》每援引之，及注《古文尚书》，《洪范》五事、《康诰》孟侯，文王伐崇戡耆之岁，周公克殷践奄之年，咸据《大传》以明事，岂非闳识博通，信旧闻者哉？"[②]陈寿祺援引《尚书大传》注说三《礼》及《古文尚书》，表明他所表彰的是郑玄经学中的今文，而对古文不重视。

在清源书院时，他撰成《五经异义疏证》。《五经异义》为东汉经学家许慎所著，《隋书·经籍志》著录十卷。其后郑玄针对许慎著《驳〈五经异义〉》。《旧唐书·经籍志》与《新唐书·艺文志》所记和《隋书》相同，但言许慎，驳郑玄，将许、郑之书合为一，以便观览。《宋书》不见著录，大约佚于唐代。他说："石渠议奏之体，先胪众说，次定一尊，览者得以考见家法，刘更生采之，为《五经通义》，惜皆散亡。《白虎通义》经班固删集，深没众家姓名，殊为疏失。不如《异义》所援古今百家，皆举五经先师遗说，其体仿石渠论，而详赡过之。"[③]许慎治学重小学文字，陈寿祺撰此书旨在阐扬许慎之学，说明他宗今文也不忘古文。

陈寿祺偏重今文《尚书》，也喜齐鲁韩三家今文之《诗》，不喜古文《毛诗》，说："非敢阿好古人，宁道周、孔失，不言郑、服非也。魏晋以后，典籍沦弃有甚于秦燔，抱残守缺，无殊于伏壁。而汉之儒者犹及见秘府之逸编，闻先师之绪论，拾遗补艺，非同虚造。"[④]汉人在秦火之后得遗经，闻孔子先师之绪论，确实有比后来儒家占优势的地方，但汉学诸家尊汉儒胜于周公、孔子，尊汉儒经注胜于经书，陈氏对此深表不满，汉儒的学问毕竟是阐扬孔子儒学，但不能取代它。陈寿祺的主要著述收入《左海全集》中。

治今文《春秋》的有凌曙。凌曙（1775—1829），字晓楼，江苏江都

---

① 陈寿祺：《尚书大传辑校》卷首，《尚书大传辑校序》，《左海全集》，嘉庆道光间刊本，第2页。

② 陈寿祺：《尚书大传辑校》卷首，《尚书大传辑校序》，第2页。

③ 陈寿祺：《五经异义疏证》卷首，《五经异义疏证序》，《左海全集》，嘉庆道光间刊本，第1页。

④ 陈寿祺：《左海文集》卷四，《答许子锦论经义书》，《左海全集》，嘉庆道光间刊本，第30页。

人。他以治《春秋》公羊学而名家。乾隆五十九年(1794),他年二十学业已有所成就,后来包世臣把他与汪中并举,称之为"江都有生于孤露,不假师资,自力学以成名者"①。嘉庆九年(1804),凌曙初识著名经学家包世臣,并向他请教学业。遵包世臣嘱托,他在研究《四子书》的同时,也开始治《礼》,得郑玄学说要领后,又问学于沈钦韩,后来读到刘逢禄的《春秋公羊何氏释例》,对何休的《春秋》学发生兴趣,遂转而宗今文经学。

凌曙入京后为阮元校辑《经郛》,得以详细阅读魏晋以来治《春秋》诸家的著作,其中尤重视董仲舒的《春秋繁露》。其外甥刘文淇说他"专治《公羊》,谨守家法,尝以董子之书合乎圣人之旨"②。二十年(1815)他在《春秋繁露注序》中谈及研究《春秋繁露》一书的动机,认为《春秋》的微言大义包括在《公羊》之中,而《公羊》之学传自董仲舒。董子作《春秋繁露》一书,在他看来,可谓"识礼义之宗,达经权之用,行仁为本,正名为先,测阴阳五行之变,明制礼作乐之原,体大思精,推见至隐,可谓善发微言大义者"③。但董仲舒此书"流传既久,鱼鲁杂糅,篇第褫落,致难卒读。浅尝之夫,横生訾议,经心圣符,不绝如线"。于是他"构求善本,重加厘正,又复采列代之旧闻,集先儒之成说,为之注释",④撰成《春秋繁露注》一书,可谓董氏《春秋》学的功臣。

他撰成《公羊礼说》、《公羊礼疏》两书,二十四年(1819)先后为这两书作序。在《公羊礼疏序》中说:"吾以为治是经者,由声音训诂而明乎制度典章,以进求夫微言大义。"⑤表明他的经学已非考据训诂所能限,突出其今文家治经求微言大义的特点。凌曙的全部著述收入《凌氏丛书》中。

① 包世臣:《艺舟双楫》卷四,《清故国子监生凌君墓表》,《安吴四种》。
② 刘文淇:《春秋公羊问答序》,《春秋公羊问答》卷首,蜚云阁藏版,第1页。
③ 凌曙:《春秋繁露注》卷首,《春秋繁露注序》,蜚云阁藏版,第1页。
④ 凌曙:《春秋繁露注》卷首,《春秋繁露注序》,第2页。
⑤ 凌曙:《春秋公羊礼疏》卷首,《春秋公羊礼疏序二》,蜚云阁藏版,第4页。

陈立(1809—1869),字卓人,又字默斋,江苏句容人。道光年间进士,官云南曲靖知府,先后师从凌曙、刘文淇,著作有《白虎通疏证》、《说文谐声孳生述》、《旧唐书校勘记》、《句溪杂著》等。他毕生精力治《公羊》,成《春秋公羊义疏》七十六卷。所著严守“疏不破注”之例,对何休只有引申而无背畔,其所征引,“凡唐以前《公羊》古义及国朝诸儒说《公羊》者,左右采获”①,皆网罗无遗。礼制部分则多承袭其师凌曙之说,笃信郑玄,而于公羊“三科九旨”诸说得阐发得无有余蕴。

另有恽敬和李兆洛,他们虽然没有什么系统的今文经学著作,但以今文经学微言大义倡导改革,是当然的今文经学家。恽敬(1757—1817),字子居,阳湖人。自幼读书能独申己见,不因循旧说。乾隆四十八年(1783)举人,他居京为官时与庄述祖、庄有可、张惠言等交往过甚,彼此以学术相砥砺,受常州庄氏之学的影响。后又任富阳、平阴、新喻、瑞金等县知县,擢南昌、吴城同知。因与上官不合而遭弹劾,免官。后以著书为业,深求因革治乱,归于经世致用。他所作《三代因革论》指出:“汉兴百余年之后,始讲求先王之遗意,盖不见前古之盛,六百余年矣。朝野上下,大纲细目,久已无存;遗老故旧,亦无有能传道者。诸儒博士于焚弃残剥之余,搜拾灶觚蠹简推原故事。其得之也艰,故其信之也笃。书之言止一隅,必推之千百隅,而以为皆然;书之言止一端,必推之千百端,而以为不可不然。呜呼!何其愚也。”②批评东汉古文经学,不求传孔子儒家之道,只在秦火之余求残篇断简,趋于训诂考据一途,并视为放之四海而皆准的真理,愚蠢可笑。

他又说:“彼诸儒博士者,过于尊圣贤,而疏于察凡庶;敢于从古昔,而怯于赴时势;笃于信专门,而薄于考通方;岂足以知圣人哉!是故其为说也,推之一家而通,推之众家而不必通;推之一经而通,推之众经而不必通。且以一家一经,亦有不必通者。至不必通,而附会穿

① 《清史稿》卷四百八十二,《儒林传》三,第3404页。
② 恽敬:《三代因革论》第一篇,《大云山房文稿》初集卷一,商务印书馆,1935年,第5—6页。

凿以求其通,则天下之乱言也已。”①汉代设立诸经博士,各传一经,有家法师法,但彼此不通,乾嘉汉学尊汉儒,抱残守缺,穿凿附会,于事无补,这里名义上是批评汉代经学的博士制度,其实是借此反对清代汉学诸家的治经方法。

李兆洛(1769—1841),字申耆,武进人。嘉庆十年(1805)进士,由翰林院散馆,改授安徽凰台县知县,后主讲江阴暨阳书院,敦崇实学,成就颇丰。他治学涉及天文、舆地,皆精深。曾做朱墨二图用以识别历代舆地沿革,又铸造天球铜仪及日月行度铜仪,用以教授士子。他为文取径汉魏,主张恢复古人不分骈散之旧,因此所辑《骈体文钞》实与姚鼐的《古文辞类纂》相抗衡,所著有《养一斋文集》等。

李氏为学受常州今文经学影响。魏源作传称:“自乾隆中叶后,海内士大夫兴汉学,而大江南北尤甚。苏州惠氏、江氏,常州臧氏、孙氏,嘉定钱氏,金坛段氏,高邮王氏,徽州戴氏、程氏,争治诂训音声,瓜剖釽析。视国初崑山、常热二顾及四明黄南雷、万季野、全谢山诸公,即皆摈为史学非经学,或谓宋学非汉学,锢天下聪明知慧使尽出于无用之一途。武进李申耆先生生于其乡,独治《通鉴》、《通典》、《通考》之学,疏通知远,不囿小近,不趋声气。年甫三十而学大成。兼有同辈所长,而先生自视嗛然如弗及。”②乾隆中叶以后汉学大兴,惠栋、江永、戴震、钱大昕、程瑶田、段玉裁、王念孙、臧庸、孙星衍等治经精于声音训诂考据,汉学家又囿于汉宋之争,不通经致用,属于无用之学,而李兆洛则看经世之书,致力于经世致用之学,可谓开风气的人物。魏源又说:“乾隆间经师有武进庄方耕侍郎,其学能通于经之大谊,西汉董、伏诸先生之微淼,而不落东汉以下。至嘉庆、道光间,而李先生出,学无不窥,而不以一艺自名,醰然粹然,莫测其际也。并世两通儒皆出武

---

① 恽敬:《三代因革论》第八篇,《大云山房文稿》初集卷一,商务印书馆,1935年,第17页。

② 魏源:《李申耆先生传》,《魏源集》,中华书局,1976年,第358—359页。

进，盛矣哉！余于庄先生不及见，见李先生。故论其大旨于篇。”[1]魏源作为今文经学家在这里揭示了李兆洛的儒学渊源，即来源于常州庄氏今文经学，今文经学讲通经致用，微言大义归于致用。

第二节　公羊学的发展

这里谈公羊学的兴起主要从学理上讲其产生的思想源流，进而论述清代公羊学发展的一般情况及其特点，从中可以看出它在今文经学中的地位。

一、公羊学的思想源流

清代公羊学思想源流追溯到《公羊传》。[2] 相传《春秋》为孔子所作，解释《春秋》的有《左传》、《穀梁传》、《公羊传》这三传，前者属于古文经，后两者属于今文经。公羊学源于《春秋公羊传》对《春秋》经的解释，《公羊传》据史料记载共有十一卷，作者公羊子，名高，为齐人，公羊高曾是孔子弟子子夏的学生。《公羊传》经过数代的口说流传，到汉景帝时由公羊寿、胡毋生写定成书。与胡毋生大约同时的董仲舒也精研《公羊传》，就承传讲为公羊寿的后学。

《公羊传》对《春秋》的解释重在孔子讲的义，由此衍生出如下微言大义：

尊奉周王室。《春秋》记事首列鲁隐公："元年，春，王正月"，以下每年大体采用这一体例，以正朔表示对周天子的尊奉。《春秋》僖公八年载："春，王正月，公会王人、齐侯、许男、曹伯、陈世子款、郑世子华，

---

① 魏源：《李申耆先生传》，《魏源集》，第 361 页。
② 参见陈其泰《清代公羊学》，第一章，东方出版社，1997 年。

盟于洮。"《公羊传》解释说:"王人者何? 微者也。曷为序乎诸侯之上? 先王命也。"[①]王人来自王室而地位低不称名,但比诸侯要高,因此排序应在诸侯之上,称"王人"以示对先王的尊重。

大一统。《春秋》鲁隐公元年载:"元年,春秋,王正月。"《公羊传》解释"王正月"说:"元年者何? 君之始年也。春者何? 岁之始也。王者孰谓? 谓文也。曷为先言王而后言正月? 王正月也。何言乎王正月? 大一统也。"[②]大一统表现在"内其国而外诸夏,内诸夏而外夷狄"这一基本原则上,这一原则仅限于民族问题上,试图把中原汉族与周边其他少数民族区别开来。但在具体的解释中注入了文化的色彩,如董仲舒说:"《春秋》之常辞,不予夷狄而予中国为礼,至邲之战,偏然反之,何也? 曰:《春秋》无通辞,从变而移。今晋变而为夷狄,楚变而为君子,故移其辞以从其事。"[③]这里君子意指诸夏,诸夏与夷狄之间的地位不是不变的,随着习俗等文化的发展与进步夷狄也可以变成诸夏。少数民族与汉族融合也是大一统应有之义。

寓是非褒贬。司马迁说:"夫《春秋》,上明三王之道,下辨人事之纪,别嫌疑,明是非,定犹豫,善善恶恶,贤贤贱不肖。"[④]如同样是大夫被杀,文辞不同所蕴含的褒贬是非不同。《春秋》隐公四年记载:"卫人杀州吁于濮。"《公羊传》解释说:"其称人何? 讨贼之辞也。"[⑤]意思是说卫人杀州吁是因为他有罪。《春秋》僖公七年记载:"郑杀其大夫申侯。"《公羊传》解释说:"称国以杀者,君杀大夫之辞也。"[⑥]这里只是说郑国国君个人杀申侯,申侯可能无罪或杀非其罪。"称人"、"称国"不同,褒贬是非也不同。

---

① 《春秋公羊传注疏·僖公八年》,《十三经注疏》整理本,北京大学出版,2000年,第257页。

② 《春秋公羊传注疏·隐公元年》,第6—11页。

③ 董仲舒:《春秋繁露·竹林》,苏舆《春秋繁露义证》,中华书局,1992年,第46页。

④ 司马迁:《史记·太史公自序》,《二十五史》,上海古籍出版社,1986年,第358页。

⑤ 《春秋公羊传注疏·隐公四年》,第53页。

⑥ 《春秋公羊传注疏·僖公七年》,第256页。

三世异辞。《公羊传》提出“所见异辞，所闻异辞，所传闻异辞”。如隐公元年《传》曰：“公子益都卒。何以不日？远也。所见异辞，所闻异辞，所传闻异辞。”[①]桓公二年《传》曰：“三月，公会齐侯、陈侯、郑伯于稷，以成宋乱。内大恶讳，此其目言之何？远也。所见异辞，所闻异辞，所传闻异辞。”[②]哀公十四年《传》曰：“《春秋》何以始乎隐？祖之所逮闻也。所见异辞，所闻异辞，所传闻异辞。何以终乎哀十四年？曰：备矣。”[③]这几段话提出的所见、所闻、所传闻就时间而言有一个递进关系，所见是亲眼所见，所闻并不是亲眼所见，二者已有时间先后，所传闻肯定是前代之事。三世异辞时代愈来愈远，说明修《春秋》以鲁国为参照，反映从隐公到哀公十四年共二百四十二年变化的历史，而且不同时段留下的史料不同，书写方式也不同。

拨乱反正，以待后圣。《公羊传》哀公十四年云：“春，西狩获麟。何以书？记异也。何异尔？非中国之兽也。然则孰狩之？薪采者也。薪采者，则微者也。曷以狩言之？大之也。曷为大之？为获麟大之也。曷为获麟大之？麟者，仁兽也，有王者则至，无王者则不至。”[④]这里的“西狩获麟”预示着王者的出现，“受命之符”表征着取周而代之的新王将要登上历史的舞台。孔子作《春秋》选择这一年为终结，其意义非凡，表明《春秋》有拨乱反正，为后世立法之义，已非普通史书所限。《公羊传》又说：“君子曷为《春秋》？拨乱世，反诸正，莫近诸《春秋》。则未知其为是与？其诸君子乐道尧、舜之道与？末不亦乐乎尧、舜之知君子也？制《春秋》之义，以俟后圣，以君子之为，亦有乐乎此也。”[⑤]孔子作《春秋》旨在拨乱反正，期待着后世圣人担当起这一历史重任，《春秋》的政治意义大于历史价值，所解决的是政治问题。

---

① 《春秋公羊传注疏·隐公元年》，第 30—31 页。

② 《春秋公羊传注疏·桓公二年》，第 83—84 页。

③ 《春秋公羊传注疏·哀公十四年》，第 716—718 页。

④ 《春秋公羊传注疏·哀公十四年》，第 709—712 页。

⑤ 《春秋公羊传注疏·哀公十四年》，第 719—721 页。

讥世卿。《公羊传》推护周天子的地位,当然对于大臣的僭越持批评态度。《公羊传》隐公三年说:“夏四月,辛卯,尹氏卒。尹氏者何?天子之大夫也。其称尹氏何?贬。曷为贬?讥世卿。世卿,非礼也。”[①]尹氏原本是大夫,《春秋》不称大夫或相应的官名,而书尹氏是贬低之意,因为他对周天子非礼。

九世复仇。《公羊传》庄公四年说:“纪侯大去其国。大去者何?灭也。孰灭之?齐灭之。曷为不言齐灭之?为襄公讳也,《春秋》为贤者讳。何贤乎襄公?复仇也。何仇尔?远祖也。哀公烹乎周,纪侯谮之,以襄公之为于此焉者,事祖祢之心尽矣。尽者何?襄公将复仇乎纪,卜之曰:师丧分焉。寡人死之,不为不吉也。远祖者,几世乎?九世矣。九世犹可以复仇乎?虽百世可也。家亦可乎?曰:不可。国何以可?国君一体也。”[②]齐襄公八年伐纪,纪侯被迫离开国家,其原因是齐襄公九世祖哀公为纪侯所谮,被烹于周,齐襄公九世后复仇,灭掉纪国。灭国复仇并非个人之仇,而是国仇。作为诸侯国的国君齐襄公君国一体。这种复仇对维系宗法制度是必须的,尽管有些野蛮。

总之《公羊传》解释《春秋》已经不是历史学意义上的叙事,而是寓微言大义于其中,其政治喻意非常深刻,《公羊传》独立成篇,已是一部政治书籍。

汉代传递《公羊传》并对其做出重要贡献的是董仲舒与何休。董仲舒初步建了公羊学体系,何休则集其大成,确立了公羊学发展的规模。

董仲舒初步提出了一整套公羊学体系,主要包括以下内容:

突出《春秋》的政治价值,强调孔子作《春秋》是为汉制立法。董仲舒说:“仲尼之作《春秋》也,上探正天端王公之位,万民之所欲,下明得失,超贤才,以待后圣。故引史记,理往事,正是非,见王公。”“有国家

---

① 《春秋公羊传注疏·隐公三年》,第44—45页。

② 《春秋公羊传注疏·庄公四年》,第142—144页。

者不可不学《春秋》。"[①]孔子作《春秋》为的是安邦理民，端正上位，明辨百姓是非，引古筹今，为后来王者提供借鉴，因此统治者必须学习《春秋》。他在《天人三策》中说："《春秋》之文，求王道之端，得之于正。正次王，王次春。春者，天之所为也；正者，王之所为也。其意曰上承天之所为，而下以正其所为，正王道之端云尔。""孔子作《春秋》，先正王而系万事，见素王之文焉。""故《春秋》受命而先制者，改正朔，易服色，所以应天也。""《春秋》大一统者，天地之常经，古今之通谊。"[②]《春秋》强调正、王、春三者，首先要正，然后才是王，春为天地开端，讲承天所为，实际上是端正王道，确立帝王统治的合法性，包括改正朔，易服色，大一统等都说明这一点。联系到汉代，董仲舒如此重视这一点也在于强调汉承周而来的合法性。

张三世。他说："《春秋》分十二世为三等：有见，有闻，有传闻。有见三世，有闻四世，有传闻五世。故哀、定、昭，君子之所见也。襄、成、文、宣，君子之所闻也。僖、闵、庄、桓、隐，君子之所传闻也。所见六十一年，所闻八十五年，所传闻九十六年。于所见微其辞，于所闻痛其祸，于传闻杀其恩。"[③]把二百四十二年的春秋历史划分为所传闻、所闻、所见三个阶段并与鲁国诸君前后相应。三世异辞是因为时代不同，文献记载详略不一，以及主观体验也不同，凡此影响着书法。这种三世异辞说为后来的何休张三世说提供了思想基础。

通三统。他说："王者必受命而后王。王者必改正朔，易服色，制礼乐，一统于天下，所以明易姓，非继仁，通以己受之于天也。王者受命而王，制此月以应变，故作科以奉天地。"[④]改朝换代必须有所标志，以示告别过去，对新王朝的认同，"改正朔，易服色，制礼乐"就是其中的重要内容，其目的是使新朝合法化，更好的"一统于天下"。夏商周

---

① 董仲舒：《春秋繁露·俞序》，苏舆《春秋繁露义证》，第158—160页。

② 董仲舒：《天人三策》，《汉书·儒林传》，《二十五史》，上海古籍出版社，1986年，第235页。

③ 董仲舒：《春秋繁露·楚庄王》，苏舆《春秋繁露义证》，第10页。

④ 董仲舒：《春秋繁露·三代改制质文》，苏舆《春秋繁露义证》，第185页。

三代改制的标志是:夏正墨统,以建寅为岁首,色尚墨;汤受命而王,正白统,改国号为殷,以建丑为岁首,色尚白;周受命而王,正赤统,以建子为岁首,色尚赤。这就是所谓的通三统。国号不同,历法不同,服色不同象征着朝代的轮替。

德刑相兼备。他说:"国之所以为国者德也,君之所以为君者威也。""是故为人君者,固守其德,以附其民;固执其权,以正其臣。"[①]"为人主者,居至德之位,操杀生之势,以变化民。""喜怒当寒暑,威德当冬夏。"[②]"天道之大者在阴阳。阳为德,阴为刑。刑主杀而德主生。是故阳常居大夏而以生长养育为事,阴常居大终而积于空虚不用之处。"[③]《春秋》治理国家既要以德也要施威,如同自然界有寒暑冬夏一样,人主也有喜怒威德,掌握德威的权力。先秦儒家讲施政宽猛相济,董仲舒倡导德威并重,一脉相承。

天人感应和谴告之说。董仲舒关于这方面的论述很多,兹举几条:天也有喜怒之气,哀乐之心,"天执其道为万物主"[④]。"孔子作《春秋》,上揆之天道,下质诸人情,参之于古,考之于今。故《春秋》之所讥,灾害之所加也。《春秋》之所恶,怪异之所施也。书邦家之过,兼灾异之异。"[⑤]"小者谓之灾。灾常先至而异乃随之。灾者,天之谴也;异者,天之威也。谴之而不知,乃畏之以威。"[⑥]孔子作《春秋》上揆天道,下质人情,又参考古今,讲天人相互感应,如喜怒之气、哀乐之心本来指人,在这里天也具有这些特质,天有什么,人也有什么,反之如此。有天人相互感应才有谴告之说,所谓谴告就是天在出现灾异之前有所预兆,希望使人知晓,改弦更张。董仲舒讲人伦政治等问题喜欢抬出天来,从天人合一角度阐释这些问题,无非是想要加强自己观点的合

---

① 董仲舒:《春秋繁露·保位权》,苏舆《春秋繁露义证》,第174—175页。

② 董仲舒:《春秋繁露·威德所生》,苏舆《春秋繁露义证》,第462页。

③⑤ 董仲舒:《天人三策》,《汉书·董仲舒传》。

④ 董仲舒:《春秋繁露·天地之行》。苏舆《春秋繁露义证》,第459页。

⑥ 董仲舒:《春秋繁露·必仁且智》,苏舆《春秋繁露义证》,第259页。

法性，由此也看出他的儒学杂糅阴阳五行说的特点。

新周，故宋，以《春秋》当新王。他说："故《春秋》应天作新王之事，时正黑统。正鲁，尚墨，绌夏，亲周，故宋。""具存二王之后也。""《春秋》曰：杞伯来朝。王者之后称公，杞何以称伯？《春秋》上黜夏，下存周，以《春秋》作新王。《春秋》当新王者奈何？曰：王者之法，必正号。绌王谓之帝，封其后以小国，使奉祀之。下存二王之后以大国，使服其服，行其礼乐，称客而朝。"①周朝建立后对前朝旧邦并没有绝继，而是封夏之后于杞，封殷之后于宋，"新王受命"封二代之后为王。孔子作《春秋》代表新王，以鲁为王因此称"王鲁"。"绌夏"是说夏离《春秋》新王较远，改称帝，周处于《春秋》新王之前较近，仍封其后人，即"亲周"，宋为殷之后受封，因其离新王远，称"故宋"。孔子的做法其实是为鲁国在诸侯国中争正统，董仲舒发挥《春秋》当新王之说也是为汉代争正统。

东汉的何休是公羊学的集大成者，何休使公羊学更系统化了，主要有下面内容。

大一统。何休把大一统理论化。《公羊传》隐公元年："元年者何？君之始年也。春者何？岁之始也。王者孰谓？谓文王也。曷为先言王而后言正月？王正月也。"何休解释说："变一为元。元气，气也，无形以起，有形以分，造起天地，天地之始也。故上无所系，而使春系之也。不言公，言君之始年者，王者诸侯皆称君，所以通其义于王者，惟王者改元立号。《春秋》托新王受命于鲁，故因以录即位，明王者当继天奉元，养成万物。"②元为天地之始，春为一年的开端，以此象征着王者改元立号，《公羊传》强调元、春旨在说明天地统一于此，孔子作《春秋》突出新王的地位，是想建立绝对的王权，对臣民实施大一统的统治。他解释"何言乎王正月？大一统也"说"统者，始也，总系之辞。夫

---

① 参见董仲舒：《春秋繁露·三代改制质文》，苏舆《春秋繁露义证》，第187—198页。

② 何休：《春秋公羊解诂·隐公元年》，《十三经注疏》整理本，第7页。

王者始受命改制，布施教于天下，自公侯至于庶人，自山川至于草木昆虫，莫不一一系于正月，故云政教之始”[①]。“大一统”的“统”字就是“始”字，天地之始即天地一统，新王受命于天，改制施教涉及天下，包括公侯、庶人，乃至于自然界万物都在其范围之内，其大一统的意义已超过人类，自然界也襄括其中。

三科九旨。徐彦疏云：“问曰《春秋说》云：《春秋》设三科九旨，其义如何？答曰：何氏之意，以为三科九旨，正是一物。若总言之，谓之三科，科者，段也；若析而言之，谓之九旨，旨者，意也，言三个科段之内，有此九种之意。故何氏作《文谥例》云：三科九旨者，新周、故宋、以《春秋》作新王，此一科三旨也；又云所见异辞，所闻异辞，所传闻异辞，二科六旨也；又内其国而外诸夏，内诸夏而外夷狄，是三科九旨也。”[②]科为段，旨为意，三科段有九种意思在里面。一科三旨是新周、故宋、以《春秋》作新王，把通三统相联，体现因革的观念，新王是变革，但不忘旧邦，如封二代之后为王是其意。二科六旨是所见、所闻、所传闻之辞不同，因其时代不同，引申出据乱世、升平世和太平世，时代不断发展前进，是阶段性与前进性的统一。三科九旨是内其国而外诸夏，内诸夏而外夷狄，对汉族与周边少数民族有所区分，有文明与野蛮之意，以汉族为中心，讲求的是文化认同。何休在解释《公羊传》时充分发挥自己提出的“三科九旨”思想。

东汉末经学大家郑玄虽然力主古文经，但也兼采今文经，以此遍注群经，混淆了今古文经的界限，加之东晋元帝设立五经博士用古文经，今文经开始消沉，作为今文经的重要组成部分《公羊传》不受重视，公羊学也随之衰落下去。《公羊传》在沉迹一千多年以后，到了元末学者赵汸那里重新被提起，所作《春秋属辞》阐释公羊家法，对清代公羊

---

① 何休：《春秋公羊解诂·隐公元年》，《十三经注疏》整理本，第11—12页。

② 徐彦：《监本附音春秋公羊注疏隐公卷第一》，《春秋公羊传注疏》，《四库全书》第145册，第13页。

学的复兴起了直接的推动作用，可以说赵汸是清代公羊学复兴的先驱。

赵汸公羊学的代表著为《春秋属辞》，他对《春秋》的看法是："《春秋》截断鲁史，有笔有削，以寓其拨乱之权，与述而不作者事异。"①因此不满意《左传》对《春秋》的解释。《春秋属辞》分别为存策书之大体、假笔削以行权、变文以示其义、辩名实之际、谨中外之辩、特笔以正名、因日月以明类、辞从主人共八篇，认可《公羊传》对《春秋》大义的阐释，以"属辞比事"来推求《春秋》要义。他说："自《左氏》不知有笔削之旨，为公羊学者遂以《春秋》为夫子博采众国之书，通修一代之史者，于是褒贬之说盛行。又有以为有贬无褒者，又有以为一经所书皆为非常，而常事不书者，有谓黜周王鲁者，有谓用夏变周者。其失在不知存策书大体之义而已。"②《左传》属于古文经，重在叙事，不知《春秋》笔削大义，于是公羊家解释《春秋》突显其微言大义。"策书"指君臣之间言经义、政治等方面的书，把《春秋》视为"策书"，这本身就体现了公羊家治《春秋》的特点。

他又说："孔子作《春秋》，以寓其拨乱之志，而国史有恒体，无辞可以寄文。于是有书，有不书，以互显其义。其所书者则笔之，不书者则削之。《史记·孔子世家》论孔子为《春秋》，笔则笔，削则削，子夏之徒不能赞一词，正谓此也。""而夫子于《春秋》独有知我罪我之言者，亦以其假笔削以寓拨乱之权，事与删《诗》定《书》异也。自《左氏》不明此义，其徒者遂不知圣人有不书之法。《公羊》、《穀梁》每设不书之问，盖其所承犹得学《春秋》之要，而无所考据，不能推见全经。"③继承公羊家视《春秋》为拨乱反治之书的这一宗旨，以为《春秋》有笔削，有书有不书，其中蕴含微言大义，《左传》的作者不懂《春秋》此义，把它当成史

① 赵汸：《春秋属辞》卷首，《春秋属辞自序》，《四库全书》第 164 册，第 444 页。
② 赵汸：《春秋属辞》卷一，《存策书之大体序》，《四库全书》第 164 册，第 461 页。
③ 赵汸：《春秋属辞》卷八，《假笔削以行权》，《四库全书》第 164 册，第 606—607 页。

书,失去《春秋》本身所固有的价值。赵汸的公羊学突出了《春秋》作为政治著作的价值,把《春秋》与社会治乱因革联系起来,因此他上承西汉公羊学,下开清代公羊学,起了沟通二者的桥梁作用。

二、清代公羊学的发展

清代的今文经复兴以江苏常州为中心,庄存与为开派祖师,其侄述祖发展他的学说,至其外孙刘逢禄、宋翔凤进一步发扬光大,遂演成独立的学派。由于此派独尊《春秋》公羊学,也称公羊学派,又因他们大都是常州人,以郡望而得名也称为常州之学。[①]

庄存与(1719—1788),字方耕,晚号养恬,江苏武进人。他为学不侧重于名物训诂,"其于六经皆能阐抉奥旨"[②],是今文经学开派宗师。他年轻时治学尤重视公羊《春秋》的研究,探求经中的微言大义。十年(1745),他进京参加会试,试题为《拟董仲舒天人册第三篇》,存与素精研董氏《春秋》,"且于原文册曰以下四条,一字不遗"[③],清高宗大为赞叹,以一甲二名进士的资格入翰林院受编修。十七年(1751),他参加大考,以二等升侍讲,接着入直南书房,授高宗十一子成亲王永理经史。由此可知,他治经"不专为汉宋笺注之学,而独得先圣微言大义于语言文字之外"[④]。他在内廷传授皇子书,对内廷情况了解较深,常援引《春秋》所谓"天无二日,土无二王,国无二君"等微言大义,又以"言之有据"的大一统理论相比附,这很符合高宗在政治上独断专行的需要,因此"以经学受主知"[⑤]。这是今文经学兴起的一个重要原因。

乾隆时期,朴学家把《春秋》当成"记事之史",庄存与则根据元明间赵汸《春秋属辞》的体例,成《春秋正辞》来求其中的微言大义。他

---

① 参见梁启超《中国近三百年学术史》,钱穆《中国近三百年学术史》相关部分。

②④ 阮元:《庄方耕宗伯经说序》,《味经斋遗书》卷首,道光间刊本,第1页。

③ 刘逢禄:《刘礼部集》卷十,《记外王父庄宗伯公甲子次场墨卷后》,《续修四库全书》,第1051册,第184页。

⑤ 朱珪:《春秋正辞序》,《春秋正辞》卷首,第1页。

说:“《春秋》非记事之史,不书多于书,以所不书知所书,以所书知所不书。”又“《春秋》治乱必表其微,所谓礼禁未然之前也,凡所书者有所表也,是故《春秋》无空文”[①]。这是说《春秋》自成义例,其中包蕴着“至圣之法”,解释《春秋》必须知晓圣人的用心,这是从今文经意义上诠释《春秋》,其经世目的十分明确。

三十六年(1771),他任会试副考官,同年孔广森成进士,孔广森为存与的得意门生。因此他和孔广森二人不仅是座主门生之谊,而且还有学术上的师生关系,从孔广森的名著《春秋公羊通义》中可以看出庄存与《春秋》学的辙迹。乾隆晚期,和珅专断,大权旁落,“臣工顺意”,这和存与主张的“大一统”不相容,他当时与和珅同朝,郁郁不合,“故于《诗》、《易》君子小人进退消长之际,往往发愤慷慨,流连太息,读其书可以悲其志云”[②]。他忧心于国事,仰承大一统之旨,其书“又不刊板行世,世是以无闻”[③]。

五十年(1785),朝廷举行千叟盛宴,庄存与应邀赴宴,清高宗赐他“诗杖丰貂彩缎等物”,获得“稽古之荣”[④],这种荣誉为当时官员们所向往。翌年,高宗又谕曰:存与“年力就衰,难以供职”,获准“原品休致”[⑤],从此庄存与致仕归里。归里后,他继续著述。当时他的外孙刘逢禄正从塾师治举子业,课余常随母亲讲求外祖经史大义,存与问及刘逢禄学业,刘逢禄的对答使他很满意,认为孺子可教,授以经史。刘逢禄时年仅十一岁,外祖父的教诲,对其以后的治学方向产生重要的影响。

庄存与死后,其著述收入《味经斋遗书》中。其学由侄庄述祖、外孙刘逢禄、宋翔凤发扬光大,遂演成清代常州今文经学派,庄存与开创

---

① 庄存与:《春秋正辞》卷十三,《春秋要指》,《清经解清经解续编》第 3 册,第 2956 页。
② 魏源:《魏源集》上册,《武进庄少宗伯遗书序》,第 238 页。
③ 董士锡:《易说序》,《味经斋遗书》卷首,第 1 页。
④ 庄勇成:《少宗伯养恬兄传》,见《毗陵庄氏族谱》。
⑤ 《清高宗实录》卷一千二百四十七,《清实录》第 24 册,第 752 页。

之功不可没。

庄述祖(1751—1816),字葆深,号珍艺,晚号檗斋,学者称为珍艺先生,江苏武进人。他治经宗今文,上承庄存与,下启刘逢禄、宋翔凤,为今文经学派的中坚。乾隆四十二年(1777),他以官卷中江南乡试,三年后又成进士。居家伊始,他又承其伯父庄存与所传《春秋》公羊学,并援以治《夏小正》。《夏小正》原是《大戴礼记》中的一篇,按月份记录古代物候,文简义奥,十分难懂。此书成于先秦,西汉戴德为它作注,并收入《大戴礼记》中。唐代修《隋书》把它单列著录于《经籍志》,以后经文与注相互混淆,讹误难辨。北宋傅崧卿撰《夏小正戴氏传》开始把经传分开。当时理学大盛,三礼之学衰微,《夏小正》自然无人问津。清初朴学开始复兴。张尔岐撰《仪礼郑注句读》,把《夏小正》经传合为一篇并断以己意,开清代治此书先河。乾隆时期,治《夏小正》已成风气,有代表性的如汪中的《大戴礼记正误》、孔广森的《大戴礼记补注》、孙星衍的《夏小正传校正》、毕沅的《夏小正考注》等,庄述祖治《夏小正》可谓沿波而起。他先撰成《夏时明堂阴阳经》、《夏时说义》,"准何氏《公羊春秋》条例,隐括就绳墨"[①]。模仿何休,探求等例,为他治《夏小正》的风格。庄述祖此书一出,颇得学者推重,臧庸读此书后致信给他,称:"大著《夏时说义》,迩日读习,精确不刊之论,略有所窥,洵足与董子《春秋繁露》、程子《易传》二书相并,余子所道,概不能及。今后《夏时》得六籍同传者,《说义》之功也。"[②]继承了今文经学重视微言大义的治学精神。

嘉庆二年(1797),庄述祖奉母归里。家居后,他足不至州府,也不以书简通当路,不参加乡里举行的酒食之会,以著述为事。然而一有灾荒赈济抚恤之事,则不遗余力出资救助。每遇见后生问学则每问必

① 庄述祖:《夏小正经传考释》卷一,《夏时明堂阴阳经》,第 14 页。

② 庄述祖:《珍艺宧文钞》卷六,《与臧在东说虞庠四郊西郊异同》附《臧在东来书》,《续修四库全书》第 1475 册,第 115 页。

答，循循善诱，无所保留。从兄之子庄绶甲日从讲论，得之最详，子庄又朔也收益匪浅，外甥刘逢禄、宋翔凤从其治今文经学，始知今文经大义，为他们两人日后的学业打下根基。如刘逢禄后来回忆道："后从舅庄先生治经，始知两汉古今文流别"[①]，可见受庄述祖影响之深。看到他们学有所成，庄述祖也甚为高兴，称赞说："吾诸甥中，刘申受可以为师，宋虞廷可以为友。"[②]

庄述祖治今文遂及《白虎通》。他说："《白虎通义》杂论经传"，"《春秋》则《公羊》而外，间采《穀梁》，《左氏传》与《古文尚书》当时不立学官"，"而《左氏》义不见于《通义》"。[③] 经学今古文之争始于西汉，至清代常州学派兴起，他们推崇《公羊》，抨击《左传》、《周礼》不遗余力，使得当时治《春秋》者不及《左传》，治《礼》者不及《周官》，今文经学由此而大盛，但抹杀《左传》、《周礼》的价值是片面的。就义法而言，《左传》、《穀梁》都不及《公羊》，《公羊》中的微言大义更适应当时改革弊政的需要，这是今文经兴起的一个重要原因。

十四年(1809)，庄述祖写成《夏小正经传考释》第一个序，比较系统地阐述了治《夏小正》的原由。不久，他又撰成《夏小正例文句音义》、《夏小正等例》，他主张："读《夏时》经传，必先条其等例，然后正其文字，离其句度，辨其音声，各以类从矣。"[④]进一步发挥他以前治《夏小正》的风格。十九年(1814)，庄述祖终于刻成《夏小正经传考释》十卷，包括《夏时明堂阴阳经》、《夏时说义》、《夏小正文句音义》、《夏小正等例》，并先后写成第二、三个序。他治《夏小正》继承庄存与治《春秋》公羊学之法，侧重在义例上的阐发，说："《夏时》亦孔子所正，《夏时》之取夏四时之书，犹《春秋》之取鲁史也。"[⑤]他也依何休治《春秋》，认为《春

---

① 刘逢禄：《刘礼部集》卷九，《跋杜礼部所藏汉石经后》，第 177 页。

② 宋翔凤：《庄先生述祖行状》，《碑传集》卷一百八，第 3109 页。

③ 庄述祖：《珍艺宧文钞》卷五，《白虎通义考序》，《续修四库全书》第 1475 册，第 89 页。

④ 庄述祖：《夏小正经传考释》卷六，《夏小正等例文句音义》，第 21 页。

⑤ 庄述祖：《珍艺宧文钞》卷五，《夏小正经传考释序三》，《续修四库全书》第 1475 册，第 85 页。

秋》经“至何邵公作《解诂》，悉隐括就绳墨，而后《春秋》‘非常异义可怪之论’皆得其正。”[①]治经虽宗今文，但也兼顾古文，尤重视古文字学的研究，而且颇有建树。

庄述祖死后，其主要著述收入《珍艺宧丛书》中。其学得到外甥刘逢禄、宋翔凤的光大，为常州今文经学派的兴盛奠定基础。

孔广森(1752—1786)，字众仲，号㢸轩，又号撝约，山东曲阜人。他治经宗《春秋》公羊学，也是公羊学的代表人物之一。他是孔子六十八代孙，其祖孔传铎袭封衍圣公，其父孔继汾为户部主事，名声显赫一方。孔广森少时从学于戴震，治三《礼》、《公羊春秋》，能作篆、隶书，入能品，尤工骈体文，汪中、孙星衍十分赞赏他。乾隆三十三年(1768)，年仅十七岁中乾隆戊子科举人。三十六年(1771)，成进士，入翰林院为庶吉士，散官授检讨。孔广森成进士时，庄存与是当年会试的副主考，后来他进入庶吉士馆，庄存与也在馆中任教习，因此，他们两人的师生关系十分密切。

家居期间，孔广森心慕郑玄，筑“仪郑堂”，“杜门却扫，循陔著书”。[②] 但他主要开始写作《春秋公羊通义》。他治《公羊》可谓祖述家学，同时也受清代《公羊》学的首创者庄存与的影响。他在写《春秋公羊通义》过程中参考了庄存与的《公羊》学，他们治《公羊》学的脉络大体相同，都推崇明代经学家赵汸所著的《春秋属辞》。在总结《公羊》学义例以后，孔广森说：“自唐迄今，知此者惟汸(赵)一人哉。”[③]在该书卷六文公十年“楚子、蔡侯次于屈貉”一条中采纳庄存与说经，指出：“座主庄侍郎为广森说此经曰，屈貉之役，左氏以为陈侯、郑伯在焉，而又有宋公后至，麇子逃归。《春秋》一切不书主，书蔡侯者，甚恶蔡也。蔡同姓之长，而世役于楚，自绝诸夏。”又“若蔡庄侯者，所谓用夷变夏者

① 庄述祖:《珍艺宧文钞》卷五,《夏小正经传考释序三》,《续修四库全书》第1475册,第85页。

② 孔广廉:《校勘公羊春秋通义叙略》,《春秋公羊通义》卷首。

③ 孔广森:《春秋公羊通义》卷末,《春秋公羊经传通义叙》,《清经解清经解续编》第5册,第5902页。

也。”自谓“广森三复斯言，诚《春秋》之微旨。”[①]发挥《公羊》书法笔削等微言大义。

四十八年(1783)，孔广森写成《春秋公羊通义》一书。汉以来，治《春秋》的有《左传》、《公羊》、《穀梁》三家，孔广森认为，“《左氏》之事详，《公羊》之义长，《春秋》重义不重事”[②]，因此所撰《春秋公羊通义》以《公羊》为主，但也兼采《左氏》、《穀梁》，旁通诸家，试图阐述《春秋》微言大义。阮元称该书“醇会贯通”，“成一家之言”。[③] 其实孔广森治《公羊》也有失其大义之处。何休《公羊传》隐公元年说：“元年，春，王正月。元年者何？君之始年也。春者何？岁之始也。王者孰谓？谓文王也，曷为先言王而后言正月？王正月也。何言乎王正月？大一统也。”倡导大一统思想。孔广森治《公羊》学不讲大一统，只谈“分土而守，分民而治”，并以此讥何休“自蹈所云反传违例之失”。[④] 何休治《春秋》提出“三科九旨”义例，即“新周故宋，以《春秋》当新王，此一科三旨也。所见异辞，所闻异辞，所传异辞，二科六旨也。内其国而外诸夏，内诸夏而外夷狄，是三科九旨也。”孔广森不同意这一说法，认为：“《春秋》之为书也，上本天道，中用王法，而下理人情。不奉天道，王法不正，不合人情，王法不行。天道者，一曰时，二曰月，三曰日。王法者，一曰讥，二曰贬，三曰绝。人情者，一曰尊，二曰亲，三曰贤。”[⑤]他以此来解释“三科九旨”，没有把握传统解释《春秋》的微言大义。

孔广森虽然以补释何休《公羊》学为己任，但其朴学的诠释方法，使他未能揭示何休的奥义。临终前对其弟孔广廉说：“余生平所述，讵逮古人？《公羊》一编，差堪自信。”[⑥]表明《春秋公羊通义》为他一生最

---

① 孔广森：《春秋公羊通义》卷六，文公十年，第5838页。
② 孔广森：《春秋公羊通义》卷末，《春秋公羊经传通义叙》。
③ 阮元：《揅经室一集》卷十一，《春秋公羊通义序》，第246—247页。
④ 孔广森：《春秋公羊通义》卷一，隐公元年，第5783页。
⑤ 孔广森：《春秋公羊通义》卷末，《春秋公羊通义叙》，第5902页。
⑥ 孔广廉：《校勘公羊春秋通义叙略》，《春秋公羊通义》卷首。

得意之作。正是此书确立了他作为常州今文经学大师的地位。由于孔广森过世较早,许多书稿未能付梓,其弟孔广廉为他遗著的刊行尽力不少。孔广森的著作均收入《顨轩孔氏遗书》中。

庄有可(1744—1822)为庄存与族孙,虽无科举功名,但也家学渊源,以授徒自给。庄有可著有《春秋注解》、《春秋字数义》、《春秋天道义》、《春秋人伦义》、《周易集说》、《礼记集说》等。他于诸经尤勤于《春秋》,兼采汉宋诸家学说以求创新,后人称其"属守庭训,而所进辄过所期。迨长,益取诸经传,精研经义,参考礼制,句栉字比,求其异同损益之故,使如轨辙之合,浩然无带于心。然后核诸儒之书,正其是非,而自为之说"[①]。治经虽兼采古文,但仍以今文为主,关注春秋公羊学的微言大义。

庄绶甲(1774—1828)为庄存与之孙,幼承庭训,兼治文字训诂,尤以公羊学为主。李兆洛称:"君兄弟三人,从兄弟复若干人,皆能守其家学。君尤力学,得现法,好深湛之思。宗伯公经术渊茂,诸经皆有撰述,深造自得,不分别汉、宋,必融通圣奥,归诸至当,而君从父珍艺先生尽传其业","君既负敏达之资,思兼综素业,通汇条流。"[②]肯定他承传祖庄存与、父庄述祖之学。他与庄有可对公羊学虽然没有大发明,但作为常州庄氏之学的传人,对该学派的壮大起了推动作用。

公羊学真正光大者为刘逢禄和宋翔凤。

刘逢禄(1776—1829),字申受,又字申甫,号思误居士,江苏武进人。著有《春秋公羊释例后录》、《刘礼部集》等。刘逢禄治经尊《春秋》,把《春秋》当作是五经的钥匙,对于《春秋》尤尊《公羊》,认为《春秋》三传中"知类通达,微显阐幽"的是《公羊传》。对于《左传》,刘逢禄强调此书非解经之作而是史籍,主张应与《春秋》分开,认为两书"离之则双美,合之则两伤"。至于通行本《左传》,他认为已为刘歆窜乱。在

① 《大久庄先生传》,见《毗陵庄氏族谱》卷三十二,第1页。

② 李兆洛:《庄君卿珊行状》,见《毗陵庄氏族谱》卷二十一,第60页。

他看来："左氏以良史之材，博闻多识，本未尝求附于《春秋》之义，后人增设条例，推衍事迹，强以为传《春秋》，冀以夺《公羊》博士之师法，名为尊之，实则诬之。"[①]因此，他主张"欲以《春秋》还之《春秋》，《左传》归之《左传》，而删其书法、凡例及论断之谬于大义，孤章绝句之依附经文者，冀以存《左氏》之本真"[②]。治《公羊》并不否认《左传》，它们各有特点，应分别对待，但《公羊》更为根本。

刘逢禄发挥何休"三科九旨"的思想，他认为没有"三科九旨"就没有《公羊》，没有《公羊》也就没有《春秋》，《春秋》的微言大义便不能彰显。于"通三统"，刘逢禄认为夏、商、周三代各有其说，夏是黑统（人统），商是白统（地统），周是赤统（天统），夏、商、周三代制度各有因革损益，《春秋》就是"立百王之制，通三统之义，损周之文，益夏之忠，变周之文，从殷之质"，从而"百世以俟圣人而不惑"。[③] 他认为，清代去古虽远，只要明《春秋》之法来驾驭政治就能从乱转治。刘逢禄发挥了"张三世"的思想，表明社会的发展是由乱世进入升平世，再由升平世进入太平世，不断进化的历史过程。他也阐发了"大一统"思想，强调巩固大一统，清除弊端，应从皇帝做起。他认为大一统，要"以诸夏辅京师，以蛮夷辅诸夏"，这才是"尊亲之化"，这是树立皇权至上，强调中央集权统治。刘逢禄从"三科九旨"入手，对"通三统"、"张三世"、"大一统"等公羊《春秋》义例作了系统的阐发，揭示《春秋》公羊学的经世特色，是今文经复兴的真正奠基人。

宋翔凤（1776—1860），字于庭，江苏长洲（今吴县）人。著有《论语说义》、《大学古义说》、《过庭录》等，所作汇为《浮溪精舍丛书》。宋翔凤从庄述祖治今文经学。他说："《左氏》之书，史之文也，于《春秋》之义盖阙而不言，故博士以为不传《春秋》，学者求其义，舍今文家未由

---

①② 刘逢禄：《刘礼部集》卷三，《申左氏膏肓序》，第 61 页。

③ 刘逢禄：《刘礼部集》卷二，《论语述何篇》，第 42 页。

也。”[①]又说:“自汉以来,《左氏》与今文辨论纷然,各立门户,博士守师法者,既不能辩明,好《左氏》者又不能求合,且惟恐不异俗说,师心之用,而微言大义晦矣。”[②]在他看来,“《春秋》之义,天法也,其不随正朔而变,所谓天不变”。至于《左传》不过是记史之书,对于《春秋》的微言大义,“盖阙而不言”。要发挥《春秋》微言大义,“舍今文末由”,尤“当用《公羊》”。[③]《左传》为记史之书,《公羊》才阐发《春秋》微言大义,治《春秋》应以《公羊》为主,因为《春秋》不是史书,而是包含着政治哲理之书。

与其他今文家仅推崇《春秋》有所不同,宋翔凤也重视《论语》,说:“先王既没,明堂之政湮,太学之教废,孝弟忠信不修。孔子受命作《春秋》,其微言备于《论语》,遂首言立学之义曰:学而时习之,不亦说乎!”“人不知而不愠,谓当时君臣皆不知孔子,而天自知孔子,使受命当素王,则又何所愠于人”,“《礼运》记以禹、汤、文、武、成王、周公为六君子,以素王当之,亦继君子之号。先王兴学以治人情,圣人设教以维世,故作君作师,统绪若一也。”[④]并认为《论语》与《春秋》相通,其中包含着孔子的微言大义。以春秋笔法解释《论语》是宋翔凤公羊学的特色,他认为治《论语》可达到“太平之治,素王之业备焉”[⑤]。宋翔凤与刘逢禄一起把今文经学发扬光大,借《公羊》议政,对当时经世思想产生很大影响。

公羊学在学术上与乾嘉汉学不同,有以下几个特点。首先,推尊《春秋》。把《春秋》视为经世之书。“法可穷,《春秋》之道则不穷”[⑥],《春秋》是“礼义之大宗”,通过它能够举往以明来,“传之万世而不乱”[⑦]。这是说《春秋》已经不单纯是一部史书,而是一种经世致用之

①②③ 宋翔凤:《过庭录》九,元年春王周正月条,中华书局,第149页。
④ 宋翔凤:《论语说义一》,《清经解清经解续编》第十册,第1985页。
⑤ 宋翔凤:《论语说义·序》,《清经解清经解续编》第十册,第1984页。
⑥ 庄存与:《春秋正辞》卷十,《诛乱辞第八》,《清经解清经解续编》第三册,第2941页。
⑦ 庄存与:《春秋正辞》卷末,《春秋要指》,《清经解清经解续编》第三册,第2956页。

书。《春秋》所书都有微言大义，有其书法，君臣都必须知晓、遵从《春秋》之义。其次，墨守《公羊》。《春秋》的微言大义尽在《公羊》，要知晓《春秋》就必须精研《公羊》义例，如"通三统"、"张三世"等，由此来辨名分，明外内，定尊卑，举轻重。再次，发挥《春秋》"大一统"思想。《春秋》强调"大一统"是使诸侯国共奉周朝，归命周天子。董仲舒发挥《春秋》"大一统"是以儒家独尊来一统汉代的政治。清代今文经学家发挥"大一统"，是为了维护摇摇欲坠的清代中央集权统治。他们想通过阐扬《春秋》的微言大义，使日趋衰落的清朝重新转为"盛世"，然而所希望的"盛世"虽再也没有出现，却演成了具有进步意义的社会改革思潮。

第三节　经世思潮的涌动

今文经学的特点是借经议政，清代今文经学家继承了这一特点，他们立足于现实，对经义加以发挥，遂演成了嘉道时期的经世思潮。

论及嘉道时期的经世思潮不得不提起贺长龄、魏源所编纂的《皇朝经世文编》，此书成于道光六年(1826)，次年刊行。关于经世文的编纂可上溯到明末，当时陈子龙编《皇明经世文编》共五百零八卷，志在征实，以资后世之师法，通今者之龟鉴，对清初诸儒顾炎武、黄宗羲等讲求经世之学起了先导作用。乾隆年间，陆曜所作《切问斋文钞》，搜集清初诸家有关政治得失、礼俗兴衰、生民疾苦等方面的论述，依经世之学类别分为学术、风俗、教家、服官、选举、财赋、荒政、保甲、兵制、刑法、时宪、河防等十二门排列，共三十卷，设及国计民生的方方面面，进一步发展了陈子龙《皇明经世文编》的经世之学，此书的特点是兼顾古今、兼采众说，立足于实用，后人谓上承陈子龙遗规，下开贺长龄、魏源之例。

关于《皇朝经世文编》,贺长龄说:"氏里官爵,总汇卷端。考陆氏《切问钞》之叙,乃乾隆四十载所刊。时海峰(刘大櫆)东原(戴震),岿然并存,而风俗时宪,已收数作。殆以切时之言,无顺身后始出。今兹所录,咸据椠本。保无子瞻(苏轼)海外,未辨存亡,乐天(白居易)时人,已疑今古。彼既行世之书,吾取经世之益,其有见闻所及,确然生存,则止旁注集名,虚其氏字。庶文资乎救时,复例绝夫标榜。"[①]贺长龄、魏源所编《皇朝经世文编》本着"欲识济时之要务,须通当代之典章;欲通当代之典章,必考屡朝之方策"[②]这一宗旨,著录近两百年间经世文两千余篇,包括学术、治体、吏政、户政、礼政、兵政、刑政、工政八纲六十五目,共一百二十卷。此书表明魏源经世思想已趋于成熟,无论在分类的形式上还是在内容上都比以前此类书有较大的发展。

《皇朝经世文编》刊行后续作补作不断出现。如张鹏飞的《皇朝经世文编补》、饶玉成的《皇朝经世文续编》、葛士濬的《皇朝经世文续编》、盛康的《皇朝经世文续编》等,从他们叙列中也可看出贺、魏《皇朝经世文编》的影响,[③]以下摘录几条:

葛士濬说:"善化贺氏《经世文编》,成于道光丙戌。迄今六十余年,世局既有变迁,论义因之日积。东乡饶氏,阳湖盛氏,皆有赓续。饶编出于光绪壬午,盛编迄今未出。夫难莫难于创始之作,备莫备于晚出之本。古来撰述,大抵若斯。故是编之作,订疏舛于已往,待删正于将来。前不敢忘东乡先路之导,后或可备阳湖葑菲之采。八纲六十三目,均仍贺编之旧。惟自道光壬寅(1842)后,中外交涉益繁,有非海防塞防所能概者。京师总署之设,既与六官并重。往岁廷臣恭纂穆庙实录,亦闻洋务别为卷帙。兹师其意,立洋务一纲,系以七目。曰洋务通论,曰邦交,曰军政、曰教务,曰商务,曰固圉,曰培才。惟刑法之类,

---

① 魏源:《皇朝经世文编》卷首,《皇朝经世文编五例》,中华书局,1992年,第2页。

② 魏源:《皇朝经世文编》卷首,《皇朝经世文编五例》,第3页。

③ 参见王尔敏:《经世思想议界问题》,见《中国近代思想史论续集》,社会科学文献出版社,2005年。

华夷虽时有牵涉，而其要领条目所存，则视他务稍简。今汇为律例下卷，仍以隶诸刑政。”①

盛康说：“道光初，善化贺耦庚中丞因华亭陈氏有《明经世文一编》，复踵陆氏《切问斋文钞》之例，辑开国以来诸家奏议文集，成《皇朝经世文编》百二十卷。钜典宏规，于斯焉萃。言经济者宗之。道光而后，世变浸寻，于今为烈。而荩臣志士之所经营而维持者，论议设施，尤资考证。曩岁历官两省，即有志搜辑，以续贺氏之书。闻见日滋，述录难竟，遂初多暇。命子宣怀益加编次。凡四朝经制事宜，具详六政。其有关中外交涉者，别为外编，不与焉。体例悉仍前编，而增损其目，书成卷数亦如之。阅七年，为光绪丁酉之岁，校刊始毕。”②

陈邦瑞说：“《经世文编》，为前云贵总督贺耦耕先生所辑，凡文字足备经济，有关治世者，无不搜采，洵称大观。后贤复踵而续之，又有续编三编之出，固早已风行海内矣。方今国家讲求实学，广征经济之才，用备维新之佐。取中学为体西学为用。于是《经世文编》，都人士莫不家置一编，更觉洛阳纸贵矣。独是中西人才层出不穷，而奇文伟论之作，亦日新而月异。今鸿宝斋主人(何良栋)广搜博采，续为四编，付诸剞劂，其较初二三编也尤精萃宏丽。使贺公犹在，得见此编，当亦拜手佩服，引为知己。”③

端方说：“自邵阳魏氏师华亭陈氏吴江陆氏之意撰集《皇朝经世文编》，采取精宷，有裨实用。近年江西饶氏、上海葛氏、武进盛氏，迭有赓续，美矣备矣。厥后麦氏有《经世文新编》之刻，今甘君眠羊又复为之续编，分类仍二十有一，得文五百余首。呜呼！何其多也。”④

于宝轩说：“昔陆朗夫中丞有《切问斋文钞》之刻，贺耦耕尚书与魏

---

① 葛士浚：《皇朝经世文续编》卷首，《皇朝经世文续编例言》，《近代中国史料丛刊》第七十五辑，台湾文海出版社，1966年。

② 盛康：《皇朝经世文续编》卷首，《皇朝经世文续编叙》，《近代中国史料丛刊》第八十四辑。

③ 何良栋：《皇朝经世文四编》卷首，陈序，《近代中国史料丛刊》第七十七辑。

④ 甘韩：《皇朝经世文新编续集》卷首，端序，《近代中国史料丛刊》第七十九辑。

默深先生仿之增辑《经世文编》。缀制树猷，允称杰构。嗣江右饶氏汇于前，上海葛、陈二氏续于后。时制迁移，外政遂为当务之急。武进盛氏书出，旁例搜宏要，援例变通，论者谓可方轨善化。然各编家自为书，再三重复，繁缛如毛。丁戊之交，顺德麦氏重辑新编。依傍壹空，别开生面。兹编宗旨，在于救时，辑成后与诸家研校，芟削雷同，不敢剽窃，第各编类目太繁，如间有失检之处，识者谅之。”①

由此可见《皇朝经世文编》对晚清乃至于民国早期学界的影响非同一般。

此外，嘉道时期还涌现了一批经世致用的今文经学家，如恽敬、张惠言、李兆洛、龚自珍、魏源等，他们皆立足于现实，以儒学来解决一些社会现实问题。

恽敬说：“圣人治天下，非操削而为局也，求其罢之方而已，必将有以合人情之所宜。”②治理天下因人情之所宜，其初衷为人服务，满足人的合理需要而非限止人。他又说：“圣人之所以治天下之道盖可知矣，利不十不变法，功不十不易器。”做到“因时适变，为法不同，而考之无疵，用之无弊。”③治天下要充分考虑到功利性，也就是它的实效性，同时也要根据时代的发展而有所变化，与时俱进。

张惠言说：“古之以文传者，虽于圣人有合有否；要就其所得，莫不足以立身行义，施天下致一切之治。”④古代人为文不发空论，立足于实际，以修身而治天下为目的。他治礼为现实服务，说：“盖先王之制礼也，原情而为之节，因事而为之防。民之生固有喜怒哀乐之情，即有饮食男女声色安逸之欲，而亦有恻隐羞恶辞让是非之心。故为之婚姻冠笄丧服祭祀宾乡相见之礼，进而因以制上下之分、亲疏之等、贵贱长幼

① 于宝轩：《皇朝蓄艾文编》例言，转引王尔敏《中国近代思想史论续集》，社会科学文献出版社，2005年。

② 恽敬：《大云山房文稿》初集卷一，《三代因革论一》，第5页。

③ 恽敬：《大云山房文稿》初集卷一，《三代因革论八》，第16页。

④ 张惠言：《茗柯文编》三编，《文稿自序》，第117页。

之序、时退揖让升降之数。使之情有以自达，欲有以自遂，而仁义礼智之心油然以先，而邪气不得接焉。”[1]礼源于现实，源于人情，使其发挥节制的作用，如所制定的婚姻、冠笄、丧服、祭祀、宾乡相见等礼仪，都本于人之诸种情欲，使其合理、有序，既使人之情欲得到合理的释放同时又不至于违礼，侵害到别人，影响人伦关系乃至于社会的稳定。

李兆洛说：“治经者，知读书所以致用，必有观其会通，而不泥于迹者，庶几六经之在天壤，不为占毕记诵之所荒，不为迂僻胶固之所窜。”[2]治经反对穷于训诂考证，强调通经致用，解决所遇到的一些实际问题。时人对李氏的务实举措甚为称道，说：“于经则撷群圣之微言，不规规于性理之说，而一以礼义为准；于史则周秦而下，治乱所由，兵、农、礼、乐、河、漕、盐、币，随事立说，因宜见义，娓娓千百言，以己意为断制，而必衷于正。其若星历、象数、算术、声律、球图舆地、氏族谱牒，以及一名一物之细，莫不兼综百钩稽历代，精研极虑以出之，凡实事必求其是。”[3]也就是说李兆洛的经世不局限于口头及书本，如撰《历代地理韵编》、《皇朝舆地韵编》、《历代纪元编》等，而是见之于行动，在实际中力求运用，造出一些教学仪器，也留心海防等。

龚自珍(1792—1841)，又名巩祚，字璱人，号定庵，浙江仁和(今杭州)人。嘉庆末年，以举人官内阁中书。道光九年(1829)成进士，后累官宗人府主事等。道光十九年，迫于仕途险恶，南旋返乡，置别业于江苏昆山徐元文故园，又应聘主持杭州紫阳书院讲席，兼职江苏丹阳县云阳书院，著作编入《龚自珍全集》中。龚自珍出身浙江望族，其外祖父段玉裁为著名经学家。龚自珍为学受乾嘉朴学影响，攻于校雠掌故之学。随着社会危机的日益加剧，他治学逐渐向经世致用方面转变，选择学以救世的道路。《明良论》和《乙丙之际著议》是他批判现实、倡

---

① 张惠言：《茗柯文编》三编，《原治》，第 112—113 页。

② 李兆洛：《养一斋文集》卷三，《庄方耕周官记序》，《续修四库全书》第 1495 册，第 25 页。

③ 汤成烈：《重刊李申耆先生养一斋文集序》，《养一斋文集》卷首，第 1 页。

言变法的代表作。

嘉庆十八年(1813)四月,龚自珍进京应顺天乡试。九月,天理教民变爆发,教民攻打紫禁城。这件事促使龚自珍开始走向社会批判、改造现实之路。翌年,他写成《明良论》,提出“更法”的主张。鉴于清代社会危机日趋严重,统治者回天无术,他主张“仿古法以行之”,“救今日束缚之病”。他所谓的古法是要求士大夫们讲廉耻,培养正气,“士皆知有耻,则国家永无耻矣;士不知耻,为国之大耻”,把知耻视为正风气、救社会的出发点。据此,他竭力反对士大夫们贪图财富,劝告他们应当“忘其身家以相为谋”。[①] 他还进一步探寻酿成社会危机的根源,认为贫富不均导致了社会危机。

嘉庆二十一年前后,龚自珍又撰成《乙丙之际著议》二十五篇,进一步描绘清代社会将走向衰世的景象:“左无才相,右无才史,阃无才将,庠无才士,陇无才民,廛无才工,衢无才商”,既使有才士与有民出,“则百不才督之缚之,以至于戮之。戮之非刀、非锯、非水火。文亦戮之,名亦戮之,声音笑貌亦戮之”,“徒戮其心,戮其能忧心、能愤心、能思虑心、能作为心、能有廉耻心、能无渣滓心”。[②] 为了挽救衰世,他指出:“一祖之法无不敝,千夫之议无不靡,与其赠来者以劲改革,孰若自改革”,[③]再次发出变法改革的呼声。龚自珍倡言的更法绝非凭空构想,而是鸦片战争前夜清代社会内外矛盾日趋激化的反映。他的更法主张,虽然只是想在不触动社会根本制度下进行某些变革,以图缓解社会危机,但不可否认,在当时的历史条件下具有进步意义。

龚自珍更法的主张受到了今文经学的影响。他援《公羊》以经世,与刘逢禄、宋翔凤等常州学派有密切的关系。嘉庆二十四年春,龚自珍入京应会试,落第后居京师,此间曾问学于刘逢禄,作有杂诗“昨日

---

① 龚自珍:参见《龚自珍全集》第一辑,《明良论一》,上海古籍出版社,1999年。

② 龚自珍:《龚自珍全集》第一辑,《乙丙之际著议第九》,第6—7页。

③ 龚自珍:《龚自珍全集》第一辑,《乙丙之际著议第七》,第5—6页。

相逢刘礼部，高言大句快无加。从君烧尽虫鱼学，甘作东京卖饼家”[①]一句，刘礼部指公羊公家刘逢禄，官礼部主事。虫鱼学即汉学烦琐考据，脱离实际的学风。卖饼家指公羊学。据《魏略》：“严汉，字公仲，善于《春秋公羊传》。时司隶钟繇不好，而尤以《左氏》为大官厨，《公羊》为卖饼家。”从这首诗可见他对刘逢禄及所倡导的公羊学服膺之至。刘逢禄向他传授了《春秋》公羊说。与此同时，他又结识了宋翔凤，受了宋翔凤的影响，作诗有“万人丛中一握手，使我衣袖三年香”[②]一句，也可见对宋翔凤的推重。

从此以后，龚自珍把今文经学视为“绝学”，决心要敬承其“微言”。他借《春秋》公羊学“张三世”、“通三统”等微言大义来谈变革，尤其强调“易世”变的意义。他认为，正是变才有由据乱而升平，由升平而太平的社会发展。他的“三世”进化的历史观虽说很不完善，但强调发展与变革，把今文经学与经世致用结合起来了。他也谈及“大一统”，所谓的“大一统”已不是传统意义上的“夷夏之防”，而含有防止反对西方列强侵略、维护民族独立的新因素。因此，他讲今文经学与常州学派有所不同。常州学派以经书为指归，根据经书立论，他则主张“不必泥乎经史”，要“通乎当世之务”，[③]所汲取的不是经师的家法、师法，而是《公羊》中的“微言”精神。进而言之，他不仅寻求经书中所包含的“微言大义”，而且能跳出经书的框框，站在时代的高度去诠释经书，赋予经书新的意义。梁启超指出：“晚清思想之解放，自珍确与有功焉”[④]，可见他是一位开风气的人物。

魏源（1794—1857），原名远达，字默深，一字汉士，湖南邵阳人。嘉庆时期，魏源曾从汉学家胡承珙问汉儒经学，从刘逢禄问《春秋》公

---

① 龚自珍：《龚自珍全集》第九辑，《杂诗，己卯自春徂夏，在京师作，得十有四首》之一，第 441 页。

② 龚自珍：《龚自珍全集》第九辑，《投宋于庭》，第 462 页。

③ 龚自珍：《龚自珍全集》第一辑，《对策》，第 114 页。

④ 梁启超：《清代学术概论》，第 67 页。

羊学，又从姚学爽问宋儒理学。道光年间，魏源作幕于江苏布政使贺长龄之府，此间辑成《皇朝经世文编》一百二十卷。魏源治学既反对宋学也不赞同乾嘉汉学，认为它们不是空疏无用就是脱离实际，不能经世。他受今文经学影响，提出“以经术为治术”的“通经致用”[①]主张，反对把经术与治术割裂，以及只从考据训诂角度治经的学风，而强调经术与治术的统一，治经应阐发经中蕴含的微言大义，以便为经世服务。

魏源的“以经术为治术”的主张也体现在他所作的《诗古微》和《书古微》中。《诗古微》以阐发《诗经》微言大义为宗旨。《书古微》是根据西汉伏生的《尚书大传》残本等资料撰成的，作此书的宗旨在于力图阐扬西汉经师“以《洪范》匡世主”的精神。他的《诗古微》和《书古微》虽然说有牵强附会武断之处，但治经求致用的精神值得称道。他通过对《诗》、《书》经文的分析，以明西汉今文经的“微言”，使《诗》、《书》归复西汉，不单纯是“复古”，而是以复古为手段达到革新社会的目的。

魏源根据今文经“三统”说发挥了社会进化的思想。针对清代社会危机日益严重，一些人主张厚古非今，宣传历史退化论，他则反其道而行之，提出历史进化的观点，告诫人们不能迷恋往古，因为“三皇之事，若有若无；五帝之事，若存若灭，三王之事，若明若昧；时愈古则传愈少”[②]。相反，“后世之事”则胜于“三代”。在阐述历史进化时，他强调了变的思想，说：“天下无数百年不弊之法，无穷极不变之法，无不除弊而能兴利之法，无不易简而能变通之法。”[③]法无久不变，运无往不复，倡导更法变革，这符合历史发展的大趋势。需要指出的是，他并不局限于“以经术为治术”的说教，而是直接参与到经世变革中。

魏源借鉴林则除《四洲志》编定的《海国图志》，于道光二十二年(1842)刊行，后又重刊，全书介绍世界各国历史、地理、经济、政治等诸

---

① 魏源：《魏源集》上册，《默觚》上，《学篇》九，第 24 页。

② 魏源：《魏源集》上册，《默觚》上，《学篇》一，第 3 页。

③ 魏源：《魏源集》下册，《筹鹾篇》，第 432 页。

方面情况，开宗明义指出所著宗旨，即“为以夷攻夷而作，为以夷款夷而作，为师夷长技以制夷而作”[①]。“师夷长技以制夷”遂为士大夫们的所共识，成为抵御西方列强侵略中国的重要策略。魏源又总结清代前期的经验，撰成《圣武记》，全书与《海国图志》互为表里，它们不仅是介绍西方及世界各地地理等方面的书籍，也是激发民族斗志，抗击侵略，抵御外患的重要参考文献。

魏源也注重当代史研究。他的《圣武记》与《道光洋艘征抚记》是这方面的名著。《圣武记》总结清代开国以来军事、政治经验教训，为朝廷防范英国殖民者提供了历史借鉴。梁启超说：“史学以记述现代为重。故清人关于清史方面之著作，为吾侪所最乐闻。……最著者有魏默深之《圣武记》。”[②]《道光洋艘征抚记》则是全面系统地介绍了第一次鸦片战争的经过，贯穿着反侵略、反投降的爱国主义精神。他也对元、明史进行研究，无论是对当朝史还是对元、明史的研究，都一本经术与政事合一的宗旨，以史经世，冀以此达到国富民强。

还有一些儒家虽然不是今文经学家，但与他们保持密切的关系，其儒学也以通经致用为宗旨，如陶澍、包世臣、林则徐、贺长龄、姚莹、徐继畬、徐松等。

包世臣(1775—1855)，安徽泾县人。泾县史称安吴县，学者称安吴先生，所著收入《安吴四种》中。他一生没有做过什么大官，不过是小小的知县而致仕，但却始终关心天下事，“以亭林经世之志。”[③]自许范麟在《读安吴四种书后》记述包世臣的经世业绩，说他“嘉庆戊午(嘉庆三年，1798)冬游楚北，为浦城祖承宣画招流亡、开屯田、营战屯守之策。”“戊辰(嘉庆十三年)游袁甫，觉罗长文敏公、大庾戴文端公闻声下交，立谈之间，以罢徐扬六府州摊征三百六十万已成之议。辛未(嘉庆

① 魏源：《海国图志·自叙》，中州古籍出版社，1999年，第67页。

② 梁启超：《中国近三百年学术史》，第337页。

③ 参见包世臣：《艺舟又楫》卷一，《读亭林遗书》，《续修四库全书》第1082册，第608—610页。

十六年)秋,佐百文敏公治河,临工决盖坝之策,旬日间使袁浦、板闸、淮安百万家得免为鱼而就高枕。丙寅(嘉庆十一年)夏在扬州,诱伊太守举荒政,全流民三万。甲戌(嘉庆十九年,1814)冬在白门,激百文敏公举荒政,活饥黎八万。""其余当路多采先生河漕盐法之论而行之。"[①]包世臣行走各地关心民生,涉及屯田、营战、屯守、荒政、河漕、盐法等方面,践履自己的经世主张。

他也重视德、威、财兼顾,说:"国立于三,行之以一。夫维心以德,养尊以威,合众以财,财匮则威不行,威沮则德不立。"[②]德、威属于政治,财属于经济,其中财是基础,政治建立在经济基础之上。他重视社会调查,关心人民疾苦,所提出的诸种经世革新方案注重落实。所作《说储》缘起说:"嘉庆辛酉(嘉庆二年),天津姚承谦从余游,问古今治乱之故,予与极论斟酌损益、可措施补救者,作《说储》二篇。"[③]所作经世之文《说储》是源于实际的产物。在《说储上篇序》中,他称:"苟有用我,持此以往,虽三代之盛不可妄期,汉唐二宗复见于今日。"[④]包世臣负有经世之才,但不为当道所用,其抱负未能很好实现,因此才有此一段感慨。

陶澍(1778—1839),湖南安化人。他幼受庭训,魏源作传称他"少负经世志,尤邃史志、舆地之学,所至山川,必登览形势,访察利病"[⑤]。二十五岁成进士。嘉庆道光年间先后任按察使、布政使、巡抚直至两江总督等职,为当时的封疆大吏。陶澍倡导经世不停留在口头上而是做实事,他为官期间关心国库亏空,专心查清诸多贪污受贿案件,致力于海运和漕运,解决漕运当中的许多困难,重视兴修水利,疏通吴淞、浏河、白茆、孟渎等水道,使之畅通无阻。他关心盐政,改行票盐,力主

① 范麟:《读安吴四种书后》《齐民四术》附录,中华书局,2001年,第445—446页。
② 包世臣:《小倦游阁集》卷三,《说储上篇前序》,《续修四库全书》第1500册,第400页。
③ 包世臣:《齐民四术》卷五,《跋石瑶辰所藏明新城县知县赵日崇新城保甲图册》,第204页。
④ 包世臣:《小倦游阁集》卷三,《说储上篇前序》,第400页。
⑤ 魏源:《陶文毅公行状》,《陶文毅公全集》卷末。

禁止鸦片，改革兵制等，凡国计民生多有建树。在他周围聚集诸多经世之才，如林则徐、魏源、贺长龄等，魏源评价说："生平所至兴革务，务挈大纲、导大窾。"[①]

姚莹（1785—1853），字石甫，一字明叔，号展和，晚号幸翁，安徽桐城人。嘉庆十三年（1808）进士，任职福建、江苏等地勤于政事，时任江苏巡抚的林则徐对他的政绩大加褒奖，称其"学问优长。所至于山川形势，民情利弊，无不悉心讲求，故能洞悉物情，遇事确有把握。前在闽省，闻其历著政声。自到江南，历试河工、漕务、词讼听断，皆能办理裕如，武进士民，至今畏而爱之。"[②]姚莹学以致用，为政颇有成绩，得到民众的爱戴。

鸦片战争时，姚莹以台湾兵备道率一方军民抗击英国侵略军，英勇卓杰，名垂史册。《南京条约》签订以后，竟因之获咎，贬谪川藏。在颠沛流离之中，他根据亲身经历所得，又"就藏人访西事"，撰成著名的《康輶纪行》一书。全书十六卷接续林则徐《四洲志》和魏源《海国图志》，对世界各国的历史地理作了较之林、魏更为详尽的介绍。他主张通过深入了解各国的情况，以从中寻求抗敌御侮的正确途径。他说："若坐井观天，视四裔如魑魅，暗昧无知，怀柔乏术，坐致其侵凌，曾不知所忧虑，可乎？甚矣，拘迂之见，误天下国家也！"[③]以大量无可辩驳的事实，揭露英国侵略者对我国西藏的觊觎，进而敦促清廷加强边防守备，尤具远见卓识。在《复光律原书》中他述及撰写《康輶纪行》用心时说："欲吾中国童叟皆习见习闻，知彼虚实，然后徐筹制夷之策，是诚喋血饮恨而为此书，冀雪中国之耻，重边海之防，免胥沦于鬼域。"[④]作此书是想要国人了解列强的虚实，以便制定应对策，其目的是"冀雪中国之耻"，图强自存。

---

① 魏源：《魏源集》上册，《太子太保两江总督陶文毅公神道碑铭》，第 330 页。

② 姚莹：《东溟文后集》卷九，《十幸斋记》，《续修四库全书》第 1512 册，第 576 页。

③ 姚莹：《康輶纪行》卷一二，中国社会科学院历史所馆藏本，第 22 页。

④ 姚莹：《东溟文后集》卷八，《复光律原书》，第 557 页。

贺长龄(1785—1848),字耦耕,号耐庵。嘉庆十二年(1807)进士。道光年间曾任南昌府知府,负有经世之才,自谓“我辈读书非关身心性命,即系天下国家,余可概置弗阅,实亦无暇旁及”①。反对读死书,应以天下国家为己任,倡导儒家经世致用,必如是方为真人才、真人品、真学问、真经济。他为官也做了许多实事,如官南昌时,“别设自理谳局,详定章程,局员以劳叙考绩”,“日与诸员会食,辄随事究情实,辨疑难,自是讼无留牍”。布政江苏时,“值清江口塞,诏群臣议海运,尚书英和连疏其利,长龄力主之,海运乃行”,官贵州,“以僻远之区,文教不启,长龄乃饬官方练营伍,缉盗贼,赡仓储,种桑麻,民利赖之”。② 关心涉及政治、经济、文化等方面的建设。他尤其注重经世文献的整理与出版,如魏源的《皇朝经世文编》正是在他的幕中编辑的,此书的整理与出版得到他的大力支持与帮助,《皇朝经世文编》作为清代经世文章的总汇也有他一份功劳。

林则徐(1785—1850),字元抚,号少穆,晚号俟村老人。福建侯官人。嘉庆十六年(1812)进士,以翰林院编修于道光中官至湖广总督。道光十八年(1838)末,他奉命以钦差大臣前往广东查禁鸦片,旋任两广总督,迄于二十年(1840)九月被诬革职。两年间,他除了禁绝鸦片之外,还组织翻译西方报刊书籍,大约有五类:一是《澳门新闻纸》六册,并据以选辑《澳门月报》五辑;二是摘译《华事夷言》和《对华鸦片贸易罪过论》;三是据1836年伦敦出版的《世界地理大全》译为《四洲志》;四是摘译滑达尔著《各国律例》(又译《万国公法》);五是翻译大炮瞄准法等武器制造应用书籍。③ 其中《四洲志》及相关中外文献后来转交魏源,辑入《海国图志》之中。

徐松(1781—1848),字星伯,浙江上虞人。嘉庆十年(1805)进士,

---

① 贺长龄:《耐庵文存》卷六,《与黄惺斋年兄书》,《续修四库全书》第1511册,第440页。

② 李伯荣:《魏源师友记》,第24页。

③ 参见陈胜粦:《林则除与鸦片战争论稿》,中山大学出版社,1985年版,第22页。

初官编修,后任湖南学政。他“生前仕宦极其蹭蹬,身后并不传铭”[①],但舆地学造诣甚深。嘉庆十七年,徐松获罪遣戍伊犁,伊犁将军松筠嘱咐他续扩祁韵士著的《伊犁总统事略》。为了得到第一手资料,他“即览其山川城邑,考其建官设屯,旁及和阗、乌什、塔尔巴哈台诸城之舆图,回部哈萨克布鲁特种人之流派”[②],历尽艰辛撰成《新疆识略》这一被龚自珍誉为“当代奇作”的西北地理佳作。后又撰成《西域水道记》、《西域水道记校注》、《新疆赋》、《汉书西域传补注》等。徐松研究西北史地旨在通过测道里,明险要,察风土,为边陲开发及其防务提供第一手丰富的资料。他还预感到西北边疆的大患是沙俄,凡书中涉及中俄边界之处,他均精细考证说明。他虽“才不为世用”,但能“著经世书”、“足迹周寰区”、“下笔思济物”,这种把个人荣辱置之度外,以边疆安危为己任的精神值得称道。他对西北边疆史地的研究奠定清代边疆史地学基础。

徐继畬(1795—1873),字健男,号松龛。十九岁中举人,三十二岁进士,从此步入仕途。他在粤闽为官时多与外国人接触,尤其是美国传教士雅裨理向他介绍世界历史知识,开阔了眼界。再加上他有“究时务”的抱负,“了然于世界大势”之胸襟,撰成《瀛环志略》。他认为,欧洲的扩张已打破过去“求疏通而不得”的世界格局,印度和南洋已经成为列强觊觎中国的据点,面对这种情况,他号召奋起迎接西方的挑战。徐继畬虽然呼吁民族自强,但并非简单咒骂“英夷”,而是缜密客观地研究欧洲诸国。针对中国人认为欧洲为文明低下的“西夷”的传统观念,他指出:“其人性情缜密,善于运思,长于制器。金木之工,精巧不可思议。运用水火,尤为奇妙。火器创自中国,彼土仿而为之,益加精妙。铸造之工,施放之敏,殆所独擅。造舟尤极奥妙,篷索器具,无一不精,测量海道,处处志其浅深,不失尺寸,越七万里而通于中土,

---

① 缪荃孙:《烟画东堂小品·星伯先生小集》,1915年刊印本。

② 徐松:《新疆赋·赋序》,《西域水道记》附,光绪九年宝善书局,第1页。

非偶然也。”[①]客观地介绍了西方科学技术发展的情况,以便让国人了解,这也是对华夏中心论的批判。他还分析欧洲富强的原因,因欧洲“皆善权子母,以商贾为本计,关有税而田无赋。航海贸迁,不辞险远,四海之内,遍设埔头,固由其善于操舟,亦因国计全在于此,不得不尽心力而为之也。”[②]注意到西方列强以商业为本,发展海上贸易等对其强盛的促进作用。梁启超在评价魏源的《海国图志》和徐继畬的《瀛环志略》时写道:“当时中国士大夫之稍有世界地理知识,实自此始。”[③]

乾嘉时期是清朝由强盛到衰弱的转折点。社会的政治、经济、文化日渐衰落,使得一代学人从学理上寻找挽救社会的良方,由此他们开始发出对儒学新学术形态需求的呼唤,于是具有经世特点的今文经学异军突起,经魏源、龚自珍的推崇,发展成一股经世思潮,遂成为嘉道时期的儒学主流。

① 徐继畬:《瀛环志略》卷四,《欧罗巴》,《续修四库全书》第742册,第79页。
② 徐继畬:《瀛环志略》卷四,《欧罗巴》,《续修四库全书》第742册,第81页。
③ 梁启超:《中国近三百年学术史》,第391页。

第十一章

春秋公羊学

乾嘉时期的今文经学家以治春秋公羊学为主，庄存与为公羊学的不祧之祖，孔广森另辟蹊径创造出自己独特的公羊学说，刘逢禄则建构起比较完备的正统公羊学体系，他们三人各有特色，大体反映乾嘉以来的公羊学特点，本章仅以此三人为例，展示一下清代公羊学的规模。①

第一节　庄存与的赵氏公羊学

庄存与(1719—1788)，字方耕，晚号养恬，江苏武进人。乾隆三十四年(1769)中进士，授编修，以大考擢侍讲，官至礼部左侍郎，历任湖

① 参见陈其泰《清代公羊学》一书。

南、顺天、山东学政，典湖北、浙江乡试，又充天文算法总裁官及乐部大臣，直上书房、南书房垂四十年，以年老休致。他于六经皆能阐发奥旨，不事笺注而独得微言大义于语言文字之外。主要著作有《彖传论》、《彖象论》、《系辞传论附序卦传论》、《八卦观象解》、《卦气解》、《尚书既见》、《尚书说》、《毛诗说》、《周官记》、《周官说》、《春秋正辞》、《春秋举例》、《春秋要指》、《乐说》、《四书说》等，其著述收入《味经斋遗书》中。其学由侄庄述祖、外孙刘逢禄、宋翔凤发扬光大，遂演成清代常州今文经学派，开创之功不可没。

一、治公羊学的缘起

庄存与治公羊学远承于《春秋公羊传》，就近而言与当时他所处的环境有关。他自幼治《春秋》，尤喜《公羊传》。十年(1745)，他进京参加会试，试题为"拟董仲舒天人册第三篇"，因素精研董氏《春秋》，"且于原文册曰以下四条，一字不遗"。[①] 十七年(1751)，他参加大考，以二等升侍讲，接着入直南书房，授清高宗十一子成亲王永理经史。此间还任侍读学士、湖北乡试正考官、湖北学政、内阁学士兼礼部侍郎、浙江乡试正考官、直隶学政等职。他出身于世代仕宦之家，通籍后授成亲王经史十余年。自康熙以来，一般"一人仅直一斋，偶有两斋互调者"唯数不多见，而他却在"翰林时，以侍讲入直南书房，继又以内阁学士兼直上书房，一人兼直两斋"，[②]可见高宗给他的殊荣。魏源也称"武进庄方耕少宗伯，乾隆中以经术傅成亲王于上书房十有余载，讲幄宣敷，茹吐道谊。"[③]如此长的时间授王子经书，其身份地位实属鲜见。

乾隆年间，经学考据学如日中天，康熙时阎若璩作《尚书古文疏证》辨东晋晚出《古文尚书》之伪，已为学术界所共识，当时有学臣议上

---

① 刘逢禄：《刘礼部集》卷十，《记外王父庄宗伯公甲子次场墨卷后》，《续修四库全书》第1501册，第184页。

② 庄勇成：《毗陵庄氏族谱》卷十八上，《盛事》，1925年铅印本。

③ 魏源：《魏源集》上册，《武进庄少宗伯遗书序》，第237页。

言于朝，希望重写《今文尚书》二十八篇于学官，颁赐天下。庄存与则指出："古籍坠湮十之八，颇藉伪书存者十之二。""如《大禹谟》废，'人心道心'之旨，'杀不辜宁失不经'之诫亡矣。"在他看来，这些古籍"今数言幸而存，皆圣人之真言"①。由此可知他治经"不专专为汉宋笺注之学，而独得先圣微言大义于语言文字之外"②。他在内廷传授皇子书，对内廷情况了解较深，常援引《春秋》所谓"天无二日，土无二王，国无二君"等微言大义，又以"言之有据"的大一统理论相比附，这很符合高宗在政治上独断专行的需要，因此"以经学受主知"。③ 这是今文经学兴起的一个重要原因。

前面提及庄存与参加会试，朝廷以"拟董仲舒天人册第三篇"命题，从一个侧面体现了清廷对春秋公羊学的推崇。其实高宗本人积极倡导并参与经筵，他对公羊学也情有独钟，在为二十三年(1758)成书的《春秋直解》"御制"解说"元年春王正月事"条目时写道："《春秋》，圣人尊王之经也。元年春王正月，开宗明义之第一也。解此者自三传以至后儒，其说充栋，或致操戈，无容置议，然识圣人之深意者有几乎？王道熄而作《春秋》，《春秋》鲁之旧史也。自隐公始则不得不书隐公元年，而即继之曰春王正月，前史所无有也。盖言公之元年乃秉王之春、王之正而得，是非尊王之义乎？且是年也，于齐为九年，于晋为二年，卫、郑以下各为其年，不可偻指，数而总为平王之四十九年。于斯时也，世人将何以纪其年而知其岁乎？是则圣人之书元年春王正月也者，其亦有感于斯乎？行夏之时，圣人之私议，不能行于时；言春王而不言王春，月可改而春不可改，以隐寓夏之时与王之元，所谓大一统足以一天下之心而不可任其纷，有不能行之叹矣。兹为开宗始义，乃贯《春秋》之本末，而绝笔于获麟。盖圣人之道在万世，即圣人之忧在万

---

① 龚自珍：《龚自珍全集》第二辑，《武进庄公神道碑铭》，第142页。
② 阮元：《庄方耕宗伯经说序》，《味经斋遗书》卷首，道光间刻本，第1页。
③ 朱珪：《春秋正辞序》，《春秋正辞》卷首，第1页。

世,是则封建之说不惟不可行于后世,知圣人亦未必以为宜然也。"[①]这一段话把君权神授、尊王室、大一统等《春秋》微言大义阐释得淋漓尽致,由此也可以看出清廷尊《春秋》公羊的目的,不过是想以此来加强中央集权制的统治,维护帝王至高无上的权威。

高宗多次表示出对《春秋》公羊及董仲舒的好感,如说:"中古之书,莫大于《春秋》。推其教,不越乎属辞比事,而原夫成书之始,即游、夏不能赞一辞。"该序指斥宋儒胡安国《春秋传》傅会臆断,宣称《春秋直解》以清圣祖所定《春秋传说汇纂》为指南,"意在息诸说之纷歧以翼传,融诸传之同异以尊经"[②]。高宗前后多次在策试天下贡士时也说:"董仲舒以为,善言天者,必有验于人。又谓道之大,原出于天,天不变,道亦不变。"[③]又说:"汉仲舒董氏,经术最醇。"[④]高宗举行经筵讲《论语》"克己复礼",以董仲舒与朱熹之说相比较,认为"董仲舒正谊明道之论,略为近之"[⑤]。推崇公羊学、董仲舒是想以此加强王权统治,强化君主专制,试图振兴业已腐朽衰败的清王朝。由此皆为庄存与治公羊学创造了外在的环境。

就学理而言,庄存与的公羊学直接源于元儒赵汸,称:"读赵先生汸《春秋属辞》而善之,辄不自量,为隐括其条,正列其义,更名曰《正辞》,备遗忘也。以尊圣尚贤信古而不乱,或庶几焉。"[⑥]肯定赵氏的《春秋属辞》,并对其修改、引申、订正撰成《春秋正辞》一书,此书共十一卷分为奉天辞、天子辞、内辞、二伯辞、诸夏辞、外辞、禁暴辞、诛乱辞、传疑辞八类,卷末附《春秋要旨》、《春秋举例》各一卷。《奉天辞》主讲君权神授,旨在确立君权的合法性;《天子辞》讲天子统治的绝对权威,臣

① 《春秋直解》卷首,《春秋直解》,《四库全书》第174册,第1页。
② 《清高宗实录》卷五六九,《清实录》第16册,第211—212页。
③ 《清高宗实录》卷四六一,《清实录》第14册,第988页。
④ 《清高宗实录》卷九〇七,《清实录》第20册,第233页。
⑤ 《清高宗实录》卷九五二,《清实录》第20册,第905页。
⑥ 庄存与:《春秋正辞》卷首,《叙目》,《清经解清经解续编》第三册,第2874页。

民皆得服从;《内辞》讲周室的承传,尤其是大道的延续,在诸侯国中以鲁国为正宗;《二伯辞》讲齐桓公、晋文公尊王攘夷的贡献;《诸夏辞》讲圣人对子民的治理;《外辞》讲诸夏与夷狄的关系,强调诸夏的正统地位;《禁暴辞》讲圣人本天而伐;《诛乱辞》讲诛杀篡位,拨乱返治;《传疑辞》讲文辞折中性。全书涉及《春秋》一书的性质,即非记事之事,以及尊王室、大一统、通三统、张三世等一系列微言大义,开启了后来公羊学发展的诸多端倪。

《春秋举例》总结《春秋》属辞比事如下规则:1.《春秋》贵贱不嫌同号,美恶不嫌同辞。2.《春秋》辞繁而不杀者,正也。3. 一事而再见者先目而后凡也。4.《春秋》见者不复见也。5.《春秋》不待贬绝而罪恶见者,不贬绝以见罪恶也。6. 贬绝然后罪恶见者,贬绝以见罪恶也。7. 择其重者而讥焉。8. 贬必于其重者。9. 讥始、疾始。10. 书之重,辞之复,呜呼,不可不察其中必有美者焉。[①] 他总结这十条带有规律性的体例旨在阐发其微言大义。既然美恶可以同辞,贵贱可以同号,那么《春秋》中同一书法,同一称谓,把它解释为肯定、褒奖或许有道理,反之,把它说成是讥讽、贬斥也能说得通,"贵贱不嫌同号,美恶不嫌同辞"的提法很难说出确凿的根据。另外如《春秋》"不贬绝以见罪恶","贬绝以见罪恶",以及《春秋》"见者不复见","书之重,辞之复,呜呼,不可不察其中必有美者焉"等,都是二律背反,自相矛盾,但又是《春秋》的定例,也可以说反映了《春秋》体例灵活性的特色。

二、《春秋》非记事之史

庄存与发挥公羊学的一个重要观点,那就是认为《春秋》不是记事之史而是政论之书,其中包括着哲理。他从理论层面和史实层面论证自己的观点。

从理论层面讲,庄存与明确指出《春秋》不是记事之史,不书多于

① 庄存与:《春秋举例》,《清经解清经解续编》第三册,第 2954—2955 页。

书,要人在语言文字之外求圣人的微言大义。他说:"《春秋》之义,不可书则避之,不忍书则隐之,不足书则去之,不胜书则省之。辞有据正则不当书者皆书,其可书以见其所不书。辞有诡正,书者皆隐其所大,不忍辟(避)其所大,不可;而后目其所常,不忍常,不可也。辞若可去可省而书者,常人之所轻,圣人之所重。《春秋》非记事之史,不书多于书,以所不书知所书,以所书知所不书。"[①]以为《春秋》书法有以下几种形式:不可以书而回避、不忍心书而隐晦、不足以书而舍弃、不值得书而省略。"不书多于书,以所不书知所书,以所书知所不书"说明《春秋》不是纯粹的记事之史,或历史事件的实录,而是对被认为是有价值的一些历史事件的评述,也就是说《春秋》的作者抓住其中一些带有微言大义的事实,可以伸张圣人教义的史例大书而特书,借此阐释经世致用等主张,这是公羊家们所关注的。

他认为《春秋》"详内略外,详尊略卑,详重略轻,详近略远,详大略小,详变略常,详正略否"。"《春秋》治乱必表其微,所谓礼禁未然之前也。凡所书者有所表也。是故《春秋》无空文。"[②]这里所讲的详略、轻重反映了公羊家对《春秋》大义的理解,包括确立中原华夏中心、君权至上、立足于当代等观念,反映倡导大一统、尊王室等用心。《春秋》重视对治乱的细微描述,目的是以礼防患于未然。《春秋》无空文,即在其文字背后承载着诸多微言大义,这些需要后人破解。他把《春秋》当成义理之书、哲理或政论著作。

对于事辞文三者之间的关系,他说:"《春秋》辞异则指异;事异而辞同则以事见之,事不见则文以起之。嫌者使异,不嫌从同。""《春秋》志天事必以尊严之辞承之。志灾异皆以前后事求之。异不在大,于事有明征则记之;征之不明,则不存也;人莫之省,则不见也,患其亵之也。志分土,近者详,远者略,见经世之志。"[③]辞不相同,宗旨也不相同,事不相同而辞相同则通过事见,事不可见则通过文显现。《春秋》

---

①②③ 庄存与:《春秋正辞》附录,《春秋要旨》,《清经解清经解续编》第三册,第 2956 页。

书天事用尊严之辞，实际上体现了对天子的尊重。书灾异则考虑到前后的事实，重视证据，包括书分土等并非记叙，而是通过书写反映作者的经世志向，《春秋》为经世之书。

《春秋》虽然有诸多体例，但他强调不能执一，应该知权，如说："《春秋》以辞成象，以象垂法，示天下后世，以圣心之极。观其辞，以圣人之心存之，史不能究，游、夏不能主。是故善说《春秋》者，止诸至圣之法而已矣。公羊子曰：王者孰谓？谓文王也。其诸君子乐道尧、舜之道与？无或执一辞以为见圣，无或放一辞而不至于圣。推见至隐，怀之为难，违之斯已难；得其起问，又得其应问，则几无难。应而不本其所起，见为附也；起而不达其所以应，见为惑也。《诗》曰唐棣之华，偏其反而。《春秋》之辞，其起人之问，有如此也。执一者不知问，无权者不能应。"[①]《春秋》的特点是以辞成象，以象垂法，通过法来昭示后世，观《春秋》之辞主要是透过其辞来理解圣人之心。《春秋》为圣人立法，称王为周文王，道尧舜之道，这是基本原则。但不能执一，权即变，无权即不知变，不知变就无所应对，要灵活运用，领会的是圣人的用心、圣人立法的精神实质，而不是采取僵硬、刻板的理解，或墨守陈规，以及局限于某一具体的体例，这样做会曲解《春秋》的大义。他又说："《春秋》礼义之大宗也，治有司者也。"[②]《春秋》之道不穷，法则随着时代变化而变化。

从史实层面，庄存与旁征博引以《春秋》所记载的史实证明其非记事之史。

《春秋》桓公五年载云："秋，蔡人、卫人、陈人从王伐郑。"《公羊传》简单解释"从王，正也。"何休说："美得其正义也，故以从王征伐录之。盖起时，天子微弱，诸侯背叛，莫肯从王征伐。以善三国之君独能尊天子死节。"《春秋》书法对王的行为有讽刺，又"称人者，刺王者也。天下

---

① 庄存与：《春秋正辞》附录，《春秋要旨》，《清经解清经解续编》第三册，第 2956 页。

② 庄存与：《春秋正辞》"诛乱辞"，《清经解清经解续编》第三册。

之君,海内之主,当秉纲撮要,而亲自用兵,故见其微弱","不使王者道兵者,不为王举也。"意识到周天子此时的地位渐趋微弱,不能持操大权以征伐郑国,这在君主至尊的社会里是不正常的。

对此庄存与解释说:"蔡、卫、陈皆可以称人?侯不行,使大夫从也。其与几何?《春秋》不志王室事,天子伐国不可见,以从王伐国者见之。何为见之?非所以伐也。郑伯当诛矣,王躬不可以不省,不可以不重。轻用其民,王室危;轻用其身,天下危。从命拒命不竟录也。郑罪既盈于诛,《春秋》之义,务全至尊而立人纪焉。月不系王,伤三王之道坏也。诸侯不知有天子,此可忍言,孰不可忍言?以天下言之,曰天王,王承天也。系王于天一人,匪自号曰天王也。自侯氏言之,从王焉,朝于王焉,至尊者王也,不止援于天。若王后、王世子、王子、王姬,系于王则止,皆不得以不称天为疑问矣。"[①]郑伯有罪当诛,作为至尊的周天子不可不慎重加以对待。如果轻易地使用百姓劳师征伐,这可能导致周王室的衰危,如果亲征则使天下处于危险之中。《春秋》之义在于维护周天子的崇高地位,以谴责诸侯不知有天下而作乱。就天下而言,说天王表明周天子承命而当王,王受命于天,当然对天负责,替天管理天下。同样诸侯由天子所封,受命于天子,当然对天子负责,替天子管理诸侯国,推尊天子而不能反其道而行之,天子得天命而治国,应有绝对的权威,是人伦纲纪的根本,不可动摇。

《春秋》隐公七年、九年各有一条"王使"记载:"(七年)冬,天王使凡伯来聘。""(九年)春,天王使南季来聘。"

他解释前一条说:"此天子之使,其聘者何?天子所以抚诸侯者,存頫省问皆聘也。北面称臣,受之于大庙,则何以书?荣之也,喜之也。诸侯有功德于其民,则天子使问之云尔。鲁使可以自省矣,有则荣之,无则愧之。……公羊家传之矣。"[②]隐公七年冬,周天子派凡伯来

---

① 庄存与:《春秋正辞》"天子辞第二",第2890页。

② 庄存与:《春秋正辞》"天子辞第二",第2891页。

鲁国聘问。周天子拥有至高无上的权力，派使者聘问鲁侯，抚恤褒奖他，体现对鲁国的格外重视，使鲁侯备感荣耀，同时也说明鲁侯有功德于子民。

关于后一条，他又解释说："八年于兹，公不一如京师，又不使大夫聘，天王则再使上大夫来聘，周德虽衰，不如是之甚也。公如京师矣，以为常事而不书也。宋公不王，而谋伐之，在此岁矣。齐人朝王，在往年矣，书曰：天王使南季来聘。见公之朝于天子也，公一朝，王比使聘，则以为非常数而志之矣。得其常数，不志于《春秋》。《春秋》，非记事之史也。"[①]周天子派南季聘问鲁侯，周天子多次派使者聘问鲁侯，说明周天子的地位正在衰弱，否则应该是鲁侯多派使者朝见天子以示尊奉。其实鲁侯派使者朝见天子，这可以从齐人朝王之事得到佐证。这一年（隐公九年）"宋公不王"，即宋侯不供王职，引起诸侯共同讨伐，这是对天子的尊重。去年齐侯也朝见天子，这些在《春秋》都有记载，而鲁侯朝见天子和鲁使聘问周却没有记载，这是因为"得其常数，不记于《春秋》"，也就是说他们的行为属于常规礼节，不必记载，周天子派使者聘问鲁侯，这本身已经包含鲁侯朝见天子的事。所以说《春秋》不是记事的史书，其于"于所书求所不书，于所不书求所书"，这才是《春秋》所特有的笔法。

对齐桓公霸业的评价，他解释庄公二十五年"春，陈侯使女叔来聘"时说："终《春秋》而一志聘者，中国诸侯惟陈尔。舍陈则无简者乎？曰：郑亦简矣。舍郑而无简者呼？曰：有，皆狄之矣。陈侯使女叔来聘，何以书？录齐桓之功也。桓公纠合诸侯，谋其不协，玉帛之使盛于中国，不可胜书。书必于简策者，陈三恪之封也。自我言之，迩与戚不若宋、卫；自陈言之，齐桓没而日役于楚矣。齐桓主中国，则陈不知有楚患，国家安宁，而志一以奉王事，嘉好之使，接于我焉。志陈之聘我，则中国诸侯见矣。终《春秋》而一志聘者，陈与郑尔。何言乎陈侯使女

① 庄存与：《春秋正辞》"天子辞第二"，第2891页。

叔来聘？言齐桓之力，安中国而义睦诸侯也。”①陈国与鲁国的关系远于宋、卫等国，《春秋》为何记载陈侯派女叔来鲁国聘问之事，这与齐桓公的霸业有关。齐桓公称霸是想通过协调统一诸侯尊王攘夷，重新确立周天子的地位。陈国位于齐桓公称霸与南方楚国两大对立势力范围的前哨，陈国只有得到齐国的庇护才不至于被楚国灭掉，因此陈侯派女叔来聘是想得到齐国的保护，并与中原诸侯国相互交往。通过陈侯派使者来聘之事说明齐桓公建立霸业的强大，在周天子地位逐渐降低的情况下，霸业的确立对团结中原诸侯，使他们和睦相处，保持周朝的稳定与繁荣具有重要的意义。

《春秋》有三处诸侯国使者聘鲁的记载表现了《春秋》具有“同辞而异义”的特点：

如文公四年，卫侯使宁俞来聘问，他说：“玉帛之使行，卫庶无患矣。”《春秋》“志宁俞之来聘，喜卫之无患而志之也。”②卫国与鲁国是兄弟国，曾亡于狄，后被齐桓公所救得以重建，因为卫国仍处于晋国与狄国交兵的危险境地，不得已迁都帝丘并与晋讲和，才获安宁。卫国由此转危为安。

成公三年，晋使荀寅来聘问，他认为：“偶晋于京师，其甚也！以共(供)京师者共(供)晋，微见乎僖，至成而甚焉，晋侯益骄，非鲁所望也。志晋之聘，见晋之为晋，我之适者而已矣。何为于此焉始？曰：王使不志矣，而后志晋使，《春秋》之大教也，不可不察。隐、桓之《春秋》，志王使聘五焉。成、襄之《春秋》，志晋使聘九焉。鲁人之所以荣且喜者移于晋矣，以共京师者共晋，圣人之所甚惧也。舍隐、桓则志王使也罕，自成而下王使也绝不见。章疑别微，以为民坊，《春秋》之大教也。《春秋》终不使鲁人以待王使者待晋使，绝之若不相见者。然以尊王而抑晋，微故尊之，谮故抑之。王聘屡于隐、桓，晋聘屡于成、襄，皆以为非

① 庄存与：《春秋正辞》“内辞第三”，第 2910 页。
② 庄存与：《春秋正辞》“内辞第三”，第 2911 页。

常焉尔。”[①]《春秋》记载鲁隐公、桓公之时，周王室派使者来鲁国，体现鲁国尊奉周王，符合周礼，因为此时周室尚未衰落，诸侯表达尊奉之意。《春秋》记载鲁成公、襄以后，晋侯来聘问周室不是褒晋，而是有意抑晋，因为从那以后，周王室开始衰微，晋侯骄盛，地位直逼周天子，聘问有示威之嫌。鲁僖公、成公之时诸侯用以供奉周王的礼数来供奉晋国的事实旨在说明晋国僭越，这显然破坏了周天子与晋侯之间的君臣关系。“章疑别微，以为民坊，《春秋》之大教也”，可以看出《春秋》之教在于尊王室抑僭越。

昭公二十一年，晋侯派士鞅来聘问。他说：“天子微，诸侯谮，大夫强，诸侯胁，于是相贵以等，相觌以货，相赂以利，而天下之礼乱矣！自是无书聘者矣。志齐侯使其弟来聘，以谨其始，志晋侯使士鞅来聘，以谨其终。玉帛之事，君子尽心焉而已矣。”[②]昭公二十一年记载晋侯派士鞅来聘问。齐侯使其弟来聘，见《春秋》隐公七年。《春秋》隐公七年记载齐侯派其弟来聘问，这时的聘问已经非往日可比，因为此时的周室衰微，天子逐渐丧失了权力，诸侯开始僭越，礼崩乐坏，晋使来聘有向天子示威之义。

《春秋》不是记事之史反映了公羊家的一般意见，但讲求微言大义离不开史，大义与史实其实涉及理事的关系，寓理于事、寓义于史或许是对《春秋》一书性质的最好把握。

三、一些微言大义的阐释

庄存与治公羊尤其表现为对微言大义的发挥，主要涉及建五始、大一统、通三统、张三世等，重申了公羊学所主张的君权神授、君主专制、尊王攘夷、因革进化等思想。

建五始，庄存与释《春秋》“元年春王正月”中元春王正月这五者

---

① 庄存与：《春秋正辞》“内辞第三”，第 2911 页。

② 庄存与：《春秋正辞》“内辞第三”，第 2912 页。

“建五始”，作为春天辞的第一项，重申何休所说：“政莫大于正。故《春秋》以元之气，正天之端；以天之端，正王之政；正诸侯之即位，以诸侯之即位，正境内之治。”“五者同日并建，相须成体，乃天人之大本，万物之所系，不可不察也。”①政治主要在于正，此正即始，端也有始义，在天为元气，是天的开端，在政治上表现为最初就要端正君位、诸侯之位，以此来端正国家天下。“元春王正月”这五者并建，天地人合为一体，以正朝廷百官天下。这是说明君权神授、君臣名分不可更改之理。

他说：“公羊子曰：王者孰谓？谓文王也。闻之曰：受命之王曰大祖，嗣王曰继体。继体者，继大祖也。不敢曰受之天，曰受之祖也，自古以然。文王，受命之祖也，成、康以降，继文王之体者也。武王有明德，受命必归文王，是谓天道。武王且不敢专，子孙其或干焉。命曰文王之命，位曰文王之位，法曰文王之法，所以尊祖，所以尊天也。”②王即周文王，为周朝始祖，始祖承天之命，即授命于天，这是强调周朝建立的合法性，周代诸王继承周文王是顺天承命，诸王承继大统不仅是延续周文王之嗣，同时也是顺天，后世帝王尊天与尊祖是一致的。这里贯穿着天人合一、宗法制度前后一贯的特点，宣扬君权神授，统治者具有最高不可动摇的权力。

他又说：“《春秋》之志，天伦重矣，父命尊矣。让国诚，则循天理、承父命不诚矣。虽行即位之事，若无事焉。是以不书即位也。君位，国之本也。南面者无君国之心，北面者有二君之志，位又焉在矣！十年无正，隐不自正(指隐公二年至十一年《春秋》经文中无正月字样)，国无以正也。元年有正，正隐之宜为正，而不自为正。不可一日而不之正也！”③这种理解旨在说明天理、父王之命最尊，作为后继者的君主应该遵从，尤其是在王位的承传问题上，倘若以国相让示以兄弟之间的诚，那么循天理、承父命就不诚了，如隐公让位之例。君为国家的根

①② 庄存与：《春秋正辞》“正奉天辞第一”，第2875页。

③ 庄存与：《春秋正辞》“内辞第三”，第2896—2897页。

本,既有君位也要有君心,名副其实,位正说明国家正,这是树立君主的绝对权威。

大一统,庄存与说:"公羊子曰:何言乎王正月,大一统也。《记》曰:天无二日,土无二王。国无二君,家无二尊。以一治之也。子曰:吾说夏礼,杞不足征也,吾学殷礼,有宋存焉。吾学周礼,今用之,吾从周。王天下有三重焉,其寡过矣乎!"[①]公羊释《春秋》王正月为大一统,其含义是如同天无二日一样,一国不存在着两个君主,大一统统一到哪?统一到君,举国上下一统于君王,百姓都是其子民,接受其统治。这同样是树立君主的绝对权威。在这里,其大一统旨在说明君主有至高无上的权力。对于夏商周三代而言,当然从周,周天子是孔子作《春秋》时的新王,它继承了夏商二代,这与《春秋》推尊周朝是一致的。

他说:"周公欲天下之一乎周也,二之以晋则不可,其不可于是始,君子谨而致之,欲天下之一乎周也。"[②]强调周天子独一无二的地位,天下统一于周天子,不允许有二国的存在。联系到当时的现实就是尊清廷,他说:"天无二日,民无二王。郊社宗庙,尊无二上。治非王则革,学非圣则黜。"[③]这是树立天子至高无上的地位,绝对尊从不可有二心,实施君主专制。他又说:"大哉受命,钊我至圣,弗庸践于位,皇惟飨德,乃配天地。""王者承天以抚万邦,为生民共主。"[④]君权神授强调天子承天之命,统治天下的合法性,众民绝对臣服,凡此都是为专制主义服务的。把社会的稳定、祥和建立在君主独裁基础之上,显现是一种假象,其背后则充斥着专制主义所带来的罪恶。

他又指明《春秋》"所以大一统者,六合同风,九州同贯"。大一统除了树立君主绝对权威之义以外,还有其地域性,也即所有疆域的统一。他引董仲舒所说:"《春秋》大一统者,天地之常经,古今之通谊也。

---

① 庄存与:《春秋正辞》"奉天辞第一",第 2876 页。
② 庄存与:《春秋正辞》"天子辞第一",第 2894 页。
③ 庄存与:《春秋正辞》"奉天辞第一",第 2875 页。
④ 庄存与:《春秋正辞》"叙目",第 2874 页。

今师异道,人异论,百家殊方,指意不同。是以上无以持一统,法制数变,下不知所守。臣愚以为,诸不在六艺之科、孔子之术者,皆绝其道,勿使并进。邪辟之说灭息,然后统记可一,法度可明,民知所从矣。"自己注释说:"此非《春秋》事也。治《春秋》之义莫大焉。"①董仲舒把大一统视为"天地之常经,古今之通谊",是为汉代帝王统一思想做论证,与他所倡导的"罢黜百家,独尊儒术"相并行,确立儒家在汉代的统治地位并以此来统一思想,为政治上的大一统服务。庄存与引此旨在说明《春秋》不在于叙事,而在于讲微言大义,是一部政论性的著作。庄存与所论大一统既包括政治层面、思想层面,也包括地域层面,因此大一统具有多重意义。

通三统,庄存与说:"何休曰:夏以斗建寅之月为正,平旦为朔,法物见,色尚黑。殷以斗建丑之月为正,鸡鸣为朔,法物芽,色尚白。周以斗建子之月为正,夜半为朔,法物萌,色尚赤。""王者存二王之后,使统其正朔,服其服色,行其礼乐。所以尊先圣,通三统,师法之义,恭让之礼,于是可得而观之。子曰:殷因于夏礼,所损益可知也;周因于殷礼,所损益可知也;其或继周者,虽百世可知也。周监于二代,郁郁乎文哉!吾从周。子曰行夏之时,乘殷之辂,服周之冕,乐则韶武。""刘向曰:王者必通三统,明天命所授者博,非独私一姓也。按,日月星辰之行始于日至。阴阳风雨之气,征于丑仲。王政民事之序,揆于寅正。三正并行而不悖,尚矣。"②夏商周三代正朔不同,也就是指历法不同,另有服饰的颜色、礼乐不同,以此区别它们之间的改制。夏商周三代在制度上的革新通过历法、服饰、礼乐等方面表现出来,这只是问题的一个方面,另一个不可忽视的方面是它们之间前后存在着一个承继关系,这种承继关系如同《论语·为政》所讲的因革损益,这就是"通三统"。夏商周三代之间相互因革损益表现了它们所处的时代不同,不可能完全一致,但又是君权神授,有合法性,前后承继,一以贯之。这

①② 庄存与:《春秋正辞》"奉天辞第一",第2876页。

不仅是对前代的继承，以此之道也可预见后来的发展，通三统是一个历史演进的过程，说明政治上既有变革又有延续，既继承历史也要立足当代，保持政治上的延续对社会的稳定至关重要。

张三世，庄存与说："据哀录隐，隆薄以恩，屈信之志，详略之文。智不危身，义不讪上，有罪未知，其辞可访。拨乱启治，渐于升平，十二有象，太平已成。"[①]根据鲁哀公来记录鲁隐公时之事，由于时代远近不同，恩有厚薄，义有深浅，愈来愈远，文献详略也不一，《春秋》笔法即所表达的方法不同。《春秋》所昭示的是拨乱启治，表现为渐进于升平之世、达于太平之世的过程。具体而言，这段话包含《公羊传》以下两层意思：其一"所见异辞，所闻异辞，所传闻异辞"，时代不同，书法也不同，对于较远者因缺乏资料而略书，对于较近者则通过隐晦的笔法窥见大义。其二初步意识到"三世说"，即据乱世、升平世、太平世，以此来解释《春秋》，表现以融合达于社会进化的观点。

阴阳灾异，《春秋》有所谓"无事而书"，如庄公五年书曰"春王正月"，桓公九年书曰"夏四月"，隐公六年书曰"秋七月"，桓公元年书曰"冬十月"。这便是无史事记载仍然采取记四时的书法。公羊子解释"《春秋》编年，四时具，然后为年"。何休解释"明王者当奉顺四时之正也"。庄氏汇集诸家说法，说："臣愚以为：阴阳者，王事之本，群生之命，自古圣贤，未有不繇者也。天子之义，必纯取法天地，而观于先圣。"[②]讲四时即阴阳变化之义，阴阳为王事的根本，万物的生命，古代圣贤给予充分的重视，不书事而书四时，体现了君权神授的理念，君主必然效法天地来执政，这里发挥了天人感应之义。

他说："天有五行，地有五行，陈天之五，合地之五，明天道也，重皇极也。""且夫皇极所以立，命故曰建五事，所以事天，故曰敬事。一不修敬有阙，尔皇之不极，非不克建而已，乃荡然大坏，逆天道甚也。""事

---

① 庄存与：《春秋正辞》"奉天辞第一"，第 2875 页。

② 庄存与：《春秋正辞》"奉天辞第一"，第 2876 页。

天如事亲，父母怒之，必诚求其所以然，多方拟议之，既得之而后已，此之谓修省。怒而不知惧，顽也；惧而不知救，慢也；救而不察类，舛也；不当而不问其人，傲也。顽则绝之，慢则疏之，舛则谪之，傲则厌之。"[①]天地有五行，以明天道，重皇极，人必须事天，对天应给予充分的尊重，即所谓的"敬事"，如果不敬事，逆天道而行，那么可能会遭到天道的惩罚。天人相感，事天如事亲一样，对天要尊重，不可怠慢，避免顽、慢、舛、傲等行为，天人相感才有阴阳灾异并影响到人类，这是通过迷信的方式告诫人们如何顺天尊奉天子。

庄存与发挥建五始、大一统、通三统、张三世等微言大义旨在强调君主有至高无上的权力，但春秋时期周室衰微，礼崩乐坏，诸侯僭越事件不断发生，面对这种情况，他给予评论说："诸侯无伯，亦《春秋》之所恶也。则其不主晋何？曰：诸侯之无伯也，晋哀公始为之也，不主晋于是始，而王道行矣。桓、文作而《春秋》有伯辞，实与而文不与也。"[②]维护周天子的至高无上权威，但也看到诸侯的崛起，如齐桓公、晋文公称霸，"实与"是承认他们尊王攘夷，能够抵御四夷，维持诸侯国乃至于周天下稳定的事实。"文不与"是不能公开的称道这以伯代王的现实。

他说："未有言同盟者，其言同盟于幽何？齐桓自是为诸侯正也。""齐主命则其言同盟何？夺其为正之辞也。""曷为夺之？有天子存，则诸侯不得主诸侯命也。""盖自是礼乐征伐自诸侯出，天下且见为当然，而相率以安之矣。"[③]礼乐征伐应由天子发出，名正言顺，不能由诸侯发出，但如果出现这种情况，纯属不得已，这说明周天子地位的衰弱，也反衬着诸侯的骄横。他又说："乱天下之大防者晋也，诸侯以晋为正，实以力为正，自时厥后，苟有力其从之，何知仁义？以享其利者为有德，其机在此，此谓大恶。"[④]晋为当时的大国，肯定晋文公的霸业，但他

---

① 庄存与：《春秋正辞》"奉天辞第一"，第 2879 页。

② 庄存与：《春秋正辞》"诸夏辞第五"，第 2923 页。

③ 庄存与：《春秋正辞》"二伯辞第四"，第 2917 页。

④ 庄存与：《春秋正辞》"诸夏辞第五"，第 2919 页。

的霸业影响到周天子的权威，而且尚力不尚德，不可取，“享其利者为有德”，如果以霸业取代周王自谓是有德之人，则应属于“大恶”。在西汉，因为是新兴统治者代替了旧的世族，“窃钩者诛，窃国者为诸侯”[①]。道德规范又不是不变的，谁是主人谁就是道德的化身。

他对“讥世卿”评价说：“公羊子曰：讥世卿。世卿非礼也。其圣人之志乎？制《春秋》以俟后圣，后世之变、害家凶国，不皆以世卿故，圣人明于忧患与故，岂不知之？则何以必讥世卿？告为民上者，知天人之本，笃君臣之义也。告哀公曰：义者宜也，尊贤为大。”“是故非贤不可以为卿，君不尊贤则失其所以为君，彼世卿者，失贤之路，蔽贤之蠹也。”“世卿非文王之典也，无故无新，惟仁之亲，尊贤养贤之家法也。”[②]世卿也称世袭的贵族，讥讽他们在于其行为不符合礼，世卿与天下治乱、国家兴衰密切相关，圣人探明忧患原因，讥讽世卿是树立君主的绝对权威，恪守君臣尊卑之等。《春秋》之所以讥讽世卿是因为他们不断僭越，威胁到天子的地位与权力，同时也反衬周室的衰微。这里也提到尊贤，希望为卿者皆贤，贤卿可以辅助君主安邦治国。

庄存与强调周天子的至尊地位，也在于维护业已衰弱的清王朝，乾隆中后期，清廷开始走向没落，他想借公羊学说为清廷维持旧秩序提供理论根据，从历史来看，这种愿望是徒劳的。

庄存与的公羊学在乾隆汉学考据如日中天之时不是主流，阮元评道：“主公羊、董子，虽略采左氏、穀梁氏及宋、元诸儒之说，而非如何劭公所讥倍经任意、反传违戾也。”[③]魏源称：“崒乎董胶西之对天人，醰乎匡丞相之述道德，肫乎刘中垒之陈今古，未尝凌杂釽析，如韩、董、班、徐数子所讥，故世之语汉学者鲜称道之。”[④]庄氏自己也“未尝以经学自

① 庄存与：《春秋正辞》“外辞第六”，第2931页。
② 庄存与：《春秋正辞》“天子辞第二”，第2892—2893页。
③ 阮元：《庄方耕宗伯经说序》，庄存与《味经斋遗书》卷首。
④ 魏源：《魏源集》上册，《武进庄少宗伯遗书序》，第237—238页。

鸣,成书又不刊板行世,世是以无闻焉"[①]。得不到当时主流学风的承认,因此影响甚微,到了嘉道时期其地位影响逐渐扩大。庄存与之学中经庄述祖、孔广森,[②]尤其是刘逢禄、宋翔凤,以及龚自珍、魏源等人的播扬,遂演成公羊学派,一时间成为儒学的主流,一直影响到晚清康有为的变法维新。庄存与作为清代公羊学开山鼻祖的地位不容动摇。

第二节　孔广森的另类公羊学

孔广森(1752—1786),字众仲,号㢸轩,又号撝约,山东曲阜人。他治经宗《春秋》公羊学,也是公羊学的代表人物之一。

孔广森是孔子六十八代孙。其祖孔传铎袭封衍圣公。其父孔继汾为户部主事,名声显赫一方。孔广森少时从学于戴震,治三《礼》、《公羊春秋》,能作篆、隶书,入能品,尤工于骈体文,汪中、孙星衍十分赞赏他。乾隆三十三年(1768),他年仅十七岁,中乾隆戊子科举人,三十六年(1771)成进士,入翰林院为庶吉士,散官授检讨。他成进士时,庄存与是当年会试的副主考。后来,孔广森进入庶吉士馆,庄存与也在馆中任教习。因此,他们两人不仅有座主与门生之谊,而且也有学术上的师承关系。他年少入官,翩翩华胄,文人、达官显贵争相与之交往,但他淡于世情,生性喜欢读书,"裹足不与要人通谒"[③],后辞官归里不再出仕。

家居期间,他心慕郑玄,筑"仪郑堂","杜门却扫,循陔著书"。[④] 主

---

① 董士锡:《易说序》,《味经斋遗书》卷首。

② 其弟子孔广森说:"座主庄侍郎为广森说此经(指《春秋》——引者)","诚《春秋》之微旨。"《春秋公羊通义》卷六,《文公十年》,《清经解清经解续编》第五册,第5838页。

③ 阮元:《孔广森传》,《揅经室续集》卷二,《集传录存》,《揅经室集》第1033页。

④ 孔广廉:《校勘公羊春秋通义叙略》,《春秋公羊通义》卷首。

要开始写作《春秋公羊通义》。他治《公羊》可谓祖述家学，同时也受清代公羊学的首创者庄存与的影响。他在写《春秋公羊通义》过程中，参考了庄存与的公羊学，他们治《公羊》的脉络大体相同，都推崇元末明初经学家赵汸所著的《春秋属辞》。在总结《公羊》义例以后，孔广森说："自唐迄今，知此者惟汸(赵)一人哉。"[1]在该书卷六文公十年"楚子、蔡侯次于屈貉"一条中采纳庄存与说经，指出："座主庄侍郎为广森说此经曰，屈貉之役，左氏以为陈侯、郑伯在焉，而又有宋公后至，麇子逃归。《春秋》一切不书主，书蔡侯者，甚恶蔡也。蔡同姓之长，而世役于楚，自绝诸夏。"又"若蔡庄侯者，所谓用夷变夏者也。"自谓："广森三复斯言，诚《春秋》之微旨。"[2]四十八年(1783)，他写成《春秋公羊通义》一书，全面阐释了公羊学主张。

不久，祖母、父亲因病相继去世，对孔广森打击甚大，此后一病不起。临终前对其弟孔广廉说："余生平所述，讵逮古人？《公羊》一编，差堪自信。"[3]表明《春秋公羊通义》为他一生最得意之作。正是此书确立了他作为常州今文经学大师的地位。由于孔广森过世早，许多书稿未能付梓，其弟孔广廉为他遗著的刊行尽力不少。孔广森的其他著作还有《诗声类》、《大戴礼记补注》、《礼学卮言》、《经学卮言》等，均收入《顨轩孔氏遗书》中。

这里仅以《春秋公羊通义》略谈一下他的公羊学。

一、《春秋》的性质

孔广森对《春秋》称经有自己的理解，说："《春秋》虽鲁史旧名，圣人因而不革，必有新意焉。春者阳中，万物以生，秋者阴中，万物以成。

---

① 孔广森：《春秋公羊经传通义》卷末，《春秋公羊经传通义叙》，《清经解清经解续编》第五册，第 5903 页。

② 孔广森：《春秋公羊经传通义》卷六，文公十年，第 5838 页。

③ 孔广廉：《校勘公羊春秋通义叙略》，《春秋公羊通义》卷首。

善以春赏，恶以秋刑，故以是名其经。”[①]《春秋》虽然是记载春秋时鲁国的历史，但有新意在里面，春表示万物的出生，秋表示万物的成长，又喻指春赏秋刑，包括因革损益善恶赏罚等微言大义，因此才称之为经。

对于解释《春秋》的《公羊传》、《穀梁传》、《左传》三传，他原则上兼收并蓄，如说：“况乃公羊、穀梁、左丘明并出于周秦之交，源于七十子之党，学者固不得而畸尚偏诋也。虽然，古之通经者首重师法，三传要各有得失，学者守一传即笃信一传，斤斤罔敢废坠，其失者犹日有所受之，其得者因而疏通证明，诚可以俟圣人复起而不惑，倘将参而从焉，衡而取焉。彼孰不自以为择善者，讵揣量其智识之所及，匪唯谬于圣人，且不逮三子者万分一。逞臆奋笔，恐所取者适一传之所大失，所弃者反一传之所独得，斯去经意弥远。”[②]《春秋》三传的作者大都生活在战国后期，就其学术渊源而言皆为孔子后学，学者应平等加以对待。对于《公羊传》、《左传》、《穀梁传》这三传各有的偏重得失，学者不要因其得而完全笃信，也不要因有失而一概抛弃，要慎重对待其得失之处，参伍权衡，择善而从之，对《春秋》三传兼收并蓄。

但实际上孔广森还是偏向于《公羊传》，这与他把《春秋》当成包含微言大义的经书是一致的，下面的分析可以证明这一点。

汉以来，治《春秋》的有《左传》、《公羊传》、《穀梁传》三家。孔广森认为《春秋》重义，说：“大凡学者谓《春秋》事略，《左传》事详，经传必相待而行，此即大惑。文王系《易》，安知异日有为之作《十翼》者？周公次《诗》，安知异日有为之作《小序》者？必待《传》而后显，则且等于扬雄之首赞，朱子之纲目，非自作而自解之不可也。圣人之所为经，词以意主，意以词达。虽无一二子之传，方且揭日月而不晦，永终古而不蔽。鲁之《春秋》，史也；夫子修之，则经也。经主义，史主事。事故繁，义故文少而用广。世俗莫知求《春秋》之义，徒知求《春秋》之事，其视

① 孔广森：《春秋公羊经传通义叙》，《春秋公羊经传通义》卷末，第5903页。
② 孔广森：《春秋公羊经传通义叙》，《春秋公羊经传通义》卷末，第5902页。

圣经，竟似《左氏》记事之标目，名存而实亡矣！”[①]不赞同经传“必相待而行”并举例：文王作《易经》并不知后来有《易传》，周公为《诗》并不知后来有《诗小序》。因为经本身已经明确表达了圣人的意思。依此来看《春秋》，不能简单地说《春秋》叙事简略，《左传》叙事详细，《春秋》必须依赖于《左传》才得阐释清楚，这里的意思是说《春秋》自有一套诠释方法，并非《左传》能胜任，以下的话说明这一点。如《春秋》之作源于鲁国史，但孔子编修提升为经，这是因为据鲁国史作《春秋》时寓理于事，阐释其微言大义，使《春秋》变成经书。只求《春秋》之事，像《左传》那样而不理解《春秋》中所蕴含的义理、微言大义，那么《春秋》则名存实亡了，由此他把《春秋》当成哲理之书，在《春秋》三传中服膺《公羊传》是顺理成章的。

他又说：“昔我夫子有帝王之德，无帝王之位，又不得为帝王之辅佐，乃思以其治天下之大法，损益六代礼乐文质之经，经发为文章，以垂后世。而见夫周纲解弛，鲁道凌迟，攻战相寻，彝伦或熄，以为虽有继周王者，犹不能以三皇之象刑，二帝之干羽，议可坐而化也。必将因衰世之宜，定新国之典，宽于劝贤，而峻于治不肖，庶几风俗可渐更，仁义可渐明，政教可渐兴。乌乎托之？托之《春秋》。”[②]《春秋》一书的重要性在于，孔子有德无位，以素王作《春秋》是希望为帝王立法，为其治理天下提供智力支持，也即思想理论基础。之所以以鲁国为依托，是因为鲁国在诸侯国中最接近周室，所谓周礼尽在鲁，周室已衰，鲁道凌迟，孔子希望通过作《春秋》确立周朝承袭夏商二代的合法性，重整周道，重树周天子的尊严与威信。而这些仅仅以叙事的方式是不能做到的，因此《春秋》中必然包含微言大义，寓政教于事中，如此才有“托之《春秋》”之义，也就是说《春秋》承载着孔子尊周室、拨乱反正等微言大义，《公羊传》解释《春秋》恰好昭示了这一点，因此可以说他尊《春秋》实际上是尊《公羊传》，从公羊学角度来理解《春秋》。

---

①② 孔广森：《春秋公羊经传通义叙》，《春秋公羊经传通义》卷末，第 5902 页。

在解释《公羊传》哀公十四年"制《春秋》之义以俟后圣"时,他写道:"君子岂不乐当世有圣帝如尧舜者,知君子而用之也?既不可得,退修《春秋》,以俟后世王者复起,推明《春秋》之义以治天下,则亦君子之所以乐也。《左氏》驰骋于文辞,《穀梁》圈囿于词例,此圣人制作之精意,二家未有言焉。知《春秋》者,其唯公羊子乎?"①《左传》因其在叙事而重文辞,《穀梁传》又偏于词例,二传皆未能领会《春秋》大义。只有《公羊传》真正知晓《春秋》大义,突出《春秋》为后世统治者立法、提供拨乱反治等理论根据。《春秋》不是叙事,而是寓教于事中,《公羊传》领会此义。

《孟子》作为经儒家经典,同样阐述儒家的基本思想,孔广森认为孟子最理解孔子作《春秋》之义,并把《公羊传》与《孟子》相比较,指出:"然而孟子有言,《春秋》天子之事也。《经》有变周之文,从殷之质,非天子之因革耶!甸服之君三等,蕃卫之君七等,大夫不世,小国大夫不以名氏通,非天子之爵禄耶?上抑杞,下存宋,褒滕、薛、邾娄仪父,贱谷、邓而贵盛、郜,非天子之绌陟耶?内其国而外诸夏,内诸夏而外四裔,殆所谓天下之本在国,国之本在家者与非耶?愚以为《公羊》学家独有合于孟子。乃若对齐宣王言小事大,则纪季之所以为善;对滕文公言效死勿去,则莱侯之所以为正;其论异姓之卿,则曹羁之所以为贤;论贵戚之卿,又实本于不言剽立以恶衎之义。""故孟子最善言《春秋》,岂徒见税亩,伯于阳两传文句之偶合哉!"②孟子发挥《春秋》所讲的因革之义,孟子讲因革,"内其国而外诸夏,内诸夏而外四夷"是《公羊传》三科九旨的核心,孔广森解释为"天下之本在国,国之本在家",这是以《公羊传》比附《孟子》,又以两书具体实例相对比,认为孟子最能理解《春秋》大义。他认为《左传》也讲义理,有合于《孟子》的地方,如《左传》宣公四年记载:"凡弑君称君,君无道也;称臣,臣之罪也。"

① 孔广森:《春秋公羊经传通义》卷十二,"哀公十四年",第5901页。

② 孔广森:《春秋公羊经传通义叙》,《春秋公羊经传通义》卷末,第5902页。

《孟子·梁惠王》则说："齐宣王问曰：汤伐桀，武王伐纣，有诸？孟子对曰：于传有之。曰：臣弑其君可乎？曰：贼仁者谓之贼，贼义者谓之残，残贼之人，谓之一夫。闻诛一夫纣矣，未闻弑君也。"对君臣关系采取灵活的观点。在他看来，《公羊传》与《孟子》相合，《左传》也讲义理，这无非是想证明《春秋》是讲微言大义的经书，而非叙述性的历史著作。

总之，在他看来，《春秋》三传，"《左氏》之事详，《公羊》之义长，《春秋》重义不重事，斯《公羊传》尤不可废"[①]，阮元称他的公羊学兼采《左传》、《穀梁传》，旁通诸家，"醇会贯通"，"成一家之言"[②]。这一家之言即以公羊家来理解《春秋》，把它视为寓教于事中、充满哲理思想性的经书。

二、对微言大义的重新诠释

孔广森治《春秋》宗《公羊》微言大义，但与正统的何休公羊学不同，对《春秋》微言大义做了重新诠释。

关于大一统，《公羊传》隐公元年说："元年，春，王正月。元年者何？君之始年也。春者何？岁之始也。王者孰谓？谓文王也，曷为先言王而后言正月？王正月也。何言乎王正月？大一统也。"这里倡导大一统思想。何休解释说："君，鲁侯隐公也。年者，十二月之总号，《春秋》书十二月称年是也。变一为元，元者气也，无形以起，有形以分，造起天地，天地之始也。故上无所系，而使春系之也。不言公，言君之始年者，王者诸侯皆称君。所以通其义于王者，唯王者然后改元立号。《春秋》托新王受命于鲁，故因以录即位，明王者当继天奉元，养成万物。"元为天地之始，然后系以春则为一年之开始，这是天地自然的开端，以此比拟帝王政治，王受命于天，为政治的开端，强调君权神授，以及王承继大统的至高无上的合法性。孔广森治公羊则不讲大一

---

① 孔广森：《春秋公羊经传通义》卷末，《春秋公羊经传通义叙》，第5904页。
② 阮元：《揅经室一集》卷十一，《春秋公羊通义序》，《揅经室集》，第246—247页。

统,他说:“《尔雅》曰:元,始也。天子诸侯通称君。古者诸侯分土而守,分民而治,有不纯臣之义,故各得纪元于其境内。而何劭公猥谓,唯王者然后改元立号。《经》书元年,为托王于鲁。则自蹈所云反传违戾之失矣。”[①]他治经受汉学学风的影响,重视训诂考据,引《尔雅》训元为始,这里只讲天子分封诸侯,天子治天下,诸国分土分民各治其国其民,各有自己的纪年,在他看来这体现了分封制的特点,《春秋》谈的“分土而守,分民而治”,不是何休所说的大一统,并以此讥何休“自蹈所云反传违例之失”。就事实而言,秦以前确为分封制,秦以后才有郡县制,从制度上来说,郡县制更适应于大一统。

何休又解释:“统者,始也,总系之辞。夫王者,始受命改制,布政施教于天下,自公侯至于庶人,自山川至于草木昆虫,莫不一一系于正月,故云政教之治。故《春秋》以元之气,正天之端。以天之端,正王之政。以王之政,正诸侯之即位。以诸侯之即位,正境内之治。政不由王出,则不得为政,故先言王然后言正月也。王者不承天以制号令,则无法,故先言春然后言王。天不深正其元,则不能成其化,故先言元而后言春。五者同日并见,相需成体,乃天人之大体,万物之所系,不可不察也。”孔广森只采用“统者,始也”至“故云政教之始”,删去以下原文,代之以“谨案,《尔雅》曰:正,长也,谓之正月者,十二月之长”[②]。他所删去原文“故《春秋》以元之气”以下包括对“元、春、王、正、月”建五始并举,以元气正天之端,以天端正王之政,以王政正诸侯之即位,以诸侯之即位正境内之治,一以贯之,强调了建五始相互关联、互动的特点,这是何休公羊学基本教义,孔广森则不提。

公羊学提出“通三统”,即所谓夏商周三代分别为黑白赤统,借此宣扬“应天受命而王”的君权神授观念,孔广森则解释说:“正朔三而

---

① 孔广森:《春秋公羊经传通义》卷一,隐公元年,《清经解清经解续编》第五册,第5783页。

② 孔广森:《春秋公羊经传通义》卷末,《春秋公羊经传通义叙》,《清经解清经解续编》第五册,第5902页。

改，文质再而复，先王治天下之大法，虽文王不是废。”“继周而王者，当反寅正。”夏商周三代正朔的改变只是文质的更复，继承周朝的统治者必然要返回到夏时的正黑统，以建寅为岁首，这种更迭有循环论的色彩。他又释鲁隐公三年经文说：“三年，春正月己巳，日有食之”说：“然不曰王春正月，而曰春王正月者，正以三王不共春，施王于春上，则存三统之义不显。《汉书·律历志》述刘歆曰：春三月，每月书王，元之三统也。是古《左氏》师说亦然矣。”[①]把季节书于王前没有政治意义，三统即建寅、建丑、建子指春天三月，只说明建寅、建丑、建子三种历法的演变，不是政治意义上的历史演变。这种解释否定了天子受命于天的君权神授观念，是对公羊学以神秘主义解读朝代更迭、新君继位合法性的挑战。

对于三科九旨，何休治《春秋》提出“三科九旨”义例，即：“新周故宋，以《春秋》当新王，此一科三旨也。所见异辞，所闻异辞，所传异辞，二科六旨也。内其国而外诸夏，内诸夏而外夷狄，是三科九旨也。”讲述了尊周室、变化观念、尊王攘夷等微言大义。孔广森不同意这一说法，他反驳何休说：“治《公羊》者旧有新周故宋之说，新周虽出此传，实非如注解。故宋传绝无文，唯《穀梁》有之，然意尤不相涉。是以晋儒王祖游讥何氏黜周王鲁，大体乖硋，志通《公羊》，而往往还为《公羊》疾病者也。”[②]何休讲的“新周”虽然出自《公羊传》但并非如何休所说。“故宋”则《公羊传》没有这一提法，《穀梁传》虽然有但意义不同。至于何休所说的“黜周王鲁”，即所谓的孔子作《春秋》“托王于鲁”，在孔广森看来，与《公羊传》之义相互乖离，何休治《公羊传》并没有理解其大义。孔广森又说：“黜周王鲁，以《春秋》当亲王云云之说，皆绝不见本传。重自诬其师，以召二家之纠擿矣。”[③]不仅“《春秋》当亲王”之说不

① 孔广森：《春秋公羊经传通义》卷一，隐公元年，第5785—5786页。

② 孔广森：《春秋公羊经传通义》卷七，宣公十六年，第5851页。

③ 孔广森：《春秋公羊经传通义叙》《春秋公羊经传通义》卷末，第5902页。

见《公羊传》,"黜周王鲁"也不见《公羊传》,它们不属于公羊学的研究范围。

元年《传》"所见异辞,所闻异辞,所传闻异辞",何休借此发挥变易进化的历史观和民族观。孔广森解释说:"《春秋》分十二公而为三世。旧说:所传闻之世,隐、桓、庄、闵、僖也。所闻之世,文、宣、成、襄也。所见之世,昭、定、哀也。颜安乐以为:襄公二十三年,邾娄鼻我来奔。《传》云:邾娄无大夫,此何以书?以近书也。""二文不异,同宜一世。故断为孔子生后即为所见之世。广森从之。所以三世异辞者,见恩有深浅、义有隆杀。所见之世,据襄为限,成、宣、文、僖四庙之所逮也。所闻之世,宜据为限,闵、庄、桓、隐亦四庙之所逮也。亲疏之节,盖取诸此。凡大夫卒,日者,主为恩痛录之。所传闻世,恩杀,恒不日,彄牙之日有故焉尔。所闻世,恒日,惟得臣、仲遂以罪不日。至于所见之世,虽有罪,皆日卒矣。董仲舒曰:于所见,微其辞;于所闻,痛其祸;于传闻,杀其恩。与情俱也。《解诂》曰:主所以卒大夫者,明君当隐痛之也。君敬臣,则臣自重;君爱臣,则臣自尽。"[①]何休把二百四十二年的春秋历史划分为所传闻、所闻、所见三个阶段并与鲁国十二位诸侯前后相应。三世异辞是因为时代不同,表现为一个变化发展的过程。孔广森这里淡化了何休公羊学所划分的三阶段历史的进化观念,强调的是书法问题,如三世异辞的恩有深浅、义有隆杀,引董仲舒、何休的观点说明书法的不同,反映恩有深浅、义有隆杀,涉及君臣民三者之间的关系。孔广森在这些细节问题上显然与何休的进化之论不同。

他提出了自己的"三科九旨",认为"《春秋》之为书也,上本天道,中用王法,而下理人情。不奉天道,王法不正,不合人情,王法不行。天道者,一曰时,二曰月,三曰日。王法者,一曰讥,二曰贬,三曰绝。人情者,一曰尊,二曰亲,三曰贤。此三科九旨,既布,而壹裁以内外之异例,远近之异辞。错综酌剂,相须成体。凡传《春秋》者三家,粤惟

① 孔广森:《春秋公羊经传通义》卷一,隐公元年,第 5784 页。

《公羊》有是说焉。"[①]上本天道,中用王法,下理人情是强调天人合一、情法不二,天道、王法、人情这三者存在着相互对应的关系,首先要尊奉天道,依次是正王法,合人情,其中的王法受到双重的挑战,王法的公正是天道的要求,王法的执行也要考虑到人情,然后再裁量于内外异例(何休所讲的内其国而外诸夏,内诸夏而外夷狄,三科九旨)和远近异辞(何休所讲的所见异辞,所闻异辞,所传异辞,二科六旨),相互参照,综合考察,挖掘公羊学大义。

关于"三科九旨",有宋氏与何氏之分,宋氏"三科九旨"见徐彦《公羊传注疏》:"三科者,一曰张三世,二曰存三统,三曰异外内,是三科也。九旨者,一曰时,二曰月,三曰日,四曰王,五曰天王,六曰天子,七曰讥,八曰贬,九曰绝。"另有董仲舒在"天人三策"中说:"孔子作《春秋》,上揆之天道,下质诸人情,参之于古,考之于今","天令之谓命,命非圣人不行;质朴之谓性,性非教化不成;人欲之谓情,情非度制不节。是故王者上谨于承天意,以顺命也;下务明教化民,以成性也;正法度之宜,别上下之序,以防欲也。修此三者,而大本举矣。"[②]孔广森的说法不是空穴来风,显然受宋氏、董仲舒的启发。孔广森以此来解释"三科九旨",没有把握何休所理解的《春秋》微言大义,但这并不等于说违背了公羊学大义。

关于第一科中时月日问题,孔广森说:"《春秋》之序事甚简,称言甚约。记战伐,知战伐而已,不知其师之名;记盟聘,知盟聘而已,不知其事之为。若乃情状委曲,有同功而异赏,亦殊罪而共罚,抑扬进退,要当随文各具,非可外求。但据记事一言,终无自寻其抑扬进退之大绪。诚求诸系时、系月、系日,繁杀之不相袭,则其明晰有不啻史传之论赞者。东山赵汸尝言之曰:事以日决者系日,以月决者系月,逾月则系时,此史氏之恒法也。东周王室衰微,夷狄僭号,五等邦君,以强弱

① 孔广森:《春秋公羊经传通义》卷末,《春秋公羊通义叙》,第5902页。
② 《汉书·董仲舒传》,第236页。

易周班，而伯之兴，几于改物，其灾祥祸福之变，礼乐政刑之乱，必皆有非常之故焉。”“孔子之修《春秋》也，至于上下内外之无别，天道人事之反常，史之所书，或文同事异、事同文异者，则皆假日月以明其变，决以疑。大抵以日为详，则以不日为略；以月为详，则以不月为略。其以不日为恒，则以日为变”，“以不月为恒，则以月为变，甚则以日为异。将使学者属辞比事以求之，其等哀势分甚严，善恶浅深奇变极乱，皆以日月见之，如示诸掌。善哉！自唐讫今，知此者惟汸一人哉！”[①]《春秋》记载史事十分简略，只让人知道有这一件事，但这件事背后的因果等却略而不书，赵汸则重视《春秋》所载时月日诸书法的不同，试图从中找出寓于其中的褒贬等微言大义。孔广森服膺赵氏属辞比事的方法，强调时月日不同的特定含义。同为记载大夫卒，明确记日的为详，不记日的为略，同是记交聘活动，明确记载月的是详，不记月的是略，不记日的为恒，记日的为变，不记月的为恒，记月的为变。他所讲的时月日在不同文句中表现方式不同，以《春秋》记时的取舍说明圣人的用心。

三、对治乱问题的关注

孔子作《春秋》的目的就是使天下由乱到治，因此治乱关系也是公羊家们所关注的重要问题，孔广森治公羊提出自己的看法。

他说：“拨乱之术，讥与贬绝备矣，而又曰为尊者讳、为亲者讳、为贤者讳，恶如可讳，何以瘅恶？闻之有虞氏贵德，夏后氏贵爵，殷周贵亲，《春秋》监四代之令模，建百王之通轨，尊尊亲亲而贤其贤。尊者有过是不敢讥，亲者有过是不可讥，贤者有过是不忍讥，爰变其文而为之讳，讳犹讥也。”[②]作《春秋》在于拨乱反正，使用讥与贬绝反映了这一点，《春秋》维护周朝旧有的尊卑体制，倡导尊尊亲亲，贤其贤，是想恢复社会秩序，肩负着重建历史上太平治世的历史责任。

---

① 孔广森：《春秋公羊经传通义》卷末，《春秋公羊经传通义叙》，第 5903 页。

② 孔广森：《春秋公羊经传通义叙》《春秋公羊经传通义》卷末，第 5904 页。

《公羊传》哀公十四年："何以终乎哀十四年？曰：备矣。"何休解释说："人道浃，王道备。必止于麟者，欲见拨乱功成于麟，犹尧舜之隆，凤皇来仪。故麟于周为异，《春秋》记以为瑞，明太平以瑞应为效也。""麟"为祥瑞，哀公十四年经文"西狩获麟"表明《春秋》全书记载已完备，这是拨乱反治的标志，有由据乱经升平世达于太平世之义。孔广森则解释说："上治隐、桓，而贬绝之法立；下录定、哀，而尊亲之义著。君君、臣臣、父父、子子、夫夫、妇妇，采毫毛之善，讥纤芥之恶，凡所以示后王统制者，靡不具焉。"[①]上至隐公、桓公而贬绝之法由此而确立，下到定公、哀公而尊亲之义由此而显著，春秋重在端正君臣父子夫妇人伦，对其有褒贬，扬善止恶，为后世统治者立法，总结《春秋》微言大义在此完美无缺。他又说："方东汉时帝者号称以经术治天下，而博士弟子因端献谀，妄言西狩获麟，是庶姓刘季之瑞，圣人应符，为汉制作。"[②]何休以"西狩获麟"来附会汉代统治者，说明刘家当权的祥瑞，为汉代统治者的合法性服务，因此很有局限性。

哀公十四年传："拨乱世，反之正，莫近于《春秋》。"何休释为："孔子仰观天象，俯察时变，却观未来，豫解无穷。知汉当继大乱之后，故作拨乱之法以授之。"何休作为汉人站在汉家立场上，借诠释《春秋》发挥《公羊传》大义，其目的是为汉人立法，称汉代替秦是拨乱反正，其时代局限是显而易见的。孔广森不是汉人，因此解释不同，说："子曰：人欲托之空言，不如见之行事之深切著明也。盖理不穷其变则不深；事不当于势则不切；高论尧、舜之道而无成败之效，则不著不明。故近取诸《春秋》，因乱世之事，季俗之情，渐裁以正道。庶贤者易勉，不肖者易晓，亦致治太平之所由基也。"[③]强调孔子作《春秋》不是空洞的说教，而要见之于行事，理要穷其变才深，事要当于势才切，也就是说治《春秋》要有一种危机感、忧患意识，这才能反映孔子在周室式微之际

---

①③　孔广森：《春秋公羊经传通义》卷十二，哀公十四年，第 5901 页。

②　孔广森：《春秋公羊经传通义叙》《春秋公羊经传通义》卷末，第 5902 页。

作《春秋》的良苦用心。孔广森所处的时代，清廷已日渐衰落，他也意识到这一点，治《春秋》的目的在于拨乱反正，甚至希望为幻想的太平打下一定的根基。

对于治理天下，他还讨论刑威福的关系，说："天下者大柄有二：曰威，曰福，二柄举则天下治矣。一有失矣，不以沦亡，则以败乱。下或擅之，小则以霸，大则以王。然威之为用，足以制人而已，王者之末也。福者积微以为用，以晦而张，以柔而强，及其至也，威不足以言之，是王道之本也。何谓福？恩惠是也。何谓威？兵甲是也。先王经世，有赐诸侯弓矢，得专征伐之威，未与臣下得私恩惠之福，故礼家施不及国者，不与大夫得作福于国也。《诗》戒诸侯专封者，不与有国者得作福于天下也"，"有威可畏，有惠可怀，此文王之所以造周也。"[①]威与福为治天下的权柄，二者不可偏废，否则将会出现动乱。用威只能一时称霸，用福则渐进而称王，前者为王之末，后者为王之本。在威与福的关系中，福更为重要。福即恩惠，威即兵甲，先王治国对于诸侯臣子用威，不与诸侯臣子私心恩惠，有威才产生畏惧，恩惠也起到怀柔的作用，恩威并施，这是文王建立周朝的经验。

总之，孔广森对公羊的理解与何休的公羊学有所不同，但也不能说没有一点根据，董仲舒等人的公羊学对他有一定的影响，加上孔广森兼治《左传》、《穀梁》，它们的影响也存在，还有就是他所重视的训诂考据学的研究，对诠释《春秋》、《公羊传》微言大义起促进作用。如果以何休的公羊学立场来看，孔广森可以算是另类的公羊学家。

---

① 孔广森：《春秋公羊经传通义》卷五，第5818页。

第三节　刘逢禄的何氏公羊学

刘逢禄(1776—1829),字申受,一字申甫,号思误居士,江苏武进人。十一岁见外祖父庄存与,庄存与询问刘逢禄所学,听了他的回答后,叹曰:“此外孙必能传吾学。”其后,读《春秋繁露》、《春秋公羊何氏解诂》。十九岁,从舅庄述祖治公羊学。述祖称“吾诸甥中,若刘甥可师,若宋甥可友”。二十五岁拔贡,与同邑李兆洛(申耆)齐名,号“常州二申”。嘉庆十九年(1814)中进士,官礼部主事、仪制司主事等。其间刘氏“据古礼以定今制,推经文以决疑难。”[①]其为学“于《诗》、《书》及六书、小学多出于外家庄氏(述祖);《易》、《礼》多出皋文张氏(惠言)。至《春秋》则独抱遗经,自发神悟”。“微言千钧一发”,“若钩幽起坠”,“自汉以后府君一人而已”。[②]李兆洛称他:“一意志学,洞明经术,究极义理。凡所著书,不泥守章句,不分别门户,宏而通,密而不缛。”[③]刘逢禄可谓常州学“一代学术转捩之枢”[④],常州学派在他那里真正确立。他的主要著作有《春秋公羊何氏释例》、《公羊何氏解诂笺》、《发墨守评》、《欲梁废疾申何》、《箴膏肓评》、《论语述何》等。

一、正统公羊学的继承者

刘逢禄强调《春秋》的重要性,他发挥孔子的话说:“吾志在《春秋》,又曰知我者其唯《春秋》乎!罪我者其唯《春秋》乎!”“学者莫不求知圣人,圣人之道备乎五经,而《春秋》者五经之筦钥也。”[⑤]“故不明《春

①② 刘承宽:《先府君行状》,《刘礼部集》附录,《续修四库全书》第 1501 册,第 211 页。

③ 见张舜徽《清人文集别录》引,华中师范大学出版社,2008 年,第 340 页。

④ 梁启超:《近代学风的地理分布》,《饮冰室合集·文集之四十一》,中华书局,1989 年。

⑤ 刘逢禄:《公羊春秋何氏释例叙》,《春秋公羊何氏释例》卷首,《清经解清经解续编》第八册,第 9996 页。

秋》,不可与言五经。《春秋》者,五经之筦钥也。"[①]有志于治《春秋》,是因为圣人之道详备于五经,而治五经必须从《春秋》开始,一言而蔽之,《春秋》是打通五经的钥匙,突出《春秋》在五经中的地位。

《春秋》之所以重要,是因为它不是简单的史书,其中充满了微言大义,如他所说:"《春秋》说曰:孔子作《春秋》,万八千字,九月而书成,以授游、夏之徒,不能改一字。盖鲁史记之文本,录内而略外,圣人取百二十国宝书而损益之,其大致则略同,故曰:述而不作。述文王非述鲁也。鲁史记之例,常事不能不悉书备载,《春秋》尽削之,其存十一于千百,以著微文刺讥,为万世法。故曰:非记事之书也。""呜呼!陆淳、赵匡之流,以不知而作,开非圣之罪,而显隐经权之义,且千有余年莫有讲明而切究之也,惜哉!"[②]孔子据鲁史记载而作《春秋》,所采用的是鲁史记载之例,只阐述不创作,实质上是借此阐述周文王的微言大义,或者说是以史料说明尊周室、张三世、通三统、大一统等思想,为后世统治者提供拨乱反治的理论依据,因此说《春秋》并不是记事之书。刘氏对后儒误读《春秋》大义持批评态度。他又说:"《春秋》因鲁史以明王法,改周制而俟后圣,犹六书之假借,说《诗》之断章取义。"[③]如同六书的假借,《诗经》的断章取义一样,《春秋》是借鉴鲁史的材料阐释圣人的微言大义,以史料为我所用,阐述拨乱反治之道,为后代圣王治国提供帮助。

对于解释《春秋》的《左传》、《公羊传》和《穀梁传》这三传,刘逢禄也有以下评论。

他称《左传》为良史,说:"东汉之季,古文盛行,《左氏》虽未列学官",而并列经传已经很久,"《左氏》以良史之材,博闻多识,本未尝求

---

① 刘逢禄:《春秋公羊何氏释例》卷一,《通三统例第二》,《清经解清经解续编》第八册,第 9999 页。

② 刘逢禄:《春秋公羊何氏释例》卷六,《不书例第十三》,《清经解清经解续编》第八册,第 100052 页。

③ 刘逢禄:《刘礼部集》卷三,《春秋论》下,第 58 页。

附《春秋》之义，后人增设条例，推衍事迹，强以为传《春秋》，冀以夺公羊博士之师法，名为尊之，实则诬之。”[1]东汉古文始兴，《左传》作为古文虽然未被列入学官，但也不废，因为它很好地记叙了《春秋》时期的历史，即所谓的“良史之材”，可以与《春秋》单独并行，因此反对以《左传》附会《春秋》，认为这是夺公羊师法，实质上也是贬低《左传》的历史价值。也就是说以《左传》附会《春秋》甚至取代《公羊传》的地位，与其说是抬高它，不如说是贬低它，《左传》的意义在于记事，作为史学著作与司马迁的《史记》、班固的《汉书》一样，其价值不容低估。刘逢禄也治《左传》，梁章钜说他有“古心朴学”[2]。

在《春秋》三传中，钱大昕认为，《左传》胜于《公羊传》，刘逢禄对此写道：“此非《公羊》之不及《左氏》，乃《春秋》之不及《左氏》也。《左氏》详于事，而《春秋》重义不重事，《左氏》不言例，而《春秋》有例无达例。惟其不重事，故存什一于千百，所不书多于所书，惟其无达例，故有贵贱不嫌同号，美恶不嫌同词，以为待贬绝之分，以寓一见不累见之义。如第以事求《春秋》，则尚不足为《左氏》之目录，何谓游、夏之莫赞也？如第执一例以绳《春秋》，则且不如画一之良史，何必非断烂之朝报也？”[3]就记述事件的详细而言，不仅《公羊传》不敌《左传》，即使是《春秋》也不及《左传》。《左传》详于事实的记载，而《春秋》则不同，是“重义不重事”，“有例无达例”，也就是说有一套义理、法则在里面，所谓不书多于所书，隐含着丰富的内容，达例即通例，《春秋》之例体现了一种灵活变通的法则。从历史的角度理解《春秋》，其收获并不大，不过是王安石所说的“断烂朝报”。如把它当成微言大义之书，那么其奥旨对于经世致用不可或缺。

他说：“《春秋》之有《公羊》也，岂第异于《左氏》而已，亦且异于《穀

① 刘逢禄：《箴氏膏肓评序》，《箴膏肓评》卷末，《清经解清经解续编》第八册，第10137页。
② 梁章钜：《南省公馀录》卷七，《刘申甫主事》。
③ 刘逢禄：《刘礼部集》卷三，《春秋论》上，第57页。

梁》。《史记》言《春秋》上记隐，下至哀，以制义法，为有所刺讥褒讳抑损之文，不可以出见也。故七十子之徒，口受其传旨。《汉书》言仲尼殁而微言绝，七十子丧而大义乖。夫使无口受之微言大义，则人人可以属词比事故而得之。"[①]《公羊传》不同于《左传》与《穀梁传》，《春秋》借事论理，所制定的诸义法包含着圣人的刺讽、谴责、褒贬、隐讳、抑制、损益等，这些微言大义只有公羊家才能读懂。"属词比事"指《春秋》之教，属辞为连属其辞，以月系年，以日系月，以事系日；比事，比次列国之事而书之。本指连缀文辞，排列史事，后用以泛称撰文记事。如果失去公羊家阐释的微言大义，那么《春秋》就变成了简单的史实记述，就这一点来说它反不如《左传》。

刘逢禄断言《公羊传》继承《春秋》，其原因是《公羊传》在汉代有个传递系统，他说："传《春秋》者言人人殊。惟公羊氏五传，当汉景帝时，乃与弟子胡毋子都等记于竹帛。其时大儒董生下帷三年，讲明而达其用，而学大兴。故其对武帝曰：非六艺之科，孔子之术皆绝之，弗使复进。汉之吏治经术，彬彬乎近古者，董生治《春秋》倡之也。"[②]《公羊传》、《穀梁传》、《左传》传承《春秋》各有不同，但以《公羊传》为正宗，这是因为西汉有《公羊传》的承传系统，其中以胡毋生、董仲舒为主。汉武帝听董仲舒的建议，"罢黜百家，独尊儒术"后儒学大兴，今文经一支独秀，朝廷立今文十四博士，尊《春秋》尤其推崇《公羊传》解释《春秋》，公羊学讲微言大义并期以实践，体现经术与吏治的相结合。

他进一步指出："窃尝以为《春秋》微言大义，《鲁论》、诸子皆得闻之，而子游、子思、孟子著其纲，其不可显言者属子夏口授之。公羊氏五传，始著竹帛者也。然向微温城董君、齐胡毋生及任城何郡三君子同道相继，则《礼运》、《中庸》、《孟子》所述圣人之志，王者之迹，或几乎息矣！穀梁子不传建五始、通三统、张三世、异内外诸大旨，盖其始即

① 刘逢禄：《刘礼部集》卷三，《春秋论》下，第 57 页。

② 刘逢禄：《公羊春秋何氏释例叙》，《公羊春秋何氏释例》卷首，第 9996 页。

夫子所云中人以下不可语上者。而其日月之例,灾变之说,进退予夺之法,多有出入,固无足怪。玩经文,存典礼,足为公羊拾遗补缺,十不得二三焉。其辞同又不推其类焉者,又何足算也!"[①]汉时《论语》有《齐论》、《鲁论》、《古论》三种版本,前二者为今文,后者为古文,这里讲的《鲁论》属今文,因此知晓《春秋》微言大义,孔子弟子子夏是《春秋》公羊学的鼻祖,史传公羊高为子夏的弟子,其口传五世到公羊寿才有《公羊传》之作,又有胡毋生、董仲舒的努力,公羊学才得以光大。至于《穀梁传》的创始者穀梁赤也传《春秋》,但不讲《公羊传》所谓的"建五始、通三统、异内外诸"大义,只讲"日月之例,灾变之说,时退予夺之法",并不得《春秋》要领。《穀梁传》虽属今文,刘氏对它评价不高。相比较,《公羊传》更符合《春秋》,揭示其微言大义。

刘逢禄《春秋》宗公羊尤其表现为对何休之说的崇拜,他说:"先汉以《公羊》断天下之疑,而专门学者,自赵董生、齐胡毋生而下不少概见。何氏生东汉之季,独能隐括两家,使就绳墨,于圣人微言奥旨,推阐至密。惜其说未究于世,故竟其馀绪,为成学治经者正焉。"[②]公羊学在汉代的承传,除公羊寿之外,西汉董仲舒、胡毋生功不可没,东汉何休集其大成,确立了公羊学的理论体系,准确把握《春秋》微言大义,但其说在历史上并未得到足够的重视。刘氏治公羊学宗何氏义,重新发扬何氏公羊学,正是经过刘氏的努力,何休对清代公羊学才产生重要影响。

二、反对孔广森的公羊学

刘逢禄推崇何休的公羊学,对《公羊传》"时月日"总结写道:"昔子思之赞《春秋》也,曰:上律天时。""故天不言,以三光四时为言,视言相

---

① 刘逢禄:《穀梁废疾申何序》,《穀梁废疾申何》卷末,《清经解清经解续编》第八册,第10104页。

② 刘逢禄:《春秋公羊何氏释例》卷九,《主书例第二十九》,第10083页。

万也。圣人不辨，以时、月、日为辨，视辨相万也。详略之理嫌疑，偏反之以制新义。故君子不必亲相与言，以礼乐相示，而感之者意变色动；《春秋》不待褒讥贬绝，以日月相示，而学之者湛思省悟。故曰先王经世之志，圣人议而勿辨，其言弥微，其旨弥显，使人属辞比事而辨惑崇德，斯善学矣。不善学者，或欲屠其赘而悉致之，或不得其说而胶执之。"①《春秋》讲天人感应，借鉴天时，采用记时、记月、记日诸书法，都包蕴深刻的内涵，其详略显微需要用心体会，反映先王经世致用的志向。自谓《穀梁传》、《左传》及晋以后治《春秋》的学者皆没有很好地把握这一点，崔子方《本列》、赵汸《属辞》更加如此。刘氏对不符合何休公羊学的观点采取批评的态度。

孔广森治公羊学反对何休的解释，刘逢禄作《春秋论》下篇主要是针对孔氏另类公羊学而发。他说："清兴百有余年，而曲阜孔先生广森始以《公羊春秋》为家法，于以廓清诸儒据赴告、据《左氏》、据《周官》之积蔀，箴砭众说无日月、无名字、无褒贬之陈羹，讵不谓素王之哲孙、麟经之绝学？乃其三科九旨不用汉儒之旧传，而别立时月日为天道科，讥贬绝为王法科，尊亲贤为人情科，如是则《公羊》与《穀梁》奚异，奚大义之与有？推其意不过以据鲁新周故宋之文疑为倍上，治平升平太平之例等于凿空。"②孔广森反对何休的"三科九旨"，指出自己的"三科九旨"，即上本天道，中用王法，下理人情。不奉天道王法不正，不合人情，王法不行。天道包括时月日，王法包括讥贬绝，人情包括尊亲贤。刘逢禄表示反对，以为这是把《公羊传》与《穀梁传》混为一谈，从而否定了公羊学的微言大义，不可取。

他不同意孔广森所谓的何休三科九旨属于主观臆断，而是认为有所本，如说："又其意以为三科之义，不见于传文，止出何氏《解诂》，疑非《公羊》本义。无论元年、文王、成周、宣谢、杞子、滕侯之明文，且何

① 刘逢禄：《春秋公羊何氏释例》卷二，《时月日例第四》释论，第10017页。

② 刘逢禄：《刘礼部集》卷三，《春秋论》下，第57页。

氏序明言依胡母生条例，又有董生之《繁露》，太史公之《史记自序》、《孔子世家》，皆《公羊》先师七十子遗说，不特非何氏臆造，亦非董、胡特创也。无三科九旨则无《公羊》，无《公羊》则无《春秋》，尚奚微言之与有？”[①]孔广森之所以否定何氏的“三科九旨”，其原因是不见于《公羊传》，只是何休自己的发明。但刘逢禄反驳道，何休之说并非空穴来风，三科九旨之义为孔门后学的遗说，《孔子世家》、《史记自序》、《春秋繁露》，以及胡毋生等一以贯之，这是把三科九旨之义溯源于孔子后学，推尊何休就是继承孔子后学，何休所传的公羊学为《春秋》的正统。把三科九旨当成《公羊传》乃至于《春秋》的根本，提到如此高度，可见其对何休服膺之至。

他又说：“且孔君之书，辟《春秋》当新王之名，而未尝废其实也。其言曰：《春秋》有变周之文，从殷之质，非天子之因革邪？甸服之君三等，蕃卫之君七等，大夫不氏，小国之大夫不以名氏通，非天子之爵禄邪？上抑杞，下存宋，褒滕、薛、邾娄仪父，贱谷、邓而贵盛、郜，非天子之黜陟邪？内其国而外诸夏，内诸夏而外夷狄，非天子之尊内重本邪？辟王鲁之名而用王鲁之实，吾未见其不倍上也。”[②]孔广森名义上反对何休公羊学的三科九旨，但实际上也没有摆脱它，即排其辞而非排其意，但名是说明实的，反其名必然涉及实，孔广森的“辟王鲁之名而用王鲁之实”，实质上是倍（悖）上的，即与正统公羊学相背离。

三、发挥何氏公羊学大义

刘逢禄公羊学的最大特色是张扬何休的公羊学。何休提出的公羊大义，他都给予阐发，建立了较为完备的公羊学体系。

张三世。《公羊传》隐公元年、桓公和哀公十四年三次明言：“所见异辞，所闻异辞，所传闻异辞。”刘逢禄说：《春秋》“故分十二世为三等，有见三世，有闻四世，有传闻五世。于所见微其词，于所闻痛其祸，于

---

①② 刘逢禄：《刘礼部集》卷三，《春秋论》下，第58页。

所传闻杀其恩。由是辨内外之治,明王化之渐,施详略之文。"[①]公羊家把《春秋》记载的十二位诸侯王分为三世,包括有见、有闻、有传闻,它们之间因时代不同记述也不同,包括辨清"内其国而外诸夏"、"内诸夏而外夷狄",说明文明的进化需要一个渐进的过程。他又说:"张三国以治百世,圣人忧患之心,亦有乐乎此也。"[②]把张三世看得如此重要。

刘逢禄把《春秋》与其他经书相比较,进一步说《春秋》张三世的特点。他说:"以先公之教系之召公,著王道之始基,而驺虞为之应;以文王之风系之周公,著王道之太平,而麟趾为之应。"驺虞与麟趾出自《诗经》中《驺虞》和《麟之趾》篇,驺虞为不食生物之兽,麟为祥瑞之兽,这里象征着文王、周公斋心仁厚,孔子删《诗》把这两篇分别列于《召南》、《周南》终篇,说明先王开辟的王道继续承传延续下去。孔子作《春秋》通过追述前事来寄托自己的理想。"至于西土亡、王迹熄,鸣鸟不闻,河图不出,天乃以麟告:文王既没,文不在兹乎?愀然以身任万世之权,灼然以二百四十二年著万世之治。且曰:其或继周者,虽百世可知也。"[③]孔子看到周朝衰落的事实,但同时也对未来充满了期盼,作《春秋》明王法是提供经验教训,为后世制法。所谓麟即祥瑞的出现,预示着后继者能秉承《春秋》大义,开出万世的太平。

他又说:"古之造文者三画而连其中,谓之王。《易》之六爻,夏时之三正等,《春秋》之三科是也。《易》一阴一阳,乾变坤化,归于乾元,用九而天下治,要其终于《未济》,志商亡也。《诗》、《书》一正一变,极于周亡,而一终《秦誓》,一终《商颂》,《秦誓》伤周之不可复也,《商颂》示周之可兴也。夏时察大正以修王政,修王政以正小正,德化至于鸣隼,而推原终始之运,本其兴曰:正月启蛰;戒其亡曰:十有二阴陨麋角。《春秋》起衰乱以近升平,由升平以极太平,尊亲至于凡有血气,而推原终始之运,正其端曰:元年春王正月公即位,著其成曰:西狩获麟。

①③ 刘逢禄:《春秋公羊何氏释例》卷一,《张三世例第一》,第 9998 页。

② 刘逢禄:《春秋公羊何氏释例》卷七,《秦吴楚进黜表第十九》前序,第 10061 页。

故曰：治不可恃，鸣隼犹获麟也，而商正于是乎建矣。乱不可久，孛于东方，螽于十二月，灾于戒社，京师于吴楚犹《匪风》、《下泉》也，而夏正于是建矣。无平不陂，无往不复，圣人以此见天地之心也！”[①]把《春秋》三科与《周易》、《诗经》、《尚书》三部经书进行比较，《易》以阴阳变化始于乾坤，终于《未济》，《诗》以正变极于周亡，《书》尤其是《周书》叙述周代兴亡。《春秋》讲衰乱、升平、太平三世，也是《周易》所讲的“原始要终”之意，即追述始终变化的原因及轨迹。公羊家所讲“元年春王正月”即建五始喻指王即位之初，新朝始建，“西狩获麟”所谓祥瑞出现象征着文武开创的事业后继有人，希望后世为王者接续发扬。朝代的兴衰与更替有其自身的法则，《周易》泰卦“无平不陂，无往不复”充分地阐释了这一点，这也体现了天地本身的规律。

通三统。刘逢禄说：“昔者颜子问为邦，子曰：行夏之时，乘殷之辂，服周之冕。终之曰：乐则韶舞。盖以王者必通三统，而治道乃无偏而不举之处。自后儒言之，则曰法后王。自圣人言之，则曰三王之道若循环，终则复始，穷则反本，非仅明天命所授者博，不独一姓也。夫正朔必三而改，故《春秋》损文而用忠；文质必再而复，故《春秋》变文而从质。受命以奉天地，故首建五始；至于治定功成，凤凰来仪，百兽率舞，而韶乐作焉。则始元终麟之道，举而措之，万世无难矣。”[②]用夏时，乘商辂，服周冕，韶相传为舜所作乐曲名，凡此都是古代圣贤的遗物，继承夏商周三代的时历、乘舆、服饰就是通三统，这里包蕴着三代的治国理念，治道由此开出中正和谐。三代之道不同表现为正朔、服色、礼制和治国措施等方面的差异，而且有一个周而复始、循环往复的过程，《春秋》对其应有所损益，有所继承，当然也要有所创新，如重建正朔、服色、礼制，这反映了新朝区别旧朝的特点。通三统既考虑到继承或延续，同时也注意到创新，循环不是简单的循环，而是在更高层次上的

---

① 刘逢禄：《春秋公羊何氏释例》卷一，《张三世例第一》，第 9998 页。

② 刘逢禄：《春秋公羊何氏释例》卷一，《张三世例第一》，《通三统例第二》，第 9999 页。

循环过程。

他以通三统说明《周易》,说:“三王之道若循环,非仅明天命所授者博,不独一姓也。天下无久而不敝之道,穷则必变,变则必反其本,然后圣人之道与天地相终始。”[①]“穷则变,变则通”是《周易》循环变化的主旨,“因革损益之道,三王五帝不相袭”。[②] 但不是杂乱无章地变,所谓穷则变,变必反其本,即万变不离其宗。通三统即三王之道循环不已,这主要反映了“天下无久而不敝之道”的现实。他又说:“明《春秋》然后可与言《易》。《易》观会通以行典礼,而示人以易;《春秋》通三代之典礼,而示人以权。经世之志,非二圣其孰能明之?”[③]《周易》主讲变通之理,《春秋》通三统也讲变,与《周易》一致,如果说二者有区别,那么《春秋》更重视常规。

他又以通三统解释《诗》说:“《诗》之言三正者多矣,而尤莫著于三颂。夫子既降王为风”,“后言商、周之既亡,终之以三颂,非新周、故宋、以鲁颂当夏而为新王之明征乎?夫既以鲁颂当新王,而次之周之后,复以商颂次鲁,而明继夏者殷,非所谓三王之道若循环乎?”[④]以《诗》三正说明《春秋》,所谓三正即建子、建丑、建寅,三颂即《诗经》中的《周颂》、《商颂》、《鲁颂》,其中《周颂》的时间最早,是西周初年的诗,《鲁颂》、《商颂》是东迁以后的诗。《鲁颂》当新王在《周颂》之后,《商颂》又在《鲁颂》之后,这实际上是返回周承商,商承夏的历史模式,夏商周三代帝王之道一以贯之,与《春秋》所谓的“新周、故宋,以《春秋》当新王”一致。

大一统。他宣扬王鲁,说:“王鲁者,即所谓以《春秋》当新王也。夫子受命制作,以为托诸空言,不如行事博深切明,故引史记而加乎王心焉。孟子曰:《春秋》者天子之事也。夫制新王之法,以俟后圣,何以

① 刘逢禄:《刘礼部集》卷四,《释三科例中》,第 64 页。

② 刘逢禄:《刘礼部集》卷九,《诗古微序》,第 170 页。

③ 刘逢禄:《春秋公羊何氏释例》卷一,《通三统例第二》,第 10000 页。

④ 刘逢禄:《春秋公羊何氏释例》卷一,《通三统例第二》,第 9999 页。

必乎鲁？曰：因具史之文，避制作之僭，祖之所逮闻，惟鲁为近，故据以为京师，张治本也。圣人在位如日丽乎天，万国幽隐，莫不毕照，庶物蠢蠢，咸得系命，尧舜禹汤文武是也。圣人不得位，如火之丽乎地，非假薪烝之属，不能舒其光，究其用。天不生仲尼，万古如长夜春秋是也，故曰：归明于西，而以火继之，尧舜禹汤文武之没而以《春秋》治之，虽百世可知也。"[①]王鲁指《春秋》当新王，这是说继承周朝的是孔子，孔子受命作《春秋》并非只发空论，而是借事说理，所谓"引史记而加王心"。孟子讲《春秋》记天子之事是以理寓事，为新王制定法治，以待新王。之所以称鲁是对鲁国充满期望，周礼在鲁矣，鲁国为周公封地，周室嫡传，承载着周朝的历史记忆，尤其是孔子为鲁国人，谙熟夏商周三代的体制与文献，终其一生为周代的重建而努力，可以说他肩负承传文化的历史使命，作《春秋》上绍诸圣之道下开百世太平。

与王鲁相关，刘逢禄讨论从周、继周。他释《论语·八佾》"吾从周"说："正朔三而改，文质再而复，如循环也。故王者必通三统。周监夏、殷，而变殷之质，用夏之文。夫子制《春秋》，变周之文，从殷之质，所谓从周也。"[②]夏商周三代建子、建丑、建寅三种历法更迭，服饰、礼制等也不相同，表现为一个前进的过程，但也有继承，孔子作《春秋》遵从周朝是因其对夏商二代有借鉴也有改造。他又释《论语·为政》"其或继周者，虽百世可知也"认为，继周者，新周故宋，以《春秋》当新王，"损周之文，益夏之忠；变周之文，从殷之质。百世以俟圣人而不惑者也"。"（孔子）寓王法于鲁，黜杞、故宋，因周礼而损益之，以治百世也。"[③]孔子作《春秋》是想发扬周代，因为周代承载了夏商二代的历史记忆，但并非完全接收，而是有所损益，改革晚周出现的流弊，继承夏商的忠厚与质朴。继周的任务落在鲁国身上，因为鲁国是诸侯中最能体现周公

---

① 刘逢禄：《春秋公羊何氏释例》卷六，《王鲁例第十一》，第 10048 页。

② 刘逢禄：《刘礼部集》卷二，《论语述何篇》，第 43 页。

③ 刘逢禄：《刘礼部集》卷二，《论语述何篇》，第 42 页。

制礼作乐的,因此从周与王鲁密切相关。

大一统也涉及诸夏与夷狄的关系,他说:“余览《春秋》进黜吴楚之末,未尝不叹圣人驭外之意至深且密也。昔圣人序东周之《书》,唯存《文侯之命》及《秦誓》,革其盛衰大旨。其于删《诗》,则列秦于《风》。序《蒹葭》曰:未能用周礼。序《终南》曰:能取周地。然则代周而改周法者,断自秦始,何其辞之博深切明也。”[①]《春秋》进黜吴楚及对秦的评论体现圣人对夷狄与诸夏关系的一种关注。《尚书》中《周书》以《文侯之命》和《秦誓》为终编,喻指因革盛衰之旨,删《诗》列秦风说明取代周的是秦,这似乎与汉代公羊家讲代周者为汉不一致,也不符合孔子代周而兴。实际上这里讲的是夷狄和诸夏的地位相互转换。

他接着写道:“秦始小国辟远,诸夏摈之,比之戎狄,然其地为周之旧,有文武贞信之教,无放僻骄侈之志,亦无淫佚昏惰之风,故于《诗》为夏声,其在《春秋》无僭王猾夏之行,亦无君臣篡弑之祸,故《春秋》以小国治之,内之也。吴通上国最后,而其强也最骤,故亡亦忽焉。秦强于内治,败殽于后,不勤远略,故兴也勃焉。楚之长驾远驭强于秦,而其内治亦强于吴,故秦灭六国而终覆秦者楚也。圣人以中外狎主而承天之运而反之于礼义,所以财成辅相天地之道而不过乎物,故于楚庄、秦穆之贤而予之,卒以为中国无桓文则文归之矣。何待定、哀之末而后京师楚哉! 于吴光之败陈、许,几以中国听之,慨然深思其故曰:中国亦亲夷狄也。”[②]秦本来是位于西部的小国,诸夏比做夷狄,但秦作为周代故土秉承原有的民风质朴等特点,又锐意改革,虽然是小国《春秋》也不敢小视,所谓“故《春秋》以小国治之,内之也”,仍以诸夏称之。吴、楚因内治有成而先后狎主中原,《春秋》提升它们的地位,以诸夏待之,灭秦者正是楚,为汉兴扫清了道路,显然也是诸夏。这说明夷狄与诸夏的地位不是不变的,夷狄通过努力可上升为诸夏,如夷狄因内治

---

① 刘逢禄:《春秋公羊何氏释例》卷七,《秦吴楚进黜表第十九》,第10060页。

② 刘逢禄:《春秋公羊何氏释例》卷七,《秦吴楚进黜表第十九》前序,第10060—10061页。

成功晋升诸夏,诸夏内乱而地位下降沦为夷狄。夷狄与诸夏的界限并非绝对,诸夏应与夷狄建立亲善的关系。

他所得出的结论是:“故观于《诗》《书》,知代周者秦,而周法之坏,虽圣人不可复也。观于《春秋》知天之以吴、楚狎主中国而进黜之义,虽百世不可易也。”[①]知取代周朝的是秦国,周法已坏,圣人也无法恢复周代。秦、楚等诸侯国必然兴起,历史上的秦取代周后又被楚取代,最后导致汉兴。

四、拨乱反治

孔子作《春秋》是因为周天下衰落,周朝礼崩乐坏,他肩负起拨乱反正的历史使命,公羊学尤其重视这一点,刘逢治公羊学也多有发挥,他说:“天不欲孔子救东周之乱,而命以《春秋》救万世之乱。”[②]作《春秋》旨在拨乱反正,“拨乱反正莫近乎《春秋》”[③]。

他说:“自王纲不振,《小雅》尽废,强大兼并,君臣放弑,诸侯奔走,不得保其社稷者不可胜数。极于中国微灭,吴楚狎主,而三代之彝伦法制斁坏,简弃无复存者。盖夏商之末失以强,而周之末失以弱。”[④]这是讲作《春秋》的背景,那时周室已经开始衰弱,礼崩乐坏,强国兼并弱国,诸侯僭越,臣子犯上做乱,夷狄四起,可以说天下已不太平。到了“厉幽之亡,不生孔子,天将以《春秋》之制统三正而正万世也。周之衰也,始则礼乐征伐自诸侯出而专封专讨,天子不能问也。继则大夫出而擅作威福,君若赘旒,下至陪臣效尤,而皂隶舆台,启假威坐床之舋外至四夷乘便,而文身左衽,张僭号争长之心。”[⑤]周朝衰落,一是礼乐征伐自诸侯出,天子无权过问,二是诸侯国中大夫擅自作主,不听诸侯之令如《论语》所记载,加上民变此起彼伏,四周夷狄虎视眈眈,可以说

① 刘逢禄:《春秋公羊何氏释例》卷七,《秦吴楚进黜表第十九》,第 10061 页。
② 刘逢禄:《春秋公羊何氏释例》卷八,《公终始例第二十》,第 10065 页。
③ 刘逢禄:《公羊春秋何氏释例叙》,《公羊春秋何氏释例》卷首,第 9996 页。
④⑤ 刘逢禄:《公羊春秋何氏释例》卷四,《诛绝例第九》,第 10038 页。

周朝面临着内外交困的局面，西周经厉、幽二王之手走向灭亡，平王东迁建东周，孔子生于东周，作《春秋》是想重新确立周天下承继夏商二代的正统合法性。

在刘逢禄看来，周室衰落亦非一朝一夕，而有个渐进累积的过程，因此应提早防微杜渐，他写道："夫子遂为之极其义曰：臣弑其君，子弑其父，非一朝一夕之故，其所由来者渐矣，由辨之不早辨也。"但不能流于口头，要见之于行动，所谓"然犹以为托之空言，不如行事之深切著明，于是受命制作，取百二十四国之宝书，断二百四十二年之行事，上诛平王而下及于庶人，内诛鲁公而外及于吴楚，虽冒万世之罪而不敢避。"这个行动就是根据鲁国史料丰富这一特点作《春秋》，内容涉及上至王者下至庶民，以及诸夏与夷狄，对他们都有褒贬，以笔削书法体现其拨乱反治的用心。他说："夫医者之治疾也，不攻其病之已然，而攻其受病之处。《小雅》尽废，乱贼所以横行也。《春秋》欲攘蛮荆，先正诸夏，欲正诸夏，先正京师，欲正士庶，先正大夫，欲正大夫，先正诸侯，欲正诸侯，先正天子京师，天子之不可正则托王于鲁以正之。"[①]《诗经》中的《小雅》大部分是西周后期及东周初期贵族宴会的乐歌，这里喻指周室衰微乱贼四起，《春秋》之作肩负着拨乱反正的历史责任。其入手处是先端正大夫，依次是士庶、天子京师(可托王鲁正之)、诸侯、诸夏、蛮夷，重新确立周天子的地位，恢复周朝统治。

他发挥董仲舒"先德而后刑"说："或称《春秋》为圣人之刑书，又云五经之有《春秋》犹法律之有断令。而温城董君独以为礼义之大宗何哉？盖礼者刑之精华也，失乎礼即入乎刑，无中立之道，故刑者礼之科条也。《春秋》之道始于元，终于麟，绝于夏之冬而犹系于周之春，威严而不试，刑措而不用，此亦太平之极轨也。若乃意深于拨乱，故制刑常用重典，无变三代之实而有异文武之文，然其原心诛意，禁于未然，其立法严，其行法恕，匪用为教，覆用为虐，则秋荼也。曲学阿世，缘饰文

① 刘逢禄：《公羊春秋何氏释例》卷四，《诛绝例第九》，第10038页。

奸,岂非罪哉! 抑又了之董生,《春秋》显经隐权,先德而后刑,其道盖原于天。""夫刑反德而顺于德,亦权之类矣。""矫枉者弗过其正则不能直,故权必反乎经,然后可与适道。"[①]不赞同仅把《春秋》当成刑书,而是更强调《春秋》为礼义之大宗。对于礼与刑的关系,他以为礼为刑的精华,刑则是礼的科条。就《春秋》的起始而言,始于元年终于祥瑞,元又与春相连,体现威严但不用刑,深意在拨乱反治,刑只是手段,不得已才采用。先德而后刑,即使用刑也在于返回其德,以顺德体现天地关爱万物之心,如同春天万物生长一样,《春秋》记年使用春说明这一点。权即变通,反对执一,经即常规,权返于经则适道,对德与刑的关系也如此,用刑要变通,返于德达于天下大治才是正道。《春秋》所讲三世说,其最后的太平世就是一种德治。

刘逢禄意识到《春秋》隐晦难懂,自谓"予自束发治《春秋》,所以拟议礼、决狱、答难诸书,至今未能卒业"[②]。"予向治春秋今文之学,有志发挥,成一家言,作辍因循,久未卒业,深惧大业之陵迟,负荷之陨越,幸遇同志,勇任斯道,助我起予,昔之君子,其亦有乐于斯乎!"[③]但仍很执着,在礼部十二年,"据古礼以定今制,推经义以决疑难"[④]。可谓"任重道远,死而后已。"[⑤]应该说对公羊学做出自己的贡献,梁启超对他的代表作《春秋公羊经传何氏释例》评价颇高,称:"凡何氏所谓非常异义可怪之论,如张三世、通三统、绌周王鲁、受命改制诸义,次第发明。其书亦用科学的归纳研究法,有条贯,有断制,在清人著述中,实最有价值之著作。"[⑥]刘逢禄的公羊学上承庄存与,下启魏源、龚自珍,对晚清康有为的公羊学也产生影响,可以说是清代公羊学的中坚。

---

① 刘逢禄:《春秋公羊何氏释例》卷五,《律意轻重例第十》,第 10046 页。

② 刘逢禄:《刘礼部集》卷九,《尚书今古文集解序》,第 169 页。

③ 刘逢禄:《刘礼部集》卷九,《诗古微序》,第 170 页。

④ 刘承宽:《先府君行状》,《刘礼部集》。

⑤ 魏源:《刘礼部遗书序》,《魏源集》上册,第 243 页。

⑥ 梁启超:《清代学术概论》,第 67 页。

清代公羊学的兴起和发展有学理上的原因(汉学反宋复古的必然产物),但也不可否认有其政治上的背景,这个背景与清代由盛转衰的历史进程相关。公羊学本身所具有的建五始、张三世、通三统、大一统等思想为重新树立清廷的权威,维持已经摇摇欲坠的大清国,提供了理论依据,也就是说公羊学所具有的微言大义与当时的君主专制主义有某种契合,对强化政治上的专制统治,增强国家凝聚力有所帮助。但其消极因素不可否认,历史说明由公羊学与政治相结合所带来的社会稳定祥和往往与专制高压相联系,而与近代的民主自由是相违背的。在认清公羊学的积极意义的同时,也应对其负面的影响有一个充分的估计,只有这样才能全面的评价公羊学。

结　语

众所周知,儒学肇始于孔子,孔子之后的儒学一分为二,孟子和荀子为其代表,前者强调仁、传道,后者重视礼、传经,后来演变成汉学与宋学两大系统。相对地说,汉学大体遵循荀子的路子,历经魏晋南北朝隋唐诸朝变化不大;宋学则发展孟子的遗绪,引领元明二代。清代儒学则孟子和荀子结合、传经与传道并存、汉学与宋学兼采,在中国儒学史上占有极为重要的历史地位。

从学术上看,清代儒学史不啻中国儒学史的一个缩影,反过来也可以说一部中国儒学史是清代儒学史的放大。有清一代,古代儒学的诸种学说与形态都得到了回归、再现,宋明理学延续下来,作为先秦诸子学的儒学、两汉经学等得到复兴。

清初儒学承明代而来,仍以理学为主,但其间有一个由王学返回朱子学的过程。入清以后的一段时间,王学仍领袖坛坫,不过已经与明末王学有所不同,这时的王学对王守仁及学派不是一味地恭维,而是采取扬弃的态度,即反思批评王学发展衍生出的诸种流弊,吸取王学的精华,也借鉴朱熹,大体走会合朱熹和王守仁之路。由于当时一些朱子学者把明亡归结为明末王学的空谈，力倡朱子学并得到统治者的支持，使朱子学出现了由民间向官方转化的趋势，并代替王学成为理学中的主流。民间朱子学以明遗朱子学为代表，而官方朱子学主要指儒臣朱子学。就学理而言，他们虽然以朱子为圭臬，都尚躬行、务实，但由于政治立场不同，其用心也有所不同。明遗朱子学反思明亡教训，不仕清廷，儒臣朱子学则不遗余力使其变成官方之学，朱子学成了为新朝服务的意识形态。从总体而言，清初，理学有一个由王学转向朱子学的趋势，但其中也不乏特立独行者，那就是王夫之。他在反王学过程中并没有转向朱子学，而是回归张载，一生为阐扬张载之学而不懈努力，这在清初理学中可谓独树一帜。伴随着理学的发展，反理学也开始出现，它们抛弃了理学末流的空疏，开始关心实证、经世，使得儒学愈来愈趋向于务实。当时反理学往往与务实学风相联，其发展表现为三种偏向，一是经学在沉寂千余年之后开始重返历史舞台，二是围绕经学研究而重新发皇的训诂考据学，三是对虚理的批评导致经世之学的兴起。

清初初见端倪的经学到了乾隆时期，因社会政治及编纂《四库全书》等原因内外互动大兴。这时的经学也称汉学，之所以称之为汉学，主要是因为当时儒学各领域大都笼罩在东汉经师所倡导的朴实考据学风之下，在中国儒学史上形成了与先秦诸子学、两汉经学、魏晋玄学、隋唐佛学和宋明理学相媲美的清代汉学。因它大兴于乾隆并延伸到嘉庆时期，可称其为乾嘉汉学（简称汉学），又因其以朴实考经证史为特征，也称考据学或朴学。论及清代汉学，二十世纪早期的一些学者，以及后来的现代新儒家大体认为它们没有什么思想，只重训诂考据，而对义理无所贡献，从事实出发，这种观点显然有些片面。汉学家虽然以训诂考据而见长，但也有自己的义理学，只不过他们的义理学是以训诂考据为基础的，试图构建不同于宋明理学的义理学，正是这一点反映了他们承接孔门传经与传道相结合的治学宗旨。乾嘉汉学的主攻方向是经学，但一些汉学中人不局限于经学，其重心由经学返向史学，以史解经，提出经史平等、六经皆史等主张，开启儒学发展的新气象。汉学虽然有自己的贡献，但也存在着流弊，主要是一味地求古，汉学家自身也多有反思，但真正对汉学提出批评与挑战来自外部，这里主要指不绝如缕的理学，以及比汉学更古老的今文经学，尤其是后者的出现，从学理而言，预示着汉学渐趋衰落。

乾隆后期至嘉庆时期是清朝由强盛到衰弱的转折点。在朝廷腐败、世风日下、西力东渐等交互作用下，汉学逐渐退出历史舞台，一代学人开始发出对儒学新形态及学说追求的呼唤，于是比汉学更古老、具有经世特点的今文经学异军突起，尤其是其中的公羊学复兴。清代的公羊学由庄存与首倡，中经刘逢禄、宋翔凤播扬，后经魏源、龚自珍等人通经致用、假经议政，发展成为一股经世思潮，遂成为嘉道时期的儒学主流。

另外，作为先秦诸子学的儒学在清初不绝如缕，到了中期也开始复兴，从而把儒家古学推向极致。以复古开新来概括清代儒学的演进，一点也不为过，这种演进似乎遵循着时间愈前（清初），复古愈近（理学），时间愈后（清代中期），复古愈远（汉学包括东汉古文经学和西汉今文经学）的学术逻辑，可以说清代儒学以复古开新的模式完成了集传统儒学之大成。

就思想而言，清代儒学通过对宋明理学的修正与批评，在哲学、伦理道德和政治思想等领域提出一些新观点。

就哲学而言，清儒的自然观建立在批判改造明末王学基础上。他们接续宋明儒，探讨了理气、理事、道器、名实、形神等问题，并以气、事、器、实、形为主轴，把理气、理事、道器、名实、形神之间的关系统一起来，提出气的一元论、理在事中、道不离器、名必符实、神不离形等观点，建构以气或事或器为特色的自然观。与宋明儒相比，清儒比较重视客观实际，对自然界的理解与诠释趋于具体务实。在方法论上，清儒反对离开考据训诂而空发议论，注重从考据引出义理，强调文献与思想的结合，从文字出发检讨儒家经典中的微言大义。在认识论上，清儒批判理论脱离实际的学风，强调学以致用，尤重实践。他们既重视实践在获得认识中所起的积极作用，同时也注意到实践是检验人们认知是否正确的标准，这不仅建立重感性经验、重实践的认识论，而且也倡导重习行、尚事功的务实学风。

在伦理道德方面，清儒对宋明儒中一股道德清谈之风予以批判的同时，也对道德真伪、道德立身、道德平等、道德日用等问题，进行了深刻的探讨。他们虽然在道德观上各有侧重，但都把道德与社会风俗、政治等联系起来，表现出鲜明的经世致用特征。清儒的理欲观建立在批判宋明理学末流理欲割裂的禁欲主义基础上，他们充分阐述了理欲之间的相互联系，并把理欲与情理相互结合起来，张扬了个性解放精神。具体而言，他们讨论理欲、情理都以自然人性论为出发点，批判由于对程朱理学“存天理，灭人欲”误解而衍生出的禁欲主义，倡导个性解放、自由平等，特别是批判“旧礼教”，提倡妇女解放、男女平等，具有进步意义。清儒人性论的特点在于坚持“气一元论”前提下来谈人性问题，批判一些宋儒“分性为二”，即把“天地之性”与“气质之性”绝对对立起来的作法，尤其是发挥了性一元的人性论，肯定性与善的统一并注入了情，从多重角度对人性进行深刻地阐述，张扬了人的主体性和道德自觉性，把人性论研究推向一个新高峰。清儒在义利观上反对传统的道德至上主义，尤其是宋明理学所主导的道德至上论，指出追求利益的合理性，重视义与利的相互联系，强调利的重要性，表现出明显的功利色彩。应该说，清儒对宋明理学的批判是对其自身诸流弊的一种批判，也是对后儒曲解而由此演成出虚伪伦理道德的一种批判，或者说是对宋明以来伦理异化而产生出种种社会陋习的批判，更是对清廷把程朱理学当成意识形态即官方化、教条化的一种批判。其批判虽然不乏有对程朱等思想的误解，但清儒在批判基础上所阐发倡导的观点与主张仍是有进步意义的,我们应该予以同情的理解。

在政治领域,清儒对秦汉以来君主专制制度进行批判,试图重建君臣互为朋友的新型关系,在制度层面上,突显了学校等作为政治纳谏机构的作用。在论及封建与郡县时,他们认为单纯地封建制与郡县制都不完善,应该取长补短、相得益彰,关键在于根据时代的变化与发展定制相应制度。在法治与人治关系上,他们主张以法治代替人治,提出"有治法而后有治人"的观点,为建立法治而努力。他们注重社会下层的建设,认为保天下人人有责,如果不使道德沦丧、社会崩溃,就必须注重社会风俗,提出了改造社会风俗的措施。他们也重视养民、保民、亲民,进一步发展完善了古代儒家的民本思想。

总之,这一时期儒学思想发展的总特征是从形而上慢慢地落实到形而下,由抽象思维向日用伦常转进。在这一过程中,儒学思想中思辨的成分愈来愈淡,务实的色彩愈来愈浓,政治意义上的批判反思宋明理学尤其是明末王学、总结明亡的经验教训,逐渐为新朝正面的服务、建设所取代。一句话,思想变得更加实用了。

清儒(这里主要指汉学家)也是有局限性的,一言以蔽之,学术上博大有余,思想上精深不足,尤其是在思想上对宋明儒存有误解。主要有两方面:其一是宋明儒讲义理不讲考据,其二是宋明儒学杂于佛老方外。其实宋明儒讲义理也讲训诂考据,只是他们认为从训诂考据不能自然而然地引出义理,其中间要有个思考过程,汉学家恰恰忽视了这一点。考据与义理本来就是相互统一的,两者之争不过是各有偏重,宋明儒只是偏重义理而已。另外,汉学家不懂得宋明儒在当时所遇到的佛老的挑战,吸取佛老,并与之相抗衡,是儒学发展的必由之路。进一步说宋明儒所讲的道德形而上学在儒家经典中也有其内在的依据,只不过把它们加以深化,形成了比较完备的思想体系。由于汉学家为褊狭心态所束缚,不可能把古代儒学的发展看作是一个历史过程,也当然就不可能注意到儒学发展在不同时期的时代特色,以及所遇到的不同问题，而一味地以原始儒学作为评判标准，严重地阻碍了儒学的发展。

尽管清代儒学存在着诸多不足，但我们对他们的积极方面应予以肯定。清儒治学遵循客观求是、务实求真的原则，重视学术思想批评，倡导个性解放，高扬主体精神，把古代儒学推向了一个新起点，对近代儒学的发展产生直接影响。其历史地位不容低估。

后　记

2007年春天，李中华老师找到我，希望我参加由汤一介先生主持的《中国儒学史》(为“儒藏”工程之一)项目，具体承担清代卷的撰写工作。我当时心里很矛盾，既有所顾虑，也很想参加。所顾虑的是这个项目已经进行几年了，其他作者早已动笔，而我如果参加则是最晚者，可以说时间紧、任务重，怕完不成，耽误全书的进度。想参加则是这些年来我一直从事清代学术思想的研究，在这方面有所积累、有所准备，用陈来先生的话说是轻车熟路。经过权衡，我还是选择参加，想通过撰写此书把我对清代儒学的一些看法简明扼要地表达出来。在此后的一年多里，我抛开其他项目，专心致志投入此书的撰写，终于在2009年初完成初稿，2010年初完成修订稿。本书之所以能够顺利完成，与李中华老师、陈来先生的支持和鼓励分不开，与此同时又得到汤一介先生暨出版社的认可，这让我感到十分欣慰，对此谨向他们表示敬意。另外，牟坚博士通读全书，童祁责编辛勤编辑，两位女士都提出宝贵建议,对她们所付出的劳动也深表感谢。由于写作时间短,书中难免存在着这样或那样的不足,敬请广大读者批评指正。

作者识于华馨公寓

2010 年 1 月 31 日